Shandong Sheng Jiaotong Hangye Difang Biaozhun Ji

# 山东省交通行业地方标准集

（2009—2011）

山东省交通基础设施建设地方标准编制委员会　编

人民交通出版社

## 内 容 提 要

为了规范交通基础设施建设和管理行为，山东省交通运输厅按照交通工作实现“标准化、规范化、集约化、人本化”的目标要求，陆续提出并主持编制一大批地方规范。

本书收录了其中17本该省交通行业地方标准，涉及公路基础类、设计类、施工类、养护与管理类、综合类地方标准，可供相关从业人员使用。

**图书在版编目(CIP)数据**

山东省交通行业地方标准集:2009～2011/山东省交通基础设施建设地方标准编制委员会编. —北京:人民交通出版社,2013.11

ISBN 978-7-114-10959-1

Ⅰ.①山… Ⅱ.①山… Ⅲ.①交通工程—标准—汇编—山东省—2009～2011 Ⅳ.①U-65

中国版本图书馆CIP数据核字(2013)第254715号

**书　　名**:山东省交通行业地方标准集(2009—2011)
**著 作 者**:山东省交通基础设施建设地方标准编制委员会
**责任编辑**:丁润铎　任雪莲
**出版发行**:人民交通出版社
**地　　址**:(100011)北京市朝阳区安定门外外馆斜街3号
**网　　址**:http://www.ccpress.com.cn
**销售电话**:(010)59757973
**总 经 销**:人民交通出版社发行部
**经　　销**:各地新华书店
**印　　刷**:北京市密东印刷有限公司
**开　　本**:880×1230　1/16
**印　　张**:45.875
**字　　数**:1000千
**版　　次**:2013年11月　第1版
**印　　次**:2013年11月　第1次印刷
**书　　号**:ISBN 978-7-114-10959-1
**定　　价**:180.00元
(有印刷、装订质量问题的图书由本社负责调换)

# 目　录

# 目 录

山东省地方标准

# 大粒径透水性沥青混合料应用技术规程

**Application Technical Specifications for Large Stone Porous Asphalt Mixtures**

**DB 37/T 1161—2009**

主编单位:山东省交通运输厅公路局
批准部门:山东省质量技术监督局
实施日期:2009 年 01 月 24 日

人 民 交 通 出 版 社

# 前　　言

自20世纪80年代末以来,我国公路建设得到了迅猛发展,取得了举世瞩目的成就。但在交通荷载、环境、路面结构和材料自身存在的缺陷等因素的综合作用和影响下,部分路段发生了较为严重的早期损坏,对道路的使用寿命、通行能力和服务质量产生了不利影响。“路坏了怎么修,怎么修才不坏”,已成为公路人迫切需要解决的难题。

针对公路中出现的早期损坏的工程实际,自2001年开始,山东省交通厅公路局等单位在山东省交通科技项目和交通部联合攻关项目的支持下,历经8年的持续科研攻关和实体工程的验证,成功研发了大粒径透水性沥青混合料(Large Stone Porous asphalt Mixture,简称LSPM)和基于LSPM的系列新型路面结构。LSPM是一种新型混合料类型,具有良好的透水性,抗车辙、抗反射裂缝和抗疲劳性能;基于LSPM的系列新型路面结构,既能发挥半刚性基层强度高、造价低的优势,又能克服其易开裂、易发生水损害的缺陷,大大延长了路面的使用寿命。

由于LSPM具有优良的路用性能,其已在山东省得到了大范围的应用,并在其他省份开始推广。为了更好地为应用单位提供LSPM的设计、施工及质量控制依据,编写组特制定本规程。

各单位或个人在使用过程中对本规程有何意见或建议,可及时与编写单位联系(地址:济南市舜耕路29号,山东省交通运输厅公路局,邮编:250002;济南市无影山中路38号,山东省交通科学研究所,邮编:250031)。

**主 编 单 位**:山东省交通厅公路局

**参 编 单 位**:山东省交通科学研究所

**主要起草人**:王松根　马士杰　王　林　房建果　毕玉峰

# 1 总则

**1.0.1** 为指导大粒径透水性沥青混合料的正确应用,保证其施工质量,制定本规程。

**1.0.2** 本规程适用于使用大粒径透水性沥青混合料柔性基层的各种新建、改建及养护的路面工程。

**1.0.3** 本规程规定了大粒径透水性沥青混合料的技术指标、配合比设计、施工工艺以及质量控制及验收方法和标准。

**1.0.4** 采用大粒径透水性沥青混合料作为路面结构层时,必须设置防、排水系统。

**1.0.5** 大粒径透水性沥青混合料施工应符合环境保护规定,同时确保施工安全。施工人员应有符合国家规定的劳动保护条件。

**1.0.6** 大粒径透水性沥青混合料在设计与施工时,除应符合本规程外,尚应符合现行国家和行业有关标准、规范的规定。

# 2 术语、符号、代号

## 2.1 术语

**2.1.1** 沥青结合料 asphalt binder, asphalt cement

在沥青混合料中起胶结作用的沥青类材料(含添加的外掺剂、改性剂等)的总称。

**2.1.2** 改性沥青 modified bitumen(英), modified asphalt cement(美)

掺加橡胶、树脂、高分子聚合物、天然沥青、磨细的橡胶粉或者其他材料等外掺剂(改性剂)制成的沥青结合料,可使沥青或沥青混合料的性能得以改善。

**2.1.3** 多级沥青结合料 multigrade asphalt cement

在沥青中掺加改性剂,通过化学反应制成的沥青结合料,能使沥青低温和高温性能得以改善,并适用于多种气候区域。

**2.1.4** 沥青混合料 bituminous mixtures(英), asphalt mixtures(美)

由矿料与沥青结合料拌和而成的混合料的总称。

**2.1.5** 大粒径透水性沥青混合料 Large Stone Porous asphalt Mixtures

指沥青混合料公称最大粒径不小于26.5mm,空隙率在13% ~18%,能够将水分自由排出路面结构的沥青混合料。

**2.1.6** 半开级配沥青碎石混合料 half(semi)-open-graded bituminous paving mixtures

由适当比例的粗集料、细集料及少量填料(或不加填料)与沥青结合料拌和而成,经马歇尔标准击实成型试件的剩余空隙率在6% ~12%的半开式沥青碎石混合料。

## 2.2 符号及代号

本规程各种符号、代号及其意义详见表2.2。

**表 2.2 符号及代号**

| 编 号 | 符号或代号 | 意 义 |
|---|---|---|
| 2.2.1 | LSPM | 大粒径透水性沥青混合料 |
| 2.2.2 | AC | 密级配沥青混凝土沥青混合料 |
| 2.2.3 | SMA | 沥青玛蹄脂碎石混合料 |
| 2.2.4 | OAC | 沥青混合料最佳沥青用量 |
| 2.2.5 | $\gamma_{se}$ | 合成矿料的有效相对密度 |
| 2.2.6 | $\gamma_{sb}$ | 矿料的合成毛体积相对密度 |
| 2.2.7 | $\gamma_{sa}$ | 矿料的合成表观相对密度 |
| 2.2.8 | $P_a$ | 沥青混合料的油石比 |
| 2.2.9 | $P_b$ | 沥青混合料中的沥青含量 |
| 2.2.10 | VV | 压实沥青混合料的空隙率 |
| 2.2.11 | VMA | 压实沥青混合料的矿料间隙率 |
| 2.2.12 | VCA | 粗集料骨架间隙率 |

# 3 材料

## 3.1 一般规定

**3.1.1** 选择LSPM所使用的集料,必须经过认真的料源调查,确定料源应尽可能就地取材,质量应符合使用要求,石料开采应注意环境保护。

**3.1.2** LSPM使用的各种材料运至现场后,必须取样进行质量检验,经评定合格后方可使用,不得以供应商提供的检测报告或商检报告代替现场检测。

**3.1.3** 集料粒径规格以方孔筛为准。不同料源、品种、规格的集料不得混杂堆放,严格控制材料的变异性。

**3.1.4** 任何材料进入施工现场时都应登记,签发材料验收单。

## 3.2 粗集料

**3.2.1** LSPM用粗集料指轧制的坚硬岩石,其应洁净、干燥、表面粗糙,质量应符合表3.2.1的规定。当单一规格集料的质量指标达不到表中要求,而按照沥青混合料中各种规格粗集料的比例计算的质量指标符合要求时,工程上允许使用。对受热易变质的集料,宜采用经拌和机烘干后的集料进行检验。

**表3.2.1 粗集料质量技术要求**

| 指　　标 | 单位 | 高速公路、一级公路 | 其他等级公路 | 试验方法 |
|---|---|---|---|---|
| 石料压碎值　不大于 | % | 20 | 25 | T 0316 |
| 洛杉矶磨耗损失　不大于 | % | 25 | 30 | T 0317 |
| 表观密度　不小于 | t/m³ | 2.60 | 2.45 | T 0304 |
| 吸水率　不大于 | % | 2.0 | 3.0 | T 0304 |
| 坚固性　不大于 | % | 12 | — | T 0314 |
| 与沥青的黏附性　不小于 | — | 5级 | 4级 | T 0616 |
| 针片状颗粒含量　不大于<br>其中粒径大于9.5mm　不大于<br>其中粒径小于9.5mm　不大于 | % | 15<br>12<br>18 | 20<br>—<br>— | T 0312 |

续上表

| 指　　标 | 单位 | 高速公路、一级公路 | 其他等级公路 | 试 验 方 法 |
|---|---|---|---|---|
| 水洗法小于0.075mm颗粒含量　不大于 | % | 1 | 1 | T 0310 |
| 软石含量　不大于 | % | 1 | 5 | T 0320 |

注:坚固性试验可根据需要进行。

**3.2.2** 粗集料的粒径规格应符合《公路沥青路面施工技术规范》(JTG F40—2004)的规定。

**3.2.3** 采石场在生产过程中必须清除覆盖层及泥土夹层。生产碎石用的原石不得含有土块、杂物,集料成品不得堆放在泥土地上。

**3.2.4** 当粗集料与沥青的黏附性不满足要求时,应采用必要的措施进行处理,使混合料水稳定性达到要求。

## 3.3 细集料

**3.3.1** LSPM用细集料包括石屑、机制砂和天然砂。采用反击式或锤式破碎机生产的硬质岩集料,经过筛选的小于2.36mm的部分具有较好的棱角性,可以作为机制砂使用。LSPM宜采用机制砂。细集料必须由具有生产许可证的采石场或采砂场生产。

**3.3.2** 细集料应洁净、干燥、无风化、无杂质,并有适当的颗粒级配,其质量应符合表3.3.2的规定。细集料的洁净程度以砂当量(适用于0~4.75mm)或亚甲蓝值(适用于0~2.36mm或0~0.15mm)表示。

**表3.3.2　细集料质量要求**

| 项　目 | | 单位 | 高速公路、一级公路 | 其他等级公路 | 试 验 方 法 |
|---|---|---|---|---|---|
| 表观密度　不小于 | | $t/m^3$ | 2.50 | 2.45 | T 0328、T 0329 |
| 坚固性(>0.3mm部分)　不小于 | | % | 12 | — | T 0340 |
| 砂当量　不小于 | | % | 65 | 60 | T 0334 |
| 亚甲蓝值　不小于 | | g/kg | 25 | — | T 0349 |
| 塑性指数　不大于 | | % | 4 | 4 | T 0118、T 0119 |
| 棱角性 | 流动时间法　不小于 | s | 30 | 30 | T 0345 |
| | 间隙率法　不小于 | % | 42 | 42 | T 0344 |

注:坚固性试验可根据需要进行,棱角性可选用流动时间法或间隙率法中的一种。

**3.3.3** 石屑是采石场破碎石料时通过4.75mm或2.36mm的筛下部分。采石场在生产石屑的过程中应具备抽吸设备,杜绝覆盖层或夹层的泥土混入石屑中。石屑生产规格应符合《公路沥青路面施工技术规范》(JTG F40—2004)的要求。

**3.3.4** 机制砂宜采用专用的制砂机制造,并选用优质石料生产。其级配应符合《公路沥青路面施工技术规范》(JTG F40—2004)S16 的要求。

## 3.4 填料

LSPM 采用的填料为干燥消石灰粉或生石灰粉。石灰粉应干燥、洁净,能自由地从粉仓中流出。其质量应满足《公路路面基层施工技术规范》(JTG F40—2004)中 III 级钙质消石灰或生石灰技术要求,并应满足表 3.4.1 要求。

**表 3.4.1 填料技术要求**

| 项目 | | 单位 | 高速公路、一级公路 | 其他等级公路 | 试验方法 |
|---|---|---|---|---|---|
| 含水率 不大于 | | % | 1 | 1 | T 0103 烘干法 |
| 粒度范围 | <0.6mm | % | 100 | 100 | T 0351 |
| | <0.15mm | % | 90~100 | 90~100 | |
| | <0.075mm | % | 75~100 | 70~100 | |
| 外观 | | — | 无团粒结块 | | — |

## 3.5 沥青胶结料

**3.5.1** LSPM 应采用黏度较高的沥青作为胶结料,宜采用多级沥青结合料,其质量应符合表 3.5.1 规定的技术要求。

**表 3.5.1 多级沥青结合料技术要求**

| 试验项目 | 单位 | 技术要求 | 试验方法 |
|---|---|---|---|
| 针入度(25℃,100g,5s) | 0.1mm | 35~60 | T 0604 |
| 延度(5cm/min,5℃) 不小于 | cm | 4 | T 0605 |
| 软化点 $T_{R\&B}$ 不小于 | ℃ | 70 | T 0606 |
| 动力黏度(60℃) 不小于 | Pa·s | 300 | ASTM D 4957 |
| 闪点 不小于 | ℃ | 230 | T 0611 |
| 溶解度 不小于 | % | 99 | T 0607 |
| 旋转薄膜烘箱试验(RTFOT)后残留物 | | | T 0610 |
| 质量损失 不大于 | % | 1.0 | T 0610 |
| 针入度比(25℃) 不小于 | % | 70 | T 0604 |

注:表中常规指标现场做,其他指标可根据监理而定;动力黏度只有在有条件时才要求测定,采用毛细管法测定;老化试验采用旋转薄膜烘箱试验(RTFOT)为准,允许采用薄膜加热试验(TFOT)代替,但必须在报告中注明,且不得作为仲裁结果。

**3.5.2** LSPM 可以采用 SBS 改性沥青、其他改性沥青与普通沥青,当采用 SBS 改性沥青或普通沥青时宜添加纤维稳定剂。SBS 改性沥青、其他改性沥青与普通沥青应满足《公路沥青路面施工技术规范》(JTG F40—2004)技术要求。

**3.5.3** 制造改性沥青的基质沥青应与改性剂有良好的配伍性,其质量应满足《公路沥青路面施工技术规范》(JTG F40—2004)中道路石油沥青 A 级技术要求。供应商在提供改性沥青的质量报告时,应同时提供基质沥青的质量检验报告或沥青样品。

**3.5.4** 改性沥青宜在固定工厂或在现场设厂集中制作,也可在拌和厂现场边制作边使用。

**3.5.5** 现场制作的改性沥青宜随配随用,如需短时间保存,或需运送到附近工地时,则使用前必须搅拌均匀,在不发生离析的状态下使用。改性沥青制作设备必须设有随机采集样品的取样口,采集的试样宜立即在现场灌模。

**3.5.6** 工厂制作的成品改性沥青到达施工现场后应存储在改性沥青罐中。改性沥青罐必须加搅拌设备并进行搅拌。使用改性沥青前必须将其搅拌均匀。在施工过程中应定期取样检验产品质量,发现离析等质量不符要求的改性沥青不得使用。

# 4 配合比设计

## 4.1 配合比设计原则

**4.1.1** 沥青混合料宜在对同类公路使用情况调查研究的基础上,充分借鉴成功经验,选用符合要求的材料,进行配合比设计。

**4.1.2** LSPM 不同于 ATB 与 ATPB,配比设计时应充分考虑 LSPM 的单粒径骨架连通空隙结构。

## 4.2 矿料级配

LSPM 公称最大粒径不小于 26.5mm,其级配与原材料的性能有关,可按表 4.2.1 选用级配范围,也可按附录 A 进行级配设计。

**表 4.2.1 LSPM 推荐级配范围**(通过率,%)

| 筛孔尺寸(mm) | 52 | 37.5 | 31.5 | 26.5 | 19 | 13.2 | 9.5 | 4.75 | 2.36 | 1.18 | 0.6 | 0.3 | 0.15 | 0.075 |
|---|---|---|---|---|---|---|---|---|---|---|---|---|---|---|
| LSPM-25 | 100 | 100 | 100 | 70 ~ 98 | 50 ~ 85 | 32 ~ 62 | 20 ~ 45 | 6 ~ 29 | 6 ~ 18 | 3 ~ 15 | 2 ~ 10 | 1 ~ 7 | 1 ~ 6 | 1 ~ 4 |
| LSPM-30 | 100 | 100 | 90 ~ 100 | 70 ~ 95 | 40 ~ 76 | 28 ~ 58 | 19 ~ 39 | 6 ~ 29 | 6 ~ 18 | 3 ~ 15 | 2 ~ 10 | 1 ~ 7 | 1 ~ 6 | 1 ~ 4 |

## 4.3 混合料设计

**4.3.1** 成型方法

LSPM 应采用大型马歇尔成型方法或旋转压实仪成型方法,具体成型参数见表 4.3.1-1、表 4.3.1-2。

**表 4.3.1-1 大型马歇尔击实仪成型参数**

| 参数 | 单位 | 技术要求 | 偏差要求 |
|---|---|---|---|
| 试件直径 | mm | 152.4 | ±0.2 |
| 试件标准高度 | mm | 95.3 | ±2.5 |
| 锤质量 | g | 10 210 | ±10 |
| 落锤高度 | mm | 457.2 | ±2.5 |
| 击实次数(双面) | 次 | 112 | — |

表 4.3.1-2　旋转压实仪成型参数

| 参　　数 | 单　　位 | 技 术 要 求 |
| --- | --- | --- |
| 轴向压实荷载 | kPa | 600 |
| 初始压实次数 | 次 | 8 |
| 设计压实次数 | 次 | 100 |
| 最终压实次数 | 次 | 160 |

### 4.3.2　体积指标测定

(1)试件毛体积相对密度的测定应采用实测法或体积法。实测法采用自动真空密封设备实测试件体积,体积法为通过量测试件的直径与高度计算试件的体积。

(2)自动真空密封法是目前测定大空隙沥青混合料试件密度的标准方法,测试方法见附录 B;体积法可作为施工过程质量控制与验收采用方法。

(3)目标配比设计时应采用自动真空密封法,并对两种测试方法进行详细比较,确定两种测试方法的关系,为工程质量控制提供依据。

(4)理论最大相对密度应采用集料有效密度进行计算,计算方法参考《公路沥青路面施工技术规范》(JTG F40—2004)。

### 4.3.3　最佳沥青含量确定

LSPM 最佳沥青用量确定采用沥青膜厚度、设计空隙率并综合析漏与飞散试验方法确定。大型马歇尔设计方法配合比设计技术要求应满足表 4.3.3 规定,采用其他方法时应进行大型马歇尔试验验证。混合料设计方法与步骤参见附录 A。

表 4.3.3　大型马歇尔设计方法技术要求

| 试 验 指 标 | 单位 | 技 术 标 准 | 试 验 方 法 |
| --- | --- | --- | --- |
| 公称最大粒径 | mm | 不小于 26.5mm | — |
| 马歇尔试件尺寸 | mm | $\phi$152.4mm × 95.3mm | T 0702 |
| 击实次数(双面) | 次 | 112 | T 0702 |
| 空隙率 VV | % | 13 ~ 18 | T 0708、附录 B |
| 沥青膜厚度 | μm | 不小于 12 | 附录 A |
| 谢伦堡沥青析漏试验的结合料损失 | % | 不大于 0.2 | T 0732 |
| 肯塔堡飞散试验的混合料损失或浸水飞散试验 | % | 不大于 20 | T 0733 |
| 参考沥青用量 | % | 3 ~ 3.5 | — |

## 4.4　性能检验

### 4.4.1　高温性能检验

LSPM 应进行高温稳定性检验。高温稳定性检验宜采用车辙试验,评价指标为动稳定度,车辙试件采用8cm厚度。试验方法按《公路工程沥青及沥青混合料试验规程》(JTJ 052—2000),要求动稳定度不小于2 600次/mm。

**4.4.2** 渗透性能

配合比设计应检验其渗透性能,渗透性能采用渗透系数评价,LSPM要求渗透系数不小于0.01cm/s,渗透系数测试方法参见附录C。

# 5 结构组合设计

## 5.1 适用条件

**5.1.1** LSPM 可用于新建公路、沥青路面补强、水泥路面的改造加铺。

**5.1.2** 在路面结构中,LSPM 作为过渡层,兼有承重、抵抗反射裂缝以及排出渗入路面结构内部水分的功能。

**5.1.3** LSPM 用于旧路补强的直接加铺层,需先对原路况进行评定,评定依据按《公路技术状况评定标准》(JTG H20—2007)进行。原路面的 PCI 不宜小于 80;同时,对于原水泥路面,其 DBI 值不宜超过 20%。对于原沥青路面,当量回弹模量不宜小于 150MPa。

## 5.2 结构组合设计

**5.2.1** 结构组合原则

(1)对 LSPM-25 结构层厚度宜为 8~12cm。

(2)对 LSPM-30 结构层厚度宜为 10~15cm。

(3)进行含 LSPM 的路面结构组合设计时,应进行结构的受力分析和计算。在没有经验的情况下,可根据推荐结构组合进行选择,然后进行受力验算分析。

(4)在进行结构组合设计前,应对 LSPM 沥青混合料的抗压回弹模量进行测试,没有试验条件的,可参考采用推荐值(推荐值为 500~800MPa)。

**5.2.2** 排水设计

(1)LSPM 结构层兼有排水层功能,应根据《公路排水设计规范》(JTJ 018—97)排水技术要求进行排水能力验证。

(2)LSPM 结构层下应设置下封层。下封层宜采用单层式沥青表面处治方法,沥青结合料应采用热普通沥青或热改性沥青,沥青洒布量为 1.4~1.6kg/$m^2$,洒布沥青用量为 0.3%~0.5% 的预拌 5~10mm 碎石,其洒布量为 6~8kg/$m^2$。在新建半刚性基层上设置下封层时,不宜省略透层油。

(3)采用 LSPM 作为柔性基层时,应对路肩进行特殊设计,可以采用碎石路肩或在硬路肩设置排水渗沟,使渗入路面结构的水分能够顺利排出。

(4)路面维修工程中对单车道进行维修采用 LSPM 作为柔性基层时,应在 LSPM 底部设置排水管,可采用边部打孔的形式。排水管间距宜为 20 ~ 30m,并在竖曲线底部进行加密至间距 10 ~ 15m。

(5)路肩设计采用碎石路肩时,LSPM 结构层与碎石路肩相连。碎石路肩宜采用单粒径碎石,要求自 LSPM 结构层以下开始填筑,厚度要大于 LSPM 结构层厚度。单粒径碎石采用轧制碎石,级配应满足《公路沥青路面施工技术规范》(JTG F40—2004)中 S7 或 S9 要求。

## 5.3 推荐结构组合

用于新建沥青路面与旧沥青路面加铺,推荐的含 LSPM 的典型路面结构组合如表 5.3.1 ~ 表 5.3.3。

**表 5.3.1 推荐的含 LSPM 的路面结构组合(新建道路)**

| 累计标准轴次(万次/车道) | 自上而下的结构层(混合料类型/厚度范围) | | | | | | |
|---|---|---|---|---|---|---|---|
| | 1 | 2 | 3 | 4 | 5 | 6 | 7 |
| <300 | AC-13/4cm | AC-20/5 ~ 6cm(或不设) | LSPM-25/8cm | 1 ~ 2 层半刚性基层 | 土基 | | |
| 300 ~ 1 200 | AC-13/4cm<br>SMA-13/4cm | AC-20/5 ~ 6cm(或不设) | LSPM-25/8 ~ 12cm | 1 ~ 3 层半刚性基层 | 土基 | | |
| 1 200 ~ 2 500 | SMA-13/4cm<br>AC-13/4cm | AC-20/5 ~ 6cm | AC-25/8cm(或不设) | AC-10/3 ~ 5cm(或不设) | LSPM-25/8 ~ 12cm | 1 ~ 3 层半刚性基层 | 土基 |
| 2 500 ~ 4 000 | SMA-13/4cm<br>AC-13/4cm | AC-20/5 ~ 6cm | AC-25/8cm | AC-10/3 ~ 5cm | LSPM-25/8 ~ 12cm | 1 ~ 3 层半刚性基层 | 土基 |

**表 5.3.2 推荐的含 LSPM 的路面结构组合(旧沥青路面直接加铺)**

| 累计标准轴次(万次/车道) | 自上而下的结构层(混合料类型/厚度范围) | | | | | | |
|---|---|---|---|---|---|---|---|
| | 1 | 2 | 3 | 4 | 5 | 6 | 7 |
| <300 | AC-13/4cm | AC-20/5 ~ 6cm(或不设) | LSPM-25/8cm | 旧沥青路面 | | | |
| 300 ~ 1 200 | AC-13/4cm<br>SMA-13/4cm | AC-20/5 ~ 6cm(或不设) | LSPM-25/8 ~ 12cm | 旧沥青路面 | | | |
| 1 200 ~ 2 500 | SMA-13/4cm<br>AC-13/4cm | AC-20/5 ~ 6cm | AC-25/8cm(或不设) | AC-10/3 ~ 5cm(或不设) | LSPM-25/8 ~ 12cm | 旧沥青路面 | |
| 2 500 ~ 4 000 | SMA-13/4cm<br>AC-13/4cm | AC-20/5 ~ 6cm | AC-25/8cm | AC-10/3 ~ 5cm | LSPM-25/8 ~ 12cm | 旧沥青路面 | |

**表 5.3.3　推荐的含 LSPM 的路面结构组合(旧沥青路面翻修改造)**

| 累计标准轴次(万次/车道) | 自上而下的结构层(材料/厚度范围) | | | | | | |
|---|---|---|---|---|---|---|---|
| | 1 | 2 | 3 | 4 | 5 | 6 | 7 |
| <300 | AC-13/4cm | AC-20/5~6cm(或不设) | LSPM-25/8cm | 0~2 层半刚性基层 | 清除沥青面层后,部分基层良好 | | |
| 300~1 200 | AC-13/4cm<br>SMA-13/4cm | AC-20/5~6cm(或不设) | LSPM-25/8~12cm | 1~3 层半刚性基层 | 清除沥青面层后,部分基层良好 | | |
| 1 200~2 500 | SMA-13/4cm<br>AC-13/4cm | AC-20/5~6cm | AC-25/8cm(或不设) | AC-10/3~5cm(或不设) | LSPM-25/8~12cm | 清除沥青面层后,部分基层良好 | 土基 |
| 2 500~4 000 | SMA-13/4cm<br>AC-13/4cm | AC-20/5~6cm | AC-25/8cm | AC-10/3~5cm | LSPM-25/8~12cm | 清除沥青面层后,部分基层良好 | 土基 |

注:①除 LSPM 层,其他面层沥青混合料类型的选择,可以根据实际情况加以调整。
②厚度的选择也可以根据计算分析,加以调整。
③对于旧路翻修改造加铺方案,如果基层全部破损,参考典型路面结构同新建道路。
④对于旧路翻修改造加铺方案,对旧路的处理措施可以有多种,并非全部清除。

# 6 LSPM施工工艺

## 6.1 一般规定

**6.1.1** LSPM施工前,应保证其下承层清洁,平整度、强度满足要求,不符合要求的不得铺筑LSPM层。

**6.1.2** LSPM直接用于旧沥青路面加铺层时,应对原沥青路面表面出现的裂缝、坑槽、松散、沉陷等病害进行处理,并达到设计要求。

**6.1.3** LSPM直接用于旧水泥路面加铺时,应对原水泥路面出现板角断裂、裂缝、坑洞、脱空、唧泥、沉陷、错台等病害进行处理。

## 6.2 拌和厂要求

**6.2.1** 拌和厂的设置应符合国家有关环境保护、消防、安全等规定。

**6.2.2** 拌和厂与施工现场距离应充分考虑交通、气候等不利因素,确保混合料的施工温度满足要求。

**6.2.3** 拌和厂应具有完备的排水设施。各种集料必须分隔储存,细集料应设防雨顶棚,料场及场内道路应硬化处理,严禁泥土污染集料。

## 6.3 LSPM的拌制

**6.3.1** LSPM宜采用间歇式拌和机。

**6.3.2** LSPM拌和机设备的各种传感器必须定期检定,周期不少于每年一次。冷料供料装置需经标定得出集料供料曲线。

**6.3.3** 拌和机必须配备计算机进行逐盘打印,且具有二级除尘装置。二级除尘以后的回收粉不允许再被使用。

**6.3.4** LSPM 在生产前必须对生产配合比进行严格调试。根据目标确定的配合比，首先应进行热料仓振动筛的设置，然后进行热料仓筛分调试生产初试级配，根据抽提筛分结果确定生产级配，最后确定最佳沥青用量。

**6.3.5** 沥青结合料加热温度、混合料的出场温度、废弃温度应按不同沥青种类根据《公路沥青路面施工技术规范》(JTG F40—2004)合理确定。当采用多级沥青结合料时，沥青加热温度宜在 170 ~ 180℃之间，集料加热温度应比沥青温度高 10 ~ 20℃。拌和站混合料的出场温度宜控制在 170 ~ 185℃，混合料废弃温度为 195℃。

**6.3.6** 拌和时间由试拌确定，以沥青均匀裹覆集料为度。间歇式拌和机每盘生产周期不宜小于 45s(其中干拌时间不少于 5 ~ 10s)。拌制好的混合料应均匀一致、无花白料、无结团成块或严重粗细集料分离现象。

**6.3.7** 在混合料中添加纤维时，纤维必须在混合料中充分分散，拌和均匀，拌和时间宜延长 5s 以上。

## 6.4 LSPM 的运输

**6.4.1** LSPM 混合料宜采用较大吨位运料车运输，但不得超载运输。运输过程中不得紧急制动、急弯掉头，不得造成封层、透层的损伤。

**6.4.2** 运料车的运力应稍有富余，施工过程中摊铺机前方应有运料车等候。对高速公路、一级公路，宜待等候的运料车多于 5 辆后开始摊铺。

**6.4.3** 运料车每次使用前后必须清扫干净。在车箱板上涂一薄层隔离剂或防粘剂，防止沥青黏结，但不得有余液积聚在车箱底部。

**6.4.4** 拌和机向运料车装料时要求料车做到前后移动分多堆装车，平衡装料，以减少混合料离析。

**6.4.5** 运料车运输混合料宜用苫布覆盖保温、防雨、防污染。

**6.4.6** 运料车进入摊铺现场时，轮胎上不得粘有泥土等可能污染路面的脏物，否则应冲洗轮胎后进入工程现场。

**6.4.7** LSPM 混合料在摊铺地点凭运料单接收，并测定混合料温度；若不符合施工温度要求，或已经结成团块、已遭雨淋的混合料不得铺筑。

**6.4.8** 摊铺过程中,运料车在摊铺机前 100 ~ 300mm 处停住,空挡等待,由摊铺机推动前进开始缓缓卸料,避免撞击摊铺机。

**6.4.9** LSPM 混合料在运输、等候过程中,如发现有沥青结合料沿车箱板滴漏时,应采取措施予以避免。

## 6.5 LSPM 的摊铺

**6.5.1** LSPM 结构层摊铺时应一次铺筑。

**6.5.2** 摊铺厚度的增大,必须对摊铺机作调整。混合料的摊铺应保持合理的速度,并根据拌和站的拌和能力进行合理调整,一般不得大于 2m/min,做到缓慢、均匀、不间断摊铺。

**6.5.3** 摊铺机应调整到最佳工作状态,调整好螺旋布料器两端的自动料位器,并使料门开度、链板送料器的速度和螺旋布料器的转速相匹配。布料器中混合料的位置宜略高于螺旋布料器 2/3 高度,同时螺旋布料器的转速不宜太快,避免摊铺层出现离析现象。

**6.5.4** 应注意摊铺机料斗的操作方法,减小粗细集料的离析,尽量做到连续供料,避免粗集料集中。

**6.5.5** 混合料的摊铺厚度应为设计层厚乘以松铺系数。摊铺前应确定观测点来验证松铺系数,每一工程大面积开工以前都应铺筑试验段,以确定各项参数。根据经验,LSPM 混合料的松铺系数一般为 1.18 ~ 1.20。

## 6.6 LSPM 的压实及成型

**6.6.1** LSPM 的压实是保证质量的重要环节,应通过铺筑试验段选择合理的压路机组合方式和碾压步骤。

**6.6.2** 由于 LSPM 是粗集料骨架空隙结构,施工时既要保证粗集料的骨架结构,又要防止由于过碾而导致骨架棱角的破坏。

**6.6.3** 为达到良好的压实效果,必须使用大吨位的双钢轮振动压路机和较大吨位的轮胎压路机。对于一台 3000 型拌和站,基本配备如下:

| | |
|---|---|
| 11 ~ 13t 双钢轮振动压路机 | 2 台 |
| 26 ~ 30t 轮胎压路机 | 2 台 |
| 7 ~ 11t 钢轮压路机 | 21 台 |

**6.6.4** 初压时压路机应紧跟摊铺机。初压温度应根据沥青结合料确定，当采用多级沥青结合料时，初压温度应控制在165～175℃之间，并在压实过程中不得急转弯，保持合理的压实速度。

**6.6.5** 为保证压实过程中不出现粘轮现象，振动压路机水箱中应加入少量的表面活性剂。轮胎压路机不得洒水，振动压路机应尽可能减少洒水量，可以在压实过程中适量喷洒或涂抹隔离剂，并以不粘轮为原则。

**6.6.6** LSPM宜采用的压实工艺如下：初压采用双钢轮振动压路机。初压第一遍，前进静压，后退振动；初压第二遍，前进后退均为振压，压实速度宜为1.5～2km/h，宜采用高频低幅进行压实，相邻碾压带轮迹重合为20cm左右。洒水装置进行间断洒水，只要保证不粘轮即可。振动过后，轮胎压路机再碾压1～2遍，随后即可以进行赶光。赶光可采用7～11t钢轮压路机，速度宜控制在3～4km/h。

**6.6.7** 混合料在冷却到一定温度以下后，采用振动方式容易造成集料压碎。在试验段铺筑时应确定此温度，在此温度以下不应再用振动碾压。

**6.6.8** 施工完成以后应尽量避免非施工车辆驶入，并在尽可能短的时间内铺筑沥青面层。

**6.6.9** 每一个工程项目开始之前，应修筑试验段。

## 6.7 试验段

**6.7.1** LSPM大面积施工前应铺筑试验段。

**6.7.2** 试验段的长度应根据试验目的确定，铺筑长度宜为100～200m。

**6.7.3** LSPM试验段铺筑分试拌及试铺两个阶段，应包括下列试验内容：

(1)检验各种施工机械的类型、数量及组合方式是否匹配。

(2)通过试拌确定拌和机的操作工艺。

(3)通过试铺确定摊铺、压实工艺，确定松铺系数等。

(4)验证沥青混合料生产配合比设计，提出生产用的标准配合比。

(5)建立钻芯法与精密水准仪高程法等无破损检测路面密度的对比关系，确定压实度、空隙率的标准检测方法。

**6.7.4** 试验段铺筑应由有关各方共同参加，及时商定有关事项，明确试验结论。铺筑结束后，施工单位应就各项试验内容提出完整的试验路施工、检测报告，以取得业主或监理的批复。

# 7 施工质量管理和检查验收

## 7.1 一般规定

**7.1.1** LSPM 沥青路面施工应建立并健全有效的质量保证体系,进行全过程质量控制,对各工序的施工质量进行检查评定,保证施工质量的稳定性,确保达到规定的质量标准。

**7.1.2** 除施工企业进行自检外,工程监理应按有关规定进行质量检查与认可,政府质量监督部门及工程建设单位应对工程质量进行监督。

**7.1.3** 本规程规定的技术要求是 LSPM 施工质量管理和交工验收的依据。

**7.1.4** 所有与工程建设有关的原始记录、试验检测及计算数据、汇总表格,必须如实记录和保存。对已经采取措施进行返工和补救的项目,可在原记录和数据上注明,但不得销毁。

**7.1.5** LSPM 沥青路面施工应加强过程质量控制,实行动态质量管理。施工质量管理与检查验收应包括工程施工前、施工过程中质量管理与质量控制,以及各施工工序间的质量检查验收。

## 7.2 施工前的材料与设备检查

**7.2.1** 施工前必须检查各种材料的来源和质量。对经招标程序购进的沥青、集料等重要原材料,供货单位必须提供最新检测的正式试验报告。从国外进口的材料应提供该批材料的船运单。对首次使用的集料,应检查生产单位的生产条件、加工机械、覆盖层的清理情况。所有材料都应按规定取样检测,经质量认可后方可订货。

**7.2.2** 各种材料都必须在施工前以“批”为单位进行检查,不符合本规程技术要求的材料不得进场。对于各种矿料,以同一料源、同一次购入并运至生产现场的相同规格材料为一“批”;对于沥青,同一来源、同一次购入且储入同一沥青罐的同一规格沥青为一“批”。

**7.2.3** 工程开始前,必须对材料的存放场地、防雨和排水措施进行确认,不符合本规程要求时材料不得进场。进场的各种材料的来源、品种、质量应与招标及提供的样品一致,不符合要求的材料严禁使用。

**7.2.4** 使用成品改性沥青时,应要求供应商提供所使用改性剂型号和基质沥青的质量检验报告,必要时应对基质沥青进行取样检测。使用现场改性沥青的工程,应对试生产的改性沥青进行检测,质量不合格的不得使用。

**7.2.5** 施工前应对沥青拌和楼、摊铺机、压路机等各种施工机械和设备进行调试,对机械设备的配套情况、技术性能、传感器计量精度进行认真检查、标定,并得到监理的认可。

**7.2.6** 正式开工前,各种原材料的试验结果,及据此进行的目标配合比设计和生产配合比设计结果,应在规定的期限内向业主及监理提出正式报告,待取得正式认可后方可使用。

## 7.3 施工过程中的质量管理与检查

**7.3.1** LSPM结构层施工必须在得到开工令后方可开工。

**7.3.2** LSPM结构层施工中应抓好材料质量、施工温度、摊铺碾压机械、施工工艺等关键环节,保证压实度,切忌片面追求平整度而降低压实度。

**7.3.3** 施工过程应以施工单位自检与监理抽检相结合,检测的原始数据必须真实,不得丢弃。

**7.3.4** 施工过程中材料质量检查项目和频率应符合表7.3.4中的要求。每个检查项目的平行试验次数或一次试验的试样数,必须按相关试验规程的规定执行,并以平均值评价是否合格。

**表7.3.4 施工过程中材料质量检查的内容和要求**

| 材 料 | 检 查 项 目 | 检 查 频 率 | 平行试验次数或一次试验的试样数 |
|---|---|---|---|
| 粗集料 | 外观(石料品种、含泥量等) | 随时 | — |
| | 针片状颗粒含量 | 随时 | 3 |
| | 颗粒组成部分(筛分) | 必要时 | 2 |
| | 压碎值 | 必要时 | 2 |
| | 洛杉矶磨耗损失 | 必要时 | 2 |
| | 含水率 | 必要时 | 2 |

续上表

| 材　　料 | 检 查 项 目 | 检 查 频 率 | 平行试验次数或一次试验的试样数 |
|---|---|---|---|
| 细集料 | 颗粒组成<br>砂当量<br>含水率<br>松方单位质量 | 随时<br>必要时<br>必要时<br>必要时 | 2<br>2<br>2<br>2 |
| 石灰粉 | 外观<br>含水率 | 随时<br>必要时 | —<br>2 |
| 改性沥青 | 针入度<br>软化点<br>离析试验<br>低温延度<br>弹性恢复<br>显微镜观察(对现场改性沥青) | 每天1次<br>每天1次<br>每周1次<br>必要时<br>必要时<br>随时 | 3<br>2<br>2<br>3<br>3<br>— |

**7.3.5**　沥青混合料拌和厂必须按以下步骤对LSPM生产过程控制,并按表7.3.5规定的项目和频率检查沥青混合料产品的质量,如实计算产品的合格率。单点检查评价方法应符合相关试验规程的试样平行试验的要求。

**表7.3.5　LSPM施工过程中检验频率与要求**

<table>
<tr><th colspan="2">项　　目</th><th>检查频度及单点检验评价方法</th><th>质量要求或允许偏差</th><th>试 验 方 法</th></tr>
<tr><td colspan="2">混合料外观</td><td>随时</td><td>观察集料粗细、均匀性、离析、油石比、色泽、冒烟、有无花白料、油团等各种现象</td><td></td></tr>
<tr><td rowspan="3">拌和温度</td><td>沥青、集料的加热温度</td><td>逐锅检测评定</td><td>符合规定</td><td>传感器自动检测,显示并打印</td></tr>
<tr><td rowspan="2">混合料出厂温度</td><td>逐车检测评定</td><td>符合规定</td><td>传感器自动检测、显示并打印,按T 0981人工检测</td></tr>
<tr><td>逐锅测量记录,每天取平均值评定</td><td>符合规定</td><td>传感器自动检测,显示并打印</td></tr>
<tr><td rowspan="3">矿料级配</td><td>0.075mm</td><td rowspan="3">逐锅在线监测</td><td>±1%</td><td rowspan="3">计算机采集数据计算</td></tr>
<tr><td>4.75mm、9.5mm</td><td>±5%</td></tr>
<tr><td>>9.5mm</td><td>±6%</td></tr>
</table>

续上表

| 项　　目 | | 检查频度及单点检验评价方法 | 质量要求或允许偏差 | 试 验 方 法 |
|---|---|---|---|---|
| 矿料级配 | 0.075mm | 逐锅检查，每天汇总1次取平均值评定 | ±1% | 总量检验 |
| | 4.75mm、9.5mm | | ±2% | |
| | >9.5mm | | ±3% | |
| | 0.075mm | 每台拌和机每500～1 000t 1次，以2个试拌样的平均值评定 | ±1% | T 0725 抽提筛分与标准级配比较的差 |
| | 4.75mm、9.5mm | | ±4% | |
| | >9.5mm | | ±5% | |
| 沥青用量（油石比） | | 逐锅在线监测 | ±0.3% | 计算机采集数据计算 |
| | | 逐锅检查，每天汇总1次取平均值评定 | ±0.15% | 总量检验 |
| | | 每台拌和机每500～1 000t 1次，以2个试样的平均值评定 | ±0.2% | 抽提T 0722、T 0721 |
| 压实度 | | 每2000m$^2$检查1组 | 试验室标准密度的98%，试验段密度的99% | T 0924、T 0922 |
| 空隙率 | | 每2000m$^2$检查1组 | ±2% | T 0924、T 0922 |
| 析漏试验 | | 每台拌和机每天1～2次 | 0.2% | T 0732 |
| 飞散试验 | | 需要时 | 20% | T 0733 |

（1）随时目测各种材料的质量和均匀性，目测混合料拌和是否均匀、有无花白料、油石比是否合理，检查集料和混合料的离析情况。

（2）检查控制室拌和机各项参数的设定值、控制屏的显示值，核对计算机采集和打印记录的数据与显示值是否一致。

（3）检测混合料的材料加热温度、混合料出厂温度，取样抽提、筛分检测混合料的矿料级配、油石比。抽提筛分应至少检查0.075mm、4.75mm、9.5mm、公称最大粒径及中间粒径等5个筛孔的通过率。

（4）取样进行密度试验，确定每日测定压实度的标准密度。密度测定可以用实测法和体积法。施工和验收过程中的压实度检验不得采用配合比设计时的标准密度，应按以下方法逐日检测确定：

①以试验室试验密度作为标准密度，即沥青拌和厂每天取样1～2次实测或计算的试件密度，取平均值作为该批混合料铺筑段压实度的标准密度。其试件成型温度与路面初压温度一致。

②以每天实测矿料密度计算得到的理论最大相对密度作为标准密度。

③可根据需要选用试验室标准密度、理论最大相对密度中的1～2种作为钻芯法检测评定的标准密度,同时必须在报告中注明选用何种方法确定标准密度。

**7.3.6** LSPM结构层铺筑过程中必须随时对铺筑质量进行评定。质量检查的内容、频度、允许差应符合表7.3.6的规定。

**表7.3.6 LSPM施工过程中质量评定标准**

<table>
<tr><th rowspan="2">项 目</th><th rowspan="2" colspan="2">检查频度及单点检验评价方法</th><th colspan="2">质量要求或允许偏差</th><th rowspan="2">试 验 方 法</th></tr>
<tr><th>高速公路、一级公路</th><th>其他等级公路</th></tr>
<tr><td rowspan="2">厚度</td><td colspan="2">随时</td><td>设计值的8%</td><td>设计值的10%</td><td>施工时,插入改锥量测松铺厚度及压实厚度</td></tr>
<tr><td colspan="2">每2000m²1点</td><td>设计值的-5%</td><td>设计值的-8%</td><td>T 0912</td></tr>
<tr><td rowspan="2">压实度</td><td rowspan="2">每2000m²检查1组</td><td>代表值</td><td colspan="2">试验室标准密度的98%,试验段密度的99%</td><td rowspan="2">T 0924、T 0922评定方法见规范</td></tr>
<tr><td>极值</td><td colspan="2">比代表值放宽1%(每1000m)或2%(全部)</td></tr>
<tr><td>空隙率</td><td colspan="2">同压实度标准</td><td colspan="2">设 计 要 求</td><td>本规程要求</td></tr>
<tr><td>平整度(最大间隙)</td><td colspan="2">随时,单杆(接缝)或连续10尺</td><td>5mm</td><td>7mm</td><td>T 0931</td></tr>
<tr><td>平整度(标准差)</td><td colspan="2">连续测定</td><td>2.4mm</td><td>3.0mm</td><td>T 0932</td></tr>
<tr><td>宽度</td><td colspan="2">检测每个断面</td><td>不小于设计宽度</td><td>不小于设计宽度</td><td>T 0911</td></tr>
<tr><td>纵断面高程</td><td colspan="2">检测每个断面</td><td>±10mm</td><td>±10mm</td><td>T 0911</td></tr>
<tr><td>横坡度</td><td colspan="2">检测每个断面</td><td>±0.3%</td><td>±0.5%</td><td>T 0911</td></tr>
</table>

## 7.4 交工验收阶段的工程质量检查与验收

交工验收阶段的工程质量检查与验收应按照《公路工程质量检验评定标准(土建分册)》(JTG F80/1—2004)执行。

# 附录 A　混合料设计步骤

## A.1　一般规定

本方法步骤仅适用于 LSPM。本附录中未给出的计算公式参见《公路沥青路面施工技术规范》(JTG　F40—2004)。

## A.2　设计步骤

**A.2.1**　原材料试验

对原材料采用水筛法进行筛分,同时对其物理指标进行测试,主要包括各种集料的表观相对密度、毛体积相对密度、吸水率、松散密度、捣实密度与振实密度等。

**A.2.2**　级配设计

混合料级配可以根据表 4.2.1 进行选择,也可以采用如下方法进行设计。根据各集料密度参数,在级配设计程序中分别输入相应的参数,并根据设计结果对设计参数进行调整。

本级配设计方法采用体积填充的方法,通过线性规划求解混合料的级配组成。设计过程中,需要输入的原始数据和条件数据主要有期望空隙率、粉胶比要求范围、粗集料松散密度、沥青密度与公称最大粒径。设计的一般过程如下:

(1)根据测定的最粗一级集料的松散密度和毛体积密度确定最粗一级矿料的用量。

(2)根据矿料的最大粒径和空隙率要求计算有效沥青体积含量:

$$VEA = 13.261 \times (S/2.54)^{-0.187} + 0.57 \times (VV - 5) - VV \qquad (A.2.2\text{-}1)$$

式中:VEA——有效沥青体积含量(%);

$S$——最大粒径(cm);

VV——空隙率(%)。

(3)根据矿料有效相对密度估算被吸收的沥青结合料比例:

$$P_{ba} = \frac{\gamma_{se} - \gamma_{sb}}{\gamma_{se} \times \gamma_{sb}} \times \gamma_b \times 100 \qquad (A.2.2\text{-}2)$$

式中:$P_{ba}$——沥青混合料中被集料吸收的沥青结合料比例(%);

$\gamma_{se}$——合成矿料有效相对密度(无量纲);

$\gamma_{sb}$——矿料合成毛体积相对密度(无量纲);

$\gamma_b$——沥青的相对密度(25℃/25℃,无量纲)。

(4)根据粉胶比的约束和矿料总和为100%的约束,通过线性规划计算程序对设计的沥青矿料级配进行循环调配,直至满意为止。

(5)以计算的有效沥青和吸收沥青之和作为设计沥青含量,进行性能试验。

设计时采用规划求解方法需要输入的原始参数(示例)见表A.2.2。

**表A.2.2 线性规划求解输入原始参数**

| 期望空隙率(%) | 粉胶比范围 | | 最大档集料松散密度($g/cm^3$) | 沥青相对密度 | 最大粒径(cm) |
|---|---|---|---|---|---|
| 18 | 0.6 | 1.20 | 1.647 | 1.03 | 3.810 |

级配设计时,通常将粗细集料分开来分别设计。粗集料的总量和各级粒径集料的比例,对于大粒径透水性沥青混合料的骨架作用是十分重要的。级配设计与调整通常需要借助计算机程序来完成。

### A.2.3 大型马歇尔试验

在确定级配以后即可进行混合料成型试验,以确定最佳沥青含量。根据LSPM设计的经验,可以选定三个沥青含量,一般为2.5%、3.0%与3.5%。成型试件的密度测定可以采用体积法与真空密封法,混合料的最大理论密度采用计算法。计算采用各集料的密度为有效密度,集料有效密度与最大理论密度的计算公式详见《公路沥青路面施工技术规范》(JTG F40—2004)。根据实测或计算得到的密度数据可以计算出成型试件的空隙率。

### A.2.4 沥青膜厚度计算

沥青膜厚度可以通过沥青含量与集料表面积来计算。沥青含量应当采用有效沥青含量。集料表面积(AREA)的计算可根据美国AI给出的经验公式估算:

$$\text{AREA}(m^2/kg) = 0.41 + 0.0041P_{4.75} + 0.0082P_{2.36} + 0.0164P_{1.18} + 0.0287P_{0.6} + 0.0614P_{0.3} + 0.1229P_{0.15} + 0.3277P_{0.075} \quad (A.2.4)$$

式中:$P_i$——分别为$i$级筛孔的通过率(%)。

### A.2.5 析漏与飞散

析漏试验和飞散试验是确定透水性沥青混合料最佳沥青用量的两项必不可少的试验。通过析漏试验可以确定保证沥青不产生流淌的最大沥青用量;通过飞散试验可以确定透水性沥青混合料不发生严重飞散的最小沥青用量。析漏与飞散试验具体方法与步骤详见《公路工程沥青与沥青混合料试验规程》(JTJ 052—2000)。

### A.2.6 最佳沥青用量确定

根据析漏与飞散试验确定LSPM的最大与最小沥青用量。通过沥青膜厚度要求验证最小沥青用量,以同时满足飞散试验与沥青膜厚度要求为准,然后通过空隙要求确定沥青用量的范围。最终得到的最佳沥青用量是一个范围,取平均值为最佳沥青用量,如图 A.2.6 所示。

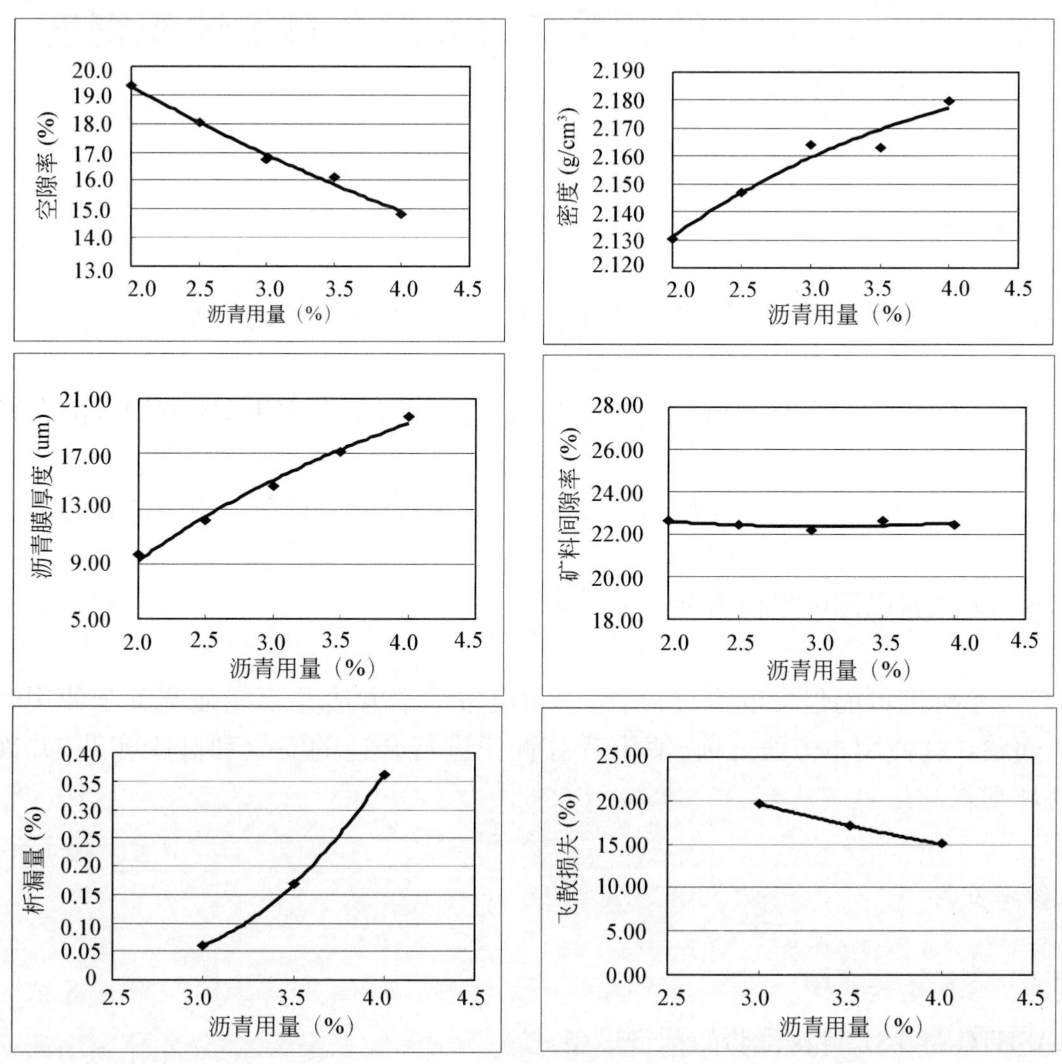


图 A.2.6 LSPM 设计分析例图

## A.3 性能检验

LSPM 的性能检验主要包括高温性能检验与渗透性能检验。

# 附录B 真空密封法测定压实沥青混合料毛体积密度试验方法

## B.1 适用范围

**B.1.1** 本法为沥青混合料压实试件的毛体积相对密度的测定方法。

**B.1.2** 本方法适用于开口和(或)内部连通空隙或吸水率大于2%的沥青混合料。

**B.1.3** 压实沥青混合料毛体积相对密度可用于沥青混合料单位质量的计算。

**B.1.4** 本试验以国际单位为准。

**B.1.5** 本标准可能包含危险材料、操作和设备。本方法并不能强调关于使用时的所有安全问题。在使用本方法之前,使用者有责任进行合适的安全和健康实践,并确定其使用的规则限制。

## B.2 参考文件

**B.2.1** 参照方法

AASHTO M 231 材料试验的称量设备
AASHTO T 166 饱和面干法测定沥青混合料毛体积相对密度
AASHTO T 209 沥青混合料理论最大密度
AASHTO T 275 蜡封法测定沥青混合料毛体积相对密度

**B.2.2** 参照标准

ASTM C 670 确定建筑材料试验方法的精密度及偏差的实践标准
ASTM D 8 有关道路及路面材料的名词术语
ASTM D 3549 压实沥青混合料试件的厚度及高度
ASTM D 4460 对来自其他试验方法的数据计算精密度
ASTM E 29 规范符合性能试验中试验数据的有效数字
ASTM E 1547 工业与特殊化学品的名词术语

## B.3 试件

**B.3.1** 试件可采用室内成型的沥青混合料或取自路面,混合料可以是面层、磨耗层、联结层、找平层或者沥青稳定基层。

**B.3.2** 试件尺寸

对试件尺寸有如下建议:

(1)对圆柱或圆形试件的直径或切割试件的边长不得小于集料最大粒径的4倍。

(2)试件厚度不小于集料最大粒径的1~1.5倍。

**B.3.3** 取自路面的试件宜用钻芯机钻取,采用金刚石或金刚砂钻筒或采用其他合适的方法。

**B.3.4** 在试件钻取过程中需要避免试样的变形、扭曲、开裂等损坏,钻取后的试样应置于安全及清凉处。

**B.3.5** 钻取后的试样须避免与其他封层、黏层、基层、底基层材料、土、纸张及金属箔等材料混放在一起。

**B.3.6** 如果需要,可借助切割机等设备将试件从其他路面结构层中分离出来。参差不齐的试件边缘或者尖锐的集料可能会刺破塑料袋。如果装样袋内放不下试样,则须对试件末端或突出部位进行切割修整,以便放入袋后能够包裹好试件。

## B.4 设备

**B.4.1** 装样袋切割工具

配备刀、剪刀或其他类似剪切工具,以便将装样袋迅速剖开。

**B.4.2** 天平

其最大称量满足要求,最低感量要求能达到试样质量的千分之一或更高。天平需要带有悬挂及托盘装置,以便当试件置于悬挂于托盘中心下面的托盘时可以对其称重。

**B.4.3** 塑料袋

通常采用两种规格的大、小型号塑料袋。小型袋子最小开口尺寸235mm、最大开口尺寸260mm,质量小于35g;大型袋子的最小开口尺寸375mm、最大开口尺寸

394mm,质量35g或以上。袋子需要用塑料材料制成且不黏附沥青膜,具备较好的防刺破能力,能耐受高达70℃的试件温度,防水及密封性能良好,袋子最小厚度0.100mm,最大厚度0.152mm。制造商需要提供袋子的表观相对密度或与袋子质量有关的表观相对密度的回归公式,以及每批袋子的样本质量,参考制造商的建议,以确保对袋子的正常使用。

**B.4.4** 试件滑动平台

水平、光滑的平台需要置于真空室内,以便保证不同高度的试件通过密封条进行密封。平台应该可以移动且尺寸适当,以便于进入真空室,保证试件的光滑端面可以较容易地沿光滑平台滑入。与光滑端面相对的试件的另一面需要铺衬一个软垫,以免撕破塑料袋。平台要大小合适,以便既能完全托住试件,又能在密封过程中可以移动。

**B.4.5** 悬挂装置

需要采用最小规格的悬挂细丝,以便最大限度地减少对不同浸入深度所可能带来的影响。悬挂装置需要满足能在试件全部浸入溶液中时能对试件质量进行有效称量。

**B.4.6** 温度计

其测量范围为10~50℃,分度值为0.1℃。

**B.4.7** 真空室

需要一个真空泵,真空泵应具备在60s内使封闭空腔内的气压达到5mmHg气压。真空室必须满足密封350mm长、150mm宽和150mm高的试件。真空室内需放有具有足够长度的密封条,以便对大小型号的袋子进行密封。根据厂家建议或者袋子成分设定加热温度,设备具备自动密封塑料袋功能,采用某种控制方式将袋中空气抽至真空室,以便确保袋子贴紧试件。需要对真空抽气和操作进行标定,以便在真空操作完成后80~160s内真空室恢复到大气压。真空系统需要具备控制真空室门开闭的插销装置。

**B.4.8** 真空表(标定过的)

将标定过的真空表放入自动真空密封设备中,以校验真空性能及密封效果,其精度最小测量范围为0~10mmHg,且最低感量为1mmHg。

**B.4.9** 水浴

其可将悬挂于天平下面的试件浸入水中,且具备水位溢流孔以保持恒定的水位高度,并须附加一个加热器和循环装置。当称量试件质量时,热循环装置不应使用。

注:推荐容器内采用缓冲材料,以降低袋子被刺穿的可能性;需要采用夹子将水下的袋子固定,并保证袋子边缘与水浴边缘不接触;水浴在视线位置,有助于避免袋子被撕破和便于观测。

## B.5 操作步骤

**B.5.1** 空气中试件初始质量

将试件置于室温25℃ ±5℃环境中,称取原始质量记作 $E$。试样必须处于表干状态,表面无潮湿或水珠溢出。如果试样表面潮湿,在室温环境下用风扇吹干。对于仲裁试验,需将试件干燥至恒定质量时为止。室内刚成型不久的试件,由于没有接触潮湿环境,故不再要求干燥;但由于其内部温度较高,可能需要较长的冷却时间。试验成型的3 000 ~ 6 000g试件,置于室温下用风扇降温2h后,可以认为已达到室温平衡状态。对于较小的试件,其降温时间可适当越短,不同降温措施没有明显差异。

注:①当试样置于52℃ ±3℃的烘箱内进行干燥时,若质量波动不超过0.05%,即认为是质量恒定。当试样被浸水饱和时,首先置于52℃ ±3℃的烘箱内放置一夜,然后间隔2h分别测定试样质量。

②某些操作步骤可参照T 166进行。

**B.5.2** 密封试样

根据试样选择适当型号的袋子。直径100mm和150mm,厚度小于或等于50mm的试件,通常采用小袋子。

(1)按照制造说明设置密封条加热温度。

(2)取一包装袋,装入试件,将试件最光滑的一面置于底部。这些操作在真空室内进行,用一只手在滑动平台上打开袋子,用另一只手将试件放入袋内。袋子密封处距试件保留25mm的距离。

(3)如有必要,填料板可以在试件放入前提前放入或者取出,抓住袋子未密封端两侧,轻轻地推到密封条上方。袋口重叠至少25mm。

(4)在关闭真空室前,检查沿着密封条是否袋口有褶皱。

(5)真空泵的指示灯变红,并且真空室外部的真空表开始转动,数字式仪表读数显示了真空状态。在这一过程,袋子通常会膨胀。

(6)一旦密封后,打开减压阀,环绕在袋中试件周围的空气将会逸出到真空室中。

(7)将密封盖打开,从真空室内小心将密封的试件取出。轻拉袋子的任何部位,检查是否松弛。松弛区域表明密封不严,对此需要重新从B.5.1开始,换用一个新袋子并重新开始进行初始质量的称量。

**B.5.3** 密封试件质量

将试件从真空室内取出后,置于天平上快速称重并记录其质量为 $B$。

**B.5.4** 密封试件的水中质量

将密封试件放于25℃ ±1℃的水中快速称其质量,须注意将试件及袋子全部浸入水中,可借助回形针将袋子固定于水下并且使袋子不要接触箱边,测得水中质量,记为 $C$。

注:将密封盖从密封状态打开到将试件放入水浴中的时间不得超过1min,以减少袋子泄漏的可能性。

**B.5.5** 检查

将密封试件从水浴中取出,并且小心取走袋子,称取质量记为 $D$。将袋子取走前小心拍走袋上附着的水分使袋子成半干状态,称取试件的空中质量记做 $E$,并与初始质量相对比,如果质量损失小于 0.08%,或者增重不超过 0.04%,即可通过检查。质量损失或增加可能是由于袋子泄露的原因,如果检查不通过,须将袋子移走,并且重新按 B.5.1 的步骤开始试验。

**B.5.6** 干试件质量

试件的干质量 $A$ 通常按照以下操作步骤最后进行称量,对于仲裁试验,跳过本节,直接用 $A$ 等于$E$。

(1)将已知质量的试件置于已知质量的一个大的平底干燥的盘子中。如果试件不重复使用,将盘子和试件置于 110℃ ±5℃的烘箱中;如果试件需要重复使用,须将试件放于平盘中,按照 B.5.1 中注①的方法干燥至质量恒定,并跳过下一步骤。

(2)将试样置于烘箱中,直到混合料被烘散至沥青—细集料颗粒不大于 6.4mm。将分散后的试样置于 110℃ ±5℃的烘箱中,干燥至质量恒定。当置于该温度的烘箱中进一步烘干时,2h 间隔内质量改变不超过 0.05% 时即认为是质量恒定。

(3)将试样冷却至室温 25℃ ±5℃,称量试样和盘的质量,然后减去盘的质量,并记录干燥质量为 $A$。

**B.5.7** 塑料袋相对密度

根据厂家提供的公式计算袋子相对密度,或者给出整批货物的相对密度,记做 $F$,精确到 0.001。

## B.6 计算

**B.6.1** 按照下面公式计算试件毛体积相对密度,重复测定该值并精确至 0.001。

$$G_{mb} = \frac{A}{(B - C) - \left(\frac{B - E}{F}\right)} \tag{B.6.1-1}$$

式中:$G_{mb}$——试件的毛体积相对密度;

$A$——试验完成后干燥试件质量(g);

$B$——密封时间质量(g);

$C$——密封试件的水中质量(g);

$E$——试件空中初始质量(g);

$F$——塑料袋相对密度。

**B.6.2** 按照下面公式计算试件密度，重复测定该值并精确至0.001。

$$\rho = G_{mb}\gamma \qquad (B.6.2\text{-}1)$$

式中：$\rho$——试件密度（g/cm$^3$）；

$\gamma$——25℃的水的密度（0.997g/cm$^3$）。

## B.7 校验

**B.7.1** 系统校验

（1）真空设施每3个月校验1次，设备维修或者搬动重新安装后都要进行校验。

（2）对真空表的校验，需要采用可放入真空室的绝对真空计量来校验密封设备的设定真空设定的读数。

（3）将计量表放入真空室内，读取并记录所达到的最大真空度。如果读数为10mmHg或低于此值，该自动真空密封设备将不得使用。

## B.8 精密度

**B.8.1** 通过本试验测得的毛体积相对密度精密度要求见表B.8.1。

**表B.8.1 毛体积相对密度的可接受性要求**

| 试验类型 | 标准差 | 两个结果可接受的范围 |
|---|---|---|
| 单个操作者精密度 | 0.0124 | 0.035 |
| 多个试验室精密度 | 0.0135 | 0.038 |

注：精度估计参照美国联邦公路局统筹基金研究项目报告"采用Corelok真空密封设备测定毛体积相对密度"，报告号FHWA-1F-02-044。

**B.8.2** 表B.8.1中第二列所给出的标准差，对按照第一列类型进行试验来说是合适的。第三列的数字为进行两次合格的平行试验所要求的不宜超过的数值。

# 附录C 渗透性试验方法

## C.1 试剂

纯净、未充气自来水。

## C.2 试件制作

**C.2.1** 试验室试件制作

(1)试件可采用马歇尔击实或旋转压实成型试件。

(2)试件压实后应放至常温。

(3)将试块锯至期望的厚度(锯一面,如锯至现场层厚)。

(4)试件空隙率由试验人确定,但试件空隙率应尽可能与预期现场空隙率一致。

**C.2.2** 现场芯样

(1)压实沥青混合料芯样应用锯子将不同层混合料分开,用锯子去掉影响试验结果的任何附属物。

(2)用水彻底清洗试样,去掉锯试块时留下的任何松散的或黏附于试块表面的杂质。

(3)采用体积法或实测法测定试件毛体积密度。

(4)用游标卡尺测量并记录试件高度和直径精确度不低于0.05mm。单个试件的高度和直径应分别量三个方向。三个方向的测量结果不应有5mm的误差。试件直径不小于150mm,也不大于152.4mm。

注:被测渗水系数为自变量,试件厚度是其因变量之一,其值随试件厚度变化而变化。

## C.3 试件饱水

**C.3.1** 将试件平放在真空箱中,往真空箱中注常温水,真空箱中的水要高出试件25mm。

**C.3.2** 去掉水中气泡,逐渐加真空直到真空箱中残余压力为525mmHg ± 2mmHg,保存该真空度5min ± 1min。

**C.3.3** 真空到达规定时间后,逐渐增加空气压力直至常压。

**C.3.4** 让试件在真空箱中静置5min,此后可以立即着手做试验或迅速将试件转移至另一装满水的容器中浸没,等待试验。

## C.4 渗水仪安装(图C.4)

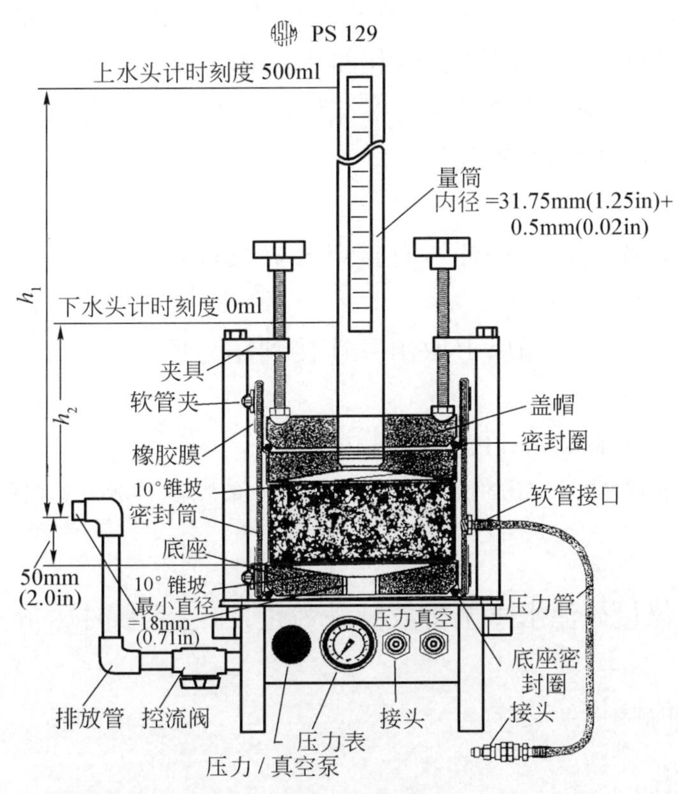


图C.4 渗水试验仪器图

**C.4.1** 渗水仪充分安装好以后(以待测尺寸的试件),用直尺从盖帽处沿量筒壁竖直向上量10cm距离并且在量筒壁上做标记。这个标记将作为下水头计时刻度。

注:为了保证距离测量的准确性,口盖弹簧一定要完全压牢,因此仪器充分安装非常重要。

**C.4.2** 用直尺从下水头刻度处沿量筒壁量63.1cm并做标记,该标记将作为上水头计时刻度。为了帮助测定沥青混合料更宽范围内的渗水系数,也可标记其他的上水头计时刻度(如以10cm为间距)。

注:①如果渗水仪量筒已经有厂商标定计时刻度,则验证厂商是否标记在适当的位置。

②上述渗水仪安装将产生大约8~12的水力坡降(取决于试件厚度),应用其他水力坡降的试验应做达西定律有效性验证。

## C.5 试验过程

**C.5.1** 将渗水仪试样筒从支座上卸下。

**C.5.2** 将渗水仪压力管接至空气泵真空插座。用空气泵施加真空除去柔性薄膜和密封筒圆筒间残留空气,并将橡胶膜叠至圆筒内壁,这将有助于装载试件。

**C.5.3** 打开控流阀,往排放管中注水,直到底座锥形口注满水为止。

**C.5.4** 对于试验室压实试件,试件壁要涂一薄层凡士林油,以使橡胶膜和试件达到满意的密封程度。这一操作应使用抹刀或相似的设备。密封剂只能涂于试件壁上。将试件从充水的真空容器中取出,擦拭至饱和面干状态,并将凡士林油涂于试件壁,然后将试件迅速置于底座之上。对于现场芯样,将试件从充水真空容器中取出擦拭至饱和面干状态,迅速将试件置于渗水仪底座之上。

**C.5.5** 迅速安装渗水仪并保证所有接口和夹具拧紧。

**C.5.6** 将压力管从真空插座上取出并连接到压力插座上。

**C.5.7** 施加额定压强96.5kPa ±7.0kPa。

注:可能存在密封不牢或橡胶膜穿孔的情况,应注意额定压力的波动,特别注意确保额定压力在试验过程中保持不变。

**C.5.8** 往渗水仪量筒注水直至排放管满为止,注意注水时尽量减少掺入气泡。

**C.5.9** 关闭控流阀。

**C.5.10** 仔细摇晃渗水仪让残留气泡排出,反复操作直至残留气泡完全排出为止。

**C.5.11** 重新往排放管注水直至满为止。

**C.5.12** 打开渗水仪控流阀开始让水流动。当水的弯月面底部到达上计时刻度时($h_1$),开始用计时装置计时($t_1$)。继续让水流动直到水平面到达下计时刻度为止($h_2$)。一旦水平面到达下计时刻度立即停止计时,记录时间($t_2$)关闭控流阀。记录花费时间($t$),精确到秒。

**C.5.13** 饱和试件可能需要测试几次,因此需要重复步骤C.5.10~C.5.12。当4次连续测量值与其平均值之差低于10%,试件被认为充分饱和。一旦证实试件饱和后,应记录最后一次测量数据,将其作为随后计算渗流系数之用。

注:如果在第一次试验中试验时间接近30min水平面还未能达到低计时刻度,则试验在30min时停止,并记录此时水平面刻度。遇此类情况应再做一次试验,记录30min时水平面的刻度,将两次试验的平均值作为渗水系数之用。

**C.5.14** 测量并记录试验系统中水的温度,精确到0.5℃。

**C.5.15** 当试件达到饱和并且得到证实后,记录最后一次试验结果。释放渗水仪的压力,移去盖帽和试件。将留在橡胶膜上的密封剂擦拭干净。

## C.6 计算

**C.6.1** 渗水系数 $k$ 可由以下公式计算:

$$k = \frac{al}{At}\ln\left(\frac{h_1}{h_2}\right) \qquad (C.6.1)$$

式中:$k$——渗水系数(cm/s);

$a$——量筒内径面积($cm^2$);

$l$——试件厚度(cm);

$A$——试件横截面积($cm^2$);

$t$——水头高计时刻度至低计时刻度所花费时间(s);

$h_1$——时间 $t_1$ 水头高度(cm);

$h_2$——时间 $t_2$ 水头高度(cm)。

**C.6.2** 修正渗水系数至20℃时 $k_{20}$,将计算结果 $k$ 乘以试验水温相对20℃水温的黏滞率 $R_T$,(表C.6.2)计算公式如下:

$$k_{20} = R_T k \qquad (C.6.2)$$

**表C.6.2 $R_T$ 常数表**

| 温 度 (℃) | ($R_T$) | 温 度 (℃) | $R_T$ |
|---|---|---|---|
| 15.0 | 1.135 | 20.0 | 1.000 |
| 15.5 | 1.121 | 20.5 | 0.988 |
| 16.0 | 1.106 | 21.0 | 0.976 |
| 16.5 | 1.092 | 21.5 | 0.965 |
| 17.0 | 1.077 | 22.0 | 0.953 |
| 17.5 | 1.084 | 22.5 | 0.942 |
| 18.0 | 1.051 | 23.0 | 0.931 |
| 18.5 | 1.038 | 23.5 | 0.921 |
| 19.0 | 1.025 | 24.0 | 0.910 |
| 19.5 | 1.013 | 24.5 | 0.900 |

续上表

| 温　度　(℃) | ($R_T$) | 温　度　(℃) | $R_T$ |
|---|---|---|---|
| 25.0 | 0.889 | 30.0 | 0.797 |
| 25.5 | 0.879 | 30.5 | 0.789 |
| 26.0 | 0.869 | 31.0 | 0.780 |
| 26.5 | 0.860 | 31.5 | 0.772 |
| 27.0 | 0.850 | 32.0 | 0.764 |
| 27.5 | 0.841 | 32.5 | 0.757 |
| 28.0 | 0.832 | 33.0 | 0.749 |
| 28.5 | 0.832 | 33.5 | 0.741 |
| 29.0 | 0.814 | 34.0 | 0.733 |
| 29.5 | 0.805 | 34.5 | 0.725 |

附件

# 《大粒径透水性沥青混合料应用技术规程》

（DB 37/T 1161—2009）

## 条 文 说 明

# 1 总则

**1.0.1** LSPM 作为一种新型沥青混合料,已在山东省大范围推广应用,另外在安徽、辽宁等几个省份也开始采用,相关交通行业标准规范虽已经将其列入,但仍不够细致、全面;此外,为贯彻沥青路面“精心施工、质量第一”的方针,保证 LSPM 的施工质量,因此很有必要制定统一标准。

**1.0.3** LSPM 的技术指标、配合比设计、施工工艺以及质量控制标准都与常规沥青混合料有很大的差别。山东省交通厅公路局与山东省交通科学研究所在对试验路跟踪观测与实践中逐步调整的基础上,经过多年研究,并经大面实体工程验证,最终提出的一整套技术参数。

**1.0.4** LSPM 作为路面结构层,其兼有排出渗入路面结构内部水分的作用,水分主要通过边坡排出,因此路肩必须能够迅速将水分排出;另外,LSPM 应用于新建或旧路补强时,其下承层一般为半刚性基层或旧路面,因此必须防止水分的继续下渗而造成下承层的破坏,使水分通过 LSPM 层排出。

**1.0.5** 本条对环境保护与施工安全问题做出了明确的要求。

**1.0.6** LSPM 作为热拌沥青混合料的一种,其材料试验方法、混合料的指标计算(除本规程规定外)、施工工艺、质量检验、结构设计等还涉及多项交通行业相关标准与国家标准,因此在采用本规程时,如遇到本规程未提及的相关要求应参照相关行业标准与国家标准。

# 2 术语、符号、代号

## 2.1 术语

**2.1.3** 多级沥青结合料是一种新型的化学改性沥青，又称凝胶改性沥青，具有黏度大、软化点高、感温性小、抗老化能力强的优良品质。其较高的黏度是其他改性沥青无法比拟的，因此可以使得集料表面的沥青膜厚度增大。将其应用于 LSPM 是很好的选择之一，目前在山东已大量推广应用。

**2.1.5** 大粒径透水性沥青混合料(Large Stone Porous asphalt Mixes，以下简称 LSPM)是指混合料公称最大粒径大于 26.5mm，具有一定空隙率，能够将水分自由排出路面结构的沥青混合料。LSPM 通常用作路面结构中的基层。LSPM 是针对影响和决定路面结构性能优劣的关键技术——传统路面材料尤其是基层与面层间的过渡层存在种类匮乏、综合性能不适宜的技术瓶颈，以及制约和影响高速公路路面使用寿命的关键技术——传统路面结构组合存在难以克服的各结构层性能不协调、易出现反射裂缝和水损坏等病害的技术难题，而开发的新型高性能“单粒径骨架连通空隙结构”混合料。LSPM 既能发挥原半刚性基层强度高、造价低的优点，又具有良好的透水性、抗车辙、抗反射裂缝和抗疲劳等综合性能，是路面材料领域中一项重大技术突破。

山东省交通厅公路局、山东省交通科学研究所与东南大学经过的多年研究、调整，LSPM 已在实践中得到成功应用。LSPM 的设计采用了新的理念，从级配设计角度考虑，LSPM 应当是一种新型的沥青混合料，通常由较大粒径(25 ~ 62mm)的单粒径集料形成骨架，由一定量的细集料形成填充，从而成为骨架型沥青混合料。LSPM 有着良好的排水效果，通常为半开级配(空隙率为 13% ~ 18%)。它不同于一般的沥青处治碎石(ATPB)基层，也不同于密级配大粒径沥青混合料(ATB)。沥青处治碎石(ATPB)粗集料形成了骨架嵌挤，其基本上没有细集料填充，因此空隙率很大(一般大于 18%)，具有非常好的透水效果；但由于没有细集料填充，空隙率过大，其模量较低而且耐久性较差。密级配大粒径沥青混合料(ATB)也具有良好的骨架结构，空隙率一般在 3% ~ 6%，因此其不具有排水性能。LSPM 级配经过严格设计，其形成了单一粒径骨架嵌挤，并且采用少量细集料进行填充，提高混合料模量与耐久性，在满足排水要求的前提下降低混合料的空隙率，因此其既具有良好的排水性能又具较高模量与耐久性。经过课题组多次论证，将其命名为 LSPM(Large Stone Porous asphalt Mixes，简称 LSPM)。

# 3 材料

## 3.1 一般规定

**3.1.1** 原材料是保证沥青混合料的最基本条件,其性质、加工工艺直接影响沥青混合料级配设计与混合料性能,因此必须对所采用原材料进行详细调查并进行相关检验,为配合比设计、质量控制指标、施工工艺提供最基础的数据。原材料的稳定性是影响沥青混合料性能与质量控制的另一重要因素,必须保证施工过程中原材料的稳定性,尽量减少其变异。施工过程加强原材料抽检,同时必须保证同一规格材料为同一料源,为混合料的稳定性提供基础的保证。

## 3.2 粗集料

**3.2.1** LSPM 中粗集料起到骨架作用。粗集料的质量和其物理性能严重影响着混合料的使用性能,因此混合料中粗集料应使用轧制的坚硬岩石。砾石存在较多的光滑面,破碎以后难以保证其具有良好的棱角性;而 LSPM 对粗集料的棱角性较普通沥青混合料要高,因此规定不采用破碎砾石。

对 LSPM 其粗集料颗粒性状要求良好。由于 LSPM 为粗集料骨架嵌挤空隙结构,粗集料的骨架稳定性对混合料性能影响较常规密级配混合料要大,而且在施工时主要是对粗集料的骨架进行压实,容易造成粗集料的破碎,因此对粗集料的压碎值要求较高。结合对山东省集料的调查,对压碎值指标提高了要求。LSPM 的粗集料骨架嵌挤对棱角性要求较高,而且 LSPM 中 9.5mm 以上粗集料占到 70% 以上,在拌和站滚筒中、拌和锅中容易造成集料棱角性的损失,因此对洛杉矶磨耗指标提高了要求。细长及扁平颗粒含量不应超过 15%,粗集料与沥青应有良好的黏结力。目前,高速公路水损害出现的频率较高,而且 LSPM 为透水沥青混合料兼有排水功能,沥青路面渗入的水分可能会在 LSPM 内部长期存在,因此对其抗剥落的要求较普通沥青混合料高。鉴于此要求粗集料与沥青的黏结力为 5 级,小于 5 级时应当采取抗剥落措施,以保证混合料达到抗剥落性要求。未列出指标应满足《公路沥青路面施工技术规范》(JTG F40—2004)中对热拌沥青混合料集料的要求。

## 3.3 细集料

**3.3.1** 细集料包括机制砂、石屑和天然砂。采用反击式或锤式破碎机生产的硬质岩集料经过筛选的小于2.36mm的部分具有较好的棱角性,可以作为机制砂使用。但必须明确石屑与机制砂是有本质区别的,机制砂是由制砂机生产的细集料,粗糙、洁净、棱角性好,应推广应用;而石屑是石料破碎过程中表面剥落或撞下的棱角、细粉,它虽然棱角性好、与沥青的黏附性好(石灰岩质),但粉尘含量很多、强度偏低、扁片含量及碎土比例很大,且施工性能差、不易压实。因此,国外大都限制石屑的采用,而推广机制砂。天然砂棱角性较差,与沥青的黏附性也较差,对沥青高温稳定性与水稳定性都有较大的影响。LSPM为骨架空隙结构,对所采用的集料棱角性要求较高,并且对抗剥落性能也有很高的要求,因此不推荐采用天然砂作为细集料。

**3.3.2** 细集料应当洁净,且应具有良好的棱角性。针对细集料的洁净指标,砂当量与亚甲蓝试验两种方法分别针对不同规格的细集料,并且为了更严格控制细集料中黏土的含量,本规程将砂当量指标提高。关于细集料的棱角性,美国Superpave采用间隙率法,欧洲一些国家采用流动时间法,目前在国内两种方法都有采用,因此本规程给出了两种方法的指标要求,检验时可任选其中一种。

## 3.4 填料

由于LSPM为透水混合料,填充料的添加量比较少,一般为1%,为了提高沥青混合料的抗水损害能力,规定填充料采用干燥消石灰粉或生石灰粉。计算混合料理论最大相对密度时采用填料的表观相对密度,如试验室具备条件,可采用煤油进行测试;如不具备条件,可采用同材质矿粉表观相对密度代替。

## 3.5 沥青胶结料

**3.5.1** 为了保证LSPM的耐久性,混合料需要比较厚的沥青膜,但同时必须防止混合料的析漏,因此应当采用黏度较高的沥青胶结料。多级沥青结合料具有很高的黏度,在不析漏的情况下能够保证沥青膜厚度。当采用其他沥青胶结料时,由于黏度的不足,沥青膜厚度与析漏量两个要求不能够同时满足,因此需要添加纤维稳定剂来提高沥青用量增加沥青膜厚度,但需要认识到,此时计算的沥青膜厚度并没有考虑到纤维稳定剂吸收的沥青(目前尚无法进行计算)。由于多级沥青结合料是一种新型改性沥青,其技术指标不能采用《公路沥青路面施工技术规范》(JTG F40—2004)进行评价,因此针对LSPM具体要求以及多级沥青结合料特点提出了适用于LSPM的多级沥青结合料技术要求。

# 4 配合比设计

## 4.1 一般规定

**4.1.1** LSPM是一种全新的沥青混合料，其级配设计与材质、材料特性等有较大的关系，因此必须针对所采用的材质、材料特性、加工工艺等进行相关调查，借鉴成功的经验。

**4.1.2** LSPM作为结构层还兼有防止反射裂缝、排水功能，因此必须针对其所处层位，分析其主要发挥的功能是以防止反射裂缝为主还是以排水为主，其所处层位受力特点对高温稳定性的要求等，有具体针对性进行混合料设计。

## 4.2 矿料级配

国外对沥青稳定基层混合料的级配做了大量的研究，都提出了自己的级配范围。大粒径沥青混合料作为一种排水基层，一方面由于颗粒较粗，另一方面由于其面临的状况不如面层沥青混合料苛刻，因此其级配并没有严格理论意义上的标准设计方法，一般情况下是根据经验选择级配和沥青用量。大粒径沥青混合料基层需要有排水功能，要求空隙率比较大，因此采用连续密级配是不合适的，而应当考虑连续开级配（或半开级配）和断级配。为达到大的空隙率要求，混合料中粗集料的比例就要求很大。对于断级配在试验室条件下可能会得到很好的结果，但是施工时离析现象十分严重，因此其被采用得也很少，各国主要研究的还是连续开级配或半开级配。

LSPM没有固定的级配范围与级配曲线，一般情况下根据原材料性质以及所发挥的主要功能，通过线性规划进行设计。为方便施工时进行混合料级配设计与质量控制，课题组根据课题研究成果，并经过近七年的跟踪研究、调整，结合山东省石灰岩原材料情况，制订了级配范围供设计时采用，但并不表明此范围适用于任何原材料种类。表4.2.1中给出的级配范围较宽，在施工设计时应充分考虑原材料性能、结构层所处层位、功能要求以及地理、气候、交通等条件，并根据成功经验进行级配控制范围的优化。

## 4.3 混合料设计

**4.3.1** 我国多年以来一直采用标准马歇尔试验进行沥青混合料的设计和研究。由于LSPM公称最大粒径较大（通常大于26.5mm），现行沥青混合料试验规程对于大于

26.5mm的粗粒式沥青混合料,可以采用替代法。由于采用小粒径石料代替大粒径石料的方法会改变原有的级配规律,造成试验的系统误差,根据目前国内外对成型方法的研究基础,可以采用的方法有大型马歇尔法、振动成型法和旋转压实仪体积法设计等;但到目前为止,都尚无完善的设计体系。马歇尔方法在我国应用比较普遍,也比较容易接受,但是由于大粒径沥青混合料粗集料相对更多、骨架结构形成较好,如果采用大型马歇尔法则必定会造成大量石料被击碎,从而影响了试验的准确性,并且也不如旋转压实仪能够更好地模拟现场压实情况。旋转压实仪被 SHRP 选作用来进行高级路面的设计与评价,我国有部分研究机构已经引进,但是由于其价格昂贵,设计理念比较新颖,国内施工单位根本不具备条件。振动成型法只是在国内少数研究机构和高校中采用,设备都是自己加工而没有统一的规定和标准,而且关于振动成型的方法还处于研究阶段。根据课题研究,成型方法要根据现有条件可以采用大马歇尔法与旋转压实仪法,考虑目前施工单位配备旋转压实仪困难很大,现场仍以大马歇尔法为准,但在设计时应对两种方法进行对比。大马歇尔与标准马歇尔击实参数对比见表4.3.1-1。

**表4.3.1-1 大马歇尔与标准马歇尔击实参数表**

| 参　　数 | 标准马歇尔 | 大马歇尔 | 参　　数 | 标准马歇尔 | 大马歇尔 |
|---|---|---|---|---|---|
| 试件直径(mm) | 101.6 | 152.4 | 落锤高度(mm) | 457 | 457 |
| 试件标准高度(mm) | 63.5 | 95.25 | 击实次数(次) | 75 | 112 |
| 锤质量(kg) | 4.53 | 10.2 | 每次单位表面功(N·m/mm$^2$) | 0.0025037 | 0.0025055 |

关于大马歇尔的标准击实次数国内外都进行了相关研究,美国国家沥青技术中心 Kandhal 教授在报告中指出,击实次数由 75 次增加为 115 次,会导致粗集料被击碎。课题组对此也进行了大量研究,通过采用不同次数的击实试验比较试件破碎与空隙率情况,所得典型数据见表4.3.1-2。由表中可以看出,击实次数小于 112 次时,随击实次数的增加,空隙率不断减小,密度不断增加。在该过程中,集料颗粒之间的距离不断减小,沥青混合料处于压密的过程。击实次数大于 112 次时,由于沥青混合料已达到最佳的密实状态,再施加外界压实功,相当于给沥青混合料施加了外部扰动,同时,击实功过大,石料部分被压碎,导致空隙率增大,密度减小。因此,击实次数 112 次可作为大型马歇尔击实成型的标准击实次数。

**表4.3.1-2 马歇尔击实次数与空隙率的关系**

| 击实次数(次) | 75 | 97 | 112 | 127 |
|---|---|---|---|---|
| 毛体积密度(g/cm$^3$) | 2.078 | 2.141 | 2.198 | 2.195 |
| 空隙率(%) | 19.9 | 17.5 | 15.3 | 15.4 |

对 Superpave 旋转压实仪法成型,根据交通量的要求,按重交通量要求选取初始压实次数为 8 次,设计压实次数选择为 20 次、50 次、75 次与 100 次,典型压实数据见表4.3.1-3。考虑到路面的实际受力情况,以及目前所采用的重型压路机,压实轴向荷载仍采用为 600kPa。结果分析表明,随压实次数的增加试件的密度一直在增加,但增加的

幅度逐渐减小,这说明混合料已经逐渐被压实,这也说明对重载交通采用100次作为设计压实次数是正确可行的。

**表4.3.1-3　旋转压实仪压实次数与空隙率的关系**

| 压实次数(次) | 20 | 50 | 75 | 100 |
|---|---|---|---|---|
| 毛体积密度($g/cm^3$) | 2.043 | 2.101 | 2.152 | 2.163 |
| 空隙率(%) | 21.2 | 19.0 | 17.3 | 16.6 |

通过研究表明两种成型方法有一定的差别,两种成型方法得到试件的密度与空隙率对比数据见表4.3.1-4,其中密度采用真空密封法实测得到。由此可以看出,大马歇尔法试件密度较旋转压实小,即马歇尔空隙率比旋转压实法大,其差值比较稳定,基本上在1.1%~1.4%;此外,旋转压实仪的压实功要比马歇尔法大。马歇尔试验是对混合料进行击实,对于大粒径沥青混合料粗集料比例大,混合料中粗集料形成完整骨架,比较难以击实;而旋转压实仪通过搓揉作用改变集料在混合料中的排列,能够达到较高的密度。根据上面对两种成型方法的分析,可以看出无论采用哪种方法都是可行的,但需要对两种方法作出对比,便于施工中的控制,或在设计中采用不同的控制指标。考虑目前我国工程实际情况与施工单位水平,仍以大马歇尔法设计为主。

**表4.3.1-4　两种成型方法空隙率指标比较**

| 沥青用量(%) | 3.0 | 3.5 | 4.0 |
|---|---|---|---|
| 马歇尔密度($g/cm^3$) | 2.182 | 2.195 | 2.204 |
| 旋转压实仪密度($g/cm^3$) | 2.209 | 2.233 | 2.240 |
| 最大相对密度 | 2.615 | 2.594 | 2.574 |
| 马歇尔空隙率(%) | 16.6 | 15.3 | 14.4 |
| 旋转压实仪空隙率(%) | 15.5 | 13.9 | 13.0 |

**4.3.2**　排水性沥青混合料的主要体积指标就是空隙率,其空隙率要满足排水要求,一般为13%~18%或18%以上。空隙率的测定主要是成型试件密度的测定,由于空隙率较大,采用常规的测定方法将难以进行,试件存在较大连通空隙,直接采用蜡封法将蜡进入试件内部,从而影响了密度的测试。密度的测定通常采用实测法和体积法。早期采用的实测法为二次封蜡法,即首先采用橡皮泥将试件表面大空隙填平,然后称其质量,将橡皮泥填充的体积作为试件的体积,然后进行封蜡测定水中质量,通过计算就可以测定试件的密度;体积法为直接采用游标卡尺测量试件的直径和高度,从而计算试件的体积,然后根据试件的质量可以直接计算试件的密度。两种方法都存在一定的缺陷,体积法比较简单、直接,但由于试件表面侧面都并不是十分规则,而且由于粗集料含量大,边角容易破损,直接造成计算体积的不准确,误差较大;实测法相对来讲误差较小,但也存在一定的人为误差,特别是在封橡皮泥时不同的人对表面空隙掌握的尺度不一样,另外测定起来也比较烦琐。目前,国际上对于空隙率较大混合料密度测定比较先进的方法是真空密封法,Corelok设备是真空密封法的典型设备。Corelok是美国InstroTek测量仪器设备公

司生产的一种专门用于测量沥青混合料及其砂石原材料密度的自动真空封装设备,是目前沥青及沥青混合料密度测试最先进的测试仪器,被美国 NCAT(美国国家沥青中心)指定为专用密度测试设备,在美国已经得到广泛应用。与其他沥青混合料密度测试设备比较,其特点为:对试样形状无要求,多功能,全自动,快速、准确,再现性好等。Corelok 能准确测试大空隙率沥青混合料的密度,如 OGFC、LSPM、透水性路面沥青混合料等,是传统的测试方法无法匹及的。

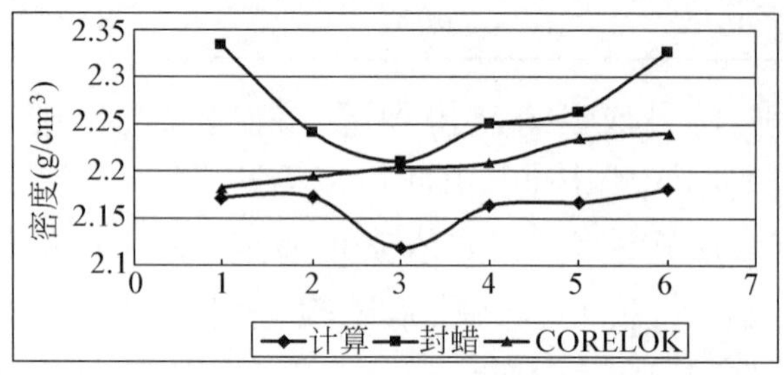


图 4.3.1 三种测试方法密度比较

根据对三种密度测试方法的对比研究(图 4.3.1)可得到一些结论:三种密度中二次封蜡法密度最大,体积法密度最小,CoreLok 法居中;CoreLok 法密度变化较为平缓,而体积法与二次封蜡法密度变化较大,从另一方面反映了这两种方法误差较大,受人为因素的影响较大,相对而言 CoreLok 法较为准确;这三种方法的变化较大并没有一定的相关性,当然由于试件较少还不能完全认定。综合分析,在设计时采用 CoreLok 法密度较为合适,但是受仪器的限制目前国内还比较少,因此在施工现场宜采用体积法,在配合比设计时应对比 CoreLok 法找出其关系。

密度的测定还包括理论最大相对密度的测定。理论最大相对密度可以采用真空实测法和计算法。按照《公路沥青路面施工技术规范》(JTG F40—2004)规定,对于普通沥青混合料可以采用实测法,对于改性沥青混合料由于比较难以分散应采用计算法。对 LSPM 一般采用改性沥青,黏度较大;或添加纤维稳定剂,难以分散,因此采用计算法。计算法采用集料有效相对密度。有效相对密度宜直接由矿料的合成毛体积相对密度与合成表观相对密度计算确定。其中沥青吸收系数 $C$ 值根据材料的吸水率求得,材料的合成吸水率实测或通过计算得到,具体可参见《公路沥青路面施工技术规范》(JTG F40—2004)。

**4.3.3** 纵观国内外对排水性大孔隙沥青混合料最佳沥青用量确定的方法,主要都是经验方法。根据课题研究,最佳沥青含量的确定可以综合采用沥青膜厚度、设计空隙率以及析漏与飞散试验方法确定。由于 LSPM 具有排水功能,其空隙中有自由水的存在,为了满足水稳定性的要求使得混合料具有更好的耐久性,混合料应当具有足够的沥青膜厚度。综合密级配沥青混凝土以及 SMA 混合料的水稳定性研究以及课题研究,对 LSPM 要求沥青膜厚度为 12μm。

析漏试验和飞散试验是确定透水性沥青混合料最佳沥青用量的两项必不可少的试验。通过析漏试验,可以确定保证沥青不产生流淌的最大沥青用量;通过飞散试验,可以确定透水性沥青混合料不发生严重飞散的最小沥青用量。根据这两个沥青用量就可以确定透水性沥青混合料的沥青用量范围,在此范围内再参考设计试件体积指标与沥青膜要求的结果,选择合适的沥青用量作为最佳沥青用量。

为了保证沥青不产生流淌,对于 LSPM 由于最大粒径较大,考虑施工中的离析等因素,对 LSPM 要求析漏质量损失不大于 0.2%;为了保证混合料不发生松散,飞散试验的质量损失不能大于20%。

## 4.4 性能检验

**4.4.1** LSPM为单一粒径骨架嵌挤型混合料,9.5mm以上粗集料比例在70%左右,形成了完整的骨架嵌挤,因此其具有良好的高温稳定性。研究表明,设计更合理的LSPM是解决重载交通下高温车辙问题最经济而有效的途径之一。

评价混合料高温稳定性的试验方法有多种,通常我国采用的方法是动稳定度试验,即车辙试验。沥青混合料车辙试验是试件在规定温度及荷载条件下,测定试验轮往返行走所形成的车辙变形速率,以变形稳定期内每产生1mm变形的行走次数即动稳定度表示。车辙试验最大的特点是能够充分模拟沥青路面上车轮行驶的实际情况,在用于试验研究时,还可以改变温度、荷载、试件尺寸、成型条件等因素,以较好地模拟路面的实际情况。

由于LSPM粒径较大,一般情况下最大粒径可达到37.5mm,因此传统的5cm车辙试件厚度已不适用。对于LSPM应有最小压实厚度,当车辙试件厚度小于该厚度时,粗集料之间不能形成良好的骨架结构,集料之间不能互相嵌挤,此时的试验数据不能反映真实情况。根据混合料压实厚度应为公称最大粒径的3~4倍原则,通过大量的试验验证,表明对于LSPM车辙试验最小应采用8cm厚度,试验温度采用现行规范中规定的60℃。

汉堡轮辙试验是目前评价沥青混合料高温性能更为科学、条件更为苛刻的试验方法,其既可以采用压实成型板式试件也可以采用圆形试件或现场芯样,目前在美国与欧洲得到大量应用。汉堡轮辙试验仪可用于测定压实沥青混合料的水稳定性及高温稳定性。试验的基本过程是,使一定质量和规格的钢轮在沥青混合料的表面上来回滚过20000次,通过测量沥青混合料的轮辙深度和变形曲线的特征判断沥青混合料的水稳定性和抗车辙性能。沥青混合料一般浸在45℃或50℃的水中。与传统的轮辙试验仪器如常用的车辙试验仪相比,汉堡轮辙试验是目前测试沥青混合料水敏感性和高温稳定性最苛刻的试验设备。汉堡轮辙试验结果与沥青混合料的现场性能具有良好的相关性,能通过汉堡轮辙试验检验标准的沥青混合料一般都具有优良的路用性能。

汉堡轮辙试验的评价指标有轮辙深度(rutting depth)、蠕变线(rutting slope)、剥落拐点(stripping inflection point)、剥落线(stripping slope)等(图4.4.1)。目前,汉堡轮辙试验尚无统一的检验标准。根据国外的研究报告和试验评定指标,当拐点小于10000次时即认为沥青混合料水稳定性和抗高温变形性能较差。此外,国外基于对密级配沥青路面水损害与汉堡轮辙试验结果的相关性研究结果,指出在碾压10000次时最大变形深度不应超过4mm,在碾压20000次时最大变形深度不应超过10mm;但是对于大空隙沥青混合料目前还没有相关的研究。考虑

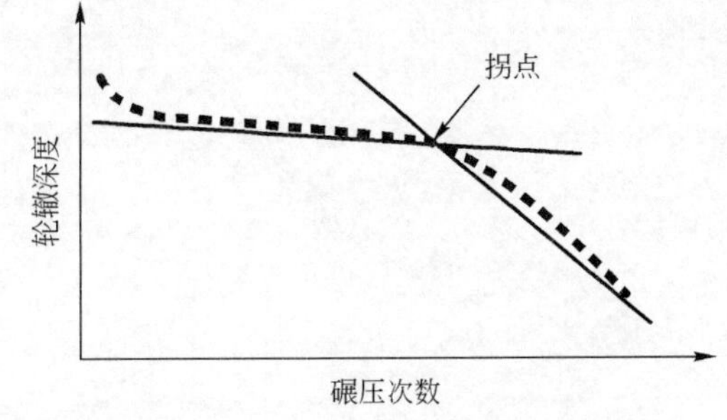


图4.4.1 汉堡轮辙试验曲线示意图

到开级配混合料空隙率较大且大部分空隙为连通空隙,在45℃水长时间作用浸泡下,混合料的高温稳定性在一定程度上会受到影响,特别是胶结料不加稳定剂的情况。当胶结料中加入稳定剂如纤维以后,会改善混合料在高温水中浸泡的稳定性。根据国外对改性沥青混合料汉堡轮辙试验的研究并结合课题研究,本规程提出了汉堡轮辙试验要求,当然关于透水性沥青混合料汉堡试验标准问题国内外还在继续相关研究。因此提出当采用汉堡轮辙试验检验高温稳定性时,要求试验水温为45~50℃,20000次条件时车辙深度不大于12.7mm,并且汉堡轮辙试验曲线不允许出现拐点。

**4.4.2** LSPM的主要功能之一是能迅速将渗入路面中的水迅速排出,因此,渗透性能是评价透水性沥青混合料最为关键的指标之一。透水性能常用渗透系数表示,但目前我国尚没有标准试验方法测定透水性沥青混合料的渗透系数。因此,本规程混合料渗水系数的测试借鉴了美国ASTM标准,ASTM PS 129—01规定了沥青混合料渗水系数的测试方法。ASTM标准为无侧向渗水仪。无侧向渗水仪的基本原理是让量筒里的水渗透饱水沥青混合料并记录达到预先设定水头落差位置的时间间隔,然后用达西定理计算沥青混合料的渗水系数。

根据课题研究,对于LSPM当空隙率达到13%时,混合料的渗水系数发生突变,而空隙率达到18%以后渗水系数变化不明显,一般渗水系数为0.01~1.0cm/s,此时能够满足混合料排水性能的要求,而对于密级配沥青混合料即使空隙率达到10%,其渗水系数的数量级一般为$10^{-5}$。这也就是说,混合料的渗水性能不仅与空隙率有关,更重要的是与混合料的连通空隙有关。正是基于上面的原因,LSPM的设计空隙率可以定为13%~18%,混合料渗水系数要求为大于0.01cm/s。

# 5　结构组合设计

## 5.1　适用条件

**5.1.2**　LSPM 层作为协调过渡层，其优点主要表现为：①粗集料较多，具有良好的高温稳定性；②空隙率较大，且连通空隙较多，具有良好的排水性能；③模量相对较低，一般为500MPa 左右，可以有效防止反射裂缝的发生；④粗集料多、矿粉少，降低了沥青用量，沥青用量一般为 3.1% ~3.5%；⑤与通常的半刚性基层相比，提高了工程施工速度，减少了设备投入，尤其在大修改建中，可大大缩短封闭交通的时间，社会效益显著。

由于 LSPM 具有以上优点，因此在路面结构中，无论是新建工程还是大中修工程，均可以利用该结构层。

**5.1.3**　LSPM 并不是针对所有旧路都能够进行补强和加铺，其不能“包治百病”，对于旧路还是有一定要求的。本条综合近几年山东公路实体工程跟踪调查与研究得出了对旧路的要求。在旧路大修改造工程中进行结构组合设计时，首先要对原路面状况进行调查，并进行原路面状况的评价和分析。原路面结构发生破坏或 PCI < 60 的均不宜直接加铺 LSPM 结构层。如果原路面回弹模量小于 150MPa，容易在 LSPM 结构层产生较大的拉应力。

## 5.2　结构组合设计

**5.2.1**　根据“旧路改造路面典型结构研究”[山东交通科技项目(2006Y001)，原交通部联合攻关项目(2006353337150)]的课题研究表明，LSPM 结构层厚度宜为 8 ~12cm。通过计算对比，该层如小于 8cm，容易导致混合料在摊铺时出现离析，且不易压实；而大于 12cm 则其上层的拉应力较大，不利于其疲劳寿命。同时，由于 LSPM 结构层最主要的作用是半刚性基层与面层之间的协调过渡层，因此，通过综合分析比较，LSPM 结构层的厚度一般取 8 ~12cm。对 LSPM-25 采用 8 ~13cm 均是合适的，但若采用 LSPM-30 时，最小压实厚度不宜小于 10cm。

由于 LSPM 结构层其抗疲劳的性能并不强，因此，在进行路面结构组合时，一定要进行受力的计算和验证，尽量保证 LSPM 处于受压区；如果确实无法保证，也应保证其拉应变小于 100uε，保证其满足耐久性路面的要求。

过去,我们普遍认为路面应力随深度增加而消减,故在路面层状体系中应力高的上层,铺筑质量好的材料;而在应力低的下层,采用价格便宜、质量较差的材料。多年的路面使用经验表明,依据这种思想进行路面结构组合设计并不完善。

通过力学分析与课题研究,对于柔性基层沥青路面结构受力认为,沥青层内竖向压应力随深度增加迅速减小,在18cm深度左右由0.7MPa减小到0.2MPa。由此可知,上部沥青层承受主要压应力,对于沥青路面车辙的形成起重要作用。国外研究成果也表明,沥青层厚度超过18cm以后,沥青路面车辙量不再随沥青层厚度的增加而增加。在柔性基层沥青路面中,沥青面层水平方向上部受压,下部受拉,中性轴随沥青层厚度增加而下移。沥青层越薄,层底最大拉应力越大。因此,增加沥青层厚度可以有效提高路面防止疲劳开裂的性能。另外,不论层间连续还是光滑,均上部受压下部受拉,连续条件下沥青层底最大水平拉应力比光滑条件下小很多,说明正确施工、保证界面连续对沥青路面的疲劳耐久性起着重要作用。

沥青层内剪应力随深度锐减,10cm以下变得很小,因此沥青路面剪切破坏主要发生在表层。不同轴重作用下,沥青路面竖向应力的分布规律相同,并且竖向应力随轴重增加发生显著增加;随轴重增加,沥青层底水平拉应力增加,但沥青层内受压区和受拉区的位置不随轴重变化而改变。

对于柔性基层的设计方法有多种,各国之间也存在着很大的差异。根据我们研究,柔性基层的设计可以采用我国现行《公路沥青路面设计规范》(JTG D60—2006)、美国沥青协会(AI)沥青路面设计方法、壳牌沥青路面设计方法、AASHTO(1993版)设计方法;但对于老路加铺层设计,AASHTO(1993版)更加全面、细致。设计人员在设计时可以采用以上方法进行验证设计,但必须注明。

**5.2.2** 对于传统结构,深入路面结构内部的水分无法及时排除,在路面结构内部积聚最终造成路面结构的破坏或加速路面结构的破坏,是目前沥青路面结构经常出现的破坏形式。LSPM的一项重要功能就是快速排除深入路面结构内部的水分,或者是由于连通空隙的存在不会造成水分的积聚。LSPM中的水分主要是通过路肩排出,因此必须对路肩进行特殊设计。

碎石路肩与排水渗沟为目前常见的两种路肩排水设置方式,为本规程的推荐方案;当通过实践证明采用其他排水方案也能满足排水要求时,通过优化设计也是可以的。

路面大修工程中也越来越多地采用了LSPM结构层,而且维修的通常方式是将行车道铣刨至上基层,基于这种情况推荐了常用的排水方案。同样,其也不是唯一的方案,排水管的设置应当结合道路的线性与超高灵活设置,合理确定间距。

当采用排水盲沟设计时,盲沟中填充料采用水泥稳定单粒径碎石,碎石以上用表面层沥青混合料并与表面层厚度一样一并铺筑。横向排水管与路边泄水槽相连接,使路面内部的水分从泄水槽排出,避免路基冲刷。横向排水管横坡度取5%。

## 5.3 推荐结构组合

表中所推荐的路面结构组合,是结合山东省多年的应用经验和“旧路改造路面典型结构研究”[山东交通科技项目(2006Y001),原交通部联合攻关项目(2006353337150)]课题研究成果给出的。在应用时,不应死板硬套,应根据各自的路况条件、地理位置、环境、交通量等进行各自的结构组合,同时选定结构后应当进行结构验算。

# 6 LSPM施工工艺

## 6.1 一般规定

**6.1.1** 检查下承层时应包括下封层的施工质量。

**6.1.2** 原路面严重破坏处将是加铺层结构的软弱点,如不进行处理将会使加铺后的结构存在内部缺陷,从而造成结构内部的进一步破坏。挖补处采用密级配沥青混凝土回填压实,修补以后还需要进行承载力调查。

**6.1.3** 当对水泥路面进行病害处理时,裂缝严重呈现面板破碎路面、板边板角破碎与坑洞现象应进行挖除,然后采用水泥混凝土或密级配沥青混凝土进行回填压实。对于板底脱空、唧泥与沉陷部分应采用压浆处理。

## 6.2 拌和厂要求

**6.2.2** 由于LSPM大量应用于旧路改造中,一般情况下对旧路交通采取的措施是半封闭,因此必须考虑由于交通半封闭造成的交通堵塞时间。另外,由于旧路破坏严重以及新建公路中施工便道的不平整,会造成混合料的颠簸离析,这都是应当考虑的因素。

**6.2.3** 材料堆放场地应当进行硬化并具有一定坡度,并且有足够的排水系统以帮助从料堆中排水。装载机驾驶员应从有太阳照射的倾斜面上取料,并避免使用料堆底部的集料。粗集料应避免使用刚刚破碎的新鲜集料。新鲜集料应放置一周以上才能使用,以防止沥青混合料的剥离发生。

## 6.3 LSPM的拌制

**6.3.1** 国际上通用间歇式和连续式两类拌和设备,但间歇式拌和机更适合我国目前国情。这主要是因为我国目前使用的材料品种较杂、变异性大,而且多数是小料场,材料规格不合理等。当然,当原材料质量稳定、均匀一致、规格分类合理时,采用连续式拌和机更能提高生产效率。

**6.3.2** 冷料仓转速与流量关系曲线的标定是必须的,因为保证冷料仓的供料比例是确保生产配合比稳定与供料平衡的先决条件。工程中经常出现拌和站操作人员根据操作室冷料仓转速旋钮就确定了冷料比例,这是不正确的。因为材料的棱角性、松装密度、含水率等指标都是影响冷料供料比例的因素。

**6.3.3** 由于 LSPM 填料要求采用石灰粉,因此回收粉不允许采用。

**6.3.4** 生产配合比调试是保证混合料质量的关键环节。生产配合比调试必须要考虑取样误差、拌和站系统误差、计量偏差等因素多次调整。

**6.3.5** 温度是沥青混合料的重要参数,必须重视。对基质沥青温度的确定可以采用黏温关系曲线,改性沥青可参考成功经验或根据供应商提供进行的数值验证确定。由于多级沥青结合料是一种新型沥青结合料,本规程根据课题研究以及大量工程应用经验给出了推荐的施工温度范围,但此温度仅针对于 LSPM 混合料。因为 LSPM 混合料中细颗粒成分较少,在干燥筒中容易过热,拌和时会促使沥青老化,故应对拌和温度进行严格控制。

## 6.4 LSPM 的运输

**6.4.4** LSPM 粗集料含量较高容易造成离析,因此必须从各个环节进行保证。多次移动运输车辆、分多堆装料,是从运输环节减少混合料离析的有效手段之一。

所谓离析是指混合料中的粗集料与细集料分离开来,呈现出粗细集料在某一部位局部集中的现象。离析是 LSPM 在生产施工中应当预防和注意的最常见问题。沥青混合料中主要发现三种离析,即随机离析、纵向离析和运输离析。

(1)随机离析

随机离析通常是因为料场对粗集料的堆积不当或冷料进料过程中有问题而产生的。在堆料时,粗集料容易沿料堆向下滚落到料堆底部,在送向冷料斗之前,必须用前端装载机将集料拌和均匀。如果没有重新拌和,粗集料会被装载机集中地放在一个冷料斗中,这会根据拌和楼的生产方式,明显地改变混合料中集料的级配。

(2)纵向离析

仅发生在摊铺机一侧连续的离析,通常是由于汽车在拌和楼或储料仓不正确的装料引起的。如果混合料不能卸载在汽车底的中间位置,最粗的颗粒就可能滚到一侧并沿边上堆积。当混合料装进摊铺机漏斗时,离析的混合料将会置于道路的同一侧,这样就会在摊铺机一侧纵向出现离析的粗纹理区。

(3)运输离析

LSPM 运输离析发生在汽车运送混合料到摊铺机的过程中,当运输道路不平整时,极容易发生离析现象。通常,汽车在拌和楼装料过程不注意装料的方法,尽量减少移动次数而采用大堆装料,从而造成混合料的离析。

为减少离析,可采取以下主要措施:

(1)集料堆积和运输

分层堆积集料(尤其是粗集料)可以减少随机离析问题。在料场场地容许的情况下,尽可能减少料堆的高度。如果粗集料在料堆底部发生了离析,应当用前端装载机将料重新拌和后,才能送到冷料斗中。加强料堆卸料和装料的管理,是减少随机离析的关键。

(2)汽车装卸料

为防止因汽车装载而形成的离析,在装载过程中应至少分三次装载。第一次靠近汽车的前部,第二次靠近汽车的尾部,第三次在汽车的中部,通过这种方法基本上能消除因装载形成的离析。如果每拌一盘料就进行装载,通过滑模在汽车的上方移动,可对汽车进行均匀装载,它比分三次装载的效果还要好。另外,当汽车内的混合料进入摊铺机时,应使混合料作为一个整体进入摊铺机的料斗,这样也可以避免因汽车卸载时引起的离析。

(3)摊铺机铺筑作业

在摊铺过程中,保持摊铺机料斗至少半满,只有在必要时才收起料斗。料斗的收起能消除料床上的料沟,可使下一车的料能作为一个整体卸在摊铺机的料斗里,这样会明显减少离析程度。在汽车卸载在摊铺机上时,卸载速度应尽可能快。当摊铺机的料很满时,混合料就从汽车的底部运走,这样就减少了材料的滚动,一定程度上减少了离析。此外,应尽可能保证摊铺机进行连续作业,不要停顿,并调整摊铺机的摊铺速度使之与拌和厂的供料速度一致。

(4)保证摊铺厚度

根据对 LSPM 离析的研究,摊铺厚度对混合料离析有很大影响,当摊铺厚度变厚时可以明显减少离析程度,因此在摊铺过程中应注意检查摊铺的厚度,保证混合料的最小摊铺厚度。

## 6.5 LSPM 的摊铺

**6.5.1** LSPM 的设计厚度一般情况下为 8 ~ 12cm,按照以往传统密级配混合料的施工经验是不可以一次性摊铺的。根据相关研究,混合料铺筑厚度至少为最大公称尺寸的3倍。LSPM-25 的最大公称尺寸为26.5mm,这样最小铺筑厚度应为7.95cm。如果采用两层摊铺,在铺第二层时会对第一层造成很大的破坏;另外,由于 LSPM 的设计级配为骨架空隙结构,同时也为了避免更多的粗集料破碎和混合料的严重离析,所以应采取一次摊铺。所有的实体工程表明,采用一层摊铺压实,完全满足施工和质量技术要求。

**6.5.4** 根据工程经验,摊铺机料斗应在刮板尚未露出约有 10cm 的热料时收拢,基本上是在运输车刚退出时进行,而且应该做到在料斗两翼刚复位时下一辆料车开始卸料。

## 6.6 LSPM 的压实及成型

**6.6.2** LSPM 属于单一粒径骨架嵌挤结构,大于9.5mm 粒径一般占70%以上,因此容易压实。但是由于没有细集料的填充也容易造成粗集料的压碎,在施工过程中应严格控制压实温度与压实遍数。

**6.6.3** 本规程给出的压路机基本配备仅针对于采用一台3000型拌和站式。当拌和能力增大时,压实设备也应相应增加。

**6.6.4** LSPM的铺筑厚度较大,转弯很容易产生推移与拥包,这将对压实质量、平整度造成很大的影响,因此应严格控制压路机的转弯。

**6.6.5** 表面活性剂有很多种类,可以采用专门为压路机生产的表面活性剂,也可以采用洗衣粉或餐洗净类表面活性剂。

**6.6.6** 本规程推荐的压实工艺是目前工程中经常采用的压实工艺,但并不局限于此工艺。当有数据表明或经试验段验证采用其他压实工艺也能很好满足要求时,也可以采用经验证的工艺。

**6.6.8** 本条规定主要是由于LSPM空隙率较大,表面粗糙,在重车通行下表面容易发生松散,从而造成结构层的破坏。

## 6.7 试验段

**6.7.3** 在铺筑试验段时,可以定点采用精密水准仪观察每压一遍后高程变化情况。当高程不再变化或变化非常小时,可以认为已经完成压实。当高程突然急剧下降时,可以及时察看是否集料出现了大量破碎,并记录每一时刻的压实遍数。等试验段完成以后,与芯样进行对比,建立对比关系,确定合理的压实工艺;在大面积施工中,通过严格控制压实遍数,控制压实度与集料的破碎。

# 7 施工质量管理和检查验收

## 7.1 一般规定

**7.1.1** 施工质量的管理与检查验收在国外通常称为“质量控制/质量保证”(简称为QC/QA),其是工程项目保证质量的手段。

**7.1.3** LSPM是一种新型沥青混合料,我国现行规范对其涉及较少。根据山东省多年研究成果,本规程综合制定了质量管理标准与交工验收依据。

## 7.3 施工过程中的质量管理与检查

**7.3.5** 对于LSPM现场压实度应采用空隙率与压实度双指标进行控制,从路面取芯样,以实测法或体积法进行测试,混合料的理论最大相对密度应采用计算法,另外还需要通过压实遍数来进行压实控制。由于现场压实与室内击实存在差别,现场沥青封层和石屑的上浮造成混合料底部比较密实也影响了空隙率,这些在空隙率测试时应予以考虑;另外,考虑空隙率测定方法的不同,在正式实施时还可以进行调整;压实度的控制与普通沥青混合料相同,不应小于98%。现场芯样的检验频率按照规范要求或根据招标文件要求进行。

拌和站控制室要逐盘打印沥青及各种矿料的用量和拌和温度,同时由质检人员检验混合料出厂温度、摊铺温度和碾压温度,并对混合料进行目测,检验有无花白料、严重离析现象等。每天结束后,用拌和站打印的各料数量,以总量控制,采用以各仓用量及各仓级配计算平均施工级配、油石比,与抽提结果相比较。

另外,对于混合料质量控制,以每天分别从拌和站和摊铺现场取样进行抽提和筛分试验,每天至少2次,每次取样不少于4kg。由于LSPM的级配是根据粗集料的骨架和体积状态以及细集料的填充状态,通过实际计算而得到,级配范围随着原材料的体积性质而有所变化。为了便于对施工质量的控制,在级配控制时采用对重点筛孔进行重点控制,主要为0.075mm、4.75mm、9.5mm、13.2mm、26.5mm、31.5mm各级必须满足范围要求。根据重点筛孔偏差范围可以制定相应施工控制范围要求,其余筛孔允许有一点超出施工级配要求范围,沥青含量允许偏差为±0.2%。另外,还需要对拌和站进行逐盘与总量检验。

混合料的级配曲线以抽提筛分结果为准。由于拌和站热料仓取样偏差比较大,不以热料仓筛分根据比例计算为控制要求。混合料在取样时应尽量避免离析,可以多取一些然后进行四分。

**7.3.6** 本条给出了 LSPM 的质量评定标准。由于 LSPM 结构层主要是作为功能层或基层来进行使用,其所处位置与基层位置相同,因此其评定标准参考了基层的评定标准。

# 附录A 混合料设计步骤

## A.2 设计步骤

**A.2.2** 级配设计方法除采用线性规划方法以外,还可以采用调整后的多级嵌挤设计方法,简要介绍如下。

根据山东省近几年使用多级嵌挤混合料的经验,对“多级嵌挤密级配沥青混合料级配设计方法”的数学模型和嵌挤状态选择以及级配参数的取值等方面进一步深入研究,进一步拓展该方法的适用范围。应用这种方法,通过不同的状态选择,可以根据原材料的体积性质设计出“多级嵌挤密级配沥青混合料”、沥青玛蹄脂碎石混合料SMA,以及开级配沥青磨耗层OGFC和LSPM的级配组成。本级配设计方法的设计过程中,嵌挤状态的设计是前提。大粒径混合料在级配上有其特殊性,其基本上属于大粒径骨架嵌挤。由于空隙率较大属于半开级配,因此在贝雷法设计时不需要考虑第二级和第三级填充。在进行混合料级配设计时,首先应当测定各种集料的密度指标,主要有松散、捣实与振实密度、毛体积相对密度与表观相对密度。应用粗集料骨架嵌挤方法进行混合料级配设计时,应当遵循以下过程:

(1)粗细集料的划分

粗细集料的区分是动态的,根据最大公称尺寸(NMPS)的0.22所对应的相近尺寸的筛孔孔径作为粗细集料的分界点。例如,最大公称尺寸为37.5mm混合料对应9.5mm的筛孔孔径,将粗细集料的分界点作为第一个控制筛孔(PCS)。首先确定细集料含量,细集料含量确定的基本原则如下:

①细集料的体积≤粗集料空隙率的体积;

②粗集料的体积+细集料的体积=单位体积。

(2)粗细集料体积特征

粗集料、细集料以松散、捣实与振实密度来确定混合料的体积特征。细集料在混合料中属于松散状态,粗集料在混合料中属于骨架结构而且基本上属于单一粒径骨架嵌挤,在压实过程中嵌挤更加紧密,因此粗集料的状态至少应该为振实状态。合理地选择粗、细集料的体积状态对级配设计有着很大的影响。

(3)集料粒径的约束

进一步对粗集料的不同粒径进行约束,考虑各种集料的比例,主要是从集料的离析和压实方面进行考虑。

(4)级配计算

将试验数据输入到计算机中并进行适当调整，计算出各种原材料的用量并在0.45次方级配曲线图上绘出相应的级配曲线。在调整过程中，需要综合考虑集料的相关因素，选定适宜的集料密度取值、粗集料之间的合理搭配、细集料之间的合理搭配、矿粉的含量等。

一般情况下，采用程序进行级配计算。程序计算出的各种集料用量比例不一定完全适合，需要人工进行相应的调整。

国内外的研究表明，对于大粒径沥青混合料的设计，必须使粗集料能充分形成石-石接触的骨架特征，粗集料之间实现互相嵌挤。SMA中对评价粗集料能否实现嵌挤结构已有了关键性评价指标，即在压实状态下沥青混合料中粗集料（4.75mm以上集料）的骨架间隙率 $VCA_{mix}$ 必须等于或小于没有其他集料、结合料存在时粗集料集合体在捣实状态下的间隙率 $VCA_{DRC}$。如果做不到这一点，表明粗集料的嵌挤作用就不能形成。

按《公路工程集料试验规程》（JTG E42—2005）中T 0304的方法测定各集料的密度；按《公路工程集料试验规程》（JTG E42—2005）中T 0309的捣实方法，测定粗集料的捣实状态下的自然堆积密度 $\rho_s$；按下式计算捣实状态下粗集料骨架间隙率 $VCA_{DRC}$（%）。

$$VCA_{DRC} = \left(1 - \frac{\rho_s}{\rho_{ca}}\right) \times 100 \tag{A.2.2-1}$$

式中：$\rho_{ca}$——粗集料的合成毛体积密度（$g/cm^3$）；

$\rho_s$——粗集料捣实状态下的自然堆积密度（$g/cm^3$）。

选择适当的油石比制作马歇尔试件，测定沥青混合料的毛体积密度 $\rho_{mb}$，按下式计算 $VCA_{mix}$（%）。

$$VCA_{mix} = \left(1 - \frac{\rho_{mb}}{\rho_{ca}} \times P_{ca}\right) \times 100 \tag{A.2.2-2}$$

式中：$P_{ca}$——沥青混合料中粗集料的比例，即大于4.75mm的颗粒含量（%）；

$\rho_{mb}$——沥青混合料毛体积密度（$g/cm^3$）。

另外，根据国外相关研究判定大粒径沥青混合料的骨架结构，还需要判定其石-石接触度，其计算公式如下。

$$SSC = \frac{\rho_{cm}}{\rho_s} \times 100 \tag{A.2.2-3}$$

式中：SSC——石-石接触度百分数（%）；

$\rho_s$——粗集料捣实密度（$g/cm^3$）；

$\rho_{cm}$——混合料中粗集料密度（$g/cm^3$）：

$$\rho_{cm} = \rho_{mb} \times P_{ca} \tag{A.2.2-4}$$

$\rho_{mb}$——混合料的毛体积密度（$g/cm^3$）。

根据相关研究认为当SSC > 90%时，混合料为紧排骨架结构。

# 附录B 真空密封法测定压实沥青混合料毛体积密度试验方法

对于透水性沥青混合料空隙率的准确测试一直是比较困难的,我国通常采用体积法;但体积法存在较大的缺陷,误差也较大,因此难以掌握压实混合料的实际空隙率。真空密封法是目前国际上采用的较为准确的方法,最早为美国 InstroTek 测量仪器设备公司生产的 CoreLok 设备,其专门用于测量沥青混合料及其砂石原材料的密度,是一种真空密封设备。由于其具有的先进性,美国 ASTM 将其列为一种标准测试方法,试验方法编号为 ASTM D 6765 与 ASTM D 6857。本附录测试方法为 ASTM 标准的翻译版。

# 附录C 渗透性试验方法

渗透性能是评价透水性沥青混合料的关键指标之一,常用透水系数指标来表示。目前,我国还没有标准的试验方法来测试沥青混合料的渗透系数。国内有高校和研究机构开发了渗透系数测定设备,有常水头测试方法也有变水头测试方法,各家对标准测试方法意见也不一致。因此,本次规程编制没有采用国内方法,而是借鉴了美国 ASTM 标准测试方法,方法编号为 ASTM PS 129—01。本附录试验方法为 ASTM PS 129—01 的翻译版。

山东省地方标准

# 旧水泥混凝土路面碎石化技术规程

# Technical Specifications for Rubblization of Cement Concrete Pavement

DB 37/T 1160—2009

主编单位:山东省交通运输厅公路局
批准部门:山东省质量技术监督局
实施日期:2009 年 1 月 24 日

人民交通出版社

# 前　　言

水泥混凝土路面是路面的主要形式之一。截至2007年年底，全国水泥混凝土路面总里程已达84.88万余公里，山东省水泥混凝土路面总里程已达5.2万公里。目前，国内旧水泥混凝土路面维修改造方案主要是：压浆稳板修补后直接加铺、破裂稳固后加铺、清除后重建等。实践证明，这些方案必须与旧路面的实际破损程度相适应，才能达到既经济又耐用的效果。

碎石化技术是目前旧水泥混凝土路面维修改造新技术之一。该技术是通过专用设备将旧路面板一次性破碎为承载能力高、反射裂缝控制效果好的咬合嵌挤柔性结构层，可充分利用旧路残余强度，且保护环境，节约资源。自2002年国内首次引进多锤头碎石化设备以来，山东省交通厅公路局组织开展了《水泥混凝土路面碎石化技术应用研究》，2005年通过专家鉴定，2008年获得山东省科技进步一等奖。其成果在山东、安徽、浙江等省的900多公里的高速公路、国省干线公路改建工程中广泛应用，路用效果良好，取得了较好的技术、经济效益和社会效益。

为规范碎石化技术的应用，山东省交通运输厅主持编制了本规程。本规程共分6章，重点对旧水泥混凝土路面状况调查与检测、碎石化应用决策与加铺设计、碎石化施工、检查验收等内容进行了规定。

本规程基于目前研究和应用的最新成果编制。碎石化技术作为旧水泥混凝土路面改建的一项新技术，必将随着工程实践而发展。在使用过程中，各单位和个人对本规程有何意见或建议，可与规程编制单位联系（地址：济南市舜耕路19号　山东省交通运输厅公路局，邮编250002）。

本规程主编单位、参加单位和主要起草人名单：

**主编单位：**山东省交通运输厅公路局

**参编单位：**东南大学

山东省公路建设（集团）有限公司

**主要起草人：**王松根　黄晓明　张玉宏　李　昶　孙同波　张　建

# 1 总则

**1.0.1** 为满足旧水泥混凝土路面加铺改造的技术需求，充分利用旧路资源、保护环境，推动碎石化技术的合理应用，保障碎石化改造施工质量，延长加铺路面使用寿命，特制定本规程。

**1.0.2** 本规程适用于旧水泥混凝土路面的原位破碎再利用加铺改造工程。

**1.0.3** 旧水泥混凝土路面改造前，应根据旧路状况、技术条件及经济指标等综合分析，确定碎石化技术的适用性。

**1.0.4** 碎石化施工中，应严格遵循本规程，先通过试验路段确定设备参数与质量控制指标，再转入正常施工。施工过程中应加强参数检测与质量控制，并应根据质量变异及时进行适度调整。

**1.0.5** 碎石化施工应有符合国家或交通行业规定的劳动保护条件，确保施工人员的安全。

**1.0.6** 旧水泥混凝土路面碎石化施工除应按本规程的规定执行外，尚应遵守国家和行业其他现行相关标准、规范的规定。

# 2 术语、符号

## 2.1 术语

**2.1.1** 碎石化 Rubblization

旧水泥混凝土路面板被破碎成粒径较小的碎石,称为碎石化。

**2.1.2** 碎石化技术 Rubblization Technology

采用专用设备对旧水泥混凝土路面板块进行原位破碎利用的一种技术。

**2.1.3** 多锤头破碎机 Multi-head Breaker, MHB

一种碎石化专用设备。该设备后部成组排列多个重锤,通过重锤下落的冲击动能,使板块破碎形成7.5~30cm尺寸的嵌锁结构。

**2.1.4** 共振式破碎机 Resonant Breaker

一种碎石化专用设备,通过共振梁的高频低幅振动将旧水泥混凝土板块破碎到规定尺寸,破碎后碎石粒径较MHB设备小。

**2.1.5** 打裂压稳 Crack and Seat

采用专用设备对旧水泥混凝土路面进行原位破碎和利用的一种技术,粒径范围50~80cm。

**2.1.6** 打碎压稳 Break and Seat

采用专用设备对旧水泥混凝土路面进行原位破碎和利用的一种技术,其破碎后粒径尺寸处于碎石化和打裂压稳之间。

**2.1.7** 冲击压实 Impact Compaction

采用冲击压实设备对路基或路面进行厚层压实或冲击破碎的一种技术,用于旧水泥混凝土路面破碎时,效果类似于打裂压稳。

**2.1.8** 可靠度 Degree of Reliability

结构在规定的时间内,在规定的条件下,完成预定功能的概率。

**2.1.9** 可靠度系数 Reliability Coefficient

为保证所设计的结构具有规定的可靠度,而在极限状态设计表达式中采用的单一综合系数。

**2.1.10** 碱—集料反应 Alkali-Silica Reaction,AAR

混凝土原材料中的碱性物质 $K_2O$ 与 $Na_2O$ 与集料中的活性硅酸盐发生化学反应,生成膨胀性反应物,从而引起混凝土内部产生自膨胀应力而开裂、松散、破坏的现象。

**2.1.11** 年最大温差 Annual Maximum temperature difference

气象部门记录的工程所在地一年中极端最高、最低气温间的差值。

**2.1.12** 当量回弹模量 Equivalent Modulus of Resilience

将旧路面下部看作弹性半空间体时,用顶面回弹模量测试方法测得的模量值。

**2.1.13** 动力圆锥贯入仪 Dynamic Cone Penetrometer,DCP

一种现场简易触探设备,适用于细粒、粒料类或水泥处治类的路基、底基层、基层等强度的现场快速测定。其测试结果与 CBR 值具有相关性。

## 2.2 符号

CBR——加州承载比(California Bearing Ratio)

PR——动力圆锥贯入仪测试的贯入值(Penetration Rates)

PCI——路面损坏状况指数(Pavement Condition Index)

DBL——断板率

LSPM——大粒径透水性沥青混合料(Large Stone Porous Asphalt Mixture)

$n$——测点数

$E_t$——按可靠度方法折减后的旧水泥混凝土板块顶面破碎后的当量回弹模量

$\overline{E}_t$——当量回弹模量平均值,设计阶段时取当量回弹模量推荐值

$\gamma_r$——根据顶面当量回弹模量变异系数值查表确定的可靠度系数

$Z_a$——保证率系数

$S$——标准差

$f_{sp,i}$——各测点的劈裂强度

$\overline{f}_{sp}$——劈裂强度平均值

$f_{sp}$——劈裂强度代表值

$CBR_i$——各测点的 CBR 值

$\overline{\mathrm{CBR}}$——CBR 平均值

$\mathrm{CBR}$——CBR 代表值

$\overline{\omega}$——含水率平均值

$\omega_{\mathrm{i}}$——含水率测试值

$E_{\mathrm{t0},i}$——回弹模量测试值

$\overline{E_{\mathrm{t0}}}$——实测回弹模量平均值

$E_{\mathrm{tp}}$——实测回弹模量代表值

# 3 旧水泥混凝土路面状况调查与检测

## 3.1 调查与检测内容

碎石化实施前路况调查与检测，包括历史数据、基本状况和技术参数三个方面，具体如下。

(1)历史调查：原有路面的路基稳固情况；路面原设计中各结构层材料与厚度；路基路面的建造工艺与质量；养护状况及真实运营年限等。

(2)基本路况调查：交通量及轴载谱状况；基层破损状态与稳固情况；路面破损状况；构造物与排水设施现状；路面与构造物衔接情况等。

(3)技术参数检测：混凝土面板钻芯劈裂强度与基层钻芯抗压强度的检测与统计分析；基层回弹模量检测与统计分析；路基含水率、强度实测与分析等。

## 3.2 调查方法

**3.2.1** 在调查和检测过程中，应按照 3.1 规定的顺序进行。同时，应符合现行《公路水泥混凝土路面养护技术规范》(JTJ 073.1—2001)和《公路技术状况评定标准》(JTG H20—2007)的有关规定。

**3.2.2** 修建养护历史、构造物与排水设施的调查，应采用人工查找资料、调研、全线踏勘、结构层调查等方法，并及时填写调查记录表格。

**3.2.3** 混凝土面板与基层现场取芯，测试劈裂强度与抗压强度。

**3.2.4** 基层松散、破损等情况，通过开挖面层检查确定。

**3.2.5** 路基含水率宜采用现场取土、室内烘干法检测，也可采用现场酒精燃烧法测试。路基强度宜采用动力圆锥触探设备现场测试，参照《公路路基路面现场测试规程》(JTG E60—2008)测试方法，根据测试 PR 值与 CBR 的相关关系，按附录表格确定对应的 CBR 值。

## 3.3 施工段落划分

**3.3.1** 旧水泥混凝土路面改造的设计和施工,应坚持“分段调查、分段设计、分段实施、合理决策”的原则。

**3.3.2** 施工段落的初步划分应结合建养历史,满足分段最大长度限制,按照段落内路况相近的原则综合确定,一般分段最大长度不宜大于10km。

**3.3.3** 路况调查完成后,计算初步划定施工段落内的每公里断板率(DBL),按表3.3.3确定的分段级别,最后合理确定最终施工段落。

**表3.3.3 按路面破损状况分段的标准**

| 分段级别 | 1 | 2 | 3 | 4 | 5 |
|---|---|---|---|---|---|
| 断板率 DBL(%) | 5~10 | 11~20 | 21~30 | 31~40 | >41 |

**3.3.4** 施工段落划定后,按照3.4节要求进行混凝土面板劈裂强度、基层稳定情况、路基含水率与强度状况的调查与检测工作。

## 3.4 调查与检测要求

**3.4.1** 位置选择与测试数目要求

(1)取芯和试坑位置,应优先在破损程度分级相同的行车道板内病害严重、破损程度较高的位置,并应分析该路段路面破碎的主要原因。

(2)面板与基层取芯的频率每公里每车道应不少于3个,在最小施工段落中应不少于6个点。

(3)应对基层稳定性、路基强度与含水率进行调查与检测,可按开挖试坑方式进行,最小施工段落应不少于1个试坑。试坑开挖到基层时,应清理基层表面,并应记录基层的松散、沉陷、裂缝、破碎粒径大小等情况。

(4)基层开挖完成后清理表面,在每个试坑的露出路基区域内,应随机选取至少6个点测试CBR值。在测试点附近,清除浮土采集土样,测试路基含水率。

**3.4.2** 调查与检测方法要求

(1)面板强度调查:现场取芯时应避开已有裂缝。

(2)基层稳定性调查:开挖露出区域内,基层自身有一道以上或有分岔的裂缝,可判定为基层开裂;基层破碎颗粒粒径在40~200cm之间,应判定为基层破碎;当破碎粒径小于40cm时,应判定为基层松散。

(3)路基含水率和强度的调查:含水率与强度检测点成组对应,并在路基表面露出区域内均匀分布;路基强度宜采用动力圆锥贯入仪(DCP)测试,根据附录确定对应的CBR值。

## 3.5 数据处理

**3.5.1** 面板钻芯劈裂强度

应按式(3.5.1)计算面板芯样劈裂强度的平均值、标准差和代表值,并记录其最小值$f_{sp,min}$。

$$\overline{f_{sp}} = \frac{\sum_{i=1}^{n} f_{sp,i}}{n}$$

$$f_{sp} = \overline{f_{sp}} - Z_a S \tag{3.5.1}$$

$$S = \sqrt{\frac{\sum_{i=1}^{n} (f_{sp,i} - \overline{f_{sp}})^2}{n-1}}$$

式中:$n$——测点数,每个施工段落内大于或等于6;

$f_{sp,i}$——各测点的劈裂强度值(MPa);

$Z_a$——保证率系数,高速、一级公路取1.645,二级及其以下公路取1.282;

$S$——标准差;

$\overline{f_{sp}}$——所有测点的劈裂强度平均值(MPa);

$f_{sp}$——劈裂强度代表值(MPa)。

**3.5.2** 基层钻芯抗压强度

将式(3.5.1)中的面板芯样劈裂强度替换为基层钻芯抗压强度,计算基层抗压强度的平均值、标准差和代表值,并记录其最小值。

**3.5.3** 路基强度与含水率

按式(3.5.3-1)、式(3.5.3-2)计算各施工段落的CBR代表值和含水率平均值。

$$\overline{CBR} = \frac{\sum_{i=1}^{n} CBR_i}{n}$$

$$CBR = \overline{CBR} - Z_a S$$

$$S = \sqrt{\frac{\sum_{i=1}^{n} (CBR_i - \overline{CBR})^2}{n-1}} \tag{3.5.3-1}$$

式中:$n$——测点数,取施工段落内所有试坑的测点总数,大于或等于6;

$CBR_i$——各测点的CBR值(%);

$Z_a$——保证率系数,高速、一级公路取1.645,二级及其以下公路取1.282;

$S$——标准差;

$\overline{CBR}$——所有测点的CBR平均值(%);

CBR——CBR代表值(%)。

$$\overline{w}=\frac{\sum_{i=1}^{n}w_i}{n} \tag{3.5.3-2}$$

式中:$n$——测点数,取施工段落内所有试坑的测点总数,大于或等于6;

$\overline{w}$——所有测点的含水率平均值(%);

$w_i$——各测点的含水率测试值(%)。

# 4 碎石化应用决策与加铺设计

## 4.1 旧水泥混凝土路面加铺改造的判断条件

在旧水泥混凝土路面正常养护措施无法满足相应等级公路运营质量技术要求时,宜按以下特征判断旧水泥混凝土路面是否需进行改造维修:

(1)超过20%的纵、横向接缝需要修补,并发生了严重错台、啃边或角隅断裂现象。

(2)断板率超过20%,已经出现了局部翻浆现象或大面积碎板。

(3)超过10%的路面面积需要开挖修补。

(4)出现明显的碱—集料反应裂缝或冻胀开裂征兆。

(5)继续换板翻修的造价偏高,所获得的技术性能偏低,翻修性价比明显不合理。

旧水泥混凝土路面具有上述特征之一时,宜按4.2节进行碎石化技术应用决策。

## 4.2 碎石化技术应用决策内容

### 4.2.1 碎石化技术应用的必要条件

碎石化技术的实施应满足必要的技术条件:

(1)实施碎石化技术,旧路必须满足碎石化应用的条件,如表4.2.1所列。

**表4.2.1 碎石化技术应用的基本标准**

| 相关指标 | 土基 CBR | 基层情况 | 板体情况 |
|---|---|---|---|
| 界限或性状 | >5 | 未松散 | 强度无显著下降 |

注:①基层未松散是指基层无明显裂缝、沉陷,或虽有但破碎成的块体粒径不小于40cm。

②强度无显著下降的具体标准是面板材料劈裂强度代表值按《公路水泥混凝土路面设计规范》(JTG D40—2002)方法换算为弯拉强度后,应不低于原混凝土板强度设计值的80%。

③如果路基平均含水率减去最佳含水率之差大于10%,则应增设碎石盲沟等排水措施。

(2)除表4.2.1所列的技术条件外,旧路的其他病害特征或指标,不宜作为碎石化技术应用的必要条件。

### 4.2.2 经济性决策标准

在满足4.2.1规定后,工程的经济性指标是决策的最终依据。

(1)宜将碎石化后加铺改建费用与继续维修、尽量延长路面服务年限的费用相比较,当前者费用较低时,适宜加铺改建。

(2)应在充分考虑技术特点、成本、加铺结构要求和使用年限的基础上,对比其他原位破碎利用技术方案,如:打裂压稳、打碎压稳、冲击压实等,选择技术经济性最佳的方案。

## 4.3 决策方法

**4.3.1** 按4.1规定,判断碎石化技术应用的前提条件是否具备,确定可能性。

**4.3.2** 按4.2.1规定,判断碎石化技术应用的技术条件是否可行,确定可行性。

**4.3.3** 按4.2.2规定,判断碎石化改建方案的投资效益是否最佳,确定技术经济性。

**4.3.4** 碎石化技术应在以上三方面规定都符合的情况下进行科学决策、实施。

## 4.4 加铺设计原则

**4.4.1** 加铺结构设计宜结合3.3节划分的不同施工段落进行分段设计。

**4.4.2** 加铺前,应对路况调查中已查明的严重唧泥、沉陷和积水部位开挖至路基,清除路基表面积水后,用碎石分层回填夯实至旧路面高程。

**4.4.3** 受多种因素影响,碎石化前设计参数无法准确预知,应采用两阶段设计:设计阶段、优化设计阶段。

**4.4.4** 加铺水泥混凝土路面和加铺沥青路面两种情况下,旧水泥混凝土路面碎石化后的设计参数相同。

**4.4.5** 加铺结构设计应按《公路沥青路面设计规范》(JTG D50—2006)、《公路水泥混凝土路面设计规范》(JTG D40—2002)中的新建路面设计方法进行。

**4.4.6** 沥青路面分段设计时,应考虑不同路面结构段落的衔接:加铺水泥混凝土路面时,宜在施工段落划分的基础上对结构适当合并;路面结构层不一致或变化时,应通过加铺或加厚基层进行衔接或调整纵坡。

## 4.5 设计参数

碎石化后的设计参数取其顶面的当量回弹模量。

**4.5.1** 在碎石化后加铺结构设计时,取顶面的当量回弹模量代表值作为设计参数。

**4.5.2** 设计阶段,其平均值查表4.5.2-1取值,代入式(4.5.2)得到代表值。计算中用到的参数取值见表4.5.2-2、表4.5.2-3。

$$E_t = \overline{E_t}/\gamma_r \tag{4.5.2}$$

式中:$E_t$——设计阶段,按可靠度方法折减后的旧水泥混凝土板块顶面破碎后的当量回弹模量代表值(MPa);

$\overline{E_t}$——当量回弹模量平均值,取表4.5.2-1的推荐值(MPa);

$\gamma_r$——根据顶面当量回弹模量变异系数值查表4.5.2-3确定的变异水平等级对应的可靠度系数。

**表4.5.2-1 碎石化后顶面当量回弹模量平均值取值范围**

| 水泥强度等级 | 32.5 | 42.5 |
|---|---|---|
| 顶面当量回弹模量平均值(MPa) | 250~350 | 300~500 |

注:当路基、基层状况较好,且为填方路堤时,可取中值;路基、基层状况较好的挖方(土方甚至石方)取大值;路基、基层软弱时,取小值。

**表4.5.2-2 可靠度设计标准**

| 公路技术等级 | 高速公路 | 一级公路 | 二级公路 | 三、四级公路 |
|---|---|---|---|---|
| 安全等级 | 一级 | 二级 | 三级 | 四级 |
| 设计基准期(年) | 30(15) | 30(15) | 20(12) | 20(12) |
| 目标可靠度(%) | 95 | 90 | 85 | 80 |
| 变异水平等级 | 低 | 低—中 | 中 | 中—高 |

注:①本表引用自《公路水泥混凝土路面设计技术规范》(JTG D40—2002);

②对沥青路面加铺沿用水泥混凝土路面加铺可靠度设计标准;

③设计基准期一栏的数据中,括号外为水泥混凝土路面,括号内为沥青路面。

**表4.5.2-3 可靠度系数**

| 变异水平等级 | 目标可靠度(%) | | | |
|---|---|---|---|---|
| | 95 | 90 | 85 | 80 |
| 低 | 1.20~1.33 | 1.09~1.16 | 1.04~1.08 | — |
| 中 | 1.33~1.50 | 1.16~1.23 | 1.08~1.13 | 1.04~1.07 |
| 高 | — | 1.23~1.33 | 1.13~1.18 | 1.07~1.11 |

**4.5.3** 碎石化施工完成并按6.1节检查验收后的加铺路面优化设计阶段,通过碎石化后顶面回弹模量的实测数据计算每个施工段落的当量回弹模量平均值、标准差和代表值,计算式如式(4.5.3-1)~式(4.5.3-2)。

$$\overline{E_{t0}} = \frac{\sum_{i=1}^{n} E_{t0,i}}{n} \tag{4.5.3-1}$$

$$E_{tp} = \overline{E_{t0}} - Z_a S \tag{4.5.3-2}$$

$$S = \sqrt{\frac{\sum_{i=1}^{n}(E_{t0,i} - \overline{E_{t0}})^2}{n-1}} \tag{4.5.3-3}$$

式中:$n$——施工段落内的所有测点数,大于或等于 6;

$E_{t0,i}$——各测点的实测回弹模量值(MPa);

$Z_a$——保证率系数,高速、一级公路取 1.645,二级及其以下公路取 1.282;

$S$——标准差;

$\overline{E_{t0}}$——所有测点的实测回弹模量的平均值(MPa);

$E_{tp}$——实测回弹模量的代表值(MPa)。

## 4.6 水泥混凝土路面加铺设计

**4.6.1** 碎石化后加铺水泥混凝土路面的设计方法,应按《公路水泥混凝土路面设计规范》(JTG D40—2002)的规定执行。碎石化层可作为加铺水泥混凝土路面的基层或底基层,加铺路面应按《公路水泥混凝土路面设计规范》(JTG D40—2002)规定的结构组合设计原则,合理确定基层类型和面层类型。

**4.6.2** 碎石化后加铺水泥混凝土路面应按两阶段设计方法进行,当设计阶段当量回弹模量取值[按式(4.5.2)计算]与实测计算的代表值[按式(4.5.3)计算]相比,差值在 10MPa 以内时,可直接在设计中使用;否则应进行优化设计,调整原路面设计方案。

## 4.7 沥青路面加铺设计

**4.7.1** 沥青加铺层最小厚度

沥青加铺层厚度应符合表 4.7.1 的最小厚度规定。

**表 4.7.1 不同地区年最大温差对应的加铺层最小厚度**

| 年最大温差(℃) | 30 | 40 | 50 | 60 | 70 | 80 |
|---|---|---|---|---|---|---|
| 最小加铺厚度(cm) | 10 | | 13 | | 14 | |

**4.7.2** 结构组合要求

为适应工程中出现的碎石化后颗粒粒径或回弹模量波动情况,加铺结构组合宜满足以下要求:

(1)碎石化施工中应尽可能参照推荐的颗粒粒径(表 6.1.4)进行破碎控制,施工后立即洒布透层油,然后尽快施工防水封层。

(2)粒径控制结果符合 7.5 ~ 30cm 的要求,且在当量回弹模量为 250 ~ 500MPa 时,直接加铺双层、三层式密级配沥青混凝土。

(3)局部段落碎石化后颗粒粒径偏大或当量回弹模量偏高时，宜在防水封层上增设大粒径透水性沥青碎石层。

(4)局部段落粒径偏小或当量回弹模量偏低时，宜设置抗疲劳层，并应保证加铺层总厚度。

(5)当量回弹模量低于150MPa的路段，宜增设半刚性基层补强。

**4.7.3** 沥青加铺层结构组合选用

施工后粒径符合检查验收标准，且测试的当量回弹模量代表值处于250~500MPa时，宜采用图4.7.3所示结构组合形式。

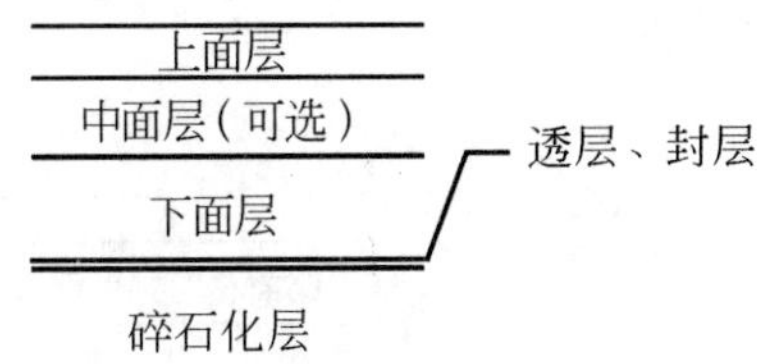


图4.7.3 一般采用的碎石化后沥青加铺结构形式

因具体工程差异，出现部分段落粒径起伏或当量回弹模量代表值超出一般范围时，宜按表4.7.3选取相应的结构组合形式。

**表4.7.3 碎石化后沥青加铺层结构组合选择**

| 破碎程度 | 颗粒过细 | 颗粒偏细 | 一般颗粒大小 | | 颗粒偏粗 |
|---|---|---|---|---|---|
| 代号 | $S_1$ | $S_2$ | $S_3$ | $S_4$ | $S_5$ |
| 当量回弹模量代表值(MPa) | <150 | 150~250 | 250~350 | 350~500 | >500 |
| 加铺结构组合形式 | 加补强基层+面层 | 透层+AC-10等抗疲劳层+沥青混凝土 | 透层+防水封层+三层沥青混凝土 | | 防水封层+大粒径沥青碎石+两层沥青混凝土 |

**4.7.4** 加铺结构厚度设计

(1)直接加铺沥青层时，应以沥青层底拉应力为设计指标，按柔性基层沥青路面计算弯沉作为竣工验收指标。

(2)碎石化层与相邻的沥青层之间宜按完全滑动处理。

**4.7.5** 设计步骤

(1)设计阶段

①确定交通量参数，计算累计标准轴载作用次数。

②按旧面板的混凝土强度等级，从表4.5.2-1选取碎石化后当量回弹模量平均值。

③按表4.5.2-2和表4.5.2-3选取可靠度系数，按式(4.5.2)计算折减后的碎石化后顶面回弹模量代表值。

④按双层或三层沥青混凝土层加铺，拟订结构组合，以沥青层底弯拉应力为设计控制指标，计算加铺层厚度。

⑤对照表4.7.1的沥青加铺层最小厚度，如果小于表列值，则取表列值。

(2)优化设计阶段(经调整并开始正常施工后,实测当量回弹模量)

根据实测当量回弹模量数据,代入式(4.5.3-3)计算代表值,与设计阶段的顶面回弹模量代表值比较,如果相差在10MPa之内,可不进行优化。否则,应进行优化:

①按照实测回弹模量的代表值,按4.7.3规定确定结构组合。

②按实测回弹模量代表值设计厚度,以沥青层底弯拉应力为设计控制指标。

③检验是否符合表4.7.1的最小厚度要求。

上述设计步骤的流程图见图4.7.5。

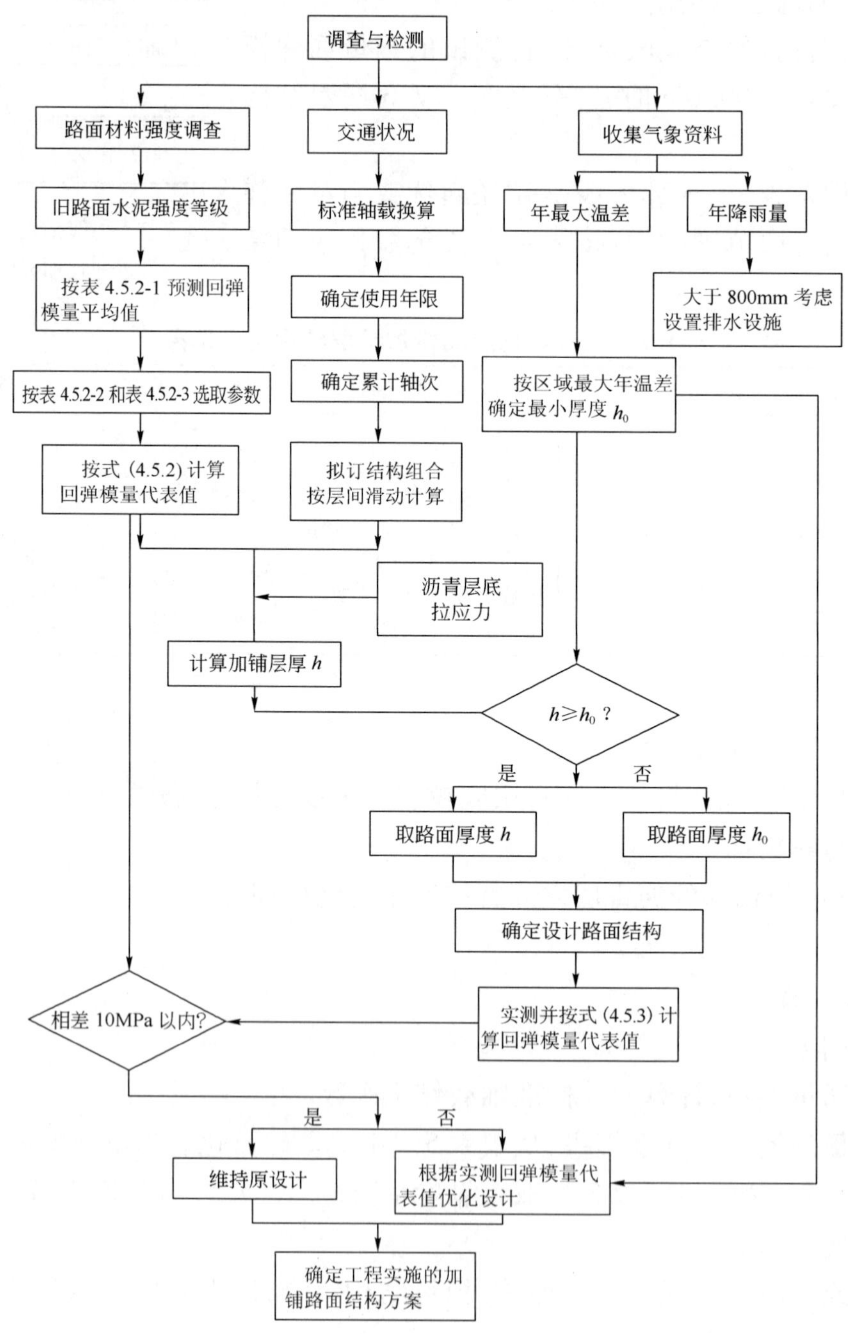


图4.7.5 设计步骤流程图

**4.7.6** 参考结构

(1)交通量分级

加铺结构设计采用的交通量分级标准见表 4.7.6-1。

**表 4.7.6-1 交通量等级划分**

| 交通等级 | 轻交通 | 中交通 | 重交通 | 特重交通 |
|---|---|---|---|---|
| 代号 | $T_1$ | $T_2$ | $T_3$ | $T_4$ |
| 累计标准轴次(万次/车道) | 150~400 | 400~900 | 900~2000 | 2000~4000 |
| 公路等级 | 三级 | 二级 | 高速、一级 | 高速、一级 |

(2)碎石化后顶面当量回弹模量分级

碎石化后顶面回弹模量代表值分级见表 4.7.3。

(3)碎石化后的结构厚度参考范围

结构组合的选取按表 4.7.3 进行,设计阶段的参考结构厚度如表 4.7.6-2 所列。

**表 4.7.6-2 碎石化后沥青加铺层参考结构**(单位:cm)

| 结构组合特点 | 碎石化后回弹模量代表值(MPa) | 交通量等级($\times 10^4$) | | | |
|---|---|---|---|---|---|
| | | $T_1$ | $T_2$ | $T_3$ | $T_4$ |
| 加补强基层 | $S_1$ | 18~20cm<br>基层+3~5 | 18~20cm<br>基层+5~8 | 18~20cm<br>基层+8~15 | 18~20cm<br>基层+*15~18 |
| 增设抗疲劳层+沥青混凝土 | $S_2$ | | *10~15 | *15~20 | *18~22 |
| 沥青混凝土 | $S_3$ | | 10~12 | *12~18 | *15~20 |
| | $S_4$ | | | 10~12 | *12~18 |
| 增设 LSPM+沥青混凝土 | $S_5$ | | 12~16 | 16~20 | 20~24 |

注:①带*的沥青层总厚度较大,可考虑采用 LSPM 替代下面层,根据设计计算结果和经济性进行优化。

②"增设 LSPM+沥青混凝土"结构组合厚度为包含 LSPM 层的厚度。

③"增设抗疲劳层+沥青混凝土"结构组合,抗疲劳层为细粒式沥青混凝土,如 AC-10 等。

# 5 碎石化的施工

## 5.1 一般规定

**5.1.1** 碎石化施工前,施工单位必须提供行翔实的施工组织设计,符合技术要求后方可施工。

**5.1.2** 碎石化不得在雨(雪)天施工;施工中遇雨(雪)时,应立即停工。

**5.1.3** 碎石化的施工现场交通控制应严格按照《公路养护安全作业规程》(JTG H30—2004)的要求进行,保障施工安全。

## 5.2 设备要求

**5.2.1** 设备基本性能要求

碎石化应采用专用机械 MHB 和 Z 型压路机配套施工。MHB 设备的破碎能力应与待破碎水泥混凝土路面的状况相适应,应通过试验段破碎尺寸及效果来确定。

**5.2.2** 设备主要技术参数要求

MHB 设备应为自行式,携带 8 对重锤呈两排分布,每对重锤由单独的液压控制系统控制,能够以相同的行进速度和不同的提升高度、频率对路面进行冲击破碎。重锤下落时可产生 1 383 ~ 11 060N · m 的冲击能量,典型的工作效率为单车道 100m/h。MHB 技术参数如表 5.2.2 所列。

**表 5.2.2 MHB 设备主要技术参数表**

| 设备参数 | 要求 | 设备参数 | 要求 |
|---|---|---|---|
| 锤重范围(kg) | 700 ~ 1 100 | 最大破碎宽度(cm) | ≥375 |
| 最大落锤高度(cm) | ≥150 | 工作速度(m/h) | 50 ~ 120 |

与 MHB 配套使用的还有 Z 型压路机,通过在钢轮上附设的 Z 形条纹,对 MHB 破碎后的路面进行补充破碎。

### 5.2.3 设备初始施工参数

MHB 施工应主要控制设备的落锤高度和锤迹间距。推荐的试验段施工时的初始设备参数如表 5.2.3 所列。

**表 5.2.3 初始设备控制参数范围**

| 初始设备参数 | 混凝土弯拉强度(MPa) | | | | | |
|---|---|---|---|---|---|---|
| | <3.5 | 3.5~4.0 | 4.0~4.5 | 4.5~5.0 | 5.0~5.5 | >5.5 |
| 下落高度(m) | 1.0 | 1.0 | 1.1 | 1.1 | 1.2 | 1.2 |
| 锤迹间距(cm) | 6~10 | 8~12 | 6~10 | 8~12 | 6~10 | 8~12 |

注:因原水泥混凝土路面状况差异较大,推荐的参数只供试验段实施时调试设备参考,具体施工设备运行参数需根据试验段结果来调整。

## 5.3 一般工序

MHB 设备进行碎石化并加铺沥青路面结构的一般工序如下:

(1)移除现有的旧罩面修补层。

(2)修复或增设排水设施。

(3)不稳固特殊路段挖补处理。

(4)线路内、外及地下构造物标记。

(5)设置施工测量控制点。

(6)施工区段的交通管制及分流。

(7)破碎旧水泥混凝土路面。

(8)修复或补强软弱基层或路基。

(9)废弃材料清除。

(10)破碎后水泥混凝土路面碾压。

(11)与非破碎段原有水泥混凝土路面的接缝处治。

(12)透层或封层施工(加铺沥青面层前)。

(13)加铺新路面。

## 5.4 施工准备

### 5.4.1 移除现存的沥青加铺层和沥青修补材料

碎石化施工前,应先清除所有需要破碎的混凝土板块上存在的沥青加铺层和沥青表面修补材料。

### 5.4.2 排水系统修复或增设

碎石化工程应清理原有边沟或增设边沟,以保证明流排水及渗透排水。在碎石化施工及其后的运营过程中,应确保路面不积水,明流排水应通畅快捷,渗透排水应不堵塞、不倒灌。

在凹形竖曲线底部、平曲线超高段的低边及现有混凝土板块明显唧泥等排水不畅的路段,应增设横向排水盲沟。

排水系统宜在碎石化施工前两周投入正常运行。

**5.4.3** 特殊路段的处理

在破碎之前,应对出现严重病害的软弱路段进行修复处理。

(1)清除翻浆等不稳定部位的旧水泥混凝土路面板。

(2)开挖基层或路基直至稳定层。

(3)在挖除部位换填碎石等材料,顶面高程应与破碎混凝土板底相同。

(4)挖除与未挖除的过渡位置应采用与加铺底层相同的混合料,回填料应进行适当的摊铺和压实,最小控制尺寸应不小于全车道宽和1.2m长,以保证压实效果。

**5.4.4** 构造物的标识和保护

施工前,应在现场对线路沿线需要保护的构造物做出明确标识,以确保这些构造物不会因碎石化施工而造成损坏。

(1)有埋深在1m以上构造物(或管线)的路段可以正常破碎;埋深在0.5~1m的构造物(或管线)可降低锤头高度进行轻度破碎;埋深不足0.5m的构造物(或管线)以及桥梁等,应禁止破碎,并应避让结构物端线外侧3m以内的所有区域。

(2)对于路肩外有建筑物的区段应加强安全检测,建筑物距路肩10m以外时应按正常破碎施工;距路肩外5~10m范围内时,施工时应降低锤头高度对路面进行轻度破碎;路肩外5m以内存在建筑物的路段,应禁止破碎。

(3)对于不同距离的路边建筑物或不同埋深的构造物、管线等,应采用不同标志的红色油漆标注清楚,分别使用不同的破碎能量施工,以确保其安全。

**5.4.5** 上跨构造物的净空

施工前需测量上跨构造物的净空,应尽量同时确保加铺后的净空和加铺层的厚度。如果HMA加铺层后的最终净空不足,可采用如下措施:

(1)当桥下净空相差较少时,可在满足疲劳验算的前提下,适当减少加铺层厚度;也可在保证足够承载力的前提下,铣刨桥下路面,降低至指定高程。

(2)当桥下净空相差较大时,则应根据设计净空挖除原路面结构,并修复或新建基层至指定高程。

**5.4.6** 设置高程控制点

应在有代表性路段设置高程控制点,以便在施工中监测高程的变化,指导加铺层施工。

**5.4.7** 交通管制及分流

在碎石化施工之前,应制订施工区段的交通管制及分流方案,满足通车及施工交通的安全要求。

## 5.5 试验段工程

**5.5.1** 碎石化正式施工前,应根据路况调查资料选择有代表性的路段作为试验段,长度不小于200m。

**5.5.2** 在5.2.3推荐的设备初始施工参数基础上,逐级调整提升高度、锤迹间距(行进速度),直至破碎后路表呈现均匀的鳞片状,清除破碎层表面2cm左右碎屑至碎石化嵌挤层顶,观察裂缝情况,并与粒径范围要求(表6.1.4)对比,粒径合适时记录设备参数。

**5.5.3** 在试验段内随机选取两个独立的位置开挖大于1m×1m的试坑。试坑应开挖至基层,以在全深度范围内检查碎石化后的颗粒是否满足表6.1.4的规定。如果不满足,必须增加试验区调整设备控制参数,直至满足要求。

**5.5.4** 通过以上程序得出的施工设备控制参数应记录备查并用以指导正常施工。正常施工过程中,仅可根据路面实际状况对破碎参数作出微小的调整;当必须对参数作出较大的调整时,应得到监理工程师或业主的认可。

## 5.6 碎石化施工

**5.6.1** MHB破碎施工

(1)破碎施工顺序:应从外侧车道向内侧车道破碎。

(2)边缘应防止破碎过度:在破碎路肩时应适当降低外侧锤头高度,减小落锤间距,既保证破碎效果,又不至于破碎功过大而造成过度破碎。

(3)搭接宽度要求:两幅破碎一般要保证10cm左右的搭接破碎宽度。

(4)施工匀质性要求:MHB机械施工过程中,应根据旧水泥混凝土路面的强度差异随时优化调整行进速度、落锤高度、频率等破碎参数,尽量达到破碎均匀。

**5.6.2** 预裂要求

基层强度过高或面板厚度过大时,宜采用打裂等其他手段进行旧混凝土路面的预裂,确保碎石化后达到预期效果。预裂后的区段应重新进行试验段施工,确定其碎石化的各项施工优化参数。

**5.6.3** 凹处回填

碎石化层作基层时,碎石化后表面凹处在 10cm × 10cm 以内,压实前可用级配碎石回填;10cm × 10cm 以上的宜利用沥青混合料找平,以保证加铺沥青面层的较佳平整度。

**5.6.4** 原有填缝料及外露钢筋清除

在铺筑 HMA 以前,应清除填缝料、胀缝材料,并切除暴露的加强钢筋等杂物,清除过程中产生的坑洞宜填充级配碎石粒料。

**5.6.5** 压实

(1)将表面的扁平颗粒进一步破碎,同时稳固下层块料,为新建沥青面层提供一个平整的表面。

(2)对于一次破碎后个别面积大于 $1m^2$ 的板块,宜在碾压前用人工或小型气动冲击设备补充破碎。

(3)破碎后的路面采用 Z 型压路机和单钢轮压路机振动压实,压实遍数 1 ~2 遍,压实速度不允许超过 5km/h。

(4)在路面综合强度过高或过低的路段,应避免过度压实,以防造成表面粒径过小或将碎石化层压入基层。

## 5.7 碎石化表层处置

碎石化后宜对表层进行处置,喷洒慢裂乳化沥青(用量 2.5 ~ $3kg/m^2$,沥青含量 50% ~55%)后,撒布适量石屑进行光轮静压;石屑用量不宜过多,以不黏轮为标准。

# 6 检查验收

## 6.1 碎石化层检查验收

**6.1.1** 评定长度宜按照3.3节划分的施工段落为单位。

**6.1.2** 检查测试位置选择应符合随机性要求。

**6.1.3** 碎石化层检查验收可分为施工单位过程自检，监理、业主检测，质检部门的质量检验验收。质量检验验收合格后，方可进入下道工序的施工。为了加快施工各工序的衔接，质量检验验收应在每个施工段落的碎石化工序完成后尽快完成。

**6.1.4** 碎石化层的质量检验评定标准应符合表6.1.4的规定。

**表6.1.4 碎石化后作底基层时的检查验收标准表**

| 项　次 | 检查内容 | 标准(cm) | 保证率(%) | 检查方法和频率 |
|---|---|---|---|---|
| 1 | 顶面粒径 | <7.5 | 75 | 直尺，20m一处 |
| 2 | 上部粒径 | <22.5 | 75 | 直尺，试验段50m检查1处/正常施工不均匀时抽检5% |
| 3 | 下部粒径 | <37.5 | 75 | 直尺，试验段50m检查1处/正常施工不均匀时抽检5% |

**6.1.5** 施工过程自检结果应与表6.1.4的规定数据相对照；有差距时，应及时查明原因，调整后续施工段落的施工方案，以达到碎石化层的质量要求。

**6.1.6** 每一单位评定长度内，顶面当量回弹模量测试不少于6个随机点，按式(4.5.3)计算代表值，作为加铺结构优化设计的主要参数。

## 6.2 结构加铺后检查验收

结构加铺后检查验收应按照《公路沥青路面施工技术规范》(JTG F40—2004)、《公路水泥混凝土路面施工技术规范》(JTG F30—2003)执行。

# 附录　CBR 与 DCP 的 PR 指数关系表

**附表　CBR 与 DCP 的 PR 指数对应关系**

| PR 指数<br>(mm/次) | CBR<br>(%) | PR 指数<br>(mm/次) | CBR<br>(%) | PR 指数<br>(mm/次) | CBR<br>(%) |
|---|---|---|---|---|---|
| <3 | 100 | 39 | 4.8 | 69~71 | 2.5 |
| 3 | 80 | 40 | 4.7 | 72~74 | 2.4 |
| 4 | 60 | 41 | 4.6 | 75~77 | 2.3 |
| 5 | 50 | 42 | 4.4 | 78~80 | 2.2 |
| 6 | 40 | 43 | 4.3 | 81~83 | 2.1 |
| 7 | 35 | 44 | 4.2 | 84~87 | 2.0 |
| 8 | 30 | 45 | 4.1 | 88~91 | 1.9 |
| 9 | 25 | 46 | 4.0 | 92~96 | 1.8 |
| 10~11 | 20 | 47 | 3.9 | 97~101 | 1.7 |
| 12 | 18 | 48 | 3.8 | 102~107 | 1.6 |
| 13 | 16 | 49~50 | 3.7 | 108~114 | 1.5 |
| 14 | 15 | 51 | 3.6 | 115~121 | 1.4 |
| 15 | 14 | 52 | 3.5 | 122~130 | 1.3 |
| 16 | 13 | 53~54 | 3.4 | 131~140 | 1.2 |
| 17 | 12 | 55 | 3.3 | 141~152 | 1.1 |
| 18~19 | 11 | 56~57 | 3.2 | 153~166 | 1.0 |
| 20~21 | 10 | 58 | 3.1 | 166~183 | 0.9 |
| 22~23 | 9 | 59~60 | 3.0 | 184~205 | 0.8 |
| 24~26 | 8 | 61~62 | 2.9 | 206~233 | 0.7 |
| 27~29 | 7 | 63~64 | 2.8 | 234~271 | 0.6 |
| 30~34 | 6 | 65~66 | 2.7 | 272~324 | 0.5 |
| 35~38 | 5 | 67~68 | 2.6 | >324 | <0.5 |

附件

# 《旧水泥混凝土路面碎石化技术规程》

（DB 37/T 1160—2009）

## 条 文 说 明

# 1 总则

**1.0.1** 水泥混凝土路面修复比沥青路面难度大、耗时长,效果难以保证。在水泥混凝土路面使用期末,病害严重,采用其他养护措施已不能保证路面使用性能时,破碎改造是有效途径之一。破碎后的处理方式有两种:一是从原位移除;二是原位利用。原位破碎再利用可以充分利用旧路资源,符合我国建设资源节约型、环境友好型社会的必然要求,是旧水泥混凝土路面改造的必然趋势。

碎石化技术是旧水泥混凝土路面原位破碎再利用的有效技术手段。混凝土路面破碎需要在结构性降低和反射裂缝风险增高之间寻求平衡。在破碎后的有效模量使反射裂缝出现的可能性降到最低的前提下,应尽量保证原混凝土板块结构性。破碎后有效模量与破碎后颗粒粒径密切相关,存在一个合理的破碎后粒径区间,能使有效模量达到适宜范围,碎石化技术就很好地符合这一要求。

**1.0.2** 碎石化技术只有在常规养护手段失效,确需加铺改造的前提下才可以应用。碎石化后板块的强度损失是无法恢复的,是一种重建手段,必然要求加铺新路面结构层。

碎石化技术需依托专用设备,主要有两种:一种是多锤头破碎机,通过设备多个重锤的提升、下落,将板块破碎;另一种则是共振式破碎机,通过设备振动梁产生的高频低幅振动破碎旧水泥板块。2002 年起,山东省在国内率先引进多锤头破碎机碎石化设备,由山东省交通厅公路局、东南大学和山东省公路建设(集团)有限公司共同对相关技术进行了研究,2005 年通过专家鉴定,2008 年度获山东省科技进步一等奖。截至 2008 年底,该技术已在国内应用 900km 以上,已基本成熟。在前期科研、工程实践的基础上,由山东省交通厅主持,由山东省交通厅公路局等单位编制完成了本规程,为该技术的标准化、规范化发展服务。

鉴于目前碎石化后以加铺沥青层为主的实际,本规程的加铺设计部分也重点针对这种情况进行了详细规定。如需加铺水泥混凝土路面,也可参照本规程设计方法,确定当量回弹模量,并采用两阶段优化设计的思路进行设计。

**1.0.3** 除碎石化技术外,还有其他多种旧板块破碎技术,由于破碎效果不同,加铺结构与预期使用寿命也各不相同,因此需进行综合技术经济比较,择优选定旧水泥混凝土路面的改造技术方案。

**1.0.4** 碎石化施工与排水、旧路面结构强度、路基强度等多种因素有关,施工前难以全部查明,施工中很可能出现破碎效果波动。同时,碎石化工艺不适宜二次破碎,因此在施工前、施工中,对破碎效果进行动态检测至关重要。要通过试验段确定基本设备参数,做好施工计划与施工组织工作,然后在施工中加强检测,根据结果动态调整,保证破碎效果。

# 2 术语、符号

## 2.1 术语

**2.1.1** 旧水泥混凝土路面的原位破碎利用技术种类较多，划分的主要依据是破碎后颗粒粒径的范围，这与各种设备的破碎方式和破碎能力密切相关。综合国内外常用的原位破碎利用设备，破碎后粒径从大到小排列的设备分类如下：

（1）打裂压稳、冲击压实设备，破碎后粒径范围为50～80cm。

（2）打碎压稳设备，破碎后粒径范围为30～50cm。

（3）多锤头破碎机、共振式破碎机，破碎后粒径范围为2～40cm，统称为碎石化。

因此，通过选择破碎设备，可以将板块破碎成2～80cm范围内的不同大小。当破碎后粒径大于80cm时，其减少加铺沥青路面反射裂缝的能力已基本丧失，不适宜归入原位破碎利用设备。

在80cm以下的范围内，各种设备破碎后粒径各不相同，破碎后加铺层出现反射裂缝的可能性也不同。如果是同一工程采用不同破碎设备后，将可能出现以下两种情况。

（1）破碎后粒径不同，破碎后粒径较大时，出现反射裂缝的可能性增大，为保证设计使用寿命必须增加沥青加铺层厚度。

（2）采用了相同厚度的沥青加铺层后，破碎后粒径大的路段将较早出现反射裂缝。

但是，破碎后粒径也不是越细越好，过细则会导致板块强度损失过多，虽完全防止了可能的反射裂缝，但不能充分利用旧板强度，带来资源浪费。从目前的工程实践总结来说，路面结构采用碎石层的往往容易发生疲劳相关病害，而反射裂缝问题成为次要问题，因此，将原板块用碎石化技术破碎后，因其颗粒粒径类似于碎石，反射裂缝的隐患大大降低，更应注重防止疲劳破坏的发生。

从旧路现状来看，在板块破碎严重的情况下，需要采用破碎后粒径更小的技术，为此，板块破损严重路段采用碎石化技术更具有技术经济性。

以上各类破碎设备中，碎石化的破碎后粒径及分布状态较优，既基本消除了反射裂缝可能性、充分利用了旧板块剩余强度，又能有效防止疲劳破坏，为此，本规程重点针对MHB设备碎石化的实施技术进行编制。

**2.1.3** 多锤头破碎机 Multi-head Breaker，MHB

采用MHB碎石化后，形成了具有咬合嵌挤作用的层位，板块处于“裂而不碎”的状态，在尽量保留旧板块强度的同时，有效控制了反射裂缝的发生，实现了破碎程度和强度保留的综合均衡。

**2.1.4** 共振式破碎机 Resonant Breaker

共振式破碎机对旧基层影响小,破碎后粒径较 MHB 设备小,但颗粒间嵌挤作用较弱,为了避免路面出现疲劳问题,需要采用较厚的加铺层以保证使用寿命。

**2.1.7** 冲击压实 Impact Compaction

用于旧水泥混凝土路面破碎时,效果类似于打裂压稳。我国早期在没有旧水泥混凝土路面专用破碎设备前,将该设备用于此类工程,取得了一定的使用经验。

# 3 旧水泥混凝土路面状况调查与检测

## 3.1 调查与检测内容

水泥混凝土路面碎石化前,要经过调查、分析、经济性比较和决策四个阶段。需要在了解原水泥混凝土路面的使用状况、破损状况与破损原因的基础上,分析可能的改造加铺方案,并通过技术经济比较来决策。

历史调查:指修建、养护历史。调查中要重点了解旧水泥混凝土路面结构状况、排水设施、历年养护费用和技术资料等。

基本路况:指路面破损状况、构造物与排水设施状况。通过详细调查分析局部严重破坏的原因,初步确定整体性差、路基软弱、基层不稳定的位置,为进一步的取芯、开挖检测等服务。了解构造物与排水设施状况,可为正式决定采用碎石化技术后的预处理提供资料。预处理主要包括路面与构造物连接处的接缝切割和排水设施的重新设置等。

技术参数:指混凝土面板材料劈裂强度、基层抗压强度及稳定情况、路基含水率与强度状况等。面板材料劈裂强度测试结果用于判断板块材料是否松散而不宜破碎;基层稳定情况调查在试坑开挖过程中进行,通过检查开挖后基层的具体状况,可判断基层是否松散和碎石化的实施效果;路基强度与含水率检测是为了判断路基是否过分软弱,从而影响破碎效果。

## 3.2 调查方法

**3.2.1** 因为在碎石化过程中采用分段处理方法,分段中要用到路况参数,同时参考修建养护历史情况,分段后按工程段落实施技术参数调查与检测,因此 3.1 中列出的调查与检测需遵循一定的顺序。断板率 DBL 指标用于划分工程段落;路况破损情况参照最新养护技术规范执行。

**3.2.2** 修建养护历史可先制作简易表格,通过资料收集填写表格内容,主要了解:路基历史情况、路面结构状况、历年病害发展情况、养护措施与效果及费用等情况等;构造物、排水设施则通过沿线调查的方式,主要记录构造物桩号范围、原有排水设施构造与效果等情况。

**3.2.3** 取芯的圆柱体试件,在进行试验前需根据顶面、底面的平整情况酌情进行切割。

**3.2.4** 基层稳定情况通过开挖后基层是否出现网裂、沉陷甚至松散的情况来判别;在出现上述情况时,需考虑增加开挖点,进一步判明基层不稳定的范围。

**3.2.5** 路基含水率宜采用现场取土、室内烘干法检测,为加快测试进程,也可在现场采用酒精燃烧法测试。路基强度可采用现行规范推荐的测试方法,但为了避免过度开挖路面造成的损害,推荐采用动力圆锥触探设备进行现场测试。测试方法参照《公路路基路面现场测试规程》(JTG E60—2008),其测试结果与 CBR 具有相关关系,可通过附录的表格得出 CBR。

## 3.3 施工段落划分

**3.3.1** 划分施工段落的出发点是为了增强碎石化技术应用的针对性。针对整个工程中不同路段技术状况,进行有针对性的检测,其目的是提供不同的施工和加铺方案,同时也可以进行更详细的施工质量检查与控制。

**3.3.2** 施工段落的划分首先应参考修建养护历史,从路基分段特性、路面结构分段变化、病害发生的分段特征、养护措施的分段实施情况等方面初步划分施工段落。在这方面没有明确的分段依据时,按不大于 10km 的标准初步分段;在每一初步分段内,进一步确定段内是否需要进一步细分,根据路况调查数据进行分公里评定其分级,通过合并相邻且分级相同的路段,形成初步分段内的最终施工段落。分段的距离之所以规定不大于 10km,主要是考虑旧路路况的差异和改造方案的针对性;如果在改造工程中,有局部路段病害严重,也要单独调查、单独评价,以求改造方案的合理性。

**3.3.3** 路面破损状况分段级别采用 DBL 指标,其中分段等级 1、2、3 大致相当于养护技术规范中路况评定为中、次、差的路段,而等级 4、5 则路况更差。

**3.3.4** 在划分工程段落后,针对每个段落进行取芯、开挖、检测等工作,用相应数据及其处理结果表征每个段落的旧路状况,从而可对其提出针对性对策。

## 3.4 调查与检测要求

**3.4.1** 位置选择与测试数目要求

试坑和测点优选病害严重的路段的行车道,主要是为了了解和掌握道路的最不利情况,便于采取针对性的技术措施。

面板、基层取芯主要用于劈裂强度和无侧限试验,判断材料是否松散,测试数目无需过多。

基层稳定性和路基强度调查每2km随机开挖1~2个试坑,主要是避免重复劳动和对旧路面的破坏。一般在开挖面板后就应该对基层状况进行观察,确定是否出现裂缝甚至网裂、沉陷、松散。将基层资料记录后,再测定路基强度和含水率,因此应保证开挖面积足够大,以保证测试的正常进行。开挖后短期内不进行改造施工时,宜结合路面病害情况进行局部维修。

**3.4.2** 面板材料现场取芯主要考察面板材料有无碱—集料反应等病害,为保证劈裂强度试验成功,应避开已有裂缝的位置。

"基层稳定"定义为"不出现裂缝"或"虽有裂缝,但其分割的基层碎块颗粒粒径不小于40cm"。而"基层松散"则是小于40cm的情况。

测试路基CBR值时,路基强度测试的6个点宜选择在一个试坑内进行,因露出区域面积限制,按现场CBR测试方法测试时速度慢、难度大,建议采用动力圆锥贯入仪(DCP)。动力圆锥触探(DCP)是一种方便的现场测试方法,对于较软弱的材料,如路基土,其测试结果稳定可靠,且与CBR值具有相关关系,在测试出贯入值PR后,可查附录表格确定对应的CBR值。

## 3.5 数据处理

数据处理针对:面板材料劈裂强度、路基强度与含水率,主要计算平均值、标准差和代表值等。

# 4 碎石化应用决策与加铺设计

## 4.1 旧水泥混凝土路面加铺改造的判断条件

旧水泥混凝土路面是否需要改造加铺有一些具体的技术判断标准。

旧水泥混凝土路面病害发展有加速特点,使用末期,正常养护措施已无法满足保持路面使用性能的技术要求,这是旧水泥混凝土路面需要进行改造或重建的重要标志,也是选择采用碎石化技术的基础和前提。

## 4.2 碎石化技术应用决策内容

**4.2.1** 国内外研究和工程实践证明,碎石化技术实施必须满足一定的必要条件,这些必要条件是独立于经济性、适宜性之外的技术因素。在不满足这些必要条件的情况下,不能保证碎石化技术应用的成功。

这些必要条件包含三个方面的因素:土基 CBR、基层情况、板体情况。原土基和基层的强度状况对碎石化的效果有直接影响,因此,土基和基层是否具有稳定性至关重要。MHB 在破碎过程中产生的低频高幅振动可以传递到路面结构的较大深度范围内,土基和基层在破碎过程中也会受到影响,所以碎石化前基层出现裂缝或土基强度较原设计时降低是允许的。

国外研究推荐了适宜采用破碎加铺的路基CBR范围。图4-1中给出了破碎后加铺的最小"基层与面层厚度"为 15.3cm。在 CBR 值小于 7 的情况下,碎石化后需增加"基层与面层总厚度"。一般情况下,碎石化后直接加铺沥青面层;在土基 CBR 值过小的情况下,加铺的面层总厚度增大,需通过增设基层补强,以减薄面层来提高其经济性。但是,需要说明的是,在增设基层补强的情况下,就路面进行碎石化是否经济,需要进行更深入的对比分析。为简化问题,取路基 CBR 值 5 为分界,大于 5 的情况下,需加铺的总厚度约为 20cm,这与我国目前高速公路沥青路面的沥青层总厚度为 18 ~ 20cm 基本相符,是不需要加铺新基层的最小控制标准。

在长期使用过程中,水泥混凝土路面可能因原材料中的碱性物质与活性成分发生化学反应,生成膨胀物质(或吸水膨胀物质)而发生碱—集料反应,使板块逐步开裂甚至松散。碎石化应用应避免这种情况,否则可能造成板块过分粉碎,完全失去承载能力。

根据已有研究成果,除上述因素外,水泥混凝土路面的其他病害特征,如:断板率、错台等,对碎石化实施效果都没有直接影响,无需考虑。但这些病害特征会对路面的结构性能、使用性能等产生直接影响，是判断是否需要进行大修重建的决定性影响因素。

在工程适用条件满足的条件下，要进行技术、经济比较。

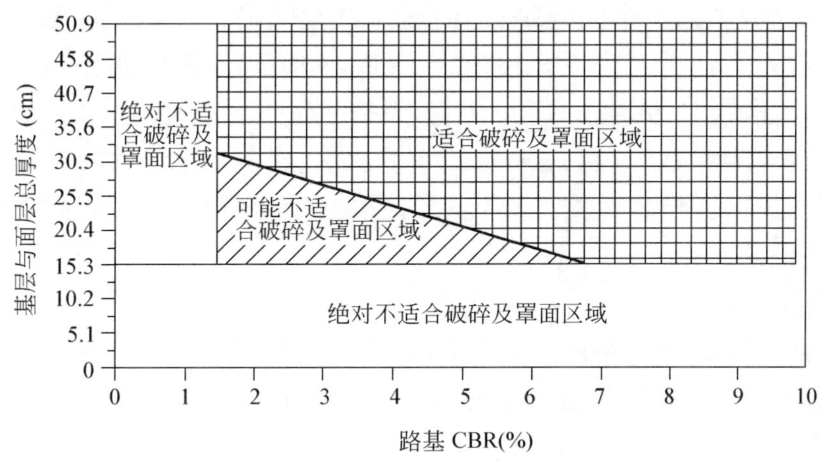


图 4-1　适合采用碎石化的 CBR 值范围示意图

**4.2.2**　在满足 4.1、4.2.1 规定，即碎石化技术可行并且旧水泥混凝土路面病害已严重影响路面功能且需要大修重建的情况下，还要进行技术经济性分析。碎石化后加铺的对比方案主要有：维持正常养护、打裂压稳加铺、打碎压稳加铺、冲击压实加铺等。各种技术方案在重建路面结构、使用年限等方面都各不相同，需要进行详细的技术经济对比，认真权衡，慎重决策。

## 4.3　决策方法

决策过程中要解决的主要问题是：①是否需要改造或重建；②改建是否适宜采用碎石化方法。4.1 和 4.2 中三个主要决策步骤有针对性地回答了上述两个问题。

## 4.4　加铺设计原则

**4.4.2**　加铺的旧路病害处治对加铺路面结构使用寿命有直接影响，有必要提出相应的处治要求。根据碎石化技术的原理，不少非结构性病害，如：错台、裂缝、断板等对碎石化技术实施的影响不大，当基层情况较好时不会对加铺结构造成明显影响；而严重唧泥、沉陷和积水的病害往往需要重点处治，这在路况调查时可以查明。对以上病害，常伴随板下积水，需进行清理，要求开挖至路基，清除路基表面积水后，用碎石分层回填夯实至旧路面高程。

**4.4.3**　碎石化技术实施效果受到众多因素（如：路基强度变异性、旧路结构层厚度变异性、旧路材料变异性、分段施工质量差异等)的影响,最终顶面上测试的回弹模量值也具有一定变异性。部分情况下,其破碎后板块“颗粒”的粒径变化范围甚至超出控制的区间,导致回弹模量值也超出粒径控制区间对应的范围。

以上实际情况带来的一个问题是:即使通过试验段确定了施工的基本控制方法与参数,但碎石化正常施工前仍无法预知整个施工路段的破碎后强度指标(回弹模量),因此,本规程采用了两阶段设计方法,即碎石化施工前的设计阶段和施工后的优化设计阶段。在设计阶段,没有实测参数时,可按表 4.5.1-1 取值,进行加铺层结构设计;在优化设计阶段,通过实测当量回弹模量数据计算代表值,根据代表值与设计阶段取值的差异,确定是否要进行优化设计。

**4.4.4** 在加铺水泥混凝土路面和加铺沥青路面两种情况下,旧水泥混凝土路面碎石化后一般作为底基层或基层,采用当量回弹模量指标时,在两种路面的设计方法中均能应用。

**4.4.5** 碎石化后,加铺沥青路面结构设计基本方法可按我国的规范方法为基础,但要作进一步改进,主要体现在以下两个方面:

(1)设计程序上分设计及改进设计两步。

(2)增加 AI 法中对不同温度特点地区的最小厚度要求。

在实际工程中,因原路面基层、土基等状况的参数比较难以测得,所以碎石化后以结构层顶面的当量回弹模量作为原路面结构碎石化后的强度代表参数,这样就以碎石化顶面的当量回弹模量代替常规路面结构计算中的土基模量即可;泊松比可取 0.3。通过洒布乳化沥青等措施,使得碎石化后表层的小粒径颗粒黏结成具有一定整体性的材料。

碎石化后板块层类似于级配碎石,直接加铺沥青面层时,总的柔性层厚度很大,其受力属于柔性基层沥青路面,弯沉控制标准应相应按照柔性基层沥青路面要求乘以基层类型系数。设计时根据碎石化后直接加铺沥青层的路面结构状态,以沥青层层底拉应力为设计指标,而将回弹弯沉作为竣工验收指标。

**4.4.6** 分段设计带来一个问题是相邻路段的路面结构形式可能不同,设计时应考虑调坡后顺接。水泥混凝土路面衔接难度较大,因此可适当合并工程路段,使结构更单一,便于施工。

## 4.5 设计参数

碎石化实施后,旧板块处于颗粒嵌挤且类似于级配碎石的无黏结状态,见图 4-2。

在这一层上测试回弹弯沉难以得到变异性小、可靠度高的检测结果,因此,推荐直接采用当量回弹模量指标。刚性承载板因具有更大的承载面积,其测试结果的变异性更低,更符合碎石化后路面状况。

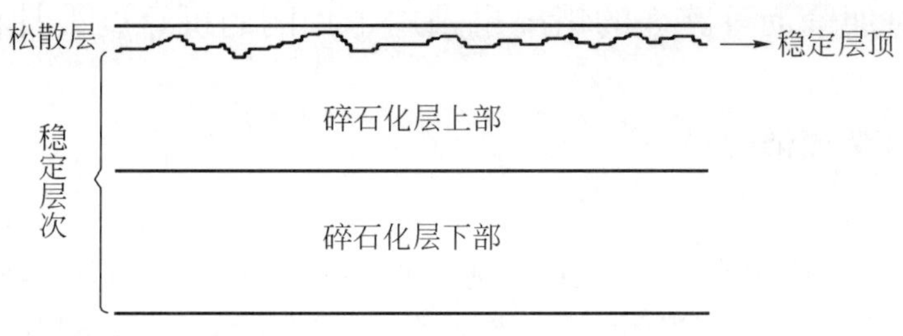


图 4-2 碎石化后根据粒径分层情况

研究表明:水泥混凝土路面应用碎石化工艺时,还应考虑以下原则。

(1)回弹模量平均值一般在 150～500MPa,部分原路面水泥混凝土材料较好时,回弹模量会更大,现场测试中出现过个别值在 600MPa、700MPa 的情况,进行上部结构设计时,必须将弯拉指标作为主要设计指标。

(2)等级较高的公路,碎石化层上加铺的沥青层总厚度一般不宜小于 12cm。

(3)上面层必须密级配防水。

(4)必须完善排水设施。如果基层含水率大,施工时应采取办法降低含水率后再进行碎石化。

(5)在碎石化程度较高,测试的回弹模量数据较小时,应注意下面层的抗疲劳特性。

为使碎石化后加铺层设计与我国的现行设计理论和方法相衔接,采用了以弹性层状体系理论为基础的新建路面设计方法。

在规范设计方法中,对路基采用的设计参数是顶面的回弹模量。碎石化加铺时,这个值通过对旧路碎石化后的检测得到,测试当量回弹模量将其看作路基顶面回弹模量,并将其作为加铺结构设计的基本参数。

碎石化加铺层构筑在破碎板块顶面上,因此在进行加铺层设计前,有必要对碎石化层的基本性质作出界定。从我国路面结构设计理论出发,反映碎石化层性状的主要参数是该层的弹性模量和泊松比。这两者中,弹性模量是因材料性质不同而变化较大的参数,碎石化施工过程中的各种施工参数的控制,最后都反映在该层弹性模量的变化上。从另一角度考虑,碎石化层以下的原基层、土基等的弹性模量对加铺层的结构设计也有相应影响。我国沥青路面设计的一般思路是将碎石化层顶面上的强度特性作为碎石化及其下层结构的代表强度,即顶面当量回弹模量。如果破碎后当量回弹模量能达到较高的水平,则在设计时可以充分利用这一点达到减小路面加铺层厚度的目的。

碎石化的根本目的是防止旧水泥混凝土板块可能的反射裂缝,而反射裂缝产生的根本原因是强度上的差异,所以碎石化的根本目的是使碎石化后顶面强度趋于均匀。在控制破碎程度时,应该以破碎后顶面强度的均匀性来衡量,在此基础上再保证其强度尽量高。

为此选择了以可靠度为基础的当量回弹模量取值方法,因目前的数据积累有限,其中的可靠度设计标准与可靠度系数表(表 4.5.1-2、表 4.5.1-3)直接从《公路水泥混凝土路面设计技术规范》(JTG D40—2002)中引用。因为是在设计中应用,在碎石化施工后要根据实际检测情况进行判断和调整,因此即使取值出现偏差也不会影响最后的设计结果。为简化起见,对加铺沥青路面的情况也采用了相同的可靠度设计标准。

## 4.6 水泥混凝土路面加铺设计

我国刚性路面设计规范《公路水泥混凝土路面设计规范》(JTG D40—2002)中,对基层顶面当量回弹模量按可靠度设计标准表要求。碎石化后结构层作为新路面结构的基层,可参照这一可靠度标准取值。当然,这一标准是新建水泥混凝土路面采用的指标。

值得注意的是,以上可靠度指标是在对已有路面结构进行隐含可靠度分析得到的,主要考虑的参数除基层顶面的当量回弹模量外,还有材料参数、结构尺寸、施工因素等方面的变异,而可靠度系数是综合这些变异以后的系数。简而言之,如果仅基层的顶面当量回弹模量发生低、中、高的变异所对应的可靠度系数,应低于上列可靠度系数表列数值。从这个角度而言,式(4.5.2)计算值作为顶面当量回弹模量应是偏安全的。

## 4.7 沥青路面加铺设计

**4.7.1** 温度因素对碎石化后加铺面层设计的影响,主要表现在不同温区加铺层厚度的最小值上,AI 设计方法就采用这种方式进行控制。控制不同最大温差地区的最小加铺层厚度,是为了防止面层厚度太小、不能抵御破碎层温度变化带来的温缩应力而产生相应的面层裂缝对面层造成早期损害。出于同样的考虑,在我国应用碎石化工艺的情况下,也必须考虑年最大温差所要求的极限最小厚度。具体的厚度极限标准,参照 AI 设计方法取值。具体控制厚度如表 4.7.1 所示。

降雨量因素也会影响碎石化后加铺结构的应用,国外资料没有相关内容,而且单纯按降雨量大小对路面结构作出定量的限定也是不尽合理的。因此对降雨量主要应从结构构造、结构组合上考虑。主要是注重防水、排水设施的设置、施工和检查过程,保证排除水损害的可能。将防水、排水设施的设计作为路面结构设计的一个重要组成部分,同时要求沥青面层的密水性。

**4.7.2** 国外资料对一般破碎粒径情况下的沥青路面加铺结构组合,提出了较宽的要求,即:一般要求其为密级配,并且要特别注意整个沥青加铺层底与碎石化层相连接位置处的拉应力疲劳问题。

提出上述两方面要求的原因是:

(1)水泥混凝土路面碎石化后,形成了很多贯穿板厚的裂缝,这些裂缝为水分通过提供了渠道,使得整个碎石化结构层成为透水层,虽有排水设施完善和表面洒布透层油的预防措施,仍不能杜绝可能的水分在碎石化层下的聚集,因此提出了采用密级配沥青混凝土的基本要求,以防止水分从路表进入。

(2)破碎层顶、沥青层底的拉应力疲劳问题是国外相关工程中曾出现的实际情况,这些疲劳裂缝一般都是由于碎石化程度太高、颗粒粒径过小,而在加铺层结构设计中又没有充分估计碎石化层的强度降低程度,使得新路面结构难以抵御重复拉应力作用,而出现相应的疲劳开裂。

**4.7.3** 碎石化的实际工程应用中,因道路实际使用状况多变,即使采取了相应的决策步骤,也很难避免碎石化后颗粒粒径不在推荐的粒径范围之内的情况。因此,有必要讨论在这些情况下,适宜采用的结构层类型和结构组合模式,以应对可能出现的实际工程情况。

对于颗粒粒径偏大的情况,主要出发点是从结构组合角度提出合理结构层类型,以进一步降低反射裂缝出现的可能。粒径偏小时,则需要提出能抵抗沥青层底疲劳开裂的结构层类型和组合模式。

国内碎石化技术工程实践中,针对碎石化后回弹模量代表值超出控制的范围的情况下,采用 LSPM-25、LSPM-30 和 AC-10 等进行结构组合取得了良好的使用效果。回弹模量代表值大于 500MPa 时,破碎后粒径偏大,反射裂缝威胁加剧,增加 LSPM 层吸收变形;代表值小于 250MPa 时,破碎后粒径偏小,疲劳破坏威胁加剧,可考虑增加 AC-10 抗疲劳层。

**4.7.4** 结构厚度设计采用弹性层状体系理论,当量回弹模量采用表 4.5.2-1 推荐的平均值值按式(4.5.2)计算代表值进行设计,虽然是沥青路面设计,但因为缺乏可用的加铺沥青路面可靠度设计标准,所以沿用相同指标。由于优化设计的保障,这种差异对最终路面结构的影响不大。优化设计时采用实测值计算,按式(4.5.3-3)计算代表值。代表值与设计取值相差 10MPa 以内无需进行优化设计,否则需进行优化设计。

**4.7.6** 表 4.7.6-2 是在两阶段设计中的第一阶段选用的参考结构,在优化设计阶段,需根据实测的当量回弹模量代表值重新按组合设计要求选定组合形式,用软件计算确定结构层厚度。

标注 * 的结构可以考虑增设 LSPM 层替代 AC 层,以降低工程造价。该表以厚度范围的形式给出参考的沥青加铺结构厚度范围。

碎石化后可采用的沥青加铺层有:密级配沥青混凝土、LSPM 等,上面层还可以根据需要设置 SMA、OGFC 等。结构层组合应满足经济性原则,在总厚度要求超过 12 ~ 14cm 时,可考虑双层组合方式,在下层设置 LSPM,上层采用抗磨耗能力强的层次,在总厚度超过 18 ~ 20cm 时,可考虑三层组合方式,下层采用 LSPM。在碎石化后顶面回弹模量较小时,考虑设置抗疲劳层。

# 5 碎石化的施工

## 5.2 设备要求

要使原水泥混凝土路面板碎石化后可直接作为新路面结构的基层或底基层,必须采用有如下能力的破碎施工机械。

(1)原水泥混凝土板块破碎后在平面上强度分布比较均匀。

(2)原水泥混凝土路面破碎后具有一定的强度。

(3)破碎后,原水泥混凝土路面病害可以消除。

(4)破碎后的粒径合理,不会产生应力集中,从而防止对加铺层质量产生影响。

选择 MHB 作为旧水泥混凝土路面碎石化的主要施工机械能满足上述要求。这种机械具有 8 对可以独立控制的重锤,可以破碎 75 ~400cm 宽的路面。

破碎效果主要取决于重锤下落势能转化成的冲击能大小,因此,需对落锤势能提出最低要求:不小于 11kJ,同时也不宜大于 15kJ,以免对旧路基层造成不利影响。这主要通过设备主要技术参数表中的锤重范围和最大落锤高度控制。

MHB 作为一种施工机械,主要控制的指标是落锤高度和锤迹间距。这两项指标决定了冲击能量大小和分布密度,从而最终决定了破碎后结构层在整个厚度范围内的粒径分布特性以及其力学性质。水泥混凝土板块过厚或基层、土基强度较高时可能造成碎石化困难,所以要对其强度作出定性评估。土质较好情况下的挖方,应属于下卧层强度较高类,土质一般的挖方和填方属于一般强度类,而路基填料土质较差或含水率可能相对较高的情况属于下卧层强度较低类。

需要指出的是,因原水泥混凝土路面状况差异较大,并且难以进行准确评估,所以上述推荐的施工参数只供试验段调试设备运行参数时参考,具体施工设备运行参数需根据试验段得出的结果来调整。

## 5.3 一般工序

加铺水泥混凝土路面和加铺沥青路面的一般工序稍有不同,如果加铺沥青面层,则应施工透层或封层;如果加铺水泥混凝土路面,则否。

## 5.4 施工准备

混凝土板块上存在的沥青罩面层和部分沥青表面修补材料会吸收 MHB 的破碎能量,

改变水泥混凝土板块破碎后的粒径分布，从而影响碎石化质量，因此施工前必须清除。

对老路基层、面板换填时可考虑的方式较多。如果面积较大且利于机械施工，推荐采用水泥稳定类材料换填至原路面高程，碎石化施工时不再对换填的部分进行破碎；如果面积较小且不利于机械施工，推荐采用粗粒式沥青混合料回填，或者采用早强水泥混凝土修补至原路面高程，待其强度达到70%以上后，与周围原有水泥混凝土面板一起碎石化。具体方案宜根据当地条件、工期等综合考虑。

老路破坏的一个重要原因是水损坏，碎石化后的混凝土层虽然具有一定的过水能力，但并不能承担所有的排水功能，因此，必须提前修复排水设施。

碎石化施工会产生一定振动，应采取措施减小对沿线路幅外建筑物和路幅内构造物与管线等的影响。

碎石化施工中的交通控制非常重要。在碎石化后，加铺层铺筑前应尽量避免车辆驶入，以防破坏碎石化后的结构层状态。

## 5.5 试验段工程

因为破碎后的粒径大小与分布直接影响碎石化层的强度和均匀性，为此，碎石化主要控制指标为破碎后的粒径分布。由于 MHB 碎石化后混凝土层仅表层为碎石状态，而下部则呈咬合嵌挤状态（这也是 MHB 碎石化优于共振碎石化的一个重要原因），碎石化层开挖十分困难。

现场承载板试验是确定破碎后基层顶面回弹模量的最直接、最有效的评定方法。鉴于承载板试验需要大量的时间，对整个路段开挖测定回弹模量是不可能的，因此，只有利用试验段已有数据来研究和评价碎石化对基层顶面强度的影响。试验段测得的主要数据是碎石化层顶面的当量回弹模量等。

在正常施工阶段，为加快检测速度，可以采用常用的多种无损检测手段，如：FWD等，建立其测试指标与当量回弹模量的相关关系，从而能对施工进行快速评定。

## 5.6 碎石化施工

在直接加铺沥青混凝土时，为使表面较松散的粒料有一定的结合力，建议使用慢裂乳化沥青作透层，用量控制在 2.5 ~ 3kg/$m^2$，乳化沥青透层表面再适量撒布石屑后进行光轮静压，石屑用量以不黏轮为标准。碎石化后表层的粒径较小，透层起到了稳固和防水的双重功效。

在增设半刚性基层时，在摊铺水泥稳定材料之前，建议对碎石化表面喷洒少量的水，以湿润混凝土表面，减少因失水造成的水泥稳定材料干燥、松散，保证基层成型完好。

## 5.7 碎石化表层处置

加铺沥青面层前，应对碎石化表层进行处置。

# 6　检查验收

## 6.1　碎石化层检查验收

**6.1.1**　评定长度采用3.3节施工段落划分长度,可以与调查成果、设计成果对应起来,从而实现整个过程的分段原则。

**6.1.3**　检验验收应在碎石化施工结束后尽快开始,在检测过程中发现问题及时解决,为后续工程段落的施工参数调整提供参考。

**6.1.4**　碎石化施工后质量控制有两个方面内容:一是粒径尺寸范围;二是几何形位参数。在碎石化过程中,满足粒径要求是主要的。几何形位受旧水泥混凝土路面高程、平整度、病害等因素影响,在碎石化施工中难以有效控制,不再提出要求。在具体工程应用中,如碎石化层直接作为基层时,如表面平整度较差,可增设找平层予以改善,以保证加铺面层平整度。

**6.1.6**　根据施工中的实际情况,由于采用承载板测试当量回弹模量速度慢、效率低,可考虑采用其他快速测试设备与方法,如:采用FWD设备。在试验段增加测试数量,将FWD测试数据与当量回弹模量建立回归关系式,在大范围施工时,利用回归关系式直接换算当量回弹模量,但FWD测试数据应适当加密。

碎石化施工后检测回弹模量会发现,回弹模量波动较大,往往需要根据实际测得的回弹模量值,在优化设计阶段对加铺结构进行优化,使加铺结构设计结果符合实际情况。

根据一般路面结构特点,建议:以150MPa作为是否要加半刚性基层补强的分界线,小于等于150MPa时需要加基层,碎石化层作为底基层;大于150MPa时可直接作基层,加铺沥青层。

## 6.2　结构加铺后检查验收

碎石化后加铺结构的检查验收标准应直接参照我国现行路面施工技术规范。

# 附　工程实例

本节内容相关实体工程：京沪高速公路泰化段大修工程，2003 年实施，是碎石化科研的试验段工程，碎石化后直接加铺沥青路面。其路面设计、施工过程如下。

## 旧水泥混凝土路面状况调查与检测

为了解试验段原有情况，参考第 3 章相关规定，对其中 1.5km 路段调查的主要病害情况描述如下。

(1)出现的主要病害为各种类型的裂缝和断板，以及部分表面缺陷。

(2)所调查路段总的断板率为 21.2%，其中行车道的破坏情况尤为严重，断板率达到了 40.1%，路面破损状况相当严重。

(3)通过开挖试坑发现：路基含水率一般比最佳含水率高 5% ~6%；基层只出现个别裂缝，情况稳定；面板取芯劈裂试验强度换算为弯拉强度后，代表值大于设计值。

(4)试验段破坏类型主要为各种类型的裂缝、断板以及局部的沉陷、唧泥，发生结构性损坏的板较多，路面亟待改造。

## 碎石化应用决策

参考本规程第 4 章相关规定。

(1)是否需加铺改造(参考 4.1)

①调查路段与 4.1 中的(2)、(3)条吻合，进入加铺改造阶段。

②根据《公路水泥混凝土路面养护技术规范》(JTJ 073.1—2001)，坏板率在 15% ~50%之间，必须安排大中修进行处治。

因此，试验段应进行加铺改造。

(2)技术可行性(参考 4.2)

①通过 DCP 测试，原路路基 CBR 平均值为 22.1%，符合碎石化的条件。

②通过开挖试坑发现基层只出现个别裂缝，情况稳定；面板取芯劈裂试验强度换算为弯拉强度后，代表值大于设计值。

参考表 4.2.1，满足碎石化的技术可行性要求。

(3)技术经济性(参考 4.3)

根据实际情况，对碎石化路段进行经济分析，重点对采用压浆稳固后直接加铺

15cm 沥青混凝土路面、冲击压实后加铺 32cm 水泥稳定碎石基层再加铺 15cm 沥青混凝土路面以及碎石化后直接加铺 18cm 沥青混凝土路面等三种方案,进行经济比较分析。为便于对水泥混凝土路面大修进行经济分析,选取长度为 1000m,宽度按照 10m 计算,面积共计 10000$m^2$。各工序单价见附表 1;PCC 修补后每公里直接加铺 HMA 的费用见附表 2。

**附表 1　各 工 序 单 价**

| 工　　序 | 单　　价 | 工　　序 | 单　　价 |
|---|---|---|---|
| PCC 修补 | 120 元/$m^2$ | 锯缝密封 | 15 元/延米 |
| 破裂压稳 | 7 元/$m^2$ | HMA 下面层(1cm) | 7 元/延米 |
| 碎石化 | 16 元/$m^2$ | HMA 中层(1 cm) | 8 元/延米 |
| 压浆稳定 | 10 元/$m^2$ | HMA 表层(1 cm) | 9 元/延米 |
| 32 cm 水泥稳定碎石基层 | 38 元/$m^2$ | 冲击压实 | 9 元/$m^2$ |

**附表 2　PCC 修补后直接加铺 HMA 的费用**(每公里)

| 内　　容 | 面积或长度 | 单　　价 | 总价(元) |
|---|---|---|---|
| 修补 5% 的 PCC 路面 | 500$m^2$ | 120 元/$m^2$ | 60000 |
| 95% 的压浆稳定 | 9500$m^2$ | 10 元/$m^2$ | 95000 |
| 横缝锯缝密封 | 3000 延米 | 15 元/延米 | 45000 |
| 加铺 6cmHMA 下面层费用 | 10000$m^2$ | 42 元/$m^2$ | 420000 |
| 加铺 5cmHMA 中面层费用 | 10000$m^2$ | 40 元/$m^2$ | 400000 |
| 加铺 4cmHMA 表面层费用 | 10000$m^2$ | 36 元/$m^2$ | 360000 |
| 合计(元) | 1380000 | | |

修补面积每增加 5%,综合计算第一、二项费用,将以 55000 元为总额升高。

在使用以上加铺方案的情况下:

修补 10% PCC 路面直接加铺 HMA 面层 1435000 元;

修补 15% PCC 路面直接加铺 HMA 面层 1490000 元;

修补 20% PCC 路面直接加铺 HMA 面层 1545000 元;

修补 25% PCC 路面直接加铺 HMA 面层 1590000 元。

碎石化后每公里直接加铺 HMA 所需费用见附表 3。

**附表 3　碎石化后直接加铺 HMA 所需费用**(每公里)

| 内　　容 | 面积($m^2$) | 单价(元/$m^2$) | 总价(元) |
|---|---|---|---|
| 碎石化 | 10000 | 16 | 160000 |
| 加铺 8cmHMA 下面层费用 | 10000 | 56 | 560000 |
| 加铺 5cmHMA 中面层费用 | 10000 | 40 | 400000 |
| 加铺 4cmHMA 表面层费用 | 10000 | 36 | 360000 |
| 合计(元) | 1480000 | | |

本路段基本符合碎石化条件，需要更换的破碎板数量不大，不再考虑。

冲击压实后每公里做基层后加铺 HMA 所需费用见附表 4。

**附表 4　冲击压实后做基层后加铺 HMA 所需费用**(每公里)

| 内　　容 | 面积($m^2$) | 单价(元/$m^2$) | 总价(元) |
|---|---|---|---|
| 冲击压实 | 10000 | 9 | 90000 |
| 32cm 水泥稳定碎石基层 | 10000 | 38 | 380000 |
| 加铺 6cmHMA 下面层费用 | 10000 | 42 | 420000 |
| 加铺 5cmHMA 中面层费用 | 10000 | 40 | 400000 |
| 加铺 4cmHMA 表面层费用 | 10000 | 36 | 360000 |
| 合计(元) | 1650000 | | |

通过以上分析说明：20% 的路面需要修补，是采用修补和碎石化的平衡点。

本工程所调查路段断板率为 21.2%，其中行车道的破坏情况尤为严重，断板率达 40.1%，需要修补的面积超过 20%，选用碎石化方案较为经济，方案可行。

**加铺沥青路面设计**

本路段交通量为重交通等级。

碎石化沥青加铺层设计按两阶段设计方法，其中一个施工段落的设计如下：

交通量：当量轴载日交通量的平均值为 16507.7 次，设计年限为 15 年，设计年限内交通量的平均年增长率取 5%，车道系数为 0.45。

$$
\begin{aligned}
N_e &= \frac{[(1+\gamma)^t - 1] \times 365}{\gamma} N_1 \eta \\
&= \frac{[(1+0.05)^5 - 1] \times 365}{0.05} \times 16507.7 \times 0.45 \\
&= 1.5 \times 10^7 (\text{次}) \\
l_d &= 600 N_e^{-0.2} A_c \cdot A_s \cdot A_b \\
&= 600 \times (1.5 \times 10^7)^{-0.2} \times 1.0 \times 1.0 \times 1.6 \\
&= 35(0.01\text{mm})
\end{aligned}
$$

水泥强度等级为 42.5，可预计施工后顶面当量回弹模量平均值为中值 400MPa，其公路等级为高速公路，按可靠度设计标准，其变异水平等级应为“低”，且目标可靠度为 95%，相应可靠度系数查表 4.5.2-3，可取中值 1.26。施工控制应按 0.25 的变异系数控制回弹模量的变化范围。

根据可靠度折减后的顶面当量回弹模量：$E_t = \frac{\overline{E}_t}{\gamma_r} = \frac{400}{1.26} = 317\text{MPa}$。

根据参考结构，交通量属重交通 $T_3$ 等级，当量回弹模量属 $S_3$ 等级，相应的路面结构总厚度查表 4.7.6-2 为：12 ~ 18cm，可采用的组合形式(结合公路等级与施工要求确定):3cmAC-13 +5cmAC-20 +7cmAC-25。

沥青层总厚度为15cm,大于最小厚度要求。

设计阶段结束。

**碎石化施工与检测**

现场实测的当量回弹模量平均值为189MPa,标准差为20.7,根据公式:

$E_t = \overline{E} - Z_a S = 189 - 20.7 \times 1.645 = 155\text{MPa}$。

**优化设计阶段**

这个实测回弹模量代表值与预测的317MPa相差较大。分析其原因,施工中开挖检测发现破碎后粒径偏细。因实测与预测值相差较大,需进行沥青加铺层优化设计。

根据实测值计算的回弹模量属于$S_2$等级。查表4.7.6-2,宜采用增设抗疲劳层的结构组合,加铺的沥青层总厚度为15~20cm,可采用的结构组合(结合公路等级和施工要求):3cmAC-13 +5cmAC-20 +7cmAC-25 +3cmAC-10。

将其作为参考结构,代入结构设计软件验算并作进一步优化。因碎石化结构组合研究未完成,实际工程采用的是20cm的三层式沥青路面。

**长期使用性能**

京沪高速泰化段总长约27km,于2002~2003年采用MHB碎石化技术进行了大修。从使用效果看,除了局部出现部分坑槽以外,路面平整密实,整体强度较好,没有出现松散、开裂等病害,路面使用质量均比较理想。坑槽主要与个别位置排水处理不到位、沥青混合料质量欠佳、车辆漏油等因素有关,与碎石化无关。附图1是京沪高速公路泰化段采用了MHB碎石化技术大修后使用4年的实际状况。

附图1　竣工通车4年道路情况

山东省地方标准

# 斜拉桥换索设计与施工规程

# Design and Construction Specifications for Cable-Changed Engineering of Cable-stayed Bridge

**DB 37/T 1312—2009**

主编单位:山东省交通运输厅
批准部门:山东省质量技术监督局
实施日期:2009 年 12 月 01 日

人民交通出版社

# 前　　言

为进一步规范全省交通基础设施建设和管理行为，全面提升建设管理水平，按照交通工作实现“标准化、规范化、集约化、人本化”管理的目标要求，山东省交通运输厅提出并主持编制了本标准。

目前，我国已建成斜拉桥250余座，且跨径大于200m的近70座，鉴于斜拉桥拉索构件尺寸纤细，与梁、塔相比刚度较小，又易受腐蚀和长期疲劳衰减制约，其设计寿命仅为主梁或桥塔设计基准期的1/4～1/2，加之环境影响和外力损伤等因素影响，拉索实际使用寿命比设计寿命还要短，因此在斜拉桥通车运行期间，必须进行1～2次或更多次的拉索更换。为满足斜拉桥拉索更换需要，山东省交通规划设计院等单位在总结我国首座斜拉桥（济南黄河公路大桥）换索工程经验基础上，并借鉴国内其他类似工程实践，联合编写了本标准。

本标准由山东省交通运输厅归口并提出。

**主 编 单 位：**山东省交通规划设计院
　　　　　　山东省路桥集团有限公司
　　　　　　山东省公路工程技术研究中心

**本标准主要起草人：**李怀峰、王文涛、王笃文、王志英、梁奎基、刘深远、姜福强、王宏博、孟涛、刘　波、贾　云、徐　召

各有关单位在标准使用过程中，若发现存在不当之处或有好的意见和建议，请及时函告山东省交通规划设计院，以便修订时参考，联系地址：山东省济南市黄岗东路5号，邮编250031。

# 1 总则

**1.0.1** 为使公路斜拉桥换索工程的设计、施工符合技术先进、安全可靠、适用耐久、经济合理、便于养护的要求,制定本规程。

**1.0.2** 本规程适用于混凝土公路斜拉桥的换索工程,其他类型的斜拉桥可参照使用。

**1.0.3** 换索工程必须按照规定的工程建设程序进行。

**1.0.4** 斜拉桥换索前,应按照有关要求及相关规范对其进行详细检测,做出换索必要性评定,并对建设方案进行社会、经济、技术比较,以便做出可靠的决策。

**1.0.5** 换索工程应重视技术方案的比选,并应充分利用原结构承载能力的储备,以降低成本。

**1.0.6** 应积极稳妥地推广应用经过验证的新技术、新工艺、新材料、新设备。

**1.0.7** 换索工程设计与施工除应满足本规程规定外,尚应符合国家、行业相关标准、规范的规定。

# 2 术语

**2.0.1** 斜拉桥 cable-stayed bridge

将斜拉索两端分别锚固在塔和梁或其他载体上,形成塔、梁、索共同承载的结构体系。

**2.0.2** 斜拉索 stay cable

承受拉力并支承主梁的构件。

**2.0.3** 索塔 pylon

用以锚固或支承斜拉索,并将其索力传递给下部结构的构件。

**2.0.4** 主梁 girder(beam)

由斜拉索和支座支承,直接承受由桥面传递的交通荷载的构件。

**2.0.5** 斜拉索初拉力 initial tension force of stay cable

斜拉索安装到梁段上时,对斜拉索施加的张拉力。

**2.0.6** 斜拉索调整力 adjusting force of stay cable

为改善主梁和索塔结构的受力状态而对斜拉索进行调整的索力。

**2.0.7** 漂浮体系 floating system

塔墩固结,塔处主梁不设竖向支座,其他墩设不约束纵向移动支座的结构体系。

**2.0.8** 支承体系 supporting system

斜拉桥全长范围内的墩上均设支座的结构体系。对所有墩上的支座均不约束纵向位移的结构体系称为半漂浮体系。

**2.0.9** 塔梁固结体系 fixed system between pylon and girder

塔梁固结,墩处设支座的结构体系。

**2.0.10** 刚构体系 rigid frame system

塔、梁、墩均固结的结构体系。

**2.0.11** 限位装置 limited movement bearing

为防止主梁水平位移过大而采用限制水平位移的装置。

**2.0.12** 斜拉索减振装置 damping devices of stay cable

减小斜拉索振动的措施或装置。

**2.0.13** 成桥恒载索力 cable force due to dead load of completed bridge

斜拉桥桥面系施工及索力调整完成后的斜拉索实际索力。

**2.0.14** 合理成桥状态 reasonable state of completed bridge

斜拉桥成桥时结构受力、斜拉索索力、线形等与设计理想状态基本吻合的状态。

**2.0.15** 合理施工状态 reasonable state of constructing bridge

为达到合理成桥状态,按一定的施工流程和方法控制结构应力、线形误差,使其符合相关规范要求的施工状态。

**2.0.16** 结构耐久性 durability of structure

结构在预期的作用和维护条件下,能在规定期限内长期维持其设计性能要求的能力。

**2.0.17** 腐蚀 deterioration

材料与环境因素发生物理、化学或电化学作用而呈现的渐进性损伤与破坏,对钢材常称锈蚀(corrosion)。

**2.0.18** 使用年限 service life

结构建造完成后,所有性能均能满足设计要求的实际期限。

**2.0.19** 设计基准期 design reference period

在进行结构可靠性分析时,考虑持久设计状况下各项基本变量与时间关系所采用的基准时间参数。

**2.0.20** 环境作用 environmental attack

能引起结构材料性能劣化或腐蚀的环境因素如温度、湿度及各种有害物质等施加于结构上的作用。

**2.0.21** 维护 maintenance

在结构使用年限内,为维持其正常使用功能而采取的各种技术和管理活动。

# 3　换索前的检测与评定

换索前,应以桥梁养护单位提供的定期检查报告及特殊检查报告为基础,对斜拉桥各部件尤其是斜拉索及其相关构件进行检测,并对更换拉索的必要性做出评定。

## 3.1　检测内容

**3.1.1**　斜拉桥主梁线形及桥塔偏位。

**3.1.2**　斜拉索的索力。

**3.1.3**　拉索防护材料破损状况及钢丝锈蚀状况。

斜拉索钢丝(钢绞线)及锚具锈蚀情况的检查,包括每根拉索截面损失严重程度(腐蚀或断丝造成截面削弱,或较多钢丝有三、四级腐蚀),损坏钢丝(钢绞线)的根数与在索截面上的分布情况,以及对整桥安全危害情况的评估。

**3.1.4**　拉索锚固系统及减振装置的检测。

拉索锚固端应进行详细检查,包括钢锚箱和冷铸锚锚杯裂缝开裂情况,钢套管、锚头、锚垫板、螺栓、钢护筒锈蚀情况,墩头和夹片有无回缩迹象等。检查拉索内置及外置式阻尼装置是否有效,有无损坏。

**3.1.5**　梁塔裂缝等缺陷和损伤。

**3.1.6**　附属设施等其他构件。

## 3.2　相关基础资料的收集与调查

**3.2.1**　收集被检测斜拉桥的设计图纸、计算书、设计变更、施工记录、材料试验报告、竣工验收资料和养护维修等资料。

**3.2.2**　收集有关拉索有害振动的资料,包括定性或定量的振幅、频度及发生有害振动时的气象或其他成因条件。

**3.2.3** 了解已进行过的历次检测及其评定结果。

**3.2.4** 调查运营期间的维修加固情况、超载车辆过桥情况。

**3.2.5** 了解自然灾害及意外损伤(火灾、爆炸、化学腐蚀等引起拉索烧伤、钢丝退火或车辆冲撞使拉索断丝或折断)详情。

## 3.3 检测程序与基本要求

**3.3.1** 检测程序按图3.3.1进行。

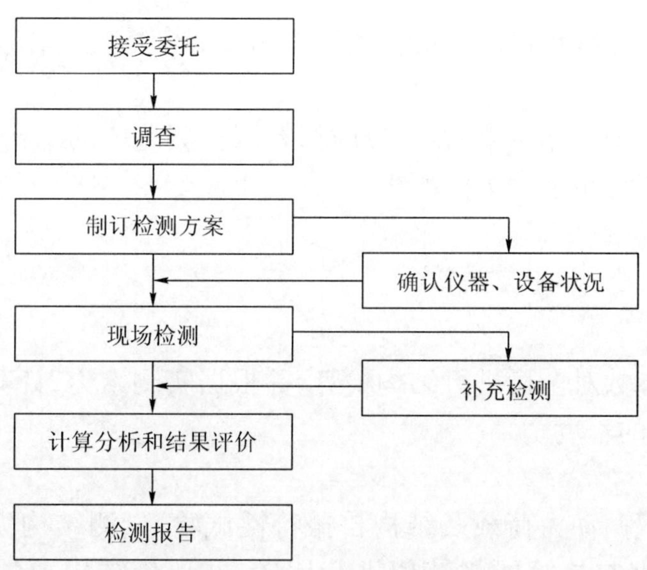


图3.3.1 检测程序框图

**3.3.2** 结构检测应有完备的检测方案,检测方案应征求委托方的意见。

**3.3.3** 检测方案应包括下列主要内容:

(1)原桥工程概况。

(2)检测目的与检测要求。

(3)检测依据,主要包括检测所依据的标准及有关的技术资料等。

(4)检测项目和选用的检测方法以及检测的数量。

(5)检测人员和仪器设备情况。

(6)检测工作进度计划。

(7)所需的相关配合工作(如交通管制)。

(8)检测中的安全及环保措施。

**3.3.4** 检测方法应根据检测目的、结构状况和现场条件选用有相应标准的检测方法；或检测单位自行开发、已经验证或引进的检测方法。

**3.3.5** 检测单位应符合国家规定的有关资质条件要求，检测人员应有相应的检测资质证书。

**3.3.6** 检测时应确保所使用的仪器设备在标定或校准周期内，处于正常状态。仪器设备的精度应满足检测项目的要求。

**3.3.7** 现场取样的试件或试样应予以标志并妥善保存。

**3.3.8** 当发生检测数据数量不足或检测数据出现异常情况时，应补充检测。

**3.3.9** 结构现场检测工作结束后，应及时修补因检测造成的结构或构件局部的损伤。修补后的结构构件，应满足承载力的要求。

## 3.4 检算

**3.4.1** 按原设计参数对全桥进行结构检算，并根据实测索力，计算索力及梁塔的变位与内力等偏离设计值的程度。

**3.4.2** 必要时，做静、动力荷载及结构自振特性试验，量测结构力学性能参数和结构动力响应，将实测数据与检算或规范值进行比较，并评价结构力学性能是否满足规范要求。

## 3.5 检测报告

检测完成后，应及时提出相应检测报告。检测报告至少应包括以下内容：

(1)委托单位名称。

(2)原桥跨结构现状。

(3)原桥设计、施工、监控及监理单位名称。

(4)检测原因，检测目的，以往检测检查情况概述。

(5)检测项目、检测方法及依据的标准。

(6)检测抽样方案及数量。

(7)检测项目的主要分类、检测数据与分析结果。

(8)拉索及全桥技术状况评估。

(9)检测日期，报告完成日期。

(10)主检、审核和批准人员签名。

## 3.6 换索必要性评定

根据检测报告的内容与结论,进行换索必要性评定,确定是否换索及局部或全部换索,并提出换索初步方案,做出换索必要性评定报告。评定报告主要包括以下内容:

(1)桥梁技术状况总体评定。

(2)拉索技术状况评定。

(3)目前桥上交通荷载分析。

(4)部分或全部封闭交通的社会影响,分流桥上交通的可能性。

(5)需要维修的拉索数量和分布。

(6)需要更换的拉索数量和分布。

(7)新索材料、性能及换索施工的初步方案。

(8)不同换索方案的经济技术指标比较。

(9)换索推荐方案。

# 4 换索方案设计

## 4.1 换索目标

通过换索,使桥梁结构安全运营,并延长使用寿命。条件容许时,对原桥的内力及线形进行适当调整,使结构受力状态更趋合理。

## 4.2 换索原则

根据换索前检测报告及换索必要性评定报告提出的要求,对损坏严重或已超出安全限值的斜拉索进行更换。

**4.2.1** 换索过程应尽量减少损坏原结构。

**4.2.2** 应确保换索实施过程中的结构安全及换索后的结构耐久性。

**4.2.3** 对需要维修加固或改造的斜拉桥结构及构件,应根据整个换索工程的施工程序,合理安排维修加固的时间。

**4.2.4** 优选高应力幅、使用年限长的拉索和可靠的阻尼装置。

**4.2.5** 通过换索方案的比选,确定合理造价。

**4.2.6** 采用科学合理的施工方案,使换索工程对交通和社会造成的负面影响最小。尽量不中断交通,或尽量减少交通中断时间。

## 4.3 换索方案比选

**4.3.1** 影响换索方案的主要因素

(1)原结构检算评价。

(2)需要维修加固的结构部位及数量。

(3)荷载标准的确定。

(4)新索体、锚具及减振阻尼装置的选定。

(5)施工方案及施工环境影响。

(6)工期控制及交通影响。

(7)工程经济技术指标。

**4.3.2** 方案设计主要内容

(1)确定新索结构类型。

(2)确定全部或部分更换拉索。

(3)确定中断交通实施换索,还是局部中断交通或不中断交通换索方案。

(4)拟采用的施工方案(如加临时索、梁下搭设支架等)。

(5)确定斜拉索拆卸、安装及张拉方案。

(6)确定原结构需要维修加固的内容和实施方案。

# 5 换索结构设计

## 5.1 设计依据

(1)设计项目委托书。
(2)检测报告及换索必要性评定报告。
(3)荷载标准及相关技术标准、规范。
(4)竣工图纸及运营期间维修加固资料。
(5)换索方案设计审查、批复及相关会议纪要。
(6)委托方的特殊要求。
(7)换索现场环境资料。
(8)新索体及阻尼装置的技术标准。

## 5.2 计算图式

按照拟订的合理成桥状态,选择合理的结构计算图式,并按结构分析的要求,采用平面或空间结构计算程序进行结构分析。

## 5.3 换索初拉力(张拉力)

按照拟订的合理成桥状态,参考原设计索力、竣工及运营期间的实测索力、换索前实测索力,确定换索过程中各新索的张拉力。

## 5.4 结构内力检算

**5.4.1** 应以原设计采用的截面几何特征、结构材料特性、边界条件及荷载标准等进行换索前的结构计算,尽可能使其与现有桥梁的实际状态基本接近,为优化换索步骤和控制指标提供相对准确的依据。各施工阶段及换索后的结构内力及变形应满足有关规范的要求。

**5.4.2** 检算内容

(1)换索前后及各施工阶段的拉索索力。

(2)换索前后及各施工阶段主梁在荷载作用下的应力值。

(3)换索前后及各施工阶段主梁挠度值。

(4)确定换索顺序,并对索力进行优化。

为保证在换索过程中结构安全和寻求合理工期,应对拟订的不同换索顺序进行仿真计算,计算下列各施工阶段拉索索力、主梁应力及挠度变化值:

①换索前状态。

②凿除桥面铺装及附属设施(如若需要)。

③卸载、拆除某号原拉索。

④更换某号新拉索并张拉,直至换索完毕。

⑤新桥面铺装及附属设施安装完毕。

(5)检算新拉索在荷载作用下的承载力安全系数。

运营状态斜拉索的安全系数不应小于2.5,即:

$$[\sigma] \leqslant 0.4f_{pk}$$

式中:$[\sigma]$——斜拉索的容许应力(MPa);

$f_{pk}$——斜拉索的抗拉标准强度(MPa)。

(6)对全部拉索更换的情况,应进行换索后结构正常使用极限状态及承载能力极限状态验算。

## 5.5 索体设计

**5.5.1** 拉索应选用复合防腐型索体。

平行钢丝斜拉索设计应符合现行国家标准《斜拉桥热挤聚乙烯高强钢丝拉索技术条件》(GB/T 18365—2001)的要求。钢绞线斜拉索应满足现行《预应力混凝土用钢绞线》(GB/T 5224—2003)及《预应力筋用锚具、夹具和连接器》(GB/T 14370—2007)的要求。

**5.5.2** 确定新拉索基本参数(包括换索编号、根数、丝数、钢丝截面积、拉索直径、质量、恒载索力、张拉伸长值、无应力索长、钢丝总重力),及相应配套锚具类型、规格、数量。

**5.5.3** 确定新索设计使用年限并提出索体防腐蚀、耐久性能指标,必要时须进行静载试验或疲劳荷载试验及防腐性能试验。试验方法和结果应满足有关标准的要求。

**5.5.4** 采用新型锚具时,必须经过耐疲劳及强度试验,以及锚固性能参数检验,证明其可靠性,保证使用中不会出现滑丝等锚固失效现象。

# 6 换索施工

斜拉桥在换索过程中受力复杂,换索施工必须按照换索结构设计的方案和要求进行。

## 6.1 换索前的准备

**6.1.1** 施工设备的准备。

**6.1.2** 择时进行施工前全部索力测定。

**6.1.3** 设置高程点,对全桥进行高程测量。

**6.1.4** 换索前主要构件的维修加固。

根据换索前检测报告的结果与分析,对主要承重构件(梁塔等)及控制构件(锚箱等)进行维修加固。

## 6.2 换索施工组织设计

施工组织设计的主要内容包括:

(1)施工队伍的选择及施工组织机构的确定。

(2)施工工期计划,特别是放索、挂索的时间安排。

(3)施工方案的确定,包括确定塔端或梁端张拉、合理的换索牵引方式、卸索及挂索的方法与设备、新旧索体的保护措施等。应根据索长、索重的不同,选择不同的放张设备。

(4)交通开放与管制措施。

(5)施工安全与质量的保证措施。

## 6.3 卸索

**6.3.1** 平行钢丝拉索工艺要点。

(1)拆除上下锚头外端的防护罩,对上下锚管、锚垫板进行清理,必要时对锚管进行矫正、修补加固。拆除防水罩、减振器,进行维修保养,妥善存放备用。

(2)利用专用工具,以实测索力为依据,进行拉索松张。当大螺母稍有松动时启动索力。每根拉索需进行两次松张,当启动索力接近时,方可进行卸索。

(3)卸索时须严格控制松张力,宜按双塔反对称、单塔双向对称同步进行分级松张(松张程序见图6.3.1)。

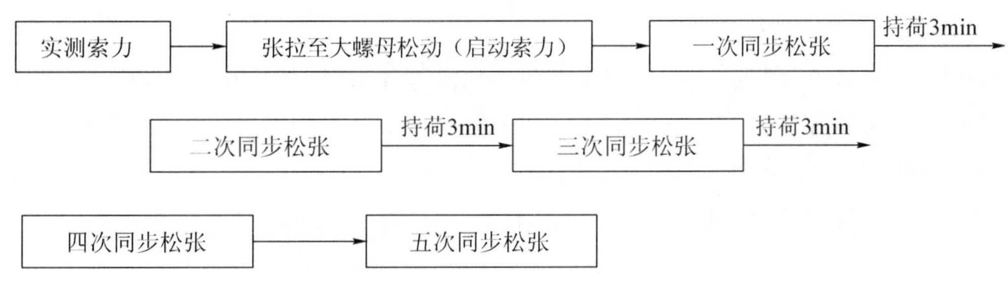


图6.3.1 松张控制程序图

(4)拉索松张前后,须密切量测松张索号相邻前后4~5组(根)索的索力变化,以及相对应梁段桥面高程的变化,并保证索塔纵、横桥向受力平衡。

(5)利用千斤顶行程及接力螺母逐步放索,待拉索张力小于松索时卷扬机的牵引力时,即可将拉索放下;同时在下锚固端锚管出口处切割索体或卸掉下锚头上的大螺母,将下锚头从锚管中拉出,卷至索盘上运出现场。

(6)为保证塔梁的受力均衡,放索时应成对、对称同步进行。

(7)在卸索过程中应采取措施,缓慢放松,防止拉索突然下降,造成安全事故。

(8)卸索松张应按照有关规范的要求填写施工记录。

**6.3.2** 钢绞线拉索工艺要点。

(1)索股之间无黏结时,松张过程为安装时拉索张拉的逆过程。索股之间有黏结时,只能整体松张,不能整体松张、更换。

(2)根据锚头的不同类型,采取不同的松张措施和设备。对墩头锚与夹片锚的组合锚具,应先整体部分松张,再单束松张。对纯夹片锚的拉索,可以直接进行单束松张。

## 6.4 新索安装

**6.4.1** 新索安装的准备工作及挂索工艺,除与新建桥挂索工艺要求相同外,尚需根据换索结构设计规定的要求,增加张拉设备数量。

**6.4.2** 平行钢丝拉索张拉工艺要点。

(1)拉索张拉的顺序、分级及量值应按设计规定执行。张拉应采用张拉力与延伸值双控的方法进行。

(2)为避免索塔单向受力过大,要求每组(根)同索号拉索双塔反对称、单塔双向对称同步进行张拉。

(3)每组新索张拉后,均须进行高程测量,并应密切注意主梁控制截面的高程变化,以便为换索全过程提供验证依据。

(4)全桥拉索更换完后,须进行一次索力量测,以确定是否调索。

(5)新索张拉须按照有关规范的要求填写施工记录。

**6.4.3** 钢绞线拉索张拉工艺要点。

(1)应将1或2根钢绞线随HDPE护管一起起吊安装,并张拉到规定应力。

(2)钢绞线拉索的张拉分两个阶段。先逐根安装,逐根张拉,再整体张拉到位。

(3)应保证张拉过程中各根钢绞线的应力均匀。对先张拉的钢绞线可适当补拉。

(4)单根钢绞线张拉过程中,同一塔相应中跨和边跨各索钢绞线根数差不小于设计规定。

(5)单根钢绞线全部张拉完成后,对所有锚固夹片进行顶压,保证工作夹片的平整度及锚固的可靠性。

(6)整体张拉应按设计要求分级进行。

(7)张拉完成后,切除多余钢绞线时,应预留以后换索时所需的工作长度。

# 7 换索施工监控

## 7.1 监控目的

换索施工监控的目的是修正施工过程中各种影响成桥目标的参数误差,使成桥后结构受力和线形满足设计要求,并保证换索过程中的结构安全。

## 7.2 监控内容

**7.2.1** 应变(应力)增量的监测。

在主梁、桥塔的控制截面布置应变测点,以跟踪观察这些控制截面的应力变化与应力增量的分布情况。

**7.2.2** 索力的监测。

索力的测定可采用千斤顶油压表法与频谱分析法相结合的方法进行。按照指定测量时间,跟踪量测被换索号相邻前后4~5组(根)拉索的索力,确保结构受力状态符合监控目标和设计目标的期望值。

**7.2.3** 主梁变形及主塔偏位的监测。

监测主要包括主梁各索位的高程及塔顶的偏位等。

**7.2.4** 裂缝观测。

换索、调索过程中,结构受力薄弱部位和受力较大的部位,以及已出现裂缝的部位,有可能出现新裂缝或原有裂缝继续扩展,须在换索、调索过程中连续观测。当出现异常情况时,须停止作业,待研究分析后,优化调索方案,并须采取有效措施保证结构安全。

**7.2.5** 结构温度的监测。

结构温度是影响主梁挠度的重要因素之一,在换索过程中,应对结构各控制截面的温度进行测量,以确定张拉锁定时间。

**7.2.6** 将计算值与量测值进行比较、分析,适时优化调整后续索力。

## 7.3 监控手段

**7.3.1** 确定换索监控参数,建立换索施工监控结构计算图式,进行换索过程仿真计算。

**7.3.2** 按监控系统设计,在梁、塔、索结构控制部位安设检测数据采集系统的元器件,并进行调试和必要的防护。

**7.3.3** 量测仪器应齐全,并保证足够的精度。

## 7.4 调索监控

**7.4.1** 换索过程中,索力、应力和变形实测值与监控计算、设计计算进行对比。偏差超过允许值时,应进行调索。

**7.4.2** 影响索力的主要因素:

(1)原设计误差(如结构分析计算图式、设计参数)及竣工误差(如二期恒载超载、主梁预应力及张拉索力误差等)。

(2)换索顺序影响。

(3)索力量测误差及仪器精度。

(4)换索施工中日温差影响。

(5)梁、塔位移影响。

(6)实际索长与计算索长的差值(锚固状态、阻尼装置等影响)。

(7)一组索力与单根索力的不均匀性。

(8)主梁有无裂缝损伤等结构完整性影响。

(9)拉索垂度对刚度的影响。

应认真分析影响索力的主要原因,采取有针对性的调索方案。

**7.4.3** 调索应采用索力、梁塔线形双控,并应使塔梁受力处于基本平衡状态。

**7.4.4** 索力误差(指实测索力与设计索力)应控制在设计或有关规范的允许范围之内。

**7.4.5** 应尽量减少调索次数,避免产生索力紊乱。

要求调索监控系统除具备常规的结构分析功能外,依据换索施工特性,还能及时提供索力、变形和内力的修正值,并能及时调整施工中因结构体系的多变性(斜拉桥为高次超静定结构)而引起的误差。其调索监控程序见图7.4.5。

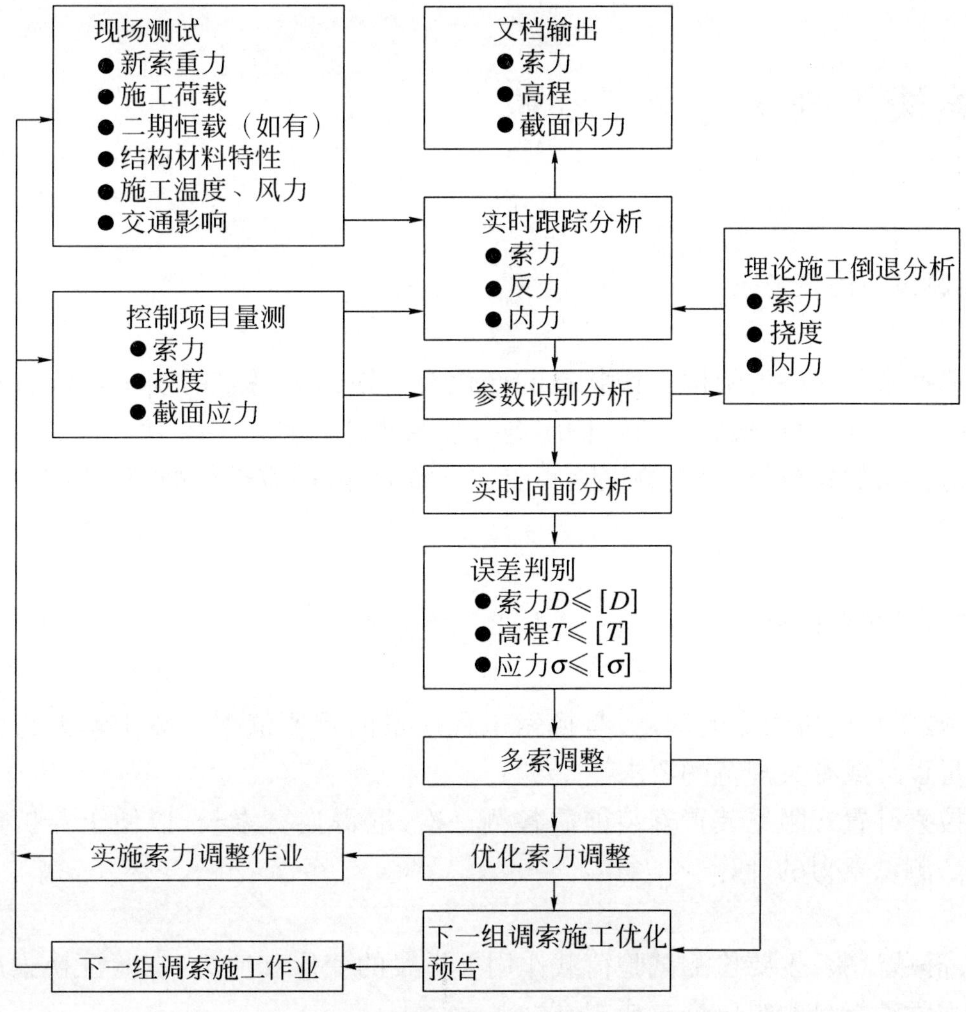


图7.4.5　调索监控程序图

# 8　换索竣工测试与交工验收

## 8.1　竣工测试目的

为弄清换索前后桥梁结构工作状态的变化及为换索后桥梁的安全运营、长期监测、合理养护提供依据,对换索后的斜拉桥应进行竣工测试。

对全部换索的斜拉桥,竣工测试除测定成桥索力外,还应进行静、动载试验及结构自振特性试验。

## 8.2　竣工测试主要内容

**8.2.1**　竣工后成桥索力的测定,是换索工程质量的重要依据。竣工索力与设计索力差值应满足设计或有关规范的要求。

应在拉索外置式阻尼装置安装前后各测一次,取得换算索长,以便于养护期间采用振动频率法测试索力的计算。

**8.2.2**　静载试验,主要检测试验荷载作用下桥梁的变形和应力,以验证换索后斜拉桥静态工作力学性能是否得以恢复或提高。

**8.2.3**　动载试验,通过测试动力参数,评估换索后结构的动态性能,了解桥梁不同部位变形和应力的动态变化规律。

**8.2.4**　结构自振特性试验,验证结构刚度和支承状态有无变化。

## 8.3　交工验收

换索工程完成后,应按“公路工程竣(交)工验收办法”的要求进行交工验收,评价工程质量是否符合技术标准及设计要求。验收合格后,方可交付使用。

# 本规程用词说明

（1）为了便于在执行本规程条文时区别对待，对要求严格程度不同的用词说明如下：

①表示很严格，非这样做不可的用词：

正面词采用“必须”；反面词采用“严禁”。

②表示严格，在正常情况下均应这样做的用词：

正面词采用“应”；反面词采用“不应”或“不得”。

③表示允许有选择，在条件许可时首先应这样做的用词：

正面词采用“宜”；反面词采用“不宜”。

④“可”表示允许有选择。

（2）规程中指定应按其他有关标准、规范执行时，写法为“应按……执行”或“应符合……要求或规定”。非必须按指定的标准、规范的规定执行时，写法为“可参照……”。

附件

# 《斜拉桥换索设计与施工规程》

（DB 37/T 1312—2009）

## 条 文 说 明

# 1 总则

**1.0.1** 中国已成为世界上修建斜拉桥最多的国家，在斜拉桥的运营期间，必须进行1～2次或更多次的拉索更换。换索同时均带有主梁、索塔结构维修加固的内容，故提出便于养护的要求。

**1.0.2** 本条主要是考虑到我国已经换索的斜拉桥，大部分为预应力混凝土斜拉桥，较大跨径的钢主梁斜拉桥换索工程尚无样本。因此，适用范围确定为预应力混凝土斜拉桥，见附表1。

**1.0.4** 应避免因检测手段和评价技术落后，导致滞后换索带来的结构损坏、经济损失和社会不良影响。也应避免盲目实施，影响结构正常使用。

**1.0.5** 斜拉桥设计基准期为100年，而斜拉索设计使用寿命分别为25年(20世纪90年代以前的产品)、30年(2001～2005年的产品)、50年(2007年至今的产品)。

**附表1　20世纪我国斜拉桥使用情况统计表**

| 桥　　名 | 主　　跨（m） | 建成年份 | 拉索结构 | 锚头类型 | 拉索防护形式 | 使用情况 |
|---|---|---|---|---|---|---|
| 上海新五桥 | 54 | 1975 | $65Si_2Ti\phi12$ 筋 | 墩头锚 | 沥青马蹄酯、钢丝网水泥浆 | 已换索加固 |
| 浙江章镇桥 | 72 | 1983 | $65Si_2Ti\phi12$ 筋 | 墩头锚 | 冷刷沥青胶 | 已加固 |
| 四川云阳桥 | 75 | 1975 | $\phi42$-7×19 钢索 | 热铸锚 | 苯乙烯玻璃丝布 + 钢丝网水泥浆 | 已换索加固 |
| 上海恒丰北立交桥 | 76.6 | 1987 | $320\phi5$ | 冷铸锚 | PE 管压水泥浆外涂防护料 | 已换索 |
| 陕西新龙桥 | 88.8 | 1987 | | 冷铸锚 | 热剂 PE 套 | |
| 广西红水河铁路桥 | 96 | 1980 | 10-7$\phi5$ 钢绞线 | 销式组合锚 | 底漆、玻璃钢套、面漆 | 已换索 |
| 山东青岛大沽河桥 | 104 | 1975 | $\phi5$ 钢丝 | 环销锚 | 沥青马蹄酯、聚乙烯套管、黄油 | 已拆除 |
| 浙江宁波甬江大桥 | 105 | 1992 | (163~265)$\phi5$ | 冷铸锚 | 热挤 PE 套 | 已换索 |
| 广西柳州柳江四桥 | 120 | | 19-7$\phi5$ | OVM 锚 | 双层热挤 PE 套 | 待换索 |
| 陕西安康汉江桥 | 120 | 1979 | $55\phi5$ | 环销锚 | 钢丝网水泥套压浆 | 已加固 |
| 广东珠海横琴大桥 | 120 | 1994 | (150~253)$\phi7$ | 冷铸锚 | 热挤 PE 套 | |
| 广西南宁白沙大桥 | 122.5 | 1994 | (73~121)$\phi7$ | 冷铸锚 | 热挤 PE 套 | 已换索 |
| 广东西樵山大桥 | 125 | 1987 | $217\phi7$ | 冷铸锚 | PE 套压水泥浆、包玻璃钢 | 已换索 |
| 四川三台涪江桥 | 128 | 1980 | $36\phi5$ | 镦头锚 | 沥青膏、玻璃钢、铝套灌水泥浆 | 已拆除重建 |
| 吉林临江门桥 | 132.5 | 1995 | $265\phi7$ | 冷铸锚 | 热挤 PE 套 | 已加固 |
| 甘肃兰州银滩黄河桥 | 133 | 1998 | (139~211)$\phi5$ | 冷铸锚 | 热挤 PE 套 | |
| 台湾光复桥 | 134 | 1977 | 12T13 钢绞线束 | | $\phi300$ 厚 5mm 钢管压水泥浆 | |
| 广东南海紫洞大桥 | 140 | 1995 | $199\phi5$ | 冷铸锚 | 热挤 PE 套 | 已换索 |
| 云南宝山三大地怒江大桥 | 145 | 1994 | $271\phi5$ | 冷铸锚 | 热挤 PE 套 | 已换索 |
| 广东九江桥 | 160 | 1988 | $85\phi5$ | 冷铸锚 | 热挤 PE 套 | 已换索 |
| 江西南昌新八一大桥 | 160 | 1997 | (85~211)$\phi7$ | 冷铸锚 | 双层热挤 PE 套 | 待换索 |
| 浙江杭州钱江三桥 | 168 | 1996 | (265~451)$\phi7$ | 冷铸锚 | 双层热挤 PE 套 | 已加固 |
| 广州海印桥 | 175 | 1988 | $\phi5$ 镀锌钢丝 | 冷铸锚 | PE 管压水泥浆包玻璃钢 | 已换索 |

续上表

| 桥　名 | 主　跨（m） | 建成年份 | 拉索结构 | 锚头类型 | 拉索防护形式 | 使用情况 |
|---|---|---|---|---|---|---|
| 辽宁长兴岛桥 | 176 | 1980 | 36$\phi$5 镀锌钢丝 | 镦头锚 | 现场镀锌、白铁皮管压浆 | 已加固 |
| 广东三水大桥 | 180 | 1994 | （109～151）$\phi$7 | 冷铸镦头锚 | 镀锌丝、热挤 PE 套 | 已加固 |
| 安徽黄山太平湖大桥 | 190 | 1997 | （151～253）$\phi$7 | 冷铸锚 | 热挤 PE 套 | |
| 上海松江泖泾港桥 | 200 | 1982 | 147$\phi$5 | 冷铸锚 | 底漆、玻璃钢套、面起 | 已加固待换索 |
| 陕西咸阳渭河大桥 | 200 | 1994 | （139～199）$\phi$5 | 冷铸锚 | 热挤 PE 套 | 已加固待换索 |
| 湖南湘江北桥 | 210 | 1990 | 217$\phi$7 | 冷铸锚 | 喷涂锌、铝粉热挤 PE 套 | 已加固待换索 |
| 山东济南黄河桥 | 220 | 1982 | 121$\phi$5 | 冷铸锚 | 镀锌丝、铝套压水泥浆 | 已换索加固 |
| 安徽蚌埠桥 | 224 | 1989 | 121$\phi$5 | 冷铸锚 | 热挤 PE 套 | 已加固待换索 |
| 安徽风台淮河桥 | 224 | 1990 | 121$\phi$5 | 冷铸锚 | 热挤 PE 套 | 已加固待换索 |
| 重庆石门桥 | 230 | 1989 | 302$\phi$5 | 冷铸锚 | 氧磺化聚乙烯硫化胶套 | 已换索 |
| 四川犍为桥 | 240 | 1990 | 127$\phi$5 | 冷铸锚 | 镀锌丝、热挤 PE 套 | 已换索加固 |
| 福州闽江三县洲大桥 | 248 | 1998 | $\phi$7 | 冷铸锚 | 镀锌丝、热挤 PE 套 | 已加固 |
| 浙江宁波招宝山大桥 | 258 | 2001 | （121～253）$\phi$7 | 冷铸锚 | 双层热挤 PE 套 | 已加固 |
| 天津永和桥 | 260 | 1987 | 199$\phi$5 | 冷铸锚 | PE 套管压水泥浆 | 已换索加固 |
| 浙江温州大桥 | 270 | 1996 | （151～367）$\phi$7 | 冷铸锚 | 双层热挤 PE 套 | |
| 湖南湘潭湘江三桥 | 270 | 2000 | （139～223）$\phi$7 | 冷铸锚 | 双层热挤 PE 套 | |
| 广东肇庆金马大桥 | 283 | 1998 | （121～253）$\phi$7 | 冷铸锚 | 热挤 PE 套 | |
| 山东东营黄河大桥 | 288 | 1987 | 127$\phi$7 | 冷铸锚 | 热挤 PE 套 | |
| 湖南岳阳洞庭湖大桥 | 310 | 1997 | （131～313）$\phi$7 | 冷铸镦头锚 | 镀锌丝、热挤 PE 套 | |
| 安徽芜湖长江大桥 | 312 | 2000 | （283～337）$\phi$7 | 冷铸锚 | 双层热挤 PE 套 | |
| 江西湖口大桥 | 318 | 1999 | （121～253）$\phi$7 | 冷铸锚 | 双层热挤 PE 套 | |
| 广东珠海淇澳大桥 | 320 | 2001 | （109～187）$\phi$7 | 冷铸锚 | 热挤 PE 套 | 已换索 |
| 广东广州鹤洞大桥 | 320 | 1997 | （85～265）$\phi$7 | 冷铸锚 | 热挤 PE 套 | |
| 广东番禺大桥 | 380 | 1998 | （121～367）$\phi$7 | 冷铸镦头锚 | 镀锌丝、热挤 PE 套 | |

# 2 术语

**2.0.1～2.0.15** 取自交通部颁标准《公路斜拉桥设计细则》(JTG/T D65-01—2007)。

**2.0.19～2.0.21** 取自交通部颁标准《公路工程混凝土结构防腐蚀技术规范》(JTG B07-01—2006)。

# 3 换索前的检测与评定

换索前的检测是换索工程的重要组成部分,是先导工程、基础。检测工作应全面、细致。换索工程除了涉及工程技术问题外,还涉及经济和社会影响等方面,因此在决定采取换索措施以前应认真做好换索必要性评定。

## 3.1 检测内容

结构性能和使用性能方面的损伤或缺陷一般表现为:

(1)主梁变形过大,桥面系结构开裂,桥面铺装破损,合龙段(含预制节段)下凹或断裂。

(2)主梁锚固区周围混凝土裂缝。

(3)索力值偏差过大(指实际索力与设计索力相差10%以上),双索面顺桥向两侧和横桥向两侧对称的斜拉索组(根)的索力偏差值过大(相差值大于10%时)。

(4)斜拉索钢丝(绞线)锈蚀、断裂。

(5)锚头锈蚀,钢锚箱及锚杯裂纹。

(6)斜拉索振动异常。

(7)索道孔位置偏斜。

(8)塔柱混凝土外观缺陷,混凝土劣化,保护层脱落。

(9)承台和塔座混凝土表面裂缝、边角脱落。

(10)主梁制作安装缺陷等。

**3.1.3、3.1.4** 拉索的检查主要包括:拉索的两端锚固部位(包括索端及锚头)、主梁锚固构件有否浸水、锈蚀和开裂;拉索的防护层有否破坏、老化和漏水;减振装置是否有效。

根据国内外众多斜拉桥的检测结果,可以发现由于不合理的防护措施造成了索体及锚具的严重锈蚀,降低了拉索的使用寿命和结构安全性。因此,索体和锚具现场检查重点部位是索道管出口端索体;锚具与索体连接处;锚具。

拉索钢丝锈蚀情况检查,可采用无损探伤或剥开已损坏的护层进行检查,并测量锈蚀钢丝的实际有效面积。

拉索梁段内的钢护筒及套管是否有锈蚀、开裂、剥落,连接螺栓有无松动、崩断,套管与拉索的结合部护层有无锈蚀、损伤和露丝。

《公路桥涵养护规范》(JTG H11—2004)中规定:对因钢索、锚具损坏而超出安全限值的拉索应及时进行更换。

以往实践中多按照经过检查确认断丝超过5%,或钢丝锈蚀削弱截面已超过5%,或较多钢丝有三、四级腐蚀,为防止突然断索,该拉索应更换。

2004年建设部颁《城市桥梁养护技术规范》(CJJ 99—2003)中规定:当一根拉索内已断裂的钢丝面积超过拉索钢丝总面积的2%时,或钢丝锈蚀造成该拉索钢丝总面积损失超过10%时,必须更换。

锚箱是主梁内的拉索锚固结构,雨水可沿拉索表面至索孔垫板并在索孔垫板与锚板、支承肋围成的空间内积聚,使锚箱产生锈蚀。

建设部颁布《城市桥梁养护技术规范》(CJJ 99—2003)规范中,斜拉索锚固端的检查应符合下列规定:

(1)锚具的锚杯及锚杯外梯形螺纹和螺母不得锈蚀和变形,锚板不得断裂,墩头应无异常。

(2)锚固结构的支承垫块不得锈蚀、位移、变形;梁端锚箱不得锈蚀、变形;锚箱与主钢梁腹板连接的高强螺栓不得松动、锈蚀;塔端或混凝土梁端预埋承压钢板不得锈蚀、变形;钢板四周混凝土不得有裂缝、剥落、渗水等现象。

(3)钢锚箱及锚头不得有裂纹和锈蚀。

(4)锚固端附近混凝土不得有开裂、松动、剥落。

**3.1.6** 换索同时需要维修加固的结构部位,应全面进行检测评定。

## 3.2 相关基础资料的收集与调查

检测工作中的现场调查和有关资料的调查非常重要,不仅有利于较好地制订检测方案,而且有助于确定检测的重点内容。同时,通过调查结构使用现状,再与委托方探讨确定检测的目的、内容和重点。

**3.2.2** 斜拉桥跨度的增大使得拉索的风致振动,特别是风雨激振成为严重问题。在风和雨的共同作用下,拉索会发生激烈的大幅振动,严重时,相邻两根拉索会发生碰撞。杨浦大桥尾索在风雨共同作用下,其最大振幅超过1m;南京二桥在通车前就发生过强烈的风雨激振,振幅超过50cm,致使拉索阻尼器破坏。

拉索的振动虽然不会立即引起斜拉桥的破坏,但拉索的强烈振动会引起拉索系统防腐和锚固装置损坏,还会引起人们的不舒适感和对桥梁结构的安全性产生怀疑。

斜拉索风雨激振问题,涉及因素众多,情况非常复杂。国内外均做了大量研究,并提出了多种抑制风雨激振的措施。国内已研制了对拉索护层表面采取抗风雨激振的构造措施,以改变拉索的空气动力学性能,从而抑制拉索振动。

养护单位必须经常观察拉索的振动情况,做好风速、风向、雨量、拉索振动状况的记录,并检查减振阻尼装置的有效性。

## 3.3 检测程序与基本要求

**3.3.1** 检测程序是对检测工作全过程和几个主要阶段的阐述。程序框图中描述了一般检测的各个阶段。对于特殊情况的检测,则应根据检测的目的,确定其检测程序框图和相应的内容。

**3.3.2**、**3.3.3** 检测方案应根据检测的目的、结构现状的调查结果来制订。

**3.3.4** 对于通用的检测项目,应选用国家标准或行业标准的检测方法;当采用有关规范、标准规定或建议的检测方法时,检测单位应有相应的检测细则,检测细则应对检测用仪器设备、操作要求、数据处理作出规定;当采用检测单位自行开发或引进的检测仪器及检测方法时,该仪器或检测方法必须通过技术鉴定,具有一定的工程检验实践经验,并应与已有成熟的方法进行过对比试验,检测单位应向委托方提供相应的检测细则。

**3.3.7** 对从结构现场检测取样运回到实验室测试的样品,应满足样品标志、传递、安全储存等规定。

## 3.4 检算

**3.4.1** 斜拉桥施工时一般采用悬臂浇筑或悬臂拼装的施工方法,结构经过多次体系转换形成,建成后经过多年的运营,达到换索前的状态。因此,如何模拟换索前的结构状态是计算分析的关键之一。应采用合理的分析模型,尽可能准确地得到现有桥梁的结构状态,为优化换索步骤和控制指标提供相对准确的依据,确保换索工程中的结构安全。

**3.4.2** 结构整体性能、功能状况评估应根据检测的构件材料质量状况及其在结构物中的实际功能,用计算分析评估结构承载能力。当计算分析评估不满足或难以确定时,用静力荷载方法鉴定结构承载能力,用动力荷载法测定结构力学性能参数和振动参数。结构计算、荷载试验和评价应符合国家现行有关标准的规定。

荷载试验时加载应经过计算分析确定,加载时应逐步加载,设计、布置试验仪器时,要安装预警装置。

# 4　换索方案设计

## 4.1　换索目标

为保证斜拉桥结构健康,行车安全,对已损坏拉索进行更换。通过换索调整索力还可使主梁应力和线形都控制在拟订的设计状态。

索塔内力(主要是弯矩)一般可通过限制塔身控制截面的弯矩较容易得到满足。

## 4.2　换索原则

换索是一个必然的、不断改进的过程。换索过程是充分利用原结构物设计基准期的储备,延长其使用寿命。

## 4.3　换索方案比选

**4.3.1**

(1)我国自1975年开始修建斜拉桥至1996年《公路斜拉桥设计规范》(JTJ 027—96)(试行)颁布,此间对斜拉桥的设计理论、计算方法尚处于探索阶段,没有充分的认识,没有统一的规范和标准可遵循,加之材料资源所限和设计施工中的缺陷,使20世纪修建的斜拉桥大多提前更换了拉索。为此,必须对原结构进行检算评价。

(2)我国自1975年至1989年期间修建的斜拉桥,其设计荷载使用老设计标准:汽—10级、汽—15级、挂车—80;自1989年至2003年设计荷载执行《公路桥涵设计规范》(JT 021—89)标准:规定高速公路、一级公路设计荷载为汽车—超20级,验算荷载为挂车—120;2004年执行新的《公路工程技术标准》(JTG B01—2003):规定高速公路、一级公路为公路—I级汽车荷载。换索设计应以维持原设计荷载为原则。

(3)新索体指高应力幅(250MPa)复合防腐体系拉索。耐高应力幅拉索已应用于岳阳洞庭湖大桥、芜湖长江大桥、上海东海大桥,拉索最大规格达$\phi 7\times 337$。

其主要技术指标如下:

①抗拉弹性模量不小于$1.9\times 10^5$MPa。

②静载破断荷载不小于拉索标称破断荷载的95%。

③经$2.0\times 10^6$次循环脉冲加载试验(应力上限为$0.45\sigma_b$,应力幅为250MPa),钢丝破断数不大于索中钢丝总数的5%。疲劳试验后静载破断荷载须达到拉索标称破断荷载

的95%。

④经 $2.0\times10^{6}$ 次循环脉冲加载试验（应力上限为 $0.45\sigma_b$，应力幅为250MPa），拉索护层、锚具不应有损坏，锚杯与螺母配合正常。

⑤高密度聚乙烯护套耐环境应力开裂大于或等于1 500h。

⑥高密度聚乙烯护套经0～1 008h人工气候老化，抗拉强度变化率小于或等于±30%，断裂伸长率变化率小于或等于±30%；经504～1 008h人工气候老化，抗拉强度变化率、断裂伸长率变化率小于或等于±15%。

⑦彩色聚氨酯护套耐光色牢度大于等于7级。

目前，常用的阻尼装置有三种：黏弹性阻尼器、液压阻尼器与磁流变阻尼器。不同阻尼装量适应不同的条件与要求，应视具体情况合理选择，以满足设计与使用要求。

常用阻尼减振装置优缺点比较见附表-2。

**常用阻尼减振装置比较表** 附表-2

| 序号 | 减振器名称 | 减振原理 | 减振效果 | 价格 | 施工难易程度 | 美观效果 |
|---|---|---|---|---|---|---|
| 1 | 磁流变阻尼器 | 吸收能量、改变振动特性、提高索的阻尼 | 减振效果最好、阻尼系数可调 | 价格最贵，磁流变体靠进口 | 厂家定制现场安装；临时、永久减振相结合；施工简便 | 安装于桥面上，呈三角形支撑，欠美观 |
| 2 | 液压阻尼器 | 吸收能量、改变振动特性、提高索的阻尼 | 减振效果好、阻尼系数可调 | 价格贵，机加工难度较大 | 厂家定制现场安装；临时、永久减振相结合；施工简便 | 安装于桥面上，呈三角形支撑，欠美观 |
| 3 | 黏弹性阻尼器 | 吸收能量、改变振动特性、提高索的阻尼 | 减振效果较好、是橡胶减振器效果的4～5倍，阻尼值不便调整 | 价格一般 | 厂家定制现场安装；临时、永久减振相结合；施工简便 | 安装于钢护筒内；美观；简洁，也可外置 |
| 4 | 橡胶阻尼器 | 吸收能量、改变振动特性、提高索的阻尼 | 减振效果一般、阻尼值不便调整 | 较便宜 | 厂家定制现场安装；临时、永久减振相结合；施工简便 | 安装于钢护筒内；美观；简洁 |
| 5 | 拉索异形防护套 | 防止生成卡门涡激，消除拉索振动的外因 | 对抑制风、雨振效果好，抑制抖振效果差 | 价格昂贵 | 工厂制作，现场安装，施工方便 | 介于1、2和3、4之间 |

**4.3.2** 斜拉索张拉方案，指采用一次张拉到位，还是多次张拉、调索方案。

# 5 换索结构设计

## 5.3 换索初拉力(张拉力)

换索初拉力(张拉力)不仅与成桥状态有关,还与合理施工状态有关。换索初拉力应以成桥状态的索力为基础,可通过常用的方法,求得换索的初拉力,所确定的初拉力应保证成桥状态和合理施工状态的耦合。必要时,可在换索的一定阶段施加拉索调整力(即调索)。

## 5.4 结构内力检算

(1)必须保证主梁截面应力在材料允许范围之内。

(2)新索力与可信度较高的实测索力允许差值应满足设计要求,且不宜大于3% ~5%。

(3)换索顺序设计

①依据孔跨布局、索塔布设、换索布置与数量、一组索的根数,确定同时换索的索号根数及换索顺序。

②最优工况并非同时换索组(根)数最多的工况。如双塔双索面悬浮体系斜拉桥全部更换拉索时,则可有6种工况可选择,最多一次可更换8根拉索,但并非最优工况。

③换索合理工期应结合施工技术力量和设备能力,保证最优工况换索顺序的实施。

(4)换索内力计算

①按选定的最优工况换索顺序,每更换(对称或反对称)一组(根)索时,应计算相邻索[指前后4~5组(根)]索力增量。通常索力增量变化呈对称性(对称于桥塔或桥中线)的变化规律。

②计算某工况下索力增量最大索组(根)的承载力安全系数。

③当索塔刚度较大时,可不计算索塔内力及位移值。

④当采用反对称工况换索时,应进行主梁因扭转产生的附加应力计算。

## 5.5 索体设计

(1)拉索在设计温度时的无应力下料长度计算,应考虑拉索的弹性伸长、垂度等因素。温度修正及应力下料修正可根据具体情况而定。

(2)斜拉索作为一个独立构件,应有完整可靠的密封防护构造,尤其是索端与锚具接合部。

(3)平行钢丝成品拉索出厂前必须进行超张拉检验,超张拉力取 1.2 ~ 1.4 倍设计索力。

# 6 换索施工

## 6.1 换索前的准备

(1)根据工艺要求和塔、梁、索构造,一般需要设塔上工作平台、活动挂篮、主梁下行车(或挂篮)、工作电梯、吊机、卷扬机、卸索架、展索小车等设备。

(2)卸索专用工具,主要有卸索、挂索用的连接器、张拉引出杆、反力架及配套的千斤顶、油泵、量测仪器。

(3)卸索专用工具加工件均需具有原材料材质证书、探测试验报告、调质报告和分析报告。加工件制作安装均需有计算书。张拉工具均需做超张拉试验。配套仪器均需按期标定、校验。

(4)清理上下锚箱、锚头、锚管,量测锚杯外露长度,安试连接器。

(5)检查钢锚箱及锚垫板,除锈涂防锈漆,并用塑料布封闭待用。

(6)拆除阻尼器,清理混凝土索座。

## 6.2 换索施工组织设计

换索工程的实施是一个严格按设计程序进行的复杂的施工过程。施工单位应根据换索结构设计的要求,做好施工组织设计,以保证换索过程安全、可靠、质量优良。

## 6.3 卸索

拉索的松张,是换索工程中的关键步骤,应根据平行钢丝或钢绞线拉索机及短索、长索等的不同情况采取不同的设备和工艺。

## 6.4 新索安装

(1)新索的安装与张拉应按《公路桥涵施工技术规范》(JTJ 041—2000)第19.4.2规定执行。

(2)张拉应力应按《公路桥涵施工技术规范》(JTJ 041—2000)第12.8.3控制。

(3)全桥拉索更换完后,应采用传感器或振动频率测力计进行一次索力量测,以确定是否进行调索。

一次张拉法虽简单易行,施工方便,但对换索设计要求较高,较适用于结构状态和运营状况较好的斜拉桥换索工程。而对于需要通过换索在一定范围内改善主梁内力和线形的斜拉桥而言,则多采用多次张拉法进行调索。

# 7 换索施工监控

## 7.1 监控目的

施工监控是换索设计计算的继续。换索过程中,结构实际参数往往偏离设计值,这种偏离的积累不仅影响换索完全进入合理施工状态,而且涉及施工中的结构安全,因此必须对选定工况的换索顺序采取监控措施。

## 7.2 监控内容

按《公路桥涵施工技术规范》(JTJ 041—2000)规定,换索过程中施工监控的主要内容。

(1)变形:主梁线形、高程、轴线偏差、索塔的水平位移。

(2)应力:拉索索力、支座力以及梁塔应力在施工过程中的变化。

(3)温度:温度场及指定测量时间塔、梁、索的变化。

## 7.3 监控手段

(1)索力量测中,由于相当一部分新索与索管有不同程度的接触,采用振动频率法对索力的测试结果是有影响的,可以通过传感器或油泵压力表量值予以修正。

(2)日照温差对主梁高程和索塔位移量测数据影响较大,应采取相应观测措施。

(3)换索过程中应对梁塔混凝土结构外观(主要是裂缝)进行连续检查。

## 7.4 调索监控

(1)监控测试所取得的实际参数,应进行温度修正和标准化处理,并与设计值的偏差作出分析、判断,对偏差超限作出调整对策。

(2)索力误差应满足设计要求,且不大于5%。

(3)调索时应对塔和相应梁段进行位移检测,并做记录,记录内容包括日期、时间、环境温度、索力、拉索伸缩量、桥面荷载状况、塔梁的变位量及主要控制断面应力等。

# 8 换索竣工测试与交工验收

换索以后以及伴随着换索过程进行的桥梁加固维修,桥梁的工作状态较之以前一般都会有不同程度的改变。为了弄清桥梁结构的这种变化,为换索以后桥梁的安全运营和合理养护提供依据,一般对换索后的斜拉桥要进行竣工验收测试。

换索后竣工测试的内容与新建桥梁竣工测试的内容大致相同。

山东省地方标准

# 钢箱梁顶推施工技术规程

**Technical Specifications for Incremental Launching Construction of Steel Box Girder**

**DB 37/T 1389—2009**

主编单位:山东省交通运输厅
批准部门:山东省质量技术监督局
实施日期:2010 年 03 月 01 日

人民交通出版社

# 前　　言

为进一步规范全省交通基础设施建设和管理行为，全面提升建设管理水平，按照交通工作实现"标准化、规范化、集约化、人本化"管理的目标要求，适应在山东省内不具备钢箱梁运输与架设条件的河流、山区以及跨线桥等环境下架设钢箱梁，山东省交通运输厅提出并主持编制了本规程。

本规程内容包括了钢箱梁顶推施工工艺流程及主要环节的施工技术要求，对提高并推广我国钢箱梁顶推施工技术，及时指导工程施工实践，规范施工方法，保证施工质量，将起到行业技术指导作用。

为满足钢箱梁顶推安装施工需要，山东省路桥集团有限公司等单位在总结青银高速济南黄河大桥钢箱梁顶推施工技术经验基础上，借鉴国内其他类似工程实践，联合编写了本规程。

本规程由山东省交通运输厅归口并提出，由山东省质量技术监督局负责审查发布。

各有关单位在规程使用过程中，若发现存在不当之处或有好的意见和建议，请及时函告山东省路桥集团有限公司，以便修订时参考，联系地址：山东省济南市经三路289号，邮编：250021。

**编 写 单 位：**山东省路桥集团有限公司
山东省交通规划设计院
**主要起草人：**杨荣泉　张光桥　贾志坚　万雨帆　李怀峰　胡吉利

# 1　总则

**1.0.1**　为了指导桥梁钢箱梁的顶推施工，使工程符合技术先进、安全可靠、经济合理、便于施工的要求，制定本规程。

**1.0.2**　本规程适用于桥梁钢箱梁及钢箱加劲梁的顶推施工。钢桁架梁、组合结构梁的顶推施工可参照执行。

**1.0.3**　顶推施工应结合工程实际情况，制订详细的专项施工技术方案。

**1.0.4**　钢箱梁顶推方式的选择应与设计部门进行沟通。

**1.0.5**　应建立完善的质量保证体系。采用先进的施工工艺和监测手段，进行施工控制，确保满足质量要求。

**1.0.6**　钢箱梁顶推施工应加强安全风险管理，确保顶推施工的安全顺利进行。

**1.0.7**　施工现场宜保持整洁，注重环保，做到文明施工。

**1.0.8**　钢箱梁顶推施工除应执行本规程外，还应遵照执行现行国家和行业标准的规定。

# 2 术语

**2.0.1** 顶推法 incremental launching method

在桥头或者顶推平台上对梁体进行逐段拼装,安装导梁,利用水平千斤顶纵向推进,使梁体通过各墩顶推进到位的施工方法。

**2.0.2** 单点顶推法 single-point incremental launching method

将顶推装置集中设置在某一桥台或桥墩上,其余各墩只设置滑动支承将钢箱梁推进到位的施工方法。

**2.0.3** 多点顶推法 multiple-point incremental launching method

在多个墩台上设置水平千斤顶,将顶推力作用到各个墩台上,将钢箱梁推进到位的施工方法。

**2.0.4** 连续顶推 continuous incremental launching

通过连续千斤顶的交替工作,利用自动工具锚夹紧牵引索牵引梁体前进的施工过程。

**2.0.5** 间断顶推 discontinuous-type incremental launching

以水平千斤顶的工作行程为一个顶推步距,分步推进的施工过程。

**2.0.6** 棘块式顶推 blocked incremental launching

在待装钢箱梁上安装齿槽,利用带斜面的齿块弹入齿槽内作为施力点,将顶推力作用到钢箱梁上推动梁体的施工过程。

**2.0.7** 拖拉式顶推 tractor incremental launching

利用拉锚器将牵引力传递到钢箱梁上推动梁体的施工过程。

**2.0.8** 顶推平台 pushing platform

现场进行钢箱梁拼装,实施顶推作业而设置的工作台座。

**2.0.9** 临时墩 temporary pier

用于临时支承钢箱梁,减小顶推跨径的临时结构。

**2.0.10** 顶推跨径 pushing span length

相邻永久墩或临时墩之间的距离。

**2.0.11** 导梁 guiding beam

连接到钢箱梁前端,用于改善顶推过程中钢箱梁的受力,减少倾覆力矩,同时对钢箱梁进行导向的临时结构。

**2.0.12** 钢垫梁 steel pad

支承于临时墩上,用于承受上部荷载的结构。

**2.0.13** 滑梁 sliding beam

顶推结构中为钢箱梁提供滑动面并放置滑板的临时结构。

**2.0.14** 滑板 sliding plate

设置在滑梁上的用于减小摩擦的塑料板。

# 3 施工准备

## 3.1 施工调查

**3.1.1** 施工前应进行施工调查,并查阅有关的设计文件和资料,调查完成后应形成施工调查报告。

**3.1.2** 施工调查应包括下列内容:

(1)工程概况:包括工程环境、气候特征、工程地质、水文条件。

(2)对当地环境保护的一般规定和特殊要求。

(3)水利、河务、海事、交通等有关部门的具体要求。

**3.1.3** 应对施工安全进行评估,并建立完善的安全保证体系。

## 3.2 专项施工方案

**3.2.1** 钢箱梁顶推专项施工方案应在实施性施工组织设计的基础上进行编制,结合现场实际情况选择合适的顶推方式,有计划地组织和安排,并提出劳动力、材料、机具设备等生产资源的合理配置。

编制专项施工方案应以下列内容为依据:

(1)设计文件、相关施工技术标准和规范。

(2)施工调查报告。

(3)施工力量及机具现状和更新情况。

**3.2.2** 专项施工方案的编制,应遵循下列原则:

(1)满足钢箱梁顶推施工需要。

(2)应在详细调查研究的基础上,进行技术经济方案的比选,根据最优的方案进行设计。

(3)应全面熟悉设计文件,当与实际情况不符时,应及时提出修改意见。

(4)应完善施工工艺,积极采用新技术、新工艺、新材料、新设备。

(5)提高施工机械化作业水平,提高劳动生产率,减轻劳动强度,加快施工进度,确保工程质量。

(6)符合环境保护、安全生产及职业健康有关法律、法规的要求。

**3.2.3** 专项施工方案应包括下列内容：

(1)编制说明,施工组织结构,施工平面布置图。

(2)施工计划、资源计划。

(3)安全、质量控制目标。

(4)施工总进度安排、施工形象进度。

(5)施工管理、工程质量和施工安全保证措施等。

(6)施工过程中对环境的直接影响和潜在的影响,对各种影响因素所采取的环境保护措施。

## 3.3 施工测量

**3.3.1** 施工测量的内容和要求

(1)根据顶推施工需要,确定原设计网点加密或重新布设控制网点。

(2)补充顶推施工和监控需要的临时水准点、轴线、控制桩,并必须确保桩点稳固、可靠。

(3)施工用经纬仪、水准仪、全站仪、GPS等测量仪器应按规定周期进行检定和校正。

(4)施工过程中应加强测量作业,并作出测量记录和结论,如超出允许偏差,应分析原因,并予以补救和改正。

(5)顶推施工完毕后应对整个梁段的轴线和高程进行检查。

(6)为防止出现差错,施工测量工作必须由两人相互检查校对并作出测量和检查核对记录。

(7)用于测量的图纸资料应认真研究核对,确认无误后方可使用,抄录数据资料必须核对。

**3.3.2** 平面、水准控制测量及质量要求应符合《公路桥涵施工技术规范》(JTJ 041—2000)与《工程测量规范》(GB 50026)的要求。

# 4 临时结构

## 4.1 一般规定

**4.1.1** 临时结构包括顶推平台、临时墩及导梁等。

**4.1.2** 临时结构应进行施工设计与计算,选用材料应符合《钢结构设计规范》(GB 50017)、《公路桥涵钢结构及木结构设计规范》(JTJ 025—86)、《公路桥涵施工技术规范》(JTJ 041—2000)的要求。

**4.1.3** 所用材料均应分类堆放,妥善保管。施工人员应掌握各种材料应用在该工程中的作用、性能、施工工艺、技术要求、质量标准及检测方法等。

## 4.2 顶推平台

**4.2.1** 顶推平台结构可采用梁式结构或柱式结构(图 4.2.1-1、图 4.2.1-2)。顶推平台也可直接设置在台后路基上。

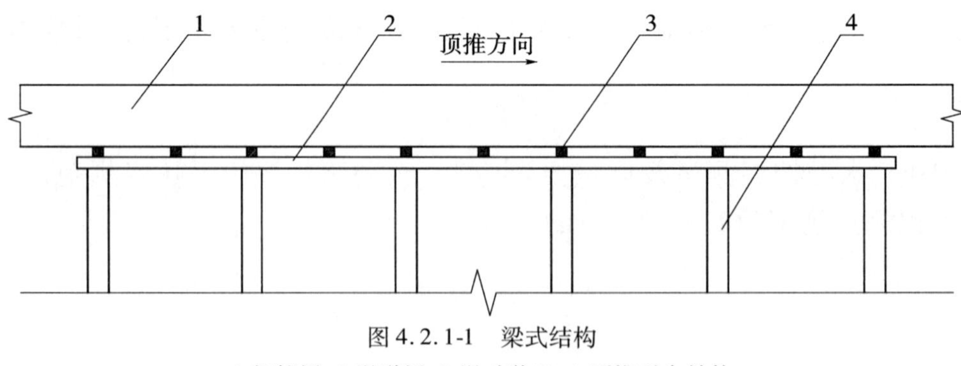


图 4.2.1-1 梁式结构

1-钢箱梁;2-滑道梁;3-滑动装置;4-顶推平台结构

**4.2.2** 顶推平台基础可采用扩大基础、打入桩或钻孔灌注桩。基础沉降量不大于5mm。

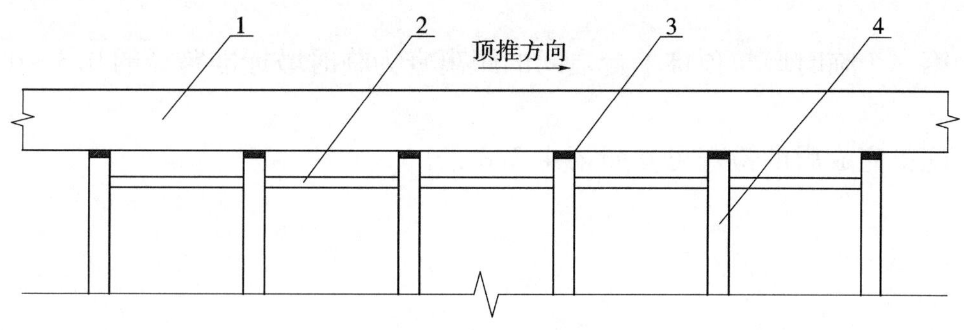


图 4.2.1-2　柱式结构

1-钢箱梁;2-联系梁;3-滑动调节装置;4-顶推平台结构

**4.2.3**　顶推平台结构宜采用钢管柱或钢管混凝土柱。

**4.2.4**　顶推平台应沿桥梁中线布置,除平面应满足钢箱梁曲线线形外,其顶面高程还应满足拼装竖曲线的线形要求。

**4.2.5**　顶推平台的长度不应小于 2 个梁段的长度,以满足梁段拼装和顶推施工的需要。

**4.2.6**　顶推平台顶应设置竖向可调装置、滑梁和横向限位、导向装置等以满足钢箱梁拼装及顶推的需要。

**4.2.7**　应根据地质、水文条件,选择合理的基础方案和排水措施。

**4.2.8**　顶推平台结构安装完毕后,应对其平面位置、顶部高程、节点连接及纵横向稳定性进行全面检查,符合要求后,方可进行下一道工序。

安装精度:垂直度≤1%,顶面高程 0 ~ -10mm。

## 4.3　临时墩

**4.3.1**　临时墩结构可采用刚性墩或柔性墩。

**4.3.2**　临时墩基础可采用扩大基础、打入桩或钻孔灌注桩。

**4.3.3**　临时墩墩柱宜采用钢管柱或钢管混凝土柱。每个临时墩各墩柱之间均应做横向连接,满足刚度及稳定性要求。钢管柱宜在连接点处钢管内侧设置环向加劲肋。

**4.3.4** 通行道路以及通航与流冰河道均应对临时墩进行设防。

**4.3.5** 第一个临时墩与顶推平台之间的距离宜为临时墩标准跨径的0.3~0.4。

**4.3.6** 施工完成后的检查可参照第4.2.8条。

## 4.4 导梁

**4.4.1** 导梁结构可采用钢桁梁和变截面实腹梁。在满足强度和稳定性的条件下,宜选用刚度较大、重量较轻的变截面导梁。

**4.4.2** 导梁与主梁之间宜采用焊接连接,也可采用高强螺栓连接。

**4.4.3** 导梁刚度宜为主梁刚度的1/9~1/15,导梁长度宜为顶推跨径的0.6~0.8。

# 5 顶推装置

## 5.1 一般规定

**5.1.1** 顶推装置由滑动装置、导向装置、支承系统及动力与控制系统等共同组成。

**5.1.2** 顶推装置宜采用机电一体化设计。

**5.1.3** 除控制装置外其余各部分均安装在各墩墩顶。

## 5.2 滑动装置

**5.2.1** 滑动装置应由滑道与滑板组成。

滑道表面应设置不锈钢板。滑板常用材料为:聚四氟乙烯板、高分子聚合物塑料板等。滑道与滑板的技术要求应符合下列规定:

(1)所有滑道顶面高程应严格控制,高程应准确。

(2)滑道接触面面积应满足受力要求,滑板的承压应力应控制在容许范围内。

(3)滑道定位应准确,设置在钢箱梁纵隔板下方。

(4)滑道板表面应光滑,应采取润滑措施,以减小滑动摩阻力。

**5.2.2** 滑动面可采用以滑板上表面为滑动面和以滑板下表面为滑动面两种形式。前者宜用于滑道较长的窄面顶推结构;后者宜用于滑道较短的宽面结构。

**5.2.3** 采用滑板上表面为滑动面时,上滑道应用钢板做成连续滑道,固定在梁底,与滑板接触面应贴不锈钢板;滑板固定在滑道梁上(图 5.2.3)。

**5.2.4** 采用滑板下表面为滑动面时,滑道的长度应大于 3 块滑板的长度(图 5.2.4)。

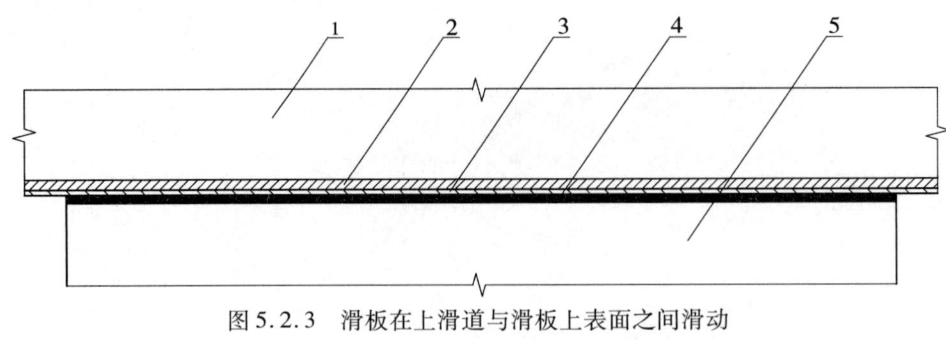


图 5.2.3　滑板在上滑道与滑板上表面之间滑动
1-钢箱梁;2-上滑道;3-不锈钢板;4-滑板;5-滑道梁

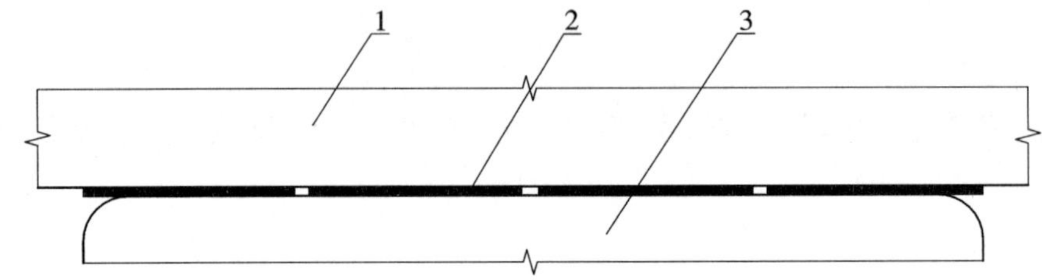


图 5.2.4　滑板在滑道梁与滑板下表面之间滑动
1-钢箱梁;2-滑板;3-滑道梁

## 5.3　导向装置

**5.3.1**　导向装置宜采用可调节板或导向钢轮。

**5.3.2**　导向装置可利用钢箱梁纵隔板底滑道板、检修车轨道、钢箱梁边腹板等,应根据顶推方式及钢箱梁结构形式进行选择。

对于有桥塔的斜拉桥或者悬索桥等,钢箱梁需通过桥塔时,可在桥塔处增设横向限位。

**5.3.3**　导向装置应具有足够的刚度,满足调节、预紧、纠偏的需要。

**5.3.4**　导向装置应同时兼顾横向限位的需要,应具有安全保护功能。

## 5.4　支承系统

**5.4.1**　支承系统可采用液压千斤顶支承或钢垫梁支承两种形式(图 5.4.1-1、图5.4.1-2)。

在复杂结构、重要结构中宜选择液压千斤顶支承形式。

**5.4.2**　钢箱梁与滑道之间滑动面的支承形式可采用窄面支承和宽面支承两种形式(图 5.4.2-1、图 5.4.2-2)。支承面的选择应根据滑道所承受的最大支承反力以及滑板的承压能力确定。

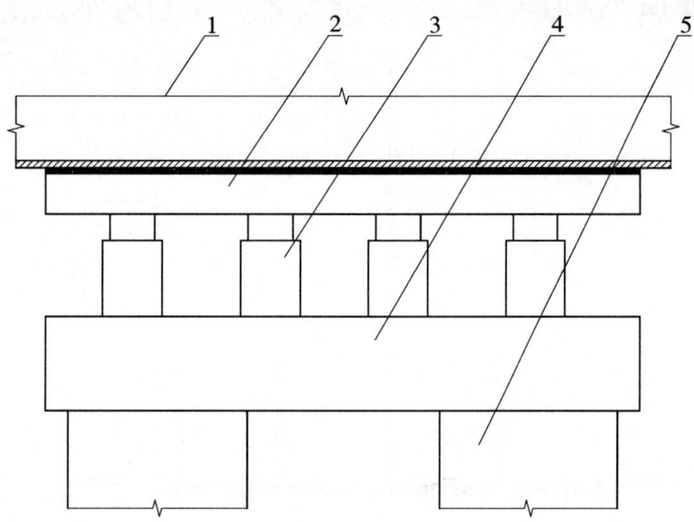


图 5.4.1-1　液压千斤顶支承

1-钢箱梁；2-滑道梁；3-液压千斤顶；4-钢垫梁；5-临时墩

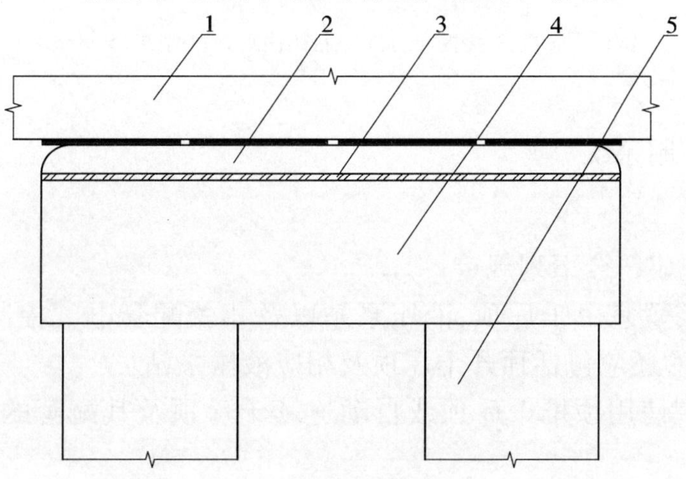


图 5.4.1-2　钢垫梁支承

1-钢箱梁；2-滑道梁；3-橡胶板；4-钢垫梁；5-临时墩

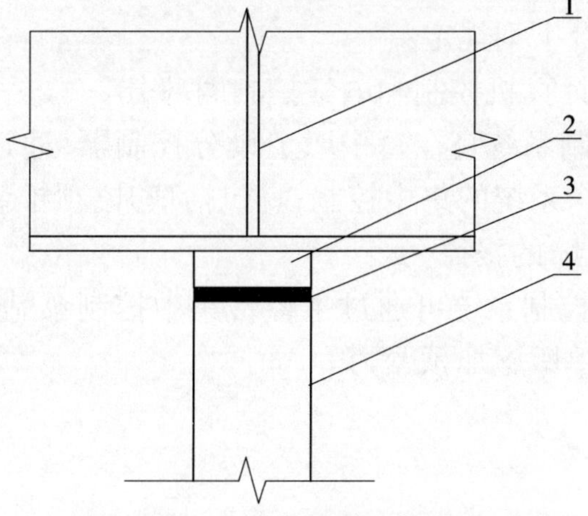


图 5.4.2-1　窄面支承

1-钢箱梁腹板；2-上滑道；3-滑板；4-滑道梁

支承面宜采用窄面支承形式。

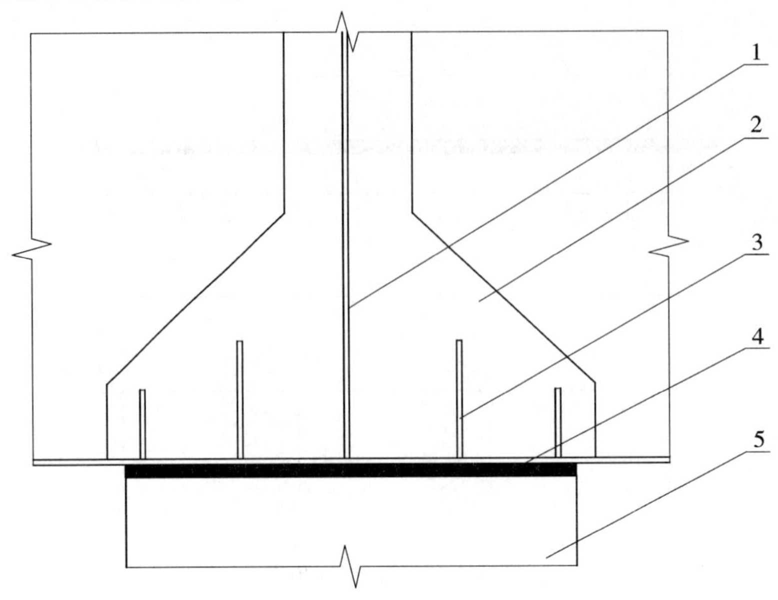


图 5.4.2-2　宽面支承

1-钢箱梁腹板;2-腹板加劲;3-钢箱梁内加劲;4-滑板;5-钢垫梁

## 5.5　顶推动力与控制系统

**5.5.1**　动力系统应符合下列规定:

(1)顶推动力装置宜由千斤顶、液压泵站以及相关配套电气控制装置等共同组成。由液压千斤顶支承的还应包括顶升千斤顶及相应液压泵站。

(2)顶推动力宜使用顶推千斤顶或自动连续千斤顶及其配套的液压泵站作为动力装置。

(3)顶推总动力的大小应按不小于总梁重的10%控制,并应综合考虑纵坡的影响。

**5.5.2**　控制系统应符合下列规定:

(1)控制系统宜包括计算机控制和电气控制两部分。

(2)对于复杂结构控制系统宜在每个墩上设分控制器,通过网络总线与主控制器连接,由主控制器实现对整个系统的集中控制,宜包括顶升、顶推装置的控制,压力数据、位移数据的采集以及各种故障的报警。

(3)对一般结构顶推控制系统可通过主控台集中控制泵站开关,各墩应分别设置压力上限进行控制,并应对单墩施加预紧力。

# 6　结构设计与计算

## 6.1　一般规定

**6.1.1**　设计的一般要求如下：

(1)顶推结构的设计,应根据顶推跨径、荷载大小、钢箱梁内部结构构造进行。

(2)海事、河务、交通等部门对施工现场环境的具体要求。

**6.1.2**　一般设计应符合下列要求：

(1)设计内容:顶推平台、临时墩、导梁等。

(2)施工操作平台、通道等防护结构的设计应满足相关安全技术规范的要求。

**6.1.3**　特殊设计应符合下列要求：

(1)设计内容:钢垫梁、滑道梁、限位装置、导向装置、滑动装置、支承系统等。

(2)顶推装置结构设计时应考虑中间临时构造部件的可更换性。

(3)顶推装置结构设计应统筹动力系统、控制系统。

## 6.2　结构计算

**6.2.1**　荷载作用与取值

(1)根据作用形式及其作用类型荷载的分类见表6.2.1。

**表6.2.1　荷载分类**

| 序号 | 荷载分类 | 荷载名称 |
| --- | --- | --- |
| 1 | 竖向荷载 | 钢箱梁、导梁自重 |
| 2 | | 墩自重 |
| 3 | 水平荷载 | 顶推不平衡力 |
| 4 | | 风荷载 |
| 5 | | 流水压力 |
| 6 | | 冰压力 |
| 7 | | 温度作用 |
| 8 | 偶然荷载 | 地震作用 |
| | | 汽车、船舶或漂流物撞击力 |

(2)温度作用应根据当地的具体情况、使用材料和施工条件等因素计算由温度引起的结构效应。

(3)荷载作用效应组合与取值应符合《公路桥涵施工技术规范》(JTJ 041—2000)的要求。

**6.2.2** 静力计算

(1)对于临时结构的计算,一般采用结构力学方法进行计算,复杂结构宜采用有限元方法进行计算,采用容许应力法进行取值计算。

(2)除对钢箱梁顶推状态受力计算外,还应对一些承受集中荷载的部位进行局部分析,尤其是对主梁梁底与滑道梁之间的接触区域、钢箱梁腹板结构进行分析。所取计算区域应能确保分析点的应力可反映出实际最不利应力状态。

(3)对钢箱梁腹板开人孔应进行独立的局部应力计算。必要时应调整或进行局部加强,提高腹板的局部受压承载力,满足顶推受力需要。

(4)各墩顶水平力应按照不小于竖向力的5%进行分析计算。

(5)滑板摩擦系数取值一般按照启动摩擦系数为0.07~0.08,动摩擦系数为0.04~0.05 选取。

(6)基础计算应符合《公路桥涵地基与基础设计规范》(JTG D63—2007)的要求。

(7)当工程处于震区时,应按照《公路桥梁抗震设计细则》(JTG/T B02-01—2008)进行设防。

**6.2.3** 稳定分析

(1)应对不同的施工工况,计算整体稳定和局部稳定。

(2)顶推平台、临时墩等受压构件纵向弯曲系数的计算应符合《公路桥涵钢结构及木结构设计规范》(JTJ 025—86)的要求。

(3)应对钢箱梁腹板、导梁等受压区域进行局部稳定应力分析,屈曲应力验算应符合现行《钢结构设计规范》(GB 50017)的要求。

(4)顶推结构稳定系数不得小于2.0。

**6.2.4** 强度及刚度要求

(1)顶推平台、临时墩、导梁均应具有足够的强度、刚度。

(2)具体取值可参见本规程第4章的有关规定。

# 7 顶推施工

## 7.1 一般规定

**7.1.1** 顶推方式应根据钢箱梁结构类型进行选定,并结合设计、设备、经济、人员等实际情况与相关部门的具体要求,确定最佳顶推方式。可采用单点顶推、多点顶推,间断顶推、连续顶推等。

根据不同的顶推装置,可采用棘块式顶推、拖拉式顶推。

**7.1.2** 顶推方式的选定应符合下列要求:

(1)顶推跨数较少、墩身刚度较大的桥梁可选择单点顶推。

(2)顶推跨数较多、墩身刚度较小的桥梁可选择多点顶推。

(3)结构复杂、规模较大的桥梁宜选择可精确同步控制顶推力和位移的多点间断顶推。

## 7.2 临时结构的施工

**7.2.1** 临时结构的施工应符合《公路桥涵施工技术规范》(JTJ 041—2000)的要求。

**7.2.2** 在各墩顶安装滑动装置、控制装置和导向(横向限位)装置等顶推装置,调整高程使滑道顶面高程与施工控制高程相符。

**7.2.3** 在顶推平台与临时墩处两侧均应设置人行通道,并设置护栏,安装防护网,确保钢箱梁拼装和顶推时高空作业人员的安全。

**7.2.4** 在作业地段应设置施工警示标志。

## 7.3 钢箱梁拼装及顶推

**7.3.1** 将梁段按照顺序吊装至拼装平台,调整钢箱梁高程、线形,并进行环缝焊接、监测,在钢箱梁前端安装导梁。

**7.3.2** 顶推前应对顶推设备如千斤顶、高压油泵、控制装置及梁段中线、各滑道顶的高程等进行检测,并做好顶推的各项准备工作。

**7.3.3** 钢箱梁就位后,用竖向千斤顶及横向千斤顶微调合龙接头处的高程及桥轴线的偏差,完成匹配合龙。

**7.3.4** 采用棘块式顶推时应符合下列规定:

(1)上滑道与钢箱梁之间采用螺栓进行连接,同时作为顶推施力点。

(2)钢箱梁到达每个墩处的齿槽位置均应满足各墩顶推油缸行程同步的要求,各个墩上的顶推装置应安装在沿顶推步距整模数的位置上。

(3)顶推时,应加强对主梁、导梁、顶推系统等的观测,如有异常应停止顶推,进行处理,确保安全后再进行顶推。

**7.3.5** 采用拖拉式顶推应符合下列规定:

(1)顶推动力装置包括拉锚器和锚具、牵引索等。

(2)拉锚器与钢箱梁之间采用螺栓连接。

**7.3.6** 钢箱梁施工质量应符合《公路工程质量检验评定标准》(JTG F80),并以相关的设计文件及技术规范、验收标准为准。

**7.3.7** 顶推还应符合下列规定:

(1)顶推过程中应对钢箱梁的轴线、墩顶纵向水平位移、悬臂端挠度等进行监测。

(2)纠偏宜在钢箱梁向前推进过程中进行,必要时可采用横向水平千斤顶纠偏。梁体轴线偏差宜控制在20mm以内。

(3)顶推速度宜控制在100~150mm/min。

(4)钢箱梁顶推过程中应加强滑板润滑措施,合理地利用滑板,滑板磨损较大时应及时更换。

## 7.4 落梁

**7.4.1** 钢箱梁顶推到位,符合设计要求,将梁落到永久支座上时,应符合下列规定:

(1)当顶推装置占用永久支座位置时,应进行体系转换,拆除其顶推装置。拆除时,各点宜均匀顶起,其顶力应按照设计支座反力大小进行控制。同墩两侧梁底顶起高差不得大于2mm。

(2)多点进行同步落梁时,同一墩、台的千斤顶应同步进行。

**7.4.2** 支座的安装应符合《公路桥涵施工技术规范》(JTJ 041—2000)的要求。

## 7.5 临时结构的拆除

临时结构的拆除应符合下列要求：

(1)进行临时结构拆除时不得影响通行或通航,不得污染环境,做到文明施工。

(2)导梁拆除时应根据前端是否有干扰物,可以整体拆除也可以分段拆除。

(3)设于水中的顶推平台、临时墩,应按河务、海事部门要求进行拆除,不得影响通航。

# 8 施工监控

**8.0.1** 监控的目的

为确保顶推过程中钢箱梁、墩台的安全,顶推全过程应进行施工监控。

(1)确保顶推过程中梁体的稳定,不致出现倾覆。

(2)确保顶推就位后的梁体线形满足设计要求。

(3)确保顶推过程中钢箱梁及墩、桩受力满足设计、施工要求。

(4)确保落梁后各永久支座受力均匀,符合设计要求。

**8.0.2** 监控的内容

(1)施工控制应以控制梁段轴线、高程为目标进行控制。

(2)顶推过程中控制导梁挠度的监测。

(3)顶推过程中梁段、导梁的横向位移监测。

(4)顶推过程中梁段关键截面以及应力集中点的应力监测。

(5)顶推过程中临时墩支承反力的监测。

(6)顶推过程中各临时墩竖向、纵向位移的监测。

(7)顶推过程中顶推力大小的监测。

(8)落梁时永久支座反力的监测。

(9)钢箱梁合龙控制。其主要包括:测点布置,合龙口宽度的测量,合龙口环缝拼焊,轴线、高程匹配等。

**8.0.3** 监控的实施

(1)施工仿真计算。

(2)结构变形、应力应变和温度的观测。

(3)顶推力、梁段及导梁高程与横向偏位调整。

# 本规程用词用语使用说明

(1)为了便于在执行本规程条文时区别对待,对要求严格程度不同的用词用语说明如下:

①表示很严格,非这样做不可的用词:

正面词采用“必须”;反面词采用“严禁”。

②表示严格,在正常情况下均应这样做的用词:

正面词采用“应”;反面词采用“不应”或“不得”。

③表示允许有选择,在条件许可时首先应这样做的用词:

正面词采用“宜”;反面词采用“不宜”。

④“可”表示允许有选择。

(2)规程中指定应该按其他有关标准、规范执行时,写法为“应按……执行”或“应符合……要求或规定”。非必须按指定的标准、规范的规定执行时,写法为“可参照……”。

附件

# 《钢箱梁顶推施工技术规程》

（DB 37/T 1389—2009）

## 条 文 说 明

# 1 总则

**1.0.1** 钢箱梁桥在我国已广泛使用,在不同的架设条件下,钢箱梁桥的架设工艺将有所不同,为了满足钢箱梁桥的施工需要,故提出顶推施工技术。

**1.0.3** 应避免因调研不周密带来的结构缺陷、经济损失和社会不良影响,也应避免盲目施工,影响施工效率。

# 2 术语

关于钢箱梁顶推施工中各术语的表达各单位之间可能有所不同,但是所表示的意思及其所产生的作用都是一致的。本规程主要取自交通部颁布的《公路桥涵施工技术规范》(JTJ 041—2000)。

# 3 施工准备

**3.1.1** 对施工调查提出要求,其目的在于强调施工调查的重要性,确保施工调查的质量。施工调查报告是施工调查成果的体现。

**3.2.1** 在编制专项施工方案时,除应满足工期要求外,还应满足资金要求,使顶推施工做到均衡有序。

**3.2.2** 在编制专项施工方案时应遵循的原则,除要求做到具有先进性、经济性、可行性外,还强调了环境保护、安全生产及职业健康的重要性。还应详细列出环境保护措施、安全生产措施和职业健康措施。

**3.2.3** 编制专项施工方案,从内容上要求比指导性和综合性施工组织设计更具体、准确,更能切合施工实际。要做好这一点关键在于做好施工调查和设计文件核对。在施工中如发现条件有变异,应及时进行修正。

**3.3.1**(2) 桩点必须稳固、可靠,防止因桩点松动造成的测量错误。

# 4 临时结构

**4.2.1** 梁式结构中上部荷载由滑动装置传递到滑道梁上,由滑道梁将力传递到每个临时立柱上。该结构中,滑道梁将要承受很大的集中荷载产生较大的弯矩,需要的材料截面较大。

柱式结构中上部荷载直接传递到每个临时立柱上,结构简单,受力明确。

**4.2.5** 顶推平台作为钢箱梁拼装和顶推工作的过渡,其位置选择时必须保证梁体在顶推过程中的总体稳定和抗倾覆安全系数,综合考虑钢箱梁的刚度、内部结构尺寸以及与临时墩间距等方面确定最佳顶推平台长度,并满足经济性要求。合理的位置及长度可减少顶推临时墩和基础处理工作量。

## 4.3 临时墩

临时墩的设置应考虑结构受力、桥下交通、通航要求、临时墩的工程量、施工的难易程度及拆除方案以及海事、河务部门的具体要求等,并综合技术经济进行比较确定。

临时墩可以减小主梁的顶推跨径,从而减小顶推时最大正负弯矩和它所产生的主梁截面应力。临时墩应能承受顶推时容许最大竖向荷载和最大水平摩阻力引起的变形。临时墩拆除时,墩顶应与主梁底面脱离。

**4.3.1** 刚性临时墩,顶推过程中临时墩将承受较大的不平衡力,故需要临时墩具有较强的刚度,来抵抗墩顶不平衡力以及由此产生的位移。宜应用在顶推跨数较少的单点顶推施工中。

柔性临时墩一般都是采用多点顶推,顶推力分散施加在各个临时墩上。顶推时每个墩的顶推力由钢箱梁推进时在每个墩上的摩阻力来平衡,故此施加在每个临时墩墩顶的不平衡力就很小,宜广泛应用在多点顶推施工中。

**4.3.3** 钢管柱环向加劲肋可提高钢管局部稳定强度,可将纵横向连接杆件轴向力传递至钢管柱。环向加劲肋还应具有一定的强度,既要能保证连接斜撑轴向力的传递,又必须使其在荷载作用下能够维持圆形,且由此引起的钢管切向附加正应力不致过大,保证钢管柱局部受力的安全。

为确保钢管柱与基础之间的荷载传递，宜在钢管内浇筑一定高度过渡段混凝土。过渡段长度大于两倍桩径时，接头具有等强效应。

**4.3.4** 当临时墩位于船只或汽车通行位置时，应加设护桩，夜间应用灯光指示行驶方向。施工中易受漂流物、流冰冲撞的河中临时墩应设坚固的防护设备。

**4.3.5** 第一个临时墩位置设置合理可以减少主梁梁尾在每段梁段顶推完成后的转角，从而能减小在拼装过程中梁体上产生过大的次内力。

**4.4.2** 导梁与主梁连接时导梁底面应与主梁底板在同一个平面上，且表面平整顺直。顶推时，导梁前端将会产生较大的挠度，为确保导梁能顺利地上墩，抵消大悬臂下的挠度，以满足顶推的需要，导梁前端宜设顶升滑动装置或将导梁前端底缘设计成向上的圆弧形，以便导梁上墩时，能起过渡作用。

**4.4.3** 导梁设置在主梁前端，导梁长度、刚度应根据顶推跨度、主梁刚度、主梁受力以及临时墩的最大支承反力等进行选取。

导梁的刚度在满足稳定和强度的条件下，选用较小的刚度及变刚度的导梁，将在顶推时减小最大悬臂状态的负弯矩，使负弯矩的两个峰值比较接近。此外，在设计中要考虑动力系数，使结构有足够的安全储备。

# 5 顶推装置

**5.2.1** 顶推滑动装置中滑板、滑道等部件的尺寸大小,均应按其使用材料的容许承载力计算决定。

**5.2.1(2)** 滑板的容许应力与工作时的温度高低有关,温度低时其屈服点强度高。滑道长度和宽度的规定,应满足滑板承载力的要求。滑道顶面高差的规定是防止滑板因局部应力而被压坏。

**5.2.1(4)** 顶推时应对滑板与滑道之间进行持续润滑,尤其是对长滑道的润滑。

**5.2.3** 滑动面在滑板上表面时,在滑板上表面与上滑道之间进行滑动。上滑道的设置可减少顶推时对钢箱梁的污染。上滑道直接与钢箱梁梁底接触,直接承受着上部荷载,并将上部荷载分散传递到滑板上,起到分布力的作用,以满足滑板承载力的需要。顶推时将顶推力直接施加在上滑道上,通过上滑道带动钢箱梁向前推进。滑动面一般较窄、较长。

**5.2.4** 滑动面在滑板下表面滑动时,滑板分块放置在滑道梁上,在滑板的下表面与滑道梁之间进行滑动。滑道梁纵向长度应根据滑道反力所需最少的滑板面积确定,滑道梁前后端各有一段斜面,以便于滑块的喂进和吐出。顶推时顶推力通过拉锚器直接施加在钢箱梁上。滑动面一般较宽、较短。

## 5.3 导向装置

导向装置的设置应综合考虑顶推原理以及钢箱梁的断面结构形式。导向装置一般设置在临时墩的钢垫梁上或者永久墩墩顶。导向装置设置时应与导向滑道之间预留可调间隙,以适应在顶推过程中的导向控制的需要。导向调节时利用水平千斤顶或者调节螺丝进行调节、预紧、纠偏。

在圆曲线上顶推,横向导向装置显得更加重要。顶推时,应做好横向偏差观测,主要观测主梁和墩柱的弹性横向位移。

**5.4.1** 液压千斤顶支承为将在顶推钢垫梁上间隔一定距离安放的多个同油路带球铰的并联顶升千斤顶作为支承机构,通过千斤顶上安放设置滑道梁将竖向力传递到钢箱梁上,在顶推过程中千斤顶始终处于浮动状态,可以自由适应钢箱梁的变形,确保钢箱梁各点受力均匀,避免应力集中。钢垫梁支承为在钢垫梁与滑道梁之间设置厚橡胶板进行支承,通过橡胶板不均匀受力时不同位置处产生的不同的压缩量,使上部滑梁调整产生转动以适应顶推过程中钢箱梁的变形,确保滑梁与钢箱梁的接触面积。该支承形式中由于橡胶板的压缩量有限,不能很好地适应钢箱梁的变形,出现应力集中的可能性比较大。

对于跨径较大、竖曲线变化较大的复杂结构宜采用液压千斤顶支承形式;对于跨径较小、竖曲线变化不大的结构可采用钢垫梁支承形式。

**5.4.2** 采用宽面支承时,滑板直接接触梁底表面,支承面都将要承受较大的支承反力,钢箱梁底板在较大支承反力的作用下,就会出现受弯现象,产生较大的弯应力,需钢箱梁内部结构进行局部加强,将支承反力通过腹板底板加劲传递到腹板,由底板单元受力变成由腹板受力,实现上部力由腹板经过加劲分配到滑板并传递到钢垫梁。

采用窄面支承时,接触面较小,均集中在腹板附近,顶推支承反力通过滑道梁经上滑道直接传递到钢箱梁腹板上,由腹板承受顶推过程中的支承反力。对箱梁底板不产生附加弯应力,故不需对钢箱梁内部做额外加强,但需较长的滑道梁,以满足滑道梁承压面积的需求。

**5.5.1(3)** 顶推力是按照多种因素如滑动装置的摩擦系数和滑动装置使用中变形情况以及梁段底板的平整度等均较为理想的状态下考虑的。

影响顶推力大小的因素较多,其主要因素有:

(1)顶推梁的梁重及梁上的施工荷载。

(2)各滑动面的摩阻系数。

(3)顶推梁桥的纵向坡度。

(4)顶推梁的梁底平整度以及各节段连接处平整度的误差。

(5)顶推梁自身的挠度。

对钢箱梁顶推各工况进行分析得出各个临时墩的施工阶段反力 $F_i$,并根据确定的滑板摩擦系数 $f$,计算出必须的顶推动力,从而确定顶推千斤顶的数量及顶推力的大小,并将各千斤顶布置在各墩上。各顶推千斤顶通过液压泵站,在主控台的集中控制下,实现顶推的集中控制和同步运行。

多点顶推的动力学原理之数学表达式如下:

当 $\sum F_i > \sum (f_i \pm \alpha_i) N_i$ 时,梁体才能被推动。

其中:$F_i$——第 $i$ 个墩处的顶推动力装置的顶推力;

$N_i$——第 $i$ 个墩处的(最大)支承反力;

$f_i$——第 $i$ 个墩处的支点装置的相应静摩擦系数;

$\alpha_i$——桥梁纵坡坡率,“+”为上坡顶推,“-”为下坡顶推。

单点顶推的动力学原理如下：

当集中的顶推力 $H > \sum(f_i \pm \alpha_i)R_i$ 时，梁体才能向前移动。

其中：$R_i$——第 $i$ 个墩(或桥台)滑道瞬时的垂直支承反力；

$f_i$——第 $i$ 个墩(或桥台)支点相应的静摩擦系数；

$\alpha_i$——桥梁纵坡坡率，"+"为上坡顶推，"-"为下坡顶推。

**5.5.2(1)** 电气控制电路主要是液压驱动电路和传感监测电路。计算机控制则是整个系统的核心，其主要功能是顶推控制、操作控制和安全控制。

**5.5.2(2)、5.5.2(3)** 在钢箱梁顶推的控制过程中，最关键的是：对纵向水平力变化较大的临时墩，根据临时墩的支承反力大小来控制本支墩顶推力的大小；对于恒定支承反力的临时墩，根据系统之前记录的数据控制恒定的顶推力，确保各个临时墩的顶推力与该墩受到的摩擦力相对应，避免临时墩出现不平衡水平推力的情况。同时，还要对顶推油缸的位移(速度)进行控制。所以，须以各个临时墩支承反力为依据，以顶推油缸的顶推力和位移作为控制参数，实现力和位移(速度)的综合控制。

# 6 结构设计与计算

## 6.1 一般规定

钢箱梁顶推结构涉及桩基、支架、顶推系统、液压系统以及相关配套设施等。桩基、支架设计时应满足相关规范的规定,符合相应的技术标准,参数取值明确;顶推系统设计构造应满足现行《钢结构设计规范》(GB 50017)的构造要求,并与液压系统的工作相配合,确保使用过程中的便利性与可操作性。

**6.2.2(2)** 在进行局部荷载效应或者应力分析时,计算图示必须取足够的计算区域。选取时主要是考虑边界条件的影响,按圣维南原理的要求,所取计算区域边界条件的影响应对计算分析所关心的部位产生的误差十分小,必须是在设计误差范围之内。

**6.2.2(3)** 顶推结构中其各构件受力较复杂,力的作用形式及方式在不同的工况下也将会发生变化,故此在顶推结构的设计计算中,除进行静力分析外,还应进行稳定性分析,确保结构的强度、刚度和稳定性满足要求。结构计算图示、几何特征、边界条件等均应反映实际结构状况和受力特征。

**6.2.2(5)** 滑动装置摩擦系数,主要取决于滑板与滑道面的摩擦系数。研究试验结果表明,启动摩擦系数为动摩擦系数的1.1~1.5倍;摩擦系数与滑道表面的粗糙度关系较大;滑道磨损变形或折皱,摩擦系数会增大;摩擦系数随单位压力增加而减小;摩擦系数随温度降低而增加;摩擦系数随荷载压在滑板上滞留时间延长而增加。故顶推工作一旦开始,最好一气完成该节梁段。顶推过程中应在滑道与滑板之间进行充分润滑,可降低摩擦系数,减小墩顶的不平衡力。文中所列启动摩擦系数与动摩擦系数的推荐值是根据一般试验结果拟定。

**6.2.3** 顶推结构承受着巨大的轴向压力与弯矩,在使用过程中可能出现失稳现象,设计结构荷载取值应按照现行《钢结构设计规范》(GB 50017)的要求执行。

# 7 顶推施工

**7.1.1** 钢箱梁顶推结构形式多样,在实际选取过程中应根据桥梁的主梁形式、桥梁跨径、结构受力、通航要求以及海事、河务部门的具体要求,对顶推的结构形式、跨径的布置等进行综合考虑。在进行顶推结构形式的选择时,需对钢箱梁主梁内部结构进行仔细分析,主要针对其在顶推过程中不同工况条件下可能出现的最不利状况进行多方案分析比较,确定最佳顶推方式。各种顶推方式均有其优缺点。

单点顶推可分为两种,一种是由水平千斤顶通过主梁两侧的拉杆给梁体一个拖拉力;另一种是水平千斤顶与竖直千斤顶联合使用,顶推过程中,不锈钢板固定而塑料板滑移。该方式动力设备数量少,易于集中控制和同步,但要求动力设备的功率大,传递给各墩的水平力较大。

多点顶推由于利用水平千斤顶传给墩台的反力来平衡梁体滑移时在桥墩产生的摩阻力,而使桥墩在顶推过程中承担比较小的水平力。其优点为各墩承受的水平力较小,缺点为需要较多的设备,不易集中控制和同步。

连续顶推,可减少牵引索在顶推过程中的受力不均衡以及对墩台的冲击力。在顶推过程中临时墩墩顶将产生加大的不平衡推力,对临时墩结构刚度要求较高。该顶推技术在国内桥梁的顶推施工中应用得较为广泛。

间断顶推,对于墩台而言,每一个顶推步距都将经历从静摩擦到动摩擦再到停止的过程,墩台顶部的位移也随之从零到最大到较小到零这样周而复始地变化。

棘块式顶推方法施工特点:

(1)施工期间的上滑道钢材作为施工辅助支承,施工后可回收,不仅节省了钢箱梁的永久钢材,还减少了钢箱梁的永久作用。

(2)本方法的动力系统要求较高,施工费用较高,但可节约永久钢材。

拖拉式顶推利用拉锚器将牵引力传递到钢箱梁上,同连续顶推。

**7.3.2** 顶推过程中,应对条文中所述各注意事项加强检查,这些部分如出了问题,后果是很严重的。顶推的速度虽重要,但更重要的是顶推过程的质量与安全。

顶推过程中最常见的故障是滑板被磨损、被卡住,梁体不能前进,常用千斤顶将梁顶起取出滑板或调整滑板。

**7.4.1(1)** 钢箱梁进行体系转换时,临时支点应支承在钢箱梁纵横隔板位置处,以满足局部承载力的需要。钢箱梁梁体顶升最大高度及支承反力不得超过设计规定值。

# 8 施工监控

**8.0.1** 桥梁施工监控的主要目的是使施工实际状态最大限度地与理想设计状态相吻合。掌握结构的受力状态,为评估结构安全和施工安全提供依据。

**8.0.2** 主要观测内容包括:

(1)导梁挠度监测。

(2)钢箱梁、导梁水平位移监测。

(3)钢箱梁、导梁和墩柱应力的监测。

(4)永久墩和临时墩竖向、纵向位移的监测。

(5)顶推力的监测。

(6)温度的监测。

(7)支座反力的监测。

**8.0.3(1)** 实时仿真计算是用于复核设计计算所确定的成桥状态和施工状态。按照施工和设计所确定的施工工序以及设计所提供的基本参数,得到各施工状态以及成桥状态下的结构受力和变形等控制数据,主要有各种状态下的理论数据:导梁挠度、导梁及箱梁横向位移、梁体应力。这些数据与设计和监理校对确认无误后作为钢箱梁顶推的施工控制理论轨迹。

# 附　工程实例

钢箱梁顶推施工技术目前已在青银高速济南黄河大桥和济宁梁济运河大桥中得以成功应用。本节内容主要以青银高速济南黄河大桥钢箱梁顶推施工技术为背景进行介绍。

## 1　工程概括

济南黄河大桥处于黄河中心游,所处河道水面宽、水深浅,缺乏通常河流上安装所需要的浮运条件。主桥钢箱梁全长666m,桥跨布置为60m+60m+160m+386m=666m。

## 2　顶推平台、临时墩

临时墩和顶推平台都以钻孔灌注桩做基础,临时墩和顶推平台结构均为钢管柱,顶推平台钢管立柱顶面设置可调节滑动支座。为满足临时墩拆除的需要,临时墩钻孔灌注桩桩顶面高程低于河床面50cm。钢管立柱顶部放置支承垫块和顶推装置,且在钢管顶安装型钢平台,便于作业人员工作。临时墩布置如图2所示。

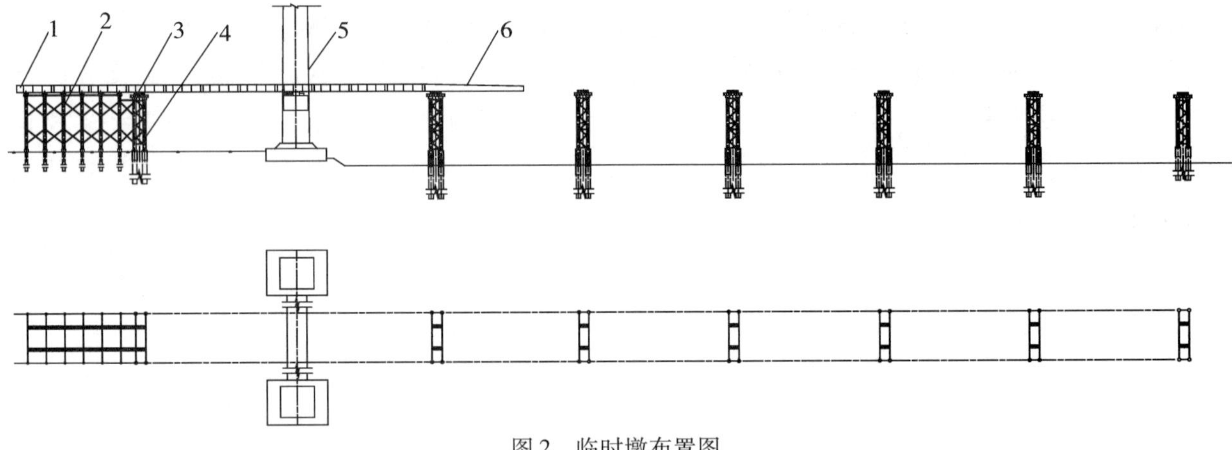


图2　临时墩布置图

1-钢箱梁;2-顶推平台;3-顶推系统;4-临时墩;5-索塔;6-导梁

## 3　导梁

导梁采用工字形、变截面、实腹钢板钢导梁,与钢箱梁同高。两片导梁纵向由3节6片拼装成型,与钢箱梁纵隔板焊接成整体。两导梁之间平面和横向联系采用桁架连接,保证钢导梁的空间整体性,满足受力要求。导梁底部设置板厚为50mm的钢板作为上滑道。

## 4　顶推装置

顶推装置采用自主创新设计的配置液压系统的棘块式顶推设备(图4-1、图4-2)。全桥共计安装8套顶推设备。

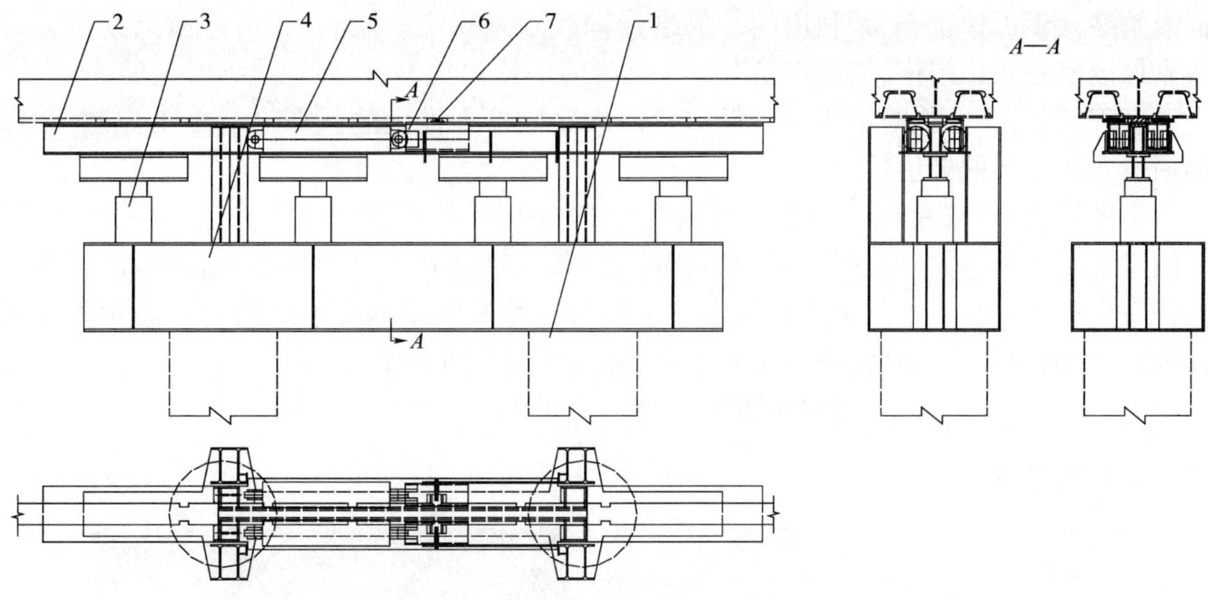


图 4-1　顶推装置

1-临时墩；2-滑梁；3-顶升千斤顶；4-垫梁；5-顶推千斤顶；6-滑块；7-棘块

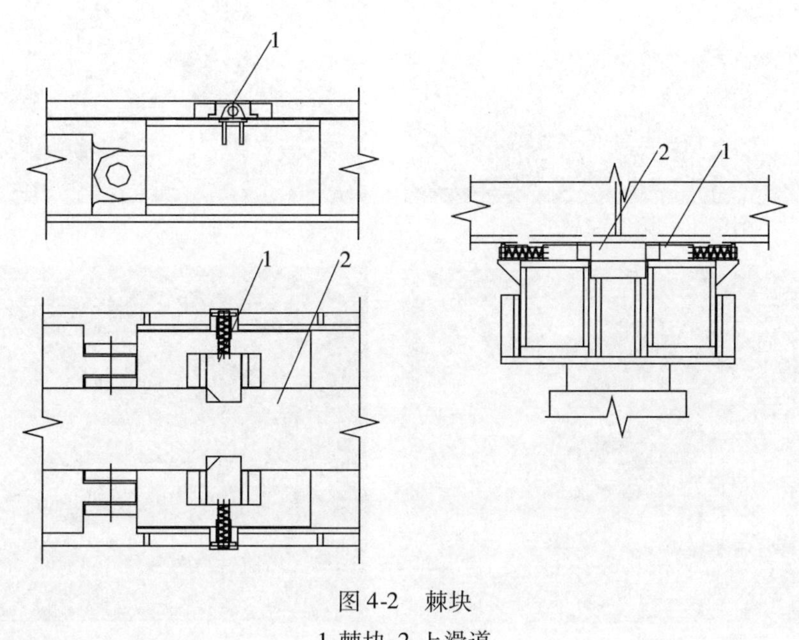


图 4-2　棘块

1-棘块；2-上滑道

## 5　顶推工作原理

8 套顶推液压系统由 1 套电气控制系统控制，使 8 套顶推系统在计算机控制下能够推力均衡且保持同步。每套液压系统由 2 套超高压液压泵站、1 套高压液压泵站、8 件螺母锁紧油缸、4 件顶推油缸、压力和位移传感器、高压软管及液压接头等附件组成。螺母锁紧油缸可以调整钢箱梁的高程，并使作用在油缸上的钢箱梁受到均衡的支承反力，系统自动监控支承反力的大小并以此调整顶推油缸的顶推力，顶推钢箱梁前进到位。

## 6　钢箱梁安装控制

轴线控制：在每个临时墩上均设置可调节导向限位块以确保钢箱梁在顶推过程中的

轴线始终处于可控状态,并利用经纬仪进行轴线跟踪观测。同时,在塔柱横梁处钢箱梁两侧加设横向限位结构,加强钢箱梁在不推进时的横向控制,确保轴线不发生偏移。

高程控制:每个临时墩所有高程均严格按照监控方提供的数据进行施工控制,确保钢箱梁安装线形的合理性。

系统控制:系统总体采用 PLC 编程控制,Windows 可视界面操作。在每一个临时墩上面安装压力传感器、位移传感器和各种限位微动控制开关。通过主控台,可以清楚地掌握每个墩台的受力情况和工作状态。主控台能够及时根据支承反力的动态调整水平顶推力,从而保证每个临时墩的受力平衡,实现了同步动态控制。

大桥已于 2008 年 12 月建成通车,运营状况良好。

## 附　工程施工图

附图 1　顶推系统

附图 2　顶推油缸

附图 3　顶推过程效果

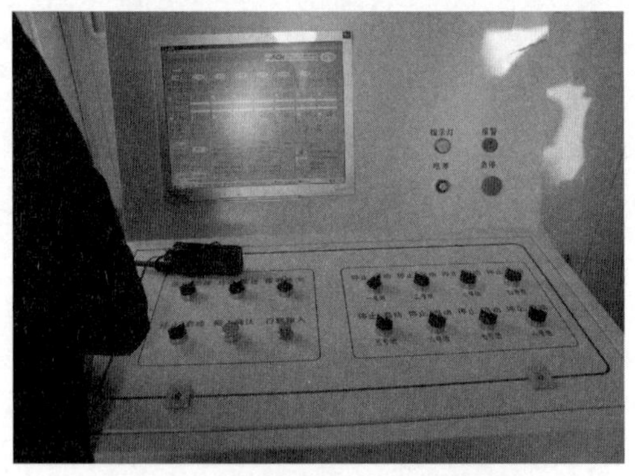

附图 4　主控系统

附图 5　顶推到位

附图 6　全桥效果图

山东省地方标准

# 公路工程沥青路面矿料技术标准

## Technical Standard of Aggregate for Highway Asphalt Pavement

DB 37/T 1390—2009

主编单位:山东省交通运输厅
批准部门:山东省质量技术监督局
实施日期:2010 年 03 月 01 日

人民交通出版社

# 前　　言

为进一步规范全省交通基础设施建设和管理行为,全面提升建设管理水平, 按照交通工作实现“标准化、规范化、集约化、人本化”管理的目标要求,山东省交通运输厅提出并主持编制了本标准。

自20世纪80年代末以来,我国公路建设尤其是高速公路建设得到了快速发展,截至2008年年底,我国二级及二级以上公路里程已突破35万km,其中高速公路里程已超过6.1万km,仅山东省高速公路里程就超过4 200km。大规模公路建设与养护,对石料资源需求量很大,而且高等级公路建设与养护对石料性质和质量要求很高。山东省是我国的一个经济大省,对自然资源消耗和环境影响很大,有限的天然河砂资源逐渐匮乏,而且短期内不可再生。因此,合理利用有限的石料资源是坚持科学发展观,建设资源节约型、环境友好型社会的重要内容,具有显著的现实意义。

路面沥青混凝土是由沥青、集料和填料组成的,其中矿料质量一般占沥青混凝土总质量的95%左右。当前我国沥青已实现大规模生产加工,其质量比较稳定;另一方面,沥青路面施工设备及机械化水平也比较高,严格施工与管理可以达到较高的质量水平。但我国目前的公路石料加工企业多为小型企业,作坊式、粗放式生产,集料质量是影响沥青路面早期损坏的主要因素之一。为此,山东省交通运输厅公路局等单位在山东省交通科技项目的支持下,历时3年多的持续科研攻关、广泛调研、大量试验,在实体工程应用基础上,总结并制定了本技术标准。

各有关单位在标准使用过程中,若发现存在不当之处或有好的意见和建议,请及时函告山东省交通运输厅公路局(联系地址:山东省济南市舜耕路19号,邮编:250002),以便修订时参考。

本标准由山东省交通运输厅归口并提出。

**主 编 单 位:**山东省交通运输厅

**参 编 单 位:**山东省交通运输厅公路局
交通部公路科学研究院
山东省公路建设集团有限公司
山东省公路工程技术研究中心
山东公路海瑞石料技术有限公司

**主要起草人:**杨永顺　刘振清　高雪池　梁奎基　赵先鹏　刘清泉　张　锋

# 1 总则

**1.0.1** 为适应山东省公路建设与养护需要,规范石料生产与应用,保证沥青路面矿料质量,制定本标准。

**1.0.2** 本标准适用于山东省各级新建和改建公路的沥青路面矿料的质量控制,石料加工企业的质量控制可参照执行。

**1.0.3** 沥青路面矿料除应符合本标准外,尚应符合国家和行业现行有关标准、规范的规定。

# 2 引用标准

下列标准所包含的条文,通过在本技术标准中引用而成为本标准的条文。

JTG E42 公路工程集料试验规程

JTG D50 公路沥青路面设计规范

JTG F40 公路沥青路面施工技术规范

JTG F80/1 公路工程质量检验评定标准(土建工程)

# 3 术语与符号

## 3.1 术语

**3.1.1** 集料 aggregate

在沥青混合料中起骨架和填充作用的粒料，包括碎石、砾石、机制砂、石屑、天然砂等。

**3.1.2** 粗集料 coarse aggregate

在沥青混合料中，指粒径大于沥青混合料公称最大粒径 0.22 倍的碎石、破碎砾石、筛选砾石、矿渣、钢渣等。

**3.1.3** 细集料 fine aggregate

在沥青混合料中，指粒径小于沥青混合料公称最大粒径 0.22 倍的机制砂、石屑、天然砂等。

**3.1.4** 填料 filler

加入沥青混合料中起到填料作用的符合规格要求的矿物质粉末，可为磨细石粉、消石灰粉、水泥、粉煤灰等。

**3.1.5** 表观相对密度 apparent specific density

单位体积（含材料的实体矿物成分及其闭口孔隙体积）物质颗粒的干质量，与同温度水的密度之比值。

**3.1.6** 表干相对密度（饱和面干毛体积密度）saturated surface-dry specific density

单位体积（含材料的实体矿物成分及其闭口、开口孔隙体积等颗粒表面轮廓线所包围的全部毛体积）物质颗粒的饱和面干质量，与同温度水的密度之比值。

**3.1.7** 毛体积相对密度 bulk specific density

单位体积（含材料的实体矿物成分及其闭口、开口孔隙体积等颗粒表面轮廓线所包围的全部毛体积)物质颗粒的干质量,与同温度水的密度之比值。

**3.1.8** 堆积密度 accumulated density

单位体积(含物质颗粒固体及其闭口、开口孔隙体积及颗粒间空隙体积)物质颗粒的质量,分为干燥状态下的干堆密度与潮湿状态下的湿堆密度。

**3.1.9** 石料压碎值 crushed stone value

按规定方法测得的石料抵抗压碎的能力,以压碎试验后小于规定粒径的石料质量百分率表示。

**3.1.10** 石料磨耗值 weared stone value

按规定方法测得的石料抵抗磨耗作用的能力,以磨耗试验后小于规定粒径的石料质量百分率表示。

**3.1.11** 石料磨光值 polished stone value

按规定方法测得的石料抵抗轮胎磨光作用的能力,即石料被磨光后用摆式仪测得的摩擦系数。

**3.1.12** 集料间隙率 percentage of voids in aggregate

集料的颗粒之间空隙体积占集料总体积的百分比。

**3.1.13** 集料颗粒指数 particle index in aggregate

根据集料间隙率按给定的公式计算得到的值,用来表征集料的轮廓形状、棱角性和表面纹理特性。

**3.1.14** 粗集料针片状颗粒 flat and elongated particle in coarse aggregate

粗集料中细长的针状与扁平的片状颗粒。当颗粒形状的诸方向中的最小厚度(或直径)与最大长度(或宽度)的尺寸之比小于规定比例时,属于针片状颗粒。

**3.1.15** 集料形状指数 form index in aggregate

沿每个集料颗粒轮廓边缘相对于该颗粒形心每隔一定角度半径与前一个角度半径之差的绝对值,与该颗粒轮廓边缘相对于该颗粒形心前一个角度半径比值后的累加值。

**3.1.16** 集料棱角性指数 angularity index in aggregate

沿每个粗集料颗粒轮廓边缘每隔一定角度的半径与该颗粒等效外接圆半径之差的绝对值,与该颗粒等效外接圆半径比值后的累加值;或沿每个粗集料颗粒轮廓边缘每隔一定角度的梯度方向角与该颗粒轮廓边缘相对于该颗粒形心前三个角度的梯度方向角之差绝对值后的累加值。

## 3.2 符号

本技术标准各种符号及意义详见表3.2。

表3.2 符号及意义

| 编号 | 符　　号 | 意　　义 | 编号 | 符　　号 | 意　　义 |
|---|---|---|---|---|---|
| 3.2.1 | $I_{ap}$ | 集料颗粒指数 | 3.2.3 | $AI_{rm}$ | 集料半径法指数 |
| 3.2.2 | FI | 集料形状指数 | 3.2.4 | $AI_{gm}$ | 集料梯度法指数 |

# 4 分类与规格

**4.0.1** 岩石分为:岩浆岩、沉积岩和变质岩;由岩石加工的沥青路面矿料分为:粗集料、细集料和矿粉。

**4.0.2** 粗集料应按一定的粒径规格加工。粗集料加工应加强粗集料生产、储存、运输与使用各环节的管理,保证粗集料的颗粒级配稳定性。粗集料规格应满足表 4.0.2 的要求。

**表 4.0.2 粗集料规格要求**

| 规格名称 | 公称粒径(mm) | 通过下列筛孔(mm)的质量百分率(%) | | | | | | | | | | | |
|---|---|---|---|---|---|---|---|---|---|---|---|---|---|
| | | 75 | 63 | 53 | 37.5 | 31.5 | 26.5 | 19 | 13.2 | 9.5 | 4.75 | 2.36 | 0.6 |
| S2 | 40~60 | 100 | 90~100 | — | 0~15 | — | 0~5 | | | | | | |
| S3-2 | 30~50 | | 100 | 90~100 | 0~15 | — | 0~5 | | | | | | |
| S3-1 | 30~40 | | | 100 | 90~100 | 0~15 | — | 0~5 | | | | | |
| S5-2 | 20~30 | | | | 100 | 90~100 | — | 0~15 | — | 0~5 | | | |
| S5-1 | 20~25 | | | | | 100 | 90~100 | 0~15 | — | 0~5 | | | |
| S9 | 10~20 | | | | | | 100 | 90~100 | — | 0~15 | 0~5 | | |
| S10 | 10~15 | | | | | | | 100 | 90~100 | 0~15 | 0~5 | | |
| S12 | 5~10 | | | | | | | | 100 | 90~100 | 0~15 | 0~5 | |
| S14 | 3~5 | | | | | | | | | 100 | 90~100 | 0~15 | 0~3 |

**4.0.3** 细集料应按一定的粒径规格加工。细集料加工应加强细集料生产、储存、运输与使用各环节的管理,保证细集料的颗粒级配稳定性。高速公路和一级公路沥青路面细集料宜将表4.0.2的 S14 与 S16 组合使用。细集料规格应满足表 4.0.3 的要求。

**表 4.0.3 细集料规格要求**

| 规格名称 | 公称粒径(mm) | 通过下列筛孔(mm)的质量百分率(%) | | | | | | | |
|---|---|---|---|---|---|---|---|---|---|
| | | 9.5 | 4.75 | 2.36 | 1.18 | 0.6 | 0.3 | 0.15 | 0.075 |
| S15 | 0~5 | 100 | 90~100 | 60~90 | 40~75 | 20~55 | 7~40 | 2~20 | 0~8 |
| S16 | 0~3 | | 100 | 80~100 | 50~80 | 25~60 | 8~45 | 5~25 | 0~10 |

注:当加工石屑用喷水抑制扬尘工艺时,应注意含粉量不得超过表中的规定。

**4.0.4** 矿粉规格应满足表4.0.4的要求。

**表4.0.4 矿粉规格要求**

| 公路等级 | 通过下列筛孔(mm)的质量百分率(%) | | | 试验方法 |
|---|---|---|---|---|
| | 0.6 | 0.15 | 0.075 | |
| 高速公路、一级公路 | 100 | 90~100 | 75~95 | T 0351 |
| 其他等级公路 | 100 | 90~100 | 75~100 | |

# 5　技术要求

## 5.1　粗集料

**5.1.1**　粗集料应选取优质岩石加工,其料源应符合表5.1.1的技术要求。

**表5.1.1　粗集料料源技术要求**

| 指　标 | 单位 | 高速公路及一级公路 | | 其他等级公路 | 试验方法 |
|---|---|---|---|---|---|
| | | 表面层 | 其他层次 | | |
| 压碎值 | % | ≤26 | ≤28 | ≤30 | T 0316 |
| 磨耗值 | % | ≤28 | ≤30 | ≤35 | T 0317 |
| 表观相对密度 | — | ≥2.60 | ≥2.50 | ≥2.45 | T 0304 |
| 吸水率 | % | ≤2.0 | ≤3.0 | ≤3.0 | T 0304 |
| 坚固性 | % | ≤12 | ≤12 | — | T 0314 |
| 软弱颗粒含量 | % | ≤3 | ≤5 | ≤5 | T 0320 |

注:①坚固性试验可根据需要进行。

②用于高速公路、一级公路时,多孔玄武岩的表观密度可放宽至2.45t/m$^3$,吸水率可放宽至3.0%,但必须得到建设单位的批准,且不得用于SMA路面。

**5.1.2**　高速公路、一级公路沥青路面的表面层(或磨耗层)的粗集料磨光值应符合表5.1.2的要求。

**表5.1.2　粗集料磨光值技术要求**

| 雨量气候区 | 2(湿润区) | 试验方法 |
|---|---|---|
| 年降雨量(mm) | 500~1 000 | |
| 粗集料的磨光值PSV | ≥42 | T 0321 |

**5.1.3**　粗集料与沥青的黏附性应符合表5.1.3的要求。

**表5.1.3　粗集料与沥青的黏附性技术要求**

| 雨量气候区 | | 2(湿润区) | 试验方法 |
|---|---|---|---|
| 年降雨量(mm) | | 500~1 000 | |
| 粗集料与沥青的黏附性 | 高速公路、一级公路表面层 | ≥5 | T 0616 |
| | 高速公路、一级公路其他层次及其他等级公路各层次 | ≥4 | T 0663 |

**5.1.4** 粗集料加工应符合表5.1.4的技术要求。

**表5.1.4 粗集料加工技术要求**

| 指标 | | 单位 | 高速公路及一级公路 | | 二级公路 | 其他等级公路 | 试验方法 |
|---|---|---|---|---|---|---|---|
| | | | 表面层 | 其他层次 | | | |
| 轮廓形状 | 混合料针片状颗粒含量 | % | ≤12 | ≤14 | ≤20 | | T 0312 |
| | 粒径大于9.5mm | | ≤10 | ≤12 | | | |
| | 粒径小于9.5mm | | ≤15 | ≤18 | | | |
| | 轮廓形状指数FI | — | ≤1.6 | ≤1.7 | ≤1.9 | | 见附录B |
| 棱角性 | 颗粒指数 $I_{ap}$ | % | 18~30 | 18~31 | 18~35 | 18~40 | 见附录A |
| | 半径法指数 $AI_{rm}$ | — | 12~16 | 12~17 | 12~18 | 12~20 | 见附录B |
| | 梯度法指数 $AI_{gm}$ | — | 15~19 | 15~20 | 15~21 | 15~23 | |
| 水洗法<0.075mm颗粒含量 | | % | ≤0.8 | ≤0.8 | ≤1.0 | | T 0310 |

注:①粗集料轮廓形状指标优先用针片状颗粒含量,有条件时选用轮廓形状指数FI。

②粗集料棱角性指标优先用颗粒指数 $I_{ap}$,有条件时选用半径法指数 $AI_{rm}$ 或梯度法指数 $AI_{gm}$。

③对S14粗集料,针片状颗粒含量可不予要求,<0.075mm含量可放宽到3%。

④粗集料中不得含有泥块。

## 5.2 细集料

**5.2.1** 细集料应选取坚硬优质岩石加工,料源应符合表5.2.1的技术要求。

**表5.2.1 细集料料源技术要求**

| 指标 | 单位 | 高速公路及一级公路 | 其他等级公路 | 试验方法 |
|---|---|---|---|---|
| 表观相对密度 | — | ≥2.50 | ≥2.45 | T 0328 |
| 坚固性 | % | ≤12 | — | T 0340 |

注:坚固性试验可根据需要进行。

**5.2.2** 细集料加工应符合表5.2.2的技术要求。

**表5.2.2 细集料加工技术要求**

| 指标 | 单位 | 高速公路及一级公路 | | 其他等级公路 | 试验方法 |
|---|---|---|---|---|---|
| | | 表面层 | 其他层次 | | |
| 棱角性(流动时间) | s | 34~46 | | ≥30 | T 0345 |
| 棱角性(间隙率) | % | 34~46 | | ≥30 | T 0344 |
| 亚甲蓝值 | g/kg | ≤1.5 | ≤2.3 | ≤4.5 | T 0349 |
| 砂当量 | % | ≥65 | ≥60 | ≥50 | T 0334 |

注:①流动时间法试验简单、易精确控制,流动时间指标优先采用。

②细集料同时采用亚甲蓝值与砂当量指标控制。

**5.2.3** 机制砂应采用专用的制砂机加工,优先选用石灰岩等优质碱性石料加工,亦可选用低酸性硬质岩(如玄武岩等)加工,其规格应符合 S16 要求。

## 5.3 填料

**5.3.1** 矿粉应采用石灰岩或岩浆岩中的强基性岩石等憎水性石料经磨细得到,矿粉质量应符合表 5.3.1 的要求。

**表 5.3.1 矿粉质量要求**

| 项　目 | 单位 | 高速公路、一级公路 | 其他等级公路 | 试验方法 |
|---|---|---|---|---|
| 表观相对密度 | — | ≥2.50 | ≥2.45 | T 0352 |
| 含水率 | % | ≤1 | ≤1 | T 0103 烘干法 |
| 外观 | — | 无团粒结块 | | |
| 亲水系数 | — | <1 | | T 0353 |
| 塑性指数 | % | <4 | | T 0354 |
| 加热安定性 | — | 实测记录 | | T 0355 |

**5.3.2** 其他类型填料规格应符合表 4.0.4 中的要求,其质量也应符合表 5.3.1 的要求。

# 6 检验规则

## 6.1 检验项目

**6.1.1** 粗集料出厂检验项目为颗粒级配、含泥量、泥块含量、针片状颗粒含量。

**6.1.2** 细集料出厂检验项目为颗粒级配、棱角性(流动时间法)、砂当量。

**6.1.3** 矿粉出厂检验项目为颗粒级配、含水率、外观。

**6.1.4** 型式检验项目为本标准第5章所规定的所有技术要求。有下列情况之一时,应对矿料进行型式检验:

(1)新产品投产或老产品转产时;

(2)原料资源或生产工艺发生变化时;

(3)正常生产,每半年一次;

(4)国家质量监督机构要求检验时。

## 6.2 组批规则

**6.2.1** 粗集料按同品种、同规格、同适用等级及日产量不超过1 000t,每600t为一批,不足600t亦为一批;日产量在1 000~2 000t之间,每1 000t为一批,不足1 000t亦为一批;日产量超过2 000t,每2 000t为一批,不足2 000t亦为一批。

**6.2.2** 细集料按同品种、同规格、同适用等级及日产量不超过400t,每250t为一批,不足250t亦为一批;日产量在400~800t之间,每400t为一批,不足400t亦为一批;日产量超过800t,每800t为一批,不足800t亦为一批。

**6.2.3** 矿粉按同品种、同规格、同适用等级及日产量不超过100t,每50t为一批,不足50t亦为一批;日产量在100~200t之间,每100t为一批,不足100t亦为一批;日产量超过200t,每200t为一批,不足200t亦为一批。

## 6.3 抽样

取样位置、方法和取样量应符合现行《公路工程集料试验规程》(JTG E42)关于试样的要求。

## 6.4 判定

**6.4.1** 检验(含复检)后,各项性能指标都符合本标准的相应类别规定时,可判为相应类别的合格品。

**6.4.2** 若有不符合本标准要求的检验项目,则应再次从同一批产品中加倍抽样,并对不符合项进行复检。复检后指标符合本标准要求,可判为相应类别的合格品;复检后仍不符合本标准要求,则判为相应类别的不合格品。

# 7 标志、储存和运输

**7.0.1** 矿料出厂前,供需双方应在厂内验收产品,生产厂应提供产品质量合格证书。产品合格证书包括下列内容:

(1)类别、规格和生产厂名;

(2)批量编号及供货数量;

(3)检验结果、日期及执行标准编号;

(4)合格证书编号及发放日期;

(5)检验部门及检验人员签章。

**7.0.2** 矿料应按品种、规格分别堆放和运输,不得混杂、倒堆、人为碾压、污染与久存,矿料堆放场地应硬化,并且细集料应采取防雨淋措施,矿粉应采取防潮措施。

**7.0.3** 矿料运输时,对装运的车、船应认真清扫,并采取措施防止混入杂物。

# 附录 A　粗集料颗粒指数 $I_{ap}$ 试验方法

**A.0.1**　粗集料颗粒指数 $I_{ap}$ 计算公式如下:

$$I_{ap}=2.5V_0-1.25V_{10}-0.25V_{50}-32.0 \tag{A.0.1}$$

式中:$V_0$、$V_{10}$、$V_{50}$——分别为自然堆积、捣实 10 次和 50 次状态下的粗集料间隙率(%),其计算公式如下:

$$V_x=(1-\rho_x/\rho_b)\times 100$$

$V_x$——不同状态下的粗集料间隙率(%);

$\rho_x$——不同状态下的粗集料堆积密度($g/cm^3$);

$\rho_b$——粗集料毛体积密度($g/cm^3$)。

**A.0.2**　粗集料颗粒指数 $I_{ap}$ 试验方法如下:

(1)按《公路工程集料试验规程》(JTG E42—2005)中的 T 0308—2005 试验方法,进行粗集料密度试验。

(2)按《公路工程集料试验规程》(JTG E42—2005)中的 T 0309—2005 试验方法,进行自然堆积、捣实 10 次和 50 次状态下的粗集料堆积密度试验,用公式计算这三种状态下的粗集料间隙率 $V_x$。

(3)利用粗集料颗粒指数 $I_{ap}$ 计算公式,即可计算得到粗集料棱角性表征指标的颗粒指数 $I_{ap}$。

# 附录 B　粗集料形状特性指数试验方法

## B.1　试验准备

**B.1.1**　准备图像表征用粗集料照片：

(1)取某一规格粗集料分成两份,称取每份 100 个代表性粗集料颗粒质量。

(2)准备一张,尺寸为 80cm×80cm 的白纸,用铅笔轻淡画出 10×10 网格线,清晰画出外边框。

(3)将白纸平铺在毛玻璃板上,并将称取的每份 100 个代表性粗集料颗粒摆放在白纸每个网格中心。

(4)在毛玻璃下面布置日光灯光源,用高清晰数码相机垂直纸面拍摄(如图 B.1.1 所示)。

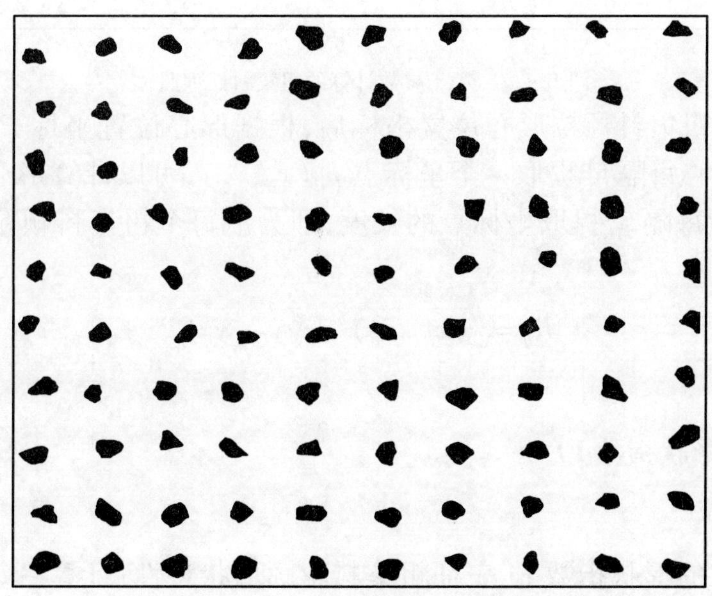

图 B.1.1　用于图像表征的粗集料原始照片

**B.1.2**　对图 B.1.1 粗集料原始照片进行图像信息配置、标记编号和图像处理,包括均值滤波、图像分割、滤除杂点和轮廓提取,得到用于参数计算的粗集料处理照片,如图 B.1.2 所示。

**B.1.3**　以图 B.1.2 中左下角为 $x$-$y$ 坐标系的原点,以水平方向为 $x$-$y$ 坐标系的横坐标,以竖直方向为 $x$-$y$ 坐标系的纵坐标,对图中每个粗集料颗粒轮廓边缘相对于该颗粒形

心每隔5°提取一个坐标点($x_{ij}$,$y_{ij}$),按下式计算第 $i$ 个粗集料颗粒形心位置坐标:

$$P_i(x_i,y_i):x_i=\frac{1}{72}\sum_{j=1}^{72}x_{ij},y_i=\frac{1}{72}\sum_{j=1}^{72}y_{ij} \quad (B.1.3\text{-}1)$$

式中:$P_i(x_i,y_i)$——第 $i$ 个粗集料颗粒形心位置坐标,$x_i$ 为横坐标,$y_i$ 为纵坐标;

$x_{ij}$、$y_{ij}$——分别为第 $i$ 个粗集料颗粒第 $j$ 个边缘提取点的横坐标和纵坐标。

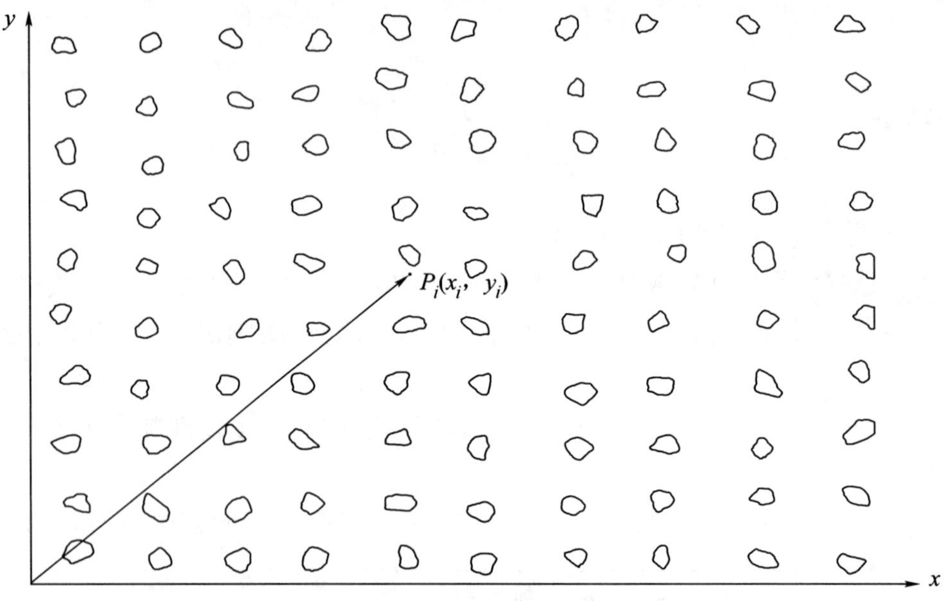


图 B.1.2 用于参数计算的粗集料处理照片

计算得到每个粗集料颗粒形心位置坐标后,根据形心位置坐标 $P_i(x_i,y_i)$ 及轮廓边缘相对于该颗粒形心每隔5°提取一个坐标点 $p_{ij}(x_{ij},y_{ij})$,可以计算形心位置至轮廓边缘相对于该颗粒形心每隔5°提取坐标点的长度,即为沿每个粗集料颗粒轮廓边缘每隔5°半径 $R_{ij}$,如下式:

$$R_{ij}=\sqrt{(x_i-x_{ij})^2+(y_i-y_{ij})^2} \quad (B.1.3\text{-}2)$$

## B.2 粗集料轮廓形状指数 FI

采用图像提取的形状指数 FI 表征粗集料轮廓形状特性:计算沿每个粗集料颗粒轮廓边缘相对于该颗粒形心每隔5°半径与该颗粒轮廓边缘相对于该颗粒形心前一个每隔5°半径之差的绝对值,与该颗粒轮廓边缘相对于该颗粒形心前一个每隔5°半径比值后的累加值,再把 $n$ 个代表性粗集料颗粒累加除以个数,如下:

$$\mathrm{FI}=\frac{1}{n}\sum_{i=1}^{n}\sum_{j=1}^{72}\frac{|R_{ij+1}-R_{ij}|}{R_{ij}} \quad (B.2)$$

式中:FI——图像表征的粗集料轮廓形状指数;

$R_{ij+1}$——第 $i$ 个粗集料颗粒第 $j+1$ 个轮廓边缘的半径;

$R_{ij}$——第 $i$ 个粗集料颗粒第 $j$ 个轮廓边缘的半径。

## B.3 粗集料棱角性指数 AI

**B.3.1** 采用图像提取的棱角性指数 AI 表征粗集料棱角性,分为半径法和梯度法。

**B.3.2** 半径法棱角性指数 $AI_{rm}$:计算得每个粗集料颗粒形心位置坐标后,可以画出该颗粒的等效外接圆,并计算该颗粒的等效外接圆半径 $R_i$。沿每个粗集料颗粒轮廓边缘每隔 5°的半径与该颗粒等效外接圆半径之差的绝对值,与该颗粒等效外接圆半径比值后的累加值,再把 $n$ 个代表性粗集料颗粒累加除以个数,如下:

$$AI_{rm} = \frac{1}{n}\sum_{i=1}^{n}\sum_{j=1}^{72}\frac{|R_{ij} - R_i|}{R_i} \tag{B.3.2}$$

式中:$AI_{rm}$——图像表征的粗集料半径法棱角性指数;

$R_{ij}$——第 $i$ 个粗集料颗粒第 $j$ 个轮廓边缘的半径;

$R_i$——第 $i$ 个粗集料颗粒等效外接圆半径。

**B.3.3** 梯度法棱角性指数 $AI_{gm}$:根据每个粗集料轮廓边缘相对于该颗粒形心每隔 5°提取三个坐标点 $p_{ij+2}(x_{ij+2}, y_{ij+2})$、$p_{ij+1}(x_{ij+1}, y_{ij+1})$ 和 $p_{ij}(x_{ij}, y_{ij})$,采用二次抛物线函数 $f(x,y) = ax^2 + bx + c - y$ 拟合后,分别对 $x$、$y$ 求偏导数如下:

$$G_x = \frac{\partial f(x,y)}{\partial x} = 2ax + b, G_y = \frac{\partial f(x,y)}{\partial y} = -1 \tag{B.3.3-1}$$

式中:$G_x$、$G_y$——分别为二次抛物线函数 $f(x,y)$ 对 $x$、$y$ 的偏导数;

$a$、$b$——拟合参数。

$$a = \frac{y_{ij}(x_{ij+1} - x_{ij+2}) + y_{ij+1}(x_{ij+2} - x_{ij}) + y_{ij+2}(x_{ij} - x_{ij+1})}{(x_{ij} - x_{ij+1})(x_{ij+1} - x_{ij+2})(x_{ij+2} - x_{ij})}$$

$$b = \frac{y_{ij}(x_{ij+1} + x_{ij+2})(x_{ij+1} - x_{ij+2}) + y_{ij+1}(x_{ij+2} + x_{ij})(x_{ij+2} - x_{ij}) + y_{ij+2}(x_{ij} + x_{ij+1})(x_{ij} - x_{ij+1})}{(x_{ij} - x_{ij+1})(x_{ij+1} - x_{ij+2})(x_{ij+2} - x_{ij})}$$

求得二次抛物线函数 $f(x,y) = ax^2 + bx + c - y$ 对 $x$、$y$ 的偏导数后,可以计算 $x$-$y$ 坐标系的 $x$ 轴至每个粗集料轮廓边缘相对于该颗粒形心每隔 5°提取坐标点 $p_{ij+1}(x_{ij+1}, y_{ij+1})$ 的梯度方向角 $\theta$,如下:

$$\theta = \arctan\left(\frac{G_y}{G_x}\right) = \arctan\left(\frac{-1}{G_x}\right) \tag{B.3.3-2}$$

计算沿每个粗集料颗粒轮廓边缘每隔 5°的梯度方向角与该颗粒轮廓边缘相对于该颗粒形心前三个每隔 5°的梯度方向角之差绝对值后的累加值,再把 $n$ 个代表性粗集料颗粒累加除以个数,如下:

$$AI_{gm} = \frac{1}{n}\sum_{i=1}^{n}\sum_{j=1}^{72}|\theta_{ij+3} - \theta_{ij}| \tag{B.3.3-3}$$

式中:$AI_{gm}$——图像表征的粗集料梯度法棱角性指数;

$\theta_{ij+3}$——第 $i$ 个粗集料颗粒第 $j+3$ 个轮廓边缘的梯度方向角;

$\theta_{ij}$——第 $i$ 个粗集料颗粒第 $j$ 个轮廓边缘的梯度方向角。

**B.3.4** 为了实现粗集料轮廓形状(Form)和棱角性(Angularity)图像表征指标的自动计算,可采用应用软件 ShapePara。

# 本标准用词、用语说明

（1）为了准确地掌握技术标准条文，对执行条文严格程度的用词作如下规定：

①表示很严格，非这样做不可的用词

正面词采用“必须”，反面词采用“严禁”；

②表示严格，在正常情况均应这样做的用词

正面词采用“应”，反面词采用“不应”或“不得”；

③表示允许稍有选择，在条件许可时首先应这样做的用词

正面词采用“宜”，反面词采用“不宜”；

表示有选择，在一定条件下可以这样做的，采用“可”。

（2）本技术标准条文中应按指定的其他有关标准、规范的规定执行，其写法为“应按……执行”或“应符合……要求或规定”。如非必须按所指的标准、规范或其他规定执行，其写法为“可参照……”。

附件

# 《公路工程沥青路面矿料技术标准》

（DB 37/T 1390—2009）

## 条 文 说 明

# 1　总则

沥青混凝土是由沥青、集料和填料组成的,其中矿料质量一般占沥青混凝土总质量95%左右,矿料性质和质量对路面沥青混凝土高温稳定性、低温稳定性、耐久性、抗滑性能等有着非常重要的影响。山东省公路建设与养护水平位居全国前列,为适应山东省公路建设与养护的需要,保证沥青路面矿料质量,制定本标准。该标准也适用于石料加工企业的质量控制。

# 4 分类与规格

**4.0.1** 岩石的物理力学性质在很大程度上取决于岩石的类型。根据产状、构造、主要物质成分,岩石主要分为三大类:岩浆岩、沉积岩和变质岩。这三大类岩石根据其物质成分和构造又可划分为多种岩石品种。在山东省,应用于公路工程的岩石主要有三种:玄武岩、石灰岩、花岗岩。其中,玄武岩和花岗岩属于岩浆岩,而石灰岩属于变质岩。

**4.0.2** 沥青路面粗集料必须由具有生产许可证的石料加工企业生产。本条统一了粗集料的粒径规格要求,细化了粗集料规格分类,明确了粗集料生产、储存、运输与使用各环节的管理要求,以提高粗集料的颗粒级配稳定性。

《公路沥青路面施工技术规范》(JTG F40—2004)按集料公称最大粒径(NMAS)将沥青混合料分为 NMAS = 5mm、10mm、13mm、16mm、20mm、25mm 和 30mm。表 4.0.2 中粗集料的粒径规格可以满足这 8 种公称最大粒径的沥青混合料矿料级配组配要求,建议:NMAS = 20mm 沥青混合料用粗集料的粒径规格为 S9、S12 和 S14;NMAS = 25mm 沥青混合料用粗集料的粒径规格为 S5-1、S9、S12 和 S14;NMAS = 30mm 沥青混合料用粗集料的粒径规格为 S5-2、S9、S12 和 S14。石料加工企业应根据与业主签订的合同,按路面层次相应的公称最大粒径沥青混合料用粗集料的粒径规格加工。

**4.0.3** 沥青路面细集料必须由具有生产许可证的石料加工企业生产。根据细集料砂当量与 0.075mm 筛孔通过率的关系,本条适当提高了细集料中的 0.075mm 筛孔通过率要求,明确了细集料生产、储存、运输与使用各环节的管理要求,以提高细集料的颗粒级配稳定性。

**4.0.4** 沥青路面矿粉必须由具有生产许可证的石料加工企业或水泥厂生产。矿粉细度、洁净度与干燥度影响沥青混合料拌和时的分散均匀性,本条适当提高了高速公路、一级公路沥青路面矿粉中的 0.075mm 筛孔通过率要求。

# 5 技术要求

**5.1.4** 我国公路行业一贯注重石料的料源质量,却往往忽略了石料的加工质量。目前的公路石料加工企业多为小型企业,作坊式、粗放式生产,质量不稳定,突出表现在:粒形不规则、棱角性差、针片状颗粒含量高、材料脏、粉尘多、级配不规格(包括离析问题)等,这正是影响沥青路面质量的关键所在。本条规定了沥青路面粗集料的加工技术要求,提出了粗集料棱角性、水洗法 <0.075mm 颗粒含量的技术要求。

(1)粗集料针片状颗粒含量

试验结果表明,采用粗集料颗粒最长部分与最薄部分之比 5:1作为针片状颗粒定义标准,其试验结果很小甚至几乎为0,考虑到试验误差和偶然性,导致不同料源、加工方法和规格的粗集料针片状颗粒含量无法比较,因此没有实际控制意义;采用3:1定义标准能够明显区分不同粗集料针片状颗粒含量,且具有明显的相关性;采用4:1定义标准的试验结果,常与目前普遍认为3:1定义标准较合理的试验结果相反。因此,采用粗集料颗粒最长部分与最薄部分之比 3:1作为针片状颗粒的定义标准。

通过石灰岩与玄武岩粗集料针片状颗粒含量试验研究与综合分析,修订了粗集料针片状颗粒含量技术要求,根据石灰岩和玄武岩粗集料轮廓形状指数 FI 与针片状颗粒含量的换算系数,提出了粗集料轮廓形状指数 FI 技术要求。这同样适用于用其他类型岩石加工的粗集料。

(2)粗集料棱角性(颗粒指数 $I_{ap}$)

美国 SHRP 计划研究认为对粗集料棱角性指标要求很重要,不仅影响沥青混合料的强度和抗变形能力,而且影响沥青路面抗车辙、疲劳等性能,但对粗集料棱角性指标仅有破碎面要求。由于轧制碎石的破碎面很容易达到这一要求,因此该指标是针对破碎砾石的破碎面要求。

美国 ASTM D3398 提出一种表征粗集料轮廓形状、棱角性和表面纹理的颗粒指数 $I_a$。分析表明,粗集料颗粒指数 $I_a$ 是一个综合性指标,不仅包含粗集料轮廓形状特性,而且包含粗集料棱角性和表面纹理特性。试验结果表明,该颗粒指数 $I_a$ 对料源、加工方法和集料规格变化较敏感,但数值差别不太大,难以明显区分不同粗集料棱角性的差异。因此通过大量试验与分析,提出 ASTM D3398 改进计算法颗粒指数 $I_{ap}$ 来表征粗集料棱角性。

试验结果表明,采用美国 ASTM D3398 颗粒指数 $I_a$ 改进法计算粗集料颗粒指数 $I_{ap}$,不仅可以明显区分不同粗集料棱角性的差异,而且可以区分不含针片状颗粒时的粗集料棱角性的差异,因此,可用作粗集料棱角性的表征指标。

通过石灰岩与玄武岩粗集料棱角性试验研究与综合分析,提出了粗集料棱角性颗粒指数 $I_{ap}$ 技术要求。根据粗集料棱角性半径法指数 $AI_{rm}$ 和梯度法指数 $AI_{gm}$ 与颗粒指数 $I_{ap}$ 的换算系数,提出了粗集料棱角性半径法指数 $AI_{rm}$ 和梯度法指数 $AI_{gm}$ 技术要求。这同样适用于用其他类型岩石加工的粗集料。

(3)粗集料水洗法 <0.075mm 颗粒含量

试验结果表明,不论是石灰岩还是玄武岩,由于干燥的粗集料不容易黏附粉尘,粗集料水洗法 <0.075mm 颗粒含量很难进行真实的比较,只有雨淋后才能看出显著的差别。总体而言,采用配备水洗系统的加工工艺生产的粗集料产生粉尘最少,经水洗后 <0.075mm颗粒含量最小。

通过石灰岩与玄武岩粗集料水洗法 <0.075mm 颗粒含量试验研究与综合分析,修订了粗集料水洗法 <0.075mm 颗粒含量技术要求。这同样适用于用其他类型岩石加工的粗集料。

(4)粗集料的泥块含量

粗集料中的泥块含量是由加工生产过程中管理不善造成的,是完全可以避免的。因此在表 5.1.4 的注中增加了不得含有泥块的条款。

**5.2.2** 本条规定了沥青路面细集料的加工技术要求,提出与修订了细集料棱角性技术要求,细化了细集料洁净度指标的技术要求。

(1)细集料棱角性

通常用关键性筛孔来区分粗细集料,沥青混合料公称最大粒径≥20mm 的关键性筛孔为 4.75mm,公称最大粒径 <20mm 的关键性筛孔为 2.36mm,故细集料通常包括 0 ~ 5mm 和 0 ~ 3mm。其中 0 ~ 5mm 细集料棱角性既不能用间隙率法也不能用流动时间法测定,因为这两种规格料不能自由地从锥形漏斗开口处流出,即使采用流动时间法漏斗开口为 $\phi$16mm 也不能自由地流出。因此,采用间隙率方法表征细集料 0 ~ 5mm 棱角性时,试验前筛除 2.36mm 以上粗颗粒。

由于细集料间隙率与流动时间具有显著的线性相关性,表明这两个指标均可用于表征细集料棱角性。由于流动时间法试验简单、易精确控制,建议优先采用流动时间表征机制砂棱角性。不论是间隙率法还是流动时间法,断定不同料源和加工方法的石灰岩 0 ~ 3mm 细集料棱角性差别均不大,同一料源采用不同加工方法生产的玄武岩 0 ~ 3mm 细集料棱角性差别较大,但不同料源采用同一加工方法生产的玄武岩 0 ~ 3mm 细集料棱角性差别不大。

按规定工艺生产加工的机制砂棱角性都较小、粒形好,对提高沥青混合料性能很有利,尤其是抗车辙性能,这与国外研究结果相一致。而颚破 + 反击破生产加工的机制砂山皮与片状较多、粒形不规则,使其棱角性都偏大,这对提高沥青混合料性能并非有利。因此,机制砂间隙率 $U$ 和流动时间 $S$ 存在一取值范围。通过细集料棱角性试验研究与综合分析,并参照美国 Superpave 集料标准和欧洲标准 EN933-6,修订了高速公路、一级公路沥青路面细集料流动时间 $S$ 的合理限值,提出了其他等级公路沥青路面细集料流动时

间 $S$ 的合理限值，以及沥青路面细集料间隙率 $U$ 的合理限值。这同样适用于用其他类型岩石加工的细集料。

(2)细集料洁净度指标

砂当量和亚甲蓝值是表征细集料洁净度的两个主要指标，前者反映细集料中的塑性细粒含量，无法分别测定出其中黏土和石粉的含量，后者适用于确定细集料中是否存在膨胀性黏土，测定其含量以判定细集料的洁净程度。因此，采用砂当量和亚甲蓝值双指标表征0～3mm 细集料洁净程度。其试验方法分别参见《公路工程集料试验规程》(JTG E42—2005)中的 T 0334—2005 和 T 0349—2005。

从细集料砂当量与亚甲蓝值相关性分析可得知，石灰岩 0～3mm 细集料砂当量与亚甲蓝值具有显著的线性相关性，但玄武岩 0～3mm 细集料砂当量与亚甲蓝值不具有线性相关性，这说明砂当量反映细集料中的塑性细粒含量，无法测定出其中黏土和石粉各自的含量，而亚甲蓝值可以确定细集料中是否存在膨胀性黏土，可以测定出其中膨胀性黏土的含量，更适合用于表征细集料洁净度。

通过细集料洁净度指标试验研究与综合分析，修订了高速公路、一级公路沥青路面细集料砂当量和亚甲蓝值的合理限值，提出了其他等级公路沥青路面细集料亚甲蓝值的合理限值，明确了细集料洁净度应采用砂当量和亚甲蓝值双指标控制标准。

山东省地方标准

# 公路工程水泥混凝土粗集料技术标准

# Technical Standard of Coarse Aggregate for Cement Concrete in Highway Engineering

DB 37/T 1391—2009

主编单位：山东省交通运输厅
批准部门：山东省质量技术监督局
实施日期：2010 年 03 月 01 日

人民交通出版社

# 前　　言

为进一步规范全省交通基础设施建设和管理行为,全面提升建设管理水平,按照交通工作实现“标准化、规范化、集约化、人本化”管理的目标要求,山东省交通运输厅提出并主持编制了本标准。

随着我国公路工程发展速度的加快,水泥混凝土用量迅速增加,其消耗的砂石集料等自然资源也越来越多。据估算,我国混凝土业现在正以每年 50 亿 t 的速度消耗自然资源,砂石已成为其中用量最大的产品。

实践表明,重视砂石集料的物理力学指标和化学成分,使用粒形良好、级配合理、洁净耐久的砂石集料,可以增加混凝土的密实度、减小水灰比、提高混凝土的强度、改善耐久性。这不仅具有良好的经济效益,同时还具有巨大的社会、环境和资源效益。

但目前我国的公路石料加工企业多为小型企业,作坊式、粗放式生产,集料质量与公路工程水泥混凝土的矛盾非常突出。

为此,山东省交通运输厅公路局等单位在山东省交通科技项目的支持下,历经 3 年多的持续科研攻关、广泛调研和实体工程应用,总结并制定了本标准。

各有关单位在标准使用过程中,若发现存在不当之处或有好的意见和建议,请及时函告山东省交通运输厅公路局(联系地址:山东省济南市舜耕路 19 号,邮编:250002),以便修订时参考。

本标准由山东省交通运输厅归口并提出。

**主 编 单 位:**山东省交通运输厅

**参 编 单 位:**山东省交通运输厅公路局

交通部公路科学研究院

山东省公路建设集团有限公司

山东省公路工程技术研究中心

山东公路海瑞石料技术有限公司

**主要起草人:**杨永顺　赵尚传　高雪池　梁奎基　赵先鹏　张　锋

# 前言

# 1　总则

**1.0.1**　为适应山东省公路建设和养护需求,规范粗集料生产和使用,保证公路混凝土工程建设质量,制定本标准。

**1.0.2**　本标准适用于公路工程预拌混凝土、现场拌和混凝土及混凝土制品。

**1.0.3**　本标准规定了公路工程混凝土用粗集料的定义、分类与规格、技术要求、检验规则、标志、储存和运输。

**1.0.4**　在按本技术标准配制混凝土、生产混凝土制品时,尚应符合国家和行业相关现行标准、规范的规定。

# 2 引用标准

下列标准所包含的条文,通过在本标准中引用而成为本标准的条文:

GB/T 14685　建筑用卵石、碎石

JTG F30　公路水泥混凝土路面施工技术规范

JTJ 041　公路桥涵施工技术规范

JTG E42　公路工程集料试验规程

JGJ 52　普通混凝土用砂、石质量及检验方法标准

# 3 术语

**3.0.1** 粗集料 coarse aggregate

岩石经机械破碎、筛分制成的，粒径大于4.75mm，适合于公路工程水泥混凝土应用的碎石颗粒。

**3.0.2** 针、片状颗粒含量 flat and elongated particle in coarse aggregate

粗集料中针状和片状颗粒含量之和。碎石颗粒的长度大于该颗粒所属相应粒级的平均粒径2.4倍者为针状颗粒，厚度小于平均粒径0.4倍者为片状颗粒（平均粒径指该粒级上、下限粒径的平均值）。

**3.0.3** 含泥量 sediment percentage

粗集料中粒径小于0.075mm的颗粒含量。

**3.0.4** 泥块含量 clay lump

粗集料中原粒径大于4.75mm，经水浸洗、手捏后粒径小于2.36mm的颗粒含量。

**3.0.5** 坚固性 soundness

碎石在自然风化和其他外界物理化学因素作用下抵抗破裂的能力。

**3.0.6** 碱—集料反应 alkali-aggregate reaction

水泥、外加剂等混凝土构成物及环境中的碱与集料中碱活性矿物在潮湿环境下缓慢发生并导致混凝土开裂破坏的膨胀反应。

**3.0.7** 吸水率 water absorption percentage

粗集料从绝干状态到饱和面干状态吸收水的质量。

**3.0.8** 压碎指标 crushed stone index

按T 0315进行压碎试验后小于规定粒径的石料质量百分率，用于检验粗集料在自然风化和其他外界物理化学因素作用下抵抗压碎的能力及控制其颗粒形状。

**3.0.9** 压碎值 crushed stone value

按 T 0316 进行压碎试验后小于规定粒径的石料质量百分率,用于检验粗集料在自然风化和其他外界物理化学因素作用下抵抗压碎的能力及控制其颗粒形状。

# 4 分类与规格

## 4.1 岩石类别

用于生产粗集料的岩石应为岩浆岩、沉积岩和变质岩。

## 4.2 规格

**4.2.1** 粗集料应按粒径尺寸分为单粒粒级和合成级配。

**4.2.2** 单粒级规格宜为 5 ~ 10mm、10 ~ 20mm、20 ~ 30mm、20 ~ 40mm，各单粒级的筛孔质量百分率应满足现行《建筑用卵石、碎石》(GB/T 14685)的规定。

## 4.3 分类

粗集料宜按照技术要求和岩石材质分为 I 类、II 类、III 类。

# 5 技术要求

## 5.1 岩石强度及材质

**5.1.1** I类粗集料岩石强度不应低于80MPa,II类不宜低于60MPa,III类粗集料应满足配制混凝土强度等级要求。岩石强度试验方法应严格按照现行《普通混凝土用砂、石质量及检验方法标准》(JGJ 52)执行。

**5.1.2** 粗集料母岩不宜采用砂岩、页岩、泥岩等较低强度的岩石材质。

**5.1.3** 粗集料岩石抗压强度不宜小于配制混凝土强度等级的1.5倍。

## 5.2 碱集料反应

**5.2.1** 碱集料反应首先采用岩相法检验。试验方法应严格按照现行《公路工程集料试验规程》(JTG E42)T 0324 执行。

**5.2.2** I类粗集料不应含有发生碱—硅酸反应的活性矿物;II类、III类粗集料若含有碱—硅酸反应活性矿物,应进行碱集料反应试验。在规定试验龄期内,试件应无裂缝、酥裂、胶体外溢等现象,其半年砂浆棒膨胀率应小于0.10%,否则应采取抑制碱集料反应的技术措施。试验方法应严格按照现行《公路工程集料试验规程》(JTG E42)T 0325 执行。

**5.2.3** 粗集料不应具有碱—碳酸盐反应活性。试验方法应严格按照现行《普通混凝土用砂、石质量及检验方法标准》(JGJ 52)规定进行。

## 5.3 表观密度

表观密度应满足表5.3的要求。

**表5.3 粗集料表观密度**

| 指　标 | I类 | II类 | III类 | 试验方法 |
|---|---|---|---|---|
| 表观密度(kg/m³) | >2 700 | >2 500 | >2 500 | JTG E42(T 0304) |

## 5.4 坚固性

试验后质量损失率应满足表5.4的要求。

**表5.4 粗集料坚固性**

| 指 标 | I类 | II类 | III类 | 试验方法 |
|---|---|---|---|---|
| 坚固性(%) | <3.0 | <5.0 | <8.0 | JTG E42(T 0314) |

## 5.5 吸水率

吸水率应满足表5.5的要求。

**表5.5 粗集料吸水率**

| 指 标 | I类 | II类 | III类 | 试验方法 |
|---|---|---|---|---|
| 吸水率(%) | <0.6 | <1.0 | <2.0 | JTG E42(T 0308) |

## 5.6 压碎值

施工过程中粗集料抗破碎能力宜采用压碎值进行控制,压碎值宜满足表5.6的要求。

**表5.6 粗集料压碎值**

| 指 标 | I类 | II类 | III类 | 试验方法 |
|---|---|---|---|---|
| 压碎值(%) | <21 | <25 | <28 | JTG E42(T 0316) |

## 5.7 颗粒级配

**5.7.1** I类粗集料合成级配应满足表5.7.1的要求。试验方法应严格按照现行《公路工程集料试验规程》(JTG E42)T 0302执行。

**表5.7.1 粗集料合成级配**

| 粗集料粒径(mm) | | 2.36 | 4.75 | 9.5 | 16 | 19 | 26.5 |
|---|---|---|---|---|---|---|---|
| 累计筛余(%) | 道路 | 99~100 | 96~98 | 47~78 | 10~25 | 1~5 | 0 |
| | 桥涵及构造物 | 99~100 | 97~98 | 68~78 | 15~25 | 2~5 | 0 |

**5.7.2** II类粗集料级配应分别满足现行《公路水泥混凝土路面施工技术规范》(JTG F30)和《公路桥涵施工技术规范》(JTJ 041)的规定。

**5.7.3** III 类粗集料应满足现行《建筑用卵石、碎石》(GB/T 14685)的规定,其中 II 类、III 类粗集料分别包含 I 类、II 类碎石级配范围。

## 5.8 针片状颗粒含量

**5.8.1** 粗集料单粒级针片状颗粒含量宜满足表 5.8.1 的技术要求。

表 5.8.1 单粒级粗集料针片状颗粒含量

| 粒级(mm) | 5~10 | 10~20 | 20~30 | 20~40 | 试验方法 |
|---|---|---|---|---|---|
| 针片状颗粒含量(%) | <20 | <10 | <5 | <5 | JTG E42(T 0311) |

**5.8.2** 粗集料合成级配针片状颗粒含量指标宜满足表 5.8.2 的技术要求。合成级配针片状颗粒含量应按单粒级质量进行加权平均。

表 5.8.2 合成级配粗集料针片状颗粒含量

| 指 标 | I 类 | II 类 | III 类 |
|---|---|---|---|
| 针片状颗粒含量(%) | <5 | <10 | <20 |

## 5.9 有害物质

粗集料有害物质指标应满足表 5.9 的技术要求。

表 5.9 粗集料有害物质

| 指 标 | I 类 | II 类 | III 类 | 试验方法 |
|---|---|---|---|---|
| 有机物 | 合格 | 合格 | 合格 | JTG E42(T 0313) |
| 硫化物及硫酸盐(按 $SO_3$ 质量计,%) | <0.5 | <1.0 | <1.0 | JGJ 52 |
| 氯离子含量(%) | <0.02 | <0.04 | <0.06 | JGJ 52 |

注:氯离子含量指标用于钢筋混凝土结构用粗集料。

## 5.10 含泥量

**5.10.1** 粗集料单粒级含泥量应满足表 5.10.1 的技术要求。

表 5.10.1 粗集料单粒级含泥量

| 粒级(mm) | 5~10 | 10~20 | 20~30 | 20~40 | 试验方法 |
|---|---|---|---|---|---|
| 含泥量(%) | <1.0 | <0.5 | <0.5 | <0.4 | JTG E42(T 0310) |

**5.10.2** 粗集料合成级配含泥量技术指标应满足表5.10.2的要求。合成级配含泥量应按单粒级质量进行加权平均。

**表5.10.2 粗集料合成级配含泥量**

| 指 标 | I类 | II类 | III类 |
|---|---|---|---|
| 含泥量(%) | <0.5 | <1.0 | <1.5 |

## 5.11 泥块含量

**5.11.1** 粗集料单粒级泥块含量应满足表5.11.1的技术要求。

**表5.11.1 粗集料单粒级泥块含量**

| 粒级(mm) | 5~10 | 10~20 | 20~30 | 20~40 | 试验方法 |
|---|---|---|---|---|---|
| 泥块含量(%) | <0.5 | <0.2 | <0.1 | <0.1 | JTG E42(T 0310) |

**5.11.2** 粗集料合成级配泥块含量技术指标应满足表5.11.2的要求。合成级配泥块含量应按单粒级质量进行加权平均。

**表5.11.2 粗集料合成级配泥块含量**

| 指 标 | I类 | II类 | III类 |
|---|---|---|---|
| 泥块含量(%) | 0 | <0.2 | <0.5 |

## 5.12 使用原则

**5.12.1** 粗集料类型的选择应根据混凝土性能要求确定,使用原则宜符合表5.12.1的规定。

**表5.12.1 粗集料使用原则**

| 粗集料类别 | | I类 | II类 | III类 |
|---|---|---|---|---|
| 混凝土性能 | 强度等级 | ≥C50 | ≥C30 | <C30 |
| | 弯拉强度 | ≥5.5MPa | ≥4.5MPa | <4.5MPa |
| | 抗冻 | √ | √ | — |
| | 抗渗 | √ | √ | — |
| | 碱集料反应 | √ | √ | √ |
| | 耐磨 | √ | √ | — |

**5.12.2** 粗集料宜单粒级控制。合成级配宜采用两三个单粒级级配进行合成,松散堆积密度宜大于1 500kg/m$^3$,空隙率不宜大于40%。试验方法应严格按照现行《公路工程集料试验规程》(JTG E42)T 0309执行。

# 6 检验规则

## 6.1 检验分类

**6.1.1** 粗集料检验应根据需要进行生产单位的检验和使用单位的检验,其中生产单位的检验应分为出厂检验和型式检验。

**6.1.2** 出厂检验项目为颗粒级配、含泥量、泥块含量、针片状颗粒含量。对有氯离子污染或用于重要钢筋混凝土工程的粗集料,还应检验氯离子含量。

**6.1.3** 型式检验项目为本标准第5章所规定的所有技术要求。碱集料反应根据需要进行。有下列情况之一时,应进行型式检验:

(1)新产品投产或老产品转产时;

(2)原料资源或生产工艺发生变化时;

(3)正常生产,每年一次;

(4)国家质量监督机构要求检验时。

**6.1.4** 使用单位的检验应按不同产地、不同规格分批进行。检验项目不应少于以下项目:颗粒级配、含泥量、泥块含量和针片状颗粒含量。有氯离子污染或用于重要钢筋混凝土工程的粗集料还应进行氯离子含量检验。

## 6.2 组批规则

**6.2.1** 检验批量宜根据生产厂家和使用单位进料规模而定。

**6.2.2** 按同品种、同规格、同适用等级,日产量不超过1 000t,每600t为一批,不足600t亦为一批;日产量超过1 000t,按1 000t为一批,不足1 000t亦为一批;日产量超过2 000t,按2 000t为一批,不足2 000t亦为一批。

**6.2.3** 使用单位进料采用大型工具运输(如火车、货船或汽车等),宜以600t为一批;采用小型工具(如拖拉机、三轮车等),宜以400t为一批。不足上述量者,亦作为一批。

## 6.3 抽样

取样位置和取样量符合现行《建筑用卵石、碎石》(GB/T 14685)关于试样的规定。

## 6.4 判定

**6.4.1** 检验(含复检)后,各项性能指标都符合本标准的相应类别规定时,可判为相应类别的合格品。

**6.4.2** 若其中有不符合本标准相应类别要求的项目,则应再次从同一批产品中加倍抽样并对该项进行复检;复检后指标符合本标准要求,可判为相应类别的合格品。复检后仍不符合本标准要求,则判为相应类别的不合格品。

# 7　标志、储存和运输

**7.0.1**　生产厂家应保证产品质量符合本标准的有关技术要求。粗集料出厂时,生产厂家应提供产品质量合格证书。产品合格证包括下列内容:

(1)类别、规格和生产厂名;

(2)批量编号及供货数量;

(3)检验结果、日期及执行标准编号;

(4)合格证编号及发放日期;

(5)检验部门及检验人员签章。

**7.0.2**　对装运的车、船,应在装运前认真清扫杂物,防止运输过程混入杂物。在运输、装卸和堆放过程中应防止颗粒离析。

**7.0.3**　按品种、规格、等级分别堆放,不得混放,防止久存和倒堆以及人为碾压、污染成品。堆放场地应进行硬化,堆料高度不超过 10m。必要时,粗集料堆放处应有防雨淋措施。

# 本标准用词、用语说明

(1)为了准确地掌握技术标准条文,对执行条文严格程度的用词作如下规定:

①表示很严格,非这样做不可的用词

正面词采用"必须",反面词采用"严禁";

②表示严格,在正常情况均应这样做的用词

正面词采用"应",反面词采用"不应"或"不得";

③表示允许稍有选择,在条件许可时首先应这样做的用词

正面词采用"宜",反面词采用"不宜";

④表示有选择,在一定条件下可以这样做的,采用"可"。

(2)本技术标准条文中应按指定的其他有关标准、规范的规定执行,其写法为"应按……执行"或"应符合……要求或规定"。如非必须按所指的标准、规范或其他规定执行,其写法为"可参照……"。

附件

# 《公路工程水泥混凝土粗集料技术标准》

（DB 37/T 1391—2009）

## 条 文 说 明

# 1 总则

由于石料材质差异、生产工艺的改进等原因,全国各地生产的碎石规格与质量各不相同。山东省主要以石灰岩、花岗岩、玄武岩为主,而在公路工程水泥混凝土中应用较多的是石灰岩和花岗岩;在碎石生产方面,引进了先进的生产设备,采用了先进的生产工艺。针对这些具体情况,在满足混凝土性能要求的基础上,根据山东省粗集料材质和生产水平进行技术控制,制定本标准,以确保工程质量、改善结构耐久性、延长使用寿命。

# 4 分类与规格

## 4.1 岩石类别

岩石的物理力学性质很大程度上取决于岩石的类型。根据产状、构造、主要物质成分,岩石主要分为三大类:岩浆岩、沉积岩和变质岩。这三大类岩石根据其物质成分和构造又可划分为多种岩石品种。在山东省,应用于公路工程的岩石主要有三种:玄武岩、石灰岩和花岗岩。其中,玄武岩和花岗岩属于岩浆岩,而石灰岩属于变质岩。

# 5 技术要求

## 5.1 岩石强度及材质

**5.1.1** 本标准按粗集料分类要求粗集料母岩强度。I类粗集料主要用于配制混凝土强度等级大于C50的混凝土,对于粗集料强度一般要求不低于混凝土强度等级的1.5倍,因此规定I类粗集料的岩石强度不低于80MPa;中等强度等级的混凝土一般可采用II类粗集料进行配制,该强度等级混凝土一般为C30、C40,使用量大,从耐久性角度,对于其主要组成——粗集料材质按较高要求进行控制,同时也可以较容易达到混凝土配制强度要求,因此,规定其粗集料强度不宜低于60MPa;III类粗集料适当放宽对粗集料材质要求,可通过混凝土强度配制试验确定,但是从耐久性角度,一般不宜采用砂岩、页岩、泥岩等较低强度的岩石。

**5.1.2** 砂岩、页岩、泥岩等岩石强度较低,吸水率大,混凝土拌和物工作性和混凝土强度很难满足要求。

**5.1.3** 粗集料是混凝土的重要组成部分,对混凝土强度起到举足轻重的作用,在此对粗集料岩石强度这一指标进行了规定。《公路桥涵施工技术规范》(JTJ 041—2000)规定粗集料强度应大于配制混凝土强度等级的1.5倍,执行过程中发现有些地区在配制C50及以上强度等级混凝土时,很难找到相应的粗集料岩石。《普通混凝土用砂、石质量及检验方法标准》(JGJ 52—2006)将这一指标降低为1.2,降低后虽然仍可以配制相应强度等级的混凝土,但是需要调整配合比,增加了技术难度,不利于推广应用和质量控制。在山东省,通过对粗集料母岩调研取样试验,发现山东省岩石材质密实,强度高,因此在本标准中仍规定粗集料强度应大于配制混凝土强度等级的1.5倍。

## 5.2 碱集料反应

**5.2.2** 碱集料反应在混凝土中是不可逆的,一旦发生几乎不可修复,不仅降低混凝土强度,而且使混凝土胀裂,对混凝土结构造成灾难性破坏。使用I类粗集料的混凝土结构一般是重要结构,对混凝土强度、耐久性要求非常高,因此,要求I类粗集料应不含有发生碱活性反应的矿物,从混凝土材质组成方面杜绝碱集料反应的发生。II类、III类粗集料若含有碱—硅反应活性矿物,那么使用该类粗集料的混凝土应根据结构的重要性程度和耐久性要求而采取相应的技术措施,以满足结构使用要求。

## 5.3 表观密度

从取样试验结果来看,山东省内取样各料源表观密度整体都达到了 2 700kg/m$^3$,超过《公路水泥混凝土路面施工技术规范》(JTG F30—2003)规定的各级公路用粗集料大于2 500kg/m$^3$的要求很多。对 I 类粗集料提高了要求,做出此规定,主要控制配制高强、高性能混凝土用粗集料的材料质地。

松散堆积密度与松散空隙率是密切关联的,与生产工艺相关。取样试验结果表明松散堆积密度基本都在 1 350kg/m$^3$ 以上,符合相关标准的规定。本标准在料源特性指标规定中,取消了对堆积密度和空隙率的要求,而在级配合成中规定了合成级配粗集料的空隙率。

## 5.4 坚固性

各产地中集料坚固性总体指标值相对偏低,基本在 3% 以下,介于 0.5 和 1.0 之间,个别大于3% 。在继承国家标准和相关行业规程的基础上,结合山东省粗集料材质特点、粗集料使用要求和局部地区抗冻融要求,提出粗集料坚固性规定。

## 5.5 吸水率

石灰岩料源的吸水率随产地和粒径有所不同,主要集中在 0.2% ~0.6% 之间,最大也只有 1.01% 。虽然各地石料吸水能力有所不同,但随着集料粒径增大吸水率降低,大粒径的吸水率均在 0.4% 以下。

## 5.6 压碎值

集料的抗破碎能力是石料力学性质的一项重要指标,尤其对于沥青混合料,在施工过程中,受到机械的碾压,集料破碎后形成无胶结料的缝隙或薄弱面,因此集料压碎值是影响沥青路面质量的关键指标。在水泥混凝土中,结构成型一般采用振动密实或自密实,不会出现集料受压破碎现象,集料压碎值的影响主要体现于水泥混凝土抗压强度方面。

对于一般强度混凝土而言,在水泥混凝土硬化后,集料与胶结料成为一体,共同受力,水泥混凝土破碎主要是砂浆破碎或砂浆与粗集料胶结面的破碎,粗集料一般不会压碎,集料的压碎值对混凝土强度的影响并不突出。而对于高强度混凝土而言,混凝土强度高,粗集料的薄弱部分对于混凝土强度的削弱相对比较明显。

对于不同材质的粗集料而言，如玄武岩和石灰岩，玄武岩压碎值远小于石灰岩压碎值，那么在配制高强度混凝土时，相同的配合比，玄武岩配制的混凝土强度高于石灰岩配制的混凝土强度。对于相同材质粗集料而言，采用 T 0316 方法进行试验压碎值试验，试验过程中不剔除针片状颗粒。试验结果表明压碎值与针片状颗粒含量呈正比关系，当针片状颗粒含量增加，压碎值增大，因此粗集料的针片状颗粒含量对粗集料的压碎值也存在影响。主要原因是针片状颗粒容易使混凝土内部砂浆存在局部应力集中，并在高应力作用下容易折段，因此导致混凝土强度降低。

混凝土路面和桥梁中混凝土集料压碎指标是按 T 0315 试验方法进行的。该试验方法与 T 0315 有所区别，两者之间大约可以采用公式 $y(\text{T 0315}) = 0.8161 \times (\text{T 0316}) - 4.9986$进行换算。

采用 T 0316 试验方法进行试验，大部分石灰岩试样压碎值在 21% ~28%，玄武岩在 10% ~12%。考虑到水泥混凝土中大部分采用石灰岩，通过换算压碎指标为 12% ~18%。《公路水泥混凝土路面施工技术规范》(JTG F30—2003)按 T 0315 方法试验，试验过程中将针片状颗粒含量剔除，因此其 I 类集料的压碎值要求为 <10%。《公路桥涵施工技术规范》(JTJ 041—2000)对 C40 ~ C55 强度等级混凝土要求为 <12%，接近石灰岩粗集料压碎值指标取接近的下限，因此对 I 类上限进行规定，主要目的是控制石灰岩中的针片状颗粒含量。实际在配制强度等级高于 C60 的混凝土时，需要满足粗集料的材质强度要求，并进行混凝土强度试验确定。

## 5.7 颗粒级配

**5.7.1** I 类粗集料级配范围是在山东省采用的先进生产工艺的基础上通过大量的混凝土工作性试验、强度试验、耐久性试验而确定的，分别针对路面性能要求和桥涵性能要求对原有级配范围进行了改善。其中，对于路用混凝土，弯拉强度是主要指标，I 类粗集料级配范围的弯拉强度提高；对于桥用混凝土，采用耐久性和强度进行双指标控制，I 类粗集料混凝土级配范围的混凝土强度不降低，而抗渗性能提高。另外，I 类粗集料级配确定在工作性方面的原则为混凝土工作性相对于 II 类粗集料不降低。现有试验结果表明，高强度混凝土的配制需要采用粒径较小的粗集料才容易达到，I 类粗集料最大粒径取 19mm，主要考虑到在配制抗压强度等级大于 C50 混凝土时，比较容易达到强度要求。19mm 粒径基本上是一个上限，可以采用更小的粒径，但是粗集料的破碎成本增加，水泥浆量增加，经济性降低。

**5.7.2** II 类粗集料级配范围分别取《公路水泥混凝土路面施工技术规范》(JTG F30—2003)和《公路桥涵施工技术规范》(JTJ 041—2000)中规定的级配，这两个级配范围是在大量试验和多年实践的基础上得到的。对于采用常规工艺生产得到的粗集料，可采用 II 类级配标准进行要求以配制较高强度等级和耐久性较高的路面混凝土和桥涵混凝土。

**5.7.3** III 类粗集料级配范围采用国家标准规定的级配范围,包含范围比较宽。

## 5.8 针片状颗粒含量

**5.8.1** 针对大多数破碎设备和生产工艺,基本满足规定要求,不满足要求者很难配制符合要求的粗集料合成级配,需要改进工艺或更换设备。试验结果表明,集料压碎值随针片状颗粒含量的增加而增大;另外,针片状颗粒含量对混凝土工作性、混凝土强度、混凝土弹性模量、耐久性能均存在影响。而室内试验结果表明,当针片状颗粒含量超过10%以后,混凝土的抗压强度、弯拉强度均有大幅度降低,因此,对于合成级配粗集料的针片状颗粒含量技术要求主要考虑对混凝土质量均匀性的控制。在粗集料施工控制中,为防止粗集料堆积过程中的针片状颗粒富集效应,需要从严控制。从山东省现有生产设备和生产工艺生产的粗集料针片状颗粒含量试验结果来看,针片状颗粒含量与粒级关系密切,根据取样的试验结果(表 5-1),确定了单粒级粗集料的针片状颗粒含量控制范围。

**表 5-1 针片状颗粒含量试验结果**

| 产地 | A1 | | | | | A2 | | |
|---|---|---|---|---|---|---|---|---|
| 粒级(mm) | 5 ~ 10 | | 10 ~ 20 | 20 ~ 30 | 30 ~ 40 | 5 ~ 10 | 10 ~ 20 | 10 ~ 30 |
| 针片状颗粒含量(%) | 10.7 | | 10.1 | 7.0 | 3.4 | 14.1 | 11.6 | 6.2 |
| 产地 | B1 | | | | | B2 | | |
| 粒级(mm) | 5 ~ 10 | 10 ~ 15 | 15 ~ 20 | 20 ~ 30 | 5 ~ 10 | 10 ~ 15 | 15 ~ 20 | 20 ~ 30 |
| 针片状颗粒含量(%) | 6.5 | 2.8 | 5.7 | 3.0 | 9.5 | 9.5 | 7.0 | 2.1 |
| 产地 | C1 | | | | | C2 | | |
| 粒级(mm) | 5 ~ 10 | | 10 ~ 20 | 10 ~ 30 | 20 ~ 40 | 5 ~ 10 | 10 ~ 20 | 20 ~ 30 |
| 针片状颗粒含量(%) | 5.8 | | 8.7 | 7.9 | 3.0 | 8.8 | 8.6 | 3.6 |
| 产地 | D | | | | | F | | |
| 粒级(mm) | 5 ~ 10 | | 10 ~ 20 | 20 ~ 30 | 20 ~ 40 | 5 ~ 10 | 10 ~ 20 | 20 ~ 30 |
| 针片状颗粒含量(%) | 5.0 | | 3.9 | 1.4 | 1.2 | 4.1 | 3.2 | 2.7 |
| 产地 | E | | | | | | | |
| 粒级(mm) | 5 ~ 10 | | 10 ~ 20 | 20 ~ 30 | 20 ~ 40 | | | |
| 针片状颗粒含量(%) | 11.2 | | 8.8 | 9.6 | 3.9 | | | |

各料源集料针片状颗粒含量不同,在1.0% ~14.0%之间,主要与各地的破碎方式不同有关。通过比较发现,反击破 + 反击破的破碎方式在各个粒级上的针片状颗粒含量都最低,在4%以下;颚破 + 锤破生产的集料针片状颗粒含量略高于前者,大部分在5% ~ 9%之间;锤破的效果最差,约为7% ~10%。采用颚破 + 反击破的加工工艺,不同料源的取样试验结果相差较大。

**5.8.2** 对于合成级配粗集料针片状颗粒含量,考虑到现有生产工艺的水平和现行国家标准以及相关行业标准要求,将 II 类合成级配集料针片状颗粒含量控制标准提高到

10%,这在实际工程中经常用到。

## 5.9 有害物质

普通钢筋混凝土中氯离子含量占水泥质量限值为0.1%,预应力混凝土中氯离子含量占水泥质量限值为0.06%。若混凝土中的氯离子全部由粗集料带入,单位体积内粗集料的质量一般为混凝土质量的2~3倍,那么对普通钢筋混凝土而言,粗集料的氯离子含量占粗集料质量的限值在0.04%~0.05%,对预应力混凝土而言,氯离子含量占粗集料质量的限值在0.02%~0.03%。一般而言,II类粗集料可用于钢筋混凝土结构,I类粗集料可用于预应力混凝土结构,因此对I类、II类粗集料的上限分别作了0.02%和0.04%的规定。对于III类粗集料,适当放宽限制,但是在配制混凝土过程中,总氯离子含量不允许超过限值要求。

## 5.10 含泥量

**5.10.1** 在山东省取样试验结果见表5-2。

**表5-2 含泥量试验结果**

| 产地 | 规格 | 编号 | 含泥量(%) | 产地 | 规格 | 编号 | 含泥量(%) |
|---|---|---|---|---|---|---|---|
| A1 | 5~10 | 1 | 2.3 | C2 | 10~20 | 20 | 0.4 |
| A1 | 10~20 | 2 | 0.6 | C2 | 20~30 | 21 | 0.3 |
| A1 | 20~30 | 3 | 0.9 | D | 5~10 | 22 | 0.6 |
| A1 | >30 | 4 | 0.1 | D | 10~20 | 23 | 0.5 |
| A2 | 5~10 | 5 | 1.0 | D | 20~30 | 24 | 0.2 |
| A2 | 10~20 | 6 | 0.4 | D | 20~40 | 25 | 0.1 |
| A2 | 10~30 | 7 | 0.2 | E | 5~10 | 26 | 0.6 |
| B1 | 5~10 | 8 | 4.4 | E | 10~20 | 27 | 0.5 |
| B1 | 10~15 | 9 | 2.0 | E | 20~30 | 28 | 0.3 |
| B1 | 15~20 | 10 | 0.6 | E | 20~40 | 29 | 0.2 |
| B1 | 20~30 | 11 | 0.4 | F | 5~10 | 30 | 0.1 |
| B2 | 20~30 | 12 | 0.2 | F | 10~20 | 31 | 0.1 |
| B2 | 15~20 | 13 | 0.4 | F | 20~30 | 32 | 0.0 |
| B2 | 10~15 | 14 | 0.7 | G | 5~10 | 33 | 2.3 |
| B2 | 5~10 | 15 | 1.4 | H | 5~10 | 34 | 1.16 |
| C1 | 5~10 | 16 | 0.4 | I | 5~10 | 35 | 1.39 |
| C1 | 10~20 | 17 | 0.3 | J | 5~10 | 36 | 0.84 |
| C1 | 20~40 | 18 | 0.1 | K | 5~10 | 37 | 2.26 |
| C2 | 5~10 | 19 | 0.8 | | | | |

5～10mm 粒级的含泥量在 2.5% 以下的占 93%，1.5% 以下的占 72%，1.0% 以下的占 50%；10～20mm 含泥量在 0.5% 以下的占 86%；20～30mm 含泥量在 0.5% 以下的占 83%；20～40mm 含泥量在 0.2% 以下的占 100%。

对于采用水洗工艺加工的集料，含泥量通常非常小，但是在集料运输过程中，由于集料之间的碰撞，通常会产生一些矿粉，试验过程中作为泥将其计入含泥量中。通过石料表面对矿粉的吸附试验发现，在干燥状态下，石料表面吸附的矿粉通常只占不到 0.15%，而在集料潮湿状态下，集料矿粉吸附量大，超过 1.10%。因此，从控制含泥量的角度，对于集料运输过程也需要进行控制，保证集料处于干燥状态。

实际上，从混凝土强度、弹性模量、抗渗透性能、抗裂性能等角度考虑，粗集料含泥量在 5% 以后才开始对混凝土强度性能、工作性能产生明显的影响，而当粗集料含泥量在 1% 左右时，反而可以改善混凝土的部分性能。但是从原材料现场质量均匀性控制角度来考虑，由于泥成分在粗集料堆积的过程中会下沉，当粗集料含泥量过大，粗集料中的泥成分将富集到粗集料中间或底部的一层，这部分粗集料的含泥量则非常高。因此，由于粗集料的质量不均匀性而导致混凝土质量难以控制。从混凝土质量控制角度考虑，应尽量减少粗集料中的含泥量。在此，除在合成级配含泥量进行控制的基础上，也提出了对单粒级含泥量的要求。

## 5.11 泥块含量

**5.11.1** 取样结果表明：除 5～10mm 粒级外，其余粒级的泥块含量均不超过 0.4%；5～10mm 粒级的石料泥块含量在 0.4% 附近波动，且都不超过 0.6%；采用水洗生产工艺的泥块含量最低，各粒级含泥量均低于 0.2%。

**5.11.2** 本条规定主要从原材料现场质量均匀性控制角度来考虑。

## 5.12 使用原则

**5.12.1** I 类碎石宜用于配制抗压强度等级大于 C50、设计弯拉强度标准值大于 5.5MPa的混凝土；II 类宜用于抗压强度等级 C30～C50、设计弯拉强度标准值 4.5～5.5MPa及有抗冻、抗渗或其他要求的混凝土；III 类宜用于强度等级小于 C30 的混凝土。I 类、II 类集料具有较高的技术指标要求，有利于保持结构性能，并抵御环境介质侵蚀。配制具有耐久性要求的混凝土优先采用 I 类和 II 类粗集料。

**5.12.2** 合成粗集料要求采用单粒级进行合成，主要从防止粗集料离析的角度考虑。

# 6 检验规则

## 6.1 检验分类

不仅规定了生产厂家出厂检验和型式检验的控制项目,而且规定了使用单位在粗集料进场后的检验项目,便于使用单位对进料质量进行控制。

## 6.2 组批规则

规定了生产厂家和使用单位检验的每组批数量。

山东省地方标准

# 公路工程水泥混凝土机制砂技术标准

# Technical Standard of Manufactured Sand for Cement Concrete in Highway Engineering

**DB 37/T 1392—2009**

主编单位:山东省交通运输厅
批准部门:山东省质量技术监督局
实施日期:2010年03月01日

人民交通出版社

# 前　　言

为进一步规范全省交通基础设施建设和管理行为,全面提升建设管理水平,按照交通工作实现"标准化、规范化、集约化、人本化"管理的目标要求,山东省交通运输厅提出并主持编制了本标准。

随着我国公路工程建设速度的加快,水泥混凝土用量迅速增加,其消耗的砂石集料等自然资源也越来越多。据估算,我国混凝土行业现在正以每年50亿t的速度消耗自然资源,砂石已成为其中用量最大的产品。

实践表明,重视砂石集料的物理力学指标和化学成分,使用粒形良好、级配合理、洁净耐久的砂石集料,可以增加混凝土的密实度、减小水灰比、提高混凝土的强度、改善耐久性,这不仅具有良好的经济效益,同时还具有巨大的社会、环境和资源效益。集料质量与公路工程水泥混凝土质量关系重大,但我国目前的石料加工企业多为小型企业,作坊式、粗放式生产,其质量要求亟待规范。

为此,山东省交通运输厅公路局等单位在山东省交通科技项目的支持下,历经3年多的持续科研攻关,从机制砂、河砂应用与水泥混凝土的基本技术指标的对比分析等方面,对山东省范围内典型机制砂的生产工艺、材质进行了取样分析和混凝土性能试验,分析了机制砂混凝土中与采用机制砂有关的影响因素的显著性水平,研究了机制砂混凝土的耐磨性和抗渗、抗裂等耐久性,对比分析了采用机制砂配制水泥混凝土的耐久性能。在广泛调研和实体工程应用的基础上,总结并制定了本技术标准。

各有关单位在标准使用过程中,若发现存在不当之处或有好的意见和建议,请及时函告山东省交通运输厅公路局(联系地址:山东省济南市舜耕路19号,邮编:250002),以便修订时参考。

本标准由山东省交通运输厅归口并提出。

**主 编 单 位:**山东省交通运输厅

**参 编 单 位:**山东省交通运输厅公路局
交通部公路科学研究院
山东省公路建设集团有限公司
山东省公路工程技术研究中心
山东公路海瑞石料技术有限公司

**主要起草人:**杨永顺　赵尚传　高雪池　梁奎基　赵先鹏　张　锋

# 1　总则

**1.0.1**　为适应山东省公路建设和养护需求,规范细集料生产和使用,保证公路混凝土工程建设质量,制定本标准。

**1.0.2**　本标准适用于公路工程使用机制砂的预拌混凝土、现场拌和混凝土及混凝土制品。

**1.0.3**　本标准规定了公路工程混凝土用机制砂的定义、分类与规格、技术要求、检验规则、标志、储存和运输。

**1.0.4**　在按本标准配制机制砂混凝土、生产机制砂混凝土制品时,尚应符合国家和行业相关现行标准、规范的规定。

# 2 引用标准

下列标准所包含的条文,通过在本标准中引用而成为本标准的条文。

GB/T 14684 建筑用砂

JTG F30 公路水泥混凝土路面施工技术规范

JTG E42 公路工程集料试验规程

JTJ 041 公路桥涵施工技术规范

JGJ 52 普通混凝土用砂、石质量及检验方法标准

# 3 术语

**3.0.1** 机制砂 manufactured sand

岩石经出土开采、机械破碎、筛分制成的粒径在 4.75mm 以下的岩石颗粒，但不包括软质岩、风化岩石的颗粒。

**3.0.2** 石粉含量 power percentage

机制砂中粒径小于 0.075mm 的颗粒含量。

**3.0.3** 亚甲蓝值 MB value(MBV)

每千克 0～2.36mm 粒级试样所消耗的亚甲蓝质量，用于判定机制砂中粒径小于 0.075mm的颗粒含量，主要是泥土和被加工母岩化学成分相同的石粉。

**3.0.4** 压碎指标 crushed stone index

压碎试验后小于规定粒径的石料质量百分率，用于检验机制砂在自然风化和其他外界物理化学因素作用下抵抗破裂的能力及控制其颗粒形状。

**3.0.5** 轻物质 light weight materials

表观密度小于 2 000kg/m$^3$ 的物质。

**3.0.6** 碱—集料反应 alkali-aggregate reaction

水泥、外加剂等混凝土组成物及环境中的碱与集料中碱活性矿物在潮湿环境下缓慢发生并导致混凝土破坏的膨胀反应。

# 4 分类与规格

## 4.1 分类

**4.1.1** 按照技术要求,机制砂应分为I类、II类、III类。

**4.1.2** I类宜用于强度等级大于C50的混凝土;II类宜用于强度等级C30~C50及有抗冻、抗渗要求的混凝土;III类宜用于强度等级小于C30的混凝土。

## 4.2 规格

机制砂的粗细程度按照细度模数分为粗砂、中砂两种规格。

(1)粗砂:细度模数3.9~3.1;

(2)中砂:细度模数3.0~2.3。

# 5 技术要求

## 5.1 岩石抗压强度

**5.1.1** I类机制砂母岩抗压强度不宜小于80MPa,II类机制砂母岩抗压强度不宜小于60MPa,III类机制砂母岩抗压强度不宜小于30MPa。岩石强度试验方法应严格按照现行《普通混凝土用砂、石质量及检验方法标准》(JGJ 52)执行。

**5.1.2** 机制砂母岩抗压强度与混凝土强度等级之比不宜小于1.5。

## 5.2 碱—集料反应

**5.2.1** 首先采用岩相法检验。I类机制砂应不含有发生碱活性反应的矿物。II类、III类机制砂若含有碱—硅酸反应活性矿物,应进行碱—集料反应试验。在规定试验龄期内,试件无裂缝、酥裂、胶体外溢等现象,其砂浆棒膨胀率应小于0.10%,否则应采取抑制碱—集料反应的技术措施。试验方法应严格按照现行《普通混凝土用砂、石质量及检验方法标准》(JGJ 52)执行。

**5.2.2** 不宜使用具有碱—碳酸盐反应活性的母岩制作机制砂。试验方法应严格按照现行《普通混凝土用砂、石质量及检验方法标准》(JGJ 52)执行。

## 5.3 磨光值

路面和桥面混凝土使用的机制砂,应检验母岩集料磨光值,其值不宜小于35,不宜使用抗磨性较差的泥岩、页岩、板岩等水成岩类母岩生产机制砂。试验方法应严格按照现行《公路工程集料试验规程》(JTG E42)T 0321 执行。

## 5.4 表观密度、堆积密度、空隙率

机制砂表观密度应大于2 500kg/m$^3$,松散堆积密度宜大于1 400kg/m$^3$,空隙率宜小

于44%。试验方法应严格按照现行《公路工程集料试验规程》(JTG E42)T 0328、T 0331执行。

## 5.5 坚固性

采用硫酸钠溶液循环浸泡法检验,试样经5次循环后,I类机制砂质量损失应不超过6.0%,II类机制砂不超过8.0%,III类机制砂不超过10.0%。试验方法应严格按照现行《公路工程集料试验规程》(JTG E42)T 0340执行。

## 5.6 吸水率

机制砂吸水率不应大于2.0%。试验方法应严格按照现行《公路工程集料试验规程》(JTG E42)T 0330执行。

## 5.7 颗粒级配

I类机制砂级配范围宜满足表5.7-1的要求,II类、III类机制砂级配范围宜满足表5.7-2的要求。试验方法应严格按照现行《公路工程集料试验规程》(JTG E42)T 0327执行。

**表5.7-1 I类机制砂级配范围**

| 筛孔尺寸(mm) | 0.15 | 0.3 | 0.6 | 1.18 | 2.36 | 4.75 | 9.5 |
|---|---|---|---|---|---|---|---|
| 级配范围(%) | 0~8 | 8~10 | 30~53 | 50~84 | 75~95 | 90~100 | 100 |

**表5.7-2 II类、III类机制砂级配范围**

| 筛孔尺寸(mm) | 0.15 | 0.3 | 0.6 | 1.18 | 2.36 | 4.75 | 9.5 |
|---|---|---|---|---|---|---|---|
| 级配范围(%) | 0~10 | 5~20 | 15~29 | 30~65 | 50~95 | 90~100 | 100 |

## 5.8 石粉含量

配制水泥混凝土的机制砂,石粉含量应满足表5.8的要求。

**表5.8 机制砂石粉含量技术要求**

| 项目 | | I类 | II类 | III类 | 试验方法 |
|---|---|---|---|---|---|
| 亚甲蓝试验 | MBV<1.40或合格 | <3.0% | <5.0% | <7.0% | JTG E42(T 0333、T 0349) |
| | MBV≥1.40或不合格 | <1.0% | <3.0% | <5.0% | |

## 5.9　泥块含量

配制水泥混凝土的机制砂，泥块含量应满足表 5.9 的要求。

**表 5.9　机制砂泥块含量技术要求**

| 项　　目 | I 类 | II 类 | III 类 | 试 验 方 法 |
|---|---|---|---|---|
| 泥块含量(%) | 0 | <0.5 | <1.0 | JTG E42(T 0335) |

## 5.10　压碎指标

机制砂的压碎指标宜满足表 5.10 的要求。

**表 5.10　机制砂压碎指标技术要求**

| 指　　标 | I 类 | II 类 | III 类 | 试 验 方 法 |
|---|---|---|---|---|
| 压碎指标(%) | <20 | <25 | <30 | JTG E42(T 0350) |

## 5.11　有害物质

机制砂中有害物质技术指标宜满足表 5.11 的要求。

**表 5.11　机制砂中有害物质指标技术要求**

| 指　　标 | I 类 | II 类 | III 类 | 试 验 方 法 |
|---|---|---|---|---|
| 云母含量(按质量计，%) | <1.0 | <1.0 | <2.0 | JTG E42(T 0337) |
| 轻物质含量(按质量计，%) | <1.0 | <1.0 | <1.0 | JTG E42(T 0338) |
| 有机物 | 合格 | 合格 | 合格 | JTG E42(T 0336) |
| 硫化物及硫酸盐(按 $SO_3$ 质量计，%) | <0.5 | <0.5 | <0.5 | JTG E42(T 0341) |
| 氯离子含量(%) | <0.01 | <0.02 | <0.06 | JGJ 52 |

# 6 检验规则

## 6.1 检验分类

**6.1.1** 机制砂检验应根据需要进行生产单位的检验和使用单位的检验,其中生产单位的检验应分为出厂检验和型式检验。

**6.1.2** 出厂检验项目为颗粒级配、石粉含量、泥块含量、云母含量、体积密度、细度模数。对有氯离子污染或用于重要钢筋混凝土工程的机制砂,还应检验氯离子含量。

**6.1.3** 型式检验项目为本标准第5章所规定的所有技术要求。碱—集料反应根据需要进行。有下列情况之一时,应进行型式检验:

(1)新产品投产和老产品转产时;

(2)原料资源或生产工艺发生变化时;

(3)正常生产,每年一次;

(4)国家质量监督机构要求检验时。

**6.1.4** 使用单位的检验应按不同产地、不同规格分批进行。检验项目不应少于以下项目:颗粒级配、石粉含量和泥块含量。有氯离子污染或用于重要钢筋混凝土工程的机制砂还应进行氯离子含量检验。

## 6.2 组批规则

**6.2.1** 检验批量宜根据生产厂家和使用单位进料规模而定。

**6.2.2** 生产厂家年产砂 $30\times10^4$t 以上的,应以同一品种、同一规格的500t为一批;年产砂 $30\times10^4$t 以下的,应以300t为一批。不足上述量者,亦作为一批。

**6.2.3** 使用单位进料采用大型工具运输(如火车、货船或汽车等),宜以500t为一批;采用小型工具(如拖拉机、三轮车等),宜以300t为一批。不足上述量者,亦作为一批。

## 6.3 抽样

**6.3.1** 从每批产品中抽取有代表性的试样。

**6.3.2** 抽取的试样应不少于 8 份,其总样量应多于试验用样量的一倍。

**6.3.3** 试样抽取场合:可在通往料仓或料堆的皮带运输机的整个宽度上,在一定时间间隔内抽取;在料堆抽样时,试样可从料堆自上而下,不同方向均匀选取 9 点抽取。

## 6.4 判定

经检验后,其结果符合本标准规定的 I 类、II 类、III 类相应技术指标,可判为相应类别。若其中有不符合项,则应再次从同一批产品中抽样并对该项进行复检;复检仍不符合该类别技术指标,则该项目实测类别即为产品的类别。

# 7 标志、运输和储存

**7.0.1** 生产厂家应保证产品质量符合本标准的有关技术要求。机制砂出厂时,生产厂家应提供产品合格证书。产品合格证包括下列内容:

(1)类别、规格和生产厂名;

(2)批量编号及供货数量;

(3)检验结果、日期及执行标准编号;

(4)合格证编号及发放日期;

(5)检验部门及检验人员签章。

**7.0.2** 对装运的车、船,应在装运前认真清扫杂物,防止运输过程混入杂物。在运输、装卸和堆放过程中应防止颗粒离析。

**7.0.3** 按品种、规格、等级分别堆放,不得混放,防止久存和倒堆以及人为碾压、污染成品。堆放场地应进行硬化,完善排水系统,堆料高度不超过10m。必要时,机制砂堆放处应有防雨淋措施。

# 本标准用词、用语说明

(1)为了准确地掌握技术标准条文,对执行条文严格程度的用词作如下规定:

①表示很严格,非这样做不可的用词

正面词采用“必须”,反面词采用“严禁”;

②表示严格,在正常情况均应这样做的用词

正面词采用“应”,反面词采用“不应”或“不得”;

③表示允许稍有选择,在条件许可时首先应这样做的用词

正面词采用“宜”,反面词采用“不宜”;

④表示有选择,在一定条件下可以这样做的,采用“可”。

(2)本技术标准条文中应按指定的其他有关标准、规范的规定执行,其写法为“应按……执行”或“应符合……要求或规定”。如非必须按所指的标准、规范或其他规定执行,其写法为“可参照……”。

附件

# 《公路工程水泥混凝土机制砂技术标准》

（DB 37/T 1392—2009）

## 条 文 说 明

# 1 总则

**1.0.1** 随着河砂资源的日益减少,机制砂的使用迫在眉睫。目前,我国的机制砂加工渠道混杂,机制砂质量参差不齐,混凝土质量无法保证,阻碍了机制砂在公路工程的推广应用。实践表明,使用粒形良好、级配合理、洁净耐久的机制砂,可以增加混凝土的密实度、减小水灰比、提高混凝土的强度、改善耐久性,不仅具有良好的经济效益,同时还具有巨大的社会、环境和资源效益。随着山东省机制砂生产工艺改进,机制砂的技术指标在不断更新,质量不断提高。为合理使用机制砂,保证公路工程混凝土建设质量,制定本技术标准。

# 4 分类与规格

## 4.2 规格

取样检测结果表明,机制砂大部分偏粗。通过计算分析,机制砂可用级配范围的细度模数为2.81~3.89,适宜级配范围的细度模数为2.34~3.19。沿用国家标准对于中粗砂的细度模数界限,并根据机制砂的使用范围,将粗砂的细度模数范围确定为3.9~3.1,中砂的细度模数范围确定为3.0~2.3。此处不做细砂的规定。

# 5　技术要求

## 5.1　岩石抗压强度

**5.1.2**　细集料填充于粗集料颗粒之间,在混凝土骨架体系中具有重要作用,其抗压强度直接影响混凝土的强度。对于强度等级大于C50的混凝土而言,若对机制砂的强度要求过高,则不容易找到满足要求的机制砂,若要求过低,则较高的混凝土强度等级不容易实现;而对于中低强度等级的混凝土而言,没有必要要求太高的机制砂强度。

## 5.2　碱—集料反应

**5.2.1**　碱—集料反应在混凝土中是不可逆的,一旦发生,几乎不可修复,不仅降低混凝土强度,而且使混凝土胀裂,对混凝土结构造成灾难性破坏。使用I类机制砂的混凝土结构一般是重要结构,对混凝土强度、耐久性要求非常高,因此,要求I类机制砂应不含有发生碱活性反应的矿物,从混凝土材质组成方面杜绝碱—集料反应的发生。II类、III类机制砂若含有碱—硅酸反应活性矿物,那么使用该类机制砂的混凝土应根据结构的重要性程度和耐久性要求而采取相应的技术措施,以满足结构使用要求。

## 5.3　磨光值

对于水泥混凝土桥面和路面使用的机制砂,按照《公路水泥混凝土路面施工技术规范》(JTG F30—2003)规定的磨光值技术要求,同时对机制砂母岩的岩石品种加以限制,主要目的是提高机制砂水泥混凝土桥面和路面的横向力系数,保证抗滑安全性能。

## 5.4　表观密度、堆积密度、空隙率

对22个机制砂试样进行了表观密度、堆积密度和空隙率试验,表观密度都在2 600kg/m$^3$以上,可见所选取的集料料源质地比较密实,作为一个料源特性指标,仍执行《建筑用砂》(GB/T 14684—2001)标准;振实密度大部分在1 500kg/m$^3$以上,空隙率都在47%以下,大部分在43%以下。堆积密度和空隙率不仅反映料源特性,而且也反映了加

工工艺好坏,振实密度越高、空隙率越小,则表明机制砂的状态越好。鉴于山东省机制砂生产情况,因此本标准将山东省机制砂堆积密度和空隙率的要求适当提高。

## 5.5 坚固性

参照《公路水泥混凝土路面施工技术规范》(JTG F30—2003)和《公路桥涵施工技术规范》(JTJ 041—2000),比后者略有提高。

## 5.6 吸水率

粗集料吸水率随产地和粒径不同而有所不同,主要集中在0.2% ~0.6%之间,最大的也只有1.01%,机制砂吸水率仅在1.3%左右。

## 5.7 颗粒级配

当河砂级配处于II区范围内时,一般情况下,混凝土的工作性良好。配制混凝土时通常要求河砂级配处于II区,细度模数处于中粗水平。当机制砂级配处于II区时是否也可满足混凝土工作性的要求?是否需要重新调整适用的机制砂的级配范围?在本标准研究过程中,对II区砂的级配区域以上下限为界进行划分,划分为由7条级配曲线组成的6个区域,S2是II区砂的最粗部分,S8为II区砂的最细部分;同时,对级配区域进行适当外延,将最粗部分的细集料组成向粗的趋势进行调整得到S1,将最细部分的细集料向细的趋势进行调整得到S9,由此得到的机制砂级配曲线见表5-1。

**表5-1 机制砂级配试验通过百分率(%)**

| 级配曲线 | 通过下列筛孔(mm)的质量百分率 | | | | | | |
|---|---|---|---|---|---|---|---|
| | 0.15 | 0.3 | 0.6 | 1.18 | 2.36 | 4.75 | 9.5 |
| S1 | 0 | 5 | 30 | 50 | 75 | 90 | 100 |
| S2 | 0 | 8 | 30 | 50 | 75 | 90 | 100 |
| S3 | 2 | 12 | 36 | 56 | 79 | 92 | 100 |
| S4 | 3 | 13 | 38 | 64 | 80 | 95 | 100 |
| S5 | 4.8 | 19 | 51 | 74 | 86.8 | 98 | 100 |
| S6 | 7.3 | 25 | 53 | 82 | 94 | 98.8 | 100 |
| S7 | 8 | 25.6 | 53 | 84 | 95 | 99.5 | 100 |
| S8 | 10 | 30 | 59 | 90 | 100 | 100 | 100 |
| S9 | 15 | 35 | 59 | 90 | 100 | 100 | 100 |

采用该表中的机制砂进行混凝土试验，试验结果表明机制砂混凝土拌和物坍落度的变化范围均在公路、桥梁施工规范要求的范围内；和易性的三个指标则以 S4 为中心，在 S2 和 S7 范围内的机制砂配制的混凝土的工作性好，超出后则和易性变差。

通过对级配的分析发现：与 S2 相对比，虽然 S1 的细料部分(小于 0.3mm)与 S2 接近甚至稍多，但在 0.6mm 筛孔和 4.75mm 筛孔均大幅度超过 S2 的含量，2.36mm 颗粒接近甚至超过 S7 的上限，粗颗粒含量明显增多。S1 是 II 区砂中级配较粗的机制砂，试验结果表明其抗离析能力和黏聚性较差；S8 是 II 区中级配较细的机制砂，试验结果表明其保水性差，容易泌水。虽然二者级配均属于 II 区，但是由于机制砂的表面粗糙、形状不规则、吸水率小、保水性等材质和生产工艺特点，导致了可以直接利用的机制砂的级配范围小于河砂的级配范围。

通过对本试验结果的分析，以 S2 ~ S7 基本界限确定机制砂的级配范围，小于 0.6mm 的颗粒含量不能小于 30%，而大于 4.75mm 的颗粒含量不能超过 10%，对 S2 和 S7 个别筛孔的含量进行微调取整，得到以整数表示的可以直接配制良好混凝土工作性能的 I 类机制砂的级配范围。

处于 I 区和 I 区以外的机制砂直接取代河砂配制混凝土，其性能很难满足要求，在使用过程中需要对混凝土配合比进行调整。取样筛分的结果表明，机制砂基本处于 I 区和 I 区以外。根据取样的结果，首先对控制 0.6mm 筛孔的质量通过率进行了分析，提出 75% 的控制概率水平；按照该概率水平对各筛孔的通过量进行控制，提出机制砂各筛孔 II 类级配范围；在该范围内，采用机制砂通过简单的调整即可配制性能满足要求的混凝土。虽然该范围超出了国家标准和行业标准的级配范围，但是该机制砂可用级配范围既满足施工控制和混凝土使用性能控制的要求，又满足当前大部分社会生产能力状况。

## 5.8　石粉含量

机制砂中的细料大部分为石粉，而尘屑、淤泥和黏土的含量较小。试验结果表明，适量掺加石粉可以改善混凝土性能，适宜的掺加量范围为 10% ~ 15%。但是，在机制砂技术指标控制中，从控制机制砂质量均匀性的角度考虑，不能放大对机制砂中石粉含量的控制，以保证在现场施工过程中机制砂颗粒级配分布均匀性。本标准参考国家标准和行业标准，对石粉含量进行了控制，机制砂中的尘屑、淤泥和黏土含量通过亚甲蓝值和石粉含量进行双控。

## 5.9　泥块含量

泥块在混凝土中易形成缺陷，必须严格控制。目前国家标准对 I 类、II 类、III 类机制砂泥块含量的控制值分别为 0%、1.0%、2.0%。通过生产工艺的改进，机制砂中泥块含量完全可以得到有效控制。在山东省现有的机制砂生产中,采用了水洗工艺的机制砂的泥块含量得到了有效控制。实际检测结果表明,许多机制砂的泥块含量几乎为零。

## 5.10 压碎指标

压碎指标是表征机制砂材质抗压碎能力和针片状颗粒含量的一个重要指标。在已有的地方标准中,贵州省山砂技术标准规定不得大于35%,在机制砂高强混凝土中规定不大于30%。重庆市对机制砂混凝土的压碎值根据混凝土强度等级要求提出了比较详细的要求,见表5-2。

**表5-2 重庆市机制砂压碎值指标要求**

| 混凝土强度等级 | ≥C60 | ≥C30 | <C30 |
|---|---|---|---|
| 压碎指标(%) | ≤25 | ≤30 | ≤35 |

《建筑用砂》(GB/T 14684—2001)对人工砂压碎指标值的规定见表5-3。

**表5-3 国家标准对机制砂压碎值指标的要求**

| 项　　目 | 压碎指标 | | |
|---|---|---|---|
| | I类 | II类 | III类 |
| 单粒级最大压碎指标(%) | 20 | 25 | 30 |

山东省机制砂压碎指标的实际检测结果:对21个试样进行了测试,1个试样小于20%,占5%;1个试样小于25%,占5%;7个试样小于30%,占35%;14个试样小于40%,占67%;19个试样小于45%,占90%。大部分试样的压碎指标超过30%,超出国家标准中关于砂压碎指标的规定。

根据山东省的实际生产情况,在不损害混凝土性能的前提下,建议可适当放宽对机制砂压碎指标值的限制。

## 5.11 有害物质

参照国家标准和相关行业标准、规范。

# 6 检验规则

## 6.1 检验分类

不仅规定了生产厂家出厂检验和型式检验的控制项目，而且规定了使用单位在机制砂进场后的检验项目，便于使用单位对进料质量进行控制。

## 6.2 组批规则

规定了生产厂家和使用单位检验的每组批数量。

山东省地方标准

# 公路工程人工砂石集料加工工艺规程

# Specification for Artificial Aggregate Manufacturing Technology in Highway Engineering

**DB 37/T 1393—2009**

主编单位:山东省交通运输厅
批准部门:山东省质量技术监督局
实施日期:2010 年 03 月 01 日

人民交通出版社

# 前　　言

为进一步规范全省交通基础设施建设和管理行为,全面提升建设管理水平,按照交通工作实现"标准化、规范化、集约化、人本化"管理的目标要求,山东省交通运输厅提出并主持编制了本标准。

自20世纪80年代末以来,我国公路建设尤其是高速公路建设得到了快速发展,截至2008年年底,我国二级及二级以上公路通车里程已突破35万km,其中高速公路里程已超过6.1万km,仅山东省境内高速公路里程就超过4 200km。大规模的公路建设与养护,对石料资源需求量很大,对石料性质和质量要求很高。山东省是经济大省,对自然资源消耗和环境影响很大,有限的天然河砂资源逐渐匮乏,而且短期内不可再生。因此,合理利用有限的石料资源是坚持科学发展观,建设资源节约型、环境友好型社会的重要内容,具有明显的现实意义。

本规程通过对山东省内石料的生产加工方法、设备及其质量控制情况的调查和对我国路用砂石集料技术标准在山东省内应用适应性和合理性进行的研究和必要的试验,提出省内路用砂石集料加工工艺更切合实际、合理的技术指标限值,以达到有限石料资源的合理利用。这对路用砂石集料生产加工采用新设备和新工艺、实现规模和品牌化生产、提高集料质量,实现石料资源的合理利用具有重要的技术指导意义。

各有关单位在标准使用过程中,若发现存在不当之处或有好的意见和建议,请及时函告山东省交通运输厅公路局(联系地址:山东省济南市舜耕路19号,邮编:250002),以便修订时参考。

本标准由山东省交通运输厅归口并提出。

**主 编 单 位:**山东省交通运输厅

**参 编 单 位:**山东省交通运输厅公路局
交通部公路科学研究院
山东省公路建设集团有限公司
山东省公路工程技术研究中心
山东公路海瑞石料技术有限公司

**主要起草人:**杨永顺　梁奎基　高雪池　赵先鹏　顾朝阳　张　锋　赵尚传
刘振清

# 1 总则

**1.0.1** 为保证山东省公路建设用人工砂石集料的生产安全可靠、技术先进、经济合理,确保质量,保护环境,制定本规程。

**1.0.2** 本规程适用于山东省公路工程用人工砂石集料的生产、堆放、运输及质量检验。

**1.0.3** 山东省公路工程用人工砂石集料的生产、堆放、运输及质量检验除应执行本规程外,还应符合国家、行业和本省地方现行相关标准的规定。

# 2 引用标准

下列标准所包含的条文,通过在本技术标准中引用而成为本标准的条文:

DL/T 5098　水电水利工程砂石加工系统设计导则

JTG E42　公路工程集料试验规程

JTG F30　公路水泥混凝土路面施工技术规范

JTJ 041　公路桥涵施工技术规范

JTG F40　公路沥青路面施工技术规范

GB 6722　爆破安全规程

GB 16423　金属非金属矿山安全规程

# 3 术语

**3.0.1** 人工砂石集料 artificial aggregate

岩石经机械破碎、筛分后制成的粒径满足一定要求的集料，包括粗集料、细集料、机制砂、石屑、矿粉。

**3.0.2** 破碎机械 crusher

利用一定的机构实现一种或几种破碎方法完成对岩石或其他物料破碎的机械装置。根据工作原理、工艺特性和机械的机构特征，其分为颚式破碎机、圆锥式破碎机、辊式破碎机、锤式破碎机、反击式破碎机、立轴冲击式破碎机、笼式破碎机等。

**3.0.3** 筛分机械 screening plant

利用一定的机构实现人工砂石集料按一定规格尺寸分类的机械装置。根据筛箱的运动轨迹，其分为圆运动振筛机（亦称圆振筛）和直线运动振动筛（亦称直板筛）。

**3.0.4** 沉积岩 sedimentary rock

由风化产物、火山物质、有机物质等碎屑物质在常温常压下经过搬运、沉积和石化作用，最后形成的岩石。沉积岩主要有：石英砂岩、石灰砾岩、泥铁岩、白云岩、泥岩、石膏等。

**3.0.5** 岩浆岩 magmatic rock

地壳深处或在上地幔中形成的岩浆，侵入到地壳上部或者喷出到地表冷却固结并经过结晶作用而形成的岩石，也叫火成岩。岩浆岩主要有：花岗岩、安山岩、闪长岩、流纹岩、玄武岩、辉长岩等。

**3.0.6** 变质岩 metamorphic rock

在地壳形成和发展过程中，早先形成的岩石，包括沉积岩、岩浆岩，由于后来地质环境和物理化学条件的变化，在固态情况下发生了矿物组成调整、结构构造改变甚至化学成分的变化，而形成的一种新的岩石。变质岩主要有：片麻岩、绿泥石片岩、千枚岩、大理岩、云母片岩等。

**3.0.7** 开路粉碎 open circuit grinding

破碎系统中,不带筛分设备或仅有预先筛分设备。

**3.0.8** 闭路粉碎 close circuit grinding

破碎系统中带有检查筛分设备。

**3.0.9** 间歇粉碎 batching grinding

将一定量的破碎料加入粉碎机内,封闭粉碎,直至全部达到要求的粒度为止。它一般适用于处理量不大而粒度要求很细的粉碎作业。

**3.0.10** 筛分效率 screening efficiency

筛下物料的质量与入筛物料中粒度小于筛孔的物料质量之比,用百分率表示。

# 4　选址

## 4.1　矿山选址

**4.1.1**　矿山选址原则如下：

(1)应根据优质、经济、就近取材和不占用或少占用耕地,不占用良田的原则。

(2)应尽量避开风景区、自然保护区、城市规划区、文物保护区、军事设施区及重要交通沿线两侧。

(3)应优先选择质量符合要求、储量丰富、剥采比较小、开采运输条件较好的人工砂石料场。

(4)在公路工程附近应优先研究就近开采加工人工砂石集料的可行性和合理性。

(5)应满足拟采取的开采方式、运输方式、加工条件、生产厂区布置等因素的要求。

**4.1.2**　矿山质量应符合下列要求：

(1)应符合现行《公路水泥混凝土路面施工技术规范》(JTG F30)和《公路沥青路面施工技术规范》(JTG F40)对砂石料质量的有关规定。当原料中某些质量指标不符合规定,但经加工处理后可满足要求时,亦可选用。

(2)有碱活性的集料应避免使用。对于弱风化岩体,当单块石料的物理力学性能和化学稳定性能满足质量要求时,亦可选用。

(3)采用节理裂隙发育,特别是隐节理发育的岩体加工集料,应进行有关试验,论证集料能否满足质量和块度要求。

(4)破碎后针片状颗粒含量超过规范规定的石料不应采用。

**4.1.3**　矿山储量应满足下列要求：

(1)初查阶段,矿山勘察储量应大于设计需要量的3.0倍;选定矿山的可采储量应大于设计需要量的2.0倍。

(2)详查阶段,矿山勘察储量应大于设计需要量的2.0倍;选定矿山的可采储量应大于设计需要量的1.5倍。

## 4.2 生产厂区选址

**4.2.1** 生产厂区选址应满足下列要求:

(1)应设在20年一遇的洪水位以上。

(2)应避开较大的断层和滑坡地段。

(3)应避开爆破危险区,安全距离应符合有关规范的规定。应尽量远离居民生产、生活区,必须在居民生产、生活区附近设厂时,应具备一定的安全距离,并采取必要的防护措施。

(4)宜靠近已有的交通运输线路、水源和主要输电线路。

(5)应满足环境保护、水土保持等要求。

**4.2.2** 生产厂区布置应满足下列要求:

(1)应根据实际地形,布局紧凑,减少用地。各车间和附属设施应结合对外和厂内运输道路进行布置。

(2)粗碎车间宜靠近料场来料方向,成品堆料场宜靠近运输线路。电力设施应靠近功率较大的设备,污水沉淀池应远离生产车间。

(3)应避免在溶洞、滑坡、泥石流及填方地段布置破碎、筛分及制砂等重要生产车间,必须在上述地段布置时应进行充分的技术经济论证,并采取可靠的处理措施。

(4)办公区宜选在生产车间的上风向,并远离爆破区。

(5)弃渣场地宜选在荒山或荒沟等非耕地区域,可充分利用弃渣造地或整理土地。

(6)应完善场内排水设计,防止雨水污染集料。

# 5 矿山开采

## 5.1 开采要求

**5.1.1** 矿山开采前应办理采矿许可证,并根据当地国土资源主管部门的要求,委托有相应资质的单位编制“矿产资源储量检测报告”、“矿产资源开发利用方案”、“矿山地质环境评价报告”及“矿山环境保护与综合治理方案”,并须经采矿许可证发证机关审查批准。

**5.1.2** 应根据批准的矿产资源开发利用方案,在采矿许可证规定的范围内进行矿产资源开采。

**5.1.3** 应根据矿产资源开发利用方案确定的矿山开采方案及有关参数,实行自上而下水平分层开采。

**5.1.4** 应坚持“采剥并举、剥离先行”的原则,使矿山始终保有不小于 3 个月的备采矿量。

## 5.2 开采管理

**5.2.1** 应设地测机构或专职的地测人员,对矿山实施技术及生产管理。

**5.2.2** 应设有台账,对矿产资源实行动态管理。

## 5.3 开采安全保证措施

**5.3.1** 应设专职安全员,矿长和安全员须经过专门培训,获得相应的资格证书。

**5.3.2** 应实行标准化管理,按现行《金属非金属矿山安全标准化规范　小型露天采石场实施指南》(AQ 2007.5)执行。

**5.3.3** 应执行现行《金属非金属矿山安全规程》(GB 16423),爆破管理执行现行《爆破安全规程》(GB 6722)。

**5.3.4** 应加强爆破和爆炸物品管理。矿山宜采用中、深孔爆破。矿山爆破应取得相应的资质,或聘请有相应资质的爆破公司承担爆破任务。每次爆破均应有具体的设计。爆破现场应有专人管理,保证人身安全。

# 6 工艺流程及设备选型

## 6.1 工艺流程

**6.1.1** 工艺流程的设计应满足下列要求：

(1)应充分考虑工艺的可靠性、经济性、成熟性、简捷性。

(2)应适应不同时期各级成品集料需用量的变化。

(3)在满足各级成品集料需用量的前提下,应尽可能降低流程的循环负荷量。

(4)大、中型砂石加工厂宜采用部分筛分效率法进行工艺流程计算。

(5)工艺流程中各段破碎的设备配置和负荷分配宜相对均衡。

(6)应根据供给破碎机的原料最大粒径与最终产品粒径之比,确定集料生产的破碎段数。

**6.1.2** 大、中型人工砂石加工厂宜采用分段闭路粉碎流程生产粗集料,也可采用全闭路粉碎流程生产。小型人工砂石加工厂可采用全闭路或开路粉碎流程生产粗集料。

**6.1.3** 大、中型人工砂石加工厂宜采用棒磨机开路流程生产人工砂,经生产性试验,成品砂质量符合要求时,可采用反击式破碎机或立轴冲击式破碎机生产。小型人工砂石加工企业宜采用棒磨机间歇式破碎生产。

**6.1.4** 石料加工系统应包括给料系统、破碎系统、筛分系统、输送系统、水洗系统或除尘系统。

## 6.2 设备选型

**6.2.1** 设备选型原则如下：

(1)选用设备的类型、规格、数量应满足产品的质量和数量要求,若有多种满足要求的设备可供选择,宜通过技术经济比较后确定。

(2)上、下道工序所选用的设备,负荷应均衡。同一作业设备的类型和规格应尽量统一。

(3)应选用与生产规模相适应的设备,但同一作业的设备数量不宜少于2台。

**6.2.2** 给料系统:宜采用具有变频调速功能的箅条式振动给料机作为石料生产的给料设备。箅条之间的宽度应根据毛石的含泥量进行适当调整,且不得小于20mm。

**6.2.3** 粗集料破碎系统:应根据岩石的类型确定破碎级数和破碎设备的破碎方式。对于岩浆岩和变质岩(如玄武岩、花岗岩、大理岩等)等硬质岩,应采用三级或三级以上的破碎系统,最后一级须用立轴冲击式破碎机进行破碎整形,宜采用颚式破碎机、圆锥破碎机、立轴冲击式破碎机组合的破碎系统;对于沉积岩(如石灰岩),应采用两级或两级以上破碎系统,最后一级须用反击式破碎机进行破碎整形,以改善产品的粒形,宜采用两级反击式破碎机组合的破碎系统。

**6.2.4** 人工砂破碎系统:制砂设备的类型应与制砂原料的物理性质、所需的处理能力、砂的级配、设备的配置要求等相适应。宜采用反击式或立轴冲击式破碎机,不宜使用颚式破碎机、圆锥式破碎机及锤式破碎机。保持给料粒度、给料量的连续和稳定,并应根据工业性生产试验或室内试验结果,确定制砂机的单台处理能力、成砂率和制砂机数量。

**6.2.5** 筛分系统:筛分设备的类型应与筛分集料所需的处理能力、筛分效率、使用工况及设备的配置要求相适应。筛分设备的处理能力计算应考虑给料量的波动,多层筛的处理能力应按控制筛层计算,并校核筛分设备出料端的料层厚度。宜采用湿法或干法筛分工艺,筛分设备宜采用圆振筛,不宜采用直板筛。筛孔尺寸应满足产品粒级的要求,筛分设备应满足生产能力的要求。

**6.2.6** 输送系统:带式输送机的输送量应满足各种运行工况的需要,并考虑料流量的波动。带式输送机输送砂石料,其向上允许倾角不宜超过16°,向下允许倾角不宜超过12°。当输送经螺旋分级机脱水后的砂料时,其向上允许倾角不宜超过12°。选用带宽应比计算值提高一级,且最小带宽不宜小于650mm。中、细碎车间进料的带式输送机上应设置金属处理装置。

**6.2.7** 水洗系统:应根据砂石原料的含泥量、可洗性、所需的处理能力和被清洗物料的最大粒径,确定砂石清洗设备的类型和清洗时间。宜采用筛面上布置喷水管或圆筒洗石机的水洗设备,作用在石料上的水洗压力不宜小于0.2MPa,每平方米筛面用水量不宜小于5t/h,水洗系统用水含泥量应小于0.01%。

**6.2.8** 除尘系统:宜采用袋式除尘器,除尘效果应满足国家相关技术规范的要求,不得造成环境污染。

## 6.3 车间布置

**6.3.1** 各车间布置应遵循以下原则：

(1)应有一定灵活性，既能提前形成生产能力，满足施工前期砂石料需要，还可以及时调整生产方式，适应原料粒度变化及不同集料级配要求。

(2)设备配置应根据流程要求，对砂石原料岩性波动有足够的适应性，避免集料级配失调，减少超粒径；同一作业的多台相同规格的设备，应尽量对称或同轴线布置在同一高程上，设备间距应满足安装、操作、维修要求。

(3)利用地形简化内部集料运输和场地排水。

(4)破碎、筛分、制砂车间可露天设置，但电气设备应适当保护。

**6.3.2** 筛分车间布置，应综合考虑与半成品堆场、成品堆场、中细碎车间及制砂车间之间的平面和立面的联系，应尽量减少集料转运环节和落差，应避免带式输送机下行。

**6.3.3** 粗碎车间一般宜靠近主料场设置，但必须留有足够的安全距离。大、中型生产企业，可采用直接入仓挤满给料方式，机下应设缓冲料仓，其活容积不宜少于两个车厢的卸料量。小型生产企业，应采用连续给料方式，受料仓下必须设给料设备。

# 7 成品检验

## 7.1 检验内容

检验内容包括:产品检验方过程控制检验、出厂检验、型式检验等。

**7.1.1** 过程控制检验,指在生产过程中每批次对成品进行外观质量、粗集料级配、含泥量等指标的检验。过程控制检验由驻地试验室操作,并填写质量检验表。

**7.1.2** 出厂检验,指成品在出厂前进行检验。检验项目与过程控制检验相同。出厂检验由厂内试验室进行,并填写出厂合格证。出厂合格证示例见附录A。

**7.1.3** 型式检验,指在特定情况下对成品进行检验。型式检验项目应包括现行《公路水泥混凝土路面施工技术规范》(JTG F30)、《公路桥涵施工技术规范》(JTJ 041)、《公路沥青路面施工技术规范》(JTG F40)中对人工砂石集料的控制指标。型式检验由具有相关资质的检测单位进行,并出具质量检测报告。有下列情况之一时,应进行型式检验:

(1)新产品投产或产品定型鉴定时;

(2)正式生产后,原材料、工艺有较大的改变,可能影响产品性能时;

(3)每2 000t为一批次,生产25批次后;

(4)出厂检验结果与上次型式检验有较大差异时;

(5)产品停产6个月后恢复生产时;

(6)国家质量监督机构或使用单位提出进行型式检验要求时。

## 7.2 检验方法

应按照现行《公路工程集料试验规程》(JTG E42)对人工砂石集料相关技术指标的规定方法进行。

## 7.3 设施与人员

人工砂石加工企业必须配备驻地试验室,试验室应具备完成7.1.1条中检验内容对应的检测设备和相关资格证书的检测人员。

## 7.4　结果评价与处理

**7.4.1**　评价标准为现行山东省地方标准《公路工程水泥混凝土粗集料技术标准》(DB 37/T 1391)、《公路工程水泥混凝土机制砂技术标准》(DB 37/T 1392)、《公路工程沥青路面矿料技术标准》(DB 37/T 1390)。

**7.4.2**　检验结果处理应满足以下要求:

(1)过程控制检验结果如满足要求,可将成品放入成品料堆,并应将试验结果采用五点移动平均值法进行处理,用以控制生产过程质量的稳定性;否则,严禁产品进入成品料堆,应在分析原因、整改且检验结果满足要求后,方可进行成品的后续操作。五点移动平均值数据处理方法见附录 B。

(2)出厂检验结果如满足要求,可进行成品的装运;否则,应分析原因、整改,直到检验结果满足要求后,方可进行后续操作。

(3)型式检验结果如满足要求,可进行日常生产;否则,应分析原因、停产整顿、整改,整改后进行复检,复检合格后方可继续生产。

# 8 成品储存、标识和运输

## 8.1 储存

**8.1.1** 成品储存场地应进行压实,宜铺筑强度等级不低于C30、厚度不小于200mm的水泥混凝土地面,应设置完善的排水设施;各种规格的材料间应设置高度不小于1.5m、厚度不小于500mm,且高于人工砂石集料自然休止角200mm的隔墙。

**8.1.2** 皮带输送机出料端口与料堆高度不应超过3m,成品料堆总高度不宜超过10m。

**8.1.3** 成品料堆应予以覆盖,其堆放时间不宜超过三个月,否则应进行二次筛分和水洗。

## 8.2 标识

不同规格成品料堆应设醒目、清楚的标识牌,尺寸宜为1m×1m,标识牌应用反光漆书写或用反光标志牌。

## 8.3 运输

**8.3.1** 成品料在储存场地内应尽量减少转运次数,必须转运时宜采用皮带输送机,不宜采用装载机运输;否则,应采取措施,防止对石料的污染和对棱角的破坏。严禁任何车辆在石料堆上运行。

**8.3.2** 成品料出厂装车时,应采用移动皮带输送机运至装车地点。装车前,应将车辆厢体清扫、冲洗干净。

**8.3.3** 装车时,应采用定点集中装车法;装载高度不应超过运输车辆厢板高度。定点集中装车法见附录C。

**8.3.4** 成品料在出厂运输过程中,应予覆盖。

# 9 环境保护

**9.0.1** 在破碎机排料口、筛分机进出料口、皮带机输送及其转料点应设置除尘设施。皮带机输送应进行密封处理,不得扬尘。

**9.0.2** 在离居民区较近的地方设厂,应采取相应降噪措施,中午和夜间休息时间不得施工。

**9.0.3** 水洗系统用水应进行沉淀处理,可循环利用,严禁随意排放。

**9.0.4** 弃渣应考虑综合利用,不得污染环境,不得将废渣掺入石粉中使用。

# 附录A 出厂合格证示例

**出 厂 合 格 证**

| 收货单位 | | | |
|---|---|---|---|
| 供货单位 | | | |
| 产品型号 | | 出厂日期 | |
| 含泥量及泥块含量 | % | 回执结果 | % |
| 针片状颗粒含量 | % | 回执结果 | % |
| 产品级配 | | 回执结果 | |

供货方检测员:______

收料方检测员:______ 收料人:______

**产 品 筛 分 结 果** (产品型号:______)

| 筛孔尺寸<br>(mm) | 累计通过百分率<br>(%) | 国家标准<br>(%) | 合 格<br>(是/否) | 备 注 |
|---|---|---|---|---|
| | | | | |
| | | | | |
| | | | | |
| | | | | |
| | | | | |
| | | | | |
| | | | | |

# 附录 B　五点移动平均值数据处理方法

五点移动平均值数据处理方法见图 B。

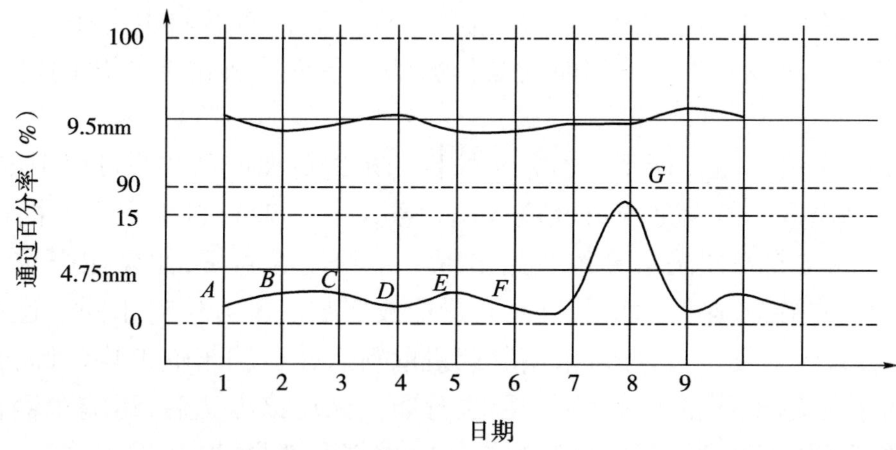


图 B　5 ~ 10mm 规格月动态筛分曲线图(仅作示例,数据不代表实际情况)

图中横坐标为过程控制检验或出厂检验日期(如图中示例:横坐标为某月 1 ~ 9 日);纵坐标为单粒级集料控制筛孔尺寸及相应的要求通过百分率范围(如图中示例:纵坐标为 5 ~ 10mm 规格控制 4.75mm 筛孔及其相应的要求通过百分率范围 0 ~ 15%)。例如:1 号试验结果(4.75mm 筛的通过百分率实际值 3%)标记于 *A* 点,2、3、4 号试验结果(4.75mm筛的通过百分率实际值分别为 5%、5%、3%)分别标记于 *B*、*C*、*D* 点,5 号试验结果实际值 6%,按 1 号、2 号、3 号、4 号、5 号试验结果的平均值 4.4% 标记于 *E* 点,6 号试验结果实际值 1%,按 2 号、3 号、4 号、5 号、6 号试验结果的平均值 4% 标记于 *F* 点。同理依次将本月的结果用图形表示出来。

# 附录C　定点集中装车法

现行国家和行业标准对用于公路工程及建筑工程的集料在其堆放、装运方面没有明确规定和相应的方法,本标准依据国外规范及工程经验针对石料生产企业在产品堆放,装运方面提出了一些技术要求及相应的操作方法。下面为标准中提出的定点集中装车法说明。

定点集中装车法如图C所示。本方法的目的是避免在产品装载过程中出现离析,最终导致出厂产品质量不能满足国家规范或用户要求。一般石料生产企业的产品均采用料堆存放,由于料堆自身缺陷会导致产品出现一定程度的离析,如果在产品装载过程中不采取有针对性的措施,必然对出厂产品质量造成影响。本方法对于同一运输车辆从料堆边缘开始取料,向料堆中央推进,采用装载机取料后在运输车辆上均匀卸料,保证料堆不同位置产品在运输车辆厢体内呈不同层次分布。采用该方法后,运输车辆在运输过程中不会出现离析现象,且到达目的地卸料有第二次拌和效果。

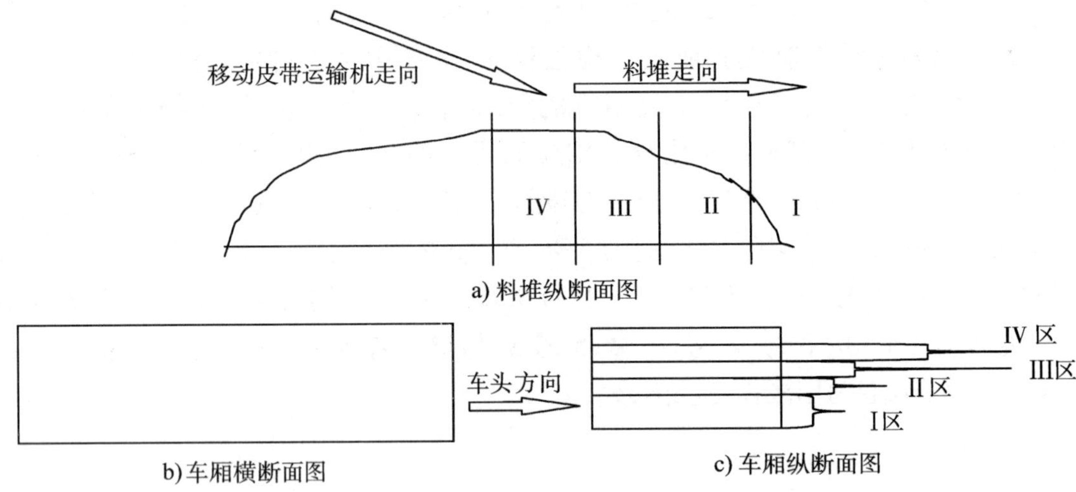


图C　定点集中装车法

# 本标准用词、用语说明

(1)为了准确地掌握技术标准条文,对执行条文严格程度的用词作如下规定:

①表示很严格,非这样做不可的用词:

正面词采用“必须”,反面词采用“严禁”;

②表示严格,在正常情况均应这样做的用词:

正面词采用“应”,反面词采用“不应”或“不得”;

③表示允许稍有选择,在条件许可时首先应这样做的用词:

正面词采用“宜”,反面词采用“不宜”;

④表示有选择,在一定条件下可以这样做的,采用“可”。

(2)本技术标准条文中应按指定的其他有关标准、规范的规定执行,其写法为“应按……执行”或“应符合……要求或规定”。如非必须按所指的标准、规范或其他规定执行,其写法为“可参照……”。

附件

# 《公路工程人工砂石集料加工工艺规程》

（DB 37/T 1393—2009）

## 条 文 说 明

# 4 选址

**4.1.1**

（1）普遍认为砂石料料源选择应贯彻“就地取材”的原则，优先考虑选用生产成本低、质量符合要求的天然砂石料。

（3）天然砂石料场往往比较分散，且储量有大有小，运距有远有近。如仅仅考虑运距，由近到远进行开采，则可能要开采多个储量较小的料场才能满足需要。由于每个料场的开采、运输条件都不一样，这将给料场的开采设计和实际施工带来很大困难，因此宜优先选用储量相对集中的料场。砂石料的运距是决定其综合生产成本的重要因素。

**4.1.3** 勘察储量是指料场圈定范围内的有用层的总储量，已扣除上覆无用层及夹层的体积；可采储量是指按料场的开采条件和设备的技术特性，进行开采规划设计后可采得的有用层储量；设计需要量即砂石原料需用量或需要储量，根据混凝土和其他砂石用料设计及开采、加工、运输、堆存、浇筑损耗和弃料量确定。

选定料场的可采储量取值是考虑到不同设计阶段料场储量的勘探误差（初查阶段勘察储量误差应不超过40%，详查阶段勘察储量误差应不超过15%）以及设计需要量可能增加，按最不利的条件确定的。

**4.2.1**

（1）考虑到大、中型砂石加工厂生产运营周期较长，因此要求较高的防洪标准。目前，国内许多大中型工程的施工企业均采用20年一遇的标准。

（2）大型砂石加工系统的主要设备如破碎机、筛分机、棒磨机等，规格大，振动负荷大，为保证设备和建筑物基础长期稳定，必须对地基有一定的要求，以满足结构设计需求。

（3）砂石加工系统生产过程中产生的噪声、粉尘和废水对周围环境影响较为严重，在我国目前的国情条件下，还难以完全消除这种影响，因此，厂址选择时尽量避开城镇和居民生活区。

（4）厂址尽量靠近已有公路、水路、铁路以及水源、电源，其目的是减少砂石系统建设总投资，取得较好的经济效益。

**4.2.2** 砂石加工厂总体布置是否合理，关系到建厂工期能否缩短，建厂费用能否减少，运输线路是否顺畅，施工是否安全方便，运行是否稳定均衡等。砂石加工厂各主要车间、设施是砂石加工厂总体布置的基础,一般由破碎、筛分、制砂车间,毛料、半成品、成品堆场,以及在其间起联系作用的皮带输送机等组成。总体布置既要考虑各车间、设施之间平面、空间布置的合理性,在保证砂石厂建成后能正常运行的前提下,尽量减少转运环节,减少土建工程量,还需考虑厂区运输设备、水源、电源线路布置,以及各种与建厂有关的因素,因此,应进行多方案的设计比较工作,选取较优的总体布置方案。

在集料生产过程中,会产生大量的弃渣,必须有充足的场地堆放弃渣。为保护环境,弃渣堆放场地不宜占用耕地。在占用耕地时,应考虑在有条件恢复耕地时,保存部分表层土以恢复耕地。

# 6 工艺流程及设备选型

**6.1.1**

(4)通常工艺流程计算有部分筛分效率法和简易计算法两种方法。部分筛分效率法与简易计算法相比,虽然算式较为复杂,但计算结果要准确得多,因此,推荐采用部分筛分效率法。筛分效率(screening efficiency)指筛下物料的质量与原物料中粒度小于筛孔的物料质量之比,用百分率表示。它是筛分作业优劣的重要指标。检测时可取样确定原物料、筛下物料和筛上物料中小于筛孔尺寸的那部分物料的百分含量,用全部小于筛孔的物料来计算筛分效率,叫总筛分效率;只对某个粒级进行的计算,叫部分筛分效率。

(6)砂石系统加工人工砂石料或只加工人工砂时,一般采取三段破碎;只加工人工碎石时,一般采取二段破碎。

原料最大粒径的确定与系统生产规模、开采方法、开采运输和粗碎设备选型等有关。

**6.1.2** 分段闭路流程具有集料级配调整灵活,循环负荷量相对较小,检修较为方便,筛分车间高度相对较低等优点,但车间数量相对较多,运行管理相对复杂。

全闭路流程,可根据需要调整集料级配,车间布置相对集中,但循环负荷量相对较大,检修不够方便,筛分车间高度相对较高。

开路流程无循环负荷量,车间布置较为简单,但级配调整灵活性较差,级配平衡后可能有部分弃料。

**6.1.3** 棒磨机制出的砂具有较好的粒形和粒度组成,且设备结构简单、操作方便、生产稳定、工作可靠,是国内外广泛采用的制砂设备,但由于其单位能耗高,钢棒耗量大,导致制砂成本较高。

反击式破碎机、立轴冲击式破碎机是较新型的破碎设备,具有单位能耗低,制砂成本低的优点,其制出的砂粒形较好,但细度模数偏粗,需与筛分设备构成闭路循环,才能生产出符合要求的成品砂。破碎、筛分后的成品砂只约占破碎机处理量的30% ~40%,另外60% ~70%超径物料需返回破碎机重新破碎。

**6.2.1**

(2)上、下道工序选用的设备负荷均衡,对提高设备利用率,保证砂石系统连续均衡生产较为有利。同一作业设备的类型和规格统一,便于对设备进行操作控制和检修。

(3)大型砂石加工厂如选用中、小型设备,则设备数量多,占地面积大,运行、检修工作量大。同一作业设备如仅配置一台,则一旦发生故障,将造成砂石系统停产。

**6.2.2** 给料机可分为钢板结构和箅条结构。箅条结构给料机可对物料进行粗筛分,并使系统配制更经济合理,在破碎筛分中已作为必不可少的设备。给料机的箅条可以将毛石中的泥土除去,同时变频调速可以保证给料均匀。

**6.2.3** 物料破碎方法应采用机械力破碎,主要包括挤压、臂碎、折断、研磨和冲击破碎等过程。破碎机按破碎物料的方式分为两大类:一种是挤压式,例如颚式破碎机、旋回式破碎机、圆锥破碎机、辊式破碎机等;另一种是冲击式,例如反击式破碎机、立轴冲击式破碎机、锤式破碎机等。各种破碎机的特点及适用范围对比见表6-1。

**表6-1 各种破碎机的特点及适用范围**

| 种　类 | 特　点 | 适用范围 |
|---|---|---|
| 颚式破碎机 | 结构简单,工作可靠,维修方便 | 硬质及中硬岩石 |
| 旋回式破碎机 | 生产能力高,粒度均匀,消耗低 | 中等硬度岩石 |
| 圆锥破碎机 | 破碎比大,效率高,粒度均匀,结构复杂 | 中等硬度岩石 |
| 辊式破碎机 | 结构简单、紧凑,工作可靠,生产率低 | 硬、软质岩石 |
| 反击式破碎机 | 结构简单,破碎比大,粒度均匀 | 中等硬度脆性岩石 |
| 立轴冲击式破碎机 | 结构简单,损耗低 | 硬、软质岩石 |
| 锤式破碎机 | 破碎比大,生产率较高 | 中等硬度脆性岩石 |

通常,采用冲击式破碎原理的破碎机产品粒形优于挤压式原理的破碎机。按产品粒形由差到好,通常破碎机有以下的排列顺序:颚式、锤式破碎机→旋回式破碎机→圆锥破碎机→反击式和非石料自衬(石打铁)立轴冲击式破碎机→石料自衬(石打石)立轴冲击式破碎机。试验研究表明,颚破+圆锥破+立轴冲击破(石—石)三级破碎工艺是目前公路行业最先进的玄武岩生产加工方法,其生产的玄武岩粗集料形状规则、粒形最好、针片状颗粒含量最小,对提高SMA混合料性能最好;两级反击破破碎工艺是目前公路行业最先进的石灰岩加工方法,其生产的石灰岩粗集料最洁净,因此其密级配沥青混合料性能最好。

**6.2.5** 圆振动筛由于具有处理量大、筛分充分等特点,应优先使用。选用圆振筛时,应根据系统处理量选择合适的型号,给料量过大会使筛分不充分,堵塞筛孔,甚至导致圆振筛超载停机,造成圆振筛损坏;给料量过小会使成品中超粒径量过大,不符合要求。圆振筛筛片根据成品粒径要求,选择合适尺寸,既要满足粒径要求,又不会出现大量超粒径颗粒。筛分采用干筛工艺时,粉尘极大,需做除尘处理。在实际生产中推荐使用湿法筛分工艺,以保证集料在筛分过程中得到充分清洗。

**6.2.6** 据测试,经螺旋分级机脱水后的砂料,其含水率一般在17%左右,呈半流态,当带式输送机向上倾角过大时,含水砂料有向下流动的趋势。由于砂含水率高,其在上带面的动堆积角几乎为0,致使上带面的物料最大截面积大为减少,因此选用带宽应比计算值提高一级。由于500mm带宽的皮带输送机,其上带面难以形成较深凹槽,运行工况较差时,往往造成砂溢出胶带机的情况,因此带宽一般不能小于650mm。

**6.2.7** 水洗一般采用筛面上布置喷水管和安装螺旋洗砂机和圆筒洗石机来完成,供水系统采用卧式离心泵,水洗生成的废水在沉淀池沉淀后进入清水池循环利用。一般来说,只要水量合适,筛面的冲洗就能满足需要,不需要使用洗石机。喷水管上的喷嘴应均匀布置,使筛面上石子冲洗均匀、干净。喷嘴中心线与筛上物料表面间的倾角为100°~200°,喷嘴到物料面的距离以300mm为宜,喷水嘴处水压0.2~0.25MPa。喷水管喷嘴可做成旋流器的形状(水从切线方向进入),也可以做成漩涡式轴套(水从中心进入),形成相当均匀的喷射。进入筛分楼的水量要使石料水洗充分,采用大水流量对成品进行水洗,把黏附在成品上的矿粉、粉尘、泥土和细小颗粒洗掉。供水系统流量按筛面面积计算,每平方米流量不小于5$m^3$/h。

**6.2.8** 布袋除尘器的工作机理是含尘烟气通过过滤材料,尘粒被过滤下来,过滤材料捕集粗粒粉尘主要靠惯性碰撞作用,捕集细粒粉尘主要靠扩散和筛分作用。滤料的粉尘层也有一定的过滤作用。布袋除尘器除尘效果的优劣与多种因素有关,但主要取决于滤料。布袋除尘器的滤料就是合成纤维、天然纤维或玻璃纤维织成的布或毡。根据需要再把布或毡缝成圆筒或扁平形滤袋。根据烟气性质,选择出适合于应用条件的滤料。布袋除尘器运行中控制烟气通过滤料的速度(称为过滤速度)颇为重要。一般取过滤速度为0.5~2m/min,对于大于0.1μm的微粒效率可达99%以上,设备阻力损失约为980~1 470Pa。

# 7 成品检验

**7.1** 试验研究表明,生产能力为200t/h的石料生产企业,在4 000t的生产过程中其生产相对误差较小,要求每批次进行一次过程控制检验;产品出厂前,应对拟装车地点的成品进行出厂抽样检验;公路施工项目由于开工时间及工程中不同结构工程对原材料的要求不同,每生产10万t即每25批次要求进行一次型式检验,以满足其需要。

# 8 成品储存、标识和运输

**8.1.2** 试验研究表明,皮带输送机出料端口与料堆顶面高度以 3m 为界,当超过 3m 时,成品料堆会出现明显的离析现象。

# 9 环境保护

**9.0.3** 砂石加工系统生产过程中产生大量的污水,特别是以石灰岩为料源的人工砂石系统,其污水排放量大,污水中悬浮物含量高(主要是泥和石粉)。国家于1996年颁布了《污水综合排放标准》(GB 8978—1996),对不同的水域制定了不同的污水排放标准,污水中悬浮物最高允许排放浓度为400mg/L。因此,砂石系统必须对污水进行处理,建议采用沉淀处理方式,循环利用,严禁随意排放。

山东省地方标准

# 山东省高速公路命名和编号规则

**Naming and Numbering Rules of Shandong Provincial Expressway**

**DB 37/T 1616—2010**

主编单位:山东省交通运输厅
批准部门:山东省质量技术监督局
实施日期:2010 年 06 月 01 日

人民交通出版社

# 前　　言

2007年7月,交通部颁布实施了《国家高速公路网命名和编号规则》(JTG A03—2007),使得国家高速公路的命名和编号统一、规范。为进一步规范全省交通基础设施建设和管理行为,全面提升建设管理水平,按照交通工作实现"标准化、规范化、集约化、人本化"管理的目标要求,山东省交通运输厅提出并主持编制了本标准。

山东省交通规划设计院等单位根据《国家高速公路网命名和编号规则》对省级高速公路的命名和编号提出了原则性的指导意见,结合《山东省高速公路网中长期规划》,联合编制完成了本标准。

本标准由山东省交通运输厅归口并提出。

**编 写 单 位:**山东省交通规划设计院
山东省交通厅公路局
山东高速集团有限公司
青岛市交通委员会

**主要起草人:**李贻武　毕京建　房培阳　魏其运　贾强　郭志云　王胥　等

# 1 范围

本规则规定了山东省省级高速公路路线的命名规则、编号规则和全称、简称与编号。

本规则适用于山东省省级高速公路,即山东省境内除国家高速公路以外的其他高速公路。

山东省境内的国家高速公路直接采用《国家高速公路网命名和编号规则》(JTG A03—2007)中规定的命名和编号。

# 2 命名规则

**2.0.1** 山东省省级高速公路纵线、横线及省会放射线路线起讫点一般选择县级(区、市)及县级以上节点。纵线、横线起讫点按地理方位由北向南、由东向西,省会放射线以省会为起点。

**2.0.2** 山东省省级高速公路纵线、横线及省会放射线路线名称由路线起讫点的地名中间加连接符"—"组成,全称"××—××高速公路"。路线简称用起讫点地名的首位汉字组合表示。如"龙口—青岛高速公路",简称"龙青高速"。

**2.0.3** 路线为连接机场的线路,其全称"××(机场名称)高速公路",简称"××(机场简称)高速"。

**2.0.4** 路线为连接港口的线路,其全称"××(港口港区名称)疏港高速公路",简称"××(港口港区名称)疏港高速"。

**2.0.5** 路线为连接区域(市、县、区)的线路,以区域名称或规范简称命名,全称"××高速公路",简称"××高速"。如"德州连接线高速公路",简称"德州连接线高速"。

**2.0.6** 同一个机场、港口或区域有多条连接线路时,其命名以"东、西、南、北"地理方位或阿拉伯数字加以区别,以港口连接线为例,其全称"××(港口港区名称)1 号疏港高速公路",简称"××(港口港区名称)1 号疏港高速"。

**2.0.7** 城市绕城环线名称,以城市名称命名,全称"××市绕城高速公路",简称"××绕城高速"。如"济南市绕城高速公路",简称"济南绕城高速"。

**2.0.8** 路线简称不可重复,如出现重复时,采用起讫点地名的第二位汉字替换或规范简称加以区别。

# 3 编号规则

## 3.1 编号结构

山东省省级高速公路编号由标识符和阿拉伯数字编号组成。

## 3.2 标识符

省级高速公路是省道网的重要组成部分，根据《国家高速公路网命名和编号规则》(JTG A03—2007)中的有关规定，省级高速公路路线字母标识符采用汉语拼音"S"表示，汉字标识符采用汉字"鲁"。

## 3.3 数字及数字与字母编号

**3.3.1** 以省会为起点的放射线编号区间为 S1 ~ S9。

**3.3.2** 纵向线路编号为两位奇数，由东向西升序编排，编号区间为 S11 ~ S39。

**3.3.3** 横向线路编号为两位偶数，由北向南升序编排，编号区间为 S12 ~ S38。

**3.3.4** 连接机场的线路编号为两位数，编号区间为 S61 ~ S69。

**3.3.5** 连接港口的线路编号为四位数，前两位为港口编号，由北部开始沿海岸线升序编排，编号区间为 S71 ~ S79，后两位为同一港口疏港线路编号，起始编号 01，按 02、03……依次升序编号。

**3.3.6** 连接区域(市、县、区)的线路编号为两位数，编号区间为 S80 ~ S99。

**3.3.7** 山东省境内的高速公路路线编号的数字部分不可重复。

# 4 山东省省级高速公路出口编号规则

**4.0.1** 山东省省级高速公路出口编号一般为阿拉伯数字,其数值等于该出口所在位置里程桩号的整数值。如某出口处桩号为 K17 +700,则该出口编号为 17;某出口处桩号为 K350 +700,则该出口编号为 350。

**4.0.2** 出口编号的顺序应符合省级高速公路的路线走向。纵线由北向南,横线由东向西进行编排,省会放射线以省会为起点,连接线以与主线交叉的交点为起点,编号依次递增。

**4.0.3** 两条或多条省级高速公路路线重合时,应采用编号较小的高速公路的出口编号;省级高速公路与国家高速公路重合时,应采用国家高速公路的出口编号。

**4.0.4** 同一个互通式立体交叉在同一主线方向有两个或两个以上出口时,主线右侧(即桩号由小到大的一侧)应按照逆时针方向在出口编号后加 A、B、C 等表示,主线左侧(即桩号由大到小的一侧)仍用 A、B、C 等表示,但其所指前进方向应与右侧相同。同一侧的出口能到达两个方向时,该出口可按上述原则按两个出口处理。任何情况下,相同的出口编号所代表的前进方向应相同。典型情况如图 4.0.4 所示。

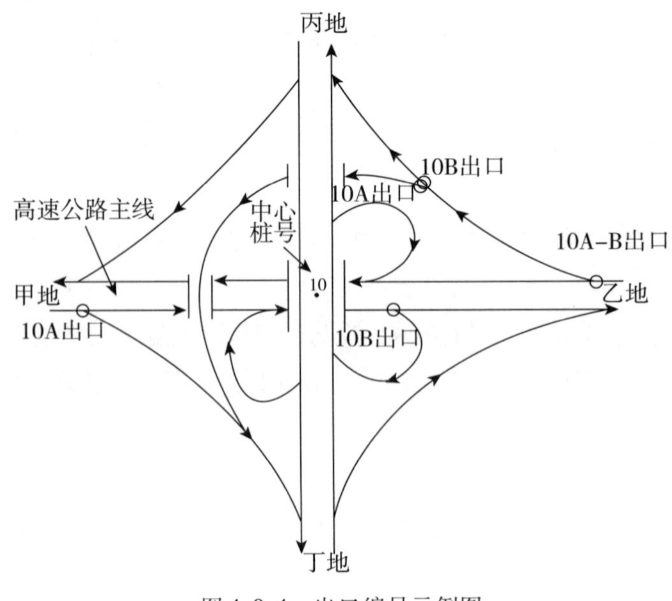


图 4.0.4 出口编号示例图

# 附录 A　山东省境内国家高速公路路线命名和编号表

| 类　型 | 序　号 | 全　称 | 简　称 | 编　号 |
|---|---|---|---|---|
| 放射线 | 1 | 北京—上海高速公路 | 京沪高速 | G2 |
| | 2 | 北京—台北高速公路 | 京台高速 | G3 |
| 纵线 | 1 | 沈阳—海口高速公路 | 沈海高速 | G15 |
| | 联络线 | 日照—兰考高速公路 | 日兰高速 | G1511 |
| | 2 | 长春—深圳高速公路 | 长深高速 | G25 |
| | 3 | 济南—广州高速公路 | 济广高速 | G35 |
| 横线 | 1 | 荣成—乌海高速公路 | 荣乌高速 | G18 |
| | 2 | 青岛—银川高速公路 | 青银高速 | G20 |
| | 联络线 | 青岛—新河高速公路 | 青新高速 | G2011 |
| | 3 | 青岛—兰州高速公路 | 青兰高速 | G22 |
| 城市绕城环线 | 1 | 济南市绕城高速公路 | 济南绕城高速 | G2001 |

# 附录 B　山东省省级高速公路路线命名和编号表

| 类　型 | 序号 | 全　称 | 简　称 | 编　号 |
|---|---|---|---|---|
| 放射线 | 1 | 济南—聊城高速公路 | 济聊高速 | S1 |
| 纵线 | 1 | 烟台—海阳高速公路 | 烟海高速 | S11 |
| | 2 | 蓬莱—栖霞高速公路 | 蓬栖高速 | S17 |
| | 3 | 龙口—青岛高速公路 | 龙青高速 | S19 |
| | 4 | 新河—潍坊高速公路 | 新潍高速 | S21 |
| | 5 | 潍坊—日照高速公路 | 潍日高速 | S23 |
| | 6 | 滨州—莱芜高速公路 | 滨莱高速 | S29 |
| | 7 | 泰安—新泰高速公路 | 泰新高速 | S31 |
| | 8 | 济南—徐州高速公路 | 济徐高速 | S33 |
| | 9 | 德州—商丘高速公路 | 德商高速 | S39 |
| 横线 | 1 | 滨州—德州高速公路 | 滨德高速 | S12 |
| | 2 | 高唐—邢台高速公路 | 高邢高速 | S14 |
| | 3 | 荣成—潍坊高速公路 | 荣潍高速 | S16 |
| | 4 | 威海—青岛高速公路 | 威青高速 | S24 |
| | 5 | 莱芜—泰安高速公路 | 莱泰高速 | S26 |
| | 6 | 阳谷—安阳高速公路 | 阳安高速 | S28 |
| | 7 | 菏泽—东明高速公路 | 菏东高速 | S32 |
| | 8 | 岚山—菏泽高速公路 | 岚菏高速 | S38 |
| 机场线 | 1 | 青岛流亭机场高速公路 | 青岛流亭机场高速 | S61 |
| 疏港线 | 1 | 东营港疏港高速公路 | 东营港疏港高速 | S7201 |
| | 2 | 烟台莱州港区疏港高速公路 | 烟台莱州港区疏港高速 | S7401 |
| | 3 | 烟台西港区疏港高速公路 | 烟台西港区疏港高速 | S7402 |
| | 4 | 青岛前湾港区 1 号疏港高速公路 | 青岛前湾港区 1 号疏港高速 | S7601 |
| | 5 | 青岛前湾港区 2 号疏港高速公路 | 青岛前湾港区 2 号疏港高速 | S7602 |
| | 6 | 青岛前湾港区 3 号疏港高速公路 | 青岛前湾港区 3 号疏港高速 | S7603 |
| | 7 | 日照石臼港区疏港高速公路 | 日照石臼港区疏港高速 | S7801 |
| 区域连接线 | 1 | 威海连接线高速公路 | 威海连接线高速 | S81 |
| | 2 | 济南顺河高架连接线高速公路 | 济南顺河高架连接线高速 | S82 |
| | 3 | 枣庄连接线高速公路 | 枣庄连接线高速 | S83 |
| | 4 | 德州连接线高速公路 | 德州连接线高速 | S84 |

# 附录C 高速公路命名编号标志

### 1. 国家高速公路

国家高速公路命名编号标志由“国家高速”、编号和中文简称三部分组成，形状为长方形，颜色为绿底、白字、白边框、绿色衬底，其中“国家高速”为红底、白字。

### 2. 省级高速公路

省级高速公路的命名和编号规则应与国家高速公路网的命名和编号规则保持一致，其命名编号标志由“鲁高速”、编号和中文简称三部分组成，形状为长方形，颜色为绿底、白字、白边框、绿色衬底，其中“鲁高速”为黄底、黑字。

标识图具体尺寸和标识符字体、大小等执行《道路交通标志和标线》（GB 5768—2009）。

# 附录D 山东省省级高速公路路线命名和编号示意图

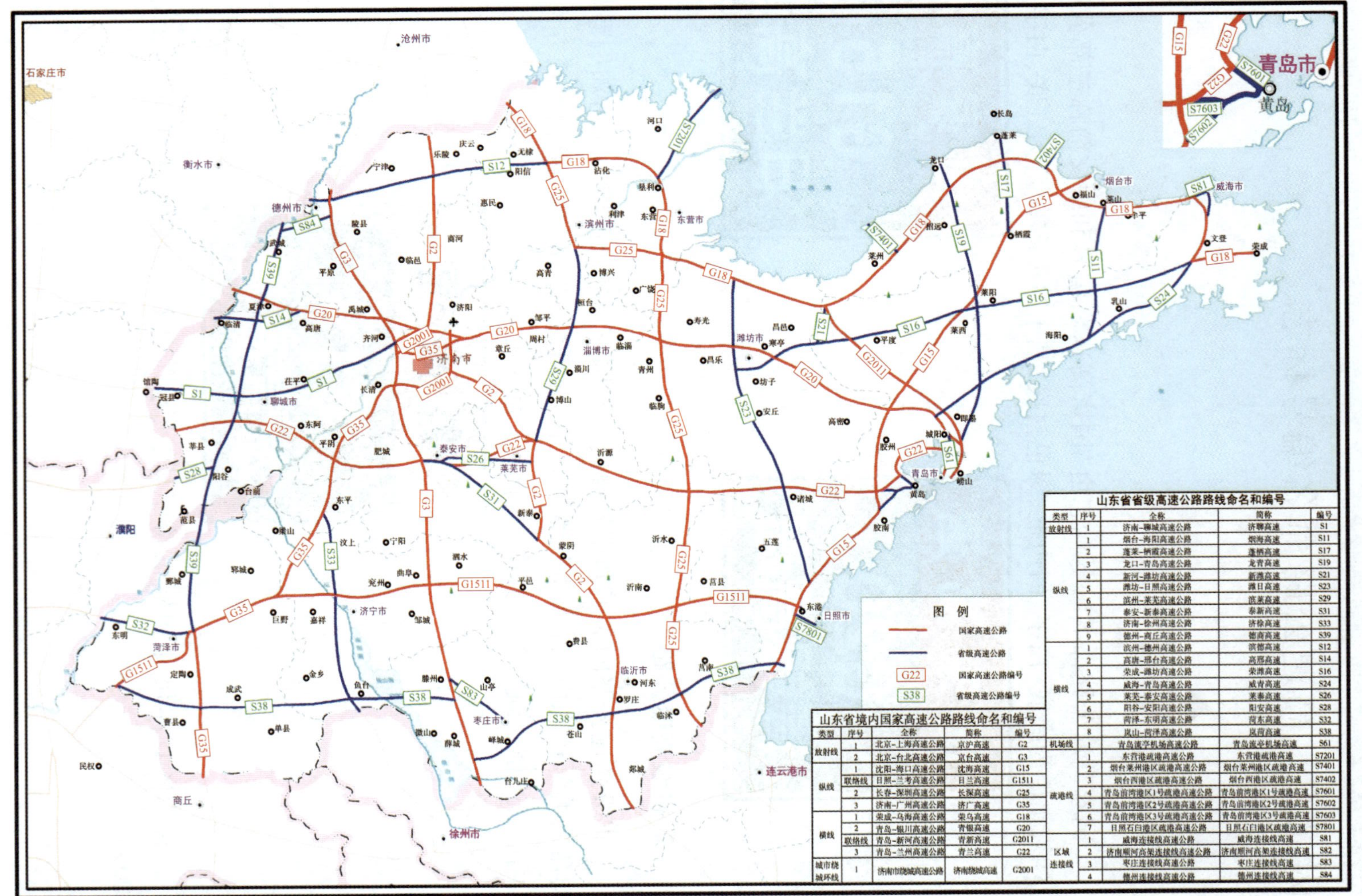


山东省境内国家高速公路路线命名和编号

| 类型 | 序号 | 全称 | 简称 | 编号 |
|---|---|---|---|---|
| 放射线 | 1 | 北京-上海高速公路 | 京沪高速 | G2 |
|  | 2 | 北京-台北高速公路 | 京台高速 | G3 |
| 纵线 | 1 | 沈阳-海口高速公路 | 沈海高速 | G15 |
|  | 联络线 | 日照-兰考高速公路 | 日兰高速 | G1511 |
|  | 2 | 长春-深圳高速公路 | 长深高速 | G25 |
|  | 3 | 济南-广州高速公路 | 济广高速 | G35 |
| 横线 | 1 | 荣成-乌海高速公路 | 荣乌高速 | G18 |
|  | 2 | 青岛-银川高速公路 | 青银高速 | G20 |
|  | 联络线 | 青岛-新河高速公路 | 青新高速 | G2011 |
|  | 3 | 青岛-兰州高速公路 | 青兰高速 | G22 |
| 城市绕城环线 | 1 | 济南市绕城高速公路 | 济南绕城高速 | G2001 |

山东省省级高速公路路线命名和编号

| 类型 | 序号 | 全称 | 简称 | 编号 |
|---|---|---|---|---|
| 放射线 | 1 | 济南-聊城高速公路 | 济聊高速 | S1 |
| 纵线 | 1 | 烟台-海阳高速公路 | 烟海高速 | S11 |
|  | 2 | 蓬莱-栖霞高速公路 | 蓬栖高速 | S17 |
|  | 3 | 龙口-青岛高速公路 | 龙青高速 | S19 |
|  | 4 | 新河-潍坊高速公路 | 新潍高速 | S21 |
|  | 5 | 潍坊-日照高速公路 | 潍日高速 | S23 |
|  | 6 | 滨州-莱芜高速公路 | 滨莱高速 | S29 |
|  | 7 | 泰安-新泰高速公路 | 泰新高速 | S31 |
|  | 8 | 济南-徐州高速公路 | 济徐高速 | S33 |
|  | 9 | 德州-商丘高速公路 | 德商高速 | S39 |
| 横线 | 1 | 滨州-德州高速公路 | 滨德高速 | S12 |
|  | 2 | 高唐-邢台高速公路 | 高邢高速 | S14 |
|  | 3 | 荣成-潍坊高速公路 | 荣潍高速 | S16 |
|  | 4 | 威海-青岛高速公路 | 威青高速 | S24 |
|  | 5 | 莱芜-泰安高速公路 | 莱泰高速 | S26 |
|  | 6 | 阳谷-安阳高速公路 | 阳安高速 | S28 |
|  | 7 | 菏泽-东明高速公路 | 菏东高速 | S32 |
|  | 8 | 岚山-菏泽高速公路 | 岚菏高速 | S38 |
| 机场线 | 1 | 青岛流亭机场高速公路 | 青岛流亭机场高速 | S61 |
| 疏港线 | 1 | 东营港疏港高速公路 | 东营港疏港高速 | S7201 |
|  | 2 | 烟台莱州港区疏港高速公路 | 烟台莱州港区疏港高速 | S7401 |
|  | 3 | 烟台西港区疏港高速公路 | 烟台西港区疏港高速 | S7402 |
|  | 4 | 青岛前湾港区1号疏港高速公路 | 青岛前湾港区1号疏港高速 | S7601 |
|  | 5 | 青岛前湾港区2号疏港高速公路 | 青岛前湾港区2号疏港高速 | S7602 |
|  | 6 | 青岛前湾港区3号疏港高速公路 | 青岛前湾港区3号疏港高速 | S7603 |
|  | 7 | 日照石臼港区疏港高速公路 | 日照石臼港区疏港高速 | S7801 |
| 区域连接线 | 1 | 威海连接线高速公路 | 威海连接线高速 | S81 |
|  | 2 | 济南顺河高架连接线高速公路 | 济南顺河高架连接线高速 | S82 |
|  | 3 | 枣庄连接线高速公路 | 枣庄连接线高速 | S83 |
|  | 4 | 德州连接线高速公路 | 德州连接线高速 | S84 |

山东省地方标准

# 高速公路人性化设计规定

**Specification for Humanity Design of Expressway**

**DB 37/T 1725—2010**

主编单位:山东省交通运输厅
批准部门:山东省质量技术监督局
实施日期:2011 年 01 月 01 日

人民交通出版社

# 前　　言

为进一步规范全省交通基础设施建设和管理行为，全面提升建设管理水平，按照交通工作实现“标准化、规范化、集约化、人本化”管理的目标要求，山东省交通运输厅提出并主持编制了本标准。

我省高速公路自1993年年底济青高速公路建成通车，实现零的突破，至2010年年底，高速公路通车里程达4 285km，初步形成高速公路网络，全省半日生活圈基本实现。在高速公路的设计中，设计人员在人性化设计方面，做了大量的工作，采用了许多行之有效的措施，取得了较好的效果，得到了道路使用者和沿线群众的赞誉，但没有进行系统的总结、归纳、提炼。因此，在调查、吸收、总结国内外及我省高速公路人性化设计方面的经验、教训的基础上，编制我省高速公路人性化设计规定，对指导我省今后高速公路设计，贯彻落实科学发展观及公路勘察设计新理念，实现交通基础设施“标准化、规范化、集约化、人本化”管理，使之更好的服务社会，将具有十分重要的意义。

本标准由山东省交通运输厅归口并提出。

**编 写 单 位**：山东省交通规划设计院

**主要起草人**：刘立新　王德庆　张克文　封连送　李兆嘉　李怀峰
王笃文　徐金华　刘静波　刘　芹　房培阳　范鲁涛

各有关单位在标准使用过程中，若发现存在不当之处或有好的意见或建议，请及时函告山东省交通规划设计院，以便修订时参考。联系地址：山东省济南市黄岗东路5号，邮编250031。

# 1　总则

**1.0.1**　为落实科学发展观,贯彻交通工作“标准化、规范化、集约化、人本化”的管理理念,制定本规定。

**1.0.2**　本规定适用于山东省新建和扩(改)建高速公路设计。

**1.0.3**　本规定使用时,应符合现行国家及行业标准、规范的规定。

**1.0.4**　高速公路人性化设计

是指在设计过程中充分考虑高速公路服务对象在行为习惯、生理及心理需求,结合自然环境、人文环境、地域文化等因素,提供安全、环保、舒适、和谐的设计产品。

高速公路应为驾乘人员提供安全、可靠、舒适、快捷、方便、环保的出行环境;应为管理养护人员提供高速公路管理、养护以及工作和生活上的方便;应尊重高速公路沿线的单位和居民原有的生产、生活、出行习惯,为其提供通行和生产、生活上的方便。

# 2 总体设计

## 2.1 总体设计原则

**2.1.1** 确定起讫点位置时,应为后续项目拟订一定长度的具体实施设计方案。

**2.1.2** 根据设计交通量、沿线地形与自然条件,论证并合理确定设计速度、车道数和设计路段。合理确定不同设计路段的衔接地点,做好衔接处的过渡设计。

**2.1.3** 合理运用技术指标及其组合,注重线形指标的连续、均衡。

**2.1.4** 对于地形复杂路段,可考虑分幅设计。

**2.1.5** 结合交通出行条件的特殊性,论证并确定桥梁设计荷载。

**2.1.6** 结合地形、地质条件及取、弃土情况,合理确定路堤高度。对于高填、深挖路段,应同架桥、建隧方案进行比选论证。

**2.1.7** 结合沿线村镇规划及路网布局,合理确定通道、天桥的设置标准和间距。

## 2.2 运行速度对路线设计的检验指标

**2.2.1** 设计速度与运行速度

高速公路的所有相关特征必须与其设计速度指标相匹配,以实现实际运行速度均衡。

**2.2.2** 运行速度协调性检验指标

相邻路段运行速度的差值$|\Delta V_{85}|$应小于或等于20km/h。

**2.2.3** 设计速度与运行速度协调性检验指标

同一路段的设计速度与预测运行速度的差值($\Delta = |V - V_{85}|$)应小于或等于20km/h。

## 2.3　互通立交、服务区、停车区的设置

互通立交设置以实现功能要求为原则，最大间距不宜超过25km，最小间距不宜小于4km。间距超过40km时可考虑设置紧急出口，并结合地方道路或施工便道设置紧急疏散道路。

服务区、停车区的设置位置、规模、设施应充分考虑水、电条件及人性化的服务要求。服务区间距不宜超过50km。停车区在服务区之间布设，间距宜为12～25km。

# 3 路线

## 3.1 平面

### 3.1.1 直线长度的取用

避免使用长直线(20$v$),特殊情况下,直线的长度可放宽(30$v$)。

### 3.1.2 平曲线半径及长度的取用

(1)一般情况下,最小圆曲线半径宜采用超高为2% ~3%的圆曲线半径。

(2)不设超高的圆曲线半径按表3.1.2-1取用。有条件时,当路拱坡度采用2%,宜采用路拱>2%的规定值。

**表 3.1.2-1**

| 设计速度(km/h) | | 120 | 100 | 80 |
|---|---|---|---|---|
| 不设超高的圆曲线半径(m) | 路拱≤2% | 5 500 | 4 000 | 2 500 |
| | 路拱>2% | 7 500 | 5 250 | 3 350 |

(3)相邻的两条同向圆曲线,当最小圆曲线半径大于或等于不设超高的圆曲线半径时,可径向连接。

(4)同向圆曲线间的直线长度不宜小于6$v$,反向圆曲线间的直线长度不宜小于2$v$。

(5)回旋线的最小长度宜按表3.1.2-2取用。

**表 3.1.2-2**

| 设计速度(km/h) | 120 | 100 | 80 |
|---|---|---|---|
| 回旋线最小长度(m) | 150 | 120 | 100 |

(6)平面设计中,不宜采用$\alpha < 10°$的小偏角。

### 3.1.3 超高

(1)最大超高不宜大于6%。

(2)超高渐变段的超高最大值应设置在HY点(或YH点)。

## 3.2 纵断面

**3.2.1** 一般情况下,最大纵坡宜按表3.2.1取用。

**表 3.2.1**

| 设计速度(km/h) | 120 | 100 | 80 |
|---|---|---|---|
| 最大纵坡(%) | 2.5 | 3.5 | 4.5 |

**3.2.2** 坡差大于2%时,坡长宜大于表3.2.2中的最小坡长。

**表 3.2.2**

| 设计速度(km/h) | 120 | 100 | 80 |
|---|---|---|---|
| 最小坡长(m) | 300 | 250 | 200 |

**3.2.3** 竖曲线半径宜采用满足视觉要求的半径值;坡差大于5%时,凹形竖曲线的半径宜大于15 000m。

**3.2.4** 同向竖曲线间直线长度宜大于6s行程,反向竖曲线间直线长度宜大于3s行程。

**3.2.5** 竖曲线的最小长度宜按表3.2.5取用。

**表 3.2.5**

| 设计速度(km/h) | 120 | 100 | 80 |
|---|---|---|---|
| 竖曲线最小长度(m) | 300 | 250 | 200 |

## 3.3 爬坡车道与避险车道

**3.3.1** 爬坡车道

对于四车道高速公路,当大型车混入率超过40%、连续上坡路段的长度大于3 000m,且设计通行能力小于设计小时交通量或大型车运行速度低于表3.3.1的容许最低速度以下时,宜设置爬坡车道。

**表 3.3.1**

| 设计速度(km/h) | 120 | 100 | 80 |
|---|---|---|---|
| 容许最低速度(km/h) | 60 | 55 | 50 |

**3.3.2** 避险车道

当大型车混入率超过40%、连续下坡路段的长度超过3 000m、平均纵坡超过3%时,宜考虑设置避险车道。

# 4 路基、路面

## 4.1 路基

**4.1.1** 平原地区填土高度不宜大于9m;山区填土高度不宜大于15m,特殊情况不宜超过25m。

**4.1.2** 挖方深度不宜超过25m。

## 4.2 路基边坡

**4.2.1** 边坡宜结合岩土的性质采用流线型。

**4.2.2** 挖方路基应根据工程地质、水文地质、边坡高度等确定边坡坡率和防护形式。深挖方路段应进行动态设计。

**4.2.3** 浅挖方路段,宜放缓边坡。

## 4.3 路基排水

**4.3.1** 路基排水应在调查沿线水系、现有边沟状况和当地排灌系统的基础上,结合地形、桥涵等因素,合理布局,使各项设施能相互衔接配合,保证排水畅通。

**4.3.2** 汇水面积较大的挖方段边沟宜采用上部为浅碟式纵向排水沟,下部为矩形暗沟的形式。

**4.3.3** 挖方路基采用矩形边沟时,填挖交界处的边沟出水口段应满足路基边坡稳定和设置路侧护栏的要求。

**4.3.4** 边沟的出水口应合理布设,防止汇水冲刷农田和引起水土流失。

**4.3.5** 边沟可采用植草、铺草皮或圬工防护。采用圬工防护时，不宜全断面铺砌。

**4.3.6** 截水沟尺寸应根据汇水面积确定，并采取措施与周围环境协调。

## 4.4 路基的防护与绿化

**4.4.1** 路基边坡防护应遵循安全、经济、美观、适用的原则。

**4.4.2** 路堑边坡应优先采用生态防护。

**4.4.3** 岩体破碎且存在落石可能的边坡，宜采用挂网防护。开挖坡面上自身稳定且不易风化的岩石，宜予以保留。

**4.4.4** 稳定性差的不良地质边坡，宜采用工程防护与生态防护结合的综合处理方案。

**4.4.5** 跨越主线的天桥两端相接的被交路边坡，在高速公路可视范围内，选用防护形式时应注重防护的视觉效果。

**4.4.6** 坡面绿化应自然，宜采用乡土植物。采用工程防护的路基边坡，宜采用灌木、乔木或攀缘类植物进行遮挡。

**4.4.7** 路堑坡顶宜采用与周围自然环境相协调的灌木、低矮的乔木绿化。碎落台宜采用草灌绿化，应避免视觉效果单一的绿化形式。

**4.4.8** 路侧隔离栅处宜种植植物进行覆盖遮挡。

## 4.5 路面结构

**4.5.1** 应注重现场资料的调查和收集，做好交通荷载分析与预测，按照全寿命周期成本的理念进行设计，并考虑行车的舒适性、耐久性、安全性及养护的便捷性。

**4.5.2** 高速公路主线、匝道路面及桥面铺装宜采用沥青混凝土路面，收费广场、停车场宜采用水泥混凝土路面。

**4.5.3** 重交通方向有明显差异的路段，宜采用不同的路面结构。

## 4.6 沥青面层

**4.6.1** 沥青面层结构宜采用三层式结构,重交通道路可增设沥青碎石柔性基层。应根据交通组成与预测交通量合理确定沥青面层总厚度。

**4.6.2** 沥青表面层材料的选择应从路面抗滑、降噪、防水及耐久性等考虑,选择性能优良、质量可控的路面结构层材料。

**4.6.3** 沥青中面层材料应选择高温稳定性好,抗剪能力强的沥青混合料。

**4.6.4** 沥青下面层材料应选择具有抵抗和消散基层裂缝应力作用的沥青混合料。

**4.6.5** 表面层横向力系数 SPC60≥54,路面宏观构造深度 TD(mm)≥0.55。

## 4.7 半刚性基层

**4.7.1** 基层、底基层设计应贯彻就地取材的原则,根据交通量及其组成、气候条件、筑路材料等因素,选择技术可靠、经济合理的结构层。

**4.7.2** 双层式半刚性基层宜采用连续摊铺、碾压、一次养生成型工艺,边部宜采用直立式。

**4.7.3** 半刚性基层材料的设计应选用骨架密实型结构,严格控制细料含量、结合料剂量和含水率,强度指标不宜过高。

## 4.8 路面排水

**4.8.1** 结合路面结构设计,设置路面内部排水系统。

**4.8.2** 挖方路段应全断面设置排水垫层。垫层的宽度应与路基同宽或与边缘排水系统相连接,厚度不小于 15cm。

# 5 桥梁

## 5.1 桥梁布置

**5.1.1** 桥型应选择外形简洁,技术成熟,造价适中,施工方便、便于养护和维修更换的结构形式。

**5.1.2** 桥梁跨径选择应以经济,适用,受力合理、通用、标准为原则。

**5.1.3** 桥梁总体设计时,宜适当增加分联的长度,以减少伸缩缝的数量。

**5.1.4** 桥梁上部构造应优先采用预应力结构,并按全预应力构件进行设计;采用钢筋混凝土结构时,应严格控制构件的裂缝宽度。

**5.1.5** 长度大于 4km 的桥梁,宜在桥上设置中央分隔带开口。

## 5.2 桥梁景观

**5.2.1** 桥梁景观设计应首先进行桥位处的环境调查与研究,包括自然地理环境和社会人文环境。

**5.2.2** 景观设计的目的是使桥梁与环境协调,一般做法有:

(1)消去法,隐蔽桥梁的存在。

(2)融合法,使桥梁和环境按基本相同的格调融合。

(3)强调法,强调突出桥梁的存在。

**5.2.3** 景观设计的基本原则:

(1)形式与功能统一,形式服从于功能,功能靠形式表现。

(2)结构造型和谐,构造尺度比例协调,有秩序感和韵律感。

(3)坚持桥梁造型的多样与统一,均衡与连续。

(4)经济性原则。

## 5.3 桥梁附属设施

**5.3.1** 大、中、小桥桥面铺装应与路面上、中面层相一致。

**5.3.2** 桥面防水层宜采用热融沥青加热拌碎石。混凝土桥面平整度宜按 2m 直尺 4mm 控制。

**5.3.3** 伸缩缝应选用结构合理、抗冲击、锚固及耐久性好的形式。

**5.3.4** 应选择与受力相匹配的支座,并设置必要的限位装置,不得采用再生橡胶支座。

**5.3.5** 应采取有效工程措施减少台后沉降。

**5.3.6** 桥头锥坡防护应采用工程防护与生态防护相结合的方式。

**5.3.7** 桥面排水:

(1)应设置完善的桥面排水系统。

(2)桥面水不得直接排入饮用水源。

(3)凹曲线底部应加密设置泄水孔。

(4)特大、大、中桥梁应沿外侧护栏内设置排水盲沟。

(5)应设置与桥梁护栏匹配的导流设施,使桥头附近汇水流入急流槽。

(6)梁体及护栏应设滴水檐。

**5.3.8** 路基护栏和桥梁护栏,应从安全和外观方面做好衔接过渡设计。

**5.3.9** 应设置必要的桥梁维修、日常养护辅助设施:

(1)空心结构具备条件时,应设置检修人孔。

(2)高塔应设置检修电梯或爬梯,高墩、水中墩应设置爬梯。

(3)桥头应结合排水设置踏步。

**5.3.10** 桥梁与路基相接处应设置桥头搭板,搭板长度宜为台后填土高度的 1 ~2 倍。

**5.3.11** 小半径桥梁外侧挡块应加强设计。

# 6 路线交叉

## 6.1 互通立交

**6.1.1** 立交形式的选用

（1）两条高速公路成“十”字相交的枢纽互通立交宜采用直连式，当左转弯交通量较小时，可采用混合式。

（2）两条高速公路成“丁”字形交叉的枢纽互通立交，宜采用“Y”形或直连式“T”形。

（3）喇叭形互通立交宜采用 A 型。

**6.1.2** 线形设计

（1）互通立交范围内主线平纵线形指标不宜同时采用极限值，分流鼻之前应保证判断出口所需的识别视距，当主线车道数大于四车道时，线形指标应适当提高。

（2）宜采用一次流出方式进行设计。

（3）匝道线形设计应与运行速度相适应。

（4）匝道最大超高不应大于6%，合成坡度不应大于8%。匝道圆曲线的超高建议值见表6.1.2。

**表 6.1.2**

| 匝道设计速度(km/h) | 60 | 40 | 超高(%) |
|---|---|---|---|
| 匝道圆曲线半径(m) | 120 ~ 200 | 50 ~ 90 | 6 |
| | 200 ~ 320 | 90 ~ 150 | 5 |
| | 320 ~ 500 | 150 ~ 250 | 4 |
| | 500 ~ 800 | 250 ~ 410 | 3 |
| | 800 ~ 1 500 | 410 ~ 600 | 2 |

（5）互通立交中的平面交叉：

①平面交叉范围内被交路纵坡宜小于3%，紧接交叉的匝道宜以0.5% ~2.0%的上坡连接被交路。

②平面交叉的角度不宜小于70°。

③平面交叉应做渠化设计。

④交通导流岛构造形式宜与被交路上其他平面交叉口采用的形式一致。

#### 6.1.3 边坡及防护排水绿化

(1)互通立交内部区域的填方路基边坡适当放缓坡率,结合自然地形将土路肩、边坡、坡脚修饰成圆滑、柔和的自然坡面。

(2)互通立交内部区域挖方路段应挖除弯道内侧、合流三角区等部位影响视线的山头或坡面。

(3)互通立交内侧排水以坡面形状为主确定排水方向,宜采用自然、富有变化的浅碟形排水沟。

(4)在互通区内侧边坡尽可能结合整个互通区景观绿化设计采用生态防护形式,不宜采用圬工防护。

### 6.2 分离立交

#### 6.2.1 交叉构造物设计标准

交叉构造物设计标准见表6.2.1。

**表6.2.1 交叉构造物设计标准**

| 交叉道路类别 | 主线下穿分离立交、天桥 | | | 主线上跨分离立交、通道 | |
|---|---|---|---|---|---|
| | 桥下净高(m) | 桥面净宽(m) | 设计荷载 | 净高(m) | 净宽(m) |
| 高速、一级公路 | 5+0.5 | 标准 | 公路-Ⅰ级 | 5+0.5 | 实际(规划)宽度 |
| 二级公路 | | 标准 | 公路-Ⅰ级 | 5+0.2 | 实际(规划)宽度 |
| 三、四级公路 | | 9+2×0.5 | 公路-Ⅱ级 | 4.5+0.2 | 实际(规划)宽度 |
| 汽车通道 | | 7+2×0.5 | | ≥3.5 | ≥6.0 |
| 拖拉机通道 | | 7+2×0.5 | | ≥2.7 | ≥4.0 |
| 人行通道 | | 4.5+2×0.5 | | ≥2.2 | ≥4.0 |

#### 6.2.2 主线下穿分离立交、天桥

(1)桥跨布孔除满足通行净空与通视要求外,宜适当增加桥孔。小于3m的中央分隔带不宜设置桥墩。

(2)桥梁结构形式应优先考虑连续箱梁、斜腿刚构桥、拱桥等桥型方案。

(3)桥梁及引道纵坡,平原区不宜超过3%。

(4)桥梁两侧设防撞护栏和2.5m高的桥梁护网。

(5)桥面雨水不得直接排入高速公路。

(6)桥头锥坡、台前溜坡宜采用生态防护,并与路基防护相协调。

#### 6.2.3 主线上跨分离立交

(1)分离立交布孔应适当考虑被交道远期加宽因素。

(2)被交道为双车道时,不得在中间设置桥墩。

（3）主线桥面雨水不得直接排入被交公路。

（4）桥上应设 2.5m 高的桥梁护网。

**6.2.4** 通道

（1）通道改路应征得当地村民或当地政府的同意。

（2）通道排水宜采用自然排水方式。

# 7　交通工程与沿线设施

## 7.1　交通安全设施

### 7.1.1　交通标志

(1)交通标志设计,应以不熟悉周围路网体系,但对行驶路线做出合理规划的公路使用者为设计服务对象,充分考虑驾驶人员的信息需求和驾驶行为,通过交通标志信息的引导,使公路使用者顺利、快捷地抵达目的地。

(2)交通标志设计,应纵观路网全局,注重标志的系统性和一致性。

①交通标志应以路网为设计对象,使路网内相关标志构成整体系统。

②枢纽立交的指路标志,应重点设计。

③对于连接重要国、省道的立交,在其出口预告标志上应提供国省道信息。

④标志的形式、设置顺序应遵循一致性原则。

⑤标志的地名信息应遵循一致性和连续性原则。

⑥指路标志的地名应兼顾近、中、远程目的地。

(3)对重要城市的主要出口的标志,应重点设计。

(4)多雾、大型桥梁、横风、陡坡、急弯路段,宜设置相应警告标志。

(5)平纵线形指标较低、有安全隐患的地点,宜设置警告、诱导类标志。

(6)通往 AAAA 级以上旅游景区的出口附近,宜设置旅游景区标志。

(7)在标志设计中应注重如下细节:

①交通标志提供的信息应全面准确,且应避免信息不足或信息过载。

②交通标志内容宜图形化、数字化(公路编号、出口编号等)。

③交通标志应避免被其他标志、树木、结构物、山体等遮挡。

④大型车辆比重较大的路段,重要指路标志宜采用门架式、悬臂式结构。

⑤门架式、悬臂式标志,反光膜等级宜高于路侧柱式标志。

⑥设计行车速度为 100 ~ 120km/h 时,指路标志的汉字高度宜采用 70cm。

⑦高速公路出口处的地点方向标志以及枢纽立交指路标志的汉字尺寸,宜采用与主线相同的设计标准。

### 7.1.2　交通标线

(1)高速公路的车道边缘线、斑马线宜采用热熔型涂料。

（2）减速标线宜采用热熔突起型涂料。

（3）收费岛岛身和距离行车道较近的桥墩，应设置反光型立面标记。

（4）匝道分流、合流口附近宜设置反光突起路标。

（5）高速公路主线轮廓标设置间距不宜大于 32m，匝道轮廓标设置间距不宜大于 8m。

#### 7.1.3 护栏

（1）护栏的防撞等级，应根据道路的设计速度、危险程度、运行速度、交通量、预测车辆构成和现场情况等因素合理确定，不同路段可采用不同的防撞等级。

（2）护栏的结构形式，应根据道路基础条件、桥梁结构和车辆构成，按照不同的防撞等级合理确定，不同条件的路段可选择不同的护栏形式。

（3）护栏的设置应因地制宜。

①高速公路路基边坡坡度 1∶1.5、路堤高度（含路侧边沟深度）大于 3m 时，应设置路侧护栏。

②整体式断面中间带宽度小于或等于 12m 时，必须设置中央分隔带护栏。

③边坡坡度较缓、车辆驶出危险程度较低的路段可不设护栏。

④不同结构形式护栏之间应进行过渡段设计。过渡段护栏的防撞能力应高于两端护栏中防撞能力较低的护栏。

⑤填方路段护栏端头宜采用地锚式或外展地锚式。填挖交接段护栏端头宜采用外展式，有条件时应将护栏端头隐入山体。

⑥匝道分流处护栏端头，应设置防撞桶或消能护栏等消能设施。

#### 7.1.4 隔离栅

当土壤、环境条件适宜时，隔离栅宜采用绿篱与刺铁丝网组合形式。

#### 7.1.5 防眩设施

（1）防眩设施宜优先采用植物防眩。

（2）防眩设施应考虑抗风要求和景观要求。

### 7.2 服务设施

#### 7.2.1 功能设置

（1）高速公路服务区包含六大功能分区，即：加减速匝道、停车场、综合服务楼（含公共卫生间、超市、餐饮、客房、休息）、车辆维修区、加油区、休闲广场。

（2）高速公路停车区仅设置加减速匝道、停车场和简易服务站（含公共卫生间、便利店）。

**7.2.2** 总平面布置

(1)总平面应根据地形灵活布置,合理组织交通流线,使各功能分区明确,避免人、车流线交叉。

(2)各功能区的布置。

①停车场应靠近加减速匝道布置。

②综合服务楼位置应醒目且距离停车场较近。

③加油区宜布置在出口匝道的右侧,与停车场和建筑物的间距应满足防火规范要求,且应进出车辆顺畅。

④车辆维修区宜布置在场区入口处的后方。

⑤休闲广场应位于停车场和综合服务楼之间。

**7.2.3** 停车场

(1)停车场布置应方便使用、利于管理,各种车辆停车位比例应根据交通量情况计算确定。停车区的停车场大车停车位数量每侧不宜低于5个。

(2)大型及超长车停车位应靠近加减速匝道布置,并采用前进停车、前进出车方式。

(3)运送危险品的车辆宜设置在距离加油站和人员密集区较远处,并与其他车辆分开停放,留出安全距离。

(4)客、货车停车位宜分区布置,避免混停;两区之间宜用绿化带隔开,绿化带内宜种植高大乔木。

(5)大客车停车位宜靠近公共卫生间。

(6)小型车停车位可在综合服务楼附近灵活布置,停车位可采用嵌草砖铺砌。

(7)停车场宜设置监控系统,并在适当位置设置治安岗亭。

(8)在综合楼和公共卫生间附近宜设置少量残疾人专用停车位。

**7.2.4** 综合服务楼

(1)综合服务楼的各服务设施宜联成整体,形成一条龙服务。

(2)公共卫生间面积和厕位设置应与路段车流量相匹配。

①公共卫生间配置宜达到旅游三星级厕所规定;卫生器具宜选用耐用易维护的产品;有条件时可设置简易浴室。

②公共卫生间应有良好的通风、采光,应设置机械通风装置,地面应防滑。

③宜设置妇婴专用卫生间、儿童专用小便器、儿童专用洗手盆。

④小便器上方、大便间隔断内宜设置置物设施。

(3)超市及便利店宜与公共卫生间紧密联系。

(4)餐饮。

①操作间应符合卫生防疫要求。

②餐厅宜分别设置快餐厅和小餐厅;快餐厅以自助餐为主,宜设置饮用水供应点;小餐厅可作为零点餐厅,每侧设置2~5间。

(5)休息厅宜面对停车场布置。

(6)客房

①客房中配备与生活、安全密切相关的设施设备和用品。

②为便于管理,客房可集中在服务区的一侧布置。

③位于旅游景点附近的服务区可按实际需要设置商务客房或普通客房。

**7.2.5** 车辆维修区

(1)车辆修理应与其他服务设施分开设置。

(2)修理车间前应设置检修广场,与停车场相接,便于车辆进出。

**7.2.6** 加油站设计应符合相关规范要求,客货车宜采用分区加油方式。

**7.2.7** 休闲广场

(1)休闲广场应设置绿化带、路缘石或车挡器等设施与停车场分隔。

(2)休闲广场宜设置休闲桌椅、遮阴树、道路信息牌、临近景点介绍、当地文化介绍,温馨提示等多种人性化设施。

**7.2.8** 环境设计

(1)服务区、停车区应综合考虑当地社会人文、地理环境等因素进行环境设计。

①建筑外观、细节设计应与当地环境协调。

②环境美化以绿化为主,适当点缀具有当地特色的小品。

(2)服务区、停车区排水应与主线排水综合考虑,并做到雨污分流,污水处理后水质应达环保要求的排放标准。

**7.2.9** 管理用房

(1)服务区的员工宿舍、员工食堂宜与对外营业部分分开设置。

(2)停车区宜设置1~2间管理用房。

## 7.3 管理设施

**7.3.1** 监控系统

(1)监控系统的设计,应与高速公路的服务水平和监控等级相适应。

(2)高速公路监控系统宜采用分期建设方案。

(3)应根据道路监控等级,设置信息采集、处理、发布设施。有条件时,应根据各路段交通量需求在道路沿线同步建设视频信息采集设施,在重要互通出口和服务区设置交通信息发布设施。

(4)监控外场设备布设,应避免被标志、树木、结构物等遮挡。

(5)在监控室布局设计和设备的技术指标选择时,应考虑操作人员舒适性,隔离设备噪声,减少电视闪烁引起的视觉疲劳等。

(6)应采取必要的措施,防止外场监控设备的供电电缆被盗割。

**7.3.2** 收费系统

(1)山东省内联网收费高速公路必须采用封闭式收费制式。

(2)收费方式一般应采用"车牌照自动识别、人工判别车型、人工发卡、CCTV 监视、车辆检测器校核、人工收卡、出口计重收费、计算机管理"的人工半自动收费方式,还应预留入口自动发卡、不停车自动收费系统的扩展接口。

(3)收费车道数量。

①收费车道数量宜按照下列收费服务时间计算确定:

a. 入口服务时间 6~8s。

b. 出口服务时间 14~20s;省界联合收费站服务时间宜采用 20~26s。

②对于实行计重收费的收费广场,用于计算车道数的年平均日交通量(AADT)宜按照以下公式进行调整:

$$\mathrm{AADT}=\mathrm{AADT}'\times(1+0.8R)$$

式中:AADT′——特征年原预测交通量(小客车当量);

$R$——大中型货车(含集装箱车)占有率。

③每个收费广场应至少设置 2 条入口、2 条出口收费车道。

④除省界联合收费站和 2 入 2 出小型收费站外,收费站入口车道、出口车道数量应按收费服务时间区别设置。

(4)收费车道扩建

当收费站车辆拥堵现象多发时,可根据交通量增长、计重收费时间增加等实际情况,合理扩建收费车道;也可设置双向收费车道,或采用多收费亭的复式收费方式。

(5)县级以上城市出入口、AAAA 级以上景区出入口,有条件时,应设置不停车自动收费专用车道。采用不停车自动收费的收费广场,应至少设置 3 条入口、3 条出口收费车道。

**7.3.3** 收费站、管理、养护设施

(1)总平面布置

①收费站办公区出入口宜设置在收费广场的出口侧,距收费岛中心线的最近距离不宜小于 50m。当收费天棚距办公区出入口距离较远时,宜在位于收费岛处的围墙上设门,并设置收费员专用人行道。

②主线收费站、大中型城市主要出入口等交通量较大、收费车道数较多的收费站可在靠近收费广场出口外侧设置小型公共厕所等便民设施。

③收费站场区内合并设置养护工区时,建筑风格应保持一致,附属建筑宜共用,其他功能分区应相对独立,养护工区宜设置独立的出入口。

④通信监控分中心和管理处宜靠近互通立交设置,方便管理。

⑤收费站、通信监控分中心和管理处应设置必要的活动场地。

(2)收费天棚

①收费天棚净高应不小于5.5m,其构造应有利于挡雨水、遮阳和排除汽车废气。

②收费天棚长度应覆盖两侧的加宽车道。

③收费天棚应为有组织排水,宜采用内排水方式。

(3)建筑物设计

①主体建筑应采用较好朝向,有利于建筑节能。

②管理处的路政大厅等具有对外服务功能的房间应设置无障碍通道。

③宿舍、浴室等附属用房应与主楼联系方便,设在主楼内的餐厅操作间应采取措施防止串味。

④办公楼主入口宜设自动感应门;设在北向的主入口外门宜设门斗。

⑤综合考虑建筑节能、造型等因素,合理确定建筑物层高。

## 7.4 建筑设备

### 7.4.1 建筑设备

(1)给水设备应采用变频控制,一用一备;各场区均宜设置生活水池。

(2)卫生器具。

①卫生器具应选择节水型。

②宜设红外线感应洗手盆、烘手机。

③蹲式大便器宜设自闭式脚踏冲洗阀。

④小便器宜设感应式延时自闭冲洗阀。

(3)场区应设污水处理设备,宜考虑中水的重复利用。

(4)消防。

①场区应设置消防水池。

②宜采用地上式消火栓。

③服务区综合楼应设置高位水箱,满足消防要求。

(5)洗浴用水宜采用太阳能热水器供给。

(6)空调宜采用节能环保的产品或技术,收费站、养护工区、停车区宜采用分体空调。

(7)宜采取适当措施防止冬季给水管道冻裂。

### 7.4.2 建筑电气

(1)照明

①宜采用节能灯具。

②服务区停车场宜采用高杆灯照明,并应设置成全夜灯和半夜灯,同时避免眩光及

对周围建筑的光干扰;场区管线手井宜避开停车场和人行道设置。

③服务区休闲广场照明宜设置不同形式的灯型,丰富广场的景观。

④服务区快餐厅照明设计应选择温暖光源,宜使用较集中的嵌入式灯具,餐厅灯具的大小和形状应与室内空间相协调。

⑤服务区客房应设置疏散指示照明、事故照明;客房照明应避免直射床头,宜采用落地灯、壁灯等温暖光源。

⑥服务区、停车区两侧场区的连接通道宜设置照明,管线宜暗敷。

(2)电气设施

①各主体建筑均应设网络线、有线电视、电话插座和电源插座。

②服务区休息厅宜设置插座和多功能手机充电器。

③监控系统、通讯系统、收费系统、消防用电、应急照明应采用一级负荷;服务区综合楼照明、综合楼操作间用电、加油站用电、管理中心办公楼照明、收费站办公楼照明为二级负荷;采用柴油发电机作为一、二级负荷备用电源。监控、通讯、收费系统应设 UPS 电源。

④服务区综合楼应设消防报警系统。

⑤服务区宜设置停车场监控系统,监控系统与消防报警系统可由控制室集中控制。

⑥应合理设置避雷设施,各单体建筑的防雷、弱电及监控设备宜共用接地装置,接地电阻小于 1Ω,监控、收费、通讯机房应做局部等电位联结。

⑦监控、收费、通讯机房应设有备用照明。

⑧场区内所有管线均应暗敷,并预留备用管,监控预埋管应与机电预埋管相连接。

(3)收费广场照明

①供电应分为收费雨篷照明、收费亭动力、收费广场照明和监控用电四路。

②收费广场车道数大于或等于 12 条时宜设高杆灯照明;小于 12 条时宜设中杆灯照明;4 条及以下时宜采用路灯照明。照度宜为 20 ~ 40lx,均匀度应大于 0.4。

③广场照明灯杆采用液压可倾式或升降式单向照明灯;液压可倾式灯杆倾倒时应向土路肩方向倾倒,避免维修时影响通行。

④收费亭内电气设备应与收费雨棚防雷共用接地装置,接地电阻小于 1Ω。

# 本规定用词说明

(1)表示很严格,非这样不可的用词:
正面词采用“必须”;反面词采用“严禁”。
(2)表示严格,在正常情况下应这样做的用词:
正面词采用“应”;反面词采用“不应”或“不得”。
(3)表示允许有选择,有条件时首先应这样做的用词:
正面词采用“宜”;反面词采用“不宜”。
(4)表示允许有选择的用词:
正面词采用“可”。

附件

# 《高速公路人性化设计规定》

（DB 37/T 1725—2010）

## 条 文 说 明

# 2 总体设计

## 2.1 总体设计原则

**2.1.5** 当有特殊车辆通行需求时,经充分调查、论证,可适当提高桥梁设计荷载标准。

# 4　路基、路面

## 4.3　路基排水

(1)当汇水面积较小时,宜采用浅碟式边沟;当汇水面积较大,采用矩形边沟时,应在边沟上铺设盖板,防止车辆误入边沟。为改善视觉效果,可采用暗沟盖板上填土做浅碟式纵向排水沟的形式,为防止泥土冲入暗沟,浅碟式纵向排水沟表面宜铺草皮绿化。浅碟式排水沟宜每一定距离设置一处雨水井篦将雨水排入暗沟,雨水井篦宜采用钢筋混凝土预制。

(2)填方边沟不宜全断面圬工防护,视边沟土质,过水断面以上可采用植草或铺草皮防护。

## 4.6　沥青面层

SBS 改性沥青玛蹄脂碎石混合料(SMA),经过在山东省高速公路建设及养护工程中的应用,不仅性能优良、取材立足于本省,而且在混合料设计、施工技术的掌握上都积累了丰富的经验,可以在高速公路设计中推广应用。目前设计中采用的 SMA－13 居多,表面骨料颗粒细致、均匀,纹理构造清晰、深度满足技术要求,抗滑性能优良,同时由于表面特性细致均匀而不光滑,不易形成较厚的水膜,可起到降噪、防雾、防眩光作用,防水和耐久性等均优于密级配的沥青混合料,一般设计厚度 4cm。

# 6 路线交叉

## 6.1 互通立交

### 6.1.1 立交形式的选用

(1)两条高速公路成“十”字相交的枢纽互通立交中的环形匝道尽可能少设,一般不宜超过两条,且最好成角对称布置,避免车辆的交织。

(2)两条高速公路成“丁”字形交叉的枢纽互通立交,其匝道可视为高速公路的延伸段,其设计速度与主线设计速度之间的差值不宜过大。

(3)喇叭形互通立交当地形地物限制或左转进入主线的交通量远大于左转驶离主线的交通量时,采用 B 型。

### 6.1.2 线形设计

(1)当互通立交范围内主线平、纵线形指标小于规范一般值时,须计算识别视距,分流鼻之前应保证识别视距大于 1.25 倍主线停车视距。

(2)主线上互通立交设置多个连续的出口易造成驾驶者对出口信息的迷惑,甚至导致操作失误。当不能保证主线出入口间的应有距离或遇转弯车流的紧迫交织干扰主线车流时,宜采用与主线相分隔的集散道将出入口串联起来。

(3)接近出入口附近的匝道部分应有较高的设计速度;接近收费站或平面交叉的匝道端部,设计速度可酌情降低;右转弯匝道运行速度较高,应采用较高的设计速度。

(4)流出匝道宜采用上坡,流入匝道宜采用下坡。

(5)互通立交中的平面交叉:

①平面交叉范围内驾驶操作复杂,易发生交通事故。考虑到使驾驶者尽早看到交叉范围内的车流动向,尽量缩短车辆(特别是重车)的刹车距离,提高车辆的可控性,平面交叉范围内应有更好的纵面线形,纵坡不应太大。

②交通导流岛构造形式主要包括以缘石围成而高出周围行车道路面的实体岛、路面上用标线画出的隐形岛和无缘石的浅碟式岛三种形式,应保持一条路上平面交叉口的形式一致,减少驾驶者判断和操作失误。

### 6.1.3 边坡及防护排水绿化

(1)互通立交内部区域填方路基边坡坡率可放缓至 1:3 ~ 1:4,并应消除人工痕迹,修饰成自然坡面。

(2)互通立交内部区域挖方路段弯道内侧、合流三角区等部位的山头或坡面影响驾驶者识别前方路线走向,必须挖除,并结合互通区内地形进行自然化修整,为景观绿化提供条件。

(3)互通立交范围内汇水面积有限,不必采用断面较大的圬工砌筑排水边沟。

(4)互通区内侧边坡坡率较缓,边坡稳定,不宜采用圬工防护。

# 7　交通工程与沿线设施

## 7.1　交通安全设施

### 7.1.1　交通标志

(1)按照交通运输部《国家高速公路网相关标志更换工作实施技术指南》的要求,结合山东省高速公路标志设计经验,对高速公路交通标志的设计服务对象、设计目的进行定义。

(2)随着全国高速公路建设的逐步推进,高速公路已经逐渐构成路网,交通标志应纵观路网全局,使路网内相关标志构成整体系统。

标志的形式、设置顺序、地名信息应遵循一致性原则:

①一般情况下,行车确认类标志设置应遵循一定的顺序,如入口预告(系列)标志→入口预告标志→入口禁令标志→收费站标志→地点方向标志→方向标志、高速公路命名编号标志→限速标志→下一出口预告标志→地点距离标志→出口预告(系列)标志→匝道限速标志→出口标志(或地点方向标志)→收费站标志→收费站外路口处地点方向标志。

②同一互通立交、同一行车路段,相关指路标志的地名信息应保持一致。

③每种类型标志的造型、结构宜保持一致。

(3)对主要大中型城市主要出口和交通量较大、被交路比较复杂的立交出口,应重点设计其指路标志。

(4)在多雾、横风路段,容易结冰的大型桥梁,陡坡、急弯路段,容易发生交通事故,应结合标志、监控设备的总体布局设置相应的警告标志。

(5)在平纵线形指标较低、有安全隐患的地点,应结合标志、监控设备的布局设置警告、诱导类标志。

(6)在通往 AAAA 级以上旅游景区的出口附近,应设置旅游景区标志。如果旅游景区标志与高速公路指路标志发生冲突时,应优先设置指路标志。

(7)在标志设计中应注重如下细节:

①交通标志提供的信息应全面、准确,且应合理控制标志的信息量,避免信息不足或信息过载。

②交通标志的内容应尽量图形化、数字化,优先采用容易辨认的图形、数字。

③交通标志应避免被其他标志、树木、结构物、山体等遮挡。相同结构的标志之间应

保持一定距离,设计速度为120km/h时,标志间的距离不宜小于70m。

④为避免在外侧车道行驶的大型车辆阻挡柱式标志,在大型车辆比重较大的路段,重要指路标志宜采用门架式、悬臂式结构。

⑤考虑车辆夜间灯光角度,门架式、悬臂式标志的反光膜等级宜高于路侧柱式标志。

⑥在满足GB 5768规定的前提下,应考虑运行速度,适当加大出口地点方向标志、枢纽立交指路标志的文字尺寸。

#### 7.1.2 交通标线

(1)高速公路交通标线,除施画于路面上的各种线条、箭头、文字外,还应包括立面标记、突起路标、轮廓标等。

(2)高速公路的车道边缘线、斑马线,宜采用经久耐磨、反光效果好的热熔型涂料。

(3)减速标线宜采用具有振荡效果的热熔突起型涂料。

(4)为提醒车辆注意车道附近的障碍物,在收费岛岛身和距离行车道较近的桥墩,应设置反光型立面标记。

(5)匝道分流、合流口附近,车辆分道、并道容易发生交通事件,宜设置反光突起路标。

(6)轮廓标夜间描述道路的轮廓,造价低、效果好,宜适当加密。

#### 7.1.3 护栏

(1)确定护栏的防撞等级时,除依据道路的设计速度、危险程度、交通量等因素外,还应考虑道路的运行速度和预测车辆构成等因素。

(2)确定护栏的结构形式时,应根据道路基础条件、桥梁结构和车辆构成,按照不同的防撞等级选择合适的护栏结构、材料,尽量做到安装容易、维修方便。

(3)护栏的设置应因地制宜,护栏本身对行车也会产生危险,危险程度较低的路段尽量不设置护栏。路侧净区满足安全需要时,尽量不设护栏。

(4)不同结构形式护栏之间应进行过渡段设计。

#### 7.1.4 隔离栅

优先采用生态隔离栅。当土壤、环境条件适宜时,隔离栅宜采用绿篱与刺铁丝网组合形式。

### 7.2 服务设施

(1)综合服务楼含公共卫生间、超市、餐饮、客房、休息;车辆维修区含维修车间和修车广场;加油区含油库、加油大棚、站房。停车区的简易休息区含小卖部、休息厅、厕所。

(2)加油站应使停车场和匝道的多方向来车进出顺畅,避免车辆在加油站附近小半径转弯加油;车辆维修区宜采用绿化遮挡,既要便于修理车辆进入,又要避免对停车场及旅客休息区景观造成不利影响;休闲广场主要起到两区域的过渡和分流作用。

(3)车辆类型主要有五类:大客车、小型车、中型车、大型及超长车、运送危险品的车辆。

(4)大客车靠近公厕停车,既方便乘客,又可避免人流穿行停车场的安全隐患。根据停车习惯,小型车停车位宜设在综合服务楼附近,且在楼内能看到的位置。

(5)停车场布置可一次设计,分期实施。通车初期车流量较小,可将部分车位用作绿化用地,当车流量增大,停车场不能满足使用时,再将绿化用地硬化为停车位。

(6)旅客休息区含公厕、购物、餐饮、休息厅、客房等服务设施。

(7)服务区、停车区绿化宜用灌木绿篱、草坪、花卉、高大乔木形成立体绿化格局,主要部位以常绿植物为主。周边绿化以乔、灌结合,形成背景林带。

(8)雨水可集中收集作为绿化养护和轮胎降温用水。

## 7.3 管理设施

### 7.3.1 监控系统

(1)监控系统的监控规模和监控策略,均应与高速公路的服务水平和监控等级相适应。

(2)高速公路监控系统宜采用分期建设方案。

①近期监控方案:在高速公路建成初期、车流量较小时,除特大桥梁、特长隧道等路段外,其他路段的监控系统规模可按满足日常运营管理的基本要求设置。

②远期监控方案:当高速公路服务水平降低到三级以下,或者道路经常拥堵、事故多发,根据道路运营管理要求,适时建设较为完善的监控系统。

(3)应根据道路监控等级,设置信息采集、处理、发布设施。

①信息采集设施

在近期监控方案中,在重要的互通立交、服务区和交通量较大的路段,应设置遥控摄像机、车辆检测器等信息采集设备;在多雾路段应设置能见度检测器。

在远期监控方案中,应在交通量较大、多雾、陡坡、急弯等路段密布车辆检测器、摄像机等设备,及时发现交通异常。

②提高交通事件的处理能力

根据高速公路运营管理的需要,配置完善的监控网络和先进的分析设备,及时发现交通事件和交通异常。构建与消防、交警、医院等部门的联动体系,及时救助伤员、处理交通事故、恢复道路的正常通行。

③信息发布设施

在近期监控方案中,应在重要的枢纽立交和交通量较大的收费站附近设置完善的可变信息标志。

在远期监控方案中,应分析路段交通量、立交转弯交通量、路线指标较低的路段(陡坡、急弯等)、多雾等因素,根据路网结构,在可迂回绕行的立交出口附近,设置完善的可变信息标志等信息发布设备。

在条件允许时,可采取网络、广播等多种信息发布手段,进行交通信息的发布和共享。

**7.3.2** 收费系统

(1)山东省内高速公路已实现全省"一卡通"联网收费。按照全省联网收费系统的统一规定,山东省内联网收费高速公路必须采用封闭式收费制式和"车牌照自动识别、人工判别车型、人工发卡、CCTV 监视、车辆检测器校核、人工收卡、出口计重收费、计算机管理"的人工半自动收费方式。

(2)为推广电子不停车收费系统和电子支付系统,收费系统应预留入口自动发卡、不停车自动收费等系统的扩展接口。

(3)在确定收费车道数量时,除考虑正常的收费时间外,还应充分考虑省界联合收费站、计重收费等的收费服务时间。

①为确保收费系统的正常运行,每个收费广场应至少设置 2 条入口、2 条出口收费车道,以确保 1 条车道设备故障时仍可收费。

②除省界联合收费站和两入两出小型收费站外,收费站入口车道、出口车道数量应按收费服务时间区别设置。不得出现出入车道数量相等,造成入口车道和设备闲置、浪费。

(4)收费车道扩建。

当收费站车辆拥堵现象多发时,可根据交通量增长、计重收费时间增加等实际情况,合理扩建收费车道;对于征地困难的繁忙收费站,可根据早晚出行规律,设置双向收费车道;在交通高峰时段或节假日,可采用多收费亭的复式收费方式。即在同一收费车道设置多个收费亭,可同时对多部车辆同时收费。

(5)推广不停车自动收费系统,提供多种支付方式。

根据全省高速公路联网收费规划的推行,应积极采用不停车自动收费和电子支付方式,如储值卡、记账卡、信用卡、银联卡等。

**7.3.3** 收费站、管理、养护设施

(1)收费站办公区若受条件限制,其出入口设置在收费广场的入口侧时,则应单独设置进出办公区的道路,不应通过收费车道进出。对出入口距收费岛中心线的最近距离进行限制,以尽量减少办公区进出车辆对收费广场的干扰。当收费天棚距办公区出入口距离较远时,设置收费员专用道,其主要目的是保障收费员人身及资金安全。

(2)收费天棚排水不应直接排入收费车道,避免冬季结冰,造成安全隐患。

(3)通信监控分中心具有监控、管理、路政等职能,宜选择靠近城镇且距离高速公路互通立交较近的位置设置,既方便职工又便于管理。

**7.4.1** 建筑设备

(1)根据对已使用的服务区、停车区用水量的调查,服务区一天的用水量约 60 ~ 150m$^3$,停车区一天的用水量约 20 ~ 60m$^3$。考虑到水泵检修等因素,生活水池的容量按照约一天的用水量确定。

(2)收费站的规模不同,用水量也存在较大差异,车道数较少的收费站每天用水量约 5 ~ 10m$^3$,与养护工区合建的收费站每天用水量约 10 ~ 30m$^3$,管理监控分中心、车道数较多的主线收费站每天用水量约 30 ~ 50m$^3$。各场区生活水池容量可根据实际情况计算确定。

**7.4.2** 建筑电气

根据《高速公路交通工程及沿线设施设计通用规范》(JTG D80—2006),服务区综合楼操作间用电、加油站用电、收费站办公楼照明为三级负荷,考虑到实际使用方便,将其用电负荷等级提高为二级,并采用柴油发动机作为备用电源,以保证餐饮、加油和收费站正常办公。

山东省地方标准

# 高速公路建设节约用地设计规定

**Design Specification for Optimal Land Utilization in Expressway Construction**

**DB 37/T 1721—2010**

主编单位:山东省交通运输厅
批准部门:山东省质量技术监督局
实施日期:2011 年 01 月 01 日

人民交通出版社

# 前　　言

为进一步规范全省交通基础设施建设和管理行为，全面提升建设管理水平，按照交通工作实现“标准化、规范化、集约化、人本化”管理的目标要求，山东省交通运输厅提出并主持编制了本规定。

土地是人类的生存之本。目前山东省人均土地不足0.17公顷，远低于全国平均水平。公路作为国民经济和社会发展的重要基础设施，近年来得到了迅速发展。截至2008年年底，山东省高速公路通车里程已达到4 285km，占用土地33 280公顷。

随着工业化、城镇化的加快推进，土地资源日益匮乏。如不采取有效的节约用地措施，将直接影响到社会的稳定和可持续发展。高速公路建设如何提高土地利用率，怎样才能更有效地减少占地，成为当前亟待解决的问题。

编写组在总结国内外高速公路建设经验的基础上，通过对山东省已建成高速公路的调查、分析和研究，较为全面、系统地提出了高速公路建设节约用地的具体措施，并在近期的高速公路设计中得到了应用，收到了良好的效果。这对于山东省在今后高速公路设计中，贯彻落实科学发展观和公路节约用地新理念，将具有十分重要的指导意义。

本规定由山东省交通运输厅归口并提出。

**编 写 单 位**：山东省交通规划设计院

**主要起草人**：张克文　刘静波　胡成勇　孙玉海　程　磊　刘　芹　王玉兰　李增杰　徐洪明　李万鹏　王　兵　徐道涵　范鲁涛

各单位在应用过程中有何意见或建议，请及时函告山东省交通规划设计院，以便修订时参考。联系地址：山东省济南市黄岗东路5号，邮编250031。

# 1　总则

**1.0.1**　为在高速公路建设中贯彻“十分珍惜、合理利用土地和切实保护耕地”的基本国策、强化和规范节约用地措施,制定本规定。

**1.0.2**　高速公路建设应遵照保护、开发土地资源,合理利用土地,促进社会经济可持续发展的原则。

**1.0.3**　高速公路用地应符合国家土地利用总体规划,切实做到科学、合理、节约,加强耕地的保护。

**1.0.4**　高速公路的用地包括:

(1)公路路基的用地范围;

(2)互通立交及连接线的用地;

(3)分离立交、桥梁、隧道等设施的实际占地;

(4)安全设施、管理设施和服务设施的实际占地;

(5)满足环保要求而需要的占地等。

**1.0.5**　高速公路设计应在满足其交通功能、为用户提供安全舒适的出行环境的基础上,通过采取以下措施来达到节约用地的目的:

(1)科学地选用技术指标,合理确定公路走廊带;

(2)更新设计理念,依靠科技手段优化设计方案,并积极采用新技术、新工艺和新材料等;

(3)严格控制互通立交和服务设施的数量,合理设置通道和天桥。

**1.0.6**　本规定适用于山东省新建、扩(改)建高速公路的设计。

**1.0.7**　在使用本规定时,还应符合现行的国家行业标准、规范以及相关文件的规定。

# 2　总体设计

## 2.1　走廊带

**2.1.1**　高速公路设计应根据其功能及在路网中的作用,综合考虑铁路、水路、公路、航空、管道等运输方式,正确处理同城镇、农田规划的关系,合理布设公路走廊带,实现交通资源集约化。

**2.1.2**　可行性研究阶段,应在深入调查和分析基础资料、尽量避绕基本农田的基础上,提出不少于两个可供比选的路线走廊带。

**2.1.3**　应将占地数量、土地类别作为重要指标,对不同的走廊带进行详细论证后,提出推荐的公路走廊带。

## 2.2　路线

**2.2.1**　路线方案应在所选定的公路走廊带与主要控制点的基础上进行总体设计,并根据不同的控制因素布设多个路线方案。

**2.2.2**　路线的布设应牢固树立节约用地的理念,在满足公路功能、保证行车安全的前提下,进一步做好下列工作:

(1)应根据地形地物条件,在对地质、水文、筑路材料等进行充分调查的基础上,结合沿线小区域气候特征,合理确定路线线位及其主要平纵面技术指标;

(2)应认真研究工程建设同农田水利、城镇规划等的协调与配合,充分利用线位资源,进一步确定建设规模,切实保护耕地并提高土地利用率。

**2.2.3**　路线线位应结合用地进行多方案论证和比选,充分利用荒山、荒坡和劣质地,最大限度少占耕地。

**2.2.4**　路线设计应通过进一步优化方案等方法,尽量缩短路线的建设长度、降低路基高度。

## 2.3 路基

**2.3.1** 对于填方路段，根据地质情况可参照表 2.3.1 选择设计方案。

**表 2.3.1 路堤或高架桥方案选择**

| 地 形 | 填方高度 | 普通路基 | 边坡支挡 | 高架桥 |
|---|---|---|---|---|
| 平原区 | 1.5～6m | √ | | |
| | 6～9m | √ | √ | |
| | ＞9m | | √ | √ |
| 丘陵区 | 1.5～8m | √ | | |
| | 8～12m | √ | √ | |
| | ＞12m | | √ | √ |
| 山区 | 1.5～8m | √ | | |
| | 8～15m | √ | √ | |
| | ＞15m | | √ | √ |

**2.3.2** 公路设计线处的挖方深度超过 25m 时，应选用路堑与隧道两个方案进行比较。

**2.3.3** 对于不良地质路段，不宜采用反压护坡道的地基处理方案。

**2.3.4** 主线、互通立交的路基工程，应进行认真勘察、仔细计算，在技术经济比较的基础上，合理调配土石方，尽量避免弃方。

## 2.4 桥梁

**2.4.1** 对控制路基高程的桥梁以及立交桥，应尽量选择能够降低高程的结构形式。

## 2.5 通道天桥

**2.5.1** 在平原区，当与主线交叉的地方道路间距 $L$ 满足表 2.5.1 的要求且地方道路具备上跨条件时，应采用主线下穿的天桥方案。

**表 2.5.1 天桥方案选择**

| 路基宽 24.5m | 路基宽 28.0m | 路基宽 34.5m | 路基宽 42.0m | 备 注 |
|---|---|---|---|---|
| 四车道 | 四车道 | 六车道 | 八车道 | |
| $L \geqslant 650$ | $L \geqslant 600$ | $L \geqslant 550$ | $L \geqslant 500$ | |

**2.5.2** 丘陵区和山区公路,应根据交叉点处的填挖情况,合理选择通道或天桥方案。

## 2.6 分离立交

**2.6.1** 在平原地区,当交叉点处主线的路堤最小高度与现有被交路路堤高度的高差 $\Delta h$ 满足表 2.6.1 的要求时,应采用主线上跨方案。

**表 2.6.1 主线上跨方案选择**

| 高差 $\Delta h$ 被交路 主线 | | 路基宽度 | | | 备注 |
|---|---|---|---|---|---|
| | | 12m | 15m | 20m | |
| 路基宽度 | 24.5(m) | ≥1.0 | ≥0.6 | ≥0.2 | 不同的路基宽度可内插计算 |
| | 28.0(m) | ≥1.5 | ≥1.0 | ≥0.5 | |
| | 34.5(m) | ≥2.0 | ≥2.0 | ≥1.0 | |
| | 42.0(m) | ≥2.5 | ≥2.0 | ≥1.5 | |

**2.6.2** 在丘陵区和山区,应根据交叉点处的具体情况,合理确定跨越方式。

## 2.7 互通立交

**2.7.1** 应根据公路路网合理设置互通立交。大城市、重要工业园区附近的互通立交间距宜为 4 ~ 15km;其他路段的互通立交间距宜为 12 ~ 25km。

**2.7.2** 当互通立交的预测转弯总交通量小于 1 000 辆/d 时,宜按预留设置。

**2.7.3** 在满足功能、安全和运营管理要求的前提下,互通立交应布局紧凑、指标合理、规模适当。

## 2.8 服务设施

**2.8.1** 服务设施由服务区、停车区和公共汽车停靠站等设施组成。应根据高速公路网及其在路网中的作用合理布置服务设施。

**2.8.2** 相邻服务区的间距应控制在45～60km的范围内。

**2.8.3** 在相邻两服务区之间的适当位置宜设置停车区。

**2.8.4** 征地范围及形状应根据服务区的总体平面布置图确定；平面布置应科学分配各功能区的位置和建筑面积。

**2.8.5** 当高速公路需要设置公共汽车停靠站时，其位置宜与服务区和停车区合并设置。

**2.8.6** 有条件的路段，管理设施和服务设施宜同址合建。

# 3 路线

## 3.1 平面线形

**3.1.1** 不应片面追求过高平面线形指标,应结合地形、地类灵活选用技术指标,合理利用土地资源。

**3.1.2** 当两平曲线指标差别较大时,反向曲线间的直线长度(以 m 计)应不小于设计速度(以 km/h 计)的 2 倍;当两平曲线指标比较均衡时,反向曲线可径向衔接,组合为 S 形曲线。

**3.1.3** 当受条件限制时,应利用不同形式的回旋线组合,适应地形。

**3.1.4** 在地形复杂的路段,当回旋线长度满足超高加宽过渡段要求时,$A$ 值可取较小值。

## 3.2 纵断面设计

**3.2.1** 设计高程应综合考虑地形、地质、水文、气候等沿线自然条件等因素确定。

**3.2.2** 对控制主线路堤高度的通道,在满足自然排水的前提下,被交道路宜适当下挖,以降低主线路堤高度。

**3.2.3** 平原区高速公路宜适当加大坡度、减短坡长、减小竖曲线半径,降低路堤填土高度。

**3.2.4** 山区高速公路纵断面设计应充分考虑填挖平衡,坡度与坡长组合应与地形地势相适应,减少借方和弃方。

**3.2.5** 陡坡路段,可采用分离纵断面。

## 3.3 平纵组合设计

**3.3.1** 当平、竖曲线半径均较小时,其相互对应程度应较严格。

**3.3.2** 当平曲线半径大于不设超高最小圆曲线半径,竖曲线半径大于视觉所需要的最小半径值时,平、竖曲线对应程度可适当放宽。

**3.3.3** 当平曲线半径大于6 000m,竖曲线半径大于25 000m,平、竖曲线可不严格相互对应。

# 4 路基

## 4.1 横断面

**4.1.1** 在路线纵坡较大的上坡路段,受条件限制时,可利用硬路肩作为爬坡车道。

**4.1.2** 在原地面坡度较陡的挖方路段,可利用部分土路肩设置盖板矩形边沟。

**4.1.3** 设置宽浅形边沟的挖方路段,土路肩可与边沟、碎落台综合考虑。

**4.1.4** 路堤高度小于或等于5.0m时可不设护坡道。路堤高度大于5.0m时,应经过路基稳定验算确定护坡道宽度。

**4.1.5** 碎落台的宽度应根据路堑边坡的高度及防护类型分段确定,不宜大于2.0m。

**4.1.6** 原地面坡度较陡的路段,宜采用纵断面分离的路基断面,并在高侧设置刚性防撞护栏。

## 4.2 边坡与支挡

**4.2.1** 通过基本农田及经济作物区的填方路段,宜设置护脚、挡墙等支挡结构。

**4.2.2** 不同路段的路堑边坡应根据其岩性合理确定边坡坡率。

## 4.3 排水

**4.3.1** 边沟尺寸应根据水文计算分段确定。边沟的最小底宽宜采用0.4m,最小沟深宜采用0.3m。

**4.3.2** 对梯形边沟,土质边坡的坡率宜采用1:1~1:1.5,砌石防护边坡的坡率宜采用

1∶0.5～1∶0.75。零填及挖方路段宜采用矩形边沟。

**4.3.3** 能够自然排水的路段可不设边沟。

**4.3.4** 截水沟应根据地形条件及汇水面积进行设置。截水沟宜采用矩形断面，最小底宽宜采用0.4m。

**4.3.5** 路堑截水沟应设置在坡口外缘5m以外；路堑边坡稳定或路堑边坡高度小于5m的路段，可在坡口外缘2m以外设置，并对截水沟壁进行防渗加固。

## 4.4 用地界

**4.4.1** 公路路基用地范围为路堤两侧排水沟外边缘（无排水沟时为路堤或护坡道坡脚）以外，或路堑坡顶截水沟外边缘（无截水沟为坡顶）以外应不大于2.0m。

**4.4.2** 桥梁用地范围应为桥梁正投影面以外1.0m。

## 4.5 改沟、改路

**4.5.1** 主线占压的地方道路、沟渠需要改动时，宜将改路改沟合并设置。

**4.5.2** 填方路段的改沟宜与主线边沟合并设置，并做好防护。

**4.5.3** 对不受流量控制的宽浅型沟渠，可适当压缩沟渠断面，并做好防护。

**4.5.4** 结构物设置位置应结合改沟改路合理确定。

## 4.6 取、弃土场

**4.6.1** 高速公路建设应采用集中取、弃土方式。

**4.6.2** 合理划分施工标段，加强土石方调配，充分利用弃方和隧道废渣填筑路基。

**4.6.3** 应通过试验尽量利用工矿废料填筑路堤。

**4.6.4** 取土场边坡宜采用较陡的坡率。

**4.6.5** 取、弃土场设置应结合沿线土地整治或水利规划等综合考虑,充分利用荒地、山坡地。

**4.6.6** 取、弃土场地应进行整理、复耕或绿化,防止水土流失。

**4.6.7** 应尽可能收集并保存公路用地内的耕作层土,用于造地或复耕。

# 5 互通立交

## 5.1 互通立交位置

**5.1.1** 互通立交位置的选择应在与区域路网现状及规划相一致的基础上，宜设置在低填浅挖路段内。

**5.1.2** 互通立交布设应利用荒山、荒坡等，并尽量避免拆迁。

## 5.2 互通立交形式

**5.2.1** 设置匝道收费站的一般互通立交宜采用喇叭形。

**5.2.2** 不设置收费站的一般互通立交宜采用菱形，在保证运营安全的前提下，匝道线位宜靠近主线两侧布设。

**5.2.3** 枢纽互通立交应充分考虑功能及运营安全，不宜采用全苜蓿叶形式。

## 5.3 互通立交范围内主线纵断面

**5.3.1** 对于减速区内的上坡路段和加速区内的下坡路段，主线可不受互通立交范围内最大纵坡限制。

**5.3.2** 互通立交范围内的主线竖曲线半径，在满足出口识别视距的前提下，可参照表5.3.2取值。

**表5.3.2 互通立交范围内主线竖曲线指标**

| 设计速度（km/h） | | 120 | 100 | 80 | 备　注 |
|---|---|---|---|---|---|
| 最小竖曲线半径（m） | 凸形 | 25 000 | 17 000 | 10 000 | |
| | 凹形 | 15 000 | 11 000 | 7 000 | |

## 5.4 互通立交匝道

**5.4.1** 匝道设计速度

环形匝道设计速度应不大于40km/h,转弯交通量特别小的可适当降低;直连式匝道的设计速度宜采用50km/h或60km/h。

**5.4.2** 匝道横断面

(1)匝道横断面应结合交通量大小、匝道形式、匝道长度等因素合理选用;

(2)环形匝道应采用单车道断面;

(3)交通量不大但较长的匝道宜采用不设供紧急停车用硬路肩的双车道断面,其出入口宜采用单车道断面。

**5.4.3** 匝道线形设计

(1)匝道的平、纵断面线形指标应与实际行车速度的变化趋势相一致。

(2)地形条件复杂时,在满足视距要求的前提下,匝道平面线形指标可取极限最小值。

(3)环形匝道最小圆曲线半径宜采用60m,当满足以下条件之一时,可适当降低:

①环形匝道为流入匝道且转弯交通量不大;

②环形匝道由集散车道流出。

(4)右转匝道宜与其他匝道紧凑布设,以减少互通立交占地。

## 5.5 匝道圈内土地的利用

**5.5.1** 互通立交匝道布设时,应尽量减少匝道圈内的占地。

**5.5.2** 高速公路的管理设施,在便捷连接地方道路的前提下,宜布置在半封闭匝道圈内。

**5.5.3** 对有耕种条件的半封闭匝道圈内的土地,不宜征用。

**5.5.4** 山区互通立交匝道圈内的场地整治,应与主线土石方调配综合考虑。

**5.5.5** 平原区互通立交的匝道圈宜作为取土场或蒸发池,并结合景观设计进行绿化美化。

# 6 服务设施

## 6.1 服务设施的布置

**6.1.1** 服务设施与管理设施的布置应综合考虑公路用地集约化。

**6.1.2** 服务设施的用地面积,依据其所在路段预测20年折合小客车的年平均日交通量以及驶入交通量确定。

**6.1.3** 服务区和停车区的设置位置应结合路网规划、相邻高速公路服务设施所提供的服务项目,以及沿线地形、地物、景观等条件确定。

**6.1.4** 在同一个工程项目中,各个服务区之间的用地数量可根据实际需要做适当调整。

**6.1.5** 有条件的路段,宜利用上跨主线的跨线桥,或利用主线桥下的可用空间布置服务区的餐厅、超市等。

**6.1.6** 受地形地物限制或有不同的服务需求时,服务区可采取不对称布置。

**6.1.7** 服务设施的消防水池、生活水池、污水处理站等宜采用地埋式。

## 6.2 服务区

**6.2.1** 根据所处路段的设计交通量 $Q$ 和驶入量 $q$ 等因素确定服务区的类别。当大型车比例超过40%时,应对服务区的规模进行计算和论证。

**6.2.2** 每处(公路两侧)服务区的用地,应不大于表6.2.2的规定值。

**表 6.2.2　每处服务区的用地面积**

| 服务区分类 | 一类服务区 | 二类服务区 | 三类服务区 | 四类服务区 |
|---|---|---|---|---|
| 交通量(辆/d) | $Q \geqslant 80\,000$ | $60\,000 \leqslant Q < 80\,000$ | $45\,000 \leqslant Q < 65\,000$ | $25\,000 \leqslant Q < 50\,000$ |
| 驶入量(辆/d) | $q \geqslant 5\,600$ | $4\,200 \leqslant q < 5\,600$ | $3\,100 \leqslant q < 4\,500$ | $3\,500 > q$ |
| 用地面积($hm^2$) | 7.5 | 6.0 | 5.0 | 4.0 |

注：表中用地不包括进出服务区的匝道及其边坡的用地。

## 6.3　停车区

**6.3.1**　每处(公路两侧)停车区的用地面积应不大于表 6.3.1 的规定值。

**表 6.3.1　每处停车区的用地面积**

| 停车区分类 | 一类停车区 | 二类停车区 | 三类停车区 | 四类停车区 |
|---|---|---|---|---|
| 交通量(辆/d) | $Q \geqslant 80\,000$ | $60\,000 \leqslant Q < 80\,000$ | $45\,000 \leqslant Q < 65\,000$ | $25\,000 \leqslant Q < 50\,000$ |
| 用地面积($hm^2$) | 1.4 | 1.2 | 1.2 | 1.0 |

注：表中用地不包括进出停车区的匝道及其边坡的用地。

**6.3.2**　当停车区和服务区共建时，其用地面积宜小于所对应类别的停车区及服务区规定值之和。

# 本规定用词说明

本规定在条文编写时,在用词上采用了以下写法,请使用者根据工程项目的具体情况运用:

(1)表示很严格,非这样不可的用词:

正面词采用“必须”;反面词采用“严禁”。

(2)表示严格,在正常情况下应这样做的用词:

正面词采用“应”;反面词采用“不应”或“不得”。

(3)表示允许有选择,有条件时首先应这样做的用词:

正面词采用“宜”;反面词采用“不宜”。

(4)表示允许有选择的用词:

正面词采用“可”。

附件

# 《高速公路建设节约用地设计规定》

（DB 37/T 1721—2010）

## 条 文 说 明

# 1 总则

**1.0.5** 更新设计理念,依靠科技手段优化设计方案,总体上有以下方面的措施:

(1)合理确定公路走廊带,做到交通资源集约化;

(2)降低路堤高度或减少挖方深度;

(3)公路路基横断面的优化;

(4)合理设置互通立交和服务设施;

(5)尽量占用劣质地、少占良田;

(6)减少取弃土场的占地;

(7)严格控制互通立交和服务设施的数量,合理设置通道和天桥。

经过技术、经济等综合比较后,最佳的方案就是最节约用地的设计方案。

# 2　总体设计

## 2.1　走廊带

**2.1.1**　交通资源集约化,不仅可以节省占地、降低工程造价,而且可以在同一走廊内,不同的交通运输设施互相配合,共同抵御各种风险。

拟建高速公路与铁路、公路、水路、航空、管道交通设施综合考虑有如下三个有利条件:

(1)可以参照上述交通设施中桥梁、通道、天桥等结构物的长度和高度确定拟建高速公路中的结构物规模,能够更有效地控制工程规模和路基的高度;

(2)便于结合上述运输设施中的车站、码头预留出拟建高速公路的沿线设施;与拟建高速公路平行的道路可作为拟建公路的附道,有利于公路用地的集约化;

(3)不同的运输方式相互依托、相互补充,形成真正意义的"大交通"。

**2.1.2**　综合考虑各方面因素,科学地确定技术标准和工程规模,避免重复建设。

## 2.2　路线

**2.2.1**　路线方案布设是在工程可行性研究报告批复的公路走廊带和主要控制点的范围内进行。根据工可批复的技术指标和工程规模对工可推荐方案进行细化研究,从中比选出更好的路线方案。

## 2.3　路基

**2.3.1**　填方路基应根据当地的地质水文、取土难易、土质、运距、占用的土地类别等各方面的因素选择不同的设计方案。

表2.3.1"填方高度"一栏中的高度,是指某桩号处的设计高程与原地面高程之差值。

本规定是在上述影响因素相同的情况下,根据路堤的高度、宽度、地基处理、边坡的排水防护以及路面与桥梁等主要影响因素,结合大量的实际工程,通过计算后从占地和工程造价两个方面,提出了在平原地区路堤最大高度的推荐值。

**2.3.3** 本条规定是从山东省的实际情况和节约用地的角度考虑。

## 2.4 桥梁

跨越道路的桥型与跨径，直接影响到桥梁上部构造的建筑高度 $H_1$。在桥下净高直接影响到路线设计高程的立体交叉处，$H_1$ 又直接影响到路堤的高度。因此，在确定这类桥梁的桥型和跨径时，应尽量选择小跨径和 $H_1$ 较小的桥型结构（如板式结构或钢桁架结构），以降低桥头填土高度从而减少占地。

## 2.5 通道天桥

**2.5.1** 天桥方案

(1)地方道路，是指与高速公路相交的等级公路以外的道路的统称。

(2)路堤最小高度，是指路床在最不利季节处于中湿状态，并满足抵御行车荷载作用要求时路堤的最小高度。

(3)路堤最小高度的计算方法如下：

根据路基土分类、预测交通量及其组成（轴载谱），找出路基高度的主要控制因素，在满足公路使用功能要求前提下，按式(2.5.1)确定平原区路堤最小高度。

$$H_{min} = MAX\{(h_{sw} - h_0) + h_w + h_{bw} + \Delta h, h_1 + h_p, h_{wd} + h_p\} \quad (2.5.1)$$

式中：$H_{min}$——路基最小高度(m)；

$h_{sw}$——设计洪水位(m)；

$h_0$——地面高程(m)；

$h_w$——波浪侵袭高度(m)；

$h_{bw}$——壅水高度(m)；

$\Delta h$——安全高度(m)；

$h_1$——中湿状态下路基临界填土高度(m)；

$h_p$——路面厚度(m)；

$h_{wd}$——路基工作区深度(m)。

(4)通道的间距及其净高，严重的限制着路堤的高度，特别是在平原地区。外业调查工作中，应在充分与当地政府协商的基础上，尽量减少地方道路（含乡村道路和生产路，下同）的数量及其净高，必要时可以通过改路将地方道路进行合并。

(5)以何种方式跨越地方道路，应根据交叉点处主线的路堤最小高度、地方道路有无上跨条件以及通道间距等因素，确定采用通道或天桥方案。本规定结合大量平原地区的实际工程，在保证通道能够自然进行排水的情况下，根据主线的路堤最小高度、地方道路现有的高度、宽度、地基处理、边坡的排水防护以及路面与桥梁等主要影响因素，考虑通道（或天桥）不同的间距，按照规范要求，模拟出不同的纵断面，然后分别计算出通道和天桥两个方案的工程数量、占地数量及造价,通过进行综合比较、归纳后,提出了采用通道或天桥的设置条件。

计算图式详见图 2.5.1-1 ~ 图 2.5.1-4;为与 2.6 条的计算图式共用此图,图中将“地方道路”统一标注为“被交路”(下同)。回归分析图见图2.5.1-5和图 2.5.1-6。

主线的路堤最小高度与被交路现有路堤高度之差 $\Delta h$ 的关系见图 2.5.1-1。

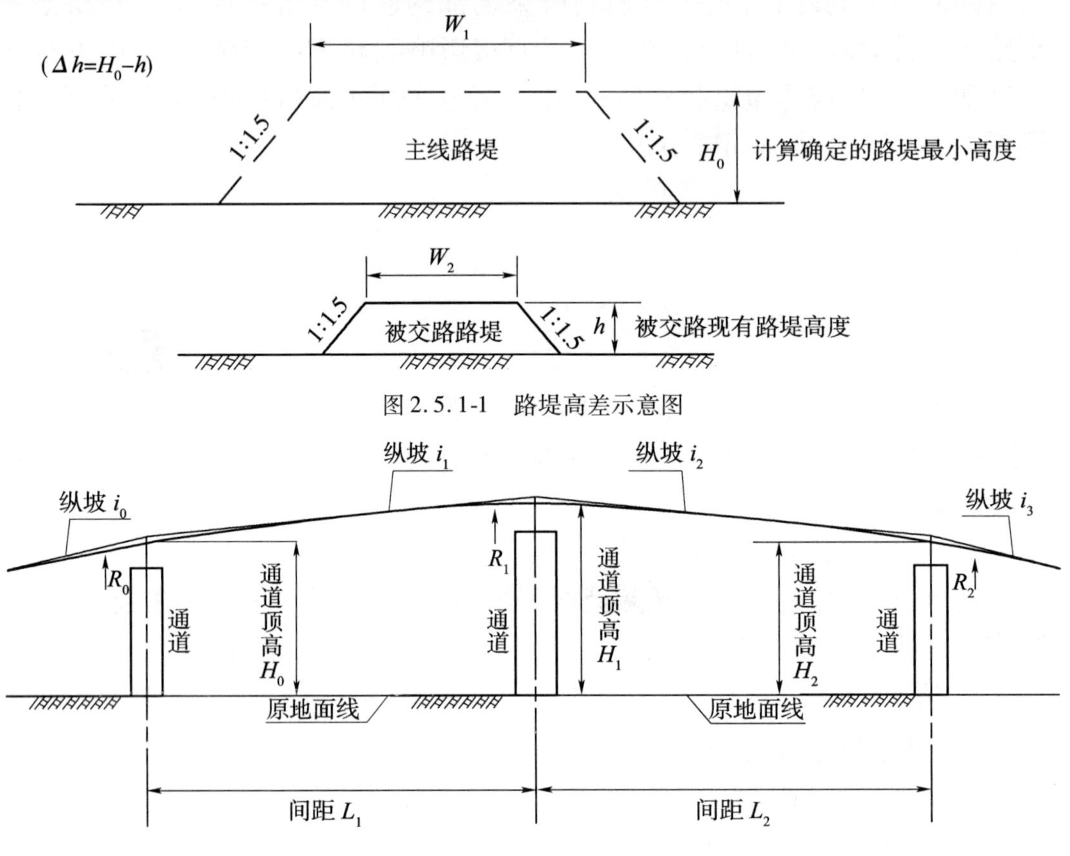


图 2.5.1-1　路堤高差示意图

图 2.5.1-2　主线纵断面示意图——通道方案典型图

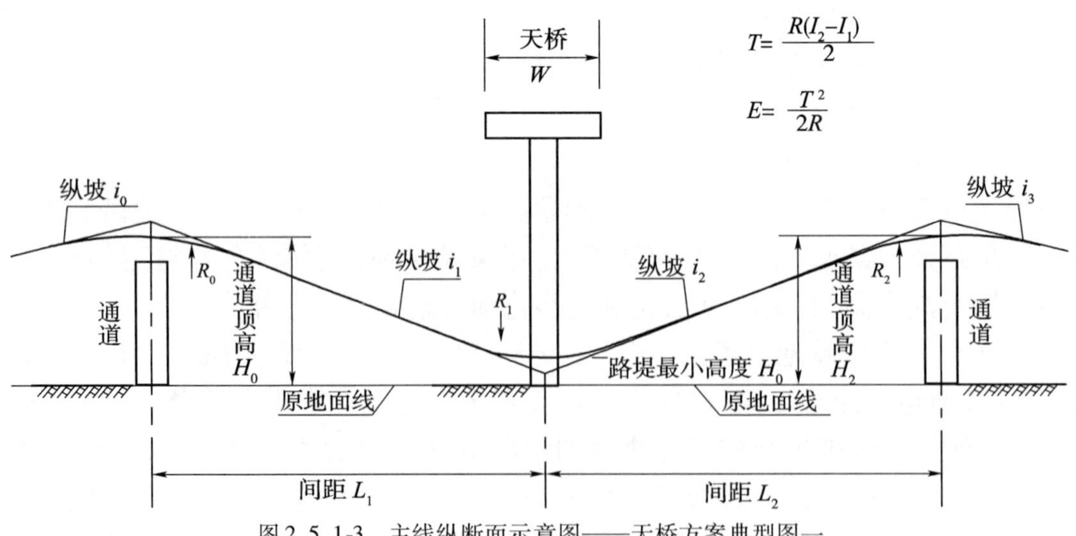


图 2.5.1-3　主线纵断面示意图——天桥方案典型图一

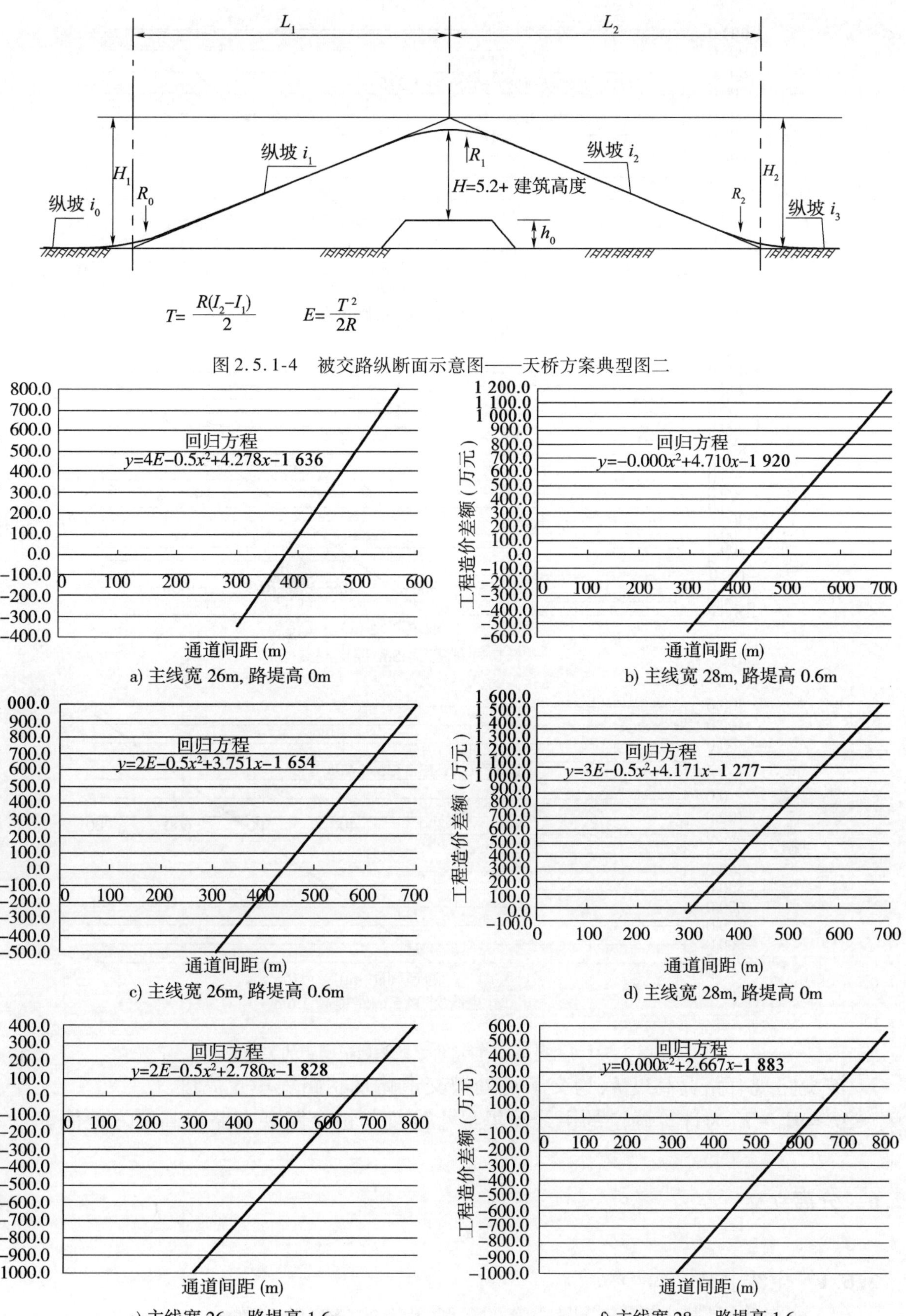


图 2.5.1-4　被交路纵断面示意图——天桥方案典型图二

图 2.5.1-5　通道、天桥造价之差与通道间距的关系图

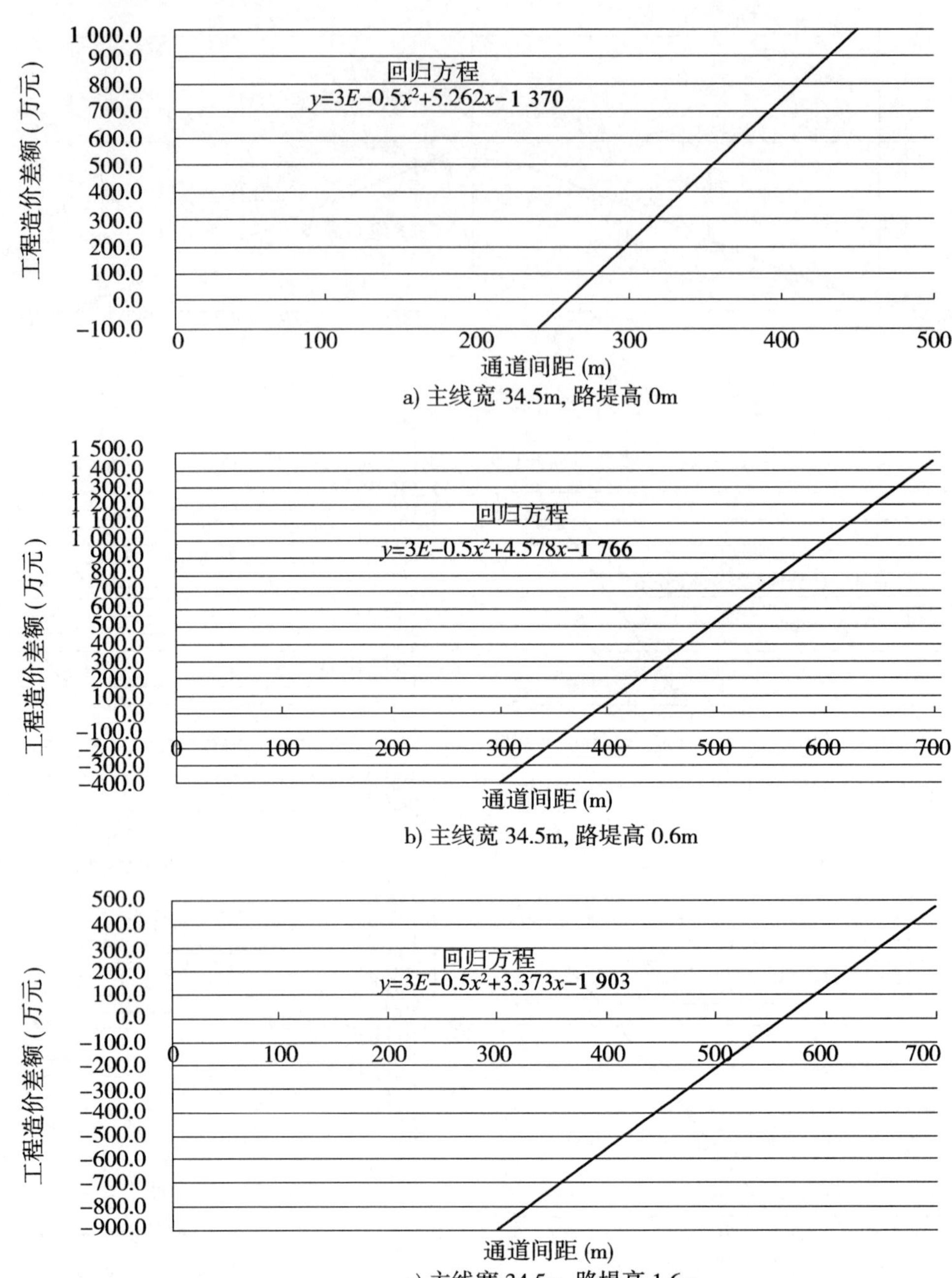


a) 主线宽 34.5m, 路堤高 0m

b) 主线宽 34.5m, 路堤高 0.6m

c) 主线宽 34.5m, 路堤高 1.6m

图 2.5.1-6 通道、天桥造价之差与通道间距的关系图

被交路现有路堤高度 $h$:为交叉点处被交道路现状路堤填土高度。

$\Delta h = H_0 - h$:为计算确定的主线路堤最小高度与被交路现有路堤高度之差值。

## 2.6 分离立交

### 2.6.1 主线上跨

(1)被交路,是指与高速公路相交的各种等级的公路的统称。

(2)与主线交叉的等级公路、铁路以及跨越这些道路的桥型与跨径等,都是影响路堤高度的重要控制因素。

(3)影响跨越方式的主要因素是:

①被交路是否具备上跨主线的条件;

②交叉点处主线的路堤最小高度与被交路现在的高度之差$\Delta h$;

③主线与被交道路的路基宽度$W$等。

(4)图2.6.1中被交路的路基宽度是调查的山东省现有的二级及二级以下的公路的实际宽度。

(5)本规定在计算中,首先假设被交路全部具备上跨主线的条件,然后根据交叉点处不同的$\Delta h$和$W$,通过计算和归纳后,从道路占地和工程造价等方面,提出了不同情况下主线跨越被交路的方式。

计算图式参见图2.5.1-1~图2.5.1-4,回归分析图见图2.6.1-1和图2.6.1-2。

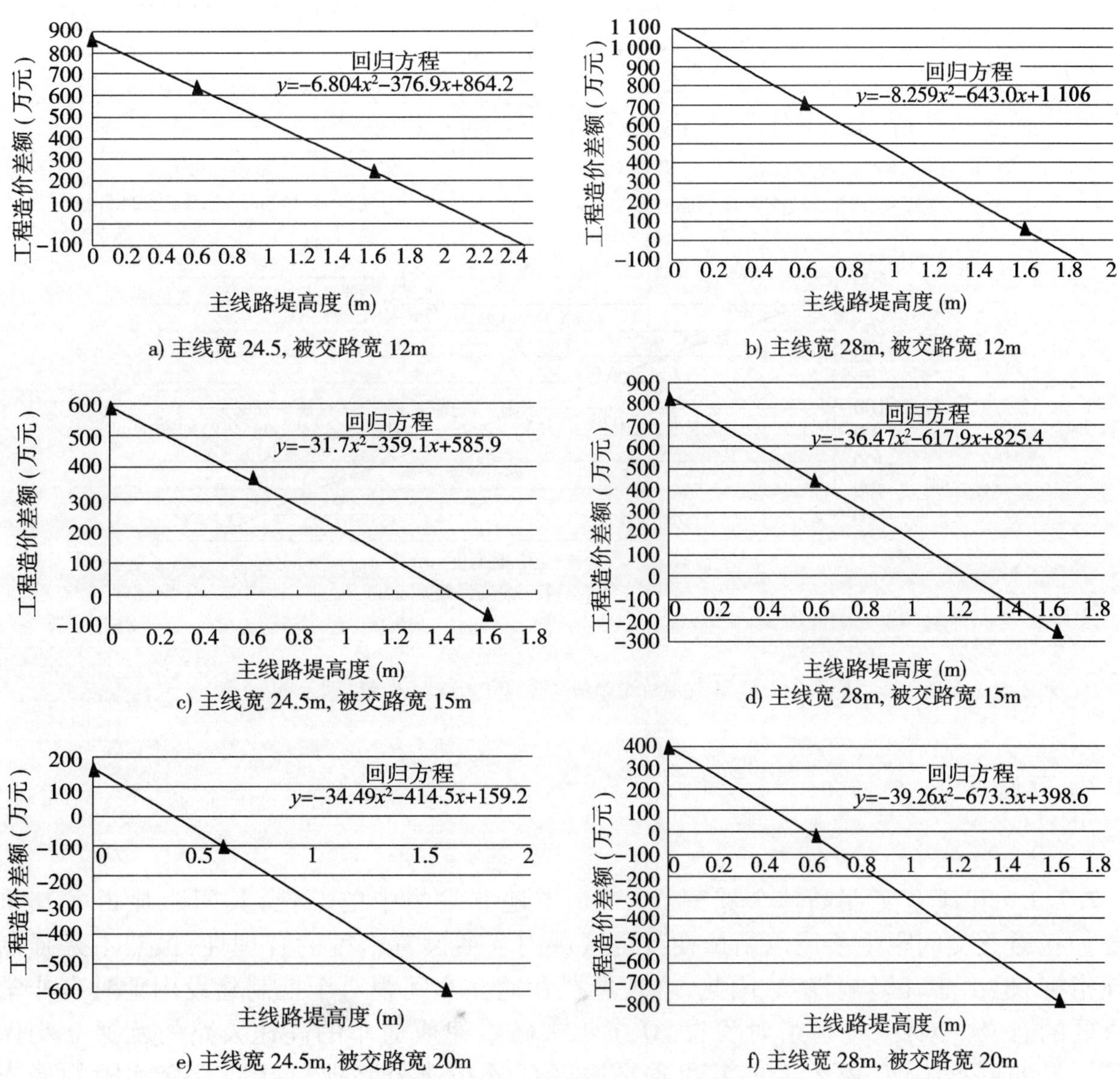


图2.6.1-1 工程造价差额与交叉点处主线路堤高度的关系

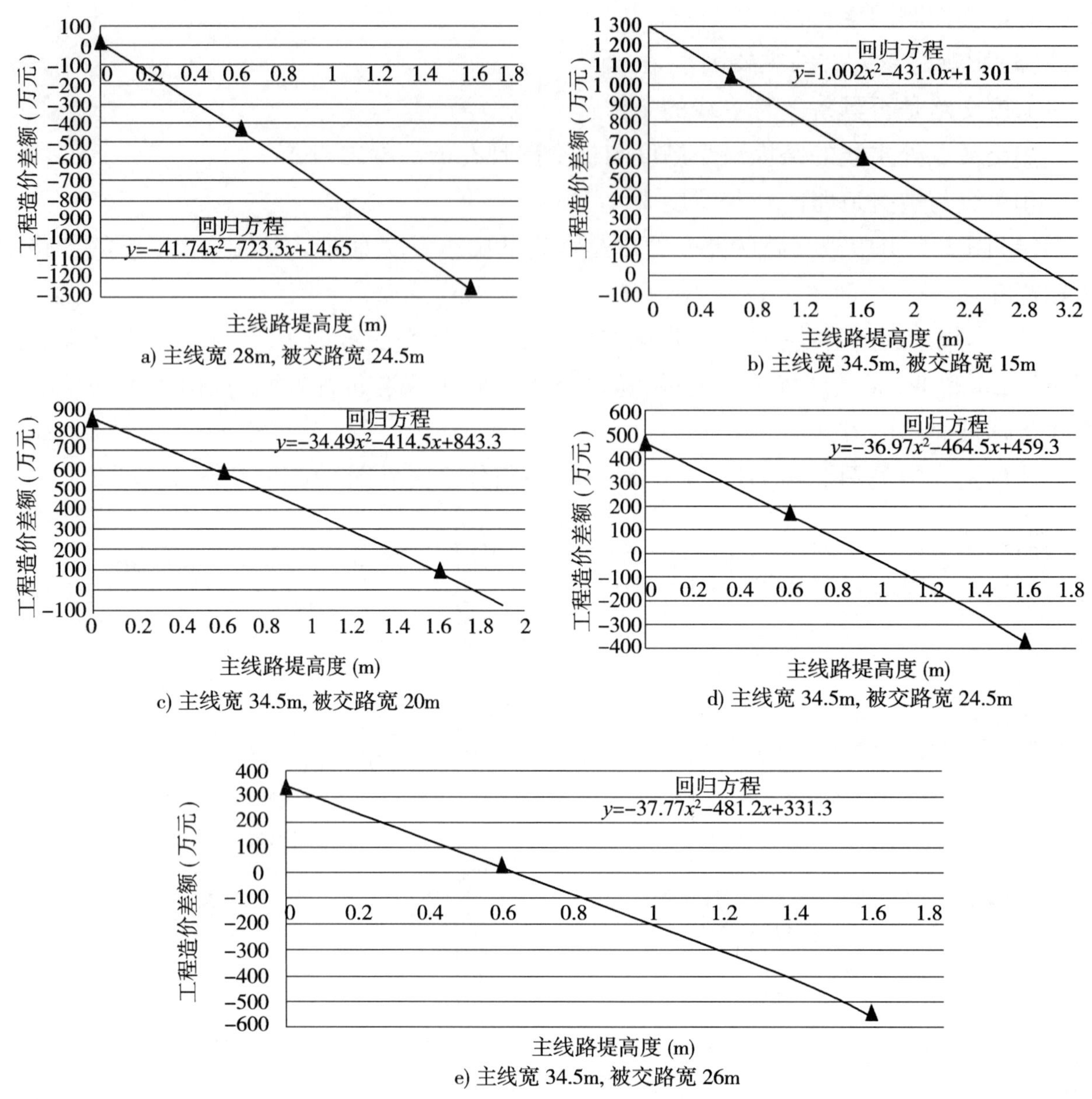


图 2.6.1-2 工程造价差额与交叉点处主线路堤高度的关系

## 2.7 互通立交

**2.7.1** 互通立交在高速公路建设中,是占地非常集中的部位,其间距显得尤其重要。互通立交间距主要用以衡量在特定区域内互通设置密度的合理性,虽然不是强制性指标,但由于其影响较大,因此,合理选择互通立交间距对于控制建设用地具有非常重要的意义。对此,编写组对我省 20 多年来已经建成通车的高速公路的互通立交做了大量的调查统计,表 2.7.1 为我省平原区部分高速公路项目互通立交间距的调查资料。

**表 2.7.1　平原区高速公路互通立交平均间距调查表**

| 项目名称 | 路线长度(km) | 互通立交(座) | 互通立交间距(km) | | |
|---|---|---|---|---|---|
| | | | 最大间距 | 最小间距 | 平均间距 |
| 青银高速公路齐河至夏津段 | 88.388 | 5 | 21.913 | 9.522 | 17.465 |
| 天津至汕尾公路大高至鲁冀界段 | 56.479 | 3 | 24.705 | 3.935 | 14.32 |
| 荣成至乌海公路辛庄子至郑王段 | 67.94 | 6 | 18.117 | 7.675 | 12.252 |
| 荣成至乌海公路新河至辛庄子段 | 107.21 | 9 | 21.004 | 5.112 | 13.167 |
| 滨州至德州高速公路 | 143.8 | 11 | 25.864 | 3.255 | 13.154 |

需要说明的是，天津至汕尾高速公路大高至鲁冀界段互通最小间距出现在枢纽立交和一般互通立交之间，这与枢纽立交主线与被交路交叉点选择及整个路网规划有关系；滨州至德州高速公路互通立交最小间距出现在一座改造的互通立交和新建互通立交之间，改造的互通立交位于主线利用老路路段，新建互通立交则位于城市规划的重要的工业园区内，两者均不能取消。这两条高速公路的互通立交最小间距均具有其特殊性。

从大量调查统计的我省互通立交的间距来看，互通立交间距大多都在 4 ~ 25km 的范围之内，在城市附近的间距较小，在郊区和乡村则间距较大。

互通立交的间距涉及占地、拆迁和当地经济的发展等多种因素，鉴于山东各(地)市、各县(市)之间人口数量、经济规模等存在较大差别，而且考虑到各个城市的超常规的发展潜力，在确定时不能单纯的以人口数量的多少为依据，本规定依据调查统计资料，将大城市及重要工业园区附近的互通立交的间距确定为 4 ~ 15km，将其他路段互通立交的间距确定为 12 ~ 25km。

## 2.8　服务设施

**2.8.1**　服务设施的间距，应以其能够得到充分有效的利用为首要条件。间距的确定必须综合考虑服务区在高速公路路网中的位置、服务范围、交通量及其交通组成、地形地物以及管理条件、建设费用等因素。

**2.8.2**　相邻服务区的间距：根据对全国 20 多条高速公路近百个服务区的调查统计，其平均间距为 47km；根据对山东省 70 个服务区的调查统计，其平均间距为 46km。由于受到地形、地质、地物、规划等各方面因素的影响，有的服务区的间距已经超过 60km。本标准根据山东省的具体情况，对相邻服务区的间距作了统一规定。

# 3 路线

**3.1.1** 规范中的规定值分为强制性条文和非强制性条文。不降低交通功能并且不影响交通安全的属于非强制性条文,这些条文是可以灵活运用的。

只有准确理解现行的标准、规范,才能够灵活的运用各项技术指标。通过灵活运用技术指标,从而达到降低路堤高度以减少占地或少占良田的目的。

**3.1.2** 本规定低于规范的规定值,目的是灵活运用技术指标。

规定反向曲线间直线的最小长度,主要是为了避免影响线形的连续、圆滑和美观,过短的直线会使得公路线形看起来很不舒顺。经验证明,直线长度大于 $2v$ 时,就不存在影响线形的情况。当两反向曲线间不能设置足够长的直线时,可将回旋线直接连接。

**3.1.3** 在路线平面设计中,应充分利用回旋线曲率变化的特点,连接直线和圆曲线或不同半径的圆曲线,形成不同的线形组合形式,提高线形设计的灵活性和适应性,最大限度地适应地形。

**3.2.4** 考虑填挖平衡的目的是为了减少取土和弃土的占地。陡坡路段采用分离纵断面可降低路基边坡高度,减少公路用地。

## 3.3 平纵组合设计

平纵组合的效果,应通过各种方式的透视(效果)图来检验。

# 4 路基

## 4.1 横断面

**4.1.1** 硬路肩的主要功能是供紧急停车,其他作用还有:保护行车道的路面结构;保证行车的安全;供紧急救援车辆使用;为道路养护提供操作空间;对于挖方路段,则提供足够的视距等。

在路线纵坡较大的上坡路段,当地形、地质条件复杂且工程量巨大时,经比选论证可将硬路肩适当加宽作为爬坡车道,以减小用地,降低工程造价。

**4.1.2** 土路肩起到保护路面和路基的作用,并为行车安全提供侧向余宽。

地形复杂,地面坡度较陡的挖方路段土路肩,在确保行车安全的前提下,可以结合设盖板的排水边沟,利用盖板边沟作为土路肩的一部分,这样,既不降低高速公路的使用功能,又能节约占地,减小工程规模。其断面形式如图4.1.2所示。

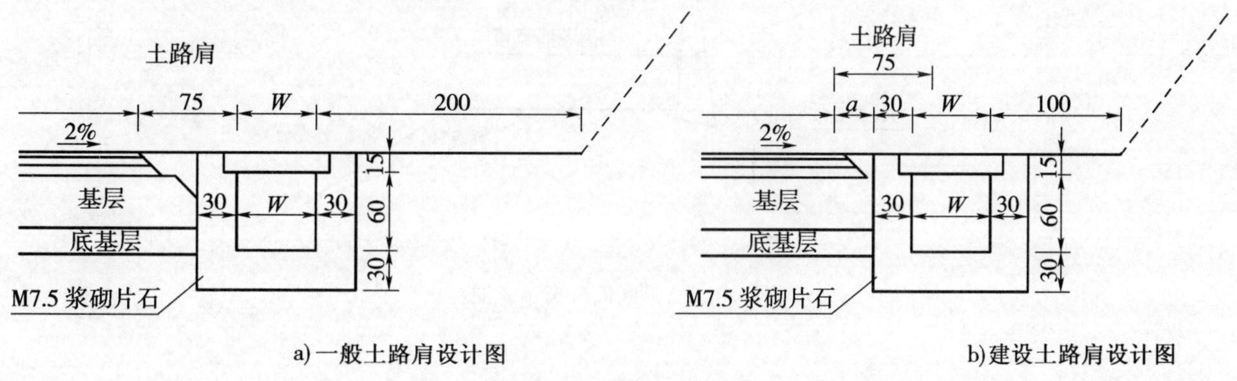


图4.1.2 土路肩设计图

**4.1.3** 采用宽浅形边沟的挖方路段,由于边沟坡率很缓,并且侧宽足够,行车安全能够保证,因此将土路肩、边沟、碎落台合并考虑。其断面形式如图4.1.3所示。

**4.1.4** 护坡道是指当路堤较高时,为保证边坡的稳定,在路堤边坡坡脚外沿纵向保留的有一定宽度的平台。

由于目前公路设计中,除沿河路基外,一般情况下,已经不在公路两侧设置路侧取土场或大型排水沟,路堤两侧地基较稳定,因此本规定对护坡道的设置作了具体规定。

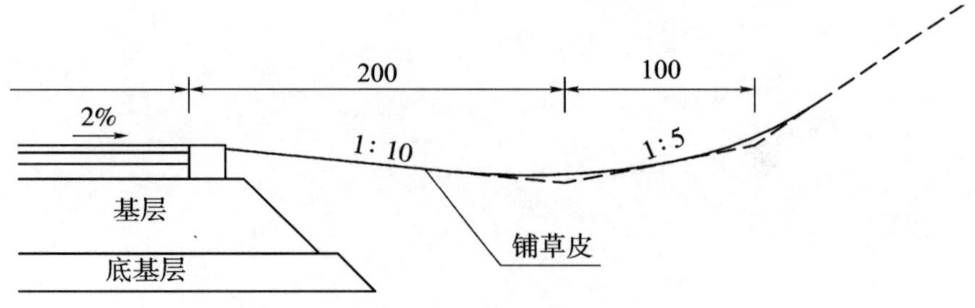


图4.1.3 宽浅形边沟示意图

**4.1.5** 碎落台是在路堑边坡坡脚与边沟边缘之间,为防止碎落物落入边沟而设置的一定宽度的纵向平台。根据对已建成的高速公路的调查,由于绝大部分路堑已防护,基本不会出现边坡碎落物,故碎落台基本丧失其功能。

不分路堑挖方的深浅及边坡防护类型,设置统一的碎落台是一种浪费。设计中应根据具体情况灵活设置。

**4.1.6** 在自然地面横坡较陡的路段,采用纵断面分离的断面可以更好地适应地形,并减少了填挖方,从而减少了占地并节约造价。在分离断面的高侧应设置刚性的防撞护栏以确保安全。其断面形式如图4.1.6所示。

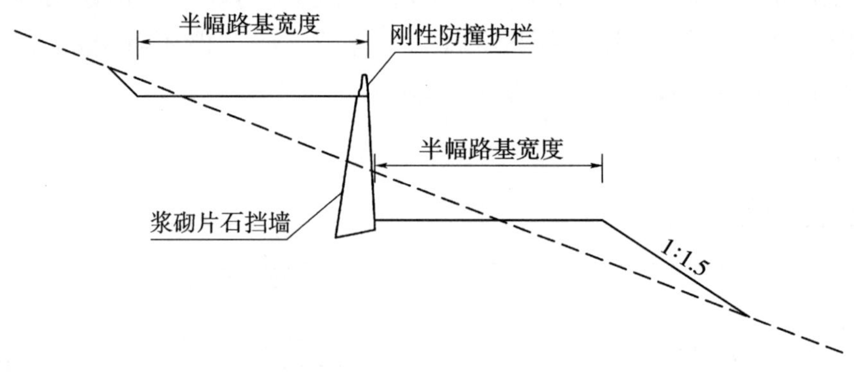


图4.1.6 纵断面分离示意图

## 4.2 边坡与支挡

**4.2.1** 边坡设计应考虑的因素有:

(1)稳定路基;

(2)交通安全;

(3)养护费用;

(4)保持原有植被;

(5)用地范围。

除非设置适当的边坡加固和排水措施,否则边坡的坡度不能大于自然稳定的坡度。

由于土地条件限制，在我国强调边坡的稳定并采用较陡的边坡。

公路的挡墙防护设计本是用来防止公路建设线路中的水土流失、滑坡、塌方沉陷等路基灾害的。但是由于高速公路的路堤存在一定高度，公路边坡亦须占用一定土地，而且占用面积在高速公路占地中比例很高，公路建设中若以挡墙替代边坡，则可以节约大量的土地。

挡土墙类型应综合考虑工程地质、水文地质、冲刷深度、荷载作用情况、环境条件、施工条件、工程造价等因素选择。

**4.2.2** 追求边坡自身稳定是节省工程投资的最经济方案。边坡坡率要根据不同的路段尽量采用较陡的边坡，设计中应采用动态设计法，结合锚固、支挡等工程措施，经过工程造价、节约用地、环境保护等方面的比较后，合理确定每一段的边坡坡率。

## 4.3 排水

**4.3.1** 边沟分为路堑边沟和路堤边沟，用于汇集和排除雨水。

边沟的布置既要考虑地形地质条件、汇水面积及排水功能，还要注意与周围环境景观的影响，其断面形式应因地制宜选用梯形、矩形（或带盖板）、三角形、碟形以及暗埋式等。

边沟的断面尺寸必须根据汇水面积、暴雨强度、边沟纵坡、排水距离、粗糙系数等具体情况，经过水力、水文计算后确定。

由于路基排水工程的设计，是分地区按最不利情况计算排水断面的，传统的做法是，不论排水距离有多长、沟底纵坡是多少，都采用同一个断面尺寸，因此，边沟的断面有一定的压缩空间。

本规定强调，边沟采用适应性好的断面，可以减小断面尺寸，达到节约用地的目的。这里规定的底宽不小于0.4m，主要考虑防止边沟淤塞、便于清淤养护的最基本要求；边沟沟深不小于0.3m，是指边沟的分水点的最小深度，经过计算后小于这个深度时，可不设边沟。

**4.3.2** 传统做法的路侧边沟均为梯形断面，这种断面虽然湿周最小，作为排水工程是较合理的选择，但其断面上口比矩形断面大很多，不利于节省占地。

本规定推荐的边沟形式可有效地减少占地。例如，传统做法采用梯形断面的开口宽度为2.1m的梯形边沟，在满足同样排水要求的前提下，本规定推荐采用矩形边沟，经计算，每公里可减少占地约3.0亩。

**4.3.3** 通过自然长草或人工植草方式（本规定推荐采用当地易生长的草种）能够自然排水的路段可不设边沟，既能节约用地，又能适应环境。

**4.3.4** 截水沟的作用是保护边坡不受来自山坡上方的地面水冲刷。

对于山坡抗冲刷能力较强、缓坡、汇水面积较小等情况下可不设截水沟,不得在无汇水面的山坡上设置截水沟。

截水沟断面尺寸必须通过流量计算确定。

采用矩形截水沟,既能满足截水需要,又可节约公路用地,还易于用植被将截水沟遮掩隐藏起来,使其融入自然。

**4.3.5** 本项规定是出于在保证边坡稳定的前提下,尽量减少公路用地的考虑。

## 4.4 用地界

**4.4.1** 根据现行的设计规范,路堤排水边沟外缘以外或路堑上边坡截水沟外缘以外,宽度 $W$ 为 2 ~ 3m 的范围作为公路用地。本规定根据省内外已建成的高速公路的实际使用情况的调查,为节约用地,建议将 $W$ 为 2 ~ 3m 改为 1m。按此计算,每公里高速公路可节约土地 3.0 ~ 4.0 亩。

# 5 互通立交

## 5.2 互通立交形式

**5.2.1** 枢纽互通立交通常设置在两条高速公路相交叉处,一般情况下具有规模较大、占地较多、不需设置匝道收费站等特点,对其形式选择应慎重。应根据地形地物等自然条件和规划情况,在分析转弯交通量的基础上,对不同转弯方向的匝道区别对待。通常情况下可分别采用直连式匝道、半直连式匝道或环形匝道,即互通形式采用直连式、混合式等。

喇叭形互通立交具有收费站集中便于管理、布置比较灵活等特点,是设置匝道收费站的一般互通立交的首选形式。

## 5.3 互通立交范围内主线纵断面

**5.3.1** 互通立交范围内主线的最大纵坡,应当充分考虑是否有利于车辆行驶速度的变化,减速区内的上坡路段和加速区内的下坡路段对车辆行驶速度的变化有利,因此其纵坡可不受互通立交范围内的主线最大纵坡的限制。

**5.3.2** 《公路路线设计规范》(JTG D20—2006)对互通立交范围内主线的竖曲线半径提出了较高的要求,主要考虑的是匝道出口的识别。如果满足匝道出口的识别视距的要求,则竖曲线半径可适当减小,以减少工程投资。

## 5.4 互通立交匝道

**5.4.1** 匝道设计速度

根据对省内外已建成的互通立交的调查,当环形匝道设计速度采用 $v=50\text{km/h}$ 时(最小半径采用极限值 80m),其占地数量将比 $v=40\text{km/h}$(最小半径采用一般值 60m)的匝道增加约 1 倍的长度,而绕行距离增加约 30% 。通过提高匝道计算速度而缩短车辆在两条公路之间的转换时间往往被增加的匝道长度所消耗,不良的后果是增加投资成本和运营成本,并导致占地数量的成倍增长。因此,不应片面追求高的匝道行车速度。

### 5.4.2 匝道横断面

环形匝道设计速度较低,采用半径较小,匝道长度较短,若单纯考虑交通量因素采用双车道断面,对于解决较大的交通量转换意义不大,且容易发生交通事故,因此,本标准规定环形匝道必须采用单车道断面。如交通量较大,需要采用双车道断面时,应考虑采用直连式(或半直连式)匝道。

现行路线设计规范中对于辅助车道的长度有明确的规定,以主线设计车速为120km/h 的入口为例,双车道匝道与主线相连接,需要在主线上设置辅助车道 400m,渐变段 180m,仅路面就需要增加 0.22 公顷的土地。因此,对于双车道匝道断面(尤其是在主线出入口处)的采用应慎重。

### 5.4.3 匝道线形设计

为节约占地需要,匝道的平面线形指标可取低限值,但必须保证互通立交的使用功能及运营安全。地形条件困难时采用低限值,如不能满足识别视距等安全要求,必须加强交通安全设施的设计。

对于枢纽互通立交,环形匝道的布设对外侧右转匝道的布设有直接的影响,因此,对于环形匝道的设计车速及最小圆曲线半径应根据转弯交通量及所连接道路的设计车速来确定,不应片面追求高标准。

以单喇叭互通立交为例,右转匝道较多采用大半径单圆曲线(图 5.4.3-1 虚线),由于驶出匝道的末端是匝道收费站,车速是逐渐降低至停车,而通过收费站驶入主线的车辆是从停车状态逐渐加速,因此采用减小半径(图5.4.3-1实线)的做法不会对行车条件产生多大的影响。

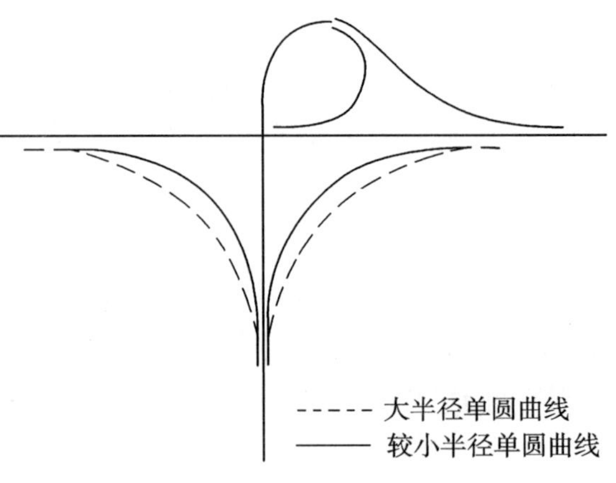


图 5.4.3-1 匝道紧凑布设示意图

匝道竖曲线半径应尽量采用规范规定的一般值,条件特别困难时可采用极限值,没有必要采用高于一般值很多的指标,因为匝道的设计车速确定后,采用很高的竖曲线半径,对于提高匝道的运营效率没有太大的意义,反而抬高了路基填土高度,增加了工程数量及占地。

图 5.4.3-2 中所示为滨德高速公路项目中的德州北枢纽互通立交,图中虚线采用了"两次减速,两个出口分流"口的方案,实线采用了"一次减速,多出口分流"的方案。实线方案不但有效地保证了互通的运营安全,而且节省了占地。

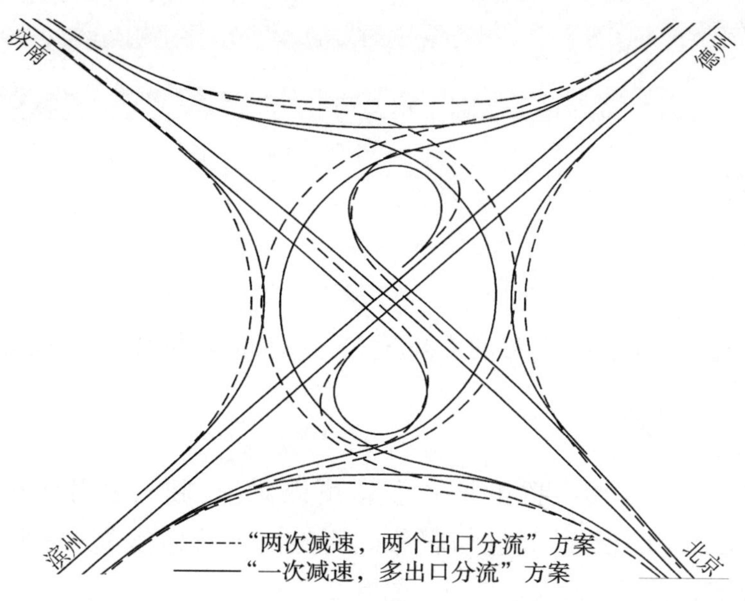


图 5.4.3-2　匝道合并出入口示意图

## 5.5　匝道圈内土地的利用

保护土地资源应从三个方面考虑:一是尽可能减少直接占用土地的数量;二是尽量减少对土地的条块分割;三是尽量利用匝道圈内的土地。以单喇叭互通立交为例,Ⅰ、Ⅱ、Ⅲ、Ⅳ区的土地虽然未直接占用,但匝道和主线切割成不规则的分块,农业灌溉及机械化耕作均很困难,成为利用率不高的劣质地,其综合利用与开发比较困难,一般将其作为公路景观设计用地全部征用。因此,为减少互通立交占地,互通立交平面布置时应尽可能压缩互通立交匝道(含主线和被交叉道路)封闭范围内的圈地面积;另外,在排水困难的路段,应利用Ⅰ、Ⅱ、Ⅲ、Ⅳ区内的土地作为蒸发池,在山区应结合景观设计,利用Ⅰ、Ⅱ、Ⅲ、Ⅳ区内的土地作取土或弃土场。如图 5.5 所示:

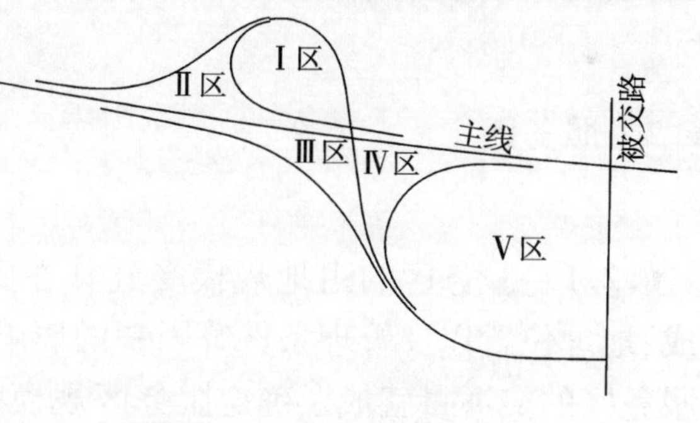


图 5.5　互通立交土地分区图

Ⅴ区一部分作为收费站房建工程占地之外,其余土地继续耕种,因此在布置房建工程时,应考虑尽可能少的切割Ⅴ区,保持耕种土地的完整性。

# 6 服务设施

**6.1.1** 管理设施的用地面积参见《高速公路交通工程及沿线设施设计通用规范》(JTG D80—2006)。

**6.1.4** 从我省高速公路服务区的调查资料可以看出,驶入服务区的车辆数量不但与服务区所在的路段交通量有关,而且与服务区所处的地理位置有关:距离城市较近的,驶入量较大;距离城市较远的,驶入量较小(图6.2.1)。

为了合理利用土地资源,同一个工程项目中,在不突破服务区总体用地指标的前提下,各个服务区之间的用地数量可根据所处的地理位置做适当调整。

**6.1.5** 在有条件的路段,可利用上跨主线的建筑物作为服务区内的一部分功能分区,或利用主线桥下的空间作为服务区内的一部分功能分区,以减少服务区的占地。

**6.1.7** 消防水池、生活水池、污水处理站等采用地埋式,主要是从节省占地、增加绿化面积、美化服务区的环境等方面考虑。

## 6.2 服务区

**6.2.1** 服务区的占地规模受到其在路网中的位置、服务范围、设计交通量及交通组成、地理位置以及管理条件等因素的影响。但服务区是为车辆的驾乘人员服务的,驶入服务区的交通量就成了确定服务区规模的重要依据,对此,编写组对我省高速公路的服务区做了大量的调查统计和分析,以探求路段交通量与驶入服务区的驶入交通量之间的关系。表6.2.1为我省高速公路服务区的部分调查资料,表中的路段交通量与驶入交通量是当时实际车辆折算成的小客车数量;图6.2.1是路段交通量与驶入交通量散点图。

表6.2.1 高速公路服务区调查表

| 序号 | 服务区名称 | 路线名称 | 所在位置 | 占地面积(亩) | 预测路段交通量(辆/d) | 所处路段交通量(辆/d) | 驶入交通量(辆/d) | 备注 |
|---|---|---|---|---|---|---|---|---|
| 1 | 滨州 | 津汕高速公路 | K68+176 | 200 | 46 968 | 25 000 | 2 100 | |
| 2 | 无棣 | 津汕高速公路 | K608+668 | 199 | 54 888 | 25 000 | 2 450 | |
| 3 | 东营 | 东青高速公路 | K23+200 | 95 | | 4 687 | 1 200 | |

续上表

| 序号 | 服务区名称 | 路线名称 | 所在位置 | 占地面积（亩） | 预测路段交通量（辆/d） | 所处路段交通量（辆/d） | 驶入交通量（辆/d） | 备注 |
|---|---|---|---|---|---|---|---|---|
| 4 | 长清 | 济菏高速公路 | K88 +750 | 140 | 43 658 | 13 000 | 577 | |
| 5 | 莒县 | 日东高速公路 | K72 +300 | 100 | | 9 417 | 2 210 | |
| 6 | 济宁 | 日东高速公路 | K253 +100 | 70 | 32 094 | 10 637 | 1 828 | |
| 7 | 菏泽 | 日东高速公路 | K365 | 60 | 43 506 | 13200 | 626 | |
| 8 | 泰山 | 京沪高速公路 | K15 +300 | 104 | 67 638 | 13 380 | 590 | |
| 9 | 沂南 | 京沪高速公路 | K134 | 80 | 35 133 | 18 100 | 3 000 | |
| 10 | 临沂 | 京沪高速公路 | K168 | 120 | 43 393 | 18 100 | 4 600 | |
| 11 | 郯城 | 京沪高速公路 | K236 | 90 | 38 397 | 17 000 | 3 400 ~4 000 | |
| 12 | 莱芜 | 博莱高速公路 | K222 +000 | 132 | | 12 000 | 3 600 | |
| 13 | 聊城 | 济聊馆高速公路 | K648 +400 | 220 | | 11 200 | 1 500 | |
| 14 | 沂源 | 青莱高速公路 | K210 | 73 | 48 134 | 5 000 | 600 | |
| 15 | 周村 | 滨博高速公路 | K160 +800 | 60 | | 7 665 | 1 120 | |
| 16 | 日照 | 同三高速公路 | K329 +500 | 60 | 41 023 | 18 000 | 2 100 | |
| 17 | 海阳 | 威青高速公路 | K145 +200 | 120 | 25 666 | 6 289 | 1 086 | |
| 18 | 德州 | 京福高速公路 | K19 | 240 | 20 841 | 21 000 | 2 200 | |
| 19 | 禹城 | 京福高速公路 | K76 | 225 | 23 193 | 20 000 | 1 500 | |
| 20 | 济南西 | 京福高速公路 | K128 | 226 | 30 777 | 20 000 | 2 061 | |
| 21 | 泰安 | 京福高速公路 | K196 | 159 | 51 567 | 18 000 | 1 600 | |
| 22 | 曲阜 | 京福高速公路 | K238 | 348 | 53 267 | 13 000 | 928 | |
| 23 | 济南东 | 济青高速公路 | K1 | 220 | 25 986 | 30 000 | 2 800 | |
| 24 | 滨州 | 济青高速公路 | K68 | 90 | 29 906 | 30 000 | 4 000 | |
| 25 | 淄博 | 济青高速公路 | K96 | 195 | 38 490 | 32 000 | 3 500 | |
| 26 | 青州 | 济青高速公路 | K138 | 165 | 37 020 | 30 000 | 4 000 | |
| 27 | 潍坊 | 济青高速公路 | K196 | 159 | 24 942 | 38 000 | 4 200 | |
| 28 | 天桥 | 青银高速公路 | K107 | 120 | 23 602 | 9 000 | 1 100 | |
| 29 | 菏泽 | 荷关高速公路 | K409 | 230 | | 10 000 | 600 | |
| 30 | 费县 | 日东高速公路 | K128 | 68 | | 8 700 | 2 400 | |
| 31 | 泗水 | 日东高速公路 | K200 | 72 | | 10 637 | 1 771 | |
| 32 | 巨野 | 日东高速公路 | K309 | 60 | | 11 200 | 426 | |
| 33 | 胶州 | 青莱高速公路 | K61 +000 | 123 | 42 068 | 6 912 | 552 | |
| 34 | 诸城 | 青莱高速公路 | K98 +000 | 120 | 52 944 | 2 400 | 380 | |
| 35 | 杨庄 | 青莱高速公路 | K148 +500 | 80 | 42 622 | 2 867 | 300 | |
| 36 | 栖霞 | 同三高速公路 | K70 | 119 | 40 045 | 4 000 | 300 | |

续上表

| 序号 | 服务区名称 | 路线名称 | 所在位置 | 占地面积（亩） | 预测路段交通量（辆/d） | 所处路段交通量（辆/d） | 驶入交通量（辆/d） | 备注 |
|---|---|---|---|---|---|---|---|---|
| 37 | 即墨 | 威青高速公路 | K204 +026 ~ K205 +316 | 60 | 26 547 | 3 800 | 800 | |
| 38 | 东平 | 济菏高速公路 | K155 +550 | 141 | | 12 500 | 520 | |
| 39 | 梁山 | 济菏高速公路 | K195 +200 | 140 | | 11 000 | 400 | |
| 40 | 高青 | 滨博高速公路 | K115 +300 | 72 | | 12 317 | 310 | |
| 41 | 齐河 | 济聊馆高速公路 | K587 +414 | 58 | | 15 000 | 600 | |
| 42 | 冠县 | 济聊馆高速公路 | K701 +700 | 90 | | 10 000 | 800 | |
| 43 | 蓬莱 | 荣乌高速公路 | K116 | 219 | | 3 600 | 120 | |
| 44 | 莱州 | 荣乌高速公路 | K227 +300 | 120 | 43 789 | 2 700 | 180 | |
| 45 | 寿光 | 荣乌高速公路 | K435 | 199 | 38 828 | 3 604 | 270 | |
| 46 | 利津 | 荣乌高速公路 | K525 | 200 | 34 781 | 5 000 | 500 | |
| 47 | 新泰 | 京沪高速公路 | K63 +300 | 250 | 51 624 | 13 380 | 564 | |
| 48 | 高唐 | 青银高速公路 | K414 | 198 | 32 803 | 8 000 | 1 000 | |
| 49 | 夏津 | 青银高速公路 | K456 | 200 | 32 319 | 8 500 | 440 | |
| 50 | 宁阳 | 京福高速公路 | K202 | 117 | 54 619 | 13 000 | 800 | |
| 51 | 枣庄 | 京福高速公路 | K330 | 117 | 23 291 | 11 000 | 618 | |
| 52 | 平度 | 潍莱高速公路 | K85 | 270 | 45 207 | 2 450 | 450 | |
| 53 | 章丘 | 济莱高速公路 | K23 | 134 | 53 617 | 11 000 | 750 | |
| 54 | 莱芜 | 济莱高速公路 | K77 | 126 | 53 617 | 11 000 | 650 | |
| 55 | 招远 | 荣乌高速公路 | K186 +240 | 120 | 43 789 | 2 700 | 350 | |
| 56 | 马戈庄 | 荣乌高速公路 | K282 +100 | 13 | 43 789 | 5 000 | 300 | |
| 57 | 薛城 | 京福高速公路 | K350 | 150 | 46 374 | 11 000 | 716 | |
| 58 | 滕州 | 京福高速公路 | K301 | 84 | 44 163 | 11 000 | 430 | |
| 59 | 青岛 | 济青高速公路 | K318 | 150 | 43 693 | 20 000 | 200 | |
| 60 | 威海 | 威乳高速公路 | K47 | 171 | 38 816 | 10 080 | 517 | |
| 61 | 雪野 | 济莱高速公路 | K53 | 53 | 53 617 | 11 000 | 500 | |
| 62 | 胶南 | 同三高速公路 | K254 +200 | 70 | 43 428 | 17 000 | 450 | |
| 63 | 莱西 | 同三高速公路 | K135 +200 | 89 | 47 145 | 8 000 | 500 | |
| 64 | 胶州 | 同三高速公路 | K205 +600 | 32 | 42 776 | 8 300 | 280 | |
| 65 | 福山 | 同三高速公路 | K27 +400 | 60 | 40 045 | 6 000 | 300 | |
| 66 | 德州南 | 京福高速公路 | K40 | 72 | | 20 000 | 1 000 | |
| 67 | 邹城 | 京福高速公路 | K271 | 78 | 46 323 | 9 000 | 380 | |

续上表

| 序号 | 服务区名称 | 路线名称 | 所在位置 | 占地面积（亩） | 预测路段交通量（辆/d） | 所处路段交通量（辆/d） | 驶入交通量（辆/d） | 备注 |
|---|---|---|---|---|---|---|---|---|
| 68 | 高密 | 济青高速公路 | K264 | 96 | 22 734 | 20 000 | 520 | |
| 69 | 潍坊北 | 荣乌高速公路 | K390 +500 | 60 | 34 806 | 6 711 | 280 | |
| 70 | 蒙山停车区 | 日东高速公路 | K156 | 25 | | 7 800 | 1 100 | |
| 71 | 莱新停车区 | 莱新高速公路 | K269 | 26 | | 5 987 | 131 | |
| 72 | 无棣停车区 | 津汕高速公路 | K580 +846 | 60 | 54 888 | 25 000 | 900 | |
| 73 | 昌邑停车区 | 荣乌高速公路 | K356 | 60 | 33 647 | 3 452 | 110 | |
| 74 | 寿光停车区 | 荣乌高速公路 | K413 +500 | 60 | 38 828 | 5 157 | 90 | |
| 75 | 沾化停车区 | 荣乌高速公路 | K558 +500 ~ K559 +000 | 60 | 25 428 | 8 500 | 150 ~200 | |
| 76 | 诸城东停车区 | 青莱高速公路 | K80 +500 | 60 | 52 944 | 2 400 | 200 | |
| 77 | 诸城西停车区 | 青莱高速公路 | K116 +500 | 60 | 43 991 | 2 400 | 180 | |
| 78 | 诸葛停车区 | 青莱高速公路 | K173 +200 | 18 | 45 779 | 2 867 | 120 | |
| 79 | 莱芜停车区 | 青莱高速公路 | K248 +100 | 30 | 50 701 | 7 579 | 300 | |

从图 6.2.1 中可以看出，路段交通量与驶入交通量的比例 $k$ 大体上保持在5% ~9%之间，与服务区所在的地理位置等因素关系密切。表 6.2.2 中的 $k$ 取 7% 计算驶入交通量（即驶入量）。

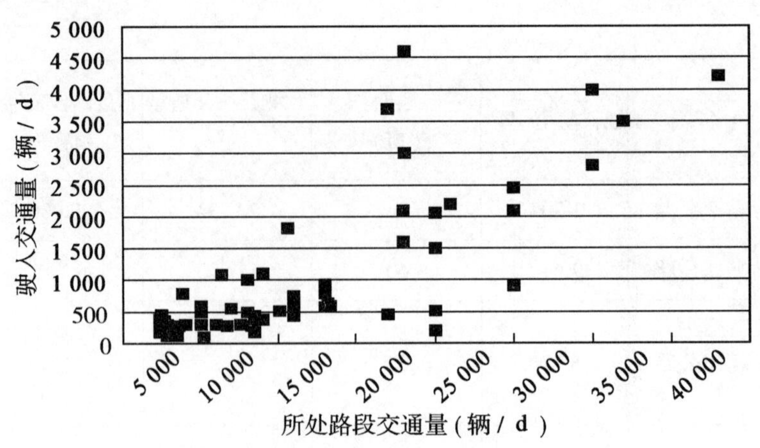


图 6.2.1　路段交通量与驶入交通量散点图

**6.2.2**　服务区的用地:

根据路段交通量,对现行的《高速公路交通工程及沿线设施设计通用规范》(JTG D80—2006)表 6.2.3 条中,八车道以及八车道以上的高速公路服务区用地面积作了补充。

**6.3.1**　停车区的用地面积,对现行的《高速公路交通工程及沿线设施设计通用规范》(JTG D80—2006)表 6.3.4 条中,大于八车道的高速公路停车区用地面积作了补充。

山东省地方标准

# 高速公路护栏过渡段与防撞垫应用技术标准

**Technical Standard of Application for Transition Section Barrier & Crash Cushion on Expressway**

**DB 37/T 1719—2010**

主编单位：山东省交通运输厅
批准部门：山东省质量技术监督局
实施日期：2011 年 01 月 01 日

人民交通出版社

# 前　　言

为进一步规范全省交通基础设施建设和管理行为,全面提升建设管理水平,按照交通工作实现"标准化、规范化、集约化、人本化"管理的目标要求,统一和规范高速公路护栏过渡段、防撞垫的设计、施工、验收检验及维护,山东省交通运输厅提出并主持编制本标准。

本标准由山东高速集团有限公司等单位在已完成的"高速公路护栏过渡段与端头合理结构形式的试验研究"科研项目成果及国内应用的基础上,借鉴国外类似工程经验及相关标准编制完成。

本标准包括:高速公路护栏过渡段和防撞垫的设置原则、形式选择、构造及材料要求、施工要求、验收、维修与养护等内容,对完善山东省高速公路护栏过渡段和防撞垫的设置,降低护栏过渡段及分流端等位置的事故严重程度将起到技术指导作用。

各有关单位在标准使用过程中,若发现存在不当之处或有好的意见和建议,请及时函告山东高速集团有限公司,以便修订时参考,联系地址:山东省济南市历下区龙奥北路8号山东高速大厦,邮编:250098。

本标准由山东省交通运输厅归口并提出。

**主 编 单 位:**山东省交通运输厅

**参 编 单 位:**山东高速集团有限公司

北京深华达交通工程检测有限公司

**主要起草人:**周　勇　朱　伟　周召伟　吕国仁　汤文杰　白书锋　刘小勇

郜永刚　张　颖　陈淑珍　高水德　李　磊　吕春燕　穆明浩

# 1 总则

**1.0.1** 为提高高速公路的服务水平，保障公路使用者的出行安全，规范山东省高速公路护栏过渡段、防撞垫的设计、施工、验收及维修养护工作，制定本标准。

**1.0.2** 本标准依据《中华人民共和国公路法》、《中华人民共和国道路交通安全法》、《高速公路交通工程及沿线设施设计通用规范》(JTG D80—2006)以及国家质量技术监督局、交通运输部颁布的其他相关标准、规范，结合山东省高速公路建设管理实际编制。

**1.0.3** 本标准适用于山东省新建或改(扩)建的高速公路，其他等级公路可参照执行。

**1.0.4** 高速公路护栏过渡段、防撞垫的设计、施工、验收和维修养护，除应符合本标准外，还应符合国家及交通运输部现行的相关标准、规范的规定。

# 2　引用标准

下列文件中的条款通过本标准的引用而成为本标准的条款。凡是注明日期的引用文件,其随后所有的修改单或修订版均不适用于本标准;然而,鼓励根据本标准达成协议的各方,研究是否可使用这些文件的最新版本。凡是不注明日期的引用文件,其最新版本适用于本标准。

《高速公路交通工程及沿线设施设计通用规范》(JTG D80—2006)

《公路交通安全设施设计规范》(JTG D81—2006)

《公路交通安全设施施工技术规范》(JTG F71—2006)

《公路桥涵施工技术规范》(JTJ 041)

《公路路基设计规范》(JTG D30)

《公路工程质量检验评定标准　第一册　土建工程》(JTG F80/1—2004)

《公路交通安全设施设计细则》(JTG/T D81—2006)

《高速公路护栏安全性能评价标准》(JTG/T F83-01—2004)

《公路波形梁钢护栏》(JT/T 281—2007)

《碳素结构钢》(GB/T 700)

《钢结构用高强度大六角头螺栓、大六角螺母、垫圈技术条件》(GB/T 1231)

《高速公路交通工程钢构件防腐技术条件》(GB/T 18226)

《公路防撞桶》(JT/T 596—2004)

《公路交通标志反光膜》(GB/T 18833)

# 3 术语

**3.0.1** 护栏过渡段 transition section of barrier

将两种不同结构形式或不同防撞等级的护栏连接成为整体并实现结构刚度逐渐过渡的专用结构段。

**3.0.2** 防撞垫 crash cushion

设置于固定结构物前的独立防护结构,在受到车辆碰撞时,通过自身的结构变形吸收碰撞能量,降低对乘员的伤害程度。

**3.0.3** 可导向防撞垫 redirective crash cushion

一种防撞垫结构,当车辆碰撞防撞垫侧面时,能将碰撞车辆正确导向。

**3.0.4** 非导向防撞垫 non-redirective crash cushion

一种防撞垫结构,当车辆碰撞防撞垫侧面时,不具备将碰撞车辆正确导向的性能。

# 4 护栏过渡段

## 4.1 一般规定

**4.1.1** 两种结构形式或防撞等级不同的护栏相衔接时,应设置护栏过渡段。

**4.1.2** 护栏过渡段的防撞等级、设置原则、形式选择、构造与材料要求、施工技术要求、验收、维修与养护,除应符合本标准的要求外,尚应符合《高速公路交通工程及沿线设施设计通用规范》(JTG D80—2006)、《公路交通安全设施设计规范》(JTG D81—2006)、《公路交通安全设施施工技术规范》(JTG F71—2006)的规定。

**4.1.3** 护栏过渡段的安全性能,应符合《高速公路护栏安全性能评价标准》(JTG/T F83-01—2004)的规定。

采用实车足尺碰撞试验验证护栏过渡段的安全性能时,采用护栏刚度较小或防撞能力较低一侧护栏的碰撞条件,碰撞点的位置位于护栏过渡段范围内,且距护栏刚度较大或防撞能力较高一侧护栏的端部1.5m。

## 4.2 设置原则

**4.2.1** 护栏过渡段宜设置于结构刚度较小或防撞等级较低的护栏范围内。

**4.2.2** 护栏过渡段应使两种护栏的刚度、高度、横断面形式和横断面位置逐渐过渡,同时应兼顾两种护栏外观的连续、美观。

**4.2.3** 护栏过渡段与相邻护栏的连接强度,应不低于过渡段自身结构之间的连接强度。

**4.2.4** 波形梁护栏和混凝土护栏的衔接处,或者波形梁护栏和梁柱式型钢护栏的衔接处应符合下列要求:

(1)沿行车方向,当由防撞等级较低(刚度较小)的护栏向防撞等级较高(刚度较大)的护栏过渡时,应采用逐步增强波形梁护栏刚度的形式过渡。

(2)沿行车方向,当由防撞等级较高(刚度较大)的护栏向防撞等级较低(刚度较小)

的护栏过渡时,应采用逐步降低波形梁护栏刚度的形式过渡。

**4.2.5** 不同类型混凝土护栏的衔接处,宜采用混凝土结构渐变的形式过渡。

## 4.3 构造与材料要求

**4.3.1** 护栏过渡段采用波形梁护栏形式时,过渡段的波形梁板中心高度宜与相连接的防撞等级较低的波形梁护栏中心高度相一致。

**4.3.2** 过渡段两端护栏的迎撞面不在同一横断面位置时,可通过护栏过渡段进行渐变过渡处理,渐变偏角不宜大于2°。

**4.3.3** 采用波形梁护栏加强结构形式的护栏过渡段,其基础压实度、立柱强度、立柱埋深等指标应不低于相邻波形梁护栏的相关要求。

**4.3.4** 防撞等级为A(Am)级的波形梁护栏与混凝土护栏衔接时,其过渡段长度不宜小于10m。

**4.3.5** 护栏过渡段所用的钢构件宜采用Q235钢,其技术性能应符合《碳素结构钢》(GB/T 700)的规定。所用钢构件应进行金属防腐处理,防腐处理的方法及技术要求应符合《公路波形梁钢护栏》(JT/T 281—2007)的规定。

**4.3.6** 护栏过渡段所用螺栓紧固件,应符合《钢结构用高强度大六角头螺栓、大六角螺母、垫圈技术条件》(GB/T 1231)的规定。

## 4.4 施工技术要求

护栏过渡段的施工,除应符合《公路交通安全设施施工技术规范》(JTG F71—2006)中的相关规定外,还应满足下列要求:

(1)护栏过渡段采用波形梁护栏加强结构时,过渡段立柱间距必须符合设计图纸规定,不得进行立柱间距的调节。

(2)护栏过渡段立柱无法打入要求深度时,必须将立柱全部拔出,并采用混凝土基础,重新进行立柱施工,严禁将地面以上部分焊割并使用未达到要求长度的立柱。

## 4.5 施工验收

护栏过渡段的验收标准,除应符合《公路交通安全设施施工技术规范》(JTG F71—

2006)中的相关规定外,还应满足下列要求:

(1)护栏过渡段横断面位置的渐变率误差不大于 ±0.1°。

(2)护栏过渡段高度的渐变率误差不大于 ±0.1°。

## 4.6 维修与养护

**4.6.1** 采用波形梁护栏加强结构形式的护栏过渡段,维修养护标准与波形梁护栏相一致。

**4.6.2** 采用混凝土护栏形式的护栏过渡段,维修养护标准与混凝土护栏相一致。

# 5　防撞垫

## 5.1　一般规定

**5.1.1**　高速公路主线分流端、匝道分流端，应设置防撞垫；收费站导流岛端部、混凝土护栏端部、隧道洞口以及车辆撞击易造成冲击伤害的其他构造物前端，宜设置防撞垫。

**5.1.2**　防撞垫的防撞等级，按照碰撞速度分为三个等级，各等级的碰撞条件规定见表5.1.2。

**表5.1.2　防撞垫的防撞等级与碰撞条件**

<table>
<tr><th rowspan="2">类　型</th><th rowspan="2">防撞等级</th><th colspan="5">碰 撞 条 件</th></tr>
<tr><th>碰撞类型</th><th>碰撞车型</th><th>碰撞车质量(t)</th><th>碰撞速度(km/h)</th><th>碰撞角度(°)</th></tr>
<tr><td rowspan="3">非导向防撞垫</td><td>一级</td><td>正碰</td><td>小客车</td><td>1.5</td><td>60</td><td>0</td></tr>
<tr><td>二级</td><td>正碰</td><td>小客车</td><td>1.5</td><td>80</td><td>0</td></tr>
<tr><td>三级</td><td>正碰</td><td>小客车</td><td>1.5</td><td>100</td><td>0</td></tr>
<tr><td rowspan="6">可导向防撞垫</td><td rowspan="2">一级</td><td>正碰</td><td rowspan="2">小客车</td><td rowspan="2">1.5</td><td rowspan="2">60</td><td>0</td></tr>
<tr><td>侧碰</td><td>20</td></tr>
<tr><td rowspan="2">二级</td><td>正碰</td><td rowspan="2">小客车</td><td rowspan="2">1.5</td><td rowspan="2">80</td><td>0</td></tr>
<tr><td>侧碰</td><td>20</td></tr>
<tr><td rowspan="2">三级</td><td>正碰</td><td rowspan="2">小客车</td><td rowspan="2">1.5</td><td rowspan="2">100</td><td>0</td></tr>
<tr><td>侧碰</td><td>20</td></tr>
</table>

**5.1.3**　采用实车足尺碰撞试验验证防撞垫的安全性能时，碰撞点位置见图5.1.3。

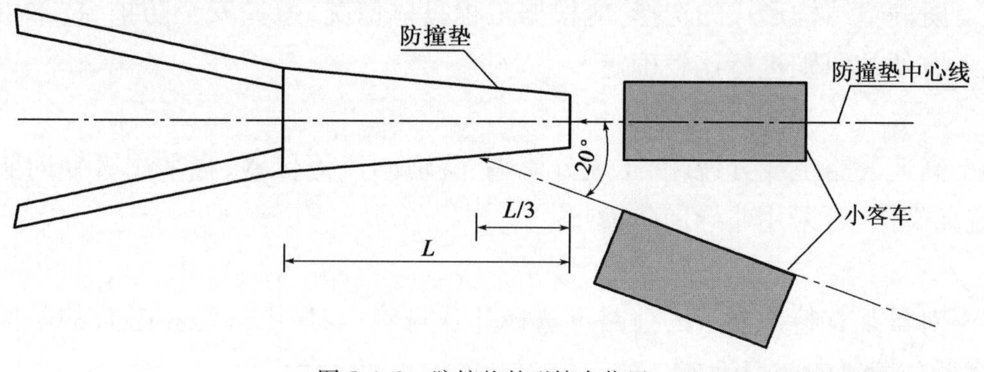


图5.1.3　防撞垫的碰撞点位置

防撞垫的安全性能应符合如下规定:

(1)车辆正碰时,应有效吸收碰撞能量,使车辆停车。

(2)车辆侧碰可导向防撞垫时,应有效阻挡车辆穿越或者翻越。

(3)车辆侧碰可导向防撞垫时,应具有良好的导向性能,车辆碰撞后的驶出角度应小于碰撞角度的60%。

(4)车辆与防撞垫碰撞时,其车体三个方向的冲击加速度10ms间隔平均值的最大值均不应大于20$g$。

**5.1.4** 防撞垫的任何部分均不得侵入公路建筑限界以内。

**5.1.5** 防撞垫的外观颜色宜采用黄色,前端应粘贴反光膜,反光膜的颜色、尺寸、等级及性能参数,应符合《公路防撞桶》(JT/T 596—2004)中关于反光膜的相关规定。

## 5.2 设置原则

**5.2.1** 高速公路防撞垫等级的选择,宜按照表5.2.1选取。

**表5.2.1 防撞垫等级适用条件**

| 设置位置邻近车道的最高设计车速 | 120km/h | 100km/h | 80km/h、60km/h |
|---|---|---|---|
| 防撞垫的防撞等级 | 三级 | 二级 | 一级 |

高速公路收费站导流岛端部,宜采用防撞等级为一级的防撞垫。

**5.2.2** 防撞垫的平面布设,应与公路线形相一致,设置于主线分流端、匝道分流端或收费站导流岛前端时,防撞垫的轴线应与防撞垫两侧道路交角的中心线相重叠,并与相邻的交通设施相协调。

**5.2.3** 防撞垫结构形式的选择,应根据工程具体情况,遵循安全防护、技术可行、经济合理、施工方便的原则进行比较确定。

**5.2.4** 高速公路主线分流端、匝道分流端、隧道洞口等位置,宜采用可导向防撞垫;收费站导流岛端部,可采用非导向防撞垫。

**5.2.5** 对景观有特殊要求的公路可选择外观自然、与周围环境相融合的防撞垫形式,但不得降低防撞垫的防撞性能。

## 5.3 构造与材料要求

**5.3.1** 防撞垫的高度宜为 80 ~ 110cm,并与其后部构造物的高度相协调。

**5.3.2** 防撞垫下部的导轨结构,应与路面基础连接牢固。

**5.3.3** 防撞垫末端的支撑结构可直接和路面基础相连接。在保证结构强度的前提下,也可和防撞垫后部的护栏端部或其他固定构造物相连接。

**5.3.4** 可导向防撞垫的侧面导向结构宜与后部构造物连接为一个整体。

**5.3.5** 防撞垫所用的钢构件宜采用 Q235 钢,其技术性能应符合《碳素结构钢》(GB/T 700)的规定。所用钢构件应进行金属防腐处理,防腐处理的方法及技术要求应符合《公路波形梁钢护栏》(JT/T 281—2007)的规定。

**5.3.6** 防撞垫所用螺栓紧固件,应符合《钢结构用高强度大六角头螺栓、大六角螺母、垫圈技术条件》(GB/T 1231)的规定。

**5.3.7** 防撞垫所用材料为橡胶或塑料时,其耐高温性能、耐低温性能、耐候性能应符合《公路防撞桶》(JT/T 596—2004)的相关规定。

## 5.4 施工技术要求

防撞垫的放样应以其后部的被防护结构为主要控制点。

(1)可导向防撞垫放样时,应考虑与后部的被防护结构连接方便、顺畅。

(2)放样后,应确认防撞垫施工不会造成对其他设施的损坏;否则,应调整防撞垫与路面基础或防撞垫末端支撑结构与路面基础的连接方式。

## 5.5 施工验收

**5.5.1** 防撞垫的验收应符合以下规定:

(1)防撞垫的安装线形应与三角端护栏(其他被防护构造物)线形相协调。

(2)支撑结构埋深、支撑结构立柱的间距等应符合设计要求。

(3)预埋基础的施工,应符合《公路桥涵施工技术规范》(JTJ 041)的规定。

(4)防撞垫应组装正确,构件齐全,紧固件安装牢固。

(5)所有构件不应有凹凸、起伏等缺陷,不应因运输、施工造成防腐层损伤。

(6)所有构件不得现场焊割和钻孔。

**5.5.2** 防撞垫的验收检查项目及允许误差,应符合表5.5.2的规定。

钢构件的防腐要求按照《高速公路交通工程钢构件防腐技术条件》(GB/T 18226)的要求执行。

**表5.5.2 防撞垫安装验收实测项目**

| 项次 | 检查项目 | | 规定值或允许误差 | 检查方法和频率 | 权值 |
|---|---|---|---|---|---|
| 1 | 安装尺寸(mm) | 长 | ±50 | 直尺:抽查不低于10% | 1 |
| | | 宽 | ±20 | 直尺:抽查不低于10% | |
| | | 高 | ±10 | 直尺:抽查不低于10% | |
| 2 | 混凝土强度(MPa) | | 在合格标准内 | 按《公路工程质量检验评定标准 第一册 土建工程》(JTG F80/1—2004)附录D检查 | 2 |
| 3 | 基础几何尺寸(mm) | | ±20 | 直尺:抽查不低于10% | 1 |
| 4 | 立柱埋入深度(mm) | | 符合设计值 | 直尺:抽查不低于10% | 2 |
| 5 | 壁(板)厚(mm) | | ±0.25 | 千分尺:抽查不低于10% | 2 |

## 5.6 维修与养护

**5.6.1** 防撞垫的养护应符合以下规定:

(1)防撞垫的外观防腐层出现剥落损坏的部位应及时进行防腐处理。

(2)对缺失、生锈的紧固件或其他构件应及时进行补缺和更换。

(3)防撞垫前端的反射体损坏、脱落或者反光效果不佳时,应进行更换。

**5.6.2** 防撞垫的维修可分为部分更换和全部更换。

(1)防撞垫构件受车辆轻微碰撞或剐蹭后发生局部变形或撕裂破坏,则只对变形或破坏的构件进行更换。

(2)防撞垫主体构件受到严重破坏,则应对防撞垫进行整体更换。

# 本规范用词说明

本规范按执行的严格程度，对各项技术指标的规定，在条文用词上采用了以下写法，请使用者充分考虑工程项目所处自然条件、交通特点和工程特性等具体情况，灵活运用。

规范条文用词：

(1)表示严格，非这样做不可的用词：

正面词采用“必须”；反面词采用“严禁”。

(2)表示严格，在正常情况下应这样做的用词：

正面词采用“应”；反面词采用“不应”或“不得”。

(3)表示允许有选择，有条件时首先应这样做的用词：

正面词采用“宜”；反面词采用“不宜”。

(4)表示允许有选择的用词：

正面词采用“可”。

附件

# 《高速公路护栏过渡段与防撞垫应用技术标准》

（DB 37/T 1719—2010）

## 条 文 说 明

# 1 总则

**1.0.1** 高速公路桥梁护栏与路基护栏的形式大多不相同,桥梁护栏主要为防撞等级较高的刚性护栏,如组合式混凝土护栏、混凝土护栏或梁柱式型钢护栏,而路基护栏大多为半刚性的波形梁钢护栏。由于刚性护栏和半刚性护栏的防护机理不同,车辆碰撞后护栏的表现形态也不同,使得这两类护栏衔接处的结构处理显得尤为重要,不合理的过渡段形式直接影响到护栏防护性能的连续性。目前,高速公路刚性护栏和半刚性护栏衔接处的处理方式多种多样,有的没有设置过渡段,有的虽然设置了过渡结构,但因连接薄弱、刚度过渡不合理,存在较大的安全隐患。

目前高速公路主线分流端、匝道分流端等位置大多采用防撞桶进行防护,但是从使用情况来看,1 ~3 个一组的玻璃钢制防撞桶不具备防撞能力,小客车高速碰撞三角端时经常发生严重的人员伤亡事故。

为了解决以上两种高速公路安全防护中的缺陷,提高高速公路的整体安全防护水平,山东省交通运输厅组织山东高速集团有限公司等有关单位,研究开发了护栏过渡段、防撞垫等新型防护设施,通过专家论证、实车足尺碰撞试验等形式确认了其安全性能,并经过在山东省威海—乳山高速公路上三年多的应用,效果良好。

本标准主要针对山东省高速公路建设的发展水平,结合安全、技术、经济等条件,合理地作出规定,以使高速公路的不同刚度或防撞等级护栏的过渡处置措施、主线分流端及匝道分流端等固定构造物前端的安全防护措施更加安全合理、经济实用,并在高速公路建设中,起到积极地规范和质量控制的作用。

**1.0.2** 由于护栏过渡段和防撞垫是应用在公共基础设施上、面向社会公众的防护设施,具备公共设施的特点。所以,在设计、应用中应严格遵守国家颁布的法规和标准规范,保护公众,并避免产生不必要的诉讼。本标准是《高速公路交通工程及沿线设施设计通用规范》(JTG D80—2006)(以下简称“JTG D80 规范”)等标准、规范的补充。JTG D80 规范仅对不同类型护栏的衔接处、高速公路分流端等位置的安全性要求作出了原则性的规定,并没有提出具体要求,本标准中进行了更为详细的规定。

**1.0.3** 新建和改(扩)建高速公路从设计、施工等建设程序上来说,更便于采用本标准的规定。但是从安全的角度来讲,考虑到大部分运营中的高速公路上不同类型护栏衔接处、分流端等固定构造物前的防护设施均存在不足之处,建议有条件的运营管理部门采用本标准对不同类型护栏衔接处、分流端等固定构造物前防护设施进行改造。

同时,将本标准适用范围扩大至其他等级公路,以提高其他等级公路的交通安全服务水平。

**1.0.4** 本标准是对JTG D80规范等相关标准、规范的补充,因此,不同类型护栏衔接处、分流端等固定障碍物前的防护设施设计、施工、维修、养护除应符合本标准外,还应符合国内现行相关标准、规范的规定。

# 3 术语

本章仅列出标准正文中新出现的术语与符号。

# 4 护栏过渡段

## 4.1 一般规定

**4.1.1** 护栏结构形式的不同不仅表现在不同的护栏类型,如混凝土护栏、型钢护栏、波形梁护栏和缆索护栏等,还表现在不同的结构外观尺寸,如护栏的高度、混凝土护栏迎撞面的形式等。不同结构形式的护栏衔接处,如果处置不当,不仅影响美观,更重要的是影响护栏的安全性能。如刚性的混凝土护栏和半刚性的波形梁护栏的衔接处,如果刚度过渡不当,车辆碰撞时则容易出现应力集中,导致连接处断裂,车辆冲断护栏或出现绊阻,从而造成严重的后果;再如刚性相近但迎撞面形式不同的混凝土护栏,如果衔接处过渡不当,车辆碰撞时则有可能造成车辆甩尾、翻车等严重后果。

结构形式相同、但防撞能力不同的护栏衔接处如果处理不当,车辆碰撞时,同样会产生严重的后果。如同样外观和结构的梁柱式型钢护栏,如果采用不同材料厚度的型钢,护栏的结构刚度也会表现出较大差异,护栏衔接时也应进行安全性处理。

**4.1.2** 本标准是对交通运输部颁布的相关标准、规范的补充规定,因此护栏过渡段应首先满足部颁标准的规定。

**4.1.3** 护栏过渡段结构属于安全防护设施体系中的一部分,设置得合理与否,直接关系到道路使用者的生命安全。因此,在工程中大规模使用护栏过渡段之前,应进行充分的论证,以保证其安全性能。对于新型的护栏过渡段结构,宜采用实车足尺碰撞试验的方式验证其安全性能。对于已经经过安全论证的护栏过渡段结构,可以采用计算机模拟碰撞的方式进行结构参数的优化调整。

护栏过渡段由于所衔接的两种护栏的结构形式或者防撞能力不同,其护栏过渡段的结构刚度和防撞能力也是逐渐变化的,不能定义为哪一个防撞等级。为了便于实际操作,同时也由于护栏过渡段一般设置于结构刚度较低或防撞等级较低的护栏一侧,因此,本标准采用护栏刚度或防撞能力较低一侧护栏的碰撞条件作为护栏过渡段的碰撞条件。该碰撞条件对于护栏过渡段来说,是一个最低要求。

碰撞点位置的选择原则:选择护栏过渡段结构的最不利位置作为碰撞点。根据研究发现,护栏过渡段靠近刚性大的护栏一侧的位置最容易造成车辆绊阻以及应力集中等防护不利现象,结合国外规范及国内研究经验,取“距护栏刚度或防撞能力较高一侧护栏端部1.5m处”作为碰撞点位置。

设置护栏过渡段的目的是为了将前后两段护栏连为一个整体，保证护栏防撞能力的连续性，因此，护栏过渡段的安全性能评价标准与护栏相同。

## 4.2 设置原则

**4.2.1** 护栏设置的基本原则是护栏的防撞等级与高速公路的防护需求相一致。护栏过渡段的防撞能力和结构刚度介于所衔接的两段护栏之间，偏于安全的考虑，将护栏过渡段设置于结构刚度较低或防撞等级较低的护栏范围内。

**4.2.2** 两种护栏刚度的逐渐过渡主要是考虑护栏防撞能力的连续，防止应力集中造成车辆绊阻或者冲断护栏；两种护栏的高度、横断面形式及横断面位置的过渡，不仅对防护能力的连续性有利，而且也兼顾护栏整体线形的流畅和美观。

**4.2.3** 采用波形梁护栏加强结构形式的护栏过渡段，波形梁板与相邻的混凝土护栏或者梁柱式型钢护栏连接处，往往是造成衔接处防护失效的薄弱环节。因此，必须保证过渡段和相邻护栏的连接强度，确保车辆碰撞过渡段时，连接结构不先于过渡段本身破坏。

**4.2.4** 与混凝土护栏和梁柱式型钢护栏相比，波形梁护栏的结构刚度和防撞能力相对较弱，通过波形梁护栏逐步加强，能够实现刚度的逐渐过渡。而且只要通过加强、加密、加深立柱，加厚波形梁板材、增加波形的数量或者横梁的数量就可以提高波形梁的刚度和强度，方法相对简单而且技术成熟，可操作性强。

国内目前已经有经过充分论证的护栏过渡段结构形式。组合式混凝土护栏和波形梁护栏的过渡段结构如图 4-1 所示，梁柱式型钢护栏和波形梁护栏的过渡段结构如图4-2所示。

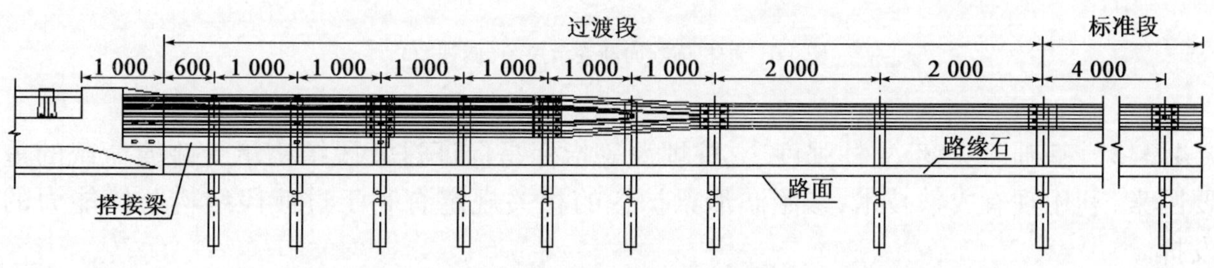


图 4-1 组合式混凝土护栏和波形梁护栏的过渡段结构(尺寸单位:mm)

**4.2.5** 除了平摆浮搁的链式混凝土护栏等具备半刚性甚至柔性的变形特征外，国内绝大部分的混凝土护栏属于刚性护栏，因此，不同类型混凝土护栏之间的过渡处理不重点考虑刚度的过渡。由于混凝土护栏坡面形式有单坡面型、新泽西型和直壁型三大系列，混凝土护栏的高度也因防撞等级的不同而有所不同，同时桥梁混凝土护栏和路基混凝土护栏的横断面位置往往存在不同,所以护栏的高度、坡面形式以及横断面位置往往是混凝土护栏过渡段主要考虑的结构参数。这些结构参数的过渡一般通过混凝土结构的渐变解决。

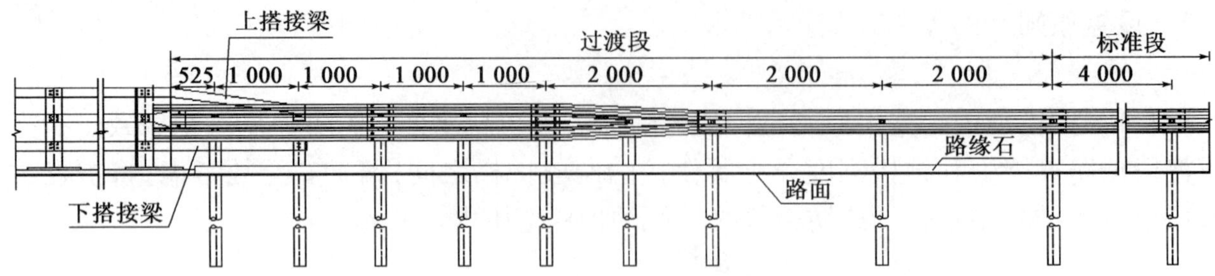


图 4-2　梁柱式型钢护栏和波形梁护栏的过渡段结构(尺寸单位:mm)

## 4.3　构造与材料要求

**4.3.1**　波形梁加强结构的护栏过渡段与等级较低的波形梁护栏中心高度保持一致,不仅对护栏防护能力的连续性有利,也对外观连续性有利。如果工程现场需要,也可以采用过渡段的波形梁板与相连接的波形梁护栏板下边缘相一致的处理办法,如 A(Am)级双波形梁护栏与更高等级的三波形梁护栏过渡的情况。

**4.3.2**　工程中最常见的情况是,刚性的混凝土护栏设置于桥梁上,护栏的内侧边缘紧贴路缘带的边缘,而半刚性的波形梁护栏设置于路肩上,护栏的内侧面位于路缘带边缘外一定距离处,如图 4-3 所示。两段护栏横断面位置的渐变可以通过过渡段来实现,也可以通过在其中一端护栏的标准段中渐变。

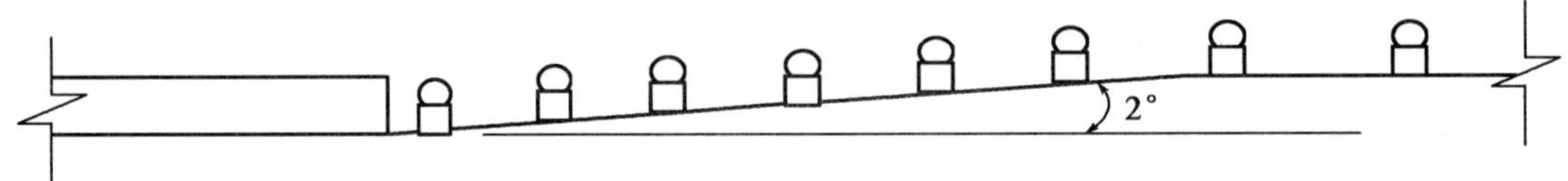


图 4-3　护栏横断面渐变示意图(俯视图)

**4.3.3**　基础压实度、立柱强度、立柱埋深等指标是保证过渡段结构承受碰撞荷载的重要因素,利用现有成熟技术,参照波形梁护栏的相关规定有利于过渡段结构防撞能力的发挥。

**4.3.4**　按照《高速公路护栏安全性能评价标准》(JTG/T F83-01—2004)的规定,波形梁护栏的最大横向位移量允许值是 100cm,而刚性的混凝土护栏的最大横向位移量允许值是 10cm,根据相关研究资料,刚性混凝土护栏与低等级的半刚性波形梁护栏的衔接处设置大于 10m 的刚度渐变段长度是必要的。

**4.3.5、4.3.6** 材料要求的一般性规定。

## 4.4 施工技术要求

护栏过渡段承担着结构刚度渐变的功能，立柱间距的变化直接影响着护栏过渡段的结构刚度，因而在护栏过渡段内进行立柱间距的调节，将直接影响护栏过渡段的安全性能。护栏过渡段往往位于高填方的桥台上，基础压实度较差。为保证过渡段的防撞性能，一旦立柱未能达到要求的深度，再拔出时，要求采用混凝土基础的形式。

## 4.5 施工验收

渐变率误差的要求综合考虑了安全性能和外观流畅的要求。

## 4.6 维修与养护

**4.6.1、4.6.2** 维修和养护与传统的护栏形式并无区别。

# 5 防撞垫

## 5.1 一般规定

**5.1.1** 高速公路主线分流端、匝道分流端、隧道洞口、收费站导流岛端部、混凝土护栏端部以及其他车辆撞击易造成冲击伤害的构造物等均属于危险区域,考虑到车辆碰撞这些部位的事故概率因素,要求主线分流端、匝道分流端等位置均应设置防撞垫;而收费站导流岛端部、隧道洞口、混凝土护栏端部以及其他车辆撞击易造成冲击伤害的构造物等位置,可根据具体情况,有条件时设置防撞垫。

**5.1.2** 防撞垫按照碰撞速度分为三个防撞等级,一级碰撞速度为60km/h,二级碰撞速度为80km/h,三级碰撞速度为100km/h。可导向防撞垫侧碰时的碰撞角度与高速公路护栏标准段一致。

我国对于防撞垫的试验研究工作尚处于起步阶段,经验较少。本标准的制定主要借鉴美国及欧盟的相关标准。

国外对于防撞垫的设置也都是用来防护小型车辆的,如欧盟 EN1317-3:2000 规定:防撞垫碰撞试验的车辆质量最大为1.5t(表5-1);美国 NCHRP Report 350 规定:防撞垫碰撞试验的车辆质量最大为2t(表5-2)。

**表5-1 欧盟 EN1317-3:2000 规定的防撞垫的防撞等级与碰撞条件**

| 防撞等级 | 护栏类型 | 试验编号 | 碰撞车型 | 车辆质量(kg) | 碰撞速度(km/h) | 碰撞角度(°) | 碰撞点位置 |
|---|---|---|---|---|---|---|---|
| 一级 | 可导向防撞垫 | TC1.1.50 | 小型客车 | 900 | 50 | 0 | 正碰端部中心 |
| | | TC4.2.50 | 小型客车 | 1 300 | 50 | 15 | 侧碰距端部1/3处 |
| | 非导向防撞垫 | TC1.1.50 | 小型客车 | 900 | 50 | 0 | 正碰端部中心 |
| 二级 | 可导向防撞垫 | TC1.1.80 | 小型客车 | 900 | 80 | 0 | 正碰端部中心 |
| | | TC1.2.80 | 小型客车 | 1 300 | 80 | 0 | 正碰端部中心 |
| | | TC2.1.80 | 小型客车 | 900 | 80 | 15 | 正碰端部偏离中心1/4车宽度处 |
| | | TC3.2.80 | 小型客车 | 1 300 | 80 | 15 | 斜碰端部中心 |
| | | TC4.2.80 | 小型客车 | 1 300 | 80 | 15 | 侧碰距端部1/3处 |
| | | TC5.2.80① | 小型客车 | 1 300 | 80 | 165 | 反方向侧碰距端部1/2处 |

续上表

| 防撞等级 | 护栏类型 | 试验编号 | 碰撞车型 | 车辆质量(kg) | 碰撞速度(km/h) | 碰撞角度(°) | 碰撞点位置 |
|---|---|---|---|---|---|---|---|
| 二级 | 非导向防撞垫 | TC1.1.80 | 小型客车 | 900 | 80 | 0 | 正碰端部中心 |
| | | TC1.2.80 | 小型客车 | 1 300 | 80 | 0 | 正碰端部中心 |
| | | TC2.1.80 | 小型客车 | 900 | 80 | 15 | 正碰端部偏离中心 1/4 车宽处 |
| | | TC3.2.80 | 小型客车 | 1 300 | 80 | 15 | 斜碰端部中心 |
| 三级 | 可导向防撞垫 | TC1.1.100 | 小型客车 | 900 | 100 | 0 | 正碰端部中心 |
| | | TC1.2.100 | 小型客车 | 1 300 | 100 | 0 | 正碰端部中心 |
| | | TC2.1.100 | 小型客车 | 900 | 100 | 15 | 正碰端部偏离中心 1/4 车宽处 |
| | | TC3.2.100 | 小型客车 | 1 300 | 100 | 15 | 斜碰端部中心 |
| | | TC4.2.100 | 小型客车 | 1 300 | 100 | 15 | 侧碰距端部 1/3 处 |
| | | TC5.2.100① | 小型客车 | 1 300 | 100 | 165 | 反方向侧碰距端部 1/2 处 |
| | 非导向防撞垫 | TC1.1.100 | 小型客车 | 900 | 100 | 0 | 正碰端部中心 |
| | | TC1.2. 100 | 小型客车 | 1 300 | 100 | 0 | 正碰端部中心 |
| | | TC2.1. 100 | 小型客车 | 900 | 100 | 15 | 正碰端部偏离中心 1/4 车宽处 |
| | | TC3.2. 100 | 小型客车 | 1 300 | 100 | 15 | 斜碰端部中心 |
| 四级 | 可导向防撞垫 | TC1.1.100 | 小型客车 | 900 | 100 | 0 | 正碰端部中心 |
| | | TC1.3.110 | 小型客车 | 1 500 | 110 | 0 | 正碰端部中心 |
| | | TC2.1.100 | 小型客车 | 900 | 100 | 15 | 正碰端部偏离中心 1/4 车宽处 |
| | | TC3.3.110 | 小型客车 | 1 500 | 110 | 15 | 斜碰端部中心 |
| | | TC4.3.110 | 小型客车 | 1 500 | 110 | 15 | 侧碰距端部 1/3 处 |
| | | TC5.3.110① | 小型客车 | 1 500 | 110 | 20 | 反方向侧碰距端部 1/2 处 |
| | 非导向防撞垫 | TC1.1.100 | 小型客车 | 900 | 100 | 0 | 正碰端部中心 |
| | | TC1.3. 110 | 小型客车 | 1 500 | 110 | 0 | 正碰端部中心 |
| | | TC2.1. 110 | 小型客车 | 900 | 110 | 15 | 正碰端部偏离中心 1/4 车宽处 |
| | | TC3.3. 110 | 小型客车 | 1 500 | 110 | 15 | 斜碰端部中心 |

注:①表示当车辆不可能反方向碰撞防撞垫时,可不进行该试验。

**表 5-2　美国 NCHRP Report 350 规定的护栏端头和防撞垫的防撞等级与碰撞条件**

| 防撞等级 | 护栏类型 | 试验编号 | 碰撞车型 | 车辆质量(kg) | 碰撞速度(km/h) | 碰撞角度(°) | 碰撞点位置 |
|---|---|---|---|---|---|---|---|
| 一级 | 端头和可导向防撞垫 | 1-30 | 小型客车 | 820 | 50 | 0 | 正碰端部偏离中心1/4 车宽处 |
| | | 1-31 | 皮卡车 | 2 000 | 50 | 0 | 正碰端部中心 |
| | | 1-32 | 小型客车 | 820 | 50 | 15 | 斜碰端部中心 |
| | | 1-33 | 皮卡车 | 2 000 | 50 | 15 | 斜碰端部中心 |
| | | 1-34 | 小型客车 | 820 | 50 | 15 | 侧碰指定碰撞点 |
| | | 1-35 | 皮卡车 | 2 000 | 50 | 20 | 侧碰指定碰撞点 |
| | | 1-36 | 小型客车 | 820 | 50 | 15 | 侧碰指定碰撞点 |
| | | 1-37 | 皮卡车 | 2 000 | 50 | 20 | 侧碰指定碰撞点 |
| | | 1-38 | 皮卡车 | 2 000 | 50 | 20 | 侧碰指定碰撞点 |
| | | 1-39 | 皮卡车 | 2 000 | 50 | 20 | 反方向侧碰距端部 1/2 处 |
| | 非导向防撞垫 | 1 40 | 小型客车 | 820 | 50 | 0 | 正碰端部偏离中心1/4 车宽处 |
| | | 1-41 | 皮卡车 | 2 000 | 50 | 0 | 正碰端部中心 |
| | | 1-42 | 小型客车 | 820 | 50 | 15 | 斜碰端部中心 |
| | | 1-43 | 皮卡车 | 2 000 | 50 | 15 | 斜碰端部中心 |
| | | 1-44 | 皮卡车 | 2 000 | 50 | 20 | 侧碰距端部 1/2 处 |
| 二级 | 端头和可导向防撞垫 | 1-30 | 小型客车 | 820 | 70 | 0 | 正碰端部偏离中心1/4 距端部 1/2 处 |
| | | 1－31 | 皮卡车 | 2 000 | 70 | 0 | 正碰端部中心 |
| | | 1-32 | 小型客车 | 820 | 70 | 15 | 斜碰端部中心 |
| | | 1-33 | 皮卡车 | 2 000 | 70 | 15 | 斜碰端部中心 |
| | | 1-34 | 小型客车 | 820 | 70 | 15 | 侧碰指定碰撞点 |
| | | 1-35 | 皮卡车 | 2 000 | 70 | 20 | 侧碰指定碰撞点 |
| | | 1-36 | 小型客车 | 820 | 70 | 15 | 侧碰指定碰撞点 |
| | | 1-37 | 皮卡车 | 2 000 | 70 | 20 | 侧碰指定碰撞点 |
| | | 1-38 | 皮卡车 | 2 000 | 70 | 20 | 侧碰指定碰撞点 |
| | | 1-39 | 皮卡车 | 2 000 | 70 | 20 | 反方向侧碰距端部 1/2 处 |
| | 非导向防撞垫 | 1-40 | 小型客车 | 820 | 70 | 0 | 正碰端部偏离中心1/4 距端部 1/2 处 |
| | | 1-41 | 皮卡车 | 2 000 | 70 | 0 | 正碰端部中心 |
| | | 1-42 | 小型客车 | 820 | 70 | 15 | 斜碰端部中心 |
| | | 1-43 | 皮卡车 | 2 000 | 70 | 15 | 斜碰端部中心 |
| | | 1-44 | 皮卡车 | 2 000 | 70 | 20 | 侧碰距端部 1/2 处 |

续上表

| 防撞等级 | 护栏类型 | 试验编号 | 碰撞车型 | 车辆质量（kg） | 碰撞速度（km/h） | 碰撞角度（°） | 碰撞点位置 |
|---|---|---|---|---|---|---|---|
| 三级 | 端头和可导向防撞垫 | 1-30 | 小型客车 | 820 | 100 | 0 | 正碰端部偏离中心 1/4 车宽处 |
| | | 1-31 | 皮卡车 | 2 000 | 100 | 0 | 正碰端部中心 |
| | | 1-32 | 小型客车 | 820 | 100 | 15 | 斜碰端部中心 |
| | | 1-33 | 皮卡车 | 2 000 | 100 | 15 | 斜碰端部中心 |
| | | 1-34 | 小型客车 | 820 | 100 | 15 | 侧碰指定碰撞点 |
| | | 1-35 | 皮卡车 | 2 000 | 100 | 20 | 侧碰指定碰撞点 |
| | | 1-36 | 小型客车 | 820 | 100 | 15 | 侧碰指定碰撞点 |
| | | 1-37 | 皮卡车 | 2 000 | 100 | 20 | 侧碰指定碰撞点 |
| | | 1-38 | 皮卡车 | 2 000 | 100 | 20 | 侧碰指定碰撞点 |
| | | 1-39 | 皮卡车 | 2 000 | 100 | 20 | 反方向侧碰距端部 1/2 处 |
| | 非导向防撞垫 | 1-40 | 小型客车 | 820 | 100 | 0 | 正碰端部偏离中心 1/4 车宽处 |
| | | 1-41 | 皮卡车 | 2 000 | 100 | 0 | 正碰端部中心 |
| | | 1-42 | 小型客车 | 820 | 100 | 15 | 斜碰端部中心 |
| | | 1-43 | 皮卡车 | 2 000 | 100 | 15 | 斜碰端部中心 |
| | | 1-44 | 皮卡车 | 2 000 | 100 | 20 | 侧碰距端部 1/2 处 |

**5.1.3** 防撞垫结构属于安全防护设施体系中的一部分,设置得合理与否,直接关系到道路使用者的生命安全。因此,在工程中大规模使用防撞垫之前,应进行充分的论证,以保证其安全性能。

对于新型的防撞垫结构,宜采用实车足尺碰撞试验的方式验证其安全性能。对于已经经过安全论证的防撞垫结构,可以采用计算机模拟碰撞的方式进行结构参数的优化调整。

本标准中关于防撞垫的评价标准主要借鉴美国和欧盟相关标准,以及我国《高速公路护栏安全性能评价标准》(JTG/T F83-01—2004)(以下简称“F83 标准”),并结合我国已有的试验研究成果制定的。

美国 NCHRP Report 350 规定的护栏端头和防撞垫的评价标准见表 5-3。我国已有的防撞垫的部分碰撞试验资料见表 5-4。

**表 5-3 美国 NCHRP Report 350 规定的护栏端头和防撞垫的评价标准**

| 评价项目 | 评 价 标 准 | 适用的护栏端头和防撞垫试验编号 |
|---|---|---|
| 结构合理性 | A. 护栏应阻挡并导向车辆,虽然护栏适当的侧向变形是允许的,但是车辆不应穿越或翻越护栏 | 35,36,37,38 |
| | B. 可接受的车辆运行状态包括变向、适当的穿透或被阻挡 | 30,31,32,33,34,39,40,41,42,43,44 |

续上表

<table>
<tr><th>评价项目</th><th>评 价 标 准</th><th>适用的护栏端头和防撞垫试验编号</th></tr>
<tr><td rowspan="6">乘员<br>风险</td><td>C. 护栏碰撞产生的脱离部件不应侵入或有侵入乘员舱的可能性,不应对其他交通、行人或工作区工人造成伤害。可能造成严重乘员伤害的乘员舱变形和侵入是不允许的</td><td>所有</td></tr>
<tr><td>D. 车辆轻微的翻转、俯仰和横摆是允许的,但碰撞前后车辆应保持竖直</td><td>除了 E 所列的试验</td></tr>
<tr><td>E. 碰撞前后车辆最好保持竖直(不是必需的)</td><td>30[b],31[b],32[b],33[b],34[b],35[b],36[b],37[b],38[b],39[b],40[b],41[b],42[b],43[b],44[b](一级防撞等级)</td></tr>
<tr><td>F. 乘员碰撞速度应该满足以下条件:<table><tr><th colspan="3">乘员碰撞速度限值(m/s)</th></tr><tr><th>分量</th><th>首选值</th><th>最大值</th></tr><tr><td>纵向和横向</td><td>9</td><td>12</td></tr></table></td><td>30,31,32,33,34,36,40,41,42,43</td></tr>
<tr><td>G. 乘员碰撞后加速度应满足以下条件:<table><tr><th colspan="3">乘员碰撞后加速度限值(g)</th></tr><tr><th>分量</th><th>首选值</th><th>最大值</th></tr><tr><td>纵向和横向</td><td>15</td><td>20</td></tr></table></td><td>30,31,32,33,34,36,40,41,42,43</td></tr>
<tr><td>H. (选作)Hybrid Ⅲ 型假人。假人的反应应符合《美国联邦法规》第五章 571.208 部分中编号 49 的法规要求</td><td>30,31,32,33,34,36,40,41,42,43</td></tr>
<tr><td rowspan="4">车辆<br>运行轨迹</td><td>I. 碰撞后车辆最好不进入相邻的车道</td><td>所有</td></tr>
<tr><td>J. 乘员纵向碰撞速度应不超过 12m/s,纵向碰撞加速度应不超过 20g</td><td>35,37,38,39</td></tr>
<tr><td>K. 车辆驶出角度应不超过碰撞角度的 60%,在车辆离开护栏的瞬间测量</td><td>35,36,37,38,39</td></tr>
<tr><td>L. 试件后面可以出现车辆的轨迹</td><td>30,31,32,33,34,39,42,43,44</td></tr>
</table>

**表 5-4 我国已有的防撞垫部分碰撞试验资料**

| 护栏类型 | 碰撞车型 | 碰撞点位置 | 碰撞速度(km/h) | 车体重心加速度(最大值)(g) | 车辆运行轨迹 |
|---|---|---|---|---|---|
| 可导向防撞垫 | 1.5t 小型客车 | 距前端 $L/3$ 处 | 100 | 15.2 | 驶出角度 4.4° |
| | | 距前端 $L/3$ 处 | 100 | 15.6 | 驶出角度 1.7° |
| | | 端部正面中心处 | 60 | 10.7 | 正位停车 |
| 非导向防撞垫 | 1.5t 小型客车 | 端部正面中心处 | 60 | 31.9 | 正位停车 |
| | | 端部正面中心处 | 60 | 21.7 | 正位停车 |
| | | 端部正面中心处 | 60 | 18.9 | 正位停车 |

注:$L$-防撞垫的长度。

我国 F83 标准规定,对于乘员风险指标,“试验时如果不具备安装假人等测试设备的条件,可以用车体加速度作为车内乘员安全性的代用指标,经过多次试验及假人的各项指标与车体加速度数据对比分析,当车体三个方向加速度数值均小于或等于 20$g$ 时,不会对车内乘员造成严重伤害”。

**5.1.4** 防撞垫属于具备缓冲功能的障碍物,因此,只有在车辆碰撞公路范围内固定构造物的事故严重程度较大的时候,才考虑设置防撞垫,以达到降低事故损失的目的。因此,防撞垫的设置必须遵循安全保护的原则,才能最大限度地改善交通安全状况。

**5.1.5** 高速公路的主要功能目标是为公路使用者提供安全、快捷的出行方式,防撞垫在提供安全防护的时候,不能影响主要功能的发挥和正常的行车安全。

**5.1.6** 防撞垫取代现有防撞桶,提高了安全防撞功能。但是有多年应用实践的防撞桶,警示效果已经得到认可,因此,防撞垫的警示结构部分,可以参照防撞桶的规定来设置。

## 5.2 设置原则

**5.2.1** 防撞垫的防撞等级主要依据车辆正面碰撞的速度来确定,设计速度越高的高速公路,车辆撞击防撞垫的车速也就越高,因而所采用的防撞等级也应该越高。考虑到国内防撞垫的研究、应用现状,以及经济成本等因素,本标准采用了较为宽松的规定。但是,高速公路的防撞垫防撞等级不得低于一级。

**5.2.2** 防撞垫平面布设的要求主要考虑了防撞垫对固定构造物的防护功能的有效发挥,同时考虑施工、维护方便和公路景观等因素。

**5.2.3** 我国对防撞垫的研究开发起步较晚,目前可用的防撞垫形式还不多。国外的一些防撞垫已经陆续进入中国市场,但是由于开发阶段所采用的技术标准不同、针对的防护对象不同,因此在应用的时候,仍需要进行安全性论证。

国内可用的非导向防撞垫的结构示意图见图5-1。

国内可用的可导向防撞垫的结构示意图见图5-2。

国内可导向防撞垫的应用实例见图5-3。

**5.2.4** 可导向防撞垫不仅能够降低正面碰撞的危害程度,而且车辆侧面碰撞时,能够像护栏一样具有导向功能。

高速公路主线分流端、匝道分流端、隧道洞口等位置的两侧均为正常的行车道,一旦发生车辆碰撞这些构造物的事故,容易因事故车辆的翻车、甩尾、掉头等影响行车道内车辆的正常运行,造成二次事故。因此,在此类固定构造物前端设置防撞垫时,有条件时应首选可导向防撞垫。

一般收费站收费通道的两侧均有导流岛,且通道宽度较小,车辆撞击侧面的概率很小,而导流岛正面的碰撞概率大、事故严重程度高,因此导流岛前端设置防撞垫时,采用非导向防撞垫也可满足防护要求;有条件时,也可采用可导向防撞垫。

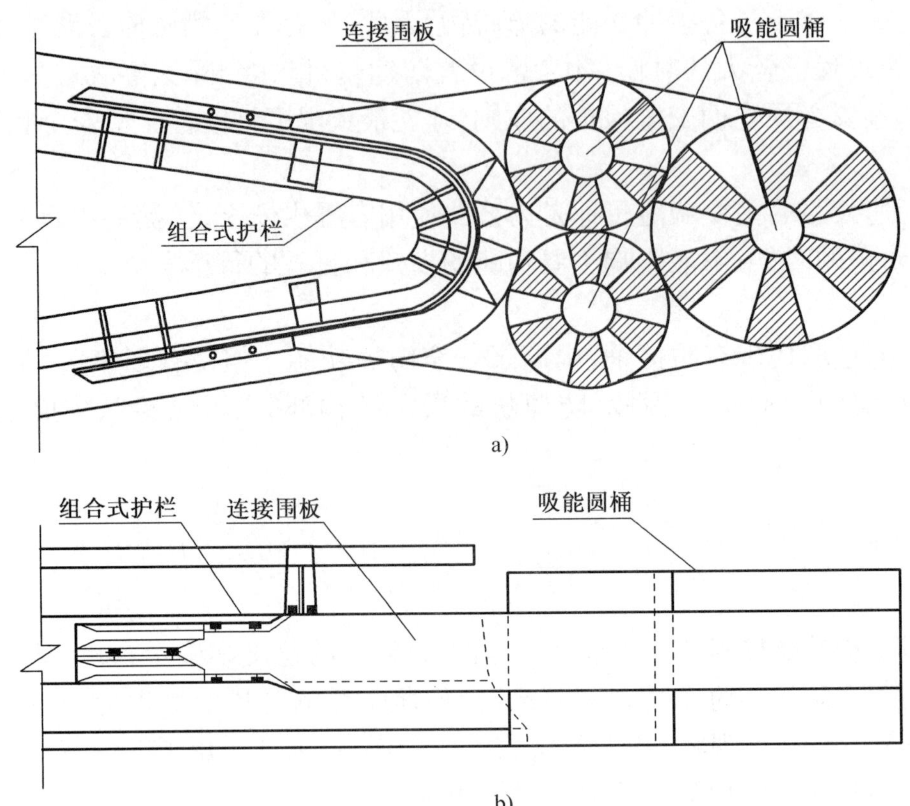


a)

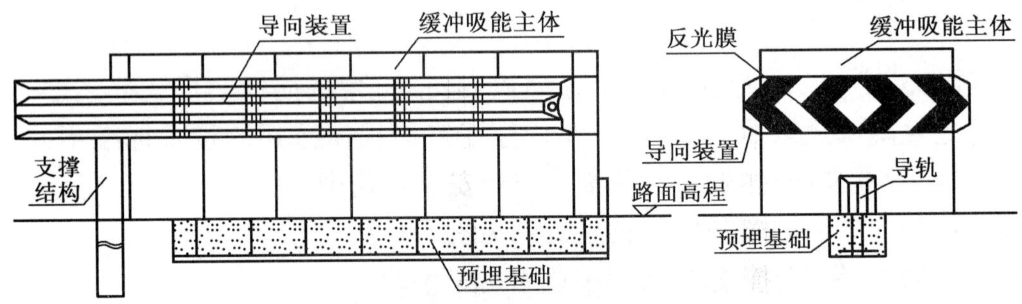


b)

图 5-1 非导向防撞垫的结构示意图

a)平面图;b)立面图

图 5-2 可导向防撞垫的结构示意图

图 5-3 可导向防撞垫的应用实例

**5.2.5** 防撞垫的首要作用是安全，其次才是景观，景观效果设计不得影响防撞性能。

## 5.3 构造与材料要求

**5.3.1～5.3.3** 防撞垫设置应与周边交通设施相协调，防撞垫高度、与基础连接和与周边交通设施的协调程度三个方面是防撞垫发挥防撞能力的基本要求。

**5.3.4** 车辆侧面碰撞可导向防撞垫之后，有可能会沿着防撞垫的侧面滑行，如果防撞垫的导向结构没有和后部的护栏结构连为一体，防撞垫和护栏之间的间隙有可能形成新的事故隐患，因此，防撞垫的导向结构应该和护栏端部结构连为一体。

**5.3.5～5.3.7** 材料要求的一般性规定。

## 5.4 施工技术要求

防撞垫的主要作用是防止车辆直接撞击防撞垫后部的固定构造物，只有以后部的被防护结构为主要控制点，才能够实现其有效的防护功能作用。

## 5.5 施工验收

**5.5.1** 防撞垫的安装线形与被防护结构的线形一致，不仅外形美观，更重要的是有利于防撞功能的发挥；支撑结构是确保车辆撞击防撞垫后能够停止的主要支撑点，因而必须安装牢固；防撞垫是一个系统结构，缓冲作用的发挥依赖每一个细节，因此，构件和组装质量都应良好。

**5.5.2** 验收实测指标为根据其对防撞垫防护功能的影响程度确定的指标，用于对防撞垫安装后的检查验收和质量评定，以保证有效的防护功能。

## 5.6 维修与养护

**5.6.1** 防撞垫只有在满足设计要求的工况下才能有效发挥其防护作用，因而对构件缺失必须及时补上，对锈蚀必须加以控制。防撞垫前端的反射体主要起警示作用，对于夜间行车安全十分重要。

**5.6.2** 根据防撞垫损坏的情况，确定具体的维修方案，符合工程实际需要，既能够保证防撞能力的发挥，又能够节约养护和维修费用。

山东省地方标准

# 黄河中下游流域粉质土路基
# 与二灰土底基层施工技术指南

**Guidelines for Construction of Silty Soil Subgrade and Lime-fly Soil Subbase in the Yellow River Basin**

**DB 37/T 1720—2010**

主编单位:山东省交通运输厅
批准部门:山东省质量技术监督局
实施日期:2011 年 01 月 01 日

人民交通出版社

# 前　　言

为进一步规范全省交通基础设施建设和管理行为，全面提升建设管理水平，按照交通工作实现“标准化、规范化、集约化、人本化”管理的目标要求，山东省交通运输厅提出并主持编制了本指南。

黄河中下游流域占山东省面积的34%，区内地下水位高，土的粉粒含量高，黏粒含量低，颗粒磨圆度高，级配不良，毛细作用强烈。碾压时颗粒间难以形成有效的嵌挤，压实困难。该区域内的二灰稳定土在配合比设计、施工与养生等方面具有显著特点。为指导黄河中下游流域粉质土路基与二灰土底基层的施工，山东高速集团有限公司、山东大学等单位，结合区域内公路建设，详细研究了黄河中下游流域土的颗粒组成特点，土及二灰土的压实特性，二灰土的组成设计等，经系统整理、总结，编写了本指南。

各有关单位在标准使用过程中，若发现存在不当之处或有好的意见和建议，请及时函告山东高速集团有限公司，以便修订时参考，联系地址：山东省济南市历下区龙奥北路8号山东高速大厦，邮编：250098。

本指南由山东省交通运输厅归口并提出。

**主 编 单 位：**山东省交通运输厅

**编 写 单 位：**山东高速集团有限公司
山东大学

**主要起草人：**周　勇　艾贻忠　姚占勇　朱　伟　商庆森　杨　光　李法增
葛　智　董支宝　王书明

# 1 总则

**1.0.1** 为提高黄河中下游流域粉质土公路路基工程施工技术水平,指导二灰稳定粉质土底基层的修建,保证施工质量,制定本指南。

**1.0.2** 本指南适用于黄河中下游流域各级公路的新建和改(扩)建路基工程和二灰土底基层施工。

**1.0.3** 黄河中下游流域粉质土公路路基应达到设计要求的强度、稳定性和耐久性。

**1.0.4** 黄河中下游流域公路二灰稳定粉质土底基层,应达到设计要求的强度、刚度和水稳定性。

**1.0.5** 黄河中下游流域高速公路与一级公路路基和二灰土底基层的施工,应结合工程建设,尽可能提前修筑试验段,以达到检验设计、指导施工的目的。

**1.0.6** 当取土场粉质土小于0.005mm的颗粒含量大于15%时,应优先用作二灰稳定土。

**1.0.7** 黄河中下游流域粉质土路基与二灰稳定粉质土底基层的质量评定内容,按照《公路工程质量检验评定标准 第一册 土建工程》(JTG F80/1—2004)执行。

**1.0.8** 在施工中除应符合本指南外,还应符合现行国家和行业有关标准、规范的规定。

# 2 术语、符号

## 2.1 术语

**2.1.1** 黄河中下游流域粉质土 silty soil of the Yellow River basin

细粒土中粗粒组质量少于或等于总质量25%的土,包括黄河中下游流域粉土和黄河中下游流域粉质黏土。

**2.1.2** 黄河中下游流域粉土(低液限粉土)silt of the Yellow River basin

塑性指数小于或等于11的黄河中下游流域粉质土。

**2.1.3** 黄河中下游流域粉质黏土(粉质低液限黏土) silty clay of the Yellow River basin

塑性指数在11~18的黄河中下游流域粉质土。

**2.1.4** 二灰稳定黄河中下游流域粉质土(石灰粉煤灰土)lime-fly soil of the Yellow River basin

一定比例的石灰、粉煤灰和黄河中下游流域粉质土相配合,加入适量的水(通常为最佳含水率),经拌和、压实及养生后得到的混合料,称为二灰稳定黄河中下游流域粉质土。

## 2.2 符号

$w_{op}$——土的最佳含水率(%)。

# 第1部分 路 基

## 3 施工准备

### 3.1 一般规定

**3.1.1** 路基开工前，应在全面理解设计要求和设计交底的基础上，对地基土质、地质、水文状况，以及取土场土质、水文状况等进行现场调查和核对。

**3.1.2** 在详尽的现场调查后，应根据设计要求、合同、现场情况等，编制实施性施工组织设计，并按管理规定报批。

**3.1.3** 路基开工前，必须建立健全质量、环保、安全管理体系和质量检测体系，并对各类施工人员进行岗位培训和技术、安全交底。

**3.1.4** 临时工程，除满足正常施工需要外，还应保证路基施工影响范围内原有道路、结构物及农田水利等设施的使用功能。

**3.1.5** 应进行试验路段施工。

**3.1.6** 黄河中下游流域施工便道，应做简易路面，便道外侧应设置排水沟，并确保排水顺畅；应根据需要设置交通安全标志、护栏以及其他工程安全设施。

### 3.2 测量

按《公路路基施工技术规范》(JTG F10—2006)第3.2节执行。

### 3.3 试验

**3.3.1** 路基施工前，应按照有关规定和要求，建立试验室。

**3.3.2** 路基施工前，应对路基基底粉质土进行相关试验。每公里至少取2个点；土质变化大时,视具体情况增加取样点数。

**3.3.3** 应及时对来源不同、性质不同的拟作为黄河中下游流域路堤的黄河中下游流域粉质土进行复查和取样试验。土的试验项目包括:含水率、液限、塑限、标准击实试验、CBR 试验、颗粒分析等,必要时应做易溶盐含量、有机质含量、冻胀和膨胀量等试验。试验所采用的土料,应与路基填筑的土质保持一致。

## 3.4 场地清理与地基处置

**3.4.1** 公路用地范围内原有构造物,应根据设计要求进行处理。

**3.4.2** 应将路基基底范围内的树根全部挖除并将坑穴填平夯实。

**3.4.3** 应对路幅范围内、取土坑的原地面表层腐殖土、表土、草皮等进行清理,清出的表层土宜充分利用。

**3.4.4** 填方路段地基应按设计要求整平压实。地基施工宜在地下水位较低时进行。在地下水位较高、地基含水率较大,难以达到设计要求的路段,应通过现场试验,采取地基土翻晒、石灰处置、水泥处置,或采用废旧建筑砖渣垫层;若采用堆载预压、地基强夯等技术处置,宜采用井点降水措施。

**3.4.5** 填方路段,地基处置建议视路基高度分别采用冲击碾压或强夯技术。

## 3.5 试验路段

**3.5.1** 试验路段,应选择在地质和水文条件、路基高程等工程特点具有代表性的地段,试验段长度一般不宜小于 100m。

**3.5.2** 应根据土的颗粒特征确定适宜的碾压机械与碾压工艺。

**3.5.3** 试验路段实施应包括以下内容。

(1)填料试验、检测等。

(2)确定压实工艺主要参数包括:机械组合、压实机械规格、松铺厚度、碾压遍数、碾压速度、最佳含水率及碾压时含水率允许偏差等。

(3)确定过程质量控制方法、指标。

(4)提出质量评价指标、标准。

(5)优化施工组织方案及工艺。

(6)提交原始记录、过程记录。

# 4 路基施工

## 4.1 一般规定

**4.1.1** 路基施工应做好施工期临时排水总体规划和建设,临时排水设施应与永久性排水设施综合考虑,并与工程影响范围内的自然排水系统相协调。

**4.1.2** 路基施工应进行合理的施工组织管理,尽量提前施工,以减少工后沉降。

**4.1.3** 施工必须遵守国家生态、环境保护、土地管理的有关法律法规,尽量保护原有植被地貌,防止噪声和粉尘污染,对于施工废弃物必须妥善处理。应采用洒水、遮盖或喷洒覆盖剂等有效措施防尘。

**4.1.4** 路基填料应符合下列规定。

(1)含草皮、生活垃圾、树根、腐殖质的土,严禁作为填料。

(2)有机质及易溶盐超过允许含量的土,不得直接用于填筑路基;确需使用时,必须采取技术措施进行处理,经检验满足设计要求后方可使用。

(3)黄河中下游流域粉质土不宜直接填筑于高速公路、一级公路的路床,不宜直接填筑于浸水部分的路堤。黄河中下游流域粉质土用于路床区时宜采用石灰或水泥处置土,当土的塑性指数较低时,宜采用水泥处置土。浸水路堤的边坡应采取防护措施。

(4)填料强度应符合表4.1.4的规定。

**表4.1.4 路基填料最小强度要求**

| 填料应用部位<br>(路面底高程以下深度,m) | | 填料最小强度(CBR)(%) | | |
|---|---|---|---|---|
| | | 高速公路、一级公路 | 二级公路 | 三、四级公路 |
| 路堤 | 上路床(0~0.30) | 8 | 6 | 5 |
| | 下路床(0.30~0.80) | 5 | 4 | 3 |
| | 上路堤(0.80~1.50) | 4 | 3 | 2 |
| | 下路堤(>1.50) | 3 | 2 | 2 |
| 零填及挖方路基 | 0~0.30 | 8 | 6 | 5 |
| | 0.30~0.80 | 5 | 4 | 3 |

注:①表列强度按《公路土工试验规程》(JTG E40—2007)规定的浸水96h的CBR试验方法测定。

②三、四级公路铺筑沥青混凝土和水泥混凝土路面时,应采用二级公路的规定。

(5)路基填料的碾压含水率,应根据试验路的碾压工艺确定。

**4.1.5** 黄河中下游流域粉质土路基施工必须做好路基防冲刷措施。

## 4.2 施工取土

**4.2.1** 路基填方取土,应根据设计要求,结合路基排水和当地土地规划、环境保护要求进行,不得任意挖取。

**4.2.2** 施工取土应不占或少占良田,尽量利用荒坡、荒地,取土深度应结合地下水等因素考虑,利于复耕。原地面耕植土应先集中存放,以利再用。

**4.2.3** 当取土料场的土料含水率过高时,应结合地形及实际情况开挖临时渗水、排水沟,或设置井点降水,排除及拦截地表水,降低地下水位;尽量提前就地堆积渗水晾晒,或采用挖槽、翻摊晾晒。挖出的土块必须破碎晾晒,若土中掺杂黏土块必须拌和均匀之后方能填筑路基。土体内的草根、杂物等应严格清除干净,不得填入路基。排水困难地段的取土料场,应做临时拦水坝,将水流阻断在取土场以外。料场地表不符合设计要求的土,必须清除干净之后才能开挖作为路基填料。

**4.2.4** 雨季路堤填筑需就近借土时,取土坑距离填方坡脚不宜小于5m。

## 4.3 地基处理

**4.3.1** 公路路堤基底的压实度不宜小于90%。当地下水位较高难以达到压实度标准时,基底采用石灰处置土、水泥处置土或废旧建筑砖渣垫层,处置厚度和压实控制依现场试验确定。地基采用冲击碾压时,基底20cm深度处压实度应不小于90%。地基采用强夯时,应通过现场试验控制最后两击的平均夯沉量达到设计要求。路基填土高度小于路面和路床总厚度时,基底应按设计要求处理。

**4.3.2** 原地面的坑、洞、穴等,应在排水、清除沉积物后,用合格填料分层回填压实或回填后强夯。若分层回填压实,压实度应达到90%以上;若回填后强夯,同一夯位最后两击的平均夯沉量应小于8cm。

**4.3.3** 有泉眼或露头地下水时,应按设计要求,采取有效导排措施后,方可填筑路堤。

**4.3.4** 地基为耕地、水稻田、湖塘、软土、松散土质、高液限土等土质时,应按设计要求进行处理,局部软弹的部分也应采取有效的处理措施。

**4.3.5** 地下水位较高时,应按设计要求进行处理。

**4.3.6** 填挖界面、高填方路段的地基等,应按设计要求进行处理。

## 4.4 路堤施工

**4.4.1** 路堤填筑

(1)路堤填筑应符合下列规定:

①性质不同的填料,应分层、分段填筑,分层压实。同一层路基的全宽应采用同一种填料,不得混合填筑。每种填料的填筑层压实后的连续厚度不宜小于500mm。填筑路床顶最后一层时,压实后的厚度应不小于100mm。

②每种填料的松铺厚度应通过试验确定。

③每一填筑层压实后的宽度不得小于设计宽度。

④路堤填筑时,应从最低处起分层填筑,逐层压实。铺筑上层时,如下层路基失水严重、表层松散,应适当洒水使其保持在最佳含水率左右。当原地面纵坡大于12%或横坡陡于1∶5时,应按设计要求挖台阶,或设置坡度向内并大于4%、宽度大于2m的台阶。

⑤填方分几个作业段施工时,接头部位如不能交替填筑,则先填路段,应按1∶1坡度分层留台阶;如能交替填筑,则应分层相互交替搭接,搭接长度不小于2m。

⑥已碾压成型的路基,雨后上土前应进行复压。

(2)选择施工机械,应考虑工程特点、地形、填挖高度、运距、气候条件、工期等因素,经济合理地确定。

(3)土质路基压实度应符合表4.4.1-1的规定。

**表4.4.1-1 土质路基压实度标准**

| 填挖类型 | | 路床顶面以下深度(m) | 压实度(%) | | |
|---|---|---|---|---|---|
| | | | 高速公路、一级公路 | 二级公路 | 三、四级公路 |
| 路堤 | 上路床 | 0~0.30 | ≥96 | ≥95 | ≥94 |
| | 下路床 | 0.30~0.80 | ≥96 | ≥95 | ≥94 |
| | 上路堤 | 0.80~1.50 | ≥94 | ≥94 | ≥93 |
| | 下路堤 | >1.50 | ≥93 | ≥92 | ≥90 |
| 零填及挖方路基 | | 0~0.30 | ≥96 | ≥95 | ≥94 |
| | | 0.30~0.80 | ≥96 | ≥95 | — |

注:①表列压实度以《公路土工试验规程》(JTG E40—2007)重型击实试验法为准。

②三、四级公路铺筑水泥混凝土路面或沥青混凝土路面时,其压实度应采用二级公路的规定值。

③重载交通时,二级以下公路的路基压实度标准应提高1~2个百分点。

(4)压实度检测应符合以下规定。

①用灌砂法检测压实度时,取土样的底面位置为每一压实层底部;用环刀法试验时,环刀中部处于压实层厚的1/2深度;用核子仪试验时,应根据其类型,按说明书要求

办理。

②施工过程中,每一压实层均应检验压实度,检测频率为每1 000$m^2$至少检验2点,不足1 000$m^2$时检验2点,必要时可根据需要增加检验点。

(5)路堤填筑至设计高程并整修完成后,其施工质量应符合表4.4.1-2的规定。

**表4.4.1-2 土质路堤施工质量标准**

| 序号 | 检查项目 | 允许偏差 | | | 检查方法或频率 |
|---|---|---|---|---|---|
| | | 高速公路、一级公路 | 二级公路 | 三、四级公路 | |
| 1 | 路基压实度 | 符合规定 | 符合规定 | 符合规定 | 施工记录 |
| 2 | 弯沉 | 不大于设计值 | 不大于设计值 | 不大于设计值 | — |
| 3 | 纵断面高程(mm) | +10,-15 | +10,-20 | +10,-20 | 每200m测4个断面 |
| 4 | 中线偏位(mm) | 50 | 100 | 100 | 每200m测4个点<br>弯道加HY、YH两点 |
| 5 | 宽度 | 不小于设计值 | 不小于设计值 | 不小于设计值 | 每200m测4处 |
| 6 | 平整度(mm) | 15 | 20 | 20 | 3m直尺:每200m<br>测2处×10尺 |
| 7 | 横坡(%) | ±0.3 | ±0.5 | ±0.5 | 每200m测4个断面 |
| 8 | 边坡坡度 | 不陡于设计坡度 | 不陡于设计坡度 | 不陡于设计坡度 | 每200m抽查4处 |

**4.4.2** 黄河中下游流域粉质土宜采用变频变幅的碾压工艺。

# 5 路基排水

**5.0.1** 施工中必须充分重视排水,应做好施工场地及附近的临时排水设施,并尽量与永久性排水设施相组合。

**5.0.2** 为保护路基主体的稳定,黄河中下游流域粉质土路基必须采用集中排水。

# 6 冬、雨季路基施工

## 6.1 一般规定

**6.1.1** 冬、雨季施工,应根据季节特点和施工段的地质地形条件,制订合理的施工方案。

**6.1.2** 雨季施工应加强安全管理,制订安全预案,加强气象信息的收集工作,避免灾害和事故发生。

**6.1.3** 路基过冬应采用覆盖土等保护措施防冻。

## 6.2 冬季施工

**6.2.1** 昼夜平均温度在 -3℃以下,且连续10d以上,或者昼夜平均温度虽在 -3℃以上,但冻土没有完全融化时,路基不宜进行施工。

**6.2.2** 应充分利用冬季进行路基备土。

## 6.3 雨季施工

**6.3.1** 雨季施工前的准备工作

(1)对雨季施工的路段进行详细现场调查,据实编制实施性的雨季施工组织设计。

(2)修建截水沟、排水沟及防渗等临时排水设施,并使排水沟的出口通至桥涵出口处,保证雨季施工场地不被水淹没,并能及时排出积水。排出的积水不得流入农田、耕地等,并不得引起水沟淤积和路基冲刷。

**6.3.2** 雨季施工中的防护

(1)应做好临时排水,并与永久排水设施衔接。

(2)路基填筑,每一层的表面应做成2% ~4%的排水横坡,当天填筑的土层应及时压实。

(3)施工中的路基或成型路段表面两侧边缘地带,应设置抗冲刷的土埂,并每隔一定距离设置一道泄水槽,使雨水排出路基范围外。

(4)雨季路堤填筑顺路基纵向取土时,如果取土坑至填方坡脚距离小于5m,取土坑深度一般不宜大于1m,或采取必要的防护措施,以确保安全。

# 7 其他

未尽事宜按《公路路基施工技术规范》(JTG F10—2006)执行。

# 第2部分　二灰土底基层

## 8　一般规定

**8.0.1**　二灰稳定土施工期的日最低气温应在5℃以上,并应在第一次重冰冻(-3～-5℃)到来之前一个月到一个半月完成。

**8.0.2**　在二灰土底基层正式开工之前,应铺筑试验段。

**8.0.3**　二灰稳定土底基层施工时,应遵守下列规定:

(1)配料准确。

(2)石灰摊铺均匀。

(3)洒水、拌和均匀。如果采用生石灰粉二灰土,洒水拌和后闷料时间不应少于24h。

(4)黄河中下游流域的二灰稳定土的最佳碾压含水率建议范围:二灰稳定粉质土控制在($w_{op}$+2%)～($w_{op}$+3%)的范围内;二灰稳定粉质黏土控制在($w_{op}$+1%)～($w_{op}$+2%)的范围内。碾压后应达到要求的压实度:高速公路和一级公路不小于95%,二级和二级以下公路不小于93%。

(5)二灰土含水率的检测宜采用烘干法。若采用燃烧法时,应与烘干法对比试验后确定含水率量测方法。

**8.0.4**　对于二级以上公路,路拌法施工应采用专用的稳定土拌和机。

**8.0.5**　二灰土养生期间必须做好排水工作,严禁在养护初期(3d之内)被水浸泡。施工后应立即覆盖养生,并从第二天开始洒水,保持二灰土表面潮湿。建议养生时间大于14d,并以取出完整芯样为准;对二灰稳定粉土,养生7～10d后宜增大养生湿度,保持二灰土表面处于湿润状态。在上一层铺筑前,下层表面应处于潮湿状态。

**8.0.6**　二灰土底基层较厚并分层连续铺筑,铺筑上层时应保证下层表面处于潮湿状态。

# 9 材料

**9.0.1** 二灰土所用石灰质量应符合表 9.0.1 规定的 III 级以上消石灰或 III 级以上生石灰的技术指标。应尽量缩短石灰的存放时间。如存放时间较长，应采取覆盖封存保管措施。

**表 9.0.1 石灰的技术指标**

| 指标 | | 钙质生石灰 | | | 镁质生石灰 | | | 钙质消石灰 | | | 镁质消石灰 | | |
|---|---|---|---|---|---|---|---|---|---|---|---|---|---|
| | | 等级 | | | | | | | | | | | |
| | | I | II | III | I | II | III | I | II | III | I | II | III |
| 有效钙加氧化镁含量(%) | | ≥85 | ≥80 | ≥70 | ≥80 | ≥75 | ≥65 | ≥65 | ≥60 | ≥55 | ≥60 | ≥55 | ≥50 |
| 未消化残渣含量(5mm 圆孔筛的筛余,%) | | ≤7 | ≤11 | ≤17 | ≤10 | ≤14 | ≤20 | — | — | — | — | — | — |
| 含水率(%) | | — | — | — | — | — | — | ≤4 | ≤4 | ≤4 | ≤4 | ≤4 | ≤4 |
| 细度 | 0.71mm 方孔筛的筛余(%) | — | — | — | — | — | — | 0 | ≤1 | ≤1 | 0 | ≤1 | ≤1 |
| | 0.125mm 方孔筛的筛余(%) | — | — | — | — | — | — | ≤13 | ≤20 | — | ≤13 | ≤20 | — |
| 钙镁石灰的分类界限,氧化镁含量(%) | | ≤5 | | | >5 | | | ≤4 | | | >4 | | |

注：硅、铝、镁氧化物含量之和大于 5% 的生石灰，有效钙加氧化镁含量指标，I 等≥75%，II 等≥70%，III 等≥60%；未消化残渣含量指标与镁质生石灰指标相同。

有效钙含量在 20% 以上的等外石灰、贝壳石灰、珊瑚石灰等，当其混合料的强度通过试验符合本指南第 10.1.2 条规定时，可以应用。

**9.0.2** 粉煤灰中 $SiO_2$、$Al_2O_3$ 和 $Fe_2O_3$ 的总含量应大于 70%，粉煤灰的烧失量不应超过 20%；粉煤灰的比表面积宜大于 2 500$cm^2/g$（或 90% 通过 0.3mm 筛孔，70% 通过 0.075mm 筛孔）。干粉煤灰和湿粉煤灰都可以应用。湿粉煤灰的含水率不宜超过 35%。有条件时，宜进行粉煤灰活性检测，选择活性较高的粉煤灰。

**9.0.3** 应采用小于 0.005mm 的颗粒含量大于 15% 的土。

**9.0.4** 黏土块的最大尺寸不应大于 15mm，有机质含量不宜超过 10%。

**9.0.5** 凡饮用水（含牲畜饮用水）均可使用。

# 10 配合比设计

## 10.1 一般规定

**10.1.1** 二灰土配合比设计时,宜选用III级标准石灰进行配合比试验。

**10.1.2** 二灰稳定粉质土的抗压强度标准采用标准养生20d,浸水1d的无侧限抗压强度。二灰稳定土的21d浸水无侧限抗压强度应不小于1.0 MPa。

**10.1.3** 采用生石灰粉二灰土时,二灰比和二灰含量宜通过配合比试验确定。

**10.1.4** 为提高二灰土的早期强度,在二灰土配合比确定后,施工时可外掺1% ~2%的水泥。

**10.1.5** 混合料的各项试验应按《公路工程无机结合料稳定材料试验规程》(JTG E51—2009)进行。

## 10.2 原材料的试验

在二灰土施工前,应选取有代表性的原材料样品进行下列试验:

(1)土的颗粒分析、土的液限和塑性指数、有机质含量及易溶盐含量(必要时做)。

(2)石灰的有效钙和氧化镁含量。

(3)粉煤灰的化学组成、细度和烧失量。

## 10.3 配合比设计步骤

**10.3.1** 根据第10.1.2条的强度标准,通过颗粒分析、有机质含量(或pH值)试验等选取适宜于二灰稳定的土。

**10.3.2** 制备不同石灰粉煤灰比例、不同石灰粉煤灰含量的二灰土混合料(其配合比宜位于条文说明第10.3.2条所列范围内),试验确定不同配合比二灰土的最佳含水率和最大干密度。

**10.3.3** 依据第10.3.2条确定的最佳含水率和最大干密度，进行无侧限抗压强度试验。

**10.3.4** 进行强度试验时，作为平行试验的试件数量应符合表10.3.4中的规定。如试验结果的偏差系数大于表中规定的值，则应重做试验，并找出原因，加以解决。如不能降低偏差系数，则应增加试件数量。

**表10.3.4 最少试件数量**

| 偏差系数 | <10% | 10%~15% |
| --- | --- | --- |
| 试件数量 | 6 | 9 |

**10.3.5** 计算试验结果的平均值和偏差系数。

**10.3.6** 依据标准养生20d，浸水1d的无侧限抗压强度，选用强度最高的石灰粉煤灰土质量比。试件室内试验结果的平均抗压强度$\overline{R}$应符合下列公式的要求：

$$\overline{R} \geqslant R_d/(1 - Z_\alpha C_v) \tag{10.3.6}$$

式中：$R_d$——设计抗压强度(MPa)；

$C_v$——试验结果的偏差系数(以小数计)；

$Z_\alpha$——标准正态分布表中随保证率(或置信度$\alpha$)而变的系数，高速公路和一级公路应取保证率95%，即$Z_\alpha = 1.645$；其他公路应取保证率90%，即$Z_\alpha = 1.282$。

# 11 试验段铺筑

**11.0.1** 应通过二灰稳定土底基层碾压试验段铺筑,确定以下主要参数及工艺。

(1)材料的松铺系数。

(2)标准施工方法如下。

①土料数量的控制。

②土料的摊铺方法和适宜的机具。

③合适的拌和机械、拌和方法、拌和深度和拌和遍数。

④土料含水率的增加和控制方法。

⑤整平和整型的合适机具和方法。

⑥压实机械的选择和组合,以及压实工艺参数(包括压实机械的振幅、振频、压实厚度、碾压的顺序、速度和遍数)。

⑦密实度的检查方法,初定每一作业段的最小检查数量。

(3)作业段的适宜长度。

(4)一次铺筑的适宜厚度。

(5)控制结合料数量和拌和均匀性的方法。

(6)当二灰土底基层较厚并采用分层连续铺筑时,应确定相应的施工工艺。

# 12 施工

## 12.1 一般规定

**12.1.1** 二灰土应用12t以上的压路机碾压,并采用变频变幅的碾压工艺。压实厚度应根据压实机械确定。

**12.1.2** 二灰土底基层分层连续施工时,下层碾压完成后应及时进行压实质量检测,压实度、宽度及横坡度检测合格后,立即铺筑上一层,保持施工的连续性。

**12.1.3** 黄河中下游流域粉质二灰土应采用先轻型、后重型压路机碾压,初始的稳压遍数不宜超过2遍。

## 12.2 路拌法施工

二灰稳定黄河中下游流域粉质土宜采用路拌法施工。碾压后宜较设计厚度增加1~2cm,局部区域达不到设计厚度时严禁薄层贴补。

应符合《公路路面基层施工技术规范》(JTJ 034—2000)中第5.4节的要求。

## 12.3 人工沿路拌和法施工

应符合《公路路面基层施工技术规范》(JTJ 034—2000)中第5.6节的要求。

## 12.4 养生及交通管制

**12.4.1** 二灰土层碾压完成后必须及时覆盖养生,在二灰土未形成强度前,不应直接对二灰土表面洒水养生。每天洒水的次数视气候条件而定,应始终保持表面潮湿。但7d内,特别是前3d严禁被水浸泡。二灰稳定粉土,养生7~10d后宜加大洒水量,缩短洒水间隔时间,保持二灰土表面处于湿润状态。

**12.4.2** 在养生期间,除洒水车外,应封闭交通。

## 12.5 施工质量标准

二灰稳定黄河中下游流域粉质土底基层施工质量应符合表12.5的规定。

**表12.5 二灰稳定黄河中下游流域粉质土底基层施工质量标准**

<table>
<tr><th rowspan="2">项次</th><th rowspan="2" colspan="2">检 查 项 目</th><th colspan="2">规定值或允许偏差</th><th rowspan="2">检查方法和频率</th><th rowspan="2">权值</th></tr>
<tr><th>高速公路、一级公路</th><th>其他公路</th></tr>
<tr><td rowspan="2">1</td><td rowspan="2">压实度(%)</td><td>代表值</td><td>95</td><td>93</td><td rowspan="2">按《公路工程质量检验评定标准 第一册 土建工程》(JTG F80/1—2004)附录B检查,每200m每车道2处</td><td rowspan="2">3</td></tr>
<tr><td>极值</td><td>91</td><td>89</td></tr>
<tr><td>2</td><td colspan="2">平整度(mm)</td><td>12</td><td>15</td><td>3m直尺:每200m测2处×10尺</td><td>2</td></tr>
<tr><td>3</td><td colspan="2">纵断面高程(mm)</td><td>+5,-15</td><td>+5,-20</td><td>水准仪:每200m测4个断面</td><td>1</td></tr>
<tr><td>4</td><td colspan="2">宽度(mm)</td><td colspan="2">符合设计要求</td><td>尺量:每200m测4处</td><td>1</td></tr>
<tr><td rowspan="2">5</td><td rowspan="2">厚度(mm)</td><td>代表值</td><td>-10</td><td>-12</td><td rowspan="2">按《公路工程质量检验评定标准 第一册 土建工程》(JTG F80/1—2004)附录H检查,每200m每车道1点</td><td rowspan="2">2</td></tr>
<tr><td>合格值</td><td>-25</td><td>-30</td></tr>
<tr><td>6</td><td colspan="2">横坡(%)</td><td>±0.3</td><td>±0.5</td><td>水准仪:每200m测4个断面</td><td>1</td></tr>
<tr><td>7</td><td colspan="2">强度(MPa)</td><td colspan="2">符合设计要求</td><td>按《公路工程质量检验评定标准 第一册 土建工程》(JTG F80/1—2004)附录G检查</td><td>3</td></tr>
</table>

# 13　其他

其他未尽事宜应按照《公路路面基层施工技术规范》(JTJ 034—2000)执行。

# 本指南用词说明

(1)对执行指南条文严格程度的用词采用以下写法:

①表示很严格,非这样做不可的用词:

正面词采用“必须”;反面词采用“严禁”。

②表示严格,在正常情况下均应这样做的用词:

正面词采用“应”;反面词采用“不应”或“不得”。

③表示允许稍有选择,在条件许可时首先应这样做的用词:

正面词采用“宜”;反面词采用“不宜”。

④表示稍有选择,在一定条件下可以这样做的用词:

采用“可”。

(2)条文中应按指定的其他有关标准、规范的规定执行,其写法为“应按……执行”或“应符合……的要求(规定)”。

如非必须按指定的其他有关标准、规范的规定执行,其写法为“可参照……”。

附件

# 《黄河中下游流域粉质土路基与二灰土底基层施工技术指南》

（DB 37/T 1720—2010）

## 条 文 说 明

# 1 总则

**1.0.5** 土中0.005mm颗粒是影响土与二灰土的物理性质、水理性质的敏感性界限粒级。研究表明,土中小于0.005mm颗粒含量对二灰土的强度与稳定性具有很大的影响,当黄河中下游流域粉质土小于0.005mm的颗粒含量不足15%时,二灰土强度偏低。黄河中下游流域土的粉粒含量高,黏粒含量低,许多取土场土中小于0.005mm颗粒含量不足15%,采用二灰土底基层时取土场选择较为困难。为保证二灰土底基层施工用土,当取土场土质为小于0.005mm的颗粒含量大于15%的粉质土时,应根据二灰土底基层用土需求,合理预留用作二灰稳定土。

# 2 术语、符号

## 2.1 术语

**2.1.1～2.1.3** 黄河中下游流域的土的液限在25%～50%,塑性指数一般在6以上,而粉粒含量一般在80%以上,不宜采用塑性图进行土的分类定名。

塑性指数在11以下和11以上,黄河中下游流域粉质土表现出不同的压实性状。塑性指数11以上的土表现出低液限黏土的性状;11以下的土表现出粉土的性状;极个别区域出现塑性指数小于6的砂性粉质土,则表现出细砂粉性土的性状。

# 第1部分　路　　基

## 3　施工准备

### 3.1　一般规定

**3.1.1**　为了更好地领会设计意图,施工单位在认真审图和现场踏勘的基础上,复杂工程可要求设计单位进行设计交底。经现场核对和仔细调查后,如发现工程地质、地形和水文资料与设计有较大出入时,可要求澄清或者提出变更设计。因变更设计可能涉及质量、工期、投资三大目标的控制,所以,必须根据相关规定进行。

### 3.3　试验

**3.3.3**　黄河中下游流域局部区域土壤盐渍化较严重,土的含盐量偏高,应根据盐渍化程度有选择地进行土的含盐量检测,判断是否适宜用作路基填料,并作为盐渍土改性的依据。

黄河中下游流域局部区域土的有机质含量偏高,应进行有机质含量检测,判断是否适宜用作路基填料。

黄河中下游流域呈层状分布的取土场,若分层取土并填筑路基,应对各层土分别进行试验。如果混合取土并填筑,应取混合土进行试验。

液限、塑限是影响黄河中下游流域粉质土性状的重要指标。本指南建议采用《公路土工试验规程》(JTG E40—2007)中的"T 0118—2007　液限和塑限联合测定法"。需要注意的是试杯分层装满后,将土样刮成与杯边齐平时,刮平次数不宜超过3次。

### 3.4　场地清理与地基处置

**3.4.1**　对于公路用地范围内的构造物,设计会有相应的要求,施工应严格按设计要求进行处理。

**3.4.4**　黄河中下游流域地下水位高,局部路段存在黏土夹层,地基压实常常难以达到设计要求,并导致上层路基土压实困难,难以达到压实标准。因此,地基施工应避开雨季,并尽量安排在地下水位较低时施工。在地下水位较高,碾压难以达到设计要求的地段,应根据地基地下水位和土质情况采用相应的技术措施,确保地基施工质量。

**3.4.5** 黄河中下游流域地基土由黄河新近冲淤积形成,属于欠固结土。黄河中下游流域路基与地基总变形中,地基沉降占80%以上。工程经验和研究表明,强夯和冲击碾压技术是消除公路地基工后沉降的经济有效的技术。因此,黄河中下游流域公路地基应视路基高度不同分别采用冲击碾压或强夯技术,并根据土质和地下水位情况采用不同的施工工艺。

# 4 路基施工

## 4.1 一般规定

**4.1.2** 黄河中下游流域地基中存在软弱夹层，地下水位高，路基沉降量大，应尽量提前施工，保证路基有足够的预压期，减少工后沉降。

**4.1.3** 扬尘扬沙是黄河中下游流域公路施工的主要污染之一，要做好防尘降尘工作，有效控制施工期扬尘污染。

**4.1.4** 路基填料规定

(2)黄河中下游流域局部区域有机质、易溶盐含量偏高，会对路基的强度和稳定性产生很大的影响，必须采取一定的技术措施进行处理。

(3)由于黄河中下游流域粉质土黏粒含量很低，压实后的土体强度低、稳定性差，特别是用于路床区时，在行车动荷载的影响下，粉土颗粒因动力响应难以稳定。因此，黄河中下游流域粉质土不宜直接填筑于高等级公路的路床。考虑黄河中下游流域缺乏其他路基填料，建议高等级公路路床区采用石灰或水泥处置土；当土的塑性指数小于 11 时，宜采用水泥处置土。

(5)不同的碾压工艺对含水率的要求有一定的区别。滨大高速公路 K1 +000 ~ K1 +400 试验段和青银高速 K23 +460 ~ K23 +635 试验段表明，采用静压—高振幅振动碾压—低振幅振动碾压—静压的碾压工艺，适宜的碾压含水率范围为 $w_{op}$ ~ ($w_{op}$ +4%)；采用静压—高振幅振动碾压—静压的碾压工艺，适宜的碾压含水率为 $w_{op}$ ~ ($w_{op}$ +5%)；采用静压—低振幅振动碾压—静压的工艺，适宜的碾压含水率为($w_{op}$ −1%) ~ ($w_{op}$ +1%)。因此，路基碾压含水率应根据试验路的碾压工艺确定。

**4.1.5** 黄河中下游流域路基土质以粉粒为主，缺乏黏土颗粒，土体空隙率高，极易受雨水冲刷形成严重冲沟，甚至导致边坡失稳，路基施工中的防冲刷十分重要。

## 4.2 施工取土

**4.2.3** 黄河中下游流域取土场粉质土含水率一般比较高，且多掺杂着部分黏土块，故须翻晒，降低含水率。土中的黏土块如果拌和不均匀，会导致路基压实度较大差异。

## 4.3 地基处理

**4.3.1** 冲击碾压的有效压实深度一般可达70~80cm,由于黄河中下游流域土质、水文条件较差,不同路段差异性大,冲击碾压的效果也存在较大差异。黄河中下游流域粉质土冲击碾压后,表层10cm左右的土体较为松散。为保证施工质量,冲击碾压施工时应控制地表下20cm的压实度不低于90%;或通过现场试验,采用冲击碾压后地基沉降差控制压实质量。

## 4.4 路堤施工

**4.4.1** 路堤填筑

(1)路堤填筑规定

④压实后的黄河中下游流域粉质土空隙率高,水分易散失,导致表层土体松散,因此铺筑上层时,如下层路基失水严重,应适当洒水使其保持在最佳含水率左右。

(3)土质路基压实度规定

黄河中下游流域粉质土压实后,空隙率仍较大,强度偏低,重载交通下路基压缩变形大。在重载交通下,二级以下公路应适当提高路基压实度标准。

**4.4.2** 长安大学、山东大学分别通过正弦激振扫频试验、振动台试验对粉质土的频率响应特性进行了研究。结果表明,黄河中下游流域粉质土具有良好的频率响应特性,密实时的自振频率为33~40Hz,激振频率接近粉质土的自振频率时压实效果最佳。路基在碾压过程中,路基土逐渐密实,其频率响应及所需压实能量也会发生变化。滨大高速公路、青银高速公路的大量现场路基碾压试验表明,使用振动压路机,采用变频变幅的碾压工艺能达到较好的压实效果。两条高速公路路基碾压试验采用的压实工艺及参数见表4-1。

**表4-1 碾压试验采用的压实工艺**

| 压实方式 | 试验路 | 主要压实设备 | 行驶速度(km/h) | 碾压含水率 | 松铺厚度(cm) | 工 艺 组 合 |
|---|---|---|---|---|---|---|
| 振动压实 | 滨大高速公路 | YZ18JC型振动压路机 | 3~6 | $w_{op}$~($w_{op}$+3%) | 23~25 | 静压1遍—高振幅振压2遍—低振幅振压2遍—静压1遍 |
| 振动压实 | 滨大高速公路 | YZ18JC型振动压路机 | 3~6 | $w_{op}$~($w_{op}$+4%) | 23~25 | 静压1遍—低振幅振压1遍—高振幅振压1~2遍—静压1遍 |
| 振动压实 | 滨大高速公路 | YZ18JC型振动压路机 | 3~6 | $w_{op}$~[$w_{op}$+(4~5)%] | 23~25 | 静压1遍—高振幅振压3遍—静压1遍 |
| 振动压实 | 青银高速公路 | YZ14型振动压路机 | 3~6 | ($w_{op}$-1%)~($w_{op}$+1%) | 23~25 | 静压1遍—(高频)低振幅振压1遍—静压2遍 |

注:①YZ18JC型振动压路机参数:频率28Hz,振幅1.1/2.1(mm),吨位18t。
②YZ14型振动压路机参数:频率30/36(Hz),振幅0.78/1.70(mm),吨位14t。

国内已有工程经验表明,黏性土适宜羊足碾静压。当黄河中下游流域粉质土小于0.005mm的颗粒含量大于15%时,建议试验羊足碾静压的施工工艺。

# 5 路基排水

**5.0.1、5.0.2** 水是造成路基病害的主要因素之一。黄河中下游流域地下水位高，地势平坦，排水困难；黄河中下游流域粉质土路基特性因特殊的土质特性，更易发生水损坏。因此，路基施工中的排水十分重要。宜首先施工涵洞、桥梁工程以及路基施工现场内外的地表水、地下水临时和永久排水设施，使工程不受水侵害，保证工程的质量、安全和进度。

# 6　冬、雨季路基施工

## 6.1　一般规定

**6.1.1、6.1.2**　为减小或避免突发恶劣天气时的损失,提前做好防雨防冻准备工作十分重要。

## 6.2　冬季施工

**6.2.1、6.2.2**　黄河中下游流域处于季节性冰冻区,地下水位高,毛细水的上升容易使路基造成水分集聚,冬季容易冻胀,春季易发生翻浆,因此不宜进行冬季施工。在此期间可进行备土工作,为后续施工做好准备。

## 6.3　雨季施工

**6.3.2**　雨季施工中的防护

(3)黄河中下游流域路基边坡稳定性差,极易受雨水冲刷破坏,因此要雨季要做好集中排水工作。

# 第2部分　二灰土底基层

## 8　一般规定

**8.0.1**　二灰稳定土施工气温较低时,应适当延长养护时间。

**8.0.3**

(4)二灰土碾压含水率范围控制很关键。含水率小于最佳含水率,由于粉煤灰发达的毛细湿润能力,二灰土碾压过程中表层水分易蒸发散失,二灰土表面变得松散且很难压实。高于最佳含水率3%以后,二灰土振动易液化,碾压过程中易出现粘轮、翻浆、反弹现象,而且养生后强度有所下降。山东大学与青银项目办用细粉煤灰、I级石灰进行了室内不同含水率($w_{op}$、$w_{op}+2\%$、$w_{op}+4\%$)、95%压实度的二灰稳定土强度试验,180d试验结果如表8-1所示。结果表明,当含水率大于最佳含水率4%时,二灰土强度降低明显。因此,本指南对黄河中下游流域的二灰稳定粉质土与二灰稳定黏土的碾压含水率给出了控制范围。

**表8-1　不同含水率二灰土的无侧限抗压强度**

| 土质 | 二灰含量 | 二灰比 | 测试指标 | $w_{op}$ | $w_{op}+2\%$ 最大干密度 | $w_{op}+2\%$ 实测干密度 | $w_{op}+4\%$ 最大干密度 | $w_{op}+4\%$ 实测干密度 |
|---|---|---|---|---|---|---|---|---|
| 粉土 | 32% | 1:2 | 质量增加(g) | 7.3 | 4.7 | 6.3 | 2.6 | 8.3 |
| | | | 高度(cm)(变化) | 5.00(+0.005) | 5.02(+0.014) | 5.01(+0.017) | 5.07(+0.025) | 4.99(+0.005) |
| | | | 强度(MPa) | 5.73 | 5.19 | 5.15 | 5.10 | 4.23 |
| 粉质黏土 | 36% | 1:3 | 质量增加(g) | 6.4 | 4.6 | 6.1 | 2.0 | 12.5 |
| | | | 高度(cm)(变化) | 5.03(+0.011) | 5.06(+0.014) | 5.00(+0.012) | 5.10(+0.022) | 4.99(-0.001) |
| | | | 强度(MPa) | 5.81 | 5.66 | 4.83 | 4.59 | 4.03 |

注:表中最大干密度、实测干密度分别表示用击实的最大干密度、与实际含水率对应的干密度制件,质量增加表示试件浸水后的质量与养生前的质量差。

(5)由于部分粉煤灰可能含有可燃矿物,导致燃烧法测量的二灰土含水率不准确。因此,建议采用烘干法测定二灰土含水率。

**8.0.4** 厂拌时二灰稳定细粒土土块不容易分散,混合料拌和不均匀,含水率不宜控制。为保证材料质量,对二级及二级以上公路,建议采用专用的稳定土拌和机路拌法施工。

**8.0.5** 温度与湿度,特别是温度梯度与湿度的均匀性强烈地影响着二灰土强度增长与干缩速率。因此,适宜的养生条件(水分、温度和时间)是保证二灰稳定土强度生长、提高抗干缩裂缝能力的关键,是实现混合料设计目标的保障。

石灰粉煤灰类混合料压实成型后,更适宜在潮湿条件下养生。已有的研究认为,压实后的石灰粉煤灰类混合料保持在压实含水率(通常接近最佳含水率范围)条件下养生是最理想。山东大学与青银项目办的研究表明,二灰稳定粉质土早期封养强度大于敞开养生强度,二灰比越小(粉煤灰含量越高)敞开养生强度越低;后期敞开养生强度高于封养。二灰稳定粉质土由于土粒间黏结力差,在早期物理变化阶段,水的进入会进一步降低土粒间黏结力,过多的水分使得试件松散,不利于早期强度的形成,二灰土碾压完成后的6d内,特别是前3d,应避免养生时过量的水分或雨水的浸泡。当二灰粉质土经过早期的物理变化,有了初步强度,进入火山灰反应阶段后,充足的水分是强度增长的保障,因此,7~10d后二灰稳定粉土适宜在更潮湿的环境中养生。

**8.0.6** 二灰稳定黄河中下游流域粉质土压实后,空隙率高,毛细孔发达,水分极易蒸发,使表层变干松散。因此当二灰土底基层较厚,需分层连续铺筑,当铺筑上层时应保证下层表面处于潮湿状态。

# 9 材料

**9.0.2** 粉煤灰的活性是保证二灰土强度与工程稳定性的重要指标,可参照长安大学根据石灰吸收法提出的活性度指标进行粉煤灰活性检测,活性度计算式为:

$$[HX] = 3.2T_{Ca^{2+}}(V_1 - V_2) \tag{9-1}$$

$$T_{Ca^{2+}} = 0.5603\frac{Cml_1}{ml_2}$$

式中:HX——活性度($10^{-2}$);

$V_1$——反应前消耗的 EDTA(乙二胺四乙酸二钠盐)标准溶液的量(mL);

$V_2$——反应后消耗的 EDTA(乙二胺四乙酸二钠盐)标准溶液的量(mL);

$T_{Ca^{2+}}$——EDTA 对 $Ca^{2+}$ 的滴定度(mg/mL);

$C$——每毫升钙标准溶液含有碳酸钙($CaCO_3$)的毫克数(mg);

$ml_1$——吸取氢氧化钙饱和溶液的体积(mL);

$ml_2$——滴定时消耗 EDTA 的体积(mL)。

**9.0.3** 山东大学与青银项目办对青银高速公路(齐河—夏津段)沿线各类土质,进行了可反映土的工程特性的土的特征粒级研究。以塑性指数为横坐标,以小于 0.002mm、小于 0.005mm 颗粒含量为纵坐标来反映土的特征粒级含量与塑性指数的关系,如图 9-1 所示。

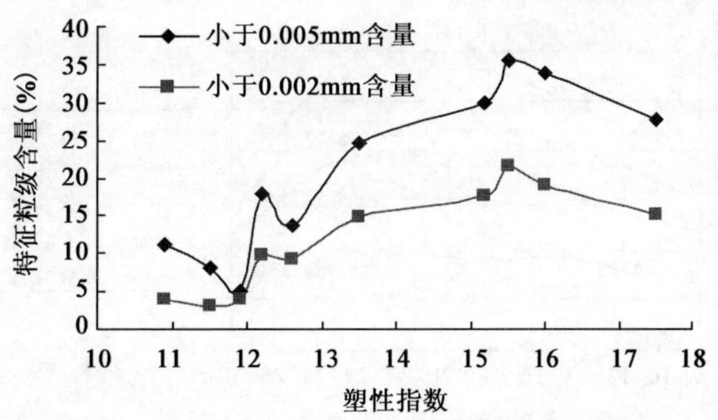


图 9-1 土的特征粒级含量与土的塑性指数关系

由图 9-1 可知,对塑性指数的影响,小于 0.005mm 颗粒含量与小于 0.002mm 颗粒含量所表现出的规律一致,且小于 0.005mm 颗粒含量比小于 0.002mm 颗粒含量影响更敏感。小于 0.005mm 颗粒在土的颗粒级配中属于填充粒级,对粉性土的压实性质起重要影响。因此,可以把小于 0.005mm 的颗粒含量当作土的特征粒级来确定土场,判断土与二灰土的压实性状。

以土小于0.005mm粒级含量为横坐标,相同二灰含量、二灰比的二灰土各龄期强度为纵坐标,建立土的小于0.005mm颗粒含量与二灰土强度的关系曲线,如图9-2~图9-5所示。

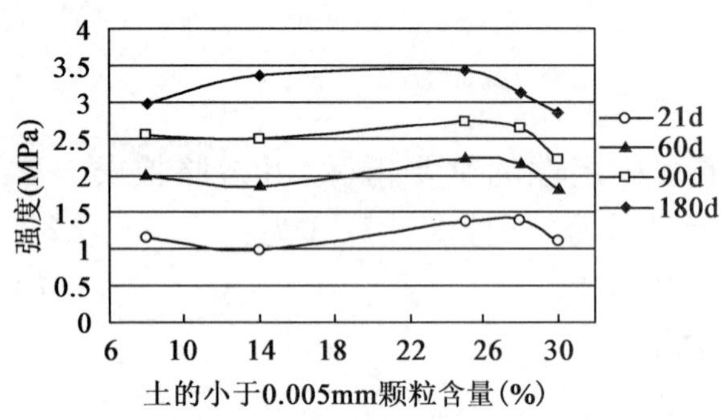


图9-2 土的小于0.005mm颗粒含量与二灰土强度的关系(32%,1:3)

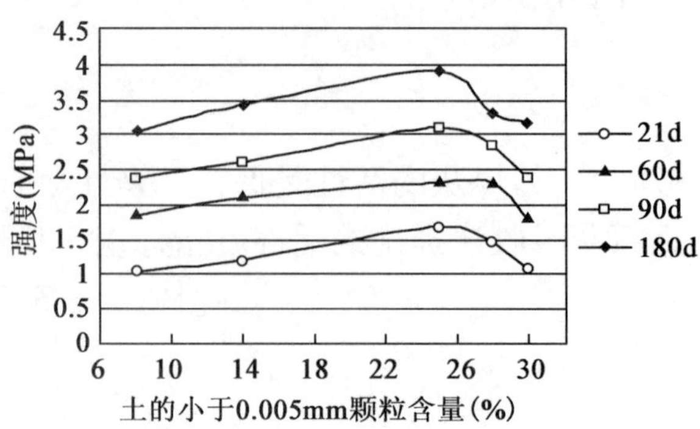


图9-3 土的小于0.005mm颗粒含量与二灰土强度的关系(36%,1:3)

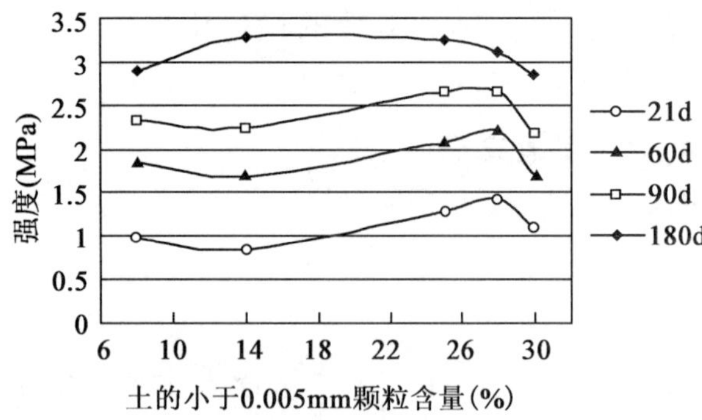


图9-4 土的小于0.005mm颗粒含量与二灰土强度的关系(32%,1:2)

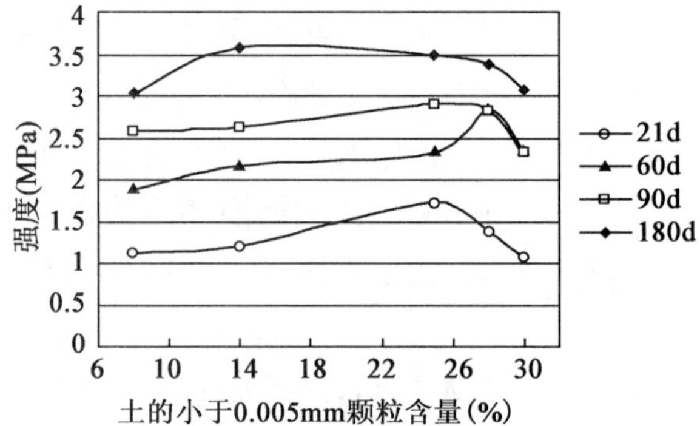


图9-5 土的小于0.005mm颗粒含量与二灰土强度的关系(36%,1:2)

二灰土的最大干密度与土中小于0.005mm粒级含量的关系见图9-6。

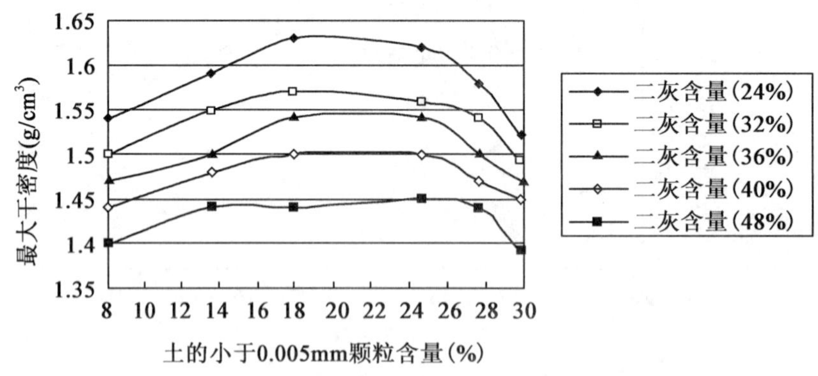


图9-6 二灰比1:3时最大干密度与土小于0.005mm颗粒级含量的关系

图9-2~图9-6对比显示,二灰土的强度、最大干密度与土的小于0.005mm颗粒含量关系曲线表现出同样的变化趋势。随着土的小于0.005mm颗粒含量的增加,二灰土的强度和最大干密度在土中小于0.005mm颗粒含量为15%~27%时都出现驼峰。二灰土的强度与最大干密度都存在一个最佳的土中小于0.005mm颗粒含量范围,这个范围变

动为15%～27%。15%～27%恰好是粉质黏土的特定黏粒含量范围，粉质黏土级配优于粉性土和黏性土，碾压过程中表现出良好的嵌挤与填充作用。这说明，二灰土混合料的级配是影响二灰土强度的重要因素之一。

上述试验说明，小于0.005mm颗粒属物理性黏粒，0.002～0.005mm颗粒是介于粉粒与黏粒的过渡粒级，是持水性、可塑性的界限粒级，是影响土与二灰土的物理性质、水理性质的敏感性界限粒级。在动力作用下，0.002～0.005mm粒级有良好的填充能力，对土及二灰土的压实性能产生直接的影响，进而影响二灰土的强度与稳定性。因而，为获得良好的二灰稳定土强度，本指南规定采用小于0.005mm的颗粒含量大于15%的土作为选土的指标。

**9.0.4** 当土的有机质含量较高时，应适量增加石灰的用量，用以中和土中有机质水解后的酸性。

# 10 配合比设计

## 10.1 一般规定

**10.1.1** 石灰的有效钙镁含量随存放时间的延长而降低,且随存放条件的不同而不同。若试验室进行配合比设计采用的石灰技术等级高于现场施工所采用的石灰技术等级,现场施工采用的二灰土配合比无法达到设计标准。为保证施工现场的二灰土质量,进行室内配合比设计时,宜选用 III 级标准石灰。

**10.1.2**

(1)关于二灰土设计龄期

现行的《公路路面基层施工技术规范》(JTJ 034—2000)以标准养生 7d 强度为控制指标,7d 强度对石灰土、水泥土等早期以离子吸附、离子交换、水化作用速度较快的材料是可以的。对早期以物理变化为主,强度主要由火山灰反应生成的二灰稳定黄河中下游流域粉质土的配合比设计不甚妥当。

图 10-1 显示,二灰土强度增长是分阶段进行的。初期(21d 前)强度增长受土质、二灰含量、二灰比影响波动大,而后(21 ~ 60d)进入强度快速增长的时期,该时期的养生对抑制干缩至关重要。该时间段(60d)过后,二灰土强度进入稳定增长的阶段。

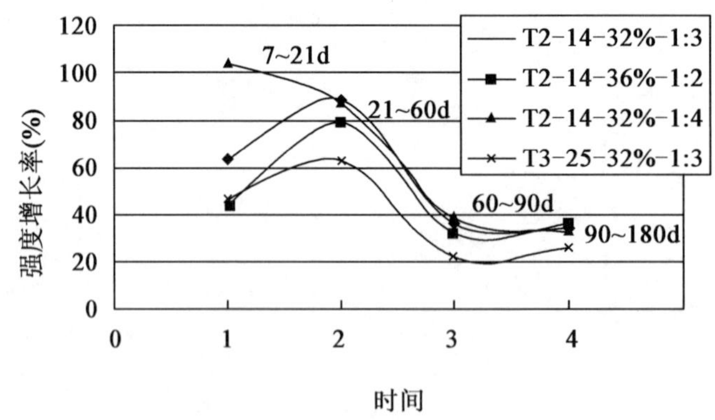


图 10-1 二灰土不同时间段的强度增长率

注:①试验数据为青银高速公路(齐河—夏津段)二灰土试验数据。

②图例中 T2-14-32%-1:4,T 表示土,2 表示第二合同段,14 表示 <0.005mm 颗粒含量,32% 表示二灰含量,1:4表示二灰比,下文同。

③横坐标 1 表示 7 ~ 21d 时间段,2 表示 21 ~ 60d 时间段,3 表示 60 ~ 90d 时间段,4 表示 90 ~ 180d 时间段。

图10-2、图10-3说明不同土质、不同二灰含量、不同二灰比的二灰土强度随龄期增长的变化趋势相同，说明二灰土稳定黄河冲积土的强度生长速率是一定的；二灰含量、二灰比对二灰土的强度有影响，而对强度发展速度没有显著的影响。

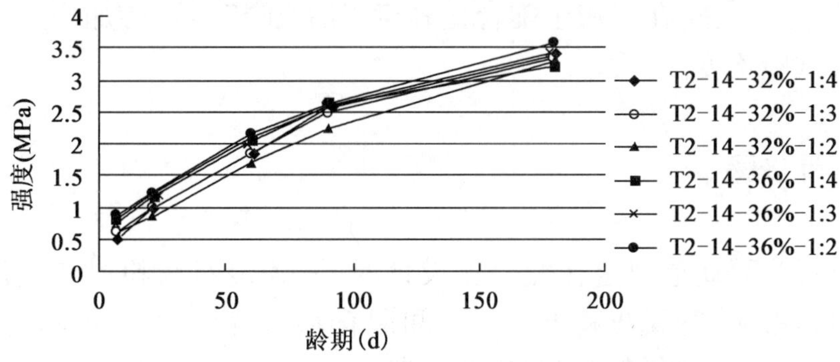


图10-2　同一种土不同二灰含量和二灰比的二灰土强度变化

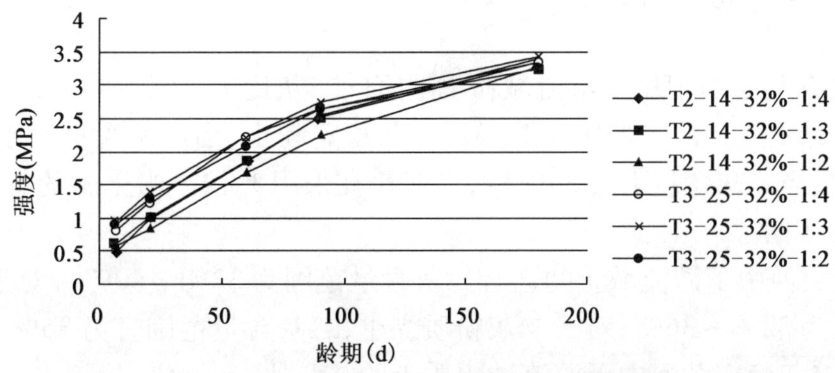


图10-3　相同二灰含量不同土质与二灰比强度变化

黄河中下游流域二灰稳定粉质土和黏性土不同，由于粒间黏结力差，在7d内很难形成强度，且强度变异性很大；二灰稳定黄河中下游流域粉质土主要靠火山灰反应提供后期强度，7d强度只能反映石灰对早期强度的影响，并不能反映后期强度的大小，也反映不了二灰含量、二灰比的优劣。考虑到二灰含量、二灰比对强度影响的长时性、现场施工的可操作性，本指南规定采用21d龄期的强度作为配合比设计的依据。

(2)关于强度标准

山东大学与青银项目办对黄河中下游流域影响二灰土不同龄期强度的各种因素，如土中小于0.005mm颗粒含量、二灰含量、二灰比、不同养生条件等，进行了分析研究。土中小于0.005mm颗粒含量的不同二灰含量、二灰比的各种二灰土21d平均强度见表10-1。

**表10-1　不同土质的二灰土21d强度**

| 土中小于0.005mm颗粒含量(%) | 8 | 14 | 18 | 25 | 28 | 30 |
|---|---|---|---|---|---|---|
| 二灰土21d平均强度(MPa) | 1.12 | 1.07 | 0.76 | 1.48 | 1.44 | 1.11 |

表10-1中，土中小于0.005mm颗粒含量为18%时，二灰土21d强度偏低，是因土的有机质含量偏高；而小于0.005mm颗粒含量为30%时21d强度略低是因土的级配不良

以及有机质影响。21d 强度为 1.07 ~ 1.48MPa。因此,在黄河中下游流域二灰稳定土配合比设计时,本指南规定二灰稳定土的 21d 浸水无侧限抗压强度应不小于 1.0MPa。

**10.1.4** 如果工期紧张,在二灰土配合比确定以后,施工时可掺加 1% ~2% 的水泥,配合比设计的相关试验不变。

## 10.3 配合比设计步骤

**10.3.1 ~10.3.6** 原规范规定在配合比设计时,先确定石灰粉煤灰比例,但是由于二灰土的强度生成是石灰、粉煤灰和土三者之间混合料系统内发生的反应过程,仅通过石灰粉煤灰的试验确定的二灰比并不能反映二灰土混合料中合理的二灰比,因此,本指南对二灰土配合比设计的方法进行了简化。

**10.3.2** 二灰稳定黄河中下游流域粉土适宜的二灰比为 1∶2 ~1∶3,二灰稳定黄河中下游流域粉质黏土适宜的二灰比为 1∶3。二灰稳定粉土,当二灰含量小于 34% 时,二灰比宜采用 1∶3;当二灰含量大于 34% 时,二灰比宜采用 1∶2。当土中的有机质含量偏高时,宜增加石灰用量。

二灰稳定黄河中下游流域土的适宜二灰含量范围为 32% ~40% 。对于二灰粉土,二灰含量范围宜为 32% ~36% ;对于二灰粉质黏土,二灰含量范围宜为 36% ~40% 。

(1)关于二灰稳定黄河中下游流域粉质土的二灰比

表 10-2 显示了不同土质、不同二灰含量的二灰土强度对二灰比的敏感性。二灰比主要影响二灰土 60d 前的强度。

**表 10-2 二灰稳定土(T2-14、T3-25)无侧限抗压强度试验结果**

| 土　类 | 二灰含量 | 二灰比 | 编　号 | 强度(MPa) | | | | |
|---|---|---|---|---|---|---|---|---|
| | | | | 7d | 21d | 60d | 90d | 180d |
| T2-14 | 32% | 1∶4 | 1 | 0.48 | 0.98 | 1.83 | 2.55 | 3.39 |
| | | 1∶3 | 2 | 0.60 | 0.98 | 1.84 | 2.50 | 3.35 |
| | | 1∶2 | 3 | 0.58 | 0.85 | 1.69 | 2.23 | 3.28 |
| | 36% | 1∶4 | 4 | 0.82 | 1.18 | 2.02 | 2.65 | 3.22 |
| | | 1∶3 | 5 | 0.83 | 1.21 | 2.09 | 2.60 | 3.41 |
| | | 1∶2 | 6 | 0.84 | 1.21 | 2.16 | 2.63 | 3.57 |
| T3-25 | 32% | 1∶4 | 7 | 0.82 | 1.24 | 2.22 | 2.66 | 3.34 |
| | | 1∶3 | 8 | 0.94 | 1.37 | 2.23 | 2.73 | 3.43 |
| | | 1∶2 | 9 | 0.91 | 1.29 | 2.07 | 2.65 | 3.26 |
| | 36% | 1∶4 | 10 | 0.93 | 1.57 | 2.28 | 2.92 | 3.81 |
| | | 1∶3 | 11 | 0.86 | 1.68 | 2.31 | 3.12 | 3.91 |
| | | 1∶2 | 12 | 0.89 | 1.71 | 2.32 | 2.90 | 3.50 |

二灰比对二灰稳定粉土与二灰稳定黏土强度的影响是不同的。二灰稳定粉土的早期强度对二灰比更敏感。对同一种土，低二灰含量稳定土对二灰比的变化更敏感。因此，二灰比对低二灰含量的二灰稳定粉土的早期强度影响较大。

图10-4与图10-5显示，对于粉土(T4-8)，当二灰含量小于34%时，低的二灰比(1∶3)强度更高，当二灰含量大于34%时，高的二灰比(1∶2)强度更高。而对于粉质黏土(T1-28、T6-30)，总体上低的二灰比(1∶3)强度更高。因此，在黄河中下游流域，二灰稳定粉质黏土的二灰比应采用1∶3。二灰稳定粉土，当二灰含量小于34%时，二灰比宜采用1∶3，当二灰含量大于34%时，二灰比宜采用1∶2。

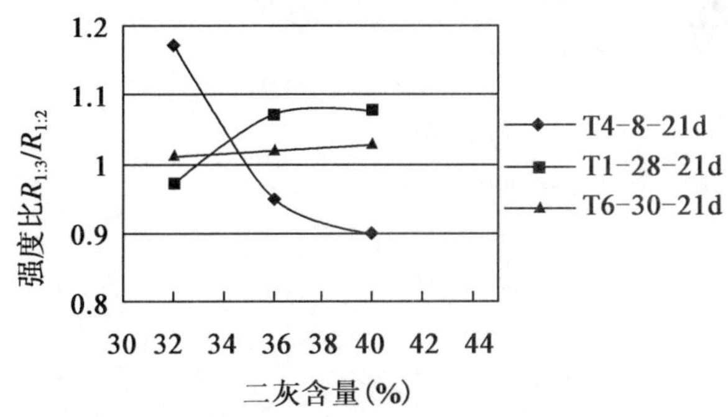


图10-4　二灰比对21d龄期不同土质的二灰土强度影响

注：$R_{1:3}$表示二灰比为1∶3的二灰土强度，$R_{1:2}$表示二灰比为1∶2的二灰土强度，以下同。

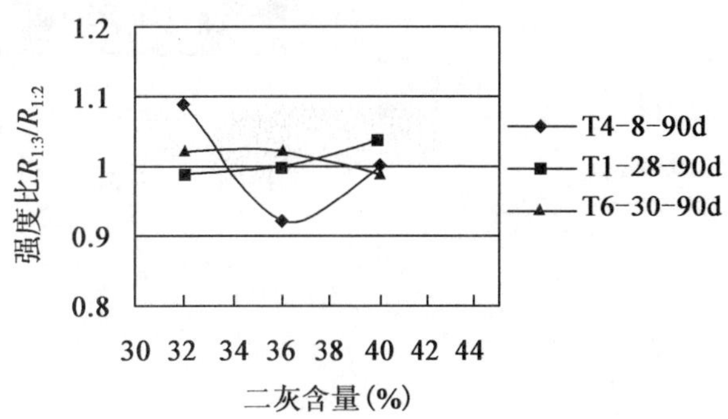


图10-5　二灰比对90d龄期不同土质的二灰土强度影响

(2)关于二灰稳定黄河中下游流域粉质土的二灰含量

研究表明，二灰含量对二灰土的强度特别是后期强度有很显著的影响。青银高速公路(齐河—夏津段)各合同段各龄期、相同二灰比的二灰土强度与二灰含量关系见图10-6与图10-7。

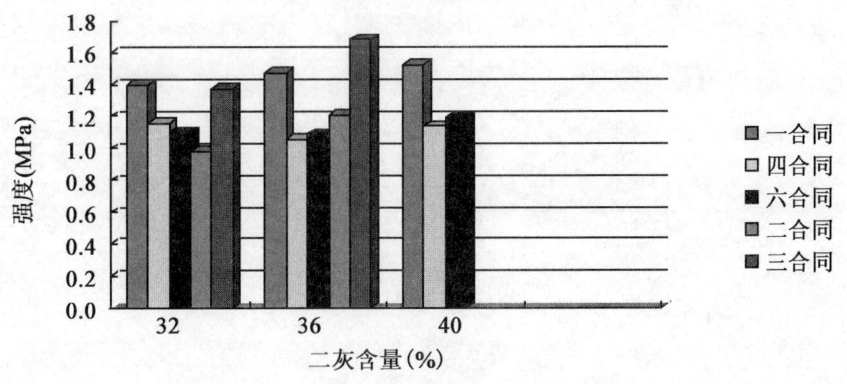


图10-6　二灰含量与强度的关系(1∶3，21d)

图10-6显示，随着二灰含量的增大，从整体来看，21d强度普遍增加。图10-7显示各合同段二灰土180d的强度随二灰含量的增加而明显增大，T1-28、T3-25、T6-30的二灰土强度增加幅度大于T2-14、T4-8。二灰含量从32%增加到40%，二灰土的早、后期强度都增加；小于0.005mm颗粒含量高的土，提高二灰含量，二灰土强度增加更明显。虽然二灰含量的增加有利于二灰土强度的提高，但二灰稳定粉土与二灰稳定粉质黏土强度增

长率是不同的。并不是所有的土,二灰含量越高越好,存在着合理的二灰经济剂量,这个合理的剂量由二灰土的粗细度、可压实性确定。对于二灰粉土,二灰含量宜采用 32% ~ 36%;对于二灰粉质黏土,二灰含量宜采用 36% ~40%。

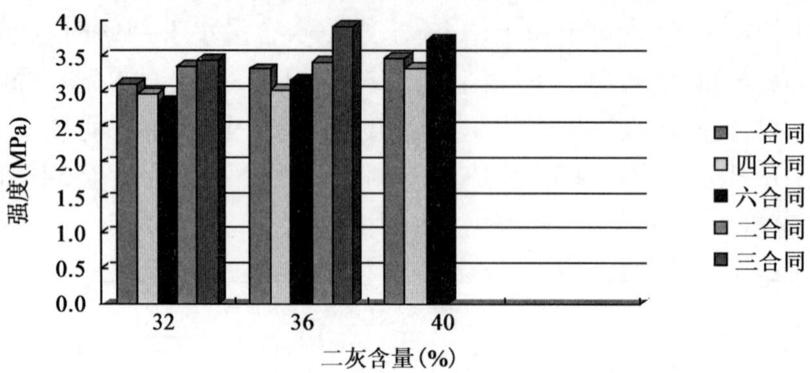


图 10-7　二灰含量与强度的关系(1∶3,180d)

# 11　试验段铺筑

**11.0.1**

(6)当二灰土底基层较厚,采用分层连续铺筑时,应确定分层连续铺筑的施工工艺,使上下层间在施工时保持连续。

# 12　施工

## 12.1　一般规定

**12.1.1**　不同的压实机械适宜的压实厚度不同。用 12 ~ 15t 三轮压路机碾压时,每层的压实厚度不应超过 15cm;用 18 ~ 20t 三轮压路机和振动压路机碾压时,每层的压实厚度不应超过 20cm。采用振动羊足碾与三轮压路机配合碾压时,每层的压实厚度可以根据试验适当增加。压实厚度超过上述规定时,应分层(连续)铺筑,分层连续施工时应明确上层铺筑时间。

**12.1.2**、**12.1.3**　黄河中下游流域的二灰土粉粒含量高是其主要特点,粉煤灰的掺入更增加了粉粒级的含量,而振动碾压时二灰土的密度不断变化,采用变频变幅的碾压工艺是合适的。

2004 年 12 月,在综合分析青银高速公路(齐河—夏津段)六个合同段碾压结果的基础上,山东大学与青银项目办对三合同段进行了二灰稳定土碾压工艺现场优化试验。碾压试验结果见表 12-1。

**表 12-1　试验段采用的碾压工艺及碾压结果**

| 碾压工艺 | 碾 压 遍 数 | 压实度(%) |
|---|---|---|
| 低频振压 A | 稳压 2 遍 | 85.7 |
| | 稳压 2 遍 + 双向低振幅振压 1 遍 + 静压 1 遍 | 89.7 |
| | 稳压 2 遍 + 双向低振幅振压 1 遍 + 静压 2 遍 | 91.3 |
| | 稳压 2 遍 + 双向低振幅振压 1 遍 + 静压 2 遍 + 单向高振幅振压 1 遍 + 静压 2 遍 | 96.7 |
| 中频振压 B | 稳压 3 遍 | 87.2 |
| | 稳压 3 遍 + 双向低振幅振压 1 遍 + 静压 2 遍 | 88.7 |
| | 稳压 3 遍 + 双向低振幅振压 1 遍 + 静压 2 遍 + 单向高振幅振压 1 遍 + 静压 2 遍 | 96.7 |
| 高频振压 C | 稳压 4 遍 | 90.4 |
| | 稳压 4 遍 + 双向低振幅振压 1 遍 + 静压 2 遍 | 90.8 |
| | 稳压 4 遍 + 双向低振幅振压 1 遍 + 静压 2 遍 + 单向高振幅振压 1 遍 + 静压 2 遍 | 99.2 |

注:①试验采用的振动压路机为英格索兰 175,标定的振幅为:高振幅 1.86mm,低振幅 0.93mm。

②低振幅振压的三个频率为:13.2Hz(低频)、16.5Hz(中频)、21.1Hz(高频);高振幅振压的三个频率为:21.1Hz(低频)、26.5Hz(中频)、30.2Hz(高频)。

结果表明:过多遍数的稳压会导致之后的低振幅振压没有明显的作用,本指南建议二灰土开始的稳压遍数不宜超过2遍。

从压实机理分析,振动压路机配以胶轮静压是较优的碾压机械组合,静压—高频高振幅振压—低振幅振压—静压的碾压工艺是最优的,高振幅振压迫使颗粒移位嵌挤,低振幅振压迫使不稳定的颗粒移动到更稳定的位置上,使其排列结构更加趋于稳定,最终达到较高的压实度。但碾压施工还必须考虑表面的平整度。由于二灰粉质土的内聚力和黏结力较弱,刚开始就高振幅振压会造成二灰土面层松散,导致后面的碾压发生粘轮、起皮等现象。

大量的碾压施工经验表明,压实度在85%左右开始低振幅振压,压实度大于90%开始高振幅振压,二灰土表面平整度较好。为了兼顾二灰土表面的平整度,建议采用静压—单向低振幅振压—高频单向高振幅振压—单向低振幅振压—静压的变频碾压工艺。具体施工时应根据二灰土的级配,通过碾压工艺组合试验来确定低振幅振压、高振幅振压的工艺以及与之匹配的频率、振幅。

消除二灰粉质土碾压过程中表层起皮的方法有:(1)控制含水率在最佳碾压含水率范围内,也可在二灰土上覆盖湿的土工布,起到保水、分担压路机的表面剪应力作用;(2)采用推土机进行稳压,振动压路机前进时采用单向振动的碾压方式,利用胶轮压路机静压封面,压实后洒少量水;(3)检测压实度合格后尽快用保湿棉覆盖洒水养生,避免长时间暴露。

## 12.2 路拌法施工

由于二灰稳定细粒土在厂拌时,不容易拌和均匀,含水率不易控制,因此,建议二灰稳定黄河中下游流域粉质土施工时一般不采用中心站集中厂拌法施工。

## 12.4 养生及交通管制

二灰稳定黄河中下游流域粉质土水分极易散失,影响强度形成,二灰土碾压完成后必须及时采用草苫子、土工布等覆盖保湿养生。二灰稳定黄河中下游流域粉质土强度形成缓慢,初期强度低,养生初期过高的养生湿度不利于强度增长,甚至会破坏已经形成的结构强度。室内试验和工程经验表明,二灰稳定黄河中下游流域粉质土碾压完成后2~3d内应禁止直接向二灰土表面洒水,如果二灰土养生湿度不足,可在草苫子、土工布上少量洒水,保持二灰土表面潮湿,养生初期严禁二灰土表面积水浸泡。

山东省地方标准

# 山东省公路工程
# 高性能沥青混合料技术规范

**Technical Specifications for Superior Performing Asphalt Mixtures of Highway Engineering in Shandong Province**

**DB 37/T 1722—2010**

主编单位：山东省交通运输厅
批准部门：山东省质量技术监督局
实施日期：2011 年 01 月 01 日

人民交通出版社

# 前　　言

为进一步规范山东省交通基础设施建设和管理行为，全面提升建设管理水平，按照交通工作实现"标准化、规范化、集约化、人本化"管理的目标要求，山东省交通运输厅提出并主持编制了《山东省公路工程高性能沥青混合料技术规范》（DB 37/T 1722—2010）（简称本规范）。

本规范是在参考美国 Superpave™ 沥青混合料设计体系和方法的基础上，通过"Superpave沥青混合料应用技术研究"等课题的试验研究与工程实践，结合山东省的气候、交通、材料等特性，形成的新型沥青混合料设计方法和施工质量控制标准。为了更好地指导沥青混合料的设计、监理与施工，制定本规范。

在满足现行交通行业标准的基础上，本规范主要针对以下内容进行了补充和完善：

（1）在专项研究的基础上，提出了高性能沥青混合料设计原则与方法，提出了山东省沥青路面气候区划和相应的胶结料技术要求；

（2）在材料部分对集料技术要求作出针对性规定；

（3）对高性能沥青混合料性能方面的特殊要求进行了补充完善。

各有关单位在使用本规范过程中，若发现存在不当之处或有好的意见和建议，请及时函告山东省交通科学研究所（联系地址：山东省济南市无影山中路 38 号，邮编：250031），以便修订时参考。

**主 编 单 位**：山东省交通运输厅

**编 写 单 位**：山东省交通科学研究所

**主要起草人**：崔风仁　马士杰　宋小金　付建村　王　林

申全军　韦金城　杨启超　王晓燕

# 1 总则

**1.0.1** 为指导高性能沥青混合料的设计与施工,保证沥青路面施工质量,制定本规范。

**1.0.2** 本规范适用于各级公路高性能沥青混合料路面的新建、改建工程,及高性能沥青混合料路面养护工程。

**1.0.3** 高性能沥青混合料的技术指标、配合比设计方法、施工工艺、质量控制及验收方法和标准应符合本规范的相关规定。

**1.0.4** 高性能沥青混合料施工应符合国家关于环境保护的相关规定,同时应保证施工安全,并应为施工人员提供符合国家规定的劳动保护条件。

**1.0.5** 高性能沥青混合料的设计与施工除应符合本规范的规定外,尚应符合现行国家和行业有关标准的规定。

# 2 术语、符号及代号

## 2.1 术语

**2.1.1** 沥青结合料 bitumen binder (英),bitumen cement (英),asphalt binder(美),asphalt cement(美)

在沥青混合料中起胶结作用的沥青类材料(含添加的外掺剂、改性剂等)的总称。

**2.1.2** 改性沥青 modified bitumen(英),modified asphalt cement(美)

掺加高分子聚合物、天然沥青、磨细的橡胶粉或者其他填料等外掺剂(改性剂),或采取对沥青轻度氧化加工等措施,使沥青或沥青混合料的性能得以改善而制成的沥青结合料。

**2.1.3** 沥青混合料 bituminous mixtures(英),asphalt mixtures(美)

由矿料与沥青结合料拌和而成的混合料的总称。

**2.1.4** 高性能沥青混合料 superior performing asphalt mixtures

以美国 Superpave 沥青路面设计方法为基础,结合当地的气候、交通和材料特点所设计的新型沥青混合料,简称 Sup 沥青混合料。

**2.1.5** 公称最大集料尺寸 normal maximum aggregate size

第一次筛余大于 10% 的上一级筛孔尺寸,通常为最大集料尺寸的下一级标准筛孔。

**2.1.6** 最大集料尺寸 maximum aggregate size

集料的 100% 都通过的最小的标准筛孔尺寸。

**2.1.7** 主要控制点尺寸 primary control sieve(PCS)

对于不同公称最大集料尺寸用来区分粗细级配混合料的尺寸。

## 2.2 符号及代号

本规范各种符号、代号及意义详见表2.2。

表2.2 符号及代号

| 编　号 | 符号或代号 | 意　义 |
| --- | --- | --- |
| 2.2.1 | Sup | 高性能沥青混合料 |
| 2.2.2 | AC | 密级配沥青混凝土混合料 |
| 2.2.3 | SMA | 沥青玛蹄脂碎石混合料 |
| 2.2.4 | $\gamma_{se}$ | 合成矿料的有效相对密度 |
| 2.2.5 | $\gamma_{sb}$ | 矿料的合成毛体积相对密度 |
| 2.2.6 | $\gamma_{sa}$ | 矿料的合成表观相对密度 |
| 2.2.7 | $P_a$ | 沥青混合料的油石比 |
| 2.2.8 | $P_b$ | 沥青混合料中的沥青含量 |
| 2.2.9 | $P_{be}$ | 沥青混合料中的有效沥青含量 |
| 2.2.10 | FB | 沥青混合料的粉胶比 |
| 2.2.11 | VV | 压实沥青混合料的空隙率 |
| 2.2.12 | VMA | 压实沥青混合料的矿料间隙率 |
| 2.2.13 | VFA | 压实沥青混合料中的沥青饱和度 |
| 2.2.14 | VCA | 粗集料骨架间隙率 |
| 2.2.15 | PG | 沥青路用性能分级规格 |
| 2.2.16 | DS | 沥青混合料动稳定度值 |
| 2.2.17 | TSR | 沥青混合料间接抗拉强度比 |
| 2.2.18 | SGC | 沥青混合料旋转压实试验机 |
| 2.2.19 | QC/QA | 质量控制和质量保证,施工质量管理体系 |

# 3　材料

## 3.1　一般规定

**3.1.1**　Sup 沥青混合料使用的各种材料运至现场后必须取样进行质量检验,经评定合格后方可使用,不得以供应商提供的检测报告或商检报告代替现场检测。

**3.1.2**　Sup 沥青混合料使用的集料选择必须经过认真的料源调查,确定料源宜就地取材,并应保证一定的规模且供应稳定,质量应符合使用要求。同一规格的集料在配合比设计和生产过程中不得随意更换。若确需更换,必须重新进行原材料检验及配合比设计。

**3.1.3**　集料粒径规格应以方孔筛为准。不同料源、品种、规格的集料不得混杂堆放,应严格控制材料的变异性。堆放集料成品的场地应进行硬化并保证排水通畅,细集料应采取严格的防雨措施。

**3.1.4**　任何材料进入施工现场时都应登记,签发材料验收单。

**3.1.5**　采石场在生产过程中必须清除覆盖层及泥土夹层。生产碎石用的原石不得含有土块、杂物。集料成品不得堆放在泥土地上。

## 3.2　粗集料

**3.2.1**　Sup 沥青混合料用粗集料应为轧制的粒径大于 2.36 mm 的岩石集料。

**3.2.2**　粗集料应洁净、干燥、表面粗糙,质量应符合表 3.2.2 的规定。当单一规格集料的质量指标达不到表中要求,而按照沥青混合料中各种规格粗集料的比例计算的质量指标符合要求时,工程上也可使用。对受热易变质的集料,宜采用经拌和机烘干后的集料进行检验。

**表 3.2.2 粗集料质量技术要求**

<table>
<tr><th rowspan="2">指　　标</th><th rowspan="2">单位</th><th colspan="2">高速公路、一级公路</th><th rowspan="2">其他等级公路</th><th rowspan="2">试验方法</th></tr>
<tr><th>表面层</th><th>其他层次</th></tr>
<tr><td>石料压碎值,不大于</td><td>%</td><td>26</td><td>28</td><td>30</td><td>T 0316</td></tr>
<tr><td>洛杉矶磨耗损失,不大于</td><td>%</td><td>28</td><td>30</td><td>35</td><td>T 0317</td></tr>
<tr><td>表观密度(视密度),不大于</td><td>$t/m^3$</td><td>2.60</td><td>2.50</td><td>2.45</td><td>T 0304</td></tr>
<tr><td>吸水率 ,不大于</td><td>%</td><td>2.0</td><td>3.0</td><td>3.0</td><td>T 0304</td></tr>
<tr><td>坚固性,不大于</td><td>%</td><td colspan="2">12</td><td>—</td><td>T 0314</td></tr>
<tr><td>与沥青的黏附性 ,不小于</td><td>—</td><td colspan="2">5 级</td><td>4 级</td><td>T 0616</td></tr>
<tr><td>针片状颗粒含量 ,不大于<br>其中粒径大于 9.5mm 的,不大于<br>其中粒径小于 9.5mm 的,不大于</td><td>%</td><td>15<br>12<br>18</td><td>18<br>25<br>20</td><td>20<br>—<br>—</td><td>T 0312</td></tr>
<tr><td>水洗法,<0.075mm 颗粒含量,不大于</td><td>%</td><td colspan="2">1</td><td>1</td><td>T 0310</td></tr>
<tr><td>软石含量,不大于</td><td>%</td><td colspan="2">1</td><td>5</td><td>T 0320</td></tr>
</table>

注:坚固性试验可根据需要进行。

**3.2.3** 粗集料的粒径规格应满足《公路沥青路面施工技术规范》(JTG F40—2004)表 4.8.3 的要求。

**3.2.4** 粗集料与沥青的黏附性不宜小于 5 级。当黏附性不满足要求时,应采用掺加石灰粉的措施以提高水稳定性。硬质岩类集料宜采用基性火成岩(玄武岩及辉绿岩等)。

## 3.3 细集料

**3.3.1** Sup 沥青混合料用细集料应采用石屑、机制砂或天然砂,其质量应符合表 3.3.1的规定。

**表 3.3.1 细集料质量要求**

<table>
<tr><th colspan="2">指　　标</th><th>单位</th><th>高速公路、一级公路</th><th>其他等级公路</th><th>试验方法</th></tr>
<tr><td colspan="2">表观密度(视密度),不小于</td><td>$t/m^3$</td><td>2.50</td><td>2.45</td><td>T 0328</td></tr>
<tr><td colspan="2">坚固性[①](>0.3mm 部分),不小于</td><td>%</td><td>12</td><td>—</td><td>T 0340</td></tr>
<tr><td colspan="2">砂当量,不小于</td><td>%</td><td>65</td><td>60</td><td>T 0334</td></tr>
<tr><td colspan="2">亚甲蓝值,不小于</td><td>g/kg</td><td>25</td><td>—</td><td>T 0349</td></tr>
<tr><td colspan="2">塑性指数[②],不大于</td><td>%</td><td>4</td><td>4</td><td>T 0118</td></tr>
<tr><td colspan="2">棱角性[③](间隙率),不小于</td><td>s</td><td>42</td><td>42</td><td>T 0345</td></tr>
<tr><td rowspan="2"><0.075mm 颗粒含量</td><td>S15(0 ~ 5mm)</td><td rowspan="2">%</td><td>0 ~ 8</td><td>0 ~ 10</td><td>T 0327</td></tr>
<tr><td>S16(0 ~ 3mm)</td><td>0 ~ 10</td><td>0 ~ 12</td><td>T 0327</td></tr>
</table>

注:①坚固性试验可根据需要进行。

②塑性指数 $I_p$ 应采用 T 0118 条文说明中碟式仪法进行测定。

③当采用间隙率法测细集料棱角性时,按 T 0345 条文说明中 A 组试验方法。

**3.3.2** 机制砂宜采用专用的制砂机制造,并选用优质石料生产,其级配应符合《公路沥青路面施工技术规范》(JTG F40—2004)表4.9.4中S16的要求,且0.075 mm筛孔通过率不大于10%。当采用反击式或锤式破碎机生产的基性火成岩集料经过筛选的小于2.36 mm的部分具有较好的棱角性时,经除尘处理可以作为机制砂使用。当使用天然砂时,其用量不宜超过集料总量的10%。

**3.3.3** 天然砂可采用河砂,通常宜采用粗、中砂,规格应符合《公路沥青路面施工技术规范》(JTG F40—2004)表4.9.3的规定。未经研究论证,Sup沥青混合料严禁使用海砂。

**3.3.4** 石屑应严格控制小于0.075mm颗粒含量。

**3.3.5** 细集料应洁净、干燥、无风化、无杂质,并有适当的颗粒级配。细集料的洁净程度以砂当量(适用于0~4.75mm)或亚甲蓝值(适用于0~2.36mm或0~0.15mm)表示。

**3.3.6** 高速公路或一级公路细集料场地宜采用钢结构防雨棚遮盖。

## 3.4 填料

**3.4.1** 沥青混合料的填料必须由洁净的石灰岩经磨细得到。矿粉应干燥、洁净,能够自由地从粉仓中流出,其质量满足表3.4.1要求。

**表3.4.1 填料技术要求**

| 指标 | | 单位 | 高速公路、一级公路 | 其他等级公路 | 试验方法 |
|---|---|---|---|---|---|
| 表观密度,不小于 | | $t/m^3$ | 2.50 | 2.45 | T 0352 |
| 含水率,不大于 | | % | 1 | 1 | T 0103 烘干法 |
| 粒度范围 | <0.6mm | % | 100 | 100 | T 0351 |
| | <0.15mm | % | 90~100 | 90~100 | |
| | <0.075mm | % | 75~100 | 70~100 | |
| 外观 | | — | 无团粒结块 | | — |

**3.4.2** 沥青混合料生产过程中,应减少矿粉细度的变异。

**3.4.3** 拌和机拌和过程中生产的回收粉不得作为矿粉使用,应及时排出并采取挖坑掩埋等安全措施防止污染环境。

**3.4.4** 为了提高混合料的水稳定性,生产过程中矿粉宜掺入石灰粉,掺加量以石灰粉

**表 3.5.1-1 沥青结合料技术要求**

| 性能等级 | PG64 | | | | PG70 | | | | PG76 | | | | PG82 | | | |
|---|---|---|---|---|---|---|---|---|---|---|---|---|---|---|---|---|
| 平均 7d 最高路面设计温度(℃) | <64 | | | | <70 | | | | <76 | | | | <82 | | | |
| 最低路面设计温度(℃) | >-10 | >-16 | >-22 | >-28 | >-10 | >-16 | >-22 | >-28 | >-10 | >-16 | >-22 | >-28 | >-10 | >-16 | >-22 | >-28 |
| 原样结合料 | | | | | | | | | | | | | | | | |
| 闪点温度,T48,最小(℃) | 230 | | | | | | | | | | | | | | | |
| 黏度,T316;最大, 3 Pa·s, 试验温度(℃) | 135 | | | | | | | | | | | | | | | |
| 动态剪切,T315:$G^*/\sin\delta$,最小,1.00kPa 试验温度@10 rad/s(℃) | 64 | | | | 70 | | | | 76 | | | | 82 | | | |
| 旋转薄膜烘箱残留物 | | | | | | | | | | | | | | | | |
| 质量变化,最大(%) | 1.00 | | | | | | | | | | | | | | | |
| 动态剪切,T315:$G^*/\sin\delta$,最小,2.20kPa 试验温度@10 rad/s(℃) | 64 | | | | 70 | | | | 76 | | | | 82 | | | |
| 压力老化容器残留物 | | | | | | | | | | | | | | | | |

| 性能等级 | PG64 | | | | | | PG70 | | | | | | PG76 | | | | | PG82 | | | | |
|---|---|---|---|---|---|---|---|---|---|---|---|---|---|---|---|---|---|---|---|---|---|---|
| PAV 老化温度,(℃) | 100 | | | | | | 100(110) | | | | | | 100(110) | | | | | 100(110) | | | | |
| 动态剪切,T315: $G^*\sin\delta$,最大,5 000kPa 试验温度@10 rad/s(℃) | 31 | 28 | 25 | 22 | 19 | 16 | 34 | 31 | 28 | 25 | 22 | 19 | 37 | 34 | 31 | 28 | 25 | 40 | 37 | 34 | 31 | 28 |
| 临界开裂温度,PP42,按 PP42-01 确定临界开裂温度: 试验温度(℃) | 0 | -6 | -12 | -18 | -24 | -30 | 0 | -6 | -12 | -18 | -24 | -30 | 0 | -6 | -12 | -18 | -24 | 0 | -6 | -12 | -18 | -24 |

注:①路面温度由大气温度按 Superpave 程序中的方法计算,也可由指定的机构提供。

②如果供应商能保证在拌和温度时有足够的泵送能力和满足所有安全标准,可由指定的机构确定取消黏度要求。

③为控制非改性沥青结合料产品的质量,在试验温度下测定原样沥青的黏度,可以取代测定动态剪切的 $G^*/\sin\delta$。在此温度下,沥青处于牛顿流体状态,任何测定黏度的标准试验方法均可使用,包括毛细管黏度计或旋转黏度计(AASHTO T201 或 T202)。

④$G^*/\sin\delta$ 为高温温度劲度,$G^*\sin\delta$ 为中等温度劲度。

⑤质量改变应小于 ±1.0%。

⑥PAV 老化温度建立在所模拟气候条件的基础上,从 90℃、100℃和 110℃三个温度中选一个,除了沙漠气候为 110℃外,对于 PG58 和以上等级,PAV 老化温度均为 100℃。

⑦表中 PP42 为 AASHTO 沥青结合料低温性能等级确定的标准试验方法;T48:AASHTO 克利夫兰开口杯闪点和燃点标准试验方法;T315:AASHTO 用动态剪切流变仪(DSR)测定沥青结合料的流变性质标准试验方法;T316:AASHTO 用旋转黏度计测定沥青结合料黏度的标准方法。

质量占设计沥青混合料总质量的1.3% ±0.3%为准,石灰粉应达到《公路路面基层施工技术规范》规定的Ⅲ级及以上技术要求。

## 3.5 沥青结合料

**3.5.1** Sup沥青混合料所采用的沥青结合料采用性能分级(PG)的方法确定,技术指标应满足表3.5.1-1的要求。针对不同的交通条件,应按表3.5.1-2对沥青结合料进行跳级调整。

**表3.5.1-2 结合料等级根据交通速度和交通量变化调整表**

| BZZ-100累计标准轴次$N_e$($10^6$) | 调整结合料PG等级 | | |
|---|---|---|---|
| | 停滞交通 | 慢速交通 | 标准交通 |
| $N_e<0.12$ | 1 | — | — |
| $0.12\leqslant N_e<1.2$ | 2 | 1 | — |
| $1.2\leqslant N_e<3.9$ | 2 | 1 | — |
| $3.9\leqslant N_e<11.8$ | 2 | 1 | 1 |
| $N_e\geqslant 11.8$ | 2 | 1 | 1 |

注:①设计的$N_e$是20年设计车道预期的标准荷载累计作用次数,不管实际设计寿命是多少年。

②停滞交通:平均交通速度小于20 km/h。

③慢速交通:平均交通速度20~70 km/h。

④标准交通:平均交通速度大于70 km/h。

⑤根据表示等级数(1级相当于6℃),增加高温等级,低温等级不变。

**3.5.2** 沥青结合料性能分级的高温由路面表层以下20 mm处、7d最高温度的平均值和标准差确定,低温由1d路表面最低温度确定。所用气象资料不能低于20年记录。具体工程可参考附录A表A-1、表A-2确定。根据不同的公路等级或其他工程要求,选择设计可靠度,高速公路、一级公路按98%(2倍的高温标准差和低温标准差)的可靠度进行设计,其他公路按50%(1倍的高温标准差和低温标准差)的可靠度进行设计。

# 4　Sup 沥青混合料组成设计

## 4.1　设计原则

**4.1.1**　宜在对同类公路使用情况调查研究的基础上，充分借鉴成功经验，选用符合要求的材料，进行混合料组成设计。

**4.1.2**　根据交通量水平选择压实等级，将混合料的体积设计按集料结构选择和沥青用量选择两步进行。

**4.1.3**　Sup 沥青混合料目标配合比设计阶段，必须采用旋转压实仪成型。

## 4.2　矿料级配

**4.2.1**　表面层混合料集料公称最大尺寸宜为 4.75 ~ 19.0 mm，表面层以下的各层混合料集料公称最大尺寸不得大于 37.5 mm。

**4.2.2**　Sup 沥青混合料级配设计应符合表 4.2.2 规定的关键筛孔矿料级配控制点的要求。

**表 4.2.2　矿料级配控制点**

| 筛孔尺寸(mm) | 公称最大尺寸—— 控制点(通过百分率,%) | | | | | | | | | | | |
|---|---|---|---|---|---|---|---|---|---|---|---|---|
| | 37.5 mm | | 25.0 mm | | 19.0 mm | | 13.2 mm | | 9.5 mm | | 4.75 mm | |
| | 最小 | 最大 | 最小 | 最大 | 最小 | 最大 | 最小 | 最大 | 最小 | 最大 | 最小 | 最大 |
| 50.0 | 100 | — | — | — | — | — | — | — | — | — | — | — |
| 37.5 | 90 | 100 | 100 | — | — | — | — | — | — | — | — | — |
| 25.0 | — | — | — | — | — | — | — | — | — | — | — | — |
| 19.0 | — | — | — | 90 | 90 | 100 | 100 | — | — | — | — | — |
| 13.2 | — | — | — | — | — | 90 | 90 | 100 | 100 | — | 100 | — |
| 9.5 | — | — | — | — | — | — | — | 90 | 90 | 100 | 95 | 100 |
| 4.75 | — | — | — | — | — | — | — | — | — | 90 | 90 | 100 |
| 2.36 | 15 | 41 | 19 | 45 | 23 | 49 | 28 | 58 | 32 | 67 | — | — |
| 1.18 | — | — | — | — | — | — | — | — | — | — | 30 | 60 |
| 0.075 | 0 | 6 | 1 | 7 | 2 | 8 | 2 | 10 | 2 | 10 | 6 | 12 |

**4.2.3** 矿料级配分成粗级配和细级配。当级配主要控制筛孔(PCS)的通过率小于表4.2.3主要控制点通过率时,应定义为粗级配,其他级配为细级配。

**表4.2.3 公称最大集料尺寸混合料的主要控制筛孔(PCS)的控制点**

| 公称最大集料尺寸(mm) | 37.5 | 25.0 | 19.0 | 13.2 | 9.5 |
|---|---|---|---|---|---|
| 主要控制筛孔(mm) | 9.5 | 4.75 | 4.75 | 2.36 | 2.36 |
| PCS 控制点(通过百分率) | 47 | 40 | 47 | 39 | 47 |

## 4.3 Sup 沥青混合料目标配合比设计

**4.3.1** Sup 沥青混合料合成级配选择设计应符合以下规定:

(1)应根据表4.3.1-1确定旋转压实参数,混合料设计应满足表4.3.1-2的要求,设计过程应按附录B进行。

对于非改性沥青,沥青混合料拌和及压实温度应通过在135℃及175℃条件下测定沥青结合料的黏度—温度曲线来确定。改性沥青的拌和及压实温度应根据工程经验或体积比对法确定。

**表4.3.1-1 Sup 沥青混合料旋转压实功**

| BZZ-100 累计标准轴次 $N_e$($10^6$) | 压实参数 | | |
|---|---|---|---|
| | $N_{初始}$ | $N_{设计}$ | $N_{最大}$ |
| $N_e$<0.12 | 6 | 50 | 75 |
| 0.12≤$N_e$<1.2 | 7 | 75 | 115 |
| 1.2≤$N_e$<11.8 | 8 | 100 | 160 |
| $N_e$≥11.8 | 9 | 125 | 205 |

**表4.3.1-2 Sup 沥青混合料设计要求**

| BZZ-100 累计标准轴次 $N_e$($10^6$) | 与理论最大相对密度比值(%) | | | 矿料间隙率(VMA)(%)最小 | | | | | | 沥青饱和度(VFA)(%)范围 | 粉胶比范围 |
|---|---|---|---|---|---|---|---|---|---|---|---|
| | | | | 公称最大尺寸(mm) | | | | | | | |
| | $N_{初始}$ | $N_{设计}$ | $N_{最大}$ | 37.0 | 25.0 | 19.0 | 13.2 | 9.5 | 4.75 | | |
| <0.12 | ≤91.5 | 96.0 | ≤98.0 | 11.0 | 12.0 | 13.0 | 14.0 | 15.0 | 16.0 | 70~80 | 0.6~1.2 |
| 0.12≤$N_e$<1.2 | ≤90.5 | 96.0 | ≤98.0 | 11.0 | 12.0 | 13.0 | 14.0 | 15.0 | 16.0 | 65~78 | 0.6~1.2 |
| 1.2≤$N_e$<11.8 | ≤89.0 | 96.0 | ≤98.0 | 11.0 | 12.0 | 13.0 | 14.0 | 15.0 | 16.0 | 65~75 | 0.6~1.2 |
| $N_e$≥11.8 | ≤89.0 | 96.0 | ≤98.0 | 11.0 | 12.0 | 13.0 | 14.0 | 15.0 | 16.0 | 65~75 | 0.6~1.2 |

注:①设计的 $N_e$ 是20年设计车道预期的标准荷载累计作用次数,而不管实际设计寿命是多少年,确定了20年设计的 $N_e$ 选择相应的 $N_{设计}$ 确定次数。

②公称最大尺寸37.5mm混合料,所有交通量水平的VFA最小为64%。

③公称最大尺寸4.75mm的混合料,粉胶比为0.9~2.0,如果集料级配从按表4.2.3规定的PCS控制点的下面通过,粉胶比范围可以从0.6~1.2增加到0.8~1.6。

④公称最大尺寸26.5mm混合料,交通量 $N_e$<0.12×$10^6$,VFA最小为67%。

⑤对于公称最大尺寸9.5mm混合料,设计交通量 $N_e$≥1.2×$10^6$,VFA为73%~76%。

⑥标配合比设计时,矿料间隙率(VMA)宜比最小设计值大0.5%。

(2)成型试件的毛体积相对密度测定应采用表干法,并据此计算沥青混合料试件的空隙率、矿料间隙率、粗集料间隙率等各项体积指标。

理论最大相对密度应按现行《公路沥青路面施工技术规范》(JTG F40)规定的方法确定。

(3)应根据附录B方法规定,以沥青用量或油石比为横坐标,以旋转压实成型试验的各项指标为纵坐标,将试验结果点入图中,连成圆滑的曲线,将设计空隙率4%时对应的沥青用量作为设计沥青用量。设计沥青用量时混合料必须同时满足VMA、VFA指标的要求。

(4)当采用马歇尔成型方法进行比对时,技术标准应按表4.3.1-3执行。

**表4.3.1-3 Sup沥青混合料马歇尔成型方法技术标准**

| 试验指标 | 单位 | 高速公路、一级公路 | | 其他等级公路 |
|---|---|---|---|---|
| | | 中轻交通 | 重载交通 | |
| 击实次数(双面) | 次 | 75 | | |
| 试件尺寸 | mm | $\phi101.6 \times 63.5$ | | |
| 空隙率VV | % | 3~5 | 4~6 | 3~6 |
| 稳定度MS,不小于 | kN | 8 | | 5 |
| 流值FL | mm | 2~4 | 1.5~4 | 2~4.5 |
| 矿料间隙率VMA(%),不小于 | 设计空隙率(%) | Sup-13 | Sup-20 | Sup-25 |
| | 3 | 13 | 12 | 11 |
| | 4 | 14 | 13 | 12 |
| | 5 | 15 | 14 | 13 |
| | 6 | 16 | 15 | 14 |
| 沥青饱和度VFA(%) | | 65~75 | | 55~70 |

**4.3.2** Sup沥青混合料性能检验应符合以下规定:

(1)对设计的Sup沥青混合料应进行高温性能检验,对公称最大尺寸小于或等于19 mm的混合料应进行高温稳定性检验。评价指标应采用动稳定度(DS),试验方法应采用T 0719,动稳定度应满足表4.3.2的要求。公称最大尺寸大于19mm的混合料应采用增厚车辙试件(≥7cm)进行高温稳定性检验。

**表4.3.2 Sup沥青混合料动稳定度要求**

| 沥青结合料PG等级 | 动稳定度要求(次/mm) |
|---|---|
| PG64 | ≥1 200 |
| PG70 | ≥3 000 |
| PG76 | |
| PG82 | |

(2)应在规定的试验条件下对Sup沥青混合料进行水稳定性检验,以判断沥青结合料和集料的黏结性能及抗剥落剂的效果。评价指标应采用间接抗拉强度比TSR值,试验方

法应按附录 C 执行,间接抗拉强度比 TSR 值应不小于 80%。

## 4.4 Sup 沥青混合料生产配合比设计

**4.4.1** Sup 沥青混合料目标配合比完成后,应采用间歇式拌和楼设备进行生产配合比设计,并应符合以下规定:

(1)Sup 沥青混合料现场生产配合比调试时,应采用旋转压实成型,如确实不具备试验条件,可采用马歇尔击实成型。

(2)现场采用马歇尔击实成型时,应预先在目标配合比阶段确定旋转压实成型与马歇尔击实成型的空隙率对应关系,根据 Sup 沥青混合料的设计空隙率确定马歇尔设计空隙率。

(3)矿料级配与沥青用量应与目标配合比设计相近,工程设计级配及沥青用量应经配合比设计检验及试验段铺筑确定。

(4)经设计确定的标准配合比在施工过程中不得随意变更。生产过程中应加强跟踪检测,严格控制进场材料的质量,如遇材料发生变化并经检测沥青混合料的矿料级配、技术指标不符要求时,应及时调整配合比,使沥青混合料的质量符合要求并保持相对稳定,必要时重新进行配合比设计。

(5)生产过程中应保证 Sup 沥青混合料矿料级配、油石比、体积指标的检验频率。

**4.4.2** Sup 沥青混合料生产配合比设计应按以下步骤进行:

(1)应根据 Sup 沥青混合料类型选择适宜的筛孔尺寸,调整振动筛的安装角度,按照目标配合比设定冷料比例,并经标定得出集料供料曲线,确保热料仓用量平衡。

(2)应按规定方法从二次筛分后的热料仓取样,测试各热料仓的集料级配组成。

(3)应依据热料仓集料的筛分结果,设定粗细不同的三个配合比例,采用拌和站拌和,取料进行旋转压实或马歇尔击实试验及沥青抽提试验,检验混合料的各项体积指标、沥青含量及级配是否满足要求,确定各热料仓集料的配合比例。

(4)应按目标配合比的设计沥青用量及设计沥青用量的 ±0.3%,按照确定的级配采用拌和站拌和,进行马歇尔试验及沥青抽提试验,检验混合料的各项体积指标、沥青含量及级配是否满足要求;若不满足,应重新调整热料仓比例,进行级配设计。

(5)Sup 沥青混合料试拌成功后应铺筑试验段,并取试铺沥青混合料进行旋转压实或马歇尔击实试验和抽提试验,检验沥青混合料体积指标和级配组成。

**4.4.3** Sup 沥青混合料生产配合比设计完成后,应按以下规定进行生产配合比验证:

(1)应按照本规范 6.4 节的要求对铺筑的试验段进行检测。

(2)试验路铺筑阶段,对确定的标准配合比,应采用汉堡车辙试验对现场所取芯样进行高温稳定性和水稳定性能综合检验,试验方法应按附录 D 进行,试验结果应满足表 4.4.3的要求。

**表 4.4.3 汉堡车辙试验技术标准**

| 沥青结合料 PG 等级 | 剥 落 点 | 碾压以下次数时,车辙深度不大于 12.7 mm | 备 注 |
|---|---|---|---|
| PG64 | 碾压 10 000 次时不出现剥落拐点 | 10 000 | 试验温度 50℃ |
| PG70 | | 15 000 | |
| PG76 | | 20 000 | |

(3)应根据标准配合比及第 6 章施工质量管理和检查验收中各筛孔的允许波动范围,制订施工用的级配控制范围,用以检查沥青混合料的生产质量。

**4.4.4** 生产配合比验证合格后,应确定生产用的标准配合比,标准配合比的矿料合成级配中,至少应包括 0.075mm、2.36mm、4.75mm 及公称最大尺寸筛孔的通过率接近优选的工程设计级配范围的中值,并避免在 0.3 ~0.6mm 处出现"驼峰"。

**4.4.5** 经设计确定的标准配合比在施工过程中不得随意变更。生产过程中应加强跟踪检测,严格控制进场材料的质量,如遇材料发生变化并经检测沥青混合料的矿料级配、技术指标不符合要求时,应及时调整配合比,使沥青混合料的质量符合要求并保持相对稳定,必要时重新进行配合比设计。

# 5 Sup 沥青混合料施工工艺

## 5.1 准备工作

**5.1.1** Sup 沥青混合料施工前,应保证其下承层清洁、平整、强度满足要求,不符合要求的不得铺筑 Sup 沥青混合料层。

**5.1.2** Sup 沥青混合料直接用于旧沥青路面加铺层时,应对原沥青路面表面出现的裂缝、坑槽、松散、沉陷等病害按养护技术规范进行处理,并洒布黏层沥青或铺设沥青封层。

**5.1.3** 当采用非改性沥青结合料时,施工温度应通过在 135℃及 175℃条件下测定黏度—温度曲线来确定。当采用改性沥青时,应根据工程经验或体积比对法确定施工温度,并应根据气候、地温或风速等的影响综合考虑。

## 5.2 拌和厂要求

**5.2.1** 拌和厂的设置必须符合国家有关环境保护、消防、安全等规定。

**5.2.2** 拌和厂与施工现场距离应充分考虑交通、气候等因素,保证混合料的温度满足要求,且不得因颠簸造成混合料离析。

**5.2.3** 拌和厂应具有完备的排水设施。各种集料必须分隔储存,细集料应设防雨棚,料场及场内道路应进行硬化处理,严禁泥土污染集料。

## 5.3 Sup 沥青混合料的拌制

**5.3.1** Sup 沥青混合料应采用间歇式拌和机拌制。

**5.3.2** 拌和机设备的各种传感器必须定期检定,周期不少于每年一次。冷料供料装置应经标定得出集料供料曲线。

**5.3.3** 拌和机必须配备计算机进行逐盘打印,且具有二级除尘装置,二级除尘以后的回收粉不得采用。

**5.3.4** 生产前必须对生产配合比进行严格调试。首先进行热料仓振动筛的设置，然后根据目标配合比进行热料仓筛分，调试生产初试级配，根据抽提筛分结果确定采用的生产级配，最后确定最佳沥青用量。

**5.3.5** 沥青结合料加热温度、混合料的出场温度及废弃温度应根据不同沥青种类合理确定。

**5.3.6** 拌和时间应由试拌确定，拌和时间宜在45s以上。所有颗粒必须全部覆裹沥青结合料，并以混合料拌和均匀为度。拌制好的混合料应均匀一致，无花白料、无结团成块或严重粗细集料分离现象。

## 5.4 Sup沥青混合料的运输

**5.4.1** Sup沥青混合料宜采用较大吨位运料车运输，但不得超载运输，不得造成封层、透层的损伤。

**5.4.2** 运料车的运力应稍有富余，施工过程中摊铺机前方应有运料车等候。对高速公路、一级公路，宜待等候的运料车多于5辆后开始摊铺。

**5.4.3** 运料车每次使用前后必须清扫干净，在车厢板上涂一薄层隔离剂或防粘剂，防止沥青黏结，但不得有余液积聚在车厢底部。

**5.4.4** 拌和机向运料车装料时，料车应做到前后移动分多堆装车，平衡装料，以减少混合料离析。

**5.4.5** 运料车运输混合料宜用苫布覆盖保温，防雨、防污染。

**5.4.6** 运料车进入摊铺现场时，轮胎上不得粘有泥土等可能污染路面的脏物，否则必须冲洗轮胎后进入工程现场。

**5.4.7** Sup沥青混合料在摊铺地点应凭运料单接收。若混合料不符合施工温度要求，或已经结成团块、已遭雨淋，不得使用。

**5.4.8** 摊铺过程中，运料车应在摊铺机前0.5 m左右处停住，空挡等待，由摊铺机推动前进开始缓缓卸料，避免撞击摊铺机。

## 5.5 Sup 沥青混合料的摊铺

**5.5.1** Sup 沥青混合料在摊铺时摊铺宽度不宜过大,当摊铺宽度超过 9m 时应分两幅或两台摊铺机同时摊铺,以防止粒料离析和温度离析。

**5.5.2** 混合料的摊铺应保持合理的速度,并根据拌和站的拌和能力进行合理调整,摊铺速度宜控制在 2 ~6m/min,做到均匀、不间断地摊铺。

**5.5.3** 摊铺机应调整到最佳工作状态,调整好螺旋布料器两端的自动料位器,并使料门开度、链板送料器的速度和螺旋布料器的转速相匹配。布料器中料的位置应以略高于螺旋布料器 2/3 为度,同时螺旋布料器的转速不宜太快,避免摊铺层出现离析现象。

**5.5.4** 应注意摊铺机料斗的操作方法,减小粗细集料的离析。摊铺机料斗应在刮板尚未露出约有 10cm 的热料时收拢,基本上是在运输车刚退出时进行,而且应做到在料斗两翼刚复位时下一辆料车开始卸料,做到连续供料,避免粗集料集中。

料斗两侧的挡板与末端的间距应尽量缩小,以不卡住集料为度(约 10 cm),防止过大造成离析。

**5.5.5** 混合料的摊铺厚度应为设计层厚乘以松铺系数,摊铺前应确定观测点来验证松铺系数。每一工程大面积开工以前都应铺筑试验段,以确定各项参数。压实层的最大压实厚度不宜大于 100mm。

## 5.6 Sup 沥青混合料的压实及成型

**5.6.1** Sup 沥青混合料应选择合理的压路机组合方式和碾压步骤。

**5.6.2** Sup 沥青混合料压实必须使用大吨位的双钢轮振动压路机和较大吨位的轮胎压路机。双钢轮振动压路机总质量不得低于 11t,轮胎压路机总质量不得低于 26t,并配备足够的数量。高速公路铺筑双车道沥青路面的压路机数量不宜少于 5 台。

**5.6.3** 初压时压路机应紧跟摊铺机,初压温度应根据沥青结合料确定,并在压实过程中不得急转弯。振动压路机应尽可能减少洒水量,保持合理的压实速度。

**5.6.4** 为保证压实过程中不出现粘轮现象,振动压路机水箱中应加入少量的洗衣粉类表面活性剂。轮胎压路机不得洒水,可以在压实过程中适量喷洒或涂抹隔离剂并以不粘轮为原则。

**5.6.5** 压实作业时,参考如下工艺进行:应采用两台双钢轮振动压路机,初压第一遍应采用高频低幅振动压实。压实速度宜为1.5~2km/h,相邻碾压带轮迹应重合约20cm。洒水装置应进行间断洒水,以不粘轮为宜。振动2~3遍(压路机前进后退一次为一遍)后,轮胎压路机再碾压2~3遍,随后即可进行赶光。赶光可采用7~11t钢轮压路机,速度可控制在3~4km/h。

**5.6.6** 混合料冷却到一定温度以下用振动方式容易造成集料压碎,在试验段铺筑时应确定此温度,在此温度以下不应采用振动碾压。

**5.6.7** 工程项目开始之前,应修筑试验段,检验混合料体积指标和评价摊铺与压实技术。试验段必须采用与计划相同的施工技术,在相同的混合料温度下摊铺与压实。

### 5.7 水泥混凝土桥面Sup沥青混合料铺装的压实及成型

**5.7.1** 桥面Sup沥青混合料铺装碾压宜采用水平振荡压路机和轮胎压路机。经试验或经验证明不致损坏桥梁结构时,也可采用振动压路机,振动频率宜采用高频。

**5.7.2** 为达到良好的压实效果,必须使用足够数量的较大吨位的振荡压路机、双钢轮振动压路机和轮胎压路机。

**5.7.3** 初压时压路机应紧跟摊铺机,初压温度应根据沥青结合料确定,在压实过程中不得急转弯,振动压路机应尽可能减少洒水量,保持合理的压实速度。

**5.7.4** 桥面Sup沥青混合料铺装摊铺压实,当使用水平振荡压路机时,按如下压实工艺进行:初始碾压应采用水平振荡压路机振荡碾压,振荡频率可选为50Hz,速度应为3~5km/h,后退时轮迹应与前进时重合20cm左右,重复3~4遍。复压采用26t以上轮胎压路机碾压2遍,终压使用钢轮压路机赶光2遍,即可完成。当不采用水平振荡压路机时,初压应用2~3台11t以上振动压路机,压路机紧跟摊铺机呈阶梯形开振碾压2~3遍,速度应控制在5km/h以内,采用高频低幅的压实方法;复压采用26t以上轮胎压路机碾压2~3遍;终压应采用7~11t钢轮压路机静压2遍,最终消除轮迹。

**5.7.5** 混合料冷却到一定温度以下用振动方式容易造成集料压碎,在试验段铺筑时应确定此温度,在此温度以下不应采用振动碾压。

**5.7.6** 沥青混合料路面压实后,应经自然冷却,混合料表面温度低于50℃后,方可开放交通。

# 6 施工质量管理和检查验收

## 6.1 一般规定

**6.1.1** Sup 沥青混合料沥青路面施工必须根据全面质量管理的要求,建立健全有效的质量保证体系,进行全过程质量控制,对各工序的施工质量进行检查评定,保证达到规定的质量标准。

**6.1.2** 除施工企业进行自检外,工程监理应按有关规定进行质量检查与认可,政府质量监督部门及工程建设单位应对工程质量进行监督。

**6.1.3** Sup 沥青混合料施工质量管理和交工验收应以本规范规定的技术要求为依据。

**6.1.4** 所有与工程建设有关的原始记录、试验检测及计算数据、汇总表格,必须如实记录和保存。对已经采取措施进行返工和补救的项目,可在原记录和数据上注明,但不得销毁。

**6.1.5** Sup 沥青混合料沥青路面施工应加强过程质量控制,实行动态质量管理。施工质量管理与检查验收应包括工程施工前、施工过程中质量管理与质量控制,以及各施工工序间的检查及工程交工后的质量检查验收。

## 6.2 施工前的材料与设备检查

**6.2.1** 施工前必须检查各种材料的来源和质量。对经招标程序购进的沥青、集料等重要原材料,供货单位必须提供最新检测的正式试验报告。国外进口的材料应提供该批材料的船运单。对首次使用的集料,应检查生产单位的生产条件、加工机械、覆盖层的清理情况。所有材料都应按规定取样检测,经质量认可后方可订货。

**6.2.2** 各种材料都必须在施工前以“批”为单位进行检查,不符合本规范技术要求的材料不得进场。对各种矿料,应以同一料源、同一次购入并运至生产现场的相同规格材料为一“批”。对沥青,应以同一来源、同一次购入且储入同一沥青罐的同一规格沥青为一“批”。

**6.2.3** 工程开始前,必须对材料的存放场地、防雨和排水措施进行确认,不符合本规范要求时,材料不得进场。进场的各种材料的来源、品种、质量应与招标文件及提供的样品一致,不符合要求的材料严禁使用。

**6.2.4** 使用成品改性沥青时,应要求供应商提供所使用改性剂型号和基质沥青的质量检验报告,必要时应对基质沥青进行取样检测。使用现场改性沥青的工程,应对试生产的改性沥青进行检测,质量不合格的不得使用。

**6.2.5** 施工前应对沥青拌和楼、摊铺机、压路机等各种施工机械和设备进行调试,对机械设备的配套情况、技术性能、传感器计量精度进行认真检查、标定,并得到监理的认可。

**6.2.6** 正式开工前,各种原材料的试验结果,及据此进行的目标配合比设计和生产配合比设计结果,应在规定的期限内向业主及监理提出正式报告,待取得正式认可后,方可使用。

## 6.3 铺筑试验段

**6.3.1** Sup 沥青混合料施工前应铺筑试验段,确定设备组配及各项施工参数。

**6.3.2** 试验段的长度应根据试验目的确定,通常应在沥青混合料级配与油石比达到设计要求时制定,铺筑长度不应小于200m。

**6.3.3** Sup 试验段铺筑分试拌及试铺两个阶段,应包括下列试验内容:

(1)检验各种施工机械的类型、数量及组合方式是否匹配。

(2)通过试拌确定拌和机的操作工艺。

(3)通过试铺确定摊铺、压实工艺,确定松铺系数等。

(4)验证沥青混合料生产配合比设计,提出生产用的标准配合比和设计沥青用量。

(5)建立钻芯法与核子密度仪等无破损检测手段所得路面密度的对比关系,确定压实度、空隙率的标准检测方法。

(6)其他需确定的项目。

**6.3.4** 试验段铺筑应由有关各方共同参加,及时商定有关事项,明确试验结论。铺筑结束后,施工单位应就各项试验内容提出完整的试验路施工、检测报告,取得建设单位或监理的批复。

## 6.4 施工过程中的质量管理与检查

**6.4.1** Sup 沥青混合料结构层在未取得开工令前不得开工。

**6.4.2** Sup 沥青混合料结构层施工中应抓好材料质量、施工温度、摊铺碾压机械、施工工艺等关键环节,保证压实度,不得片面追求平整度而降低压实度。

**6.4.3** 施工过程应以施工单位自检与监理抽检相结合,施工过程中检测的原始数据必须真实,不得丢弃。

**6.4.4** 施工过程中材料质量检查项目和频率应符合表 6.4.4 的要求。每个检查项目的平行试验次数或一次试验的试样数必须按相关试验规范的规定执行。

**表 6.4.4 施工过程中材料质量检查的内容和要求**

| 材料 | 检查项目 | 检查频率 | 平行试验次数或一次试验的试样数 |
|---|---|---|---|
| 粗集料 | 外观(石料品种、含泥量等) | 随时 | — |
| | 针片状颗粒含量 | 随时 | 3 |
| | 颗粒组成(筛分) | 必要时 | 2 |
| | 压碎值 | 必要时 | 2 |
| | 洛杉矶磨耗损失 | 必要时 | 2 |
| | 含水率 | 必要时 | 2 |
| 细集料 | 颗粒组成 | 随时 | 2 |
| | 砂当量 | 必要时 | 2 |
| | 含水率 | 必要时 | 2 |
| | 松方单位重 | 必要时 | 2 |
| 填料 | 外观 | 随时 | — |
| | 含水率 | 必要时 | 2 |
| 沥青 | 针入度 | 每天 1 次 | 3 |
| | 软化点 | 每天 1 次 | 2 |
| | 离析试验(对成品改性沥青) | 每周 1 次 | 2 |
| | 低温延度 | 必要时 | 3 |
| | 弹性恢复 | 必要时 | 3 |
| | 显微镜观察(对现场改性沥青) | 随时 | — |

**6.4.5** 沥青混合料拌和厂必须按以下步骤对 Sup 沥青混合料生产过程进行控制，并应按表6.4.5规定的项目和频率检查沥青混合料产品的质量，如实计算产品的合格率。单点检查评价方法应符合相关试验规范的试样平行试验的要求。

**表6.4.5　Sup 沥青混合料施工过程中检验频率与要求**

| 项　目 | | 检查频度及单点检验评价方法 | 质量要求或允许偏差 | 试 验 方 法 |
|---|---|---|---|---|
| 混合料外观 | | 随时 | 观察集料粗细、均匀性、离析、油石比、色泽、冒烟、有无花白料、油团等各种现象 | |
| 拌和温度 | 沥青、集料的加热温度 | 逐锅检测评定 | 符合规定 | 传感器自动检测、显示并打印 |
| 拌和温度 | 混合料出厂温度 | 逐车检测评定 | 符合规定 | 传感器自动检测、显示并打印，按T 0981人工检测 |
| 拌和温度 | 混合料出厂温度 | 逐锅测量记录，每天取平均值评定 | 符合规定 | 传感器自动检测、显示并打印 |
| 矿料级配 | 0.075 mm | 逐锅在线监测 | ±1% | 计算机采集数据计算 |
| 矿料级配 | 2.36mm、4.75mm、9.5 mm | 逐锅在线监测 | ±5% | 计算机采集数据计算 |
| 矿料级配 | >9.5mm | 逐锅在线监测 | ±6% | 计算机采集数据计算 |
| 矿料级配 | 0.075mm | 逐锅检查，每天汇总1次取平均值评定 | 1% | 总量检验 |
| 矿料级配 | 2.36mm、4.75mm、9.5mm | 逐锅检查，每天汇总1次取平均值评定 | ±2% | 总量检验 |
| 矿料级配 | >9.5mm | 逐锅检查，每天汇总1次取平均值评定 | ±3% | 总量检验 |
| 矿料级配 | 0.075mm | 每台拌和机每500～1 000t 1次，以2个试拌样的平均值评定 | ±1% | T 0725 抽提筛分与标准级配比较的差 |
| 矿料级配 | 2.36mm、4.75mm、9.5mm | 每台拌和机每500～1 000t 1次，以2个试拌样的平均值评定 | ±4% | T 0725 抽提筛分与标准级配比较的差 |
| 矿料级配 | >9.5mm | 每台拌和机每500～1 000t 1次，以2个试拌样的平均值评定 | ±5% | T 0725 抽提筛分与标准级配比较的差 |
| 空隙率 | | 公称集料最大尺寸>13.2mm，1次/1 000t；公称集料最大尺寸≤13.2mm，1次/600t | ±1% | 附录B、附录E |
| VMA | | 公称集料最大尺寸>13.2mm，1次/1 000t；公称集料最大尺寸≤13.2mm，1次/600t | 生产时不做要求 | 附录B、附录E |
| VFA | | 公称集料最大尺寸>13.2mm，1次/1 000t；公称集料最大尺寸≤13.2mm，1次/600t | 生产时不做要求 | 附录B、附录E |
| 沥青用量（油石比） | | 逐锅在线监测 | ±0.3% | 计算机采集数据计算 |
| 沥青用量（油石比） | | 逐锅检查，每天汇总1次取平均值评定 | ±0.15% | 总量检验 |
| 沥青用量（油石比） | | 每台拌和机每500～1 000t 1次，以2个试样的平均值评定 | ±0.2% | 抽提 T 0722、T 0721 |

(1)应随时目测各种材料的质量和均匀性,目测混合料拌和是否均匀、有无花白料、油石比是否合理,检查集料和混合料的离析情况。

(2)应检查控制室拌和机各项参数的设定值、控制屏的显示值,核对计算机采集和打印记录的数据与显示值是否一致。

(3)应检测混合料的材料加热温度、混合料出厂温度,取样抽提、筛分检测混合料的矿料级配、油石比。抽提筛分应至少检查0.075mm、2.36mm、4.75mm、公称最大粒径及中间粒径等5个筛孔的通过率。

(4)应取样进行密度试验,确定每日测定压实度的标准密度。施工和验收过程中的压实度检验不得采用配合比设计时的标准密度,应按以下方法逐日检测确定:

①应以试验室试验密度作为标准密度,即沥青拌和厂每天取样1~2次实测的试件密度,取平均值作为该批混合料铺筑段压实度的标准密度。其试件成型温度应与路面初压温度一致。

②应以每天实测矿料密度计算或实测得到的最大理论相对密度作为标准密度。

③可根据需要选用试验室标准密度、最大理论相对密度中的1~2种作为钻芯法检测评定的标准密度,同时必须在报告中注明选用何种方法确定标准密度。

**6.4.6** Sup沥青混合料结构层铺筑过程中必须随时对铺筑质量进行评定,质量检查的内容、频度、允许偏差应符合表6.4.6的规定。

**表6.4.6 Sup沥青混合料施工过程中质量评定标准**

| 项目 | | 检查频度及单点检验评价方法 | 质量要求或允许偏差 | | 试验方法 |
|---|---|---|---|---|---|
| | | | 高速公路、一级公路 | 其他等级公路 | |
| 厚度 | 每一层次 | 随时<br>厚度50 mm以下<br>厚度50 mm以上 | 设计值-5%<br>设计值-8% | 设计值-8%<br>设计值-10% | 施工时插入法量测松铺厚度及压实厚度 |
| | 总厚度 | 每2 000m²1点 | 设计值-5% | 设计值-8% | T 0912 |
| 压实度① | | 每200m为1段,每段检测2处,逐个试件评定并计算平均值 | 试验室标准密度的98%<br>试验段密度的99% | | T 0924、T 0922<br>评定方法见相关规范 |
| 空隙率 | | 同压实度标准 | 设计要求 | | 本规范要求 |
| 平整度(最大间隙) | | 上面层<br>中下面层<br>(随时,接缝处单杆评定) | 3mm<br>5mm | 5mm<br>7mm | T 0931<br>T 0931 |
| 平整度(标准差) | | 上面层<br>中面层<br>下面层<br>(连续测定) | 1.2mm<br>1.5mm<br>1.8mm | 2.5mm<br>2.8mm<br>3.0mm | T 0932 |
| 宽度 | | 检测每个断面 | 不小于设计宽度 | 不小于设计宽度 | T 0911 |

续上表

| 项　　目 | 检查频度及单点检验评价方法 | 质量要求或允许偏差 | | 试 验 方 法 |
|---|---|---|---|---|
| | | 高速公路、一级公路 | 其他等级公路 | |
| 纵断面高程 | 检测每个断面 | ±10mm | ±15mm | T 0911 |
| 横坡度 | 检测每个断面 | ±0.3% | ±0.5% | T 0911 |
| 渗水系数② | 1 点/单幅 200m | ≤50mL/min | | T 0730 |

注：①压实度评定的试验方法为钻芯法，当采用核子密度仪等无破损检测时，每 13 个测点的平均数作为一个测点进行评定。

②渗水系数的测定应在铺筑成型后未遭行车污染的情况下测定，以平均值评定，计算合格率不得小于 90%。

## 6.5　交工验收阶段的工程质量检查与验收

交工验收阶段的工程质量检查与验收应按照现行《公路工程质量检验评定标准　第一册　土建工程》(JTG F80/1)执行。

# 附录 A　沥青结合料性能分级参考温度

**表 A-1　可靠度为 98%的空气温度和设计温度(℃)**

| 全省 17 地市 2000 年最热 7d 平均最高及最低气象资料 | | | | | | | | | | | | | | | | |
|---|---|---|---|---|---|---|---|---|---|---|---|---|---|---|---|---|
| 站名 | 德州 | 惠民 | 东营 | 烟台 | 威海 | 聊城 | 济南 | 泰安 | 莱芜 | 淄博 | 潍坊 | 菏泽 | 枣庄 | 日照 | 临沂 | 济宁 |
| 区站号 | 54714 | 54725 | 54736 | 54765 | 54774 | 54806 | 54823 | 54827 | 54828 | 54830 | 54843 | 54906 | 58024 | 54945 | 54938 | 54915 |
| 纬度 | 37.26 | 37.3 | 37.16 | 37.32 | 37.29 | 36.25 | 36.41 | 36.1 | 37.16 | 37.32 | 37.29 | 36.25 | 34.52 | 35.26 | 35.03 | 35.26 |
| 选定最高空气温度 | | | | | | | | | | | | | | | | |
| | 40.26 | 39.72 | 40.56 | 37.56 | 37.5 | 40.26 | 40.94 | 39.35 | 39.11 | 40.7 | 40.41 | 39.99 | 35.72 | 32.3 | 35 | 36 |
| 选定最低空气温度 | | | | | | | | | | | | | | | | |
| | -18.56 | -20.79 | -17.56 | -13.05 | -13.3 | -19.01 | -15.82 | -19.64 | -18.98 | -21.01 | -17.97 | -15.97 | -15 | -13.6 | -14.3 | -16.3 |
| 路面最高温度 | | | | | | | | | | | | | | | | |
| | 60.88 | 60.35 | 61.19 | 58.29 | 58.24 | 61.1 | 61.72 | 60.26 | 59.8 | 61.29 | 61.02 | 60.84 | 57.11 | 53.7 | 56.32 | 57.8 |
| 路面最低温度 | | | | | | | | | | | | | | | | |
| | -14.25 | -16.16 | -13.38 | -9.51 | -9.72 | -14.63 | -11.89 | -15.17 | -14.60 | -16.34 | -13.74 | -12.02 | -11.19 | -9.98 | -10.58 | -12.30 |
| 可靠度选择 | (5098) | 98% | | | | | | | | | | | | | | |
| 全省路面最高温度 | | 61.72 | | | | | | | | | | | | | | |
| 全省路面最低温度 | | -16.34 | | | | | | | | | | | | | | |

**表 A-2　山东省可靠度为 50%的空气温度和设计温度(℃)**

| 全省17地市2000年最热7d平均最高及最低气象资料 | | | | | | | | | | | | | | | | |
|---|---|---|---|---|---|---|---|---|---|---|---|---|---|---|---|---|
| 站名 | 德州 | 惠民 | 东营 | 烟台 | 威海 | 聊城 | 济南 | 泰安 | 莱芜 | 淄博 | 潍坊 | 菏泽 | 枣庄 | 日照 | 临沂 | 济宁 |
| 区站号 | 54714 | 54725 | 54736 | 54765 | 54774 | 54806 | 54823 | 54827 | 54828 | 54830 | 54843 | 54906 | 58024 | 54945 | 54938 | 54915 |
| 纬度 | 37.26 | 37.3 | 37.16 | 37.32 | 37.29 | 36.25 | 36.41 | 36.1 | 37.16 | 37.32 | 37.29 | 36.25 | 34.52 | 35.26 | 35.03 | 35.26 |
| 选定最高空气温度 | | | | | | | | | | | | | | | | |
| | 38.16 | 37.60 | 37.85 | 35.03 | 34.50 | 38.05 | 38.99 | 37.44 | 37.30 | 38.63 | 37.67 | 38.27 | 38.32 | 34.50 | 37.40 | 38.40 |
| 选定最低空气温度 | | | | | | | | | | | | | | | | |
| | -12.81 | -14.80 | -12.38 | -9.91 | -9.35 | -14.13 | -11.20 | -14.57 | -14.39 | -14.33 | -14.55 | -11.77 | -11.20 | -10.00 | -10.70 | -12.50 |
| 路面最高温度 | | | | | | | | | | | | | | | | |
| | 58.88 | 58.33 | 58.60 | 55.87 | 55.38 | 58.99 | 59.85 | 58.44 | 58.08 | 59.31 | 58.40 | 59.20 | 59.59 | 55.80 | 58.61 | 59.52 |
| 路面最低温度 | | | | | | | | | | | | | | | | |
| | -9.30 | -11.01 | -8.94 | -6.82 | -6.33 | -10.43 | -7.92 | -10.81 | -10.06 | -10.61 | -10.80 | -8.41 | -7.92 | -6.89 | -7.49 | -9.04 |
| 可靠度选择 | (5098) | 50% | | | | | | | | | | | | | | |
| 全省路面最高温度 | | 59.85 | | | | | | | | | | | | | | |
| 全省路面最低温度 | | -11.01 | | | | | | | | | | | | | | |

# 附录 B　Sup 沥青混合料组成设计方法

## B.1　适用范围

本方法适用于 Sup 沥青混合料组成设计。

## B.2　参考文件

附录 C　压实沥青混合料抗水损害标准试验方法

附录 E　用旋转压实仪压实制备和测定热拌沥青混合料试件体积指标及密度标准试验方法

## B.3　方法概要

**B.3.1**　材料选择——材料选择包括确定路面环境因素和交通条件,根据交通量水平和沥青层层位,选择所需结合料性能等级,确定集料物理特性要求和混合料体积指标要求。

**B.3.2**　设计集料结构——建议至少选择 3 个试拌合成级配,每个试拌级配确定一个初始试拌沥青胶结量含量,每个级配至少压实 2 个试件,根据表 4.3.1-2 相关指标要求选择设计集料合成级配和预估设计结合料用量。对于特定的集料混合料,如果有以前相同混合料设计经验,可以不必选择 3 个试拌混合料。

**B.3.3**　设计结合料含量选择——用预估的设计结合料含量及预估设计结合料含量的 ±0.5% 和 +1.0%,按附录 E 试验方法,每个沥青含量至少准备 2 个试件进行压实,根据表 4.3.1-2 相关指标要求选择设计结合料用量。

**B.3.4**　评价水敏感性——评价设计沥青结合料集料合成结构的水敏感性,按照附录 E 方法准备热拌沥青混合料,并压实试件直到空隙率为(7.0 ±0.5)%,用附录 C 试验方法进行评价。

## B.4 准备试拌集料级配

**B.4.1** 按表3.5.1-1、表3.5.1-2、表A-1、表A-2要求选择沥青结合料。

**B.4.2** 确定沥青结合料相对密度。

**B.4.3** 从项目建议的集料料堆获取集料样品。

注:每个料堆通常含有一个已知的集料部分,大多数工程用3~5个料堆来产生满足工地配合比和M323的混合级配。

**B.4.4** 缩分集料样品到规定的质量。

**B.4.5** 对每种集料进行水洗和分级。

**B.4.6** 测定每种粗集料和细集料的毛体积密度和视密度,按T 0304、T 0308、T 0328及T 0330测定矿物填料的相对密度。

**B.4.7** 准备至少3个试拌混合级配,将每个试拌混合级配绘在0.45次方级配分析图上,确认每个混合级配满足表4.2.2、表4.2.3、表4.3.1-1及表4.3.1-2的级配控制要求,级配控制根据4个控制筛孔尺寸,即最大集料尺寸,公称最大集料尺寸,4.75mm或2.36mm筛孔尺寸以及0.075mm筛孔尺寸,3个可接受试拌混合物级配示例如图B.4.7所示。

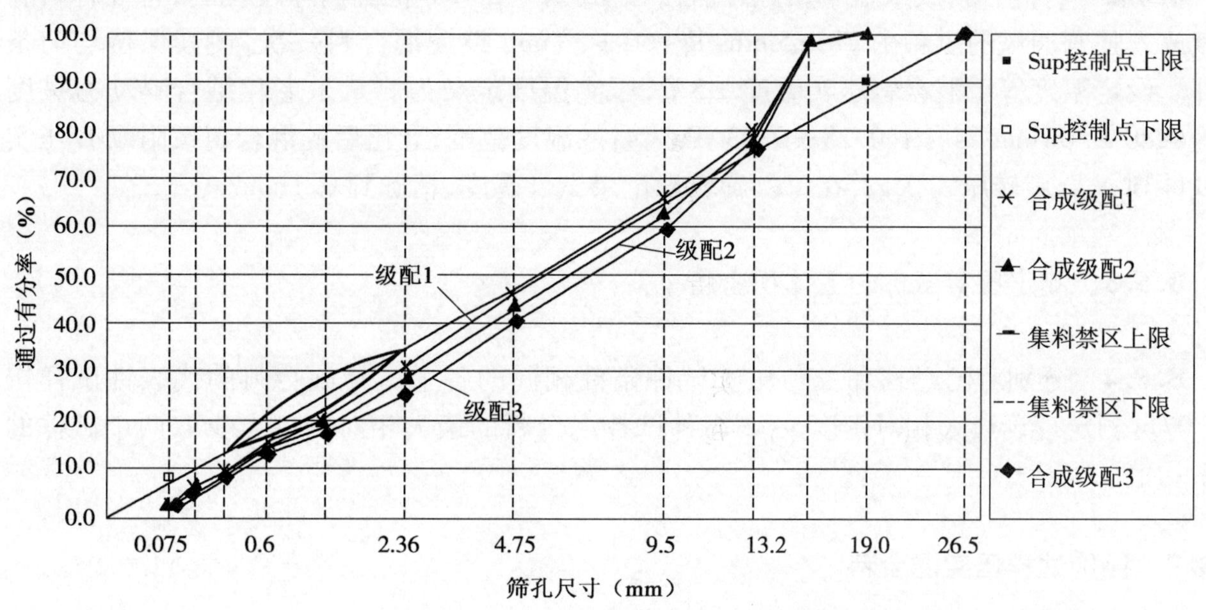


图B.4.7 三种试拌混合物级配评价(示例)

**B.4.8** 将每种试拌混合物制备一个试件,进行质量试验并保证试拌混合物的集料满足表4.3.1-2或表4.3.1-3规定的最低质量要求。设计者可对每个料堆进行质量试验而不是只用试拌混合集料进行试验,根据每个料堆的试验结果可估计一个给定材料混合的结果。

## B.5 确定每种试拌集料级配的初始结合料含量

设计者可用其经验,也可用式(B.5)来确定每个试拌集料混合级配的初始结合料含量。

$$V_{be} = 0.176 - 0.0675\lg S_n \tag{B.5}$$

式中:$V_{be}$——有效结合料体积($cm^3$);

$S_n$——试拌混合料中公称最大集料尺寸(mm)。

## B.6 压实每个试拌级配试件

**B.6.1** 对每个确定的试拌集料混合级配,用初始结合料含量准备多组平行试件,根据项目的设计 $N_e$ 从表4.3.1-1确定旋转压实次数。

至少需要2个平行试件,如果要求可准备3个或更多试件,一般来说对每个试件要求高度在110~120mm之间,对集料毛体积相对密度在2.55~2.70g/$cm^3$之间的集料,4 500~4 700g集料即可。

**B.6.2** 将混合料放入盘中,分散混合料达到25~50mm范围内厚度均匀,将混合料和盘放入强制通风的烘箱内2h±5min,每(60±5)min搅动混合料一次,使其保持均匀条件。设定温度等于混合料压实温度±3℃,压实温度定义为测量未老化结合料动力黏度为(280±30)$mm^2$/s[约(0.28±0.03)Pa·s]的温度范围,老化后的混合料按附录E压实试件到 $N_{设计}$ 旋转压实次数,在每次旋转后记录试件高度,精确到0.1mm。

**B.6.3** 测定压实试件的毛体积密度 $\gamma_f$。

**B.6.4** 分别对已经拌和及与压实试件条件相同的各个试拌混合料的代表性试样按T 0711测定理论最大相对密度 $\gamma_t$。每种试拌混合料的最大相对密度至少取两个试件的平均值。

## B.7 评价试拌压实混合料

**B.7.1** 按附录E测定试拌混合料的体积指标。

**B.7.2** 用式(B.7.2-1)和式(B.7.2-2)计算每种试拌混合料在$N_{设计}$时的VV和VMA。

$$VV = 100 \times \left[1 - \left(\frac{\gamma_f}{\gamma_t}\right)\right] \tag{B.7.2-1}$$

$$VMA = 100 \times \left(1 - \frac{\gamma_f P_s}{\gamma_{sb}}\right) \tag{B.7.2-2}$$

式中：$\gamma_f$ ——脱模试件的毛体积相对密度；

$\gamma_t$ ——混合料理论最大相对密度；

$P_s$ ——混合料中集料百分率；

$\gamma_{sb}$ ——混合集料毛体积相对密度。

初始结合料含量是在空隙率为4.0%情况下估计的，压实试件实际空隙率不可能正好为4.0%，因此需要变化结合料含量以获得4.0%的空隙率，同时要估计由于结合料含量的变化引起的VMA变化。这些计算可使每个试拌集料级配VMA和VFA的评价都在4.0%的空隙率条件下进行。

**B.7.3** 对每个压实试件估算在4.0%空隙率下的体积指标。

(1)用式(B.7.3-1)确定每种试拌混合物在$N_{设计}$时的空隙率与设计空隙率4.0%的差ΔVV。

$$\Delta VV = 4.0 - VV \tag{B.7.3-1}$$

式中：VV——试拌混合物在$N_{设计}$时的空隙率。

(2)用式(B.7.3-2)预估空隙率为4.0%时的结合料含量($\Delta P_b$)。

$$\Delta P_b = -0.4\Delta VV \tag{B.7.3-2}$$

(3)用式(B.7.3-1)或式(B.7.3-2)估计由B.7.3确定的每个试拌级配由空隙率ΔVV引起的VMA的变化ΔVMA。

如果VV>4.0，则ΔVMA=0.2ΔVV；

如果VV≤4.0，则ΔVMA=0.1ΔVV。

结合料含量的变化影响VMA是通过压实试件的毛体积相对密度$\gamma_f$的变化而引起的。

(4)用式(B.7.3-3)计算每个试拌级配$N_{设计}$和4.0%空隙率时的VMA。

$$VMA_{设计} = VMA_{初始} + \Delta VMA \tag{B.7.3-3}$$

式中：$VMA_{设计}$——在设计空隙率4.0%时估计的VMA；

$VMA_{初始}$——在初始结合料含量时估计的VMA。

(5)用B.7.3确定的ΔVV和式(B.7.3-4)估计设计空隙率已经调整到4.0%时每个试件$N_{初始}$时的相对密度：

$$\gamma_{f初始} = 100 \times \left(\frac{\gamma_f h_d}{\gamma_f h_i}\right) - \Delta VV \tag{B.7.3-4}$$

式中：$\gamma_{f初始}$ ——在调整的设计的结合料含量为$N_{初始}$时的相对密度；

$h_d$ ——Superpave旋转压实仪获得$N_{设计}$旋转次数后试件的高度(mm)；

$h_i$ ——Superpave旋转压实仪获得$N_{初始}$旋转次数后试件的高度(mm)。

(6)用式(B.7.3-5)计算有效结合料百分率 $P_{be}$ ,并计算粉胶比($P_{0.075}/P_{be}$)。

$$P_{be} = P_b - (P_s \times \gamma_b) \frac{\gamma_{se} - \gamma_{sb}}{\gamma_{se} \times \gamma_{sb}} \quad (B.7.3\text{-}5)$$

式中:$P_{be}$ ——有效结合料含量(%);

$P_s$ ——矿料占沥青混合料总质量的百分率(%);

$P_b$ ——结合料含量(%);

$\gamma_{se}$ ——矿料有效相对密度;

$\gamma_{sb}$ ——混合集料毛体积相对密度。

(7)在调整后的结合料含量下,对各个试拌混合级配的估计的体积指标及与表 4.3.1-2或表 4.3.1-3 规定的指标进行比较,选择满足体积指标最好的试拌级配。

表 B.7.3 给出从 3 个试拌级配中选择设计集料结构的典型示例。

**表 B.7.3 设计集料结构的选择(示例)**

试拌混合料(19.0mm 公称最大集料尺寸)

20 年项目设计 $N_e$ =180 万

| 体积指标 | 1 | 2 | 3 | 标准 |
|---|---|---|---|---|
| 在初始结合料含量 | | | | |
| $P_b$(试拌) | 4.4 | 4.4 | 4.4 | |
| %$\gamma_{t初始}$(试拌) | 88.1 | 87.8 | 87.1 | |
| %$\gamma_{t设计}$(试拌) | 95.9 | 95.3 | 94.7 | |
| $N_{设计}$时 VV | 4.1 | 4.7 | 5.3 | 4.0 |
| $VMA_{初始}$ | 12.9 | 13.4 | 13.9 | |
| 调整到设计结合料含量($N_{设计}$时 VV =4.0%) | | | | |
| ΔVV | -0.1 | -0.7 | -1.3 | |
| $\Delta P_b$ | 0.0 | 0.3 | 0.5 | |
| ΔVMA | 0.0 | -0.1 | -0.3 | |
| 在估计设计结合料含量($N_{设计}$时 VV =4.0%) | | | | |
| 估计的 $P_b$(设计) | 4.4 | 4.7 | 4.9 | |
| VMA(设计) | 12.9 | 13.3 | 13.6 | >13.0 |
| %$\gamma_{t初始}$(设计) | 88.2 | 89.5 | 88.4 | <89.0 |

注:①表的上部代表各个试拌级配在初始结合料含量时测量的密度和体积指标。

②按 B.7.3 表述的方法必须用来:估计在设计空隙率时的结合料含量;获得在估计结合料含量时的 VMA 和相对密度值。

③表的中间部分代表每个试拌级配空隙率调整到4.0%后产生的结合料含量的变化 $\Delta P_b$ 和 VMA 及 ΔVMA 的变化。

④用估计设计结合料含量时的 VMA 和密度与最后一列标准相比较,试拌 1 号级配与要求 >13.0 相比,没有足够的 VMA(12.9);试拌2 号级配超过了 $N_{初始}$时相对密度的标准(89.5%与要求≤89.0)。在本例中试拌3 号级配满足相对密度和 VMA 的要求,选择作为设计集料结构。

## B.8 选择设计结合料含量

**B.8.1** 对选择的设计集料结构在下列 4 个结合料含量时准备复制试件：

(1)估计的设计结合料含量 $P_b$(设计)；

(2)$P_b$(设计)减 0.5%；

(3)$P_b$(设计)加 0.5%；

(4)$P_b$(设计)加 1.0%。

参考表 4.3.1-1 确定的旋转压实次数。

**B.8.2** 按附录 E 规定条件混合并压实到 $N_{设计}$旋转压实次数，在每次旋转压实以后，记录试件高度，精确到 0.1mm。

**B.8.3** 测定每个压实试件的毛体积相对密度。

**B.8.4** 分别对已经拌和及与压实试件条件相同的各个试拌混合料的代表性试样，测定理论最大相对密度 $\gamma_t$。

**B.8.5** 用下列步骤确定能在 $N_{设计}$次数时，产生目标空隙率为 4.0% 的设计结合料用量。

(1)用式(B.8.5-1)、式(B.8.5-2)和式(B.8.5-3)计算 $N_{设计}$时 VV、VMA 和 VFA：

$$\mathrm{VFA} = 100 \times \frac{\mathrm{VMA} - \mathrm{VV}}{\mathrm{VMA}} \tag{B.8.5-1}$$

(2)用式(B.8.5-2)计算粉胶比：

$$粉胶比 = \frac{P_{0.075}}{P_{be}} \tag{B.8.5-2}$$

(3)用式(B.8.5-3)得出 4 种混合料中每个在 $N_{初始}$($\%\gamma_{f初始}$)时试件的平均修正相对密度。

$$\%\gamma_{b初始} = 100 \times \frac{\gamma_b h_d}{\gamma_t h_i} \tag{B.8.5-3}$$

(4)画出在 $N_{设计}$时重复试件平均的 VV、VMA、VFA 以及相对密度与结合料含量的关系图。所有图由 Superpave 软件自动生成。表 B.8.5 是一个样品的数据示例。

(5)用图解或数学内插法(图 B.8.5)，确定目标空隙率等于 4.0% 的结合料用量，精确到 0.1%，这就是 $N_{设计}$时的设计结合料含量。

(6)通过内插，验证在设计结合料含量时的体积指标是否满足表 4.3.1-2 或表 4.3.1-3规定的要求。

**表 B.8.5 $N_{设计}$时平均 VV、VMA、VFA 和相对密度**

| $P_b$(%) | VV(%) | VMA(%) | VFA(%) | 相对密度 |
|---|---|---|---|---|
| 3.9 | 5.0 | 14.5 | 65.6 | 2.695 |
| 4.4 | 4.1 | 13.0 | 68.7 | 2.718 |
| 4.9 | 3.2 | 12.2 | 73.9 | 2.703 |
| 5.4 | 1.0 | 12.4 | 91.9 | 2.707 |

注:①在本例中,估计的设计结合料含量为4.8%,设计集料结构(公称最大尺寸为19.0mm)的最小VMA要求是13%,VFA的要求是65%~75%。

②空隙率和结合料含量图中,空隙率4.0%时结合料含量为4.4%,定义为设计结合料含量。

③VMA与结合料含量和VFA与结合料含量的关系图中,确定结合料含量为4.4%时的混合料的VMA和VFA是否满足要求。

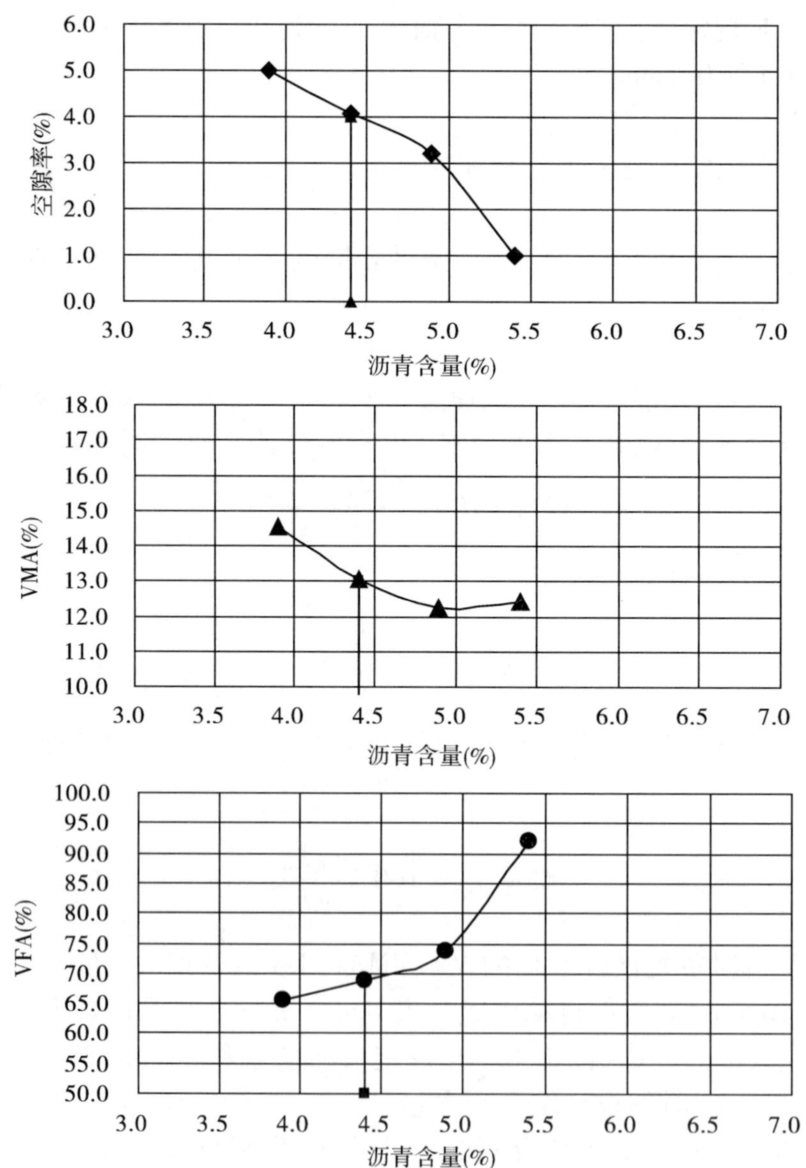


图 B.8.5 $N_{design}$时体积设计数据示例

**B.8.6** 比较计算 $N_{初始}$时的相对密度与最大相对密度的比。如需要时可通过内插，内插可通过下列方法完成。

(1)在 $X$ 轴上点出各个混合料测量的最大相对密度百分率$\%\gamma_t$，$Y$ 轴上为旋转次数的对数(图 B.8.6)。

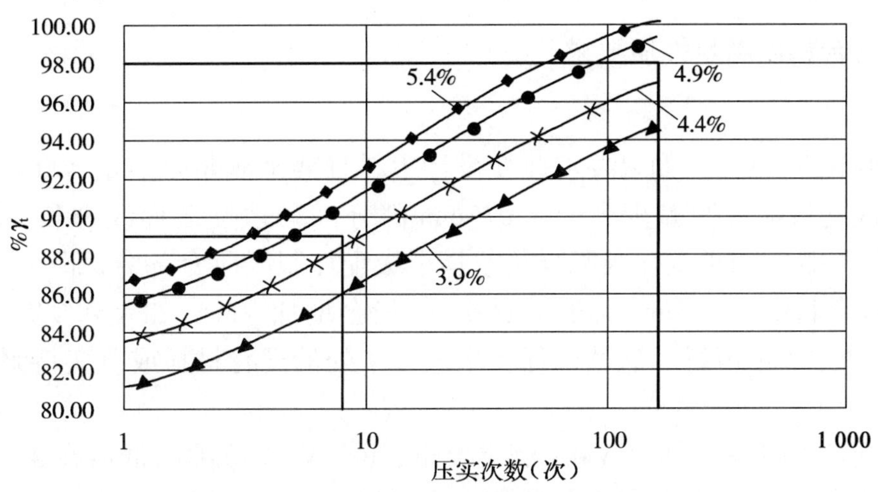


图 B.8.6　压实曲线示例

(2)检验空隙率对应的结合料含量图，确定空隙率为 4.0% 和最接近较低结合料含量对应的空隙率之差，确定接近较低结合料含量的空隙率和它的数据点，不一定最符合，空隙率差定为 ΔVV 。

(3)用式(B.8.5-3)确定在 $N_{初始}$($\%\gamma_{t初始}$)时试件修正的平均最大相对密度，确认在$\%\gamma_{t初始}$在设计结合料含量时满足表 4.3.1-3 的设计要求。

**B.8.7** 用设计集料结果和设计结合料含量准备复制试件，确认在$\%\gamma_{t最大}$满足表 4.3.1-1设计要求。

(1)按附录 E 试验要求，对混合料压实到最大旋转次数 $N_{最大}$。

(2)用式(B.8.7)确定在 $N_{最大}$ 时平均试件相对密度$\%\gamma_{t最大}$，确认$\%\gamma_{t最大}$满足表 4.3.1-1体积要求。

$$\%\gamma_{t最大} = 100 \times \frac{\gamma_f}{\gamma_t} \tag{B.8.7}$$

式中：$\%\gamma_{t最大}$——在设计结合料含量情况下 $N_{最大}$时的相对密度。

## B.9　评价水敏感性

**B.9.1** 用设计集料结构和设计结合料含量制备 6 个混合料试件(如果需要冻融试验则需要 9 个试件)，按附录 C.5 和 T312 将试件压实到试件空隙率为(7.0±0.5)% 。

**B.9.2** 用附录 C 试验方法测试试件和计算抗拉强度比。

**B.9.3** 如果抗拉强度比按4.3.2要求小于0.80,要求采取补救措施如使用抗剥落剂来改善混合料水敏感性,当使用了抗剥落剂后,重新试验混合料以保证符合0.80的最低要求。

## B.10 调整混合料以满足性质要求

**B.10.1** 调整VMA——如果要求改变设计集料骨架来满足规定的VMA,有3种可能的选择:(1)改变级配;(2)减少小于0.075mm部分;(3)改变表面纹理和(或)一个或多个集料部分的形状。如果试拌级配分析包括了级配控制区所有部分,那么不应选择改变级配。减少混合料中0.075mm筛的通过率,一般会增加VMA,如果0.075mm筛通过率已经很低,这种方法不可行。这种选择要求进一步处治现有材料或改变料源。

**B.10.2** 调整VFA——如果VMA满足要求,那么VFA范围的低值在4.0%空隙率时总是能满足要求。如果超过VFA的上限,则VMA肯定在最小要求值以上。如果这样,那么重新设计混合料以降低VMA,重新设计考虑的措施包括:(1)改变级配,靠近最大密度线;(2)如果在规范控制点范围内有可能的话,增加小于0.075mm部分;(3)通过加入具有较好装填特性的材料,如用较少的扁平和细长集料颗粒来改变集料的纹理和形状。

**B.10.3** 调整抗拉强度比——抗拉强度比可以通过以下两条途径来提高:(1)在结合料中添加化学抗剥落剂以增加黏附防止水的浸入;(2)在混合料中添加消石灰。

# 附录 C　压实沥青混合料抗水损害标准试验方法

## C.1　适用范围

本试验方法包括试件的成型和由压实混合料的饱水和冻融循环造成间接抗拉强度变化的测试(通过对压实沥青混合料的饱水和冻融循环加速水损坏过程)。试验结果用来评价沥青混合料的长期水敏感性和液体抗剥落剂的效果以及粉状矿料添加剂的效果,如消石灰或水泥。

## C.2　意义和应用

本方法对压实沥青混合料经过饱水和冻融循环加速水损害过程的影响进行评价。该方法可以用来测试:(1)混合料设计试验中的沥青混合料试件(试验室拌和,试验室压实);(2)厂拌沥青混合料(现场拌和、压实);(3)沥青路面的现场芯样。

间接抗拉强度比,由饱水和冻融循环条件下的试件的性质与无条件下的干试件试验值相比较得到。

## C.3　方法概要

每组混合料条件的试验,可以是基质沥青,可以是掺加抗剥落剂的沥青或用石灰处治过的集料制备的混合料。试验中将试件分为两组:一组在常规条件下测定间接抗拉强度;另一组在测定间接抗拉强度之前,经过真空饱水,一次冰冻和一次热水浸泡,间接抗拉强度比由两种状态的强度比值确定。

## C.4　仪器设备

**C.4.1**　旋转压实仪。

**C.4.2**　真空容器(最好为 D 型)、真空泵或吸水器,包括水银压力计或真空表。

**C.4.3**　天平和水浴。

**C.4.4**　能保持温度在(60 ±1)℃的水浴。

**C.4.5** 能保持温度在 -(18 ±3)℃的冷冻箱。

**C.4.6** 装试件的塑料膜,结实、防水的塑料袋,遮蔽胶带。

**C.4.7** 10mL 的量筒。

**C.4.8** 面积 48 400 ~64 500mm$^2$ 的盘子,深度约 25mm。

**C.4.9** 强制通风温控烘箱,能够设定从室温到保持(176 ±3)℃之间的任何温度。

**C.4.10** 压力计、压力环、机械或液压试验装置,能够准确控制竖向变形速率达到 50mm/min。

**C.4.11** 金属压条,其半径与试件公称半径相当。对于直径为 100mm 的试件,压条宽为 12.7mm;对于直径为 150mm 的试件,压条宽为 19.05mm。压条的长度应超过试件的厚度。压条应通过研磨形成具有适当曲率半径的圆边。

## C.5 试验室拌和及压实试件

**C.5.1** 每一次试验至少要准备 6 个试件,一半在常规条件下测试,另一半在饱水冻融条件下测试。

注:建议另增加两个附加的试件,这些试件用于建立相应的压实方法,如 C.5.5 或 C.6.4 所述,以及如 C.9.3 的真空饱水水平。

**C.5.2** 试件尺寸直径 100mm,高度(63.5 ±2.5)mm;或者直径 150mm,高度(95 ±5)mm。如果集料尺寸大于 25mm,应使用 150mm 直径的试件。

**C.5.3** 准备一份混合料的量要至少够成型三个试件,或者一份混合料只制作一个试件。如果一份混合料满足多个试件的用量,则在放入烘箱前应该分成单份。

**C.5.4** 拌和之后,将混合料放入面积 48 400 ~12 900mm$^2$、深度约 25mm 的盘子中,在室温下冷却(2 ±0.5)h。然后,混合料在温度为 60℃的烘箱中放置(16 ±1)h 进行养生。如果烘箱架子没有网眼,盘子底部应保证有空气流通。

**C.5.5** 养生后,混合料在具有压实温度 ±3℃的烘箱中放置 2h ±10min。按照附录 E 成型混合料,可以通过调整击实次数,调整压头压力或者相组合控制空隙率为(7.0 ±0.5)%

这种水平。对于每种、每组混合料，在压实混合料之前由试验确定精确的程序。

注：由于高空隙率的试件可能不稳定，应保证每个试件脱模前要充分冷却和稳定。

**C.5.6** 脱模之后，试件要在室温保存(24 ±3)h。

## C.6 现场拌和、试验室压实试件的准备

**C.6.1** 每一次试验至少要准备6个试件，一半在常规条件下测试，另一半在饱水冻融条件下测试。

**C.6.2** 试件直径100mm，高度(63.5 ±2.5)mm；或者直径150mm，高度(95 ±5)mm。对于集料尺寸大于25mm的混合料，应使用150mm直径的试件。

**C.6.3** 现场生产的沥青混合料应按标准方法取样。

**C.6.4** 松散混合料不需要老化阶段，取样后直接将混合料放在烘箱中，达到压实温度 ±3℃，按附录E要求成型混合料。混合料应压实至(7.0 ±0.5)%空隙率。可以通过调整击实次数，调整压头压力或者相组合进行控制。精确的程序在压实混合料之前由试验确定。

**C.6.5** 脱模之后，试件要在室温保存(24 ±3)h。

## C.7 现场成型、现场碾压的试件(钻芯)准备

**C.7.1** 在压实完成路面选择位置上取芯。当试验采集路段的厚度小于或等于63.5mm时，应采用100mm直径芯样，否则可使用100mm或150mm直径芯样。每组试验需要至少6个芯样。

**C.7.2** 使用切割或者其他方式分离芯样和下层，在室温保存直至干燥。

**C.7.3** 对于现场拌和、现场碾压的混合料无需松散混合料养生过程或压实混合料养生过程。

## C.8 试件分组和评价

**C.8.1** 按照C.5.4和C.5.5或者C.6.4养生和加热混合料样品后测定最大相对密度 $\gamma_t$。

**C.8.2** 测定每一个试件的厚度 $t$。

**C.8.3** 按 C.5.2、C.6.2 或者 C.7.1 所述记录每一个试件的直径 $D$。

**C.8.4** 根据 T 0705 方法测定每个试件毛体积密度 $\gamma_f$，计算空隙率 $V_a$。将试件分为两组，两组试件的平均空隙率大致相等。

## C.9 试件预处理

**C.9.1** 将一组试件在常规情况下试验；另一组试件在试验前部分真空饱水，经过一次冷冻和热水浸泡过程再进行试验。

**C.9.2** 常规试件如 C.5.6 或者 C.6.5 所述，在室温下保存。再经过 C.5.6 或者 C.6.5所述的养生阶段，试件要用塑料膜或者结实、防水的塑料袋包裹。试件再放入 (25 ±0.5)℃水浴中 2h ±10min，水应淹没试件表面最少 25mm。然后按 C.10 进行试验。

**C.9.3** 另外一组的条件如下：

(1)将试件放入真空容器中，容器应高于有孔隔板至少 25mm，加室温水到容器中，淹没试件表面至少 25mm，在0.013 ~0.067MPa 真空下浸水 10 ~15min 后恢复常压，让试件在水中保持 5 ~10min。

(2)在部分真空饱水后测定饱和面干质量 $B'$。

(3)用下列公式计算吸收水的体积 $J'$：

$$J' = B' - A \tag{C.9.3-1}$$

式中：$J'$——吸收水的体积(mL)；

$B'$——真空饱水后饱和的饱和面干质量(g)；

$A$——干燥试件质量(g)。

(4)根据 C.8.4 比较吸收水体积与空隙率，确定饱水率 $S'$。

$$S' = \frac{100J'}{V_a} \tag{C.9.3-2}$$

式中：$S'$——饱水率(%)。

(5)如果饱水率在 70% ~80%之间，则进行第 7 步。

(6)如果饱水率低于 70%，重新按第 1 步进行，并采用更高的真空或者更长时间。如果饱水率超过 80%，试件被破坏，应废弃。用另一个试件重新开始，并减少真空度或者时间。

(7)将真空饱水的试件用塑料袋或塑料薄膜紧密裹好，将每个裹好的试件放入防水塑料袋中，加(10 ±0.5)mL 水后密封。将塑料袋放进(-18 ±3)℃冰箱里至少 16h，然后将试件取出。

(8)试件在(60 ±1)℃水浴中恒温(24 ±1)h，水面必须高于试件表面 25mm。一旦试件放入水浴，尽快把塑料袋和薄膜拿走。

(9)在(60 ±1)℃水浴中恒定(24 ±1)h 后，再将试件在(25 ±0.5)℃水温中浸泡 2h ±10min，同时水面必须高于试件表面 25mm。可以放入一些冰块，防止水温超过 25℃。水温要在 15min 内达到(25 ±0.5)℃。之后取出试件按 C.10 进行试验。

## C.10 试验

**C.10.1** 在(25 ±0.5)℃进行常规和条件试件的间接抗拉强度试验。

**C.10.2** 从(25 ±0.5)℃水浴中拿出试件，测定试件高度 $t'$，试件放置在两个金属压条之间，开始加载。必须保证沿直径方向施加压力，以 50mm/min 速率均匀加载。

**C.10.3** 记录仪器上的最大压力，直至有竖向裂缝出现。取出试件，沿裂缝分开，评定水损害程度(0~5 级，5 级为最严重)。

## C.11 计算

**C.11.1** 按如下公式计算抗拉强度：

$$S_{\mathrm{t}} = \frac{2\,000P}{\pi t D} \tag{C.11.1}$$

式中：$S_{\mathrm{t}}$——抗拉强度(kPa)；

$P$——最大荷载(N)；

$t$——试件高度(mm)；

$D$——试件直径(mm)。

**C.11.2** 用常规试件原始强度和饱水冻融条件后的残留强度的比值来确定水对沥青混合料影响的数值指示。

$$\text{抗拉强度比(TSR)} = \frac{S_2}{S_1} \tag{C.11.2}$$

式中：$S_1$——常规试件平均抗拉强度(kPa)；

$S_2$——条件试件平均抗拉强度(kPa)。

# 附录D 热拌沥青混合料试件汉堡车辙标准试验方法

## D.1 适用范围

**D.1.1** 该试验方法系沥青混合料试件车辙与水敏感性的试验方法,主要仪器为汉堡车辙仪。

**D.1.2** 该试验描述了浸水条件下,沥青混合料试件在一来回滚动钢轮的碾压过程,主要提供了试件在移动、集中荷载下永久变形的信息。试件成型有专门仪器,试件要制作成板块状;也可以用旋转压实仪进行试件成型;现场大尺寸(直径255mm或300mm)的取芯样、板状试件的切割件也可以进行该试验。

**D.1.3** 由于集料结构的软弱,结合料劲度不高,或水损害的原因,热拌沥青混合料容易发生早期损害。该试验主要用来评判混合料早期损害的敏感性。试验可获得车辙深度与试件破坏时的试验轮碾压次数。

**D.1.4** 由于试件是在一定温度的水环境中进行加载试验的,所以该试验可以对混合料的水稳定性进行评价。

**D.1.5** 本方法可能涉及一些危险材料、操作与设备,故本方法并不可能对所有涉及该试验的安全性问题进行声明。在操作使用之前,本方法使用者要具有适当的安全与健康习惯,并清楚相关规章制度。

## D.2 用途与意义

该试验方法用来进行热拌沥青混合料试件的车辙、水敏感性试验。

## D.3 方法简介

将试验室成型好的HMA试件、板块状试件的切割件,或路面压实后的取芯样,放在往返运行的钢轮下面进行荷载试验。试件浸入控制在一定温度的水浴环境中,温度一般控制在40～50℃之间，或者控制在结合料使用的特定温度。测出试件在钢轮荷载条件下的变形行为。

## D.4 仪器

汉堡车辙仪——能够运转直径为203.2mm、宽度为47mm的钢轮，电控仪器。钢轮荷载为705N±4.5N。钢轮在试件表面往复滚动，随时间进行正弦加荷。试验轮每分钟通过试件次数约为50次，运行从试件中心通过，最大速度可以达到0.305m/s。

温度控制系统——用来控制水浴温度，控温范围25～70℃，控温精度±1℃。水浴槽内有机械循环系统，用来稳定试件箱内温度。

压痕测量系统——用来测量试验轮产生的车辙深度的位移传感器装置，最小分辨率0.01mm，测量区间0～20mm。传感器锚固在仪器上，可对板块状试件上轮迹中心点的压痕深度进行测量，最少的情况下，试验轮通过试件400次时，即测量一次压痕深度。该系统必须能够在不停试验轮的情况下测量出车辙深度，且测量必须参考试件的通过轮次。

轮次计数器——一种非接触式螺线管，用来统计试件表面试验轮的碾压次数。考虑到试件车辙深度是通过轮次的函数，计数器出来的信号是轮迹测量数值的两倍。

试件固定系统——采用不锈钢盘，牢固安装在车辙仪上，在试验过程中防止试件滑动。考虑到水浴在各个方向的自由流通，系统要让试件悬置起来，并且系统设计成为能够保证试件各个边都具有最小20mm的自由水流空间。

天平——称量上限12 000g，精确到0.1g。

烘箱——用来加热集料与沥青结合料。

料盘、料勺、刮刀等。

## D.5 试件制作

试验用试件数量——每次试验需要准备两个试件，试件可以是平板状，也可以是圆柱体。

### D.5.1 热拌沥青混合料的拌制、成型

混合料配合比按照现场标准配合比进行。

试件压实成型：试验室可制作板状试件，也可以利用旋转压实仪制作柱状试件。

平板试件的制作：利用线性捏合压实仪（Linear Kneading Compactor）进行试件成型，试件长320mm、宽260mm，厚度一般在38～100mm之间。平板试件厚度最小应为混合料公称最大粒径的两倍。压实后，试件放置在干净的平面上，冷却至室温。

旋转压实仪：利用旋转压实仪进行试件制作。试件厚度在38～100mm之间即可；试件厚度最小应为集料公称最大粒径的两倍。试验需要两个直径150mm的混合料试件。

取出试件后,放在干净的平台上,冷却至室温。

**D.5.2** 现场生产的热拌沥青混合料——松散混合料

试件成型:平板状试件、旋转压实试件均可。

平板试件的制作:利用线性捏合压实仪(Linear Kneading Compactor)进行试件成型,试件长 320mm、宽 260mm,厚度一般在 38~100mm 之间。平板试件厚度最小应为混合料公称最大粒径的两倍。压实后,试件放置在干净的平面上,冷却至室温。

旋转压实仪:利用旋转压实仪进行试件制作。试件厚度在 38~100mm 之间即可;试件厚度最小应该为集料公称最大粒径的两倍。试验需要两个直径 150mm 的混合料试件。取出试件后,放在干净的平台上,冷却至室温。

**D.5.3** 现场热拌沥青混合料——现场压实(取芯样或板状件)

取芯:从沥青混合料现场路面取芯,获得芯样或平板状试件。现场芯样直径为 250mm。现场板状试件采用湿锯方法取芯,切割区域长度为 320mm,宽为 260mm,试件厚度在 38~100mm 之间。现场芯样或板状件的高度通常为 38mm,但需要调整高度以适应样品固定系统的尺寸。

## D.6 空隙率的控制

按照 T 0705 试验规程,测量 HMA 试件的毛体积相对密度。

按照 T 0711 试验规程,测量沥青混合料的最大理论相对密度。

对试验室压实试件,推荐的目标空隙率为(7.0±2.0)%。现场试件在其测出的空隙率条件下进行试验。

## D.7 试验过程

**D.7.1** 试件安装:用熟石膏将试件紧紧安装在样品嵌盘里。石膏浆按照石膏与水1:1的比例进行制作。石膏浆作为填充剂,倒入试件与嵌盘之间的缝隙中,与试件等高。试件下面的石膏浆层厚度不能超过 2mm;石膏的凝结时间最少应保证 1h。假如试验使用了其他固结材料,它应该能够忍受 890N 的荷载而不破裂。

**D.7.2** 选择试验温度:根据在用规范选择试验温度。

**D.7.3** 关闭泄水阀,往车辙仪槽内注入热水,直至浮标浮到水平位置。水温可能发生变化,必要时进行调整。

水温达到试验温度 30min 后,将钢轮放下,压住试件。确保微控制 LVDT 传感器读数在 10 ~ 18mm 之间。调整 LVDT 高度时,松开 LVDT 的紧固螺钉,上下滑动 LVDT 到合适的高度,再将螺钉拧紧。

**D.7.4** 开始试验。

车辙仪停止条件:当钢轮碾压 20 000 次时,车辙仪停下;当 LVDT 形变量(从微控单元读数,而非操作屏幕)为 40.90mm 或更大时,车辙仪也停止。

**D.7.5** 关掉机器及电源,打开水浴箱下面的泄水阀门,放水。提起钢轮,取下车辙试件和隔板。

用水和抹布或厂商推荐的方法,清洁水浴箱、加热线圈、钢轮、温度探针。用吸尘器除掉沉积在水浴箱底部的细小颗粒。每次试验后都要清理过滤装置和隔板。

每次试验后转下钢轮,以确保每次试验不是钢轮表面的同一位置接触到试件。旋转可保证整个钢轮的均匀磨耗。试验应使钢轮在试件表面进行平滑运动。

## D.8 数据处理

**D.8.1** 对车辙深度—碾压次数作图。图 D.8.1即为汉堡车辙仪生成的典型图。从该图可以得到如下信息:

(1)曲线第一稳态区间的斜率与截距;

(2)曲线第二稳态区间的斜率与截距。

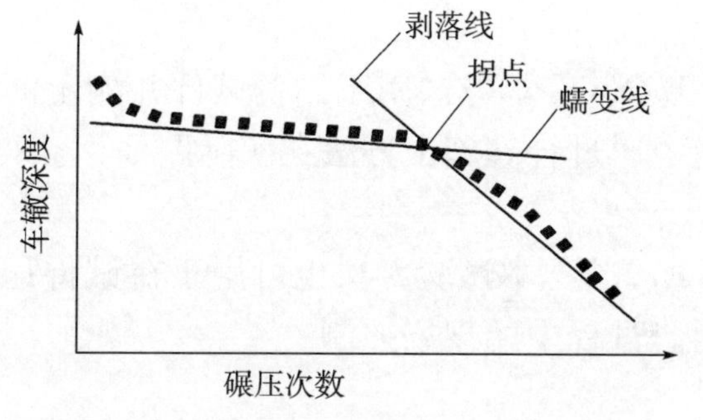


图 D.8.1 汉堡车辙典型曲线图

**D.8.2** 计算。

下面所有的试验参数都用“碾压次数”来表达。

剥落拐点(SIP) = (第二区截距 - 第一区截距)/(第一区斜率 - 第二区斜率)

破坏车辙深度是指试验中最大允许车辙深度。

## D.9 报告

报告包括如下参数:

HMA 制作(现场或试验室);试件压实方法与类型(板状件或旋转压实件);最大压痕时的碾压次数;最大压痕深度;试验温度;混合料试件空隙率(若混合料中含有抗剥落剂,注明剥落剂类别与含量);蠕变线斜率(Creep slope);剥落线斜率(Stripping slope);剥落拐点。

# 附录E 用旋转压实仪压实制备和测定热拌沥青混合料试件体积指标及密度标准试验方法

## E.1 适用范围

**E.1.1** 本方法适用于旋转压实仪压实热拌沥青混合料圆柱形试件。

**E.1.2** 本方法可能涉及危险材料、操作和设备。本方法并不能涵盖使用时的所有安全问题。在使用本方法之前,使用者应确保安全,并确定其使用的规则限制。

## E.2 意义与应用

**E.2.1** 本方法用于制备试件并测定沥青混合料力学和体积指标。试件模拟混合料摊铺中通过合理施工方法在实际路面上获得的密度、集料排列和结构特性。

**E.2.2** 本试验方法也可用于在试件压实过程中监测试件的密度,及用于沥青混合料生产过程中的现场控制。

## E.3 设备

**E.3.1** 旋转压实仪——电子—液压或电子—机械压实仪,具有一个压杆和压头。压杆垂直于压实仪的底板,在压实过程中压杆应作用并保持(600 ± 18)kPa 垂直于试件圆柱轴的压力。调好内部旋转角 1.16° ±0.02°。

注:对于直径 150mm 的试件,该计算应力相当于(10 600 ±310)N 的力。

(1)试件高度测量和记录装置——试件压实过程中,要监测试件密度,要求有一个连续测量和记录试件每一次旋转高度的装置,精确到 0.1mm。

(2)系统应包括一个有 RS232 接口的打印机,能打印试验资料,如每次旋转的高度。除了打印机,系统还可包括一台计算机和相应的软件来采集和报告数据。

**E.3.2** 试模——试模为钢制,壁厚至少 7.5mm。洛氏硬度至少 48HRC,试模内侧初始光洁度至少应有 1.60μm 均方差(rms),试模内直径在室温下应为 149.90 ~

150.00mm,高度至少250mm。

注:光洁度测量根据ANSI B46.1进行,用于校验rms值为1.60μm的表面比较仪为GAR Electroforming, Danbury, Connecticut。

**E.3.3** 压头和试模底座——压头和试模底座由钢制成,洛氏硬度至少48HRC。压头应垂直于压杆中心轴。试模底座的板面应平整且与顶面平行,所有压头和压板面(推出试件的面)应平整,光洁度满足E.3.2的要求,压板直径为149.50~149.75mm。

**E.3.4** 温度计——玻璃温度计或盘式金属指针温度计,用于测量集料、结合料和热拌沥青混合料的温度,范围为10~232℃。

**E.3.5** 天平——测量集料、结合料和混合料质量,满足M231等级G5的天平。

**E.3.6** 烘箱——加热集料、结合料和混合料,电子控制烘箱温度±3℃,具有保持B.6.2规定的混合料条件温度。

**E.3.7** 其他设备——加热集料的平底金属盘,计量集料的勺子、容器(格栅状的罐、烧瓶、加热沥青的容器),大的拌和铲子或小的泥刀,处治热设备的手套,纸垫、机械拌和锅(选项),由压实仪制造商推荐的润滑材料。

**E.3.8** 维护——除了由制造商推荐的常规维护外,检验Superpave旋转压实仪机械部件的磨损,按制造商的推荐进行修理。

## E.4 危险

当在处治热的材料和压实试件时,应遵照标准安全注意事项,穿防护衣。

## E.5 标准化

**E.5.1** 需要周期性进行标定校验的项目包括压杆压力、旋转角、旋转频率、LVDT(或其他用于连续记录试件高度的工具)和烘箱温度。也要求对试模和压板直径以及试模内部光洁度进行校验。当使用了计算机和软件时,用专门设计的程序定期校验数据处理系统的输出。标定的校验、系统的标准化和质量检查由制造商或其他提供这种服务的单位或试验室内人员进行。校验频率应遵循制造商的建议。

**E.5.2** 旋转角指内部旋转角(试模的倾斜与试模内底板的夹角),用于验证旋转角标定的方法必须适合所需求的角度规定。

(1)方法 A——外部旋转角的标定验证应使用制造商推荐的适合的 SGC。

(2)方法 B——内部旋转角的标定验证应由制造商或其他提供这种服务的单位或试验室内人员进行。

(3)上述两种方法(方法 A——外部和方法 B——内部)对旋转角标定的验证不应认为是相等的。SGC 的旋转角用相同方法验证其压实结果才可能相比较。

## E.6 仪器准备

**E.6.1** 当准备好的热拌沥青混合料可以放入模子之前,立刻打开压实仪的主电源,按制造商推荐的时间要求预热机器。

**E.6.2** 验证机器正确设定好角度、压力和旋转次数。

**E.6.3** 根据制造商的指示润滑任何需要的轴承表面。

**E.6.4** 如需监测试件高度,要求增加下列准备工作:准备好的热拌沥青混合料放入试模之前,打开测量和记录试件高度的设备,检验读数是否在适合的单位,同时记录设备准备就绪。如果使用计算机记录高度,则输入试件的表头信息。

## E.7 热拌沥青混合料准备

**E.7.1** 按比例称量各种规格集料,混合为需要的质量。如果要求目标空隙率,每盘集料质量将调整到一定数量,使其能混合出已知体积下的密度。如果试件用于测定体积指标,每盘集料质量将调整到一定数量,使其在规定的旋转次数下,能制备出直径 150mm、高(115 ±5)mm 的试件。

注:这可能有必要先做一个初始试件,以达到要求的高度,一般来说对于混合集料毛体积密度分别为 2.55 ~ 2.70g/cm$^3$ 的集料来说,要达到这个高度要求有 4 500 ~4 700g 集料就可以了。

**E.7.2** 将集料和结合料试样放入烘箱,加热至拌和温度。

拌和温度范围定义为:对于未老化过的结合料用 T 0625 方法测定的动力黏度为(170 ±20)mm$^2$/s,大约(0.17 ±0.02)Pa · s 对应的温度。

注:改性沥青可不遵守这个等黏温度的要求来确定拌和温度和压实温度,应采用生产商的建议。

注:SI 制的动力黏度单位为 m$^2$/s,从实用上说,建议使用 mm$^2$/s。动力黏度更熟悉的厘米克秒制,为 1 mm$^2$/s。动力黏度是结合料的黏度和它的密度之比。对于结合料密度近似等于 1.000g/cm$^3$,170mm$^2$/s 的动力黏度等于按T 316测量的 0.17Pa · s 黏度。

**E.7.3** 将加热好的集料放入拌和锅进行干拌,称取规定数量的热沥青加入,立刻开始拌和。

**E.7.4** 尽可能快地保证集料和结合料充分拌和,使沥青均匀分布在热拌沥青混合料上,作为选择,可使用机械拌和。

**E.7.5** 混合料拌和完成后,按要求进行混合料条件处理,拌和后松散的试样如进行体积设计,需在相应压实温度下进行条件处理 2h,性能试验应按附录 C 规定在烘箱中进行条件处理。

放置期间,分散混合料在盘中保持 25 ~ 50mm 范围内厚度均匀,烘箱内保持强制通风,每(60 ± 5)min 搅动一次混合料,使其保持均匀老化条件。

**E.7.6** 在压实开始之前,将试模和压板放入要求的压实温度烘箱中至少 30min。

**E.7.7** 遵照规定的混合料条件时间,如果混合料在压实温度,立刻按 E.8 压实方法进行压实。如果混合料不在压实温度条件下,则将混合料放入另一个在压实温度的烘箱中一个短暂时间(最多 30min)以达到压实温度。

压实温度是按 T 0625 测定的未老化结合料的动力黏度为(280 ± 30) $mm^2/s$[大约(0.28 ±0.03)Pa · s]的温度范围的中值。

**E.7.8** 如果使用厂拌松散混合料,混合料应在放入试模前立刻在压实温度下仔细均匀加热。

## E.8 压实方法

**E.8.1** 达到压实温度时,将加热的试模、底板和上板(如要求的话)从烘箱中取出,将底板和纸垫放在试模底部。

**E.8.2** 将混合料一次倒入试模,要小心避免混合料在试模中离析,所有混合料倒入试模后,将另一纸垫和上压板(如果要求的话)放在大致平整的材料上面。

**E.8.3** 将装有材料的试模放入压实仪内,对中并压实。

**E.8.4** 对试件施加(600 ± 18)kPa 的压力。

**E.8.5** 对试模部件作用压力(600 ± 18)kPa,调好内部旋转角 1.16° ±0.2°,然后开始旋转压实。

**E.8.6** 让压实一直进行到表4.3.1规定的旋转次数,旋转压实停止。

**E.8.7** 撤销试模部件的旋转角度,缩回压头,将试模移出压实仪,然后脱模。

注:角度撤销后不再需要进行另外的压实。脱模试件可能不是正圆柱体,试件需要切割以满足特定性能试验的要求。

注:对大多数HMA来说,试件在压实后立刻脱模。特殊条件下可将试模在风扇前冷却5~10min,以保证不损伤试件。

**E.8.8** 移去试件上下纸垫。

## E.9 密度试验

**E.9.1** 用平行试样测定松散混合料的理论最大相对密度,相同试样应与压实混合料试件进行相同程度的条件处理。

**E.9.2** 测定压实试件的毛体积密度。

**E.9.3** 监测试件高度,记录每次旋转后的试件高度,精确到0.1mm。

## E.10 密度计算

**E.10.1** 用式(E.10.1-1)计算在压实过程中任一点的原始密度。

$$\gamma_{tx}\% = \frac{W_m}{V_{mx}\gamma_t\rho_0} \tag{E.10.1-1}$$

式中:$\gamma_{tx}\%$——压实过程中原始相对密度,表达为最大相对密度的百分比;

$W_m$——试件质量(g);

$\gamma_t$——混合料最大相对密度;

$\rho_0$——水的单位质量(g/cm$^3$);

下标$x$——旋转次数;

$V_{mx}$——试件体积(cm$^3$),任何时刻这一点根据试件高度$h_x$和直径$d$(用毫米作为直径与高度测量)用式(E.10.1-2)计算:

$$V_{mx} = \frac{\pi d^2 h_x}{4\times 1\,000} \tag{E.10.1-2}$$

注:这一公式给出的体积单位为立方厘米,可以直接与相对密度比较。

**E.10.2** 在毛体积密度试验完成以后，确定在这一点与最大相对密度之比，如式(E.10.2)所示：

$$\%\gamma_t = \frac{\gamma_f h_m}{\gamma_t h_x} \times 100 \tag{E.10.2}$$

式中：$\%\gamma_t$ ——改正的相对密度与最大相对密度之比；

$\gamma_f$ ——脱模试件的毛体积密度；

$h_m$ ——脱模试件的高度(mm)；

$h_x$ ——$x$ 次旋转后试件的高度。

附件

# 《山东省公路工程高性能沥青混合料技术规范》

（DB 37/T 1722—2010）

## 条 文 说 明

# 1 总则

**1.0.1** 本条规定了本规范的制定目的。Sup 沥青混合料作为一种性能优良的混合料已经在山东省大面积应用,在全国多个省市也已较大面积推广应用,相关交通行业标准规范也已经列入,但仍不够细致、全面,因此很有必要对其进行统一规范。这也是为贯彻沥青路面“精心施工、质量第一”的方针,保证 Sup 沥青混合料的施工质量。

**1.0.5** Superpave 作为热拌沥青混合料的一种,材料试验方法、混合料的指标计算(除本规范规定外)、施工工艺、质量检验、结构设计等还涉及多项交通行业相关标准与国家标准,因此在采用本规范时如遇到本规范未提及的相关要求时,应参照相关行业标准与国家标准。

# 2 术语、符号及代号

## 2.1 术语

**2.1.4** Superpave是美国SHRP的重要研究成果,SHRP沥青课题的最终研究成果称为Superpave™,包括一个结合料规范、混合料设计体系和分析方法。

Superpave技术主要包括以下内容:

(1)沥青结合料PG性能规范;

(2)沥青混合料设计方法;

(3)沥青混合料分析和性能预测。

与传统的沥青混合料设计及类型相比,Superpave技术主要具有以下特点:

(1)Superpave混合料在设计过程中充分考虑到了气候环境条件和交通量的影响,试件成型采用旋转压实的方法模拟路面的实际施工过程。

(2)集料级配更趋于嵌挤、密实,高温稳定性好,适于交通量大和抗车辙要求高的公路。

(3)在施工确保合适空隙率的前提下,抗水害性能和抗疲劳性能也较好。

(4)Superpave与传统的AK型和AC型沥青混合料相比,施工难易程度和工程造价基本相当,也被称为"穷人的SMA"。

山东省京福高速公路建设管理办公室和山东省交通科学研究所经过多年的研究、调整并在实践中得到成功应用,提供出一套完整的适应路面气候和交通条件,包括原材料的要求、混合料的设计与体积控制指标、生产配合比设计和拌和站的配备及调试、施工特别是压实工艺以及质量控制标准的适宜于我国实际情况的Superpave™全套技术。

# 3 材料

## 3.1 一般规定

原材料是保证沥青混合料良好性能的最基本条件。原材料的性质、加工工艺直接影响沥青混合料级配设计与混合料性能。高速公路沥青路面出现的早期损坏,原材料的问题是其中重要的原因。集料来源不同,造成筛孔尺寸混乱,实际级配与配合比设计所采用的级配有很大的差距,因此必须对所采用原材料进行详细调查并进行相关检验,为配合比设计、质量控制指标、施工工艺提供最基础的数据。原材料的稳定性是影响沥青混合料性能与质量控制的另一重要因素,必须保证施工过程中原材料的稳定性,尽量减少其变异。施工过程中加强原材料抽检,同时必须保证同一规格材料为同一料源,为混合料的稳定性提供基础的保证。

美国沥青路面协会(NAPA)的出版物“Hot Mix Asphalt for High Stress Applications”对沥青混合料高温稳定性的提高途径进行了总结,指出提高沥青混合料高温稳定性的途径主要有:

(1)保证沥青混合料中粗集料形成嵌挤的结构状态;

(2)采用破碎的集料,也就是要求粗细集料具有较好的棱角性;

(3)沥青路面压实后具有适当的空隙率(空隙率过大会因为追密现象形成车辙,空隙率过小会因为混合料软弱而形成车辙);

(4)经过评估后使用改性沥青(利用优良的改性沥青的高温性能);

(5)采用抗剥落剂(防止因为沥青剥落降低路面强度而产生的车辙)。

另外,还指出“对于一个良好的沥青混合料设计,抵抗车辙的能力有80%来源于集料的结构,20%来源于沥青结合料的性能”。这对集料骨架结构强调得可能有些过高,但是足以说明压实后沥青混合料的组成性能对混合料强度影响之大。

Superpave集料标准有两种:一种为共同标准,也可以说是指令性标准,必须统一执行,如粗集料和细集料的棱角性、细长扁平颗粒含量、黏土含量共四项;另一种称为料源特性,大都由美国各州公路部门自己确定,如安定性、坚固性、有害杂质共三项。全部集料技术标准共为七项。本规范对矿料的要求,在符合《公路沥青路面施工技术规范》(JTG F40—2004)表4.8.3技术要求的基础上进行了补充:所有的矿料必须清洁、无塑性。沥青混合料中的黏土颗粒成分可以引起沥青混合料的体积膨胀,在水的作用下引起沥青膜与矿料间的剥离现象。因此要求矿料中小于0.075mm的部分其塑性指数小于

4%,同时对原石提出了要求。

## 3.2 粗集料

**3.2.1** Sup 沥青混合料中粗集料起到骨架作用,粗集料的质量和其物理性能严重地影响着混合料的使用性能,因此混合料中粗集料应使用轧制的坚硬岩石。砾石存在较多的光滑面,破碎以后难以保证其具有良好的棱角性,而 Sup 沥青混合料对粗集料的棱角性要求高,因此规定不采用破碎砾石。

美国 AASHTO 颁布的 Superpave 混合料体积设计标准规范"Standard Specification for Superpave Volumetric Mix Design"中根据不同设计交通量水平对粗集料的棱角性有如下要求:粗集料的棱角性是指留在 4.75mm 筛上有一个或两个破碎面集料的质量百分比,破碎面的投影面积与该颗粒最大横截面积之比大于 25% 时称为破碎。粗集料要求坚硬、强度高,针片状含量少,棱角性满足要求,从而确保粗集料有较高的内摩擦力,进而保证沥青混合料有较高的抗车辙能力。可根据 ASTM D5821"测定粗集料破碎百分比"试验方法测试。

我国《公路工程集料试验规程》(JTG E42—2005)也对集料的性能作了规定:粗集料应该洁净、干燥、表面粗糙,形状接近立方体且无风化、无杂质,并具有足够的强度、耐磨耗性。

**3.2.4** Sup 沥青混合料要求粗集料颗粒性状良好,起到骨架作用,能满足不同层位的强度要求。高速公路路面的早期损坏中水损坏是重要的损坏形式之一,因此要求集料同沥青具有良好的黏附性能。一般石灰岩类与沥青的亲和力较好。对于火成岩类,按照其岩性对沥青抗滑表层的影响一般分为酸性、中性、基性,其中基性岩石和沥青的黏结性最好,而酸性岩石最差。需要指出,二氧化硅含量不是游离的石英含量,而是化学组成上的二氧化硅总量。美国沥青路面协会(NAPA)出版的著作"Hot Mix Material, Mixture Design and Construction"中对火成岩的区分方法略有不同,划分标准如下:

| | 酸性 | 中性 | 基性 |
|---|---|---|---|
| $SiO_2$(%) | >66 | 55 ~ 66 | <55 |
| 密度($g/cm^3$) | <2.75 | | >2.75 |
| 颜色 | 浅 | | 深 |
| 有无游离的石英 | 有 | | 无 |

## 3.3 细集料

**3.3.1、3.3.2** 细集料包括机制砂、石屑和天然砂。采用反击式或锤式破碎机生产的硬质岩集料经过筛选的小于 2.36mm 的部分具有较好的棱角性,可以作为机制砂使用。但必须明确石屑与机制砂是有本质区别的,机制砂是由制砂机生产的细集料,粗糙、洁净、棱角性好,应推广应用。而石屑是石料破碎过程中表面剥落或撞下的棱角、细粉,它虽然棱角性好,与沥青的黏附性好(石灰岩质),但粉尘含量很多,强度偏低,扁片含量及碎土比例很大,且施工性能差,不易压实。因此,国外大都限制石屑的采用,而推广机制砂。天然砂棱角性较差,与沥青的黏附性也较差,对沥青混合料高温稳定性与水稳定性都有较大的影响。细集料的棱角性指标对沥青混合料的施工性能和路用性能起着至关重要的作用,Superpave 为骨架嵌挤结构,对所采用的集料棱角性要求较高,并且对抗剥落性能也有很高的要求,因此不推荐采用天然砂作为细集料。

**3.3.3** 对于天然砂,一般价格较机制砂低,可以选择使用,但由于近年来降水较少,大部分河流砂源逐渐减少,且部分砂规格变异性较大,含泥量较高,因此本规范中对天然砂的用量做了数量限制,即不得超过集料总量的 10% 。

天然砂的质量变化较大,一般天然砂的颗粒形状较圆滑,棱角性差,影响着混合料的内摩阻力,并且含有一些有害成分,影响与沥青的黏附性。当 Sup 沥青混合料用作表层时,为保证其高温稳定性和水稳定性,建议限制天然砂的用量上限。开采天然砂必须取得当地政府主管部门的许可,并符合水利及环境保护的要求。

**3.3.4** 在进行细集料棱角性测定时发现,若细粉含量过多会严重影响粗糙度。细集料应当洁净,具有良好的棱角性。细集料中若粉尘含量高,其中含有较多泥土,严重影响沥青同集料的黏附,并且泥土遇水膨胀易造成路面出现早期水损坏。所有人工生产的细集料生产过程中必须采用除尘装置。

**3.3.5** 针对细集料的洁净指标,给出了砂当量与亚甲蓝试验两种方法,分别针对不同规格的细集料,并且为了更严格控制细集料中黏土的含量将砂当量指标提高。关于细集料的棱角性,美国 Superpave 采用间隙率法,欧洲一些国家采用流动时间法,目前在国内两种方法都有采用,因此本规范应采用 T 0344 条文说明中的 A 组试样试验方法。

## 3.4 填料

填充料应采用石灰岩质矿粉。为了提高沥青混合料的抗水损害能力,矿粉在生产过程中应加入混合料总量为(1.3 ±0.3)%的石灰粉。石灰粉能够有效地改善集料与沥青的界面结合条件,作为抗剥落剂使用。石灰粉的添加在山东省已经得到大量的应用,实践证明效果非常好。石灰粉同矿粉可以分别放置于粉料罐中,按要求比例进行掺加。考虑到实施的方便性,在矿粉生产过程中可以直接按照一定比例将生石灰块与石灰岩一块进行磨细生产,同时也避免了消石灰粉中含水率难以控制的问题。当实践证明消石灰粉的添加比例、含水率得到良好控制,并且在施工过程中容易添加时,采用消石灰粉也是允许的。

小于 0.075mm 部分含量的多少对沥青混合料的性能影响很大,混合料级配中该部分含量必须考虑粗细集料本身带有的粉尘部分。

矿粉中0.075mm以下部分的含量对混合料的性能影响较大,应严格控制并保持其稳定在一定的范围内。

## 3.5 沥青结合料

**3.5.1** 美国SHRP沥青结合料规范对于沥青技术指标体系进行了根本性变革,它把沥青的指标与路用性能紧密联系起来,综合考虑沥青感温特性、道路交通荷载组成水平、路用性能分类(高温、低温、中温)、沥青老化前后性质变化等因素。它的显著特色是一反"固定温度进行试验而改变标准值"的办法,而是采用"标准值不变而改变试验温度"的办法,即"标准是一致的,条件是不同的"。不管建设项目在什么地方,都期望得到同样良好的沥青性能,而达到此良好的性能条件则是不同的。沥青性能等级主要进行了四个基本方面研究:包括沥青的化学组成、沥青的物理组成、沥青的化学和物理性质的关系,沥青化学、物理性质与沥青混合料的关系,沥青试验与测试体系等,采用了最新的现代化技术和最新的仪器设备。主要目的是把沥青性质与路面破坏模式诸如水损害、疲劳开裂、低温开裂、老化、车辙、施工安全等联系起来。

结合料选择最常用的方法是确定项目所在地的设计气温,然后计算相应的路面设计温度。在选择的性能等级使用前,设计者应考虑交通量和交通速度进行调整。

对于一个具体项目,最终结合料等级的选择时,业主在确定可靠度时应考虑如费用和交通量水平的因素。例如PG64结合料提供94%的可靠度,可能比PG70结合料提供98%可靠度来说是经济的选择。但如果PG64结合料只提供52%的可靠度,那么PG70结合料是一种经济的选择。

对于交通量,设计交通量超过1 000万次EASL's时,Superpave建议考虑增加一个高温等级;当设计交通量超过3 000万次EASL's时,Superpave要求增加一个高温结合料等级。对于交通速度,慢速交通(20~70 km/h)时,Superpave建议增加一个高温结合料等级;而停滞交通(<20km/h)时,Superpave建议增加两个高温结合料等级。根据交通量和交通速度增加高温结合料等级,但不必同时考虑。

如果这个体系正确使用的话,大交通量而且是停滞交通条件,结合料选择应比单独考虑路面温度要高两个高温结合料等级。

沥青结合料性能分级(PG)采用7d最高平均路面温度和年极端最低温度为设计使用温度。沥青结合料在三种不同状态下,即用原样、旋转薄膜烘箱和压力老化试验后的残留物进行试验,测定的性质分别与车辙、低温开裂和疲劳开裂联系起来。

Superpave的沥青性能等级规范,有一个高温和一个低温标号,如PG64-22,"64"表示7d平均路面最高设计温度;"-22"表示路面最低设计温度。根据工程项目所在地区的气温,可以计算出最高、最低路面设计温度,而且这个温度具有一定的保证率,95%(平均值)或98%。实际使用沥青的性能等级必须满足项目所需的性能等级,这就是说,从沥青的角度保证了路面使用时不会产生不希望的过量的车辙、疲劳和低温开裂。当然我们很清楚,路面的破坏,尤其是车辙,主要取决于集料和级配的性质。

# 4　Sup 沥青混合料组成设计

## 4.1　设计原则

**4.1.2**　Sup 沥青混合料体积设计包括下列四个步骤：

(1)材料选择；

(2)设计集料结构的选择；

(3)沥青用量的选择；

(4)水敏感性评价。

根据工程所在地区的气候和交通条件，首先选择沥青性能等级。Sup 沥青结合料有一个高温和一个低温等级，采用的沥青的性能等级必须满足性能等级的要求。

根据交通量和集料使用层位，选择满足统一性质和料源特性要求的集料。在集料级配方面，Sup 沥青混合料要求必须通过控制点，建议避免通过限制区。

一旦结合料和集料选定，使用 Superpave 旋转压实仪评价至少三种试验级配，每种级配要准备四个试件，两个用于压实，两个用于测量最大理论密度，从而分析混合料体积指标并与 Sup 沥青混合料设计标准进行比较，只要符合标准，就可选为设计集料结构。

下一个步骤就是要确定设计集料结构的沥青用量，用各种不同的沥青用量来压实混合料，然后选定在设计压实次数时空隙率为 4% 的沥青用量作为沥青用量。

最后一步就是用 AASHTO T283“压实沥青混合料抗水损害阻力”的试验方法评价设计沥青混合料的水敏感性。6 个试件按空隙率大小分成两组，一组用真空饱水冻融循环加以处理，另一组不处理，用两组试件的间接抗拉强度比大于 80% 作为判断是否有水敏感性的标准。

## 4.2　矿料级配

级配是沥青混合料中矿料的最重要特性，它几乎影响沥青混合料的所有重要特性，包括劲度、稳定性、耐久性、渗水性、施工和易性、抗疲劳能力、抗滑能力甚至抗开裂能力。根据美国沥青路面协会 NAPA 的资料显示，高压力作用下的沥青混合料，一个稳定的混合料，抵抗高温车辙的抗力 80% 是由集料骨架结构提供的，其余的 20% 是由沥青结合料提供，虽然这有些片面夸大矿料结构的作用，但也足以说明矿料结构在沥青混合料中的重要性。

一个良好的路面沥青混合料的设计都要从沥青混合料的级配结构选择入手。如何通过对级配曲线走向即不同粒径的分布进行限定,以提供更好的沥青混合料性能是本课题研究过程中在级配问题上希望解决的问题。这种性能主要从几个方面考虑,其一是通过级配中粗细集料的分布,使混合料粗集料形成稳定的骨架结构;其二是通过良好的级配组成,使得混合料具有良好的体积指标;其三是对级配中粗集料部分的合理组成进行分析,减少混合料施工过程中的离析现象;其四是对级配在生产过程中对施工过程产生的影响,主要是指压实的稳定性等问题。

如何来表征级配曲线,以前没有统一的要求,我国常用的级配曲线图有的采用等分线坐标,有的采用半对数线坐标。Superpave 沥青混合料设计体系采用0.45 次方级配曲线图来表征沥青混合料矿料的级配。为了更好地表述 Superpave 沥青混合料的级配特性,强调了以下几个概念:

公称最大尺寸:比10%的筛余量大的第一个筛孔尺寸;

最大尺寸:大于公称最大尺寸的筛孔尺寸;

最大理论密度线:在0.45 次方级配曲线图上,从原点到最大尺寸所对的右上角的连线;

控制点:级配必须通过的区间控制范围。控制点位于公称最大尺寸、中等尺寸和最小尺寸;

限制区:沿最大理论密度线,在中等尺寸与0.3mm 尺寸之间级配不得通过的区域。

0.45 次方级配曲线图是由 Goode 和 Lufsey 于1962 年经过研究提出的。在其论文中还最早提出了在0.6mm 筛孔附近存在着一个限制区和最大理论密度线的概念。0.45 次方级配曲线图的横坐标采用筛孔尺寸的0.45 次方与单位长度的乘积值。

Sup 沥青混合料的级配理论以 A. N. Tabol 曲线为基础,认为沥青混合料的级配曲线在0.45 次方级配曲线图上越靠近最大理论密度线,混合料的密度越大。在吸取 Goode 和 Lufsey 研究成果的基础上,通过 SHRP A-408 项目的研究,认为天然砂含量过高,级配曲线在中值筛孔与0.3mm 之间靠近最大理论密度线容易产生软弱混合料(tender),使得混合料难以压实成型,从而表现出驼峰级配(hump)的性质,随着沥青用量的少许变化都使得混合料的性质产生较大的变化。因此,经过研究提出了限制区的概念。

### 4.3 Sup 沥青混合料目标配合比设计

(1)旋转压实成型方法

①Sup 沥青混合料体积设计核心之一是采用 Superpave™旋转压实仪成型混合料试件,进而进行相关的体积分析。Superpave™旋转压实仪(SGC)压实成型混合料的过程是"SHRP 计划"的研究结果。研究者的目标是将沥青混合料逼真地压实到施工现场的密实状态,进而设计出相关性良好的室内压实设备。SGC 是根据法国旋转压实仪原理在得克萨斯旋转压实仪的基础上改进设计的。在研究过程中主要对压实的三个方面进行控制,即压实的轴向压力、旋转角度和旋转速度,并且实现了压实过程的监控,进而可以进

一步将混合料的压实性能与混合料性能建立起关系。其试件直径 150mm，可适应于最大粒径为 50mm（公称尺寸为 37.5mm）及其以下的沥青混合料。加载系统对试件施加的压力为 600kPa，压力计保持压头在整个压实过程中压力不变。底座以每分钟 30 转的速度匀速旋转，试模压实的偏角为 1.25°。

②试件的压实高度可以精确地量测，这可能是 SGC 的最主要功能。通过试件压实过程中高度的测量，可根据试件材料的质量和试模的内径估算试件的密度。根据这些测量结果可以得到沥青混合料的压实特性。沥青混合料的密度随着压实次数的增大而增大。和其他设计方法一样，混合料的设计建立在一定的压实功能水平上。压实功的大小取决于交通量的大小。设计者期望室内压实的效果可以达到设计交通量末期的近似效果。设计压实过程分成三个阶段，分别对应不同的压实次数，即初始压实次数 $N_{ini}$、设计压实次数 $N_{des}$ 和最大压实次数 $N_{max}$。初始压实次数用于评估混合料的压实特性；最大压实次数用来限制所设计的混合料在交通量作用后的软弱形状，不至于密实到空隙率过小而产生车辙和泛油。各压实次数之间的关系如下式。

$$\lg N_{max} = 1.10 \lg N_{des}$$

$$\lg N_{ini} = 0.45 \lg N_{des}$$

Superpave 设计方法应用之初，将设计交通量划分为 7 个等级，再加上 4 个温度区划段，共有 28 种压实组合，见表 4-1。美国国家沥青技术中心 NCAT 最近完成的联合攻关项目 NCHRP9-09 "Refinement of the Superpave Gyratory Compaction Procedure" 对压实过程作了进一步的研究，对设计交通量和压实过程包括压实次数等进行了修订。修订后，将 7 个交通量等级减少为 4 个，并且考虑到在沥青结合料选择过程中已经考虑了温度的影响，在设计压实次数时不再考虑地区温度对压实的影响。

**表 4-1　Sup 沥青混合料旋转压实表（AASHTO TP28-00）**

| BZZ-100 累计标准轴次（$\times 10^6$） | 压实次数 | | | 典型道路 |
|---|---|---|---|---|
| | $N_{ini}$ | $N_{des}$ | $N_{max}$ | |
| <0.12 | 6 | 50 | 75 | 轻交通道路，如地方道路、乡村道路和限制货车通行的城市道路。交通量属于当地的性质，但不是指地域性的、州内的和州际的道路。许多旅游地区的道路可以使用这个水平 |
| ≤0.12，<1.2 | 7 | 75 | 115 | 主要指集散道路和进入街道的道路、中等交通量的市区道路、许多州道和偏远地区的州际公路 |
| ≤1.2，<11.2 | 8 | 100 | 160 | 包括双车道、多车道、部分或全封闭的城市道路，中等到大交通量的市区道路，许多州道、国道和某些较偏远的州际公路 |
| ≥11.2 | 9 | 125 | 205 | 包括大部分的城市和周边地区的州际公路、专用道路，如货车称重站和货车专用公路 |

SHRP 研究者在开发室内压实方法时有几个目的，其中最重要的是，将混合料试件逼真地压实到在实际路面气候和荷载作用下所达到的密度。需要压实设备能适应大尺寸集料，另外，还要求压实仪能测试混合料的可压实性，以及识别潜在不稳定混合料的压实

性问题。采用 SGC 压实方法与马歇尔方法相比,主要有以下不同:

a. 将压实条件和交通量条件建立起了更加密切的关系。

b. 压实过程更接近于实际路面的压实效果,减少了集料在击实过程中的破碎,集料形状排列更接近于实际路面情况。

将混合料的压实性能充分考虑,并将压实性能与混合料的施工稳定性以及混合料的高温稳定性建立起关系。

③许多试拌级配会不满足 VMA 的要求,一般说来,如果 VMA 满足,$\gamma_{f_{初始}}$ 标准就能达到。如果选择的试拌级配包括了整个级配控制范围,那么唯一的解决方案就是调整集料生产或换新的料源,不满足要求的集料不可能生产出合格的混合料,不予使用,应使用能产生更强结构的另一种材料来代替一个或几个料堆。例如,采石场石料可代替破碎砾石,破碎细集料可代替天然细集料。

试件成型以后,根据成型试件的体积关系计算混合料的空隙率 VV、矿料间隙率 VMA、饱和度 VFA、设计的粉胶比以及初始压实次数的密度,按照表 4-1 的要求选择符合设计要求的矿料级配作为选定的集料结构。需要指出的是,按照 Superpave 设计体系的体积分析关系,将沥青混合料系分为四相,即空气相、有效沥青相、吸收沥青相和矿料相,根据四相的体积和质量关系计算相应的体积指标。

④在 Superpave 体积法设计完成之后需要对混合料的性能进行检验。按照美国沥青研究会(Asphalt Institute)2001 年版的“Superpave Mix Design”(SP-2)的设计步骤,在体积设计完成后仅需要进行混合料抗水损害检验。检验的方法是采用 AASHTO T283。对沥青混合料水稳定性检验的主要试验方法有 AASHTO T283、ASTM D4867、浸水车辙等。由于 AASHTO T283 试验方法是在马歇尔和维姆试验方法的基础长发展起来的,采用 Superpave以后使用旋转压实仪成型,另外试件的尺寸与马歇尔法试件尺寸有差异,试样松散料的老化时间和条件不同,相应的试验标准正在进一步的修订。美国公路联合攻关项目 NCHRP 9-13“ Compatibility of a Test for Moisture-Induced Damage with Superpave Volumetric Mix 设计”进行了进一步的研究,以探求 Superpave 混合料的适用性。研究结果提出了几项建议:

a. 推荐试样松散料的老化时间(60℃)为 16h;

b. 冻融循环采用 AASHTO T283 的试验方法;

c. 水的饱和度采用 50% ~80% 。

(2)马歇尔击实方法

当不具备旋转压实法条件时,可采用马歇尔击实方法进行设计与验证。

汉堡车辙试验是目前评价沥青混合料高温性能更为科学、条件更为苛刻的试验方法,其可以采用压实成型板式试件,也可以采用圆形试件或现场芯样,目前在美国与欧洲得到大量应用。汉堡车辙试验仪可用于测定压实沥青混合料的水稳定性及高温稳定性。试验的基本过程是,使一定质量和规格的钢轮在沥青混合料的表面上来回滚过 20 000 次,通过测量沥青混合料的车辙深度和变形曲线的特征判断沥青混合料的水稳定性和抗车辙性能。沥青混合料一般浸在 45℃或 50℃的水中。与传统的车辙试验仪器相比,如常用的车辙试验仪,汉堡车辙试验是目前测试沥青混合料水敏感性和高温稳定性最苛刻的试验设备。汉堡车辙试验结果与沥青混合料的现场性能具有良好的相关性,能通过汉堡车辙试验检验标准的沥青混合料一般都具有优良的路用性能。

汉堡车辙试验的评价指标有车辙深度(rutting depth)、蠕变线(rutting slope)、剥落拐点(stripping inflection point)、剥落线(stripping slope)等。目前汉堡车辙试验尚无统一的检验标准。根据国外的研究报告和试验评定指标,当拐点小于10 000次时认为沥青混合料水稳定性和抗高温变形性能较差。此外,国外基于对密级配沥青路面水损害与汉堡车辙试验结果的相关性研究结果,指出在碾压10 000次时最大变形深度不应超过4mm,在碾压20 000次时最大变形深度不应超过10mm;但是对于大空隙沥青混合料目前还没有相关的研究,考虑到开级配混合料空隙率较大且大部分空隙为连通空隙,在45℃的水长时间浸泡下,混合料的高温稳定性在一定程度上会受到影响,特别是结合料不加稳定剂的情况,当结合料中加入稳定剂如纤维以后会改善混合料在高温水中浸泡的稳定性。根据国外对改性沥青混合料汉堡车辙试验的研究并结合课题研究提出了汉堡车辙试验要求,当然关于透水性沥青混合料汉堡车辙试验标准问题国内外还在继续相关研究。因此提出当采用汉堡车辙试验检验高温稳定性时,要求试验水温为45~50℃,20 000次条件时车辙深度不大于12.7mm,并且汉堡车辙试验曲线不允许出现拐点。

# 5 Sup 沥青混合料施工工艺

## 5.1 准备工作

**5.1.1** 检查下承层时应包括下封层的施工质量,下封层厚度不宜小于6mm,要求完全密水。

**5.1.2** 原路面病害部位将是加铺层结构的软弱点,如不进行处理将会使加铺后的结构存在内部缺陷,从而造成结构内部的进一步破坏。挖补处采用密级配沥青混凝土回填压实,修补以后还需要进行承载力调查。在加铺之前应对原路面进行处治,保证层间黏结。

## 5.2 拌和厂要求

**5.2.2** 沥青混合料的温度对其压实成型有着重要的影响,混合料摊铺、压实应保证合适的温度,保证路面的压实度及质量。因此,拌和站的位置应设置合适,应保证料车进入摊铺现场时,混合料的温度满足摊铺要求。

## 5.3 Sup 沥青混合料的拌制

**5.3.1** 国际上通用间歇式和连续式两类拌和设备,但间歇式拌和机更适合我国国情。这主要是因为我国目前使用的材料品种较杂、变异性大,而且多数是小料场,材料规格不合理。当然,当原材料质量稳定、均匀一致、规格分类合理时,采用连续式拌和机更能提高生产效率。

**5.3.2** 为保证冷料仓的供料比例,保证生产配合比稳定与供料平衡,必须标定冷料仓转速与流量关系。

**5.3.4** 生产配合比调试是保证混合料质量的关键环节,生产配合比调试必须考虑取样误差、拌和站系统误差、计量偏差等因素多次调整。

**5.3.5** 温度是沥青混合料的重要参数之一，它是影响路面压实的关键因素，必须重视。对基质沥青温度的确定可以采用黏度—温度关系曲线，改性沥青可参考成功经验或根据供应商提供的资料进行验证确定。混合料高温拌和时会促使沥青老化，温度达不到要求会降低拌和效果，并影响现场压实，因此应对拌和温度进行严格控制。

改性沥青混合料的施工温度根据实践经验并参照表 5-1 选择。

**表 5-1　热拌沥青混合料的正常施工温度范围(℃)**

<table>
<tr><th colspan="2">施 工 工 序</th><th>SBS 类</th><th>SBR 胶乳类</th><th>MAC 改性沥青</th><th>岩沥青改性沥青</th></tr>
<tr><td colspan="2">沥青加热温度</td><td>165 ~ 175</td><td>160 ~ 165</td><td>170 ~ 180</td><td>175 ~ 185</td></tr>
<tr><td colspan="2">集料加热温度，不大于</td><td>190 ~ 220</td><td>200 ~ 210</td><td>195 ~ 220</td><td>195 ~ 220</td></tr>
<tr><td colspan="2">沥青混合料出料温度</td><td>170 ~ 185</td><td>160 ~ 180</td><td>175 ~ 185</td><td>175 ~ 185</td></tr>
<tr><td colspan="2">混合料储存温度</td><td colspan="4">拌和出料后温度降低不超过 10</td></tr>
<tr><td colspan="2">混合料废弃温度，不低于</td><td colspan="3">195</td><td>200</td></tr>
<tr><td rowspan="2">混合料摊铺温度，不低于</td><td>正常施工</td><td>170</td><td>165</td><td>175</td><td>180</td></tr>
<tr><td>低温施工</td><td>175</td><td>170</td><td>180</td><td>185</td></tr>
<tr><td rowspan="2">初压开始温度，不低于</td><td>正常施工</td><td>165</td><td>160</td><td>170</td><td>175</td></tr>
<tr><td>低温施工</td><td>170</td><td>165</td><td>175</td><td>180</td></tr>
<tr><td colspan="2">开放交通的路表温度，不高于</td><td colspan="4">50</td></tr>
</table>

注：①本表中为正常施工条件下的推荐温度。

②在特殊条件下，Sup 沥青混合料拌和、摊铺及碾压温度应根据气候条件、风速、运输距离、保温措施及地面温度等综合确定，适当调整。

**5.3.6** 拌和时间的控制是保证混合料拌和均匀，根据混合料原材料的不同进行适当调整，拌和时间在保证混合料拌和效果的前提下不宜延长太多，防止沥青老化严重以及降低生产效率。

## 5.4 Sup 沥青混合料的运输

**5.4.4** 沥青混合料的均匀程度直接关系到沥青路面的路用性能和耐久性，我国早期修建的高速公路使用寿命远远低于设计寿命，有的甚至在通车 3 ~ 4 年即出现了坑槽、开裂、车辙、抗滑性能不足等早期破坏。在造成路面早期破坏的因素中，大多数问题的根源在于沥青混合料的不均匀性，其中沥青混合料的离析就是不均匀性的一个表现，而离析是沥青路面产生早期局部破坏的重要原因。离析是指混合料中的粗集料与细集料分离开来，呈现出粗细集料在某一部位局部集中的现象。混合料的离析是大粒径混合料在生产施工中应当预防和注意的最常见问题。沥青混合料中主要存在三种离析：随机离析、纵向离析和运输离析。研究表明：当沥青混合料不均匀时，混合料的劲度、拉伸强度和疲劳寿命下降，路面的服务寿命降低，会加速路面的早期破坏。随着交通荷载及交通量的增大，沥青混合料的均匀性是决定路面质量的主要因素之一，因此，如何采取措施提高混合料的均匀性是保证路面使用性能防止早期损害的重要手段之一。在进行混合料生产时必须从各个环节进行保证,以减少混合料离析。

减少离析可采取以下主要措施:

(1)集料堆积和运输

分层堆积集料(尤其是粗集料)可以减少随机离析问题。在料场场地容许的情况下,尽可能减少料堆的高度。如果粗集料在料堆底部发生了离析,应当用前端装载机将料重新拌和后,才能送到冷料斗中。加强料堆卸料和装料的管理,是减少随机离析的关键。

(2)汽车装卸料

为防止因汽车装载而形成的离析,在装载过程中,应至少分三次装载,第一次靠近汽车的前部,第二次靠近汽车的尾部,第三次在汽车的中部。通过这种方法基本上能消除因装载形成的离析。如果每拌一盘料就进行装载,通过滑模在汽车的上方移动,可对汽车进行均匀装载,它比分三次装载的效果还要好。另外,当汽车内的混合料进入摊铺机时,应使混合料作为一个整体进入摊铺机的料斗,这样可以避免因汽车卸载时引起的离析。

(3)摊铺机铺筑作业

在摊铺过程中保持摊铺机料斗至少半满,只有在必要时才收起料斗,料斗的收起能消除料床上的料沟,能使下一车的料能作为一个整体卸在摊铺机的料斗里,这样会明显减少离析程度。当汽车卸载在摊铺机上时,卸载速度应尽可能得快。当摊铺机的料很满时,混合料就从汽车的底部运走,这样就减少了材料的滚动,一定程度上减少了离析。尽可能保证摊铺机进行连续作业,不要停顿。调整摊铺机的摊铺速度使之与拌和厂的供料速度一致。

**5.4.5** 混合料在运输过程中应当覆盖以保持温度。为了防止混合料中的细料黏结在料车底部或周壁并积聚,最后倒入摊铺机而在路面形成油斑,料车在每天装料前应适当涂抹隔离剂,同时在摊铺过程中也应当注意细料的积聚并清除。运输过程中应尽量避免紧急制动,以减少混合料的离析。

## 5.5 Sup 沥青混合料的摊铺

**5.5.2** 混合料的摊铺应保持合理的速度,根据拌和站的拌和能力进行合理调整,一般不得大于2m/min。摊铺机在摊铺过程中尽量保证不停机等料,在不得已时应当采取一定措施保证混合料的压实。

**5.5.4** 为了保证混合料的初始压实,摊铺机熨平板应具有合适的振捣频率和振幅。摊铺过程应注意减少离析现象。对于纵向接缝的处理,第一是保证摊铺出的沥青混合料不离析,第二是避免使用冷接缝。

## 5.6 Sup 沥青混合料的压实及成型

**5.6.1** 压实是一个非常重要的问题,压实度的高低直接影响到沥青路面的使用寿命和早期损害的可能性,应针对不同混合料制订不同的压实工艺。由于 Superpave 混合料是一种完整的粗集料骨架结构,施工时既要保证粗骨料的骨架结构又要防止由于过碾而导致骨架棱角的破坏。

**5.6.2** 混合料如何与压路机配合作用是很重要的,处理得当可获得最佳密度。具有高的粗集料含量的 S 型级配混合料与一般密级配混合料不同,必须在压实作业中考虑压实机具和压实方法。通常轮胎压路机的轮胎充气压力为 552 ~ 621kPa 或更大。

**5.6.4** 对于 S 形的沥青混合料,需要在较高温度时充分振动压实,这是得到理想空隙率的保证。振动压实时如果温度降低到 120℃左右,可能产生推挤现象,这时压实度不再增长,可使用轮胎压路机碾压。碾压时,如果混合料发生推移,使用钢轮压路机将会是有害的,推移的混合料一般可采用轮胎压路机压实。为减少黏结,应沿轮胎周围放一块遮阴布以减少风的冷却,保持轮胎是热的。如果接触压力太低,会很难或不可能满足密度要求,通过增加压路机重量可增加钢轮压路机的接触压力,而增加轮胎压路机的接触压力可通过增加轮胎气压或压路机重量来实现。

**5.6.6** 根据试验路的试验结果,对于 S 形的沥青混合料,需要在较高温度时充分振动压实,初压温度保证不低于最低要求(根据具体沥青而定),这是得到理想空隙率的保证。压路机通常应紧跟摊铺机,振动压路机应尽可能减少洒水量,保持合理的压实速度。压路机不允许在刚压实后的路面上停置,需要停置时应待温度降低至 80℃以下。压路机不得在尚未成型的路面上急转弯、掉头、停顿,在路面温度尚未冷却以前压路机也不应放置在路面上。

**5.6.7** 每一层正式施工以前均应做试验段,试验段长度一般为 200 ~ 300m。通过试验段验证混合料的级配与体积指标是否满足要求,以及拌和站的稳定性,同时通过试验段来确定合适的施工工艺、松铺系数等施工参数。

## 5.7 水泥混凝土桥面 Sup 沥青混合料铺装的压实及成型

**5.7.1** 因为振动压实激振力是垂直方向,荷载过大,易造成桥梁结构损坏等潜在危害。通常在桥面铺装碾压时采取静压或减少振实次数,易造成桥面铺装的压实度不足或渗水系数过大等问题。振荡压实则是一种振动与揉搓相结合的压实方法,水平振荡压路机其能量是沿着水平方向在某一层面内传播的,在表面层某一深度范围内的压实效果将明显优于振动压实,但在深度方向的压实效果不如振动压路机。在桥面铺装层厚度较厚时,在复压时应采用轮胎压路机进行碾压,当桥面铺装的厚度较薄时(铺装层厚度低于4cm),可采用水平振荡压路机碾压4遍后,采用钢轮压路机静压赶光。试验表明,振荡压路机减少了对桥梁结构的振动力,并能保证桥面铺装路面的压实度,效果较好。

**5.7.4** 本规定列出的压实工艺是目前工程中经常采用的压实工艺,但并不局限于此种工艺。当有数据表明或经试验段验证采用其他压实工艺也能很好满足要求时,也可以采用经验证的工艺。

# 6 施工质量管理和检查验收

## 6.1 一般规定

**6.1.1** 施工质量控制和管理的目的是为了保证施工质量的稳定,保证达到规定的质量标准。施工质量的管理与检查验收在国外通常称为“质量控制/质量保证”(QC/QA),是工程项目保证质量的手段。沥青路面的早期破坏同施工质量控制有着重要的关系,在整个施工过程中要严格控制。

## 6.2 施工前的材料与设备检查

**6.2.1** 材料要求除满足现行《公路沥青路面施工技术规范》(JTG F40)要求外,对集料的“认同特性”和资源特性进行了特别要求,对用于沥青混合料的粗集料其黏附性均要求大于5级,若小于5级时应采取抗剥落措施。细集料要具有良好的棱角性,对于填充料应采用石灰岩质矿粉。为了提高沥青混合料的抗水损害能力,矿粉中宜加入混合料总重的1.3%的干燥石灰粉,禁止使用回收粉作为填充料进行混合料生产。小于0.075mm部分填充料与沥青用量之间的比值即粉胶比,宜控制在1.0~1.2之间。沥青结合料由于其储存及质量的不稳定性,应加大抽检频度。对于改性沥青应注意存储过程中的不稳定性,要定期进行搅拌,相应的施工温度应当根据其沥青的技术性质和经验提供,不可采用黏度—温度关系直接确定。

**6.2.3** 沥青结合料的存储及运输应满足规范要求,料堆应有硬化的倾斜铺面,并且有足够的排水系统以帮助从料堆中排水。装载机驾驶员应从有太阳照射的倾斜面上取料,并避免使用料堆底部的集料。避免不同类型的集料混放,并避免细集料过湿,影响从料斗中自由下落。粗集料应避免使用刚刚破碎的新鲜集料,新集料应放置一周以上才能使用,以防止沥青混合料的剥离发生。为了避免因含水率的不同造成冷料仓进料比例变化,细集料料堆一定要架设防雨棚。在进行集料取样时,应用机械分料器或四分法分至规范要求的试验数量。细集料取样方法是在料堆的几处位置用小铲直接插入料堆的工作面取料,并混合至规定的试验样品数量。

对试验结果和过程进行评价,确定导致不良结果的可能原因,目测检查料堆是否发生离析或混料,记录每日调整措施。

**6.2.6** 为了更好地保证施工质量,保证混合料的压实效果,在压实度的控制上需要更加严格要求。目前按照现行《公路沥青路面施工技术规范》(JTG F40)的要求,最大理论密度基质沥青以采用真空实测法为准。改性沥青最大理论密度以计算法为准。采用各种材料的有效密度计算得出。现场压实度采用马歇尔试验的密度进行压实度和现场空隙率双控制。以上面层现场平均空隙率4% ~6%,极值3.5% ~7%,中下面层现场平均空隙率5% ~7%,极值4% ~8%作为现场压实控制指标。

混合料的质量控制包括了混合料沥青用量、矿料级配与混合料体积指标,混合料的质量控制依据为每一种混合料通过试验段验证确定的配合比,即允许偏差以确定的生产配合比为准。

## 6.4 施工过程中的质量管理与检查

**6.4.2** 工地试验室准备针对沥青混合料目标配合比或生产配合比的质量控制图。目标配合比是试验室设计配合比。生产配合比是经拌和站初步生产调整后,用于现场摊铺的配合比。当天的试验当天完成并记录在计算机电子表格中。控制图由这些记录试验结果的电子表格产生。控制图由生产过程中至少30个不间断试验的数据点组成。当数据点超过30个时,可以只保留最新的30个试验数据,并据此绘制控制图。控制图绘制单个试验结果、5个试验平均值以及目标平均值。

控制图应该包含以下内容:

(1)每一个目标配合比和生产配合比的沥青用量;

(2)空隙率;

(3)矿料间隙率(VMA);

(4)目标空隙率平均值。

沥青用量及VMA的目标平均值与生产配合比结果相同。

工地试验室用生产日志记录每天质量控制事项,准备试验及质量控制的资料。

# 附录 D　热拌沥青混合料试件汉堡车辙标准试验方法

## D.3　方法简介

作出试件压痕与试验轮碾压次数的关系曲线图，试件变形量的突变与沥青结合料从集料表面剥离行为紧紧相关。

## D.5　试件制作

**D.5.3**　装试件时，必须让试件表面与试模表面齐平。若试件太高，可予削剪，若太低，可用垫片或石膏垫起。通常，在与试模表面齐平的中心位置，试验钢轮的标准下压力为 705N。假如两者表面不齐或偏差很大，将明显改变钢轮的下压力。

山东省地方标准

# 多级嵌挤骨架密实型沥青混合料技术规范

# Technical Specifications for Aggregate Skeleton Dense Asphalt Mixtures

**DB 37/T 1723—2010**

主编单位:山东省交通运输厅
批准部门:山东省质量技术监督局
实施日期:2011年01月01日

人民交通出版社

# 前　　言

多级嵌挤骨架密实型沥青混合料（简称 SDM）是以《沥青混凝土路面抗滑磨耗层的研究》课题立项研究为基础提出的一种骨架密实型沥青混合料。经过多年的试验研究及大面积实体工程实践，证明采用多级嵌挤理论设计的 SDM 较传统密级配沥青混合料表现出更好的高温稳定性和表面服务特性，同时又保持了传统密级配沥青混合料密水、耐老化的优点。SDM 可用于沥青路面的表面层及中、下面层。

SDM 在材料技术要求、矿料级配及混合料性能等方面根据山东省实际情况，在《公路沥青路面施工技术规范》（JTG F40—2004）的基础上进行了部分调整，主要包括：矿料级配范围、配合比的设计方法、集料与沥青部分指标、混合料部分性能等。

为了更好地为使用单位提供 SDM 的设计、施工及质量控制依据，制定本规范。

各单位或个人对本规范有何意见或建议，请及时与编写单位联系（山东省交通运输厅公路局，地址：济南市舜耕路 29 号，邮编：250002；山东省交通科学研究所，地址：济南市无影山中路 38 号，邮编：250031）。

本规范由山东省交通运输厅归口并提出。

**主 编 单 位**：山东省交通运输厅

**参 编 单 位**：山东省交通运输厅公路局
山东省交通科学研究所

**主要起草人**：杨永顺　王　林　马士杰　胡宗文
陈　江　房建果　薛志超　杨启超

# 1 总则

**1.0.1** 为指导 SDM 的设计与施工,保证沥青路面施工质量,制定本规范。

**1.0.2** 本规范适用于各级 SDM 沥青路面新建、改建工程,以及 SDM 沥青路面养护工程。

**1.0.3** SDM 的各项技术指标、配合比设计、施工工艺、质量控制及验收方法和标准应符合本规范的相关规定。

**1.0.4** SDM 施工应符合国家关于环境保护的相关规定,同时应保证施工安全,并应为施工人员提供符合国家规定的劳动保护条件。

**1.0.5** SDM 的设计与施工除应符合本规范的规定外,尚应符合现行国家和行业有关标准的规定。

# 2 术语、符号及代号

## 2.1 术语

**2.1.1** 沥青结合料 asphalt binder(美), asphalt cement(美), bitumen binder(英), bitumen cement (英)

在沥青混合料中起胶结作用的沥青类材料(含添加的外掺剂、改性剂等)的总称。

**2.1.2** 改性沥青 modified bitumen(英), modified asphalt cement(美)

掺加高分子聚合物、天然沥青、磨细的橡胶粉或者其他填料等外掺剂(改性剂)而制成,使沥青或沥青混合料的性能得以改善的沥青结合料。

**2.1.3** 多级沥青胶结料 multigrade asphalt cement

在沥青中掺加改性剂,通过化学反应制成的沥青胶结料,能使沥青低温和高温性能得以改善并适用于多种气候区域。

**2.1.4** 沥青混合料 bituminous mixtures(英), asphalt mixtures(美)

由矿料与沥青结合料拌和而成的混合料的总称。

**2.1.5** 多级嵌挤骨架密实型沥青混合料 multigrade aggregate skeleton dense asphalt mixtures

粗集料形成骨架结构,细集料逐级依次填充形成多级嵌挤的骨架密实型沥青混合料。

**2.1.6** 贝雷法 bailey method

由美国伊利诺伊州交通部 Robert D. Bailey 提出的一种确定沥青混合料级配的方法,旨在使设计级配形成稳定的骨架结构,同时达到密实的效果,从而提高沥青混合料的抗车辙能力和耐久性。

**2.1.7** 最大理论密度线 theoretical maximum density curve

0.45 次幂级配曲线图中,从原点到最大尺寸所对的右上角的连线。

**2.1.8** 集料分布度 aggregate distribution degree

级配曲线各相邻筛孔之间的斜率（$S_a$）与最大理论密度线之间的斜率之比（$S_b$），用 $S_c$ 表示。

## 2.2 符号及代号

本规范中各种符号、代号及意义详见表2.2。

**表2.2 符号及代号**

| 编号 | 符号或代号 | 意义 |
|---|---|---|
| 2.2.1 | SDM | 多级嵌挤骨架密实型沥青混合料 |
| 2.2.2 | AC | 密级配沥青混凝土混合料 |
| 2.2.3 | DAC | 沥青混合料设计沥青用量 |
| 2.2.4 | $\gamma_{se}$ | 合成矿料的有效相对密度 |
| 2.2.5 | $\gamma_{sb}$ | 矿料的合成毛体积相对密度 |
| 2.2.6 | $\gamma_{sa}$ | 矿料的合成表观相对密度 |
| 2.2.7 | $P_a$ | 沥青混合料的油石比 |
| 2.2.8 | $P_b$ | 沥青混合料中的沥青含量 |
| 2.2.9 | VV | 压实沥青混合料的空隙率 |
| 2.2.10 | VMA | 压实沥青混合料的矿料间隙率 |
| 2.2.11 | VCA | 沥青混合料中粗集料骨架间隙率 |
| 2.2.12 | VCA′ | 混合矿料中粗集料间隙率 |
| 2.2.13 | SGC | 沥青混合料旋转压实试验机 |
| 2.2.14 | $S_c$ | 集料分布度 |
| 2.2.15 | PCS | 形成嵌挤的粗细集料分界点 |
| 2.2.16 | $FA_C$ | 形成嵌挤的第二级分界点，为 PCS 的 0.22 倍处 |
| 2.2.17 | $FA_F$ | 形成嵌挤的第三级分界点，为 $FA_C$ 的 0.22 倍处 |

# 3 材料

## 3.1 一般规定

**3.1.1** 石料开采应注意环境保护,防止破坏生态平衡。采石场在生产过程中必须清除覆盖层及泥土夹层。生产碎石用的原石不得含有土块、杂物。

**3.1.2** 集料的选择必须经过认真的料源调查,确定料源应尽可能就地取材,料源的选择应保证一定的规模和稳定性,质量符合使用要求。同一规格的集料在配合比设计和生产过程中不得随意更换。若确需更换的必须重新进行原材料检验及配合比设计。

**3.1.3** 集料粒径规格应以方孔筛为准。不同料源、品种、规格的集料不得混杂堆放,应严格控制材料的变异性。堆放集料成品的场地应进行硬化并保证排水顺畅,细集料应采取严格的防雨措施。

**3.1.4** SDM 使用的各种原材料运至施工现场后应取样进行质量检验,经评定合格后方可使用,不得以供应商提供的检测报告或商检报告代替现场检测。任何材料进入施工现场时均应登记,签发材料验收单。

**3.1.5** SDM 应优先选用棱角性良好的粗、细集料。

## 3.2 粗集料

**3.2.1** 在 SDM 中,粗集料是指轧制的粒径大于 2.36 mm 的坚硬岩石。

**3.2.2** 粗集料应满足《公路沥青路面施工技术规范》(JTG F40—2004)4.8 的要求。

**3.2.3** 粗集料与沥青的黏附性不宜小于 5 级。当黏附性不满足要求时,应采用掺加石灰粉的措施提高水稳定性。硬质岩类集料宜采用玄武岩及辉绿岩等基性火成岩。

## 3.3 细集料

**3.3.1** SDM 用细集料是指石屑、机制砂和天然砂。

**3.3.2** 机制砂宜采用专用的制砂机制造，并选用优质石料生产，其级配应符合《公路沥青路面施工技术规范》(JTG F40—2004)表 4.9.4 中 S16 的要求。当采用反击式或锤式破碎机生产的基性火成岩集料经过筛选的小于 2.36 mm 的部分，具有较好的棱角性时，经除尘处理，可以作为机制砂使用。当使用天然砂时，其用量不宜超过集料总量的 10%。

**3.3.3** 天然砂可采用河砂，通常宜采用粗、中砂，规格应符合《公路沥青路面施工技术规范》(JTG F40—2004)表 4.9.3 的规定。未经研究论证，SDM 不得使用海砂。

**3.3.4** 石屑应严格控制 0.075 mm 以下部分含量，并应符合表 3.3.4 的规定。

**表 3.3.4 细集料质量要求**

| 项 目 | | 单 位 | 高速公路、一级公路 | 其他等级公路 | 试验方法 |
|---|---|---|---|---|---|
| 表观密度(视密度)，不小于 | | t/m³ | 2.50 | 2.45 | T 0328 |
| 坚固性①(>0.3mm 部分)，不小于 | | % | 12 | — | T 0340 |
| 砂当量，不小于 | | % | 70 | 65 | T 0334 |
| 亚甲蓝值，不大于 | | g/kg | 25 | — | T 0349 |
| 塑性指数②，不大于 | | % | 4 | 4 | T 0118 |
| 棱角性③ | 流动时间，不小于 | s | 30 | 30 | T 0345 |
| | 间隙率，不小于 | % | 42 | 42 | T 0344 |
| <0.075mm 颗粒含量 | S15(0 ~ 5mm) | % | 0 ~ 8 | 0 ~ 10 | T 0327 |
| | S16(0 ~ 3mm) | | 0 ~ 10 | 0 ~ 12 | T 0327 |

注：①坚固性试验可根据需要进行。

②塑性指数 $I_p$ 应采用 T 0118 条文说明中碟式仪测定。

③当采用间隙率法测细集料棱角性时，按 T 0344 条文说明中 A 组试验方法。

**3.3.5** 细集料应洁净、干燥、无风化、无杂质，并有适当的颗粒级配，其质量应符合表 3.3.4 的规定。细集料的洁净程度以砂当量(适用于 0 ~ 4.75mm)或亚甲蓝值(适用于 0 ~ 2.36mm 或 0 ~ 0.15mm)表示。

**3.3.6** 高速公路或一级公路的细集料场地宜采用钢结构防雨棚遮盖。

## 3.4 填料

**3.4.1** 沥青混合料的矿粉必须采用洁净的石灰岩经磨细得到。矿粉应干燥、洁净,能自由地从粉料仓中流出,其质量应满足《公路沥青路面施工技术规范》(JTG F40—2004)表4.10.1的要求。

**3.4.2** 沥青混合料生产过程中,应减少矿粉细度的变异。

**3.4.3** 拌和机拌和过程中产生的回收粉不得作为矿粉使用,且应及时排出并采取挖坑掩埋等安全措施防止污染环境。

**3.4.4** 在生产过程中矿粉宜掺入石灰粉,掺加量以石灰粉质量占设计沥青混合料总质量的1.3% ±0.3%为准。石灰粉应达到《公路路面基层施工技术规范》(JTJ 034—2000)规定的钙质Ⅲ级及以上技术要求。

## 3.5 沥青胶结料

**3.5.1** 可采用道路石油沥青或改性沥青,质量应符合《公路沥青路面施工技术规范》(JTG F40—2004)的要求。

**3.5.2** 当选用道路石油沥青作为胶结料时,其质量应符合表3.5.2的技术要求。

**表3.5.2 道路石油沥青技术要求**

<table>
<tr><th rowspan="2">指　标</th><th rowspan="2">单　位</th><th rowspan="2">等　级</th><th colspan="3">沥青标号</th><th rowspan="2">试验方法</th></tr>
<tr><th>90号</th><th>70号</th><th>50号</th></tr>
<tr><td>针入度(25℃,100g,5s)</td><td>0.1mm</td><td></td><td>80~100</td><td>60~80</td><td>40~60</td><td>T 0604</td></tr>
<tr><td rowspan="2">针入度指数PI</td><td rowspan="2"></td><td>A</td><td colspan="3">-1.5~+1.0</td><td rowspan="2">T 0604</td></tr>
<tr><td>B</td><td colspan="3">-1.8~+1.0</td></tr>
<tr><td rowspan="2">10℃延度,不小于</td><td rowspan="2">cm</td><td>A</td><td colspan="2">20</td><td>15</td><td rowspan="3">T 0605</td></tr>
<tr><td>B</td><td colspan="2">15</td><td>10</td></tr>
<tr><td>15℃延度,不小于</td><td>cm</td><td>A、B</td><td colspan="2">100</td><td>80</td></tr>
<tr><td rowspan="2">软化点(R&B),不小于</td><td rowspan="2">℃</td><td>A</td><td>45</td><td>46</td><td>49</td><td rowspan="2">T 0606</td></tr>
<tr><td>B</td><td>43</td><td>44</td><td>46</td></tr>
<tr><td>60℃动力黏度,不小于</td><td>Pa·s</td><td>A</td><td>160</td><td>180</td><td>200</td><td>T 0620</td></tr>
<tr><td rowspan="2">蜡含量(蒸馏法),不大于</td><td rowspan="2">%</td><td>A</td><td colspan="3">2.2</td><td rowspan="2">T 0615</td></tr>
<tr><td>B</td><td colspan="3">3.0</td></tr>
</table>

续上表

| 指 标 | 单 位 | 等 级 | 沥青标号 | | | 试验方法 |
|---|---|---|---|---|---|---|
| | | | 90号 | 70号 | 50号 | |
| 闪点,不小于 | ℃ | | 245 | 260 | 260 | T 0611 |
| 溶解度,不小于 | % | | 99.5 | 99.5 | 99.5 | T 0607 |
| 密度(15℃) | $g/cm^3$ | 实测记录 | | | | T 0603 |
| 旋转薄膜烘箱试验(RTFOT)后残留物 | | | | | | |
| 质量变化,不大于 | % | | ±0.8 | | | T 0610 |
| 残留针入度比(25℃),不小于 | % | A | 57 | 61 | 63 | T 0604 |
| | | B | 54 | 58 | 60 | |
| 残留延度(10℃),不小于 | cm | A | 8 | 6 | 4 | T 0605 |
| | | B | 6 | 4 | 2 | |

**3.5.3** 生产改性沥青的基质沥青与改性剂应具有良好的配伍性,其质量应满足表3.5.2中A级道路石油沥青技术要求。当选用聚合物改性沥青作为胶结料时,改性沥青质量应符合《公路沥青路面施工技术规范》(JTG F40—2004)表4.6.2的技术要求。

**3.5.4** 当选用多级沥青作为胶结料时,沥青质量应符合表3.5.4的技术要求。

**表3.5.4 多级沥青胶结料技术要求**

| 指 标 | 单 位 | 技术要求 | 试验方法 |
|---|---|---|---|
| 针入度(25℃,100g,5s) | 0.1mm | 35~60 | T 0604 |
| 软化点(R&B),不小于 | ℃ | 70 | T 0606 |
| 60℃动力黏度,不小于 | Pa·s | 300 | T 0620 |
| 闪点,不小于 | ℃ | 230 | T 0611 |
| 溶解度,不小于 | % | 99 | T 0607 |
| 旋转薄膜烘箱试验(RTFOT)后残留物 | | | |
| 质量损失,不大于 | % | 1.0 | T 0610 |
| 残留针入度比(25℃),不小于 | % | 70 | T 0604 |

注:表中常规指标现场做,其他指标可根据监理指定而定。老化试验采用旋转薄膜烘箱试验(RTFOT)为准,允许采用薄膜加热试验(TFOT)代替,但必须在报告中注明,且不得作为仲裁结果。

**3.5.5** 供应商在提供改性沥青的质量报告时应提供基质沥青的质量检验报告或沥青样品。

**3.5.6** 改性沥青可采用工厂化生产或在现场生产。改性沥青存储过程中应进行搅拌,现场生产的改性沥青宜随配随用,并进行搅拌,防止离析。

**3.5.7** 在施工过程中应定期取样检验产品质量,发现离析等质量不符要求的改性沥青不得使用。

# 4 混合料组成设计

## 4.1 混合料组成设计原则

**4.1.1** 进行混合料组成设计时所选用的原材料应具有代表性,原材料选定后不得更改,如原材料有变化应重新进行混合料组成设计。

**4.1.2** SDM 可采用马歇尔设计方法进行设计。条件允许时可按山东省地方标准《高性能沥青混合料技术规范》(DB 37/T 1722—2010)4.3 采用高性能沥青混合料设计方法进行设计,并采用马歇尔设计方法进行检验。

**4.1.3** SDM 混合料设计空隙率应根据工程经验、现场压实效果等所确定的空隙率进行确定。高速公路或一级公路 SDM 混合料设计空隙率宜为 4.5%。

## 4.2 矿料级配设计

**4.2.1** SDM 矿料级配应符合工程设计级配范围。工程设计级配范围可按照附录 A 确定。一般情况下也可采用表 4.2.1 所推荐的级配范围作为工程设计级配范围。当使用棱角性或硬度特殊的集料时,必须按附录 A 确定工程设计级配范围。

**表 4.2.1 SDM 工程设计推荐级配范围**

| 级配类型 | 通过下列筛孔(mm)的质量百分率(%) | | | | | | | | | | | | |
|---|---|---|---|---|---|---|---|---|---|---|---|---|---|
| | 31.5 | 26.5 | 19 | 16 | 13.2 | 9.5 | 4.75 | 2.36 | 1.18 | 0.6 | 0.3 | 0.15 | 0.075 |
| SDM-13 | — | — | 100 | 95~100 | 88~96 | 72~83 | 42~55 | 28~38 | 20~28 | 15~20 | 10~14 | 6~10 | 4~6 |
| SDM-20 | — | 100 | 90~100 | 83~95 | 73~86 | 56~70 | 35~48 | 22~33 | 15~23 | 10~16 | 6~11 | 5~9 | 4~6 |
| SDM-25 | 100 | 90~100 | 76~89 | 68~82 | 60~74 | 47~62 | 28~41 | 18~28 | 11-20 | 8~15 | 6~10 | 4~7 | 3~5 |

## 4.3 混合料设计

**4.3.1** 成型方法

(1)SDM 可采用马歇尔成型方法,成型时混合料取样应均匀并具有代表性,具体技术标准应符合表 4.3.1 的规定。普通沥青混合料拌和及压实温度应通过在 135 ℃及 175 ℃

条件下测定沥青胶结料的黏度—温度曲线来确定。改性沥青的拌和及压实温度应根据工程经验或体积法、比对法确定。

**表 4.3.1 SDM 马歇尔成型方法技术标准**

| 试验指标 | | 单位 | 高速公路、一级公路 | | 其他等级公路 |
|---|---|---|---|---|---|
| | | | 中轻交通 | 重载交通 | |
| 击实次数(双面) | | 次 | 75 | | |
| 试件尺寸 | | mm | $\phi$101.6×63.5 | | |
| 空隙率 VV | | % | 3~5 | 4~6 | 3~6 |
| 稳定度 MS,不小于 | | kN | 8 | | 5 |
| 流值 FL | | mm | 2~4 | 1.5~4 | 2~4.5 |
| 矿料间隙率 VMA,不小于 | 设计空隙率(%) | % | SDM-13 | SDM-20 | SDM-25 |
| | 3 | | 13 | 12 | 11 |
| | 4 | | 14 | 13 | 12 |
| | 5 | | 15 | 14 | 13 |
| | 6 | | 16 | 15 | 14 |
| 沥青饱和度 VFA | | % | 65~75 | | 55~70 |

(2)SDM 也可采用旋转压实仪(SGC)设计成型。旋转压实仪采用的成型参数与技术标准应满足山东省地方标准《高性能沥青混合料技术规范》(DB 37/T 1722—2010)表 4.3.1-1、表 4.3.1-2 的要求。

**4.3.2** 体积指标测定应符合以下规定:

(1)成型试件的毛体积相对密度测定采用表干法,并据此计算沥青混合料试件的空隙率、矿料间隙、粗集料间隙率等各项体积指标。

(2)最大理论相对密度按现行《公路沥青路面施工技术规范》(JTG F40)规定的方法确定。

**4.3.3** SDM 混合料设计应采用设计空隙率对应的沥青含量作为设计沥青含量,设计沥青含量所对应的 VMA、VFA、流值、稳定度等应满足 SDM 相关技术指标的要求。

## 4.4 性能检验

**4.4.1** 用于铺筑中、上面层的 SDM 混合料应进行高温稳定性检验。高温稳定性检验可采用车辙试验,评价指标应采用动稳定度(DS),并应符合表 4.4.1 的要求。

**表 4.4.1 SDM 混合料车辙试验动稳定度技术要求**

| 技术指标 | 动稳定度(次/mm) | 试验方法 |
|---|---|---|
| 普通沥青混合料,不小于 | 1 200 | T 0719 |
| 改性沥青混合料,不小于 | 3 000 | |

**4.4.2** 对公称最大尺寸小于或等于 19mm 的 SDM 宜在温度 -10 ℃、加载速率为 50mm/min 的条件下检验低温抗裂性能，低温抗裂性能应采用弯曲试验破坏应变(με)作为评价指标，SDM 的破坏应变不宜小于表 4.4.2 的要求。

**表 4.4.2 SDM 低温弯曲试验破坏应变(με)**

| 技术指标 | 破坏应变(με) | 试验方法 |
|---|---|---|
| 普通沥青混合料，不小于 | 2 300 | T 0728 |
| 改性沥青混合料，不小于 | 2 800 | |

**4.4.3** 对 SDM 应检验水稳定性，以评价抗水损害能力。水稳定性应采用冻融劈裂残留强度比(TSR)来衡量，并应符合表 4.4.3 的要求。

**表 4.4.3 SDM 水稳定性检验技术要求**

| 技术指标 | 冻融劈裂试验的残留强度比(%)，不小于 | 试验方法 |
|---|---|---|
| 普通沥青混合料，不小于 | 75 | T 0729 |
| 改性沥青混合料，不小于 | 80 | |

## 4.5 生产配合比设计

**4.5.1** 生产配合比设计应符合以下规定：

(1)SDM 沥青混合料目标配合比完成后，应进行生产配合比设计及生产配合比性能验证。

(2)矿料级配与沥青用量应与目标配合比设计相近，工程设计级配及油石比应经配合比设计检验及试验段铺筑确定。

(3)生产过程中对确定的生产配合比不得随意变更。当进场材料发生变化或生产出的 SDM 的体积指标以及马歇尔稳定度试验指标不符合要求时，应重新进行配合比设计，及时调整配合比。

(4)生产过程中应保证 SDM 矿料级配、油石比、体积指标以及马歇尔稳定度试验指标的检验频率。

**4.5.2** 生产配合比设计应按以下步骤进行：

(1)应根据 SDM 混合料类型选择适宜的筛孔尺寸，调整振动筛的安装角度，按照目标配合比设定冷料比例，并经标定得出集料供料曲线，确保热料仓用量平衡。

(2)应按规定方法从二次筛分后的热料仓取样，测试各热料仓的集料级配组成。

(3)应依据热料仓集料的筛分结果，设定粗细不同的三个配合比例，采用拌和站进行混合料拌和，取料进行马歇尔试验及沥青抽提试验，检验混合料的各项体积指标、沥青含量及级配是否满足要求，确定各热料仓集料的配合比例。

(4)应按目标配合比的设计沥青用量及设计沥青用量的 ±0.3%，按照确定的级配采用拌和站拌和并取料,进行马歇尔试验及沥青抽提试验,检验混合料的各项体积指标、沥青含量及级配是否满足要求,若不满足,应重新调整热料仓比例,进行级配设计。

(5)SDM 混合料试拌成功后应铺筑试验段,并取试铺沥青混合料进行马歇尔试验和抽提试验,检验沥青混合料体积指标和级配组成。

**4.5.3** 生产配合比验证应符合以下规定:

(1)应按照本规范 6.4 的要求对铺筑的试验段进行检测。

(2)SDM 铺筑试验段后,应从现场钻取混合料芯样进行汉堡轮辙试验,检验沥青混合料的高温稳定性及水稳定性能,并应满足表 4.5.3 的要求。试验方法应按附录 E 执行。

**表 4.5.3 SDM 汉堡车辙试验技术标准**

| 混合料类型 | 剥 落 点 | 碾压以下次数时,车辙深度不大于 12.7mm(试验温度为 50℃) |
|---|---|---|
| 普通沥青混合料 | 碾压 10 000 次时不出现剥落拐点 | 10 000 |
| 改性沥青混合料 | | 20 000 |

(3)生产配合比验证合格后,应确定生产用的标准配合比。标准配合比的矿料合成级配中,至少应包括 0.075 mm、2.36 mm、4.75 mm 及公称最大粒径筛孔的通过率接近优选的工程设计级配范围的中值,并避免在 0.3 ~ 0.6 mm 处出现"驼峰"。

**4.5.4** 根据标准配合比及 6.4 中各筛孔的允许波动范围,制订施工用的级配控制范围,用以检查沥青混合料的生产质量。

**4.5.5** 经设计确定的标准配合比在施工过程中不得随意变更。生产过程中应加强跟踪检测,严格控制进场材料的质量,如遇材料发生变化并经检测沥青混合料的矿料级配、技术指标不符要求时,应及时调整配合比,使沥青混合料的质量符合要求并保持相对稳定,必要时重新进行配合比设计。

# 5 SDM 施工工艺

## 5.1 准备工作

**5.1.1** SDM 施工前,应保证其下承层干燥、清洁,平整度、强度满足要求。

**5.1.2** SDM 直接用于旧路面加铺层时,应对原路面出现的裂缝、坑槽、松散、沉陷等病害进行处理,并洒布黏层沥青或铺设热沥青封层。

## 5.2 拌和厂要求

**5.2.1** 拌和厂的设置必须符合国家有关环境保护、消防、安全等规定。

**5.2.2** 拌和厂与施工现场距离应充分考虑交通、气候等不利因素,保证混合料的温度满足要求,且不致因颠簸造成混合料离析。

**5.2.3** 拌和厂应具有完备的排水设施。各种集料必须分隔储存,细集料应设防雨顶棚,料场及场内道路应硬化处理,严禁泥土污染集料。

## 5.3 SDM 的拌制

**5.3.1** 拌制 SDM 宜采用间歇式拌和机。

**5.3.2** 间歇式拌和机冷料仓及热料仓的数量应满足配合比需要,总拌和能力应满足施工进度要求。

**5.3.3** SDM 拌和机设备的各种传感器必须定期检定,周期不少于每年一次。冷料供料装置应经标定得出集料供料曲线。

**5.3.4** 拌和机必须配备计算机进行逐盘打印且具有二级除尘装置,二级除尘后的回收粉不得采用。

**5.3.5** SDM在生产前必须对生产配合比进行严格调试。根据目标确定的配合比进行热料仓振动筛的设置,然后进行热料仓筛分调试生产初试级配,根据抽提筛分结果确定采用的生产级配,最后确定设计沥青用量。

**5.3.6** 沥青胶结料加热温度、混合料的出场温度、废弃温度应根据不同沥青种类、沥青标号及黏度、气候条件、地面温度、风速及铺装层的厚度等合理确定。

**5.3.7** 拌和时间应由试拌确定,一般应为45s以上。所有颗粒必须全部覆裹沥青胶结料,并以混合料拌和均匀为度。拌制好的混合料应均匀一致,无花白料、无结团成块或严重粗细集料分离现象。

## 5.4 SDM的运输

**5.4.1** SDM混合料宜采用较大吨位运料车运输,但不得超载运输,运输过程中不得紧急制动、急弯掉头,不得造成封层、透层的损伤。

**5.4.2** 运料车的运力应稍有富余,施工过程中摊铺机前方应有运料车等候。对高速公路、一级公路,宜待等候的运料车多于5辆后开始摊铺。

**5.4.3** 运料车每次使用前后必须清扫干净,在车厢板上涂一薄层隔离剂或防粘剂,防止沥青黏结,但不得有余液积聚在车厢底部。

**5.4.4** 拌和机向运料车装料时要求料车做到前后移动分多堆装车,平衡装料,以减少混合料离析。

**5.4.5** 运料车运输混合料宜用苫布覆盖保温、防雨、防污染。

**5.4.6** 运料车进入摊铺现场时,轮胎上不得粘有泥土等可能污染路面的脏物,否则应冲洗轮胎后进入工程现场,其上道口应做硬化处理。

**5.4.7** SDM混合料在摊铺地点应凭运料单接收,不符合施工温度要求,或已经结成团块、已遭雨淋的混合料不得铺筑。

**5.4.8** 摊铺过程中运料车应在摊铺机前0.5 m左右处停住,空挡等待,由摊铺机推动前进开始缓缓卸料，避免撞击摊铺机。

## 5.5 SDM 的摊铺

**5.5.1** SDM 在摊铺时摊铺宽度不宜过大，当摊铺宽度超过 9 m 时应分两幅或两台摊铺机同时摊铺，以防止粒料离析和温度离析。

**5.5.2** 混合料的摊铺应保持合理的速度，根据拌和站的拌和能力和现场压实能力进行合理调整，一般控制在 2 ~6 m/min 范围内，做到缓慢、均匀、不间断地摊铺。

**5.5.3** 摊铺机应调整到最佳工作状态，调整好螺旋布料器两端的自动料位器，并使料门开度、链板送料器的速度和螺旋布料器的转速相匹配。布料器中料的位置应以略高于螺旋布料器 2/3 为度，同时螺旋布料器的转速不宜太快，避免摊铺层出现离析现象。

**5.5.4** 应注意摊铺机料斗的操作方法，减小粗细集料的离析，摊铺机料斗应在刮板尚未露出约有 10cm 的热料时收拢，基本上是在运输车刚退出时进行，而且应做到在料斗两翼刚复位时下一辆料车开始卸料，做到连续供料，避免粗集料集中。

料斗两侧的挡板与末端的间距应尽量缩小，以不卡住集料为度（约 10cm 为宜），防止过大造成离析。

**5.5.5** 混合料的摊铺厚度应为设计层厚乘以松铺系数，摊铺前应确定观测点来验证松铺系数，大面积施工以前均应铺筑试验段。压实层的最大压实厚度不宜大于 100mm。

## 5.6 SDM 的压实及成型

**5.6.1** SDM 应选择合理的压路机组合方式和碾压步骤。

由于 SDM 是一种连续嵌挤骨架密实结构，比较难以压实，施工时既要保证集料的骨架结构又要保证混合料密实。为达到良好的压实效果，必须使用大吨位的双钢轮振动压路机和较大吨位的胶轮压路机，双钢轮振动压路机总质量不得低于 11t，胶轮压路机总质量不得低于 26t，并配备足够的数量。高速公路铺筑双车道沥青路面的压路机数量不宜少于 5 台。

**5.6.2** 初压时压路机应紧跟摊铺机，初压温度应根据沥青胶结料确定，在压实过程中不得急转弯，振动压路机应尽可能减少洒水量，保持合理的压实速度。

**5.6.3** 为保证压实过程中不出现粘轮现象,振动压路机水箱中应加入少量的洗衣粉类表面活性剂。胶轮压路机不得洒水,可以在压实过程中适量喷洒或涂抹隔离剂并以不粘轮为原则。

**5.6.4** 具体压实工作可参考如下工艺:

两台双钢轮振动压路机,初压第一遍采用高频低幅振动压实。压实速度宜为1.5~2km/h,相邻碾压带轮迹重合为20cm左右。洒水装置进行间断洒水,只要保证不粘轮即可。振动2~3遍(压路机前进后退一次为一遍),胶轮压路机再碾压2~3遍,随后即可进行赶光。赶光可采用7~11t钢轮压路机,速度可控制在3~4km/h。

**5.6.5** 混合料在冷却到一定温度以下用振动方式容易造成集料压碎,在试验段铺筑时应确定此温度,在此温度以下不应再用振动碾压。

**5.6.6** 每一个工程项目开始之前,应修筑试验段,检验混合料体积性质是否满意和评价摊铺与压实技术。这个试验段必须用计划中的相同施工技术,在相同的混合料温度下摊铺与压实。

## 5.7 水泥混凝土桥面SDM铺装的压实及成型

**5.7.1** 桥面SDM铺装碾压宜采用水平振荡压路机和轮胎压路机。经试验或经验证明不致损坏桥梁结构时,也可采用振动压路机,振动频率宜采用高频。

**5.7.2** 为达到良好的压实效果,必须使用足够数量的较大吨位的振荡压路机、双钢轮振动压路机和胶轮压路机。

**5.7.3** 初压时压路机应紧跟摊铺机,初压温度应根据沥青胶结料确定,在压实过程中不得急转弯,振动压路机应尽可能减少洒水量,保持合理的压实速度。

**5.7.4** 桥面SDM铺装摊铺压实,使用水平振荡压路机时,参考压实工艺如下:初始碾压采用水平振荡压路机振荡碾压,振荡频率可选为50Hz,速度3~5km/h,后退时轮迹应与前进时重合,相邻应使轮迹重合20cm左右,重复3~4遍。复压采用26t以上胶轮压路机碾压2遍,终压使用钢轮压路机赶光2遍,即可完成。若不采用水平振荡压路机,初压用2~3台11t以上振动压路机紧跟摊铺机呈阶梯形开振碾压2~3遍,速度控制在5km/h以内,采用高频低幅的压实方法;复压采用26t以上胶轮压路机碾压2~3遍;终压采用7~11t钢轮压路机静压2遍,最终消除轮迹。

**5.7.5** 混合料在冷却到一定温度以下用振动方式容易造成集料压碎，在试验段铺筑时，应确定采用振动方式容易造成集料压碎的温度，在此温度以下不应再用振动碾压。

**5.7.6** 沥青混合料路面压实后，应经自然冷却，混合料表面温度低于50℃后，方可开放交通。

# 6　施工质量管理和检查验收

## 6.1　一般规定

**6.1.1**　SDM 沥青路面施工应根据全面质量管理的要求,建立健全有效的质量保证体系,进行全过程质量控制,对各工序的施工质量进行检查评定,保证达到规定的质量标准和施工质量的稳定性。

**6.1.2**　除施工企业进行自检外,监理工程师应按有关规定进行质量检查与认定,政府质量监督部门应对工程质量进行监督。

**6.1.3**　所有与工程建设有关的原始记录、试验检测及计算数据、汇总表格,必须如实记录和保存。对已经采取措施进行返工和补救的项目,可在原记录和数据上注明,但不得销毁。

**6.1.4**　SDM 沥青路面施工应加强过程质量控制,实行动态质量管理。施工质量管理与检查验收应包括工程施工前、施工过程中质量管理与控制,以及各施工工序间的检查及工程交工后的质量检查验收。

## 6.2　施工前的材料与设备检查

**6.2.1**　施工前必须检查各种材料的来源和质量。对购进的沥青、集料等重要原材料,供货单位必须提供最新检测的正式试验报告。从国外进口的材料应提供该批材料的船运单。对首次使用的集料,应检查生产单位的生产条件、加工机械、覆盖层的清理情况。所有材料都应按规定取样检测,经质量认可后方可订货。

**6.2.2**　各种材料均应在施工前以"批"为单位进行检验,不符合本规范技术要求的材料不得进场。对各种矿料是以同一料源、同一次购入并运至生产现场的相同规格材料为一"批";对沥青是指从同一来源、同一次购入且储入同一沥青罐的同一规格沥青为一"批"。

**6.2.3** 工程开始前，必须对材料的存放场地、防雨和排水措施进行确认，不符合本规范要求时不得进料场。进场的各种材料的来源、品种、质量应与招标及提供的样品一致，不符合要求的材料严禁使用。

**6.2.4** 使用成品改性沥青时，应要求供应商提供所使用改性剂型号和基质沥青的质量检验报告，必要时应对基质沥青进行取样检测和对成品改性沥青留样封存。使用现场改性沥青的工程，应对试生产的改性沥青进行检测，质量不合格的不准使用。

**6.2.5** 施工前应对沥青拌和站、摊铺机、压路机等各种施工机械和设备进行调试，对机械设备的配套情况、技术性能、传感器计量精度进行认真检查、标定，并得到监理的认可。

**6.2.6** 正式开工前，各种原材料的试验结果，及据此进行的目标配合比设计和生产配合比设计结果，应在规定的期限内向建设单位及监理提出正式报告，待取得正式认可后，方可使用。

## 6.3 铺筑试验段

**6.3.1** SDM 施工前应铺筑试验段，以确定设备组配及各项施工参数。

**6.3.2** 试验段的长度应根据试验目的确定，通常应在沥青混合料级配与油石比达到设计要求时制订，铺筑长度一般不应小于 200m。

**6.3.3** SDM 试验段铺筑分试拌及试铺两个阶段，应包括下列试验内容：

(1)检验各种施工机械的类型、数量及组合方式是否匹配。

(2)通过试拌确定拌和机的操作工艺。

(3)通过试铺确定摊铺、压实工艺，确定松铺系数等。

(4)验证沥青混合料生产配合比设计，提出生产用的标准配合比和设计沥青用量。

(5)建立钻芯法与核子密度仪等无破损检测手段所得路面密度的对比关系。确定压实度、空隙率的标准检测方法。

(6)其他需确定的项目。

**6.3.4** 试验段的铺筑应由有关各方共同参加，及时商定有关事项，明确试验结论。铺筑结束后，施工单位应就各项试验内容提出完整的试验路施工、检测报告，取得建设单位或监理的批复。

## 6.4 施工过程中的质量管理与检查

**6.4.1** SDM结构层施工中应严格控制材料质量、施工温度、摊铺碾压机械、施工工艺等关键环节,保证压实度,不得片面追求平整度而降低压实度。

**6.4.2** 施工过程应以施工单位自检与监理抽检相结合,施工过程中检测的原始数据必须真实,不得丢弃。

**6.4.3** 施工过程中材料质量检查项目和频率应符合表6.4.3的要求。每个检查项目的平行试验次数或一次试验的试样数必须按相关试验规范的规定执行,并以平均值评价是否合格。

**表6.4.3 施工过程中材料质量检查的内容和要求**

| 材 料 | 检查项目 | 检查频率 | 平行试验次数或一次试验的试样数 |
|---|---|---|---|
| 粗集料 | 外观(石料品种、含泥量等) | 随时 | — |
| | 针片状颗粒含量 | 随时 | 3 |
| | 颗粒组成部分(筛分) | 必要时 | 2 |
| | 压碎值 | 必要时 | 2 |
| | 洛杉矶磨耗损失 | 必要时 | 2 |
| | 含水率 | 必要时 | 2 |
| 细集料 | 颗粒组成 | 随时 | 2 |
| | 砂当量 | 必要时 | 2 |
| | 含水率 | 必要时 | 2 |
| | 松方单位重 | 必要时 | 2 |
| 矿粉 | 外观 | 随时 | — |
| | 含水率 | 必要时 | 2 |
| 改性沥青 | 针入度 | 每天1次 | 3 |
| | 软化点 | 每天1次 | 2 |
| | 离析试验 | 每周1次 | 2 |
| | 低温延度 | 必要时 | 3 |
| | 弹性恢复 | 必要时 | 3 |
| | 显微镜观察(对现场改性沥青) | 随时 | — |

**6.4.4** 沥青混合料拌和厂应按以下步骤对SDM生产过程进行控制,并按表6.4.4规定的项目和频率检查沥青混合料产品的质量,如实计算产品的合格率。单点检查评价方法应符合相关试验规范的试样平行试验的要求。

**表 6.4.4 SDM 施工过程中检验频率与要求**

| 项目 | | 检查频度及单点检验评价方法 | 质量要求或允许偏差 | 试验方法 |
|---|---|---|---|---|
| 混合料外观 | | 随时 | 观察集料粗细、均匀性、离析、油石比、色泽、冒烟、有无花白料、油团等各种现象 | |
| 拌和温度 | 沥青、集料的加热温度 | 逐锅检测评定 | 符合规定 | 传感器自动检测、显示并打印 |
| | 混合料出厂温度 | 逐车检测评定 | 符合规定 | 传感器自动检测、显示并打印，按 T 0981 人工检测 |
| | | 逐锅测量记录，每天取平均值评定 | 符合规定 | 传感器自动检测、显示并打印 |
| 矿料级配 | 0.075mm | 逐锅在线监测 | ±1% | 计算机采集数据计算 |
| | 2.36mm、4.75mm | | ±3% | |
| | >4.75mm | | ±4% | |
| | 0.075mm | 逐锅检查，每天汇总 1 次，取平均值评定 | ±1% | 总量检验 |
| | 2.36mm、4.75mm | | ±2% | |
| | >4.75mm | | ±3% | |
| | 0.075mm | 每台拌和机每 500 ~ 1 000t 1 次，以 2 个试拌样的平均值评定 | ±1% | T 0725 抽提筛分与标准级配比较的差 |
| | 2.36mm、4.75mm | | ±3% | |
| | >4.75mm | | ±5% | |
| 沥青用量(油石比) | | 逐锅在线监测 | ±0.3% | 计算机采集数据计算 |
| | | 逐锅检查，每天汇总 1 次，取平均值评定 | ±0.15% | 总量检验 |
| | | 每台拌和机每 500 ~ 1 000t 1 次，以 2 个试样的平均值评定 | ±0.2% | 抽提 T 0722，T 0721 |
| 试验室试件空隙率、矿料间隙率 | | 每台拌和机每天 2 ~ 3 次，4 ~ 6 个试件(马歇尔法)或 2 个试件(SGC 法)的平均值 | 设计值的 ±1% | T 0702，T 0709 |
| 稳定度、流值、饱和度 | | | 符合本规范要求 | T 0702，T 0709 |
| 车辙试验 | | 必要时 | 符合本规范要求 | T 0719 |
| 水稳定性 | | 必要时 | 符合本规范要求 | T 0729，T 283 |
| 压实度 | | 每 2 000m$^2$ 检查 1 组 | 试验室标准密度的 98%，最大理论相对密度的 93% | T 0924，T 0922 |

(1)随时目测各种材料的质量和均匀性,目测混合料拌和是否均匀、有无花白料、油石比是否合理,检查集料和混合料的离析情况。

(2)检查拌和机控制室各项参数的设定值、控制屏的显示值,核对计算机采集和打印记录的数据与显示值是否一致。

(3)检测混合料的材料加热温度、混合料出厂温度,取样抽提、筛分检测混合料的矿料级配、油石比。抽提筛分应至少检查0.075mm、2.36mm、4.75mm、9.5mm、公称最大粒径及中间粒径等5个筛孔的通过率。

(4)取样进行密度试验,确定每日测定压实度的标准密度。施工和验收过程中的压实度检验不得采用配合比设计时的标准密度,应按以下方法逐日检测确定:

①以试验室试验密度作为标准密度,即沥青拌和厂每天取样1~2次实测的试件密度,取平均值作为该批混合料铺筑段压实度的标准密度。其试件成型温度与路面初压温度一致。

②以每天实测矿料密度计算或实测得到的最大理论相对密度作为标准密度。

③可根据需要选用试验室标准密度、最大理论相对密度中的1~2种作为钻芯法检测评定的标准密度,同时必须在报告中注明选用何种方法确定标准密度。

**6.4.5** SDM结构层铺筑过程中必须随时对铺筑质量进行评定,质量检查的内容、频度、允许差应符合表6.4.5的规定。

**表6.4.5 SDM施工过程中质量评定标准**

| 项目 | | 检查频度及单点检验评价方法 | 质量要求或允许偏差 | | 试验方法 |
|---|---|---|---|---|---|
| | | | 高速公路、一级公路 | 其他等级公路 | |
| 厚度 | 每一层次 | 随时<br>厚度50mm以上<br>厚度50mm以下 | <br>设计值的8%<br>设计值的5% | <br>设计值的10%<br>设计值的8% | 施工时插入螺丝刀量测松铺厚度及压实厚度 |
| | 总厚度 | 每2 000m² 一点 | 设计值-5% | 设计值-8% | T 0912 |
| 压实度① | | 每2 000m² 检查1组,逐个试件评定并计算平均值 | 试验室标准密度的98%,最大理论相对密度的93% | | T 0924、T 0922<br>评定方法见规范 |
| 空隙率 | | 同压实度标准 | 设计要求 | | 本规范要求 |
| 平整度(最大间隙) | 上面层 | 随时,单杆(接缝)或连续10尺的平均值评定(正常段) | 3mm | 5mm | T 0931 |
| | 中下面层 | | 5mm | 7mm | |
| 平整度(标准差) | 上面层 | 连续测定 | 1.2mm | 2.5mm | T 0932 |
| | 中面层 | | 1.5mm | 2.8mm | |
| | 下面层 | | 1.8mm | 3.0mm | |

续上表

| 项　目 | 检查频度及单点检验评价方法 | 质量要求或允许偏差 | | 试验方法 |
|---|---|---|---|---|
| | | 高速公路、一级公路 | 其他等级公路 | |
| 宽度 | 检测每个断面 | 不小于设计宽度 | 不小于设计宽度 | T 0911 |
| 纵断面高程 | 检测每个断面 | ±10mm | ±15mm | T 0911 |
| 横坡度 | 检测每个断面 | ±0.3% | ±0.5% | T 0911 |
| 渗水系数②,不大于 | 每 1km 不少于 5 点，每点 3 处取平均值 | 300mL/min | | T 0971 |

注:①压实度评定的试验方法为钻芯法,当采用核子密度仪等无破损检测时,每 13 个测点的平均数作为一个测点进行评定。

②渗水系数应在铺筑成型后未遭行车污染的情况下测定,以平均值评定,计算合格率不得小于 90%。

## 6.5 交工验收阶段的工程质量检查与验收

**6.5.1** 交工验收阶段的工程质量检查与验收应按照现行《公路工程质量检验评定标准　第一册　土建工程》(JTG F80/1)执行。

# 附录 A　多级嵌挤密级配沥青混合料的矿料级配设计方法

## A.1　适用范围

本方法适用于多级嵌挤密级配沥青混合料集(矿)料级配组成设计。

## A.2　一般规定

多级嵌挤级配设计方法是根据矿质集料的体积特征和混合料体积状态技术要求进行混合料集(矿)料级配组成设计。当缺少实际工程集(矿)料级配经验和多数条件下沥青路面可以参照该方法根据实际材料的特性进行级配设计选择。

## A.3　相关试验方法

《公路工程集料试验规程》(JTG E42—2005):
T 0308　粗集料密度及吸水率试验(容量瓶法)
T 0309　粗集料堆积密度及空隙率试验
T 0330　细集料密度及吸水率试验
T 0331　细集料堆积密度及紧装密度试验
T 0332　细集料含水率试验
T 0352　矿粉密度试验

## A.4　SDM 的矿料级配表征方法

SDM 的矿料级配曲线使用 0.45 次幂级配曲线图 A.4-1、图 A.4-2。纵坐标为级配通过率,横坐标为筛孔尺寸的 0.45 次幂。从坐标原点到所期望的最大尺寸与 100% 通过率交点的连接线为最大理论密度线。

## A.5　SDM 多级嵌挤密级配设计原则

多级嵌挤密级配设计方法将集料分为粗集料与细集料,其分界点为公称最大粒径的

0.22 倍,设计原则是将粗集料形成一定的嵌挤状态,细集料逐级依次填充形成多级嵌挤的集(矿)料级配。

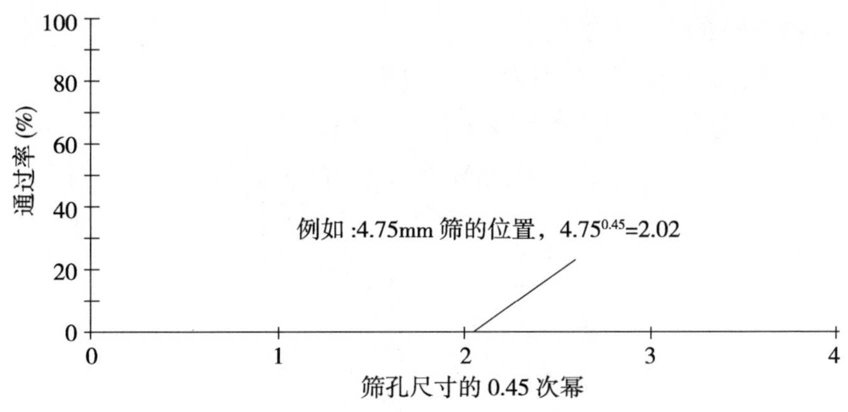


图 A.4-1　0.45 次幂级配曲线图

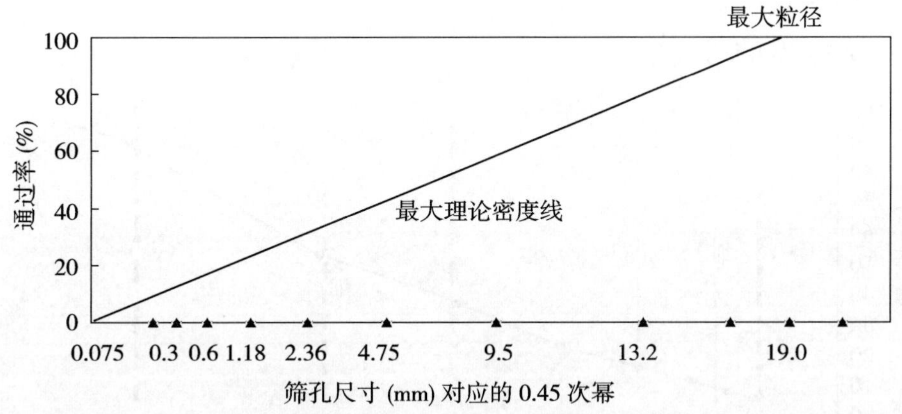


图 A.4-2　最大理论密度线

多级嵌挤密级配沥青混合料的级配设计分成两部分:

(1)通过对集料的体积性质进行试验和计算,使一定嵌挤状态下的细集料填充在一定嵌挤条件下的粗集料之中,使粗集料形成嵌挤骨架结构,从而提高沥青混合料的稳定性。

(2)通过级配参数对细集料的嵌挤和混合料的性能进行约束和控制。

## A.6　级配控制参数

为了对粗集料部分的离析现象和压实不稳定性进行约束,通过 CA 比参数对级配的粗集料部分组成进行控制。同样,为了保证细集料之间进一步形成第二级和第三级的嵌挤填充作用,采用 $FA_C$ 比和 $FA_F$ 比参数对级配的细集料部分嵌挤进行约束。

首先对混合料级配曲线进行分段划分,见图 A.6。级配参数的计算和相关表述如下:

NMPS——公称最大粒径;

NMPS/2——公称最大粒径的1/2;

PCS——粗细集料的分界点,即形成嵌挤的第一级分界点,为公称最大粒径(NMPS)的0.22倍处;

$FA_C$——第二级分界点,为PCS的0.22倍处;

$FA_F$——第三级分界点,为$FA_C$的0.22倍处;

$$\text{CA 比} = \frac{P(\text{NMPS}/2) - P(\text{PCS})}{P(100\%) - P(\text{PCS})} \tag{A.6-1}$$

$$FA_C\ 比 = \frac{P_{FA_C}}{P_{PCS}} \tag{A.6-2}$$

$$FA_F\ 比 = \frac{P_{FA_F}}{P_{FA_C}} \tag{A.6-3}$$

式中:$P_{FA_C}$——$FA_C$点的通过率;

$P_{PCS}$——PCS点的通过率;

$P_{FA_F}$——$FA_F$点的通过率。

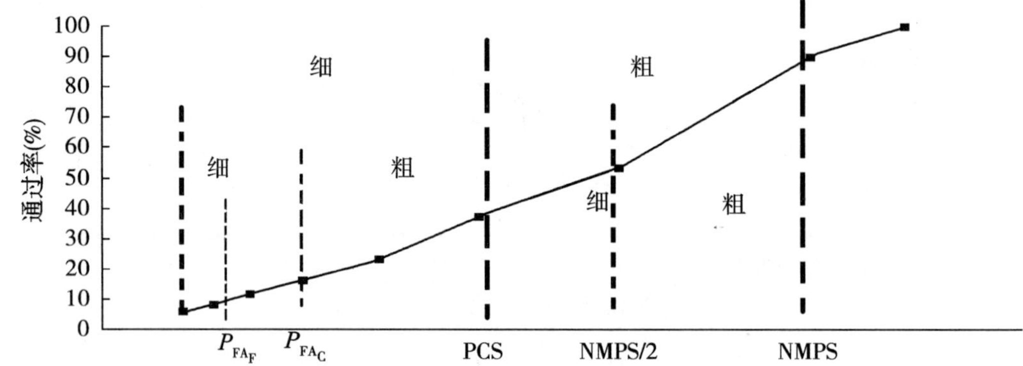


图A.6 级配参数计算控制点分布

级配控制参数的要求汇总见表A.6。

表A.6 级配参数要求

| 级配控制参数 | 要求范围 | 备注 |
|---|---|---|
| CA比 | 0.4~0.8 | 表层0.4~0.6 |
| $FA_C$比 | 0.25~0.5 | |
| $FA_F$比 | 0.25~0.5 | |

注:表层要求为了提高表面纹理构造。

## A.7 级配嵌挤状态检验

确定嵌挤分界点尺寸PCS点后,需要对混合料的粗集料的骨架状态进行检验。检验方法是通过沥青混合料试件中粗集料间隙率VCA与实际试验的混合矿料中粗集料间隙率 VCA′比较，以确定设计混合料中粗集料的实际嵌挤状态。

沥青混合料中粗集料间隙率 VCA 按式（A.7-1）计算：

$$VCA = \left(1 - \frac{\gamma_f}{\gamma_{ca}} \times P_{ca}\right) \times 100 \tag{A.7-1}$$

式中：$P_{ca}$——沥青混合料中粗集料的百分率；

$\gamma_f$——沥青混合料试件的毛体积相对密度；

$\gamma_{ca}$——沥青混合料合成粗集料的毛体积相对密度。

按式（A.7-2）计算粗集料骨架混合料的平均毛体积相对密度 $\gamma_{ca}$：

$$\gamma_{ca} = \frac{P_1 + P_2 + \cdots + P_n}{\frac{P_1}{\gamma_1} + \frac{P_2}{\gamma_2} + \frac{P_3}{\gamma_3} + \cdots + \frac{P_n}{\gamma_n}} \tag{A.7-2}$$

混合矿料中粗集料间隙率的检测方法是将合成级配的矿质混合料筛去对应筛孔的细集料部分，测定其松散状态和捣实状态的密度，计算得其空隙率，即为对应于某一筛孔的粗集料空隙率 VCA′，计算公式如式（A.7-3）：

$$VCA' = \left(1 - \frac{\gamma_s}{\gamma_{ca}}\right) \times 100 \tag{A.7-3}$$

式中：$\gamma_s$——筛去关键筛孔（如 1.18mm、2.36mm、4.75mm、9.5mm）细集料后混合矿料中粗集料的松散或捣实相对密度；

$\gamma_{ca}$——合成粗集料的相对毛体积密度，按式（A.7-2）确定。

## A.8 设计步骤

SDM 的级配设计主要分成以下试验和计算过程：

（1）根据路面结构设计确定的路面厚度选定设计混合料的公称最大粒径和结构类型，根据公称最大粒径划分粗细集料，分别测定粗细集料的单料级配和物理指标，包括表观密度、毛体积密度、吸水率等。

（2）选择嵌挤状态。嵌挤状态的选择需要综合考虑交通、压实以及气候条件。一般条件下，交通量越大，需要的矿料间隙率越大，粗集料的嵌挤越趋于紧密。

（3）对粗细集料单料的松散密度、捣实密度和振实密度进行实测。将测得的数据输入相应的计算机程序。计算过程中考虑粗细集料的交叉、干涉等条件。

（4）在计算程序中依次输入以下参数值：

①各种粗细集料的初始选择密度。粗集料的初始选择密度介于捣实与松散密度之间，更接近于松散密度。细集料的初始选择密度介于捣实与松散密度之间，更接近于捣实密度。

②赋予各粗细集料质量值比一个初始值。

③输入公称最大粒径计算的通过率的设定值，一般为 90% 或 95%。输入形成嵌挤

的粒径比例系数,一般取 0.22 ~ 0.25。

(5)根据赋予初始值以后得出的级配曲线的嵌挤点粒径与试验嵌挤点筛孔的大小,重新调整选择密度。如果采用连续级配曲线计算出的形成嵌挤的尺寸大于所试验的筛孔,则设计时粗集料的状态应当更趋向于密实状态;反之,则设计时粗集料的状态应当更趋向于松散状态。

(6)检验所得级配的 CA 比、$FA_C$ 比、$FA_F$ 比等级配参数。调整粗集料之间的比例,使 CA 比达到要求。调整细集料之间的比例,使 $FA_C$ 比、$FA_F$ 比达到要求。

(7)确定 0.075mm 筛孔的通过率。根据设定 0.075mm 筛孔的通过率和合成级配曲线所预估的矿料间隙率,以及预估的沥青含量所计算的粉胶比对 0.075mm 筛孔的通过率的取值进行反复调整,直至满意为止(沥青含量预估方法可以参考 Superpave 方法或其他方法)。

(8)对设计出的矿料级配结构进行取整调整。一般由计算机设计出的各种矿料级配组成为小数,为了便于工程应用,通常对计算所得的级配进行取整,但各比例之和仍为 100%。

(9)将设计出的级配组成作为设计过程中确定级配结构的级配曲线之一,根据使用的具体要求再调整出两条级配曲线作为体积设计的对比曲线以进行下一步的设计,可以使用马歇尔法或旋转压实设计方法。

(10)采用马歇尔法,根据所选定的级配曲线进行马歇尔试件的成型。计算设计沥青含量对应的体积指标参数,包括空隙率 VV、矿料间隙率 VMA、饱和度 VFA,根据这些结果拟订马歇尔设计的体积指标技术范围和级配控制范围。

(11)对设计的混合料进行嵌挤状态分析,检验粗集料组成是否满足所设计的骨架状态。

# 附录 B　集料松散、捣实、振实状态密度及空隙试验方法

## B.1　目的

测定集料的松散密度、捣实密度,以及松散、捣实及振实状态下的空隙率。

## B.2　仪器与材料

(1)天平或台秤:感量不大于称量的0.2%。

(2)容量筒:适用于集料松散、捣实状态密度测定的容量筒,其标准应符合表B.2。

表 B.2　容量筒的规格要求

| 集料公称最大粒径(mm) | 容量筒容积(L) | 容量筒规格(mm) | | | 筒壁厚度(mm) |
|---|---|---|---|---|---|
| | | 内径 | 净高 | 底厚 | |
| ≤4.75 | 3 | 155±2 | 160±2 | 5.0 | 2.5 |
| 9.5~26.5 | 10 | 205±2 | 305±2 | 5.0 | 2.5 |

(3)平头铁锹。

(4)烘箱:能控温105℃±5℃。

(5)捣棒:直径16mm、长600mm、一端为圆头的钢棒。

## B.3　试验准备

按照T 0301的方法取样、缩分,质量应满足试验要求,在105℃±5℃的烘箱中烘干,也可以摊在清洁的地面上风干,拌匀后分成两份备用。

## B.4　试验步骤

### B.4.1　松散密度

取试样一份置于平整干净的水泥地(或铁板)上,用平头铲铲起试样,使平头铲齐口至集料最上面距离保持为50mm,让集料自由落入容量筒中;装满容量筒后,双手横端捣棒推除筒口表面的颗粒,同时转动捣棒;相对集料而言捣棒应向上转动,以合适的颗粒填

入凹陷空隙,使表面稍凸起部分和凹陷部分体积大致相等;称取试样和容量筒总质量($m_2$)。

**B.4.2** 捣实密度

将试样装入符合要求规格的容量筒中达到容量筒 1/3 的高度,用捣棒由边至中捣实 25 次,捣棒捣实深度为集料总厚度;再向容量筒中装入 1/3 高度的试样,用捣棒均匀捣实 25 次,捣实深度约至下层的表面;然后重复上一步骤,使集料略高于容量筒口,以B.4.1 的方法推平集料,称取试样和容量筒总质量($m_2$)。

**B.4.3** 振实密度

按堆积密度试验步骤,将装满试样的容量筒放在振动台上,振动 3min,或者将试件分三层装入容量筒:装完一层后,在筒底垫放一根直径为 25mm 的圆钢筋,将筒按住,左右交替颠击底面各 25 下;然后装入第二层,用同样的方法颠实(但筒底所垫钢筋的方向应与第一层放置方向垂直);然后再装入第三层,如法颠实。待三层试样装填完毕后,加料填到试样超出容量筒口,用钢筋沿筒口边缘滚转,刮下高出筒口的颗粒,用合适的颗粒填平凹处,使表面稍凸出部分和凹陷部分的体积大致相等,称取试样和容量筒总质量($m_2$)。

**B.4.4** 容量筒容积的标定

用水装满容量筒,擦干筒外壁的水分,称取容量筒与水的总质量($m_w$),并按水的密度对容量筒的容积做校正。

## B.5 计算

**B.5.1** 容量筒的容积按式(B.5.1)计算:

$$V=\frac{m_w-m_1}{\rho_t} \tag{B.5.1}$$

式中:$V$——容量筒的容积(L);

$m_1$——容量筒的质量(kg);

$m_w$——容量筒与水的总质量(kg);

$\rho_t$——试验温度 $t$(℃)时水的密度(g/cm$^3$)。

**B.5.2** 密度(包括松散状态、捣实状态、振实状态)按式(B.5.2)计算,计算至小数点后 2 位。

$$\rho=\frac{m_2-m_1}{V} \tag{B.5.2}$$

式中：$\rho$——与各种状态相对应的松散密度（$t/m^3$）；

$m_1$——容量筒的质量（kg）；

$m_2$——容量筒与试样的总质量（kg）；

$V$——容量筒的容积（L）。

**B.5.3** 集料捣实状态下的间隙率按式（B.5.3）计算。

$$VCA_{DRC} = \left(1 - \frac{\rho}{\rho_b}\right) \times 100 \tag{B.5.3}$$

式中：$VCA_{DRC}$——捣实状态下集料间隙率（%）；

$\rho_b$——集料的毛体积密度（$t/m^3$）；

$\rho$——集料的捣实密度（$t/m^3$）。

# 附录C 多级嵌挤密级配设计方法算例

## C.1 算例模型

本例采用两种粗集料、两种细集料和填料,具体各档料级配组成如表C.1-1,密度指标见表C.1-2。粗集料的选取密度宜为松装密度的95%～105%,对于嵌挤密实型沥青混合料选取的设计密度应大于95%,以保证混合料的骨架稳定。本例中设计密度选择为松装密度的103%,$P_{0.075}=4.0\%$。经试验,两种粗料(CA#1和CA#2)按体积比65:35组成(依照我国常用级配对粗集料部分进行反算得到)时的松装空隙率最小,两种细集料(FA#1和FA#2)按体积比36:64组成时的干捣空隙率最小。

表C.1-1 各档料级配组成

| 级配组成 | 筛孔(mm)通过率(%) | | | | | | | | | | |
|---|---|---|---|---|---|---|---|---|---|---|---|
| | 19 | 16 | 13.2 | 9.5 | 4.75 | 2.36 | 1.18 | 0.6 | 0.3 | 0.15 | 0.075 |
| 粗料CA#1 | 97.1 | 77.2 | 48.3 | 12.5 | 0.7 | 0.7 | 0.7 | 0.7 | 0.7 | 0.7 | 0.6 |
| 粗料CA#2 | 100 | 100 | 100 | 97.6 | 25.1 | 4.2 | 2.7 | 1.8 | 1.2 | 0.9 | 0.5 |
| 细料FA#1 | 100 | 100 | 100 | 100 | 94.5 | 78.6 | 55.9 | 29.9 | 10.7 | 6.6 | 4.5 |
| 细料FA#2 | 100 | 100 | 100 | 100 | 98.9 | 64.4 | 39.9 | 23.3 | 13.1 | 9.0 | 4.1 |
| 填料MF | 100 | 100 | 100 | 100 | 100 | 100 | 100 | 100 | 99.9 | 99.6 | 92.5 |

表C.1-2 各档料密度值

| 项　目 | 粗料CA#1 | 粗料CA#2 | 细料FA#1 | 细料FA#2 | 填料MF |
|---|---|---|---|---|---|
| 毛体积相对密度 | 2.711 | 2.705 | 2.544 | 2.621 | 2.657 |
| 表观相对密度 | 2.738 | 2.743 | 2.653 | 2.725 | |
| 松装密度($kg/m^3$) | 1 395 | 1 438 | 1 533 | 1 633 | |
| 干捣密度($kg/m^3$) | 1 553 | 1 552 | 1 623 | 1 885 | |

## C.2 计算步骤

**C.2.1** 初步计算粗细料组成比例

设计密度取为松装密度的103%,CA#1和CA#2按照65:35混合后,每立方米体积内各粗料量为:

CA#1:1 395×103%×65%=934.0kg

CA#2:1 438×103%×35%=518.4kg

粗集料间隙率计算公式为:

$$VCA = \left(1 - \frac{设计密度}{粗集料毛体积密度}\right) \times 粗集料百分率 \qquad (C.2.1\text{-}1)$$

则本例中粗集料间隙率:

$$VCA = \left(1 - \frac{1\,395 \times 103\%}{2\,711}\right) \times 65\% + \left(1 - \frac{1\,438 \times 103\%}{2\,705}\right) \times 35\%$$
$$= 46.4\% \qquad (C.2.1\text{-}2)$$

假定上述空隙完全由细料按干捣密度填充,每立方米体积所需细料量为:

FA#1 :1 623×46.4%×36%=271.0kg

FA#1 :1 885×46.4%×64%=559.6kg

每立方米粗细料总量为:934.0+518.4+271.0+559.6=2 283.0kg

经计算初步确定各档集料的组成比例:

CA#1 :934.0/2 283×100%=40.9%

CA#2 :518.4/2 283×100%=22.7%

FA#1 :271/2 283×100%=11.9%

FA#2 :559.6/2 283×100%=24.5%

**C.2.2** 考虑粗料中含有细料和细料中含有粗料,需对组成比例进行调整。本例中,公称最大粒径取19mm,则粗细料划分界限(PCS)为4.75mm,粗料中所含细料为:

CA#1 :40.9%×0.7%=0.29%

CA#2 :22.7%×25.1%=5.70%

总量 :0.29%+5.7%=5.99%

细集料中所含粗料为:

FA#1 :11.9%×5.5%=0.65%

FA#2 :24.5%×1.1%=0.27%

总量 :0.65%+0.27%=0.92%

对粗料调整为:

CA#1* :$40.9\% + 0.29\% - \frac{40.9\% \times 0.92\%}{40.9\% + 22.7\%} = 40.6\%$

CA#2* :$22.7\% + 5.7\% - \frac{22.7\% \times 0.92\%}{22.7\% + 40.9\%} = 28.1\%$

对细集料调整为:

FA#1* :$11.9\% + 0.65\% - \frac{11.9\% \times 5.99\%}{11.9\% + 24.5\%} = 10.6\%$

FA#2* :$24.5\% + 0.27 - \frac{24.5\% \times 5.99\%}{11.9\% + 24.5\%} = 20.7\%$

**C.2.3** 考虑0.075mm通过率对集料比例进行调整。

合成集料中含0.075mm以下料为:

CA#1 :40.6% ×0.6% =0.24%

CA#2 :28.1% ×0.5% =0.14%

FA#1 :10.6% ×4.5% =0.48%

FA#2 :20.7% ×4.1% =0.85%

所需填料:

$$MF:\frac{P_{0.075\text{设计}}-P_{0.075\text{合成}}}{P_{0.075\text{填料}}}=\frac{4\%-0.24\%-0.14\%-0.48\%-0.85\%}{92.5\%}=2.5\%$$

因填料MF中不含2.36mm以上部分,所以粗料不需调整。细料调整为:

$$FA\#1^{*}:10.6\%-\frac{10.6\%\times2.5\%}{10.6\%+20.7\%}=9.7\%$$

$$FA\#2^{*}:20.7\%-\frac{20.7\%\times2.5\%}{10.6\%+20.7\%}=19.1\%$$

最后各档料比例为:CA#1*∶CA#2*∶FA#1*∶FA#2*∶MF =40.6∶28.1∶9.7∶19.1∶2.5。合成级配见表C.2.3-1,CA、$FA_C$、$FA_F$ 值见表C.2.3-2。

**表C.2.3-1 合成级配**

| 筛孔(mm) | 通过率(%) | 筛孔(mm) | 通过率(%) |
|---|---|---|---|
| 19 | 98.8 | 1.18 | 16.6 |
| 16 | 90.7 | 0.6 | 10.6 |
| 13.2 | 79 | 0.3 | 6.7 |
| 9.5 | 63.8 | 0.15 | 5.4 |
| 4.75 | 37.9 | 0.075 | 4.0 |
| 2.36 | 23.9 | | |

**表C.2.3-2 合成级配检验参数值**

| CA | $FA_C$ | $FA_F$ |
|---|---|---|
| 0.72 | 0.44 | 0.4 |

# 附录 D 热拌沥青混合料配合比设计实例

## D.1 概述

本设计实例为山东省某高速公路建设工程 SDM-20 配合比设计,采用马歇尔设计方法。

## D.2 原材料试验

本工程采用2种规格的石灰岩类粗集料 CA#1、CA#2,细集料为玄武岩类 FA#1、石灰岩 FA#2 和河砂 3 种,填料为石灰岩质矿粉(矿粉中添加占混合料总重 1.3% 的生石灰粉)。沥青采用 SBS 改性沥青,原材料筛分及密度试验结果见表 D.2-1 和表 D.2-2。

**表 D.2-1 原材料级配组成**

| 级配组成 | 筛孔(mm)通过率(%) | | | | | | | | | | | |
|---|---|---|---|---|---|---|---|---|---|---|---|---|
| | 26.5 | 19 | 16 | 13.2 | 9.5 | 4.75 | 2.36 | 1.18 | 0.6 | 0.3 | 0.15 | 0.075 |
| 粗料 CA#1 | 100 | 89.7 | 40.0 | 12.2 | 2.3 | 1.2 | 1.2 | 1.2 | 1.2 | 1.2 | 1.2 | 0.7 |
| 粗料 CA#2 | 100 | 100 | 100 | 95.4 | 64.8 | 10.0 | 1.6 | 1.6 | 1.6 | 1.6 | 1.6 | 0.9 |
| 细料 FA#1 | 100 | 100 | 100 | 100 | 100 | 99.6 | 7.8 | 3.0 | 2.8 | 2.7 | 2.5 | 2.4 |
| 细料 FA#2 | 100 | 100 | 100 | 100 | 100 | 99.6 | 81.9 | 64.8 | 49.3 | 35.6 | 16.6 | 2.4 |
| 河砂 | 100 | 100 | 100 | 100 | 100 | 87.5 | 72.2 | 58.5 | 38.3 | 20.0 | 11.9 | 3.7 |
| 矿粉 | 100 | 100 | 100 | 100 | 100 | 100 | 100 | 100 | 100 | 99.9 | 99.6 | 97.1 |

**表 D.2-2 原材料的密度及吸水率**

| 项 目 | 粗料 CA#1 | 粗料 CA#2 | 细料 FA#1 | 细料 FA#2 | 河砂 | 矿粉 |
|---|---|---|---|---|---|---|
| 毛体积密度($g/cm^3$) | 2.723 | 2.722 | 3.106 | 2.533 | 2.715 | 2.725 |
| 视密度($g/cm^3$) | 2.741 | 2.742 | 2.942 | 2.648 | 2.744 | 2.725 |
| 松装密度($kg/m^3$) | 1 388 | 1 415 | 1 517 | 1 576 | 1 486 | |
| 干捣密度($kg/m^3$) | 1 567 | 1 578 | 1 773 | 1 791 | 1 676 | |
| 吸水率($g/cm^3$) | 0.24 | 0.26 | 1.79 | 1.71 | 0.39 | |

## D.3 级配确定

**D.3.1** 按照附录C的方法进行级配设计,根据原材料的特性及工程所在地的气候条件,以4.75mm为关键筛孔且填料比例不变,确定粗细不同的三个级配见表D.3.1-1和表D.3.1-2,并按式(D.3.1-1)~式(D.3.1-5)分别计算三个级配合成矿料的平均毛体积相对密度 $\gamma_{sb}$ ,合成表观相对密度 $\gamma_{sa}$ ,合成矿料的沥青吸收系数 $C$ 等体积参数。计算结果见表D.3.1-3。

**表D.3.1-1 初试级配比例**

| 原材料 | 粗料 CA#1 | 粗料 CA#2 | 细料 FA#1 | 细料 FA#2 | 河砂 | 矿粉 |
|---|---|---|---|---|---|---|
| 1号级配 | 21 | 35 | 9 | 22 | 10 | 3 |
| 2号级配 | 22 | 37 | 9 | 19 | 10 | 3 |
| 3号级配 | 23 | 39 | 9 | 16 | 10 | 3 |

**表D.3.1-2 初试合成级配**

| 级配组成 | 筛孔(mm)通过率(%) | | | | | | | | | | |
|---|---|---|---|---|---|---|---|---|---|---|---|
| | 26.5 | 19 | 16 | 13.2 | 9.5 | 4.75 | 2.36 | 1.18 | 0.6 | 0.3 | 0.15 |
| 1号级配 | 100 | 97.8 | 87.4 | 80.0 | 67.2 | 46.4 | 29.7 | 24.2 | 18.7 | 13.9 | 8.9 |
| 2号级配 | 100 | 97.7 | 86.8 | 79.0 | 65.5 | 43.6 | 27.3 | 22.3 | 17.3 | 12.8 | 8.4 |
| 3号级配 | 100 | 97.6 | 86.2 | 78.0 | 63.8 | 40.8 | 24.9 | 20.4 | 15.9 | 11.8 | 7.9 |

**表D.3.1-3 合成矿料的体积参数**

| 级配 | 混合集料表观相对密度 $\gamma_{sa}$ | 混合集料毛体积相对密度 $\gamma_{sb}$ | 混合集料有效相对密度的混合值 $\gamma_{se1}$ | 回归计算 $C$ 值 | 混合集料有效相对密度 $\gamma_{se2}$ | 计算实际集料有效相对密度 $\gamma_{se}$ |
|---|---|---|---|---|---|---|
| 1号级配 | 2.749 | 2.696 | 2.728 | 0.74 | 2.735 | 2.712 |
| 2号级配 | 2.752 | 2.702 | 2.733 | 0.75 | 2.739 | 2.714 |
| 3号级配 | 2.755 | 2.708 | 2.737 | 0.76 | 2.743 | 2.708 |

按式(D.3.1-1)计算矿料混合料的合成毛体积相对密度 $\gamma_{sb}$ :

$$\gamma_{sb}=\frac{100}{\frac{P_1}{\gamma_1}+\frac{P_2}{\gamma_2}+\frac{P_3}{\gamma_3}+\cdots+\frac{P_n}{\gamma_n}} \tag{D.3.1-1}$$

式中: $P_1$ 、$P_2$ 、$P_3$ … $P_n$ ——各种矿料的比例,其和为100;

$\gamma_1$ 、$\gamma_2$ 、$\gamma_3$ … $\gamma_n$ ——各种矿料相应的毛体积密度,粗集料按T 0304方法测定,机制砂及石屑可以用筛出的2.36~4.75部分的毛体积相对密度代替,矿粉(含消石灰、水泥)以表观相对密度代替。

按式(D.3.1-2)计算矿料混合料的合成表观相对密度 $\gamma_{sa}$ :

$$\gamma_{sa}=\frac{100}{\frac{P_1}{\gamma'_1}+\frac{P_2}{\gamma'_2}+\frac{P_3}{\gamma'_3}+\cdots+\frac{P_n}{\gamma'_n}} \tag{D.3.1-2}$$

式中：$P_1$、$P_2$、$P_3\cdots P_n$——各种矿料的比例，其和为100；

$\gamma'_1$、$\gamma'_2$、$\gamma'_3\cdots\gamma'_n$——各种矿料按试验规程方法测定的表观相对密度。

合成矿料的有效相对密度 $\gamma_{se}$ 按式(D.3.1-3)计算，沥青的吸收系数 $C$ 值按式(D.3.1-4)计算，材料的合成系数率按式(D.3.1-5)计算：

$$\gamma_{se}=C\times\gamma_{sa}+(1-C)\times\gamma_{sb} \tag{D.3.1-3}$$

$$C=0.033w_x^2-0.2936w_x+0.9339 \tag{D.3.1-4}$$

$$w_x=\left(\frac{1}{\gamma_{sb}}-\frac{1}{\gamma_{sa}}\right)\times100 \tag{D.3.1-5}$$

**D.3.2** 根据初试级配的平均毛体积相对密度的大小，选择制作马歇尔试件的初始油石比。按照马歇尔成型方法成型试件，按表干法测表干毛体积相对密度，并计算三组SDM混合料的最大理论相对密度。计算三组SDM混合料试件的各项体积指标，见表D.3.2。

**表 D.3.2 SDM 混合料试件的各项体积指标**

| 体 积 指 标 | 1号级配 | 2号级配 | 3号级配 |
|---|---|---|---|
| 沥青含量(%) | 4.4 | 4.4 | 4.4 |
| 毛体积相对密度 | 2.460 | 2.447 | 2.441 |
| 最大理论相对密度 | 2.549 | 2.552 | 2.556 |
| 空隙率VV(%) | 3.5 | 4.1 | 4.5 |
| 有效沥青含量 $P_{be}$(%) | 3.87 | 3.91 | 3.94 |
| 矿料间隙率VMA(%) | 12.8 | 13.4 | 13.8 |
| 沥青饱和度VFA(%) | 72.5 | 69.5 | 67.6 |
| 粗集料间隙率VCA(%) | 53.2 | 51.1 | 49.0 |
| 稳定度(kN) | 10.9 | 10.4 | 10.3 |
| 流值FL(mm) | 2.9 | 3.1 | 3 |

按式(D.3.2-1)计算沥青混合料的最大理论相对密度 $\gamma_t$。

$$\gamma_{ti}=\frac{100}{\frac{P_{si}}{\gamma_{se}}+\frac{P_{bi}}{\gamma_b}} \tag{D.3.2-1}$$

式中：$\gamma_{ti}$——相对于计算沥青用量 $P_{bi}$ 时沥青混合料的最大理论相对密度，无量纲；

$P_{bi}$——所计算的沥青混合料的沥青用量(%)；

$\gamma_{se}$——矿料的有效相对密度，无量纲；

$P_{si}$——沥青混合料的矿料含量(%)，$P_{si}=100-P_{bi}$；

$\gamma_b$ ——沥青的相对密度,无量纲。

按式(D.3.2-2)、式(D.3.2-3)和式(D.3.2-4)分别计算马歇尔试件的空隙率 VV、矿料间隙率 VMA、有效沥青的饱和度 VFA。

$$VV = \left(1 - \frac{\gamma_f}{\gamma_t}\right) \times 100 \qquad (D.3.2\text{-}2)$$

式中:$\gamma_f$ ——沥青混合料试件的实测毛体积相对密度,由表干法测定。

$$VMA = \left(1 - \frac{\gamma_f}{\gamma_{sb}} \times P_s\right) \times 100 \qquad (D.3.2\text{-}3)$$

式中:$P_s$ ——沥青混合料中全部矿料的比例(%)。

$$VFA = \frac{VMA - VV}{VMA} \times 100 \qquad (D.3.2\text{-}4)$$

按式(A.7-1)计算沥青混合料中粗集料间隙率 VCA,按式(A.7-3)计算混合矿料中粗集料间隙率 VCA′。

分析三组级配的试验结果,1 号级配空隙率 VV 及矿料间隙率 VMA 不满足规范要求,经综合分析,选定 3 号级配作为设计级配。

## D.4 沥青含量确定

根据所选择的设计级配和初试油石比试验的结果,以 0.5% 为间隔,调整 5 个以上不同的油石比,制作马歇尔试件。试验结果如表 D.4 所示。

**表 D.4 确定沥青含量马歇尔体积指标**

| 体积指标 | 沥青含量(%) | | | | |
|---|---|---|---|---|---|
| | 3.5 | 4.0 | 4.5 | 5.0 | 5.5 |
| 毛体积相对密度 | 2.416 | 2.439 | 2.439 | 2.442 | 2.444 |
| 最大理论相对密度 | 2.588 | 2.568 | 2.549 | 2.529 | 2.510 |
| 空隙率 VV(%) | 6.7 | 5.0 | 4.3 | 3.4 | 2.6 |
| 有效沥青含量 $P_{be}$(%) | 3.0 | 3.5 | 4.0 | 4.51 | 5.4 |
| 矿料间隙率 VMA(%) | 13.7 | 13.3 | 13.8 | 14.1 | 14.5 |
| 沥青饱和度 VFA(%) | 51.4 | 62.2 | 68.9 | 75.6 | 82 |
| 稳定度(kN) | 10.0 | 10.2 | 10.8 | 10.1 | 10.4 |
| 流值 FL(mm) | 2.7 | 2.5 | 2.7 | 2.6 | 2.6 |

综合分析试验数据,空隙率为 4.5% 的沥青含量经内插为 4.4%,相应的矿料间隙率为 13.7%,饱和度为 67.6%,稳定度和流值均满足规范要求,因此,最终确定 3 号级配为

设计级配,沥青含量为4.4%。

## D.5 目标配合比性能检验

SDM混合料配合比级配及沥青含量确定后,应进行高温稳定性、低温抗裂性及水稳定性检验,试验结果见表D.5。

表D.5 目标配合比性能检验结果

| 技术指标 | 试验结果 |
| --- | --- |
| 动稳定度(次/mm) | 3 208 |
| 冻融劈裂试验的残留强度比(%) | 83.5 |
| 低温弯曲试验破坏应变(με) | 2 935 |

由SDM混合料性能试验结果可见,确定的配合比满足混合料性能要求,因此,最终确定3号级配为设计级配,设计沥青含量为4.4%。

# 附录E 热拌沥青混合料试件汉堡车辙标准试验方法

## E.1 适用范围

**E.1.1** 该试验方法系沥青混合料试件车辙与水敏感性的试验方法,主要仪器为汉堡车辙仪。

**E.1.2** 该试验描述了浸水条件下,沥青混合料试件在一来回滚动钢轮的碾压过程,主要提供了试件在移动、集中荷载下永久变形的信息。试件成型有专门仪器,试件要制作成板块状;也可以用旋转压实仪进行试件成型;现场大尺寸(255mm 或 300mm 的直径尺寸)的取芯样,及板状试件的切割件也可以进行该试验。

**E.1.3** 由于集料结构软弱,胶结料劲度不高,或水损害的原因,热拌沥青混合料容易发生早期损害,该试验主要用来评判混合料早期损害的敏感性。试验可获得车辙深度与试件破坏时的试验轮碾压次数。

**E.1.4** 由于试件是在一定温度的水环境中进行加载试验的,所以该试验可以对混合料的水稳定性进行评价。

**E.1.5** 本标准可能涉及一些危险材料、操作与设备,故而本标准并不可能对所有涉及该试验的安全性问题进行声明。在操作使用之前,本标准使用者要具有适当的安全与健康习惯,并清楚相关规章制度。

## E.2 用途与意义

用来进行热拌沥青混合料试件的车辙、水敏感性试验。

## E.3 方法简介

将试验室成型好的 HMA 试件,板块状试件的切割件,或路面压实后的取芯样,放在往返运行的钢轮下面进行荷载试验。试件浸在控制在一定温度的水浴环境中,温度一般控制在40～50℃之间，或者控制在胶结料使用的特定温度。测出试件在钢轮荷载条件下的变形行为。

## E.4 仪器

（1）汉堡车辙仪——能够运转直径为203.2mm、宽度为47mm的钢轮，电控仪器。钢轮荷载为705N±4.5N。钢轮在试件表面往复滚动，随时间进行正弦加荷。试验轮每分钟通过试件次数约为50次，运行从试件中心通过，最大速度可以达到0.305m/s。

（2）温度控制系统——用来控制水浴温度，控温范围25～70℃，控温精度±1℃。水浴槽内有机械循环系统，用来稳定试件箱内温度。

（3）压痕测量系统——用来测量试验轮产生的轮辙深度的位移传感器装置，最小分辨率0.01mm，测量区间0～20mm。传感器锚固在仪器上，可对板块状试件上轮迹中心点的压痕深度进行测量，最少的情况下，试验轮通过试件400次时，即测量一次压痕深度。该系统必须能够在不停试验轮的情况下测量出车辙深度，且测量必须参考试件的通过轮次。

（4）轮次计数器——一种非接触式螺线管，用来统计试件表面试验轮的碾压次数。考虑到试件车辙深度是通过轮次的函数，计数器发出的信号是轮迹测量数值的两倍。

（5）试件固定系统——采用不锈钢盘，牢固安装在车辙仪上，在试验过程防止试件滑动。考虑到水浴在各个方向的自由流通，系统要让试件悬置起来，并且系统设计成为能够保证试件各个边部具有最小20mm的自由水流空间。

（6）天平——最大称量上限12 000g，精确到0.1g。

（7）烘箱——用来加热集料与沥青胶结料。

（8）料盘、料勺、刮刀等。

## E.5 试件制作

试验用试件数量——每次试验需要准备两个试件，试件可以是平板状，也可以是圆柱体。

### E.5.1 热拌沥青混合料的拌制、成型

混合料配合比按照现场标准配合比进行。

（1）试件压实成型：试验室可制作板状件，也可以利用旋转压实仪制作柱状试件。

（2）平板试件的制作：利用线性捏合压实仪（Linear Kneading Compactor）进行试件成型，试件长320mm、宽260mm，厚度一般在38～100mm之间。平板试件厚度最小应为混合料公称最大粒径的两倍。压实后，试件放置在干净的平面上，冷却至室温。

（3）旋转压实仪：利用旋转压实仪进行试件制作。试件厚度在38～100mm之间，即可试验用；试件厚度最小应为集料公称最大粒径的2倍。试验需要两个直径150mm的

混合料试件。取出试件后,放在干净的平台上,冷却至室温。

**E.5.2** 现场生产的热拌沥青混合料——松散混合料

(1)试件成型:平板状试件、旋转压实试件均可。

(2)平板试件的制作:利用线性捏合压实仪(Linear Kneading Compactor)进行试件成型,试件长320mm、宽260mm,厚度一般在38~100mm之间。平板试件厚度最小应为混合料公称最大粒径的两倍。压实后,试件放置在干净的平面上,冷却至室温。

(3)旋转压实仪:利用旋转压实仪进行试件制作。试件厚度在38~100mm之间,即可试验用;试件厚度最小应为集料公称最大粒径的2倍。试验需要两个直径150mm的混合料试件。取出试件后,放在干净的平台上,冷却至室温。

**E.5.3** 现场热拌沥青混合料——现场压实(取芯样或板状件)

取芯:从沥青混合料现场路面取芯,获得芯样或平板状试件。现场芯样直径为250mm。现场板状件采用湿锯方法取芯,切割区域长度为320mm、宽为260mm,试件厚度在38~100mm之间,现场芯样或板状件的高度通常为38mm,但也需要调整高度以适应样品固定系统的尺寸。

## E.6 空隙率的控制

**E.6.1** 按照T 0705试验规程,测量HMA试件的毛体积相对密度。

**E.6.2** 按照T 0711试验规程,测量沥青混合料的最大理论密度。

**E.6.3** 对试验室压实试件,推荐的目标空隙率为7.0%±2.0%。现场试件就在其测出的空隙率条件下进行试验。

## E.7 试验过程

**E.7.1** 试件安装:用熟石膏将试件紧紧安装在样品嵌盘里。石膏浆按照石膏与水1:1的比例进行制作。石膏浆作为填充剂,倒入试件与嵌盘之间的缝隙中,与试件等高。试件下面的石膏浆层厚度不能超过2mm;石膏的凝结时间最少应保证1h。假如试验使用了其他固结材料,其应能够承受890N的荷载而不破裂。

**E.7.2** 选择试验温度:根据在用规范选择试验温度。

**E.7.3** 关闭泄水阀,往车辙仪槽内注入热水,直至浮标浮到水平位置。水温可能发生变化，必要时要进行调整。

水温达到试验温度30min后，将钢轮放下，压住试件。确保微控制LVDT传感器读数在10～18mm之间。调整LVDT高度时，松掉LVDT的紧固螺丝，上下滑动LVDT到合适的高度，再将螺丝拧紧。

**E.7.4** 开始试验

车辙仪停止条件：当钢轮碾压20 000次时，车辙仪停下；当LVDT形变量（从微控单元读数，而非操作屏幕）为40.90mm或更大时，车辙仪也停止。

**E.7.5** 关掉机器及电源，打开水浴箱下面的泄水阀门，放水。提起钢轮，取下车辙试件和隔板。

用水和抹布或厂商推荐的方法，清洁水浴箱、加热线圈、钢轮、温度探针。用吸尘器除掉沉积在水浴箱底部的细小颗粒。每次试验后都要清理过滤装置和隔板。

每次试验后转下钢轮，以确保每次试验不是钢轮表面的同一位置接触到试件。旋转可保证整个钢轮的均匀磨耗。试验应使钢轮在试件表面进行平滑运动。

## E.8 数据处理

**E.8.1** 对车辙深度—碾压次数作图。图E.8.1即为汉堡车辙仪生成的典型图。从该图上，可以得到如下信息：

(1)曲线第一稳态区间的斜率与截距；

(2)曲线第二稳态区间的斜率与截距。

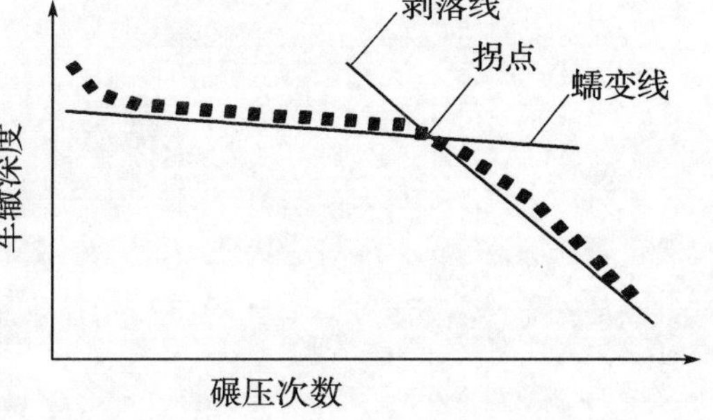


图E.8.1 汉堡车辙典型曲线图

**E.8.2** 计算

下面所有的试验参数都用“碾压次数”来表达。

剥落拐点(SIP)＝(第二区截距－第一区截距)/(第一区斜率－第二区斜率)

其中：破坏车辙深度是指试验中最大允许车辙深度。

## E.9 报告

报告应包括如下参数：

HMA制作（现场或试验室）；试件压实方法与类型（板状件或旋转压实件）；最大压痕时的碾压次数；最大压痕深度；试验温度；混合料试件空隙率（若混合料中含有抗剥落剂，注明剥落剂类别与含量）；蠕变线斜率（Creep slope）；剥落线斜率（Stripping slope）；剥落拐点。

# 本规范用词说明

为了准确地掌握规范条文,对执行规范严格程度的用词规定如下:

(1)表示很严格,非这样做不可的用词

正面词采用"必须",反面词采用"严禁"。

(2)表示严格,在正常情况下均应这样做的用词

正面词采用"应",反面词采用"不应"或"不得"。

(3)表示允许稍有选择,在条件许可时首先应这样做的用词

正面词采用"宜",反面词采用"不宜"。

(4)表示有选择,在一定条件下可以这样做的,采用"可"。

附件

# 《多级嵌挤骨架密实型沥青混合料技术规范》

（DB 37/T 1723—2010）

## 条 文 说 明

# 1 总则

**1.0.1** SDM 克服了传统磨耗层(表面层 AK)混合料抗水损害能力不足、耐久性差等缺点,在理论研究与实践检验的基础上最终形成了一整套成熟的 SDM 技术参数和设计标准。SDM 作为一种新型沥青混合料已在国内广泛应用,有必要对其技术指标、配合比设计、施工工艺以及质量控制标准进行统一,以保证 SDM 的施工质量。

**1.0.2** 山东省交通运输厅公路局与山东省交通科学研究所在对试验路跟踪观测与实践中逐步调整的基础上经过多年研究,并经大面积实体工程验证,最终提出一整套 SDM 技术参数和设计标准。本规范在吸收引进国内外相关研究成果的基础上,对其加以研究改善,提出多级嵌挤密级配沥青混合料设计方法对骨架密实型沥青混合料的设计更有针对性和指导性。

**1.0.4** 本条对环境保护与施工安全问题做出了明确的要求。

**1.0.5** SDM 作为热拌沥青混合料的一种,材料试验方法、混合料的指标计算(除本规范规定外)、施工工艺、质量检验、结构设计等方面涉及多项交通运输行业相关标准与国家标准,因此在采用本规范时如遇到本规范未提及的相关要求,应参照相关行业标准与国家标准。由于沥青混合料级配变化的多样性和复杂性,兼之各地材料资源特性和加工特性的差异,本规范规定的 SDM 级配范围不能照顾到全国不同地区的不同情况,更不能顾及特殊工程,因此,需要应用本规范中规定的多级嵌挤密级配设计理论,对具体工程项目制订更为具体的 SDM 级配和更详细的施工操作规范。凡是注日期的引用文件,仅所注日期的版本适用于本规范。凡是不注日期的引用文件,其最新版本(包括所有的修改单)适用于本规范。

SDM 设计要求设计人员具有沥青混合料配合比设计的基本知识。

# 2 术语、符号及代号

## 2.1 术语

**2.1.3** 多级沥青采用凝胶法生产,属于化学改性沥青的范畴,多级沥青的分级是根据美国铺路用黏稠沥青以黏度分级得来的。按 ASTM 标准沥青分级,多级沥青分级为 MG5-20、MG10-30、MG20-40。MAC 改性剂在沥青中形成网状格架结构,MAC 改性沥青具有其他改性沥青无法比拟的较高的黏度,它可以明显改善沥青的温度敏感性和耐老化性。多级沥青混合料的抗车辙性能与 SBS 改性沥青混合料相当甚至更好。MAC 改性剂中含有一种关键组分,能够保证改性沥青的低温性能不受影响。其应用领域广泛,1997 年多级沥青被列入了美国材料和试验协会的 ASTM D6154—97 条款中,规定了多级沥青的质量评定方法和指标,我国于 1998 年引进此项技术并同美国合作生产。

**2.1.5** SDM 是以体积法设计为基础的一种新型沥青混合料,与传统的密级配沥青混合料相比,SDM 以逐级填充理论和粒子干涉理论为基础,分别对集料级配的主、次骨架结构进行设计,形成多级嵌挤密实级配,表现出更好的高温稳定性和表面服务特性,同时又保持了密级配沥青混合料密水性强、耐老化的优点。

**2.1.6** 贝雷法是美国伊利诺伊州交通部门发明的一种确定沥青混合料级配的方法,以公称最大尺寸的 0.22 倍为主要控制粒径,要求细集料的体积数量等于粗集料空隙的体积;同理,细集料按此原理分成细集料中的粗集料和细集料中的细集料,并形成依次的填充状态。

**2.1.7** 最大理论密度线是在 0.45 次幂级配曲线图上,从原点到最大粒径所对的右上角的连线。0.45 次幂级配曲线图是 1962 年由 Good 和 Lufsey 提出的,该曲线图的横坐标采用筛孔尺寸的 0.45 次幂与单位长度的乘积值,纵坐标通过率如图 4-1 所示。如何来表征级配曲线,之前并没有统一的要求,我国常用的级配曲线有的采用等分线坐标,有的采用半对数线坐标。Superpave 沥青混合料设计体系采用 0.45 次幂级配曲线图来表征沥青混合料矿料的级配,认为沥青混合料的级配曲线在 0.45 次幂级配曲线图上越靠近最大理论密度线,混合料的密度越大。最大理论密度线可以作为级配设计时的参考,由于不同的原材料组成矿质混合料的体积特征不尽相同,其级配的设计也应有所不同,例如棱角性较好的集料,其级配可以相对靠近最大理论密度线,而天然砂含量高的级配原则应偏离最大理论密度线等。

**2.1.8** 用来表征一定粒径之间含量分布的合理性。$S_c$ 越接近于1,说明该粒径范围内的集料含量分布越密实。

# 3 材料

## 3.1 一般规定

原材料是保证沥青混合料质量的最基本条件,原材料的性质、加工工艺直接影响沥青混合料级配设计与混合料性能。SDM 中矿料占到混合料总质量的95%左右,在沥青路面中起到负荷作用,矿料的质量和其物理性能极大地影响着路面的性能,因此必须对所采用的原材料进行详细调查并进行相关检验,为配合比设计、质量控制指标、施工工艺提供最基础的数据。原材料的稳定性是影响沥青混合料性能与质量控制的另一重要因素,必须保证施工过程中原材料的稳定性,尽量减少变异性,施工过程加强原材料抽检,同时必须保证同一规格材料为同一料源,为混合料的稳定性提供保证。

对矿料的要求,在符合《公路沥青路面施工技术规范》(JTG F40—2004)表4.8.3技术要求的基础上进行了补充:所有的矿料必须清洁、无塑性。沥青混合料中的黏土颗粒成分可以引起沥青混合料的体积膨胀,在水的作用下引起沥青膜与矿料间的剥离现象。因此要求矿料中小于0.075mm的部分其塑性指数小于4%,同时对原石提出了要求。

## 3.2 粗集料

SDM 粗集料起骨架作用,粗集料的质量和物理性能极大地影响着混合料的使用性能,因此混合料中粗集料应使用破碎的硬质集料。

当 SDM 用作表面层时,粗集料要求具有良好的颗粒形状与表面纹理,与沥青应有良好的黏结力,应控制石灰岩类集料表面的含泥量,基性火成岩类集料同沥青的黏附性较弱,必须采取掺加石灰粉的措施以提高混合料的水稳定性能。

## 3.3 细集料

**3.3.2** 必须明确石屑与机制砂是有本质区别的,机制砂是由制砂机生产的细集料,粗糙、洁净、棱角性好,应推广应用。石屑是石料破碎过程中表面剥落或撞下的棱角、细粉,它虽然棱角性好、与沥青的黏附性好(石灰岩质),但粉尘含量很多、强度偏低、扁片含量及碎土比例很大,且施工性能差、不易压实。因此,国外大都限制石屑的采用,而推广机制砂。

对于天然砂，一般价格较机制砂低，可以选择使用，但由于近年来降水较少，大部分河流砂源逐渐减少，且部分砂规格变异性较大，含泥量较高，因此本规范中对天然砂的用量做了限制，即不得超过集料总量的10%。

所有人工生产的细集料生产过程中必须采用除尘装置。

**3.3.3** 天然砂的质量变化较大，一般天然砂的颗粒形状较圆滑，棱角性差，影响混合料的内摩阻力，并且含有一些有害成分，影响与沥青的黏附性。当SDM用作表层时，为保证其高温稳定性和水稳定性，建议限制天然砂的用量上限。开采天然砂必须取得当地政府主管部门的许可，并符合水利及环境保护的要求。

**3.3.5** 细集料中黏土颗粒含量将影响混合料的水稳定性，黏性土的存在易使沥青从集料表面剥落。针对细集料的洁净指标，给出了砂当量与亚甲蓝试验两种方法，Superpave规定采用砂当量试验确定该部分的含泥量限制，分别针对不同规格的细集料，并且为了更严格控制细集料中黏土的含量，将砂当量指标提高。NCHRP项目4-19认为亚甲蓝试验方法可能更好地反映出碱性颗粒在细集料中的用量，并纳入到AASHTO规范。关于细集料的棱角性，美国Superpave采用间隙率法，欧洲一些国家采用流动时间法，目前在国内两种方法都有采用，因此本规范给出了两种方法的指标要求，试验时优先采用流动时间法。

## 3.4 填料

填料应采用石灰岩质矿粉。为了提高沥青混合料的抗水损害能力，矿粉在生产过程中应加入占混合料总量1.3% ±0.3%的石灰粉。石灰粉能够有效地改善集料与沥青的界面结合条件，作为抗剥落剂使用。石灰粉的添加在山东省已经得到大量的应用，实践证明效果非常好。石灰粉同矿粉可以分别放置于粉料罐中，按要求比例进行掺加。考虑到实施的方便性，在矿粉生产过程中可以直接按照一定比例将生石灰块与石灰岩一块进行磨细生产，同时也可避免消石灰粉中含水率难以控制。当实践证明消石灰粉的添加比例、含水率得到良好控制，并且在施工过程中容易添加时，采用消石灰粉也是允许的。

小于0.075mm部分含量的多少对沥青混合料的性能影响很大，混合料级配中该部分含量必须考虑粗细集料本身带有的粉尘部分。

矿粉中0.075mm以下部分的含量对混合料的性能影响较大，应严格控制并保持其在一定的范围内。

## 3.5 沥青胶结料

**3.5.1** 沥青胶结料类型及标号应结合当地的气候分区及使用经验确定，其技术指标应该符合《公路沥青路面施工技术规范》(JTG F40—2004)4.2的规定。

**3.5.2** 沥青胶结料的技术要求适应于气候分区为1-3(夏炎热冬冷区)。

**3.5.4** 多级沥青胶结料是一种新型改性沥青,具有良好的路用性能,自1998年引进山东以来,在多种混合料类型中得到了大量应用,如SMA、LSPM、SDM、OGFC、SUPERPAVE、AC等,经过多年的实践验证,其能够改善混合料的路用性能,特别是高温稳定性,因此本规范将其列入,其技术指标是综合山东省多年的应用研究并参照美国ASTM标准确定的。

# 4　混合料组成设计

## 4.1　混合料组成设计原则

SDM 通常为粗型(C 型)沥青混合料,其设计有别于传统的最大密实级配理论。从矿质混合料的体积结构出发,采用分级填充的方法,在保证混合料密实的条件下使各级的相对粗集料形成嵌挤,从而提高沥青混合料的内摩阻力,提高沥青混合料的稳定性。其级配的设计与材质、材料特性等有较大的关系,因此必须针对所采用的材质、材料特性、加工工艺等进行相关调查,借鉴成功的经验。

## 4.2　矿料级配设计

**4.2.1**　级配是指沥青混合料中不同粒径的分布,一般采用各个筛孔的通过率表示,它是沥青混合料中矿料的最重要特性,几乎影响到沥青路面的各个方面的性能。一个良好的路面沥青混合料的设计都要从沥青混合料的级配结构选择入手。如何通过对级配曲线走向即不同粒径的分布进行限定,以提供更好的沥青混合料性能需要从以下几个方面考虑:其一,是通过级配中粗细集料的分布,使混合料粗集料形成稳定的骨架结构;其二,是通过良好的级配组成,使得混合料具有良好的体积性质;其三,是对级配中粗集料部分的合理组成进行分析,减少混合料施工过程中的离析现象;其四,是对级配在生产过程中对施工过程产生的影响如压实稳定性等问题进行分析。

早在 1940 年,Hveem 对级配和性能的影响关系做了定性研究分析,给出了可能发生问题的区域提示。这几个区域主要分成四部分。标示在 0.45 次幂级配曲线图上如图 4-1 所示。

(1)0.075 ~0.60mm,如果这一部分含量过高,属于“驼峰”级配,沥青含量稍多就会造成混合料的不稳定;

(2)0.15 ~2.36mm,如果这一部分含量过低,混合料空隙过大,抗拉强度较低;

(3)最粗的集料部分含量过多,级配曲线最大筛孔附近过于陡直,则混合料容易离析;

(4)级配曲线最大筛孔附近过于平缓,粗集料相对较稀,表面均匀易于修正。

山东省交通运输厅公路局与山东省交通科学研究所根据课题研究成果和工程实践经验,认为级配对路面沥青混合料的影响仍可以细化。以公称最大尺寸为 13.2mm 的表面层混合料为例,至少在以下几个方面级配对混合料的性能有着重要的影响:

(1)0.075mm 以下含量对混合料的设计沥青含量、沥青膜厚度、沥青混合料的体积性质(VMA、VFA)、路面抗泛油的能力等性能的影响；

(2)0.075～1.18mm 部分对混合料体积性质的影响；

(3)2.36mm、4.75mm 通过率对混合料骨架结构、混合料的抗车辙能力、混合料的压实特性、混合料压实的不稳定区的影响；

(4)2.36～4.75mm 部分含量对构造深度的影响；

(5)2.36mm、4.74mm 以上对离析的影响；

(6)13.2mm 通过率对混合料离析的影响；

(7)最大粒径对离析、压实性能的影响；

(8)级配粗集料部分的分布对压实不稳定区的影响。

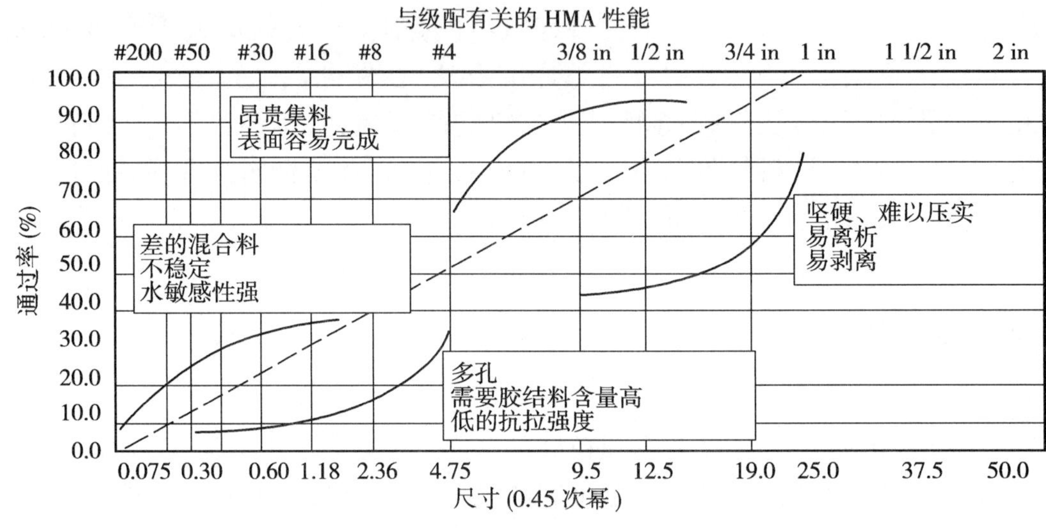


图 4-1 Hveem 研究沥青混合料级配对性能的影响

SDM 的级配组成特征有别于传统的连续密级配混合料,后者虽然可以得到最佳的密实度和较大的黏结力,但是由于粗集料在混合料中一般呈悬浮状态,混合料的内摩阻力并非最佳。根据混合料的强度理论,混合料的抗剪强度来自两部分,其一是胶结料起主要作用的黏结力,其二是矿料起主要作用的内摩阻力。内摩阻力的提高一方面要求原材料有较好的颗粒性状,另一方面要求矿料混合料中粗集料形成稳定的嵌挤结构。一定量的细集料和填充料填充在粗集料之间,但是不能影响到粗集料的嵌挤骨架结构,因此,混合料是否形成嵌挤结构便成为决定混合料抗剪能力强弱的重要指标。

本规范根据山东省原材料情况制订了相应的 SDM 工程推荐级配范围供设计时采用,但并不表明此范围适用于任何原材料种类。由于集料的棱角性及粗糙程度的不同,其形成的骨架结构也不同。当集料棱角性较差、表面粗糙度低时,其骨架的间隙率偏低、稳定性较差,此时设计的级配应较中值偏粗一些,并应提高形成骨架结构集料的用量;当集料棱角性高、表面粗糙度大时,其骨架的间隙率高,所形成的骨架结构稳定性好,但不易压实,此时设计的级配应较中值偏细一些。当集料的压碎值满足规范要求但较低时,在碾压过程中及交通重载作用下易被压碎而改变其级配,此种集料的稳定性较低,此时设计的级配应较中值偏粗一些,并应提高形成骨架结构集料的用量。因此,施工设计时应充分考虑原材料性能、结构层所处层位、功能要求以及地理、气候、交通等条件,并根据成功经验进行级配控制范围的优化。

## 4.3 混合料设计

**4.3.1** 我国多年以来一直采用标准马歇尔试验进行沥青混合料的设计和研究,该法在我国应用比较普遍,也比较容易接受,但是不如旋转压实仪能够更好地模拟现场压实情况。旋转压实仪被 SHRP 选作用来进行高级路面的设计与评价,我国大部分研究机构已经引进,但是由于其价格昂贵,设计理念比较新颖,国内施工单位大多不具备条件。考虑目前施工单位配备旋转压实仪困难很大,现场仍以马歇尔法为准,但在设计时应对两种方法进行对比。

**4.3.2** 多级嵌挤结构的设计方法是在美国贝雷法设计的基础上进一步拓展深化提出的,贝雷法设计虽然给我们提供了一个非常好的结构设计的理念,但是在其应用过程中还有一些问题需要进一步的探讨:

(1)该方法采用的是平面三圆模型,这个模型与混合集料实际状态相差甚远,集料的状态是一种立体的填充状态,混合料的体积状态和填充状态不能恰当地反映出来,以此状态作为填充粒径的确定依据可能仅适用于 Superpave 混合料。

(2)嵌挤点控制和级配参数计算由于采用的都是标准筛孔值,该方法对于不同粒径的混合料形成嵌挤的粒径比例关系是不同的(嵌挤系数是浮动变化的),也就是说对于公称最大尺寸不同的混合料,形成嵌挤的条件是不同的。

(3)由于不同混合料嵌挤系数的变化导致不同混合料级配控制参数上没有统一的可比性。

(4)没有考虑矿粉的体积填充影响。

多级嵌挤密级配设计方法吸取了贝雷法设计的不足,用三维球体来代替不规则的矿质粒料,描述其空间的排列和填充状态,根据混合料中不同粒径状态下矿料空隙率确定矿料间是否形成嵌挤,由不发生干涉状态下填充小球的直径确定影响混合料嵌挤结构的关键筛孔,通过分析得到以下结论:

(1)松散状态数学模型相当于八球排列状态,捣实状态和振实状态相当于由六球和四球排列合成。

(2)混合料粒料可以发生填充的粒径尺寸应当为公称最大粒径的0.2~0.4倍,因此可以确定为级配的关键筛孔。

(3)通过对不同情况下集料空隙率的测试研究分析,可以确定混合集料是否形成了嵌挤结构。

根据相关的研究,当粗集料位于松散和捣实状态之间即认为已经达到了嵌挤状态。达到嵌挤状态以后沥青混合料在路用性能和施工性能上表现出许多特殊性。在沥青混合料设计过程中,压实后沥青混合料中形成填充控制筛孔以上的矿料间隙率 VCA 只要小于松散状态的矿料间隙率 VCA,即认为该混合料已经形成了嵌挤结构。图 4-2 为不同沥青含量的沥青混合料,在不同的筛孔孔径和相同孔径的混合矿料在松散、捣实、振实状态下的 VCA 的比较图。图中显示该级配的沥青混合料 4.75mm 以上粒径基本呈现的是悬浮状态,大于2.36mm 部分已经形成了嵌挤结构。也就是说,如果把2.36mm 以上粒径看作粗集料的集合体,集合体之间形成了嵌挤。根据图 4-2 的显示结果,粗集料在沥青混合料中可以达到松散状态的密度,而细集料的填充密度要大于松散密度。

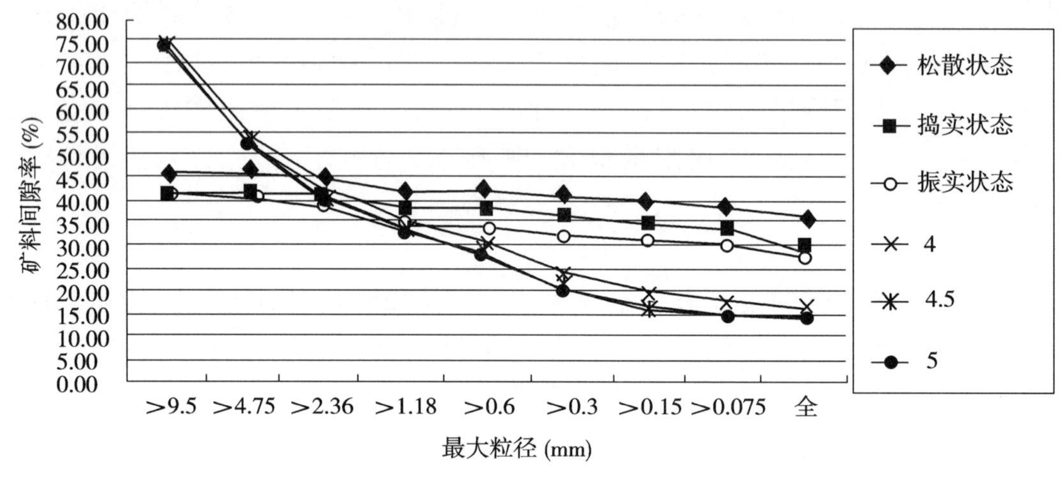


图 4-2 嵌挤状况分析图

**4.3.3** 采用多级嵌挤密级配设计方法进行矿料级配设计时,山东省交通运输厅公路局与山东省交通科学研究所分别按照我国规范要求的马歇尔设计方法、美国沥青协会马歇尔方法、Superpave 设计方法进行设计,综合混合料设计的研究成果认为,以马歇尔试件空隙率为代表的马歇尔设计的体积指标要求应根据交通量特征有所区别,进而提出了相应的技术标准,以此标准设计出的 SDM 与传统密级配马歇尔混合料存在一定差异,表现在:

(1)随着沥青含量的增大,混合料的试件密度逐步增大,沥青混合料的密度—沥青含量曲线呈半抛物线。

(2)马歇尔稳定度没有明显的抛物线状变化,稳定度为不规则曲线。随着沥青含量的变化,稳定度变化不明显。

(3)饱和度达不到普通沥青混合料 70% ~85% 的要求,一般在 65% ~75% 之间,这与美国沥青协会的马歇尔设计方法中重交通条件下的要求相吻合。

(4)矿料间隙率 VMA—沥青含量的关系曲线通常为倒半抛物线左侧。

(5)设计沥青含量的取值不能考虑试件密度最大值对应的沥青含量 $a_1$ 和稳定度最大值对应的沥青含量 $a_2$,仅以空隙率中值对应的沥青含量 $a_3$ 作为 DAC1。

(6)由于不同的试验方法得出的密度值存在着较大的差别,试件密度计算以饱和面干法计算为准。

(7)嵌挤结构的沥青混合料的高温抗车辙能力较普通密级配沥青混合料有较大幅度的提高,普通密级配沥青混合料的动稳定度在 600 ~1 500 次/mm,而嵌挤密实结构沥青混合料通常可以达到 2 000 次/mm 以上。

(8)由于嵌挤密级配沥青混合料的骨架嵌挤较好,对达到相同密度混合料时的压实功有更高要求。

按图4-3的方法,以沥青含量或油石比为横坐标,以马歇尔试验或SGC试验的各项指标(SGC试验无稳定度、流值要求)为纵坐标,将试验结果点入图中,连成光滑的曲线。

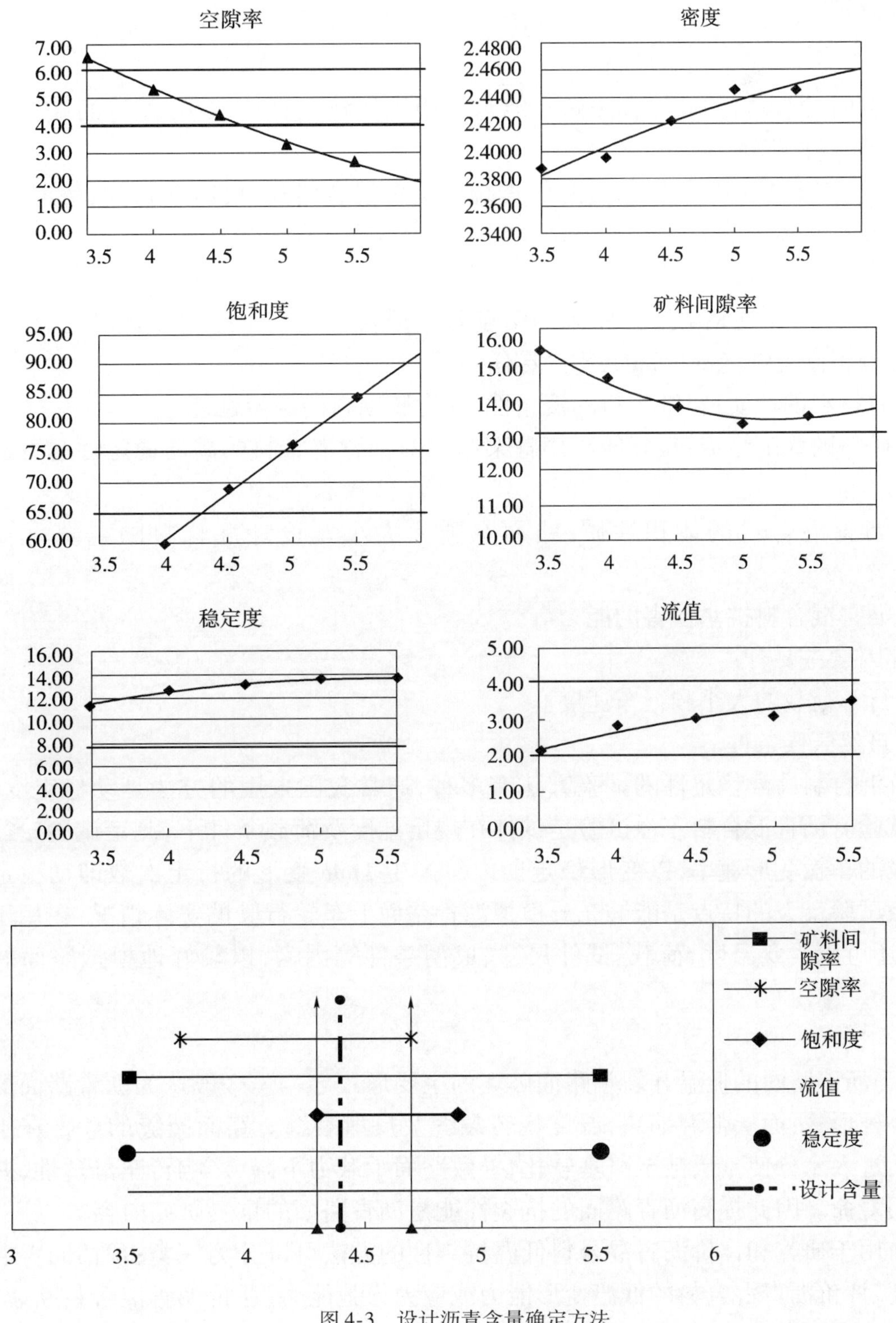


图4-3 设计沥青含量确定方法

按照马歇尔方法进行沥青混合料设计时,混合料密度及稳定度同沥青含量关系曲线中通常不会出现峰值,应采用设计空隙率对应的沥青含量作为设计沥青含量,设计沥青含量下的 SDM 必须同时满足 VMA、VFA、流值等其他指标的要求。

## 4.4 性能检验

目前,沥青混合料的设计方法尚不能与路用性能建立直接联系,设计的结果是使各种性能得到一种平衡。

SDM 为多级嵌挤型混合料,因此较传统密级配混合料具有良好的高温稳定性、低温抗裂性能及抗水损害能力。

**4.4.1** 山东省交通运输厅公路局与山东省交通科学研究所经过课题研究,总结出影响沥青混合料高温性能的内部因素主要有:

(1)原材料的性质:粗细集料的棱角性、沥青胶结料的高温性能。

(2)矿料的级配组成:良好的嵌挤骨架结构对沥青混合料的高温稳定性起着非常重要的作用。

(3)沥青混合料的体积性质:路面空隙率大小及设计混合料的空隙率、VMA、VFA 等。

(4)沥青混合料抗水损害的能力。

外部因素主要有:

(1)行车荷载的大小和行车速度。

(2)自然气候条件。

评价混合料高温稳定性的试验方法有多种,通常我国采用的方法是动稳定度试验,即车辙试验。沥青混合料车辙试验是试件在规定温度及荷载条件下,测定试验轮往返行走所形成的车辙变形速率,以变形稳定期内每产生 1mm 变形的行走次数即动稳定度表示。车辙试验最大的特点是能够充分模拟沥青路面上车轮行驶的实际情况,在用于试验研究时,还可以改变温度、荷载、试件尺寸、成型条件等因素,以较好地模拟路面的实际情况。

**4.4.2** 沥青路面的低温开裂是路面破坏的主要形式之一。一般认为沥青路面的低温开裂有 3 种形式:面层低温缩裂、温度疲劳裂缝及反射裂缝。路面裂缝的危害在于从裂缝中不断进入水分使基层甚至路基软化,导致路面承载力下降,影响行车舒适性,并缩短路面使用寿命。因此提高沥青路面的抗裂性能是沥青路面的重要研究内容。

目前用于研究和评价沥青混合料低温抗裂性的方法可以分为三类:预估沥青混合料开裂温度,评价沥青混合料的低温变形能力或应力松弛能力,评价沥青混合料断裂能力。相关的试验主要包括等应变加载的破坏试验(间接拉伸试验、弯曲破坏试验、压缩试验)、直接拉伸试验、弯曲拉伸蠕变试验、受限试件温度应力试验等,低温弯曲破坏试验是评价沥青混合料低温变形能力的常用方法之一。沥青混合料在低温下的极限变形能力,反映了黏弹材料的低温黏性和塑性性质,极限应变越大,低温柔性越好,抗裂性越好。因此,可以用低温极限弯拉应变作为评价沥青混合料低温性能的指标。我国《公路沥青路面设计规范》(JTG D50—2006)中规定,采用低温弯曲试验的破坏应变指标评价改性沥青混合料的低温抗裂性能。

通常,矿料级配性质对沥青混合料的抗开裂能力影响不大,但一般认为混合料级配形成骨架密实结构温度应力较小,有利于路面抵抗开裂。沥青混合料本身的性质对混合料低温抗开裂性能的影响主要取决于沥青膜的厚度、矿粉与胶结料之比以及空隙率的大小。

**4.4.3** 沥青混合料的水稳定性是沥青混合料抵抗由于水侵蚀而逐渐产生沥青膜剥离、松散、坑槽等破坏的能力。评价沥青混合料水稳定性的方法和指标很多,常见的评价方法有浸水马歇尔试验、真空饱水马歇尔试验、冻融劈裂试验、浸水轮辙试验以及 ECS (Environment Conditioning System)试验等。这些试验方法都是在试验室内以冻融循环或水循环等方法模拟水的侵蚀作用,并利用一定客观指标的前后变化来表征沥青混合料的水稳定性。考虑到冻融劈裂试验的试验条件相对简单,可操作性强,本规范推荐使用冻融劈裂强度比来衡量 SDM 的抗水损害能力。

# 5 SDM 施工工艺

## 5.1 准备工作

**5.1.1** 检查下承层时应包括下封层的施工质量。

## 5.2 拌和厂要求

**5.2.2** 拌和厂位置的设置须考虑由于交通半封闭造成的交通堵塞时间,运距合理。

**5.2.3** 料堆应有硬化的倾斜铺面,并且有足够的排水系统以帮助从料堆中排水。装载机驾驶员应从有太阳的倾斜面对上取料,并避免使用料堆底部的集料。粗集料应避免使用刚刚破碎的新鲜集料,新集料应放置一周以上才能使用,以防止沥青混合料的剥离发生。

## 5.3 SDM 的拌制

**5.3.1** 国际上通用间歇式和连续式两类拌和设备,但间歇式拌和机更适合我国目前国情。这主要是因为我国目前使用的材料品种较杂、变异性大,而且多数是小料场,材料规格不合理等。当然,当原材料质量稳定、均匀一致、规格分类合理时,采用连续式拌和机更能提高生产效率。

**5.3.3** 冷料仓转速与流量关系曲线的标定是必需的,因为保证冷料仓的供料比例是保证生产配合比稳定与供料平衡的先决条件。工程中经常出现拌和站操作人员根据操作室冷料仓转速旋钮就确定了冷料比例,这是不对的,因为材料的棱角性、松装密度、含水率等指标都是影响冷料供料比例的因素。

**5.3.4** 根据试验室的试验结果,必须严格控制回收粉的用量以保证 SDM 的性能。

**5.3.5** 生产配合比调试是保证混合料质量的关键环节,生产配合比调试必须要考虑取样误差、拌和站系统误差、计量偏差等因素多次调整。

**5.3.6** 温度是沥青混合料的重要参数,必须重视,对基质沥青温度的确定可以通过在135℃及175℃条件下测定的黏度—温度关系曲线确定[参照《公路沥青路面施工技术规范》(JTG F40—2004)表5.2.2-1],改性沥青可参考成功经验或根据供应商提供进行验证确定。改性沥青混合料的施工温度根据实践经验并参照表5-1选择。

**表5-1 热拌沥青混合料的正常施工温度范围(℃)**

<table>
<tr><th colspan="2">施工工序</th><th>SBS类</th><th>SBR胶乳类</th><th>MAC改性沥青</th><th>岩沥青改性沥青</th></tr>
<tr><td colspan="2">沥青加热温度</td><td>165~175</td><td>160~165</td><td>170~180</td><td>175~185</td></tr>
<tr><td colspan="2">集料加热温度</td><td>190~220</td><td>200~210</td><td>195~220</td><td>195~220</td></tr>
<tr><td colspan="2">沥青混合料出料温度</td><td>170~185</td><td>160~180</td><td>175~185</td><td>175~185</td></tr>
<tr><td colspan="2">混合料储存温度</td><td colspan="4">拌和出料后温度降低不超过10</td></tr>
<tr><td colspan="2">混合料废弃温度,不低于</td><td colspan="3">195</td><td>200</td></tr>
<tr><td rowspan="2">混合料摊铺温度,不低于</td><td>正常施工</td><td>170</td><td>165</td><td>175</td><td>180</td></tr>
<tr><td>低温施工</td><td>175</td><td>170</td><td>180</td><td>185</td></tr>
<tr><td rowspan="2">初压开始温度,不低于</td><td>正常施工</td><td>165</td><td>160</td><td>170</td><td>175</td></tr>
<tr><td>低温施工</td><td>170</td><td>165</td><td>175</td><td>180</td></tr>
<tr><td colspan="2">开放交通的路表温度,不高于</td><td colspan="4">50</td></tr>
</table>

注:①本表中为正常施工条件下的推荐温度。

②在特殊条件下,SDM混合料拌和、摊铺及碾压温度应根据气候条件、风速、运输距离、保温措施及地面温度等综合确定,适当调整。

## 5.4 SDM的运输

沥青混合料运输过程中宜采取篷布保温措施,同时从各个环节进行保证,从运输环节减少混合料离析。

所谓离析是指混合料中的粗集料与细集料分离开来,呈现出粗细集料在某一部位局部集中的现象。离析是SDM在生产施工中应当预防和注意的最常见问题。沥青混合料中主要发现三种离析:随机离析、纵向离析和运输离析。

(1)随机离析

随机离析通常是因为粗集料在料场内堆积不当或冷料进料过程中有问题。堆料时粗集料容易沿料堆向下滚落到料堆底部,在送向冷料斗之前,必须用前端装载机将集料拌和均匀。如果没有重新拌和,粗集料会被装载机集中地放在一个冷料斗中,这会根据拌和楼的生产方式,明显地改变混合料中集料的级配。

(2)纵向离析

仅发生在摊铺机一侧连续的离析,通常是由于运料车在拌和楼或储料仓不正确装料所引起的。如果混合料不能卸载在运料车底的中间位置,最粗的颗粒就可能滚到一侧并沿边上堆积。当混合料装进摊铺机漏斗时,离析的混合料将会置于道路的同一侧,这样就会在摊铺机一侧纵向出现离析的粗纹理区。

(3)运输离析

运输道路不平整时,极容易发生离析现象。通常运料车在拌和楼装料的过程就是这种离析发生的地点。在运料车装料过程中,为避免装料和运输离析,最好移动运料车位置,将混合料在运料车中装成前、后、中三小堆,减少集料滚动的距离。

减少离析可采取以下主要措施:

(1)集料堆积和运输

分层堆积集料(尤其是粗集料)可以减少随机离析问题。在料场场地容许的情况下,尽可能减少料堆的高度。如果粗集料在料堆底部发生了离析,应当用前端装载机将料重新拌和后,才能送到冷料斗中。加强料堆卸料和装料的管理,是减少随机离析的关键。

(2)运料车装卸料

防止因运料车装载而形成的离析:在装载过程中,应至少分三次装载,第一次靠近运料车的前部,第二次靠近运料车的尾部,第三次在运料车的中部,通过这种方法基本上能消除因装载形成的离析。如果每拌一盘料就进行装载,通过滑模在运料车的上方移动,可对运料车进行均匀装载,它比分三次装载的效果还要好。另外,当运料车内的混合料进入摊铺机时,应使混合料作为一个整体进入摊铺机的料斗,这样可以避免因运料车卸载时引起的离析。

(3)摊铺机铺筑作业

在摊铺过程中保持摊铺机料斗至少半满,只有在必要时才收起料斗,料斗的收起能消除料床上的料沟,能使下一车料作为一个整体卸在摊铺机的料斗里,这样会明显减少离析程度。运料车卸载在摊铺机上时,卸载速度应尽可能得快,当摊铺机的料很满时,混合料就从运料车的底部运走,这样就减少了材料的滚动,一定程度上减少了离析。尽可能保证摊铺机进行连续作业,不要停顿。调整摊铺机的摊铺速度使之与拌和厂的供料速度一致。

(4)保证摊铺厚度

摊铺厚度对混合料离析有很大影响,当摊铺厚度变厚时可以明显减少离析程度,因此在摊铺过程中应注意检查摊铺厚度,保证混合料的最小摊铺厚度。

## 5.5 SDM 的摊铺

摊铺速度根据现场碾压能力来确定,同时兼顾拌和站的生产能力,在两者之间取得平衡。

## 5.6 SDM 的压实及成型

**5.6.1** 粗级配混合料冷却较快,缺乏足够的压实时间,在施工过程中保证压路机的数量,严格控制压实温度与压实遍数。

对于一台 3000 型拌和站，基本配备如下：

| | |
|---|---|
| 11 ~ 13t 双钢轮振动压路机 | 2 台 |
| 26 ~ 30t 轮胎压路机 | 2 台 |
| 7 ~ 11t 钢轮压路机 | 1 台 |

**5.6.2** 根据试验路的试验结果，对于 S 形的沥青混合料，需要在较高温度时充分振动压实，这是得到理想空隙率的保证。

压路机操作人员必须具有碾压混合料的经验，SDM 压实密度受压路机类型或碾压方式的影响，压路机操作人员也是一个重要的因素，后者的熟练程度将对压实质量、平整度造成很大的影响，施工过程中应严格控制压路机的转弯。

碾压时，如果混合料发生推移，使用钢轮压路机将会是有害的，推移的混合料一般可采用轮胎压路机压实。为减少黏结，应沿轮胎周围放一块遮阴布以减少温度损失，保持轮胎温度。如果接触压力太小，会很难或不可能满足密度要求，通过增加压路机重量可增加钢轮压路机的接触压力，而增加轮胎压路机的接触压力可通过增加轮胎气压或压路机吨位来实现。

**5.6.4** 本规范列出的压实工艺是目前工程中经常采用的压实工艺，但并不局限于此种工艺。当有数据表明或经试验段验证采用其他压实工艺也能很好满足要求时，也可以采用经验证的工艺。

**5.6.5** 一般当 SDM 混合料冷却到 110℃以下时，用振动方式容易造成集料过度压碎，因此在 110℃以下不应再用振动碾压。

## 5.7 水泥混凝土桥面 SDM 铺装的压实及成型

**5.7.1** 因为振动压实激振力是垂直方向，荷载过大易造成桥梁结构损坏等潜在危害。通常在桥面铺装碾压时采取静压或减少振实次数，易造成桥面铺装的压实度不足或渗水系数过大等问题。振荡压实则是一种振动与揉搓相结合的压实方法。试验表明，振荡压路机减小了对桥梁结构的振动力，并能保证桥面铺装路面的压实度，效果较好。

**5.7.2** 对于一台 3000 型拌和站，使用振动压路机的基本配备如下：

| | |
|---|---|
| 11 ~ 13t 双钢轮振动压路机 | 2 台 |
| 26 ~ 30t 轮胎压路机 | 2 台 |
| 7 ~ 11t 钢轮压路机 | 1 台 |
| 小型压路机 1 台（用于碾压边带） | 1 台 |

使用振荡压路机的基本配备如下：

| | |
|---|---|
| 11t 以上水平振荡压路机 | 2 台 |
| 26 ~ 30t 轮胎压路机 | 2 台 |
| 7 ~ 11t 钢轮压路机 | 1 台 |
| 小型压路机(用于碾压边带) | 1 台 |

**5.7.4** 水平振荡压路机其能量是沿着水平方向在某一层面内传播的,在表面层某一深度范围内的压实效果将明显优于振动压实,但在深度方向的压实效果不如振动压路机。在桥面铺装层厚度较厚时,在复压时应采用轮胎压路机进行碾压。若当桥面铺装的厚度较薄时(铺装层厚度小于 4cm),可采用水平振荡压路机碾压 4 遍后,采用钢轮压路机静压赶光。

**5.7.5** 由于 SDM 在冷却到 110℃以下采用振动方式容易造成集料过度压碎,若温度降低到 110℃左右,不应再用振动碾压。

# 6 施工质量管理和检查验收

## 6.1 一般规定

**6.1.1** 施工质量的管理与检查验收在国外通常称为“质量控制/质量保证”(简称为QC/QA),是工程项目保证质量的手段,在国外已普遍采用,在我国还处于试用阶段。

**6.1.3** SDM 是一种新型沥青混合料,我国现行规范对其涉及较少,根据山东省多年研究成果综合制订了质量管理标准与交工验收依据。

## 6.3 铺筑试验段

**6.3.3** 在试验段实施时可以定点采用精密水准仪观测每压一遍后高程变化情况。当高程不再变化或变化非常小时可以认为已经完成压实。当高程突然急剧下降时,应及时察看是否集料出现了大量破碎,并记录每一时刻的压实遍数。等试验段完成以后与芯样进行对比建立对应关系,确定合理的压实工艺。在大面积施工中通过严格控制压实遍数控制压实度与集料的破碎。

## 6.4 施工过程中的质量管理与检查

**6.4.5** 对于 SDM 现场压实度应采用最大理论相对密度与标准击实密度双指标进行控制,另外还需要通过压实遍数来进行压实控制。现场芯样的检验频率按照规范要求进行,或根据招标文件要求进行。

拌和站控制室要逐盘打印沥青及各种矿料的用量和拌和温度,同时由质检人员检验混合料出厂温度、摊铺温度和碾压温度,并对混合料进行目测检验有无花白料、严重离析现象等。每天结束后,用拌和站打印的各料数量,以总量控制,以各料仓用量及各料仓级配计算平均施工级配、油石比和抽提试验结果相比较。

对于混合料质量控制,以每天从拌和站和摊铺现场取样分别进行抽提和筛分试验,每天至少两次,每次取样不少于4kg。由于 SDM 的级配是根据粗集料的骨架嵌挤状态以及细集料的填充状态,通过实际计算而得到,级配范围随着原材料的体积性质而有所变化,但是为了便于对施工质量的控制,通过对国内外许多资料的查询在级配控制时采用对重点筛孔进行重点控制,主要为0.075mm、4.75mm、9.5mm、13.2mm、26.5mm各级筛孔必须满足范围要求,根据重点筛孔偏差范围可以制订相应施工控制范围要求,其余筛孔允许有一点超出施工级配要求范围,沥青含量允许偏差为±0.2%。另外还需要对拌和站进行逐盘与总量检验。

混合料的级配曲线以抽提筛分试验结果为准,由于拌和站热料仓取样偏差比较大,不以热料仓筛分根据比例计算为控制要求。

# 附录 A　多级嵌挤密级配沥青混合料的矿料级配设计方法

## A.1　适用范围

沥青混合料集(矿)料级配设计作为沥青混合料设计的一部分,可以根据经验级配或规范规定的级配范围采用平衡面积法通过图解进行或使用特定的计算机程序通过试算法进行;也可以根据矿质集料的体积特征,采用体积法或多级嵌挤级配设计方法按照一定的交通和气候条件要求进行设计。

## A.4　SDM 的矿料级配表征方法

无论是浑圆型集料还是棱角型集料,通常合成级配曲线靠近该曲线可以得到最密实的混合料和最小的矿料间隙率。通常相同的级配,棱角型集料的矿料间隙率值要大于浑圆型集料。

## A.5　SDM 多级嵌挤密级配设计原则

影响级配设计结果的因素主要有两个:其一是粗细集料的分界点,即形成填充的集料粒径;其二是粗集料形成嵌挤的标准状态。

为了更清晰地说明级配对混合料性能的影响,需要强调一下基本的认识。

(1)对于一定的矿质混合料,一定压实条件下矿料的混合体积空隙率与粒径大小无关,而只与不同粒径的分布比例有关。

(2)对于相同粒径分布的混合矿料,其空隙率随着针片状颗粒含量、表面纹理和棱角性的不同而不同。表面纹理和棱角性越粗糙、针片状颗粒含量越少,混合集料的空隙率越大。

(3)混合矿料的针片状颗粒含量、表面纹理和棱角性不会改变混合料空隙变化的趋势,无论棱角型还是浑圆型的矿料都符合 0.45 次幂最大密实原则。

## A.6　级配控制参数

PCS 点是形成嵌挤的第一级分界点,大于和小于 PCS 点的含量比例影响到第一级嵌挤结构的形成,是嵌挤结构设计的最关键一步。第一级嵌挤结构是否形成,影响到混合料的稳定性和施工稳定性。$FA_C$ 比、$FA_F$ 比分别表示约定第二级和第三级形成嵌挤的参数,$FA_C$ 比、$FA_F$ 比的取值范围为 0.25 ~ 0.5。CA 比影响到混合料 VMA、表面的构造深度和离析现象,对于压实过程也有一定的影响。对于 Superpave 混合料,其取值一般在 0.4 ~ 0.8。NMPS 与 NMPS/2 之间的各个集料含量分布度应尽可能比较接近,一般在 1.0 ~ 1.4之间为宜。这个值影响到混合料的抗离析能力,影响到压实过程是否稳定。但是,对于表面层,2.36 ~ 4.75mm 之间的各个集料含量分布度应控制在 0.8 ~ 1.0 之间为宜。该值越小,表面构造越粗糙,但压实越困难。

## A.7 级配嵌挤状态检验

研究矿料嵌挤状态的数学模型多采用简单的球体来代替不规则的矿质粒料的方法,矿料的形状虽然与球体不同,但其排列和填充的关系与球体基本相似。相同粒径的球体的排列形式不同其空隙率也不同。在不同形式填充的条件下,空隙率的大小主要取决于粒料排列的形式而与粒料的粒径无关。球体排列形式可分成八球排列、六球排列、四球排列等形式,其中四球排列最为紧密,八球排列最松散,但这几种状态都可以认为集料已经形成了嵌挤,见图 A-1。

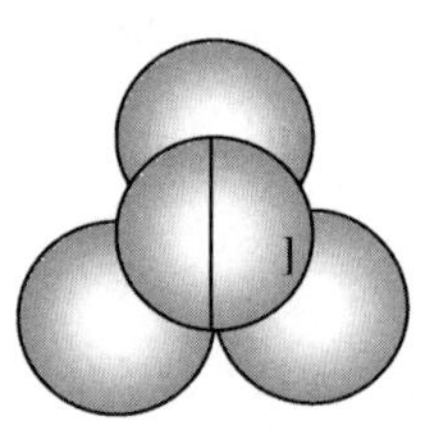

四球排列

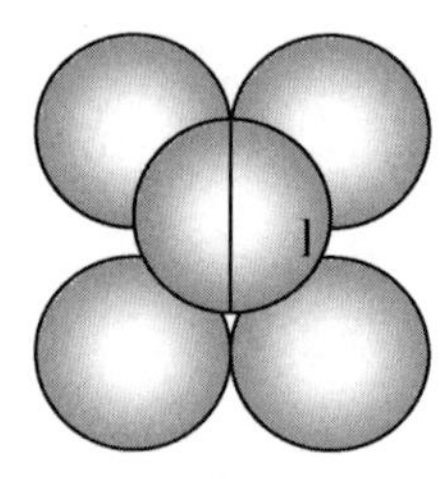

五球排列

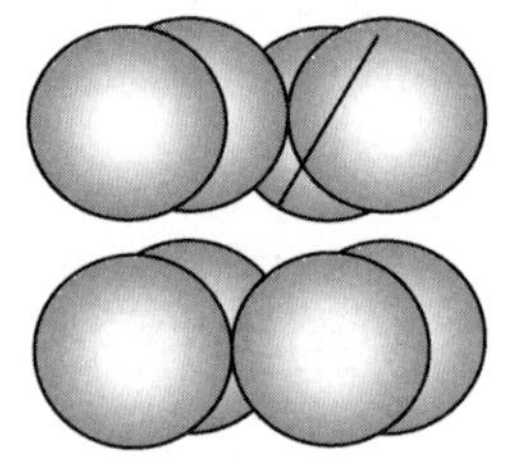
八球排列

图 A-1 集料状态的计算模型

根据计算,在不发生干涉的情况下,各单元的空隙率和不发生干涉的填充小球的直径如表 A-1 所示。这种填充直径,根据大球的组合方式不同,填充小球粒径从 0.22 *D* ~ 0.57*D* ,球体单元的空隙率在 26% ~48% 之间。但是集料与球体的状态毕竟不同,如果将形成嵌挤的球体单元以平面进行计算,这可能更接近于集料的平面状态,这时的填充小球粒径从 0.22 *D* ~ 0.73*D* ,球体单元的空隙率在 50% ~83% 之间。以此作为不同的形成嵌挤的数学基础模型。

**表 A-1 集料体积状态计算模型和相关参数**

| 排列形式 | 片状立体单元<br>空隙率(%) | 片状立体单元填充<br>小球直径 *d* | 球形单元<br>空隙率(%) | 球形单元填充<br>小球直径 *d* |
|---|---|---|---|---|
| 八球排列 | 5/6 =83% | 0.57*D* | 48 | 0.732*D* |
| 五球排列 | 5/8 =62% | | 44.5 | 0.414*D* |
| 四球排列 | 50% | | 26 | 0.225*D* |

SDM 形成嵌挤的分界点(PCS)是靠近公称最大尺寸的0.22倍最近的筛孔,大于该筛孔的集料要求形成嵌挤。嵌挤点选择的不同,可以形成截然不同的级配曲线,从而形成性质完全不同的沥青混合料。以公称最大尺寸为13.2mm的混合料为例,如果按照级配参数等于0.22计算,形成嵌挤的粒径为13.2mm×0.22=2.9mm≈2.36mm。如果嵌挤点确定在4.75mm,即要求4.75mm以下的混合集料的体积用量要求小于或等于4.75mm以上集料的空隙体积。这时的混合料倾向于沥青玛蹄脂碎石混合料,见图A-2的级配2。如果嵌挤点选在2.36mm,则可以初步符合多级嵌挤密级配沥青混合料的要求,见图A-2的级配1。当然如果进一步选定在1.18mm,则混合料将更接近于最大理论密度线,矿料间隙率降低,其高温的稳定性能将进一步的降低。对于连续密级配填充点是在0.20~0.25之间。这时候,粗集料相当于四球立体排列。对于沥青玛蹄脂碎石混合料SMA,则填充点宜为0.40~0.45倍的公称最大尺寸之间。这时,粗集料相当于六球立体排列。

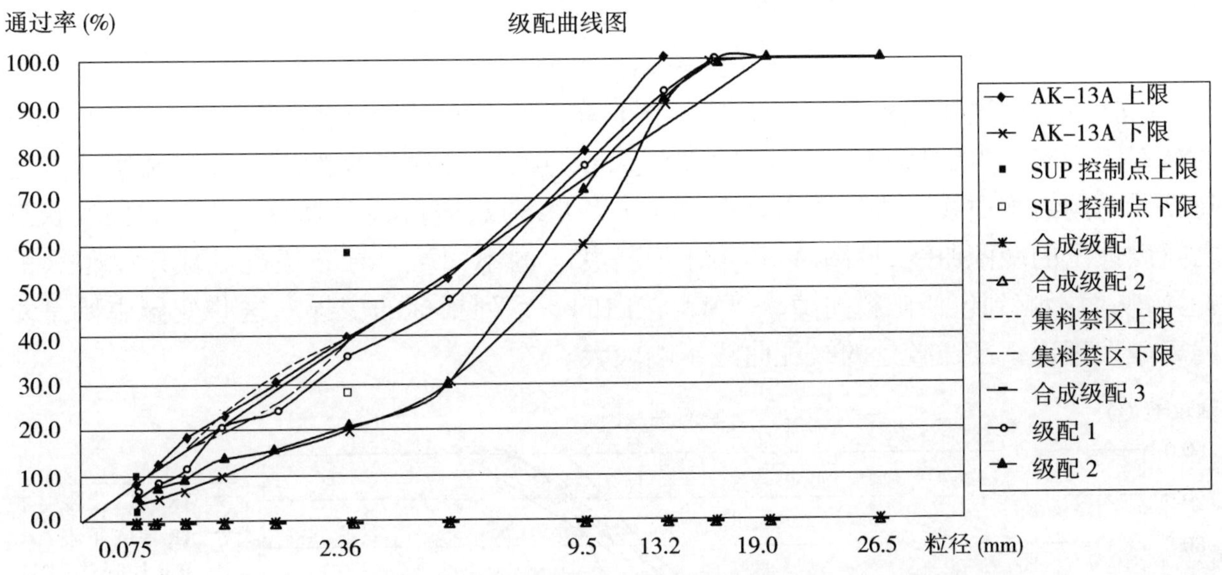


图 A-2　不同 PCS 点得出的不同级配曲线对比

由于级配曲线为各筛孔通过率组成的间断点连接而成,以公称最大尺寸为13.2mm的混合料为例,其PCS点为2.36mm。如果某一级配曲线在13.2mm的通过率为90%~100%,其PCS点为2.36mm,如果通过率小于90%,则PCS点为4.75mm。由于嵌挤点的不同,得出的级配曲线大相径庭。考虑到实际工程中级配的变化以及实际采用筛孔的间距存在着较大的不均匀性,因此,在选定PCS点时,将拟订的级配曲线看作一条连续曲线,而不是采用各筛孔作为散点,并将其通过率为90%对应的粒径尺寸(非筛孔尺寸)乘以嵌挤系数0.22或其他系数所对应的相邻筛孔作为PCS控制筛孔。根据这条原则,对于嵌挤点的划分就不再受到公称最大尺寸的影响,统一了不同粒径混合料的控制参数。由于将级配曲线看作一条连续的曲线,各尺寸的计算我们采用以粒径的0.45次幂与曲线各点的通过率进行回归的内外差法进行,这样为计算过程增加了相当的难度,因此这个过程一般要采用计算机计算。

选定了嵌挤点尺寸 PCS 点之后,需要确定沥青混合料中粗集料的嵌挤状态条件。而实际工程中,粗集料的松散状态下的空隙率为 45% ~48%,在捣实状态下为 40% ~43%,在振实状态下为 40% ~42%。通常这种状态时是相对稳定的。为了更接近于集料的工程实际状态,将粗集料在振实、捣实和松散下的状态定为设计集料的标准状态,每一种集料的标准状态的实际控制值,即粗集料间隙率 VCA 由实测决定。

密级配沥青混合料达到粗集料嵌挤的状态的标准是在粗集料的松散和捣实状态之间(图 A-3)。

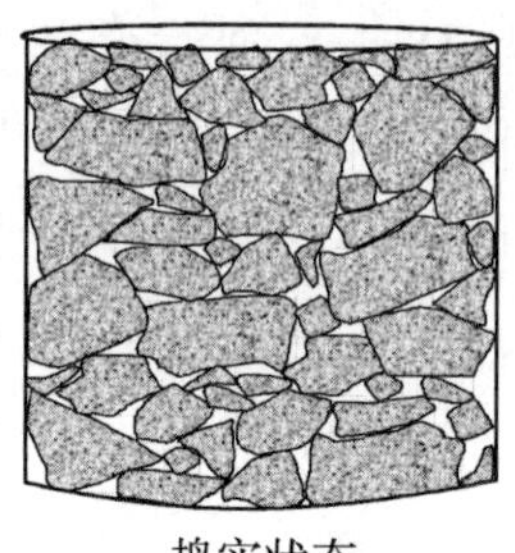

图 A-3 粗集料松散和捣实状态

嵌挤状态的选择同样对级配的设计产生重要的影响,仍以公称最大尺寸为 13.2mm 的沥青混合料为例,级配 1 为以 2.36mm 为 PCS 点,嵌挤状态取松散状态和捣实状态之间设计出的级配曲线。级配 2 为以 4.75mm 为 PCS 点,嵌挤状态取振实状态和捣实状态之间设计出的级配曲线,见图 A-4,由于嵌挤状态的不同可以导致级配组成产生很大的差异,从而影响到包括矿料间隙率 VMA 在内的一系列指标的变异。这些变异主要是对偏离最大理论密度线较远的级配曲线影响较大。

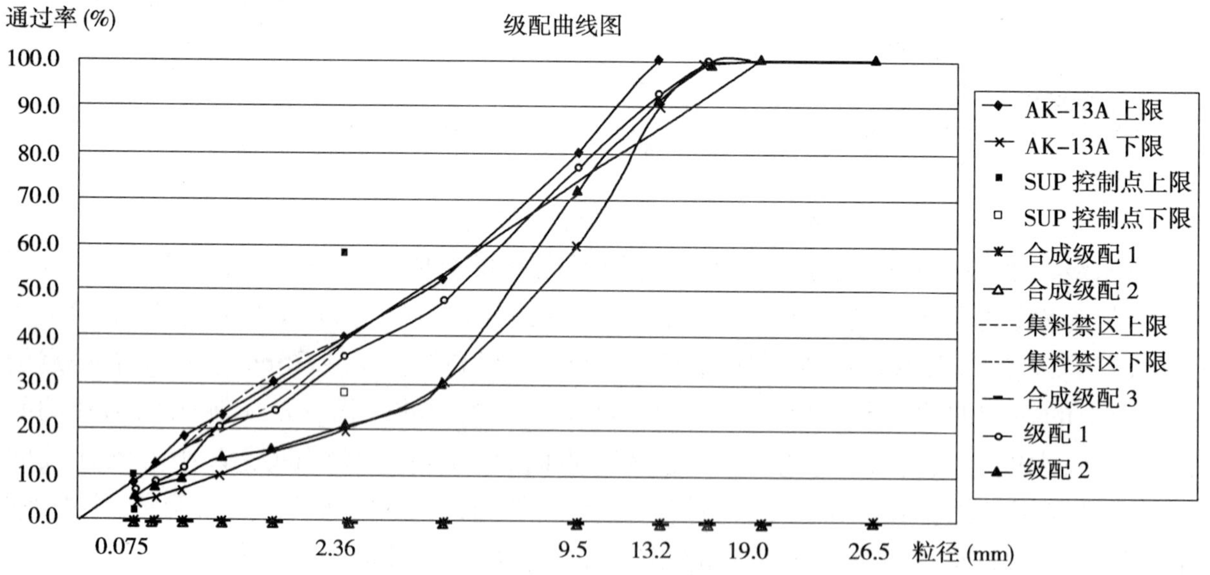


图 A-4 不同嵌挤状态得出的不同级配曲线对比

对于 SDM 混合料,在采用嵌挤分析法所进行的集料结构的设计过程中,粗集料选择的状态为集料的松散和捣实状态之间,而更接近于松散状态。细集料为集料的松散和捣实状态之间,而更接近于捣实状态。当然在进行试验时必须为一定的筛孔,如果采用连续级配曲线计算出的形成嵌挤的尺寸大于所试验的筛孔，则设计时粗集料的状态应当更趋向于密实状态；反之，如果采用连续级配曲线计算出的形成嵌挤的尺寸小于所试验的筛孔，则设计时粗集料的状态应当更趋向于松散状态。

本级配设计方法的设计过程中，嵌挤状态的设计是前提，在嵌挤状态设计完成后再用级配控制参数对级配进行限定，以保证达到第二级和三级的嵌挤以及对粗集料离析因素的限制。在确定了两个嵌挤条件以后就可以对混合料的级配进行设计。以 SDM-13 混合料为例说明混合料级配设计的过程，采用的材料以及粗细集料的体积状态见表 A-2 所示。SDM-13 混合料的嵌挤系数为 0.22，设计的粗集料嵌挤状态为松散状态到捣实状态之间。设计过程包括：

试验测定各种单一粗细集料的体积状态指标，包括表观密度、毛体积密度、松散密度、捣实密度。计算松散状态下单集料的空隙率、吸水率等指标。

选定单一集料的体积状态，见表 A-2。粗集料选择在松散状态和捣实状态之间，更接近于松散状态；细集料更接近于捣实状态。一般选择值根据交通量和气候条件有所变化，一般交通量越大，级配越粗一些。

**表 A-2　粗细集料状态选择表**

| 集　　料 | 玄武岩<br>1~2mm | 玄武岩<br>0.5~1mm | 石屑 | 机制砂 | 天然砂 | 矿粉 |
|---|---|---|---|---|---|---|
| 含量(%) | 25.2 | 32.2 | 8.6 | 17.0 | 13.1 | 3.9 |
| 松散单位质量(kg/m³) | 1 583.05 | 1 532.08 | 1 545.78 | 1 626.84 | 1 576.00 | |
| 选择(kg/m³) | 1 590.00 | 1 540.00 | 1 550.00 | 1 800.00 | 1 700.00 | |
| 捣实单位质量(kg/m³) | 1 699.94 | 1 666.63 | 1 728.39 | 1 828.89 | 1 713.40 | |
| 毛体积密度(g/cm³) | 2.975 | 2.831 | 2.856 | 2.783 | 2.580 | 2.720 |
| 表观密度(g/cm³) | 3.008 | 2.879 | 2.939 | 2.894 | 2.649 | 2.720 |
| 吸水率(%) | 0.4 | 0.6 | 1.0 | 1.4 | 1.0 | |
| 松散空隙率(%) | 46.8 | 45.9 | 45.9 | 41.6 | 38.9 | |
| 捣实空隙率(%) | 42.9 | 41.1 | 39.5 | 34.3 | 33.6 | |
| 矿料间隙率贡献率(%) | | | | 10.2 | 6.6 | -4.0 |

选择形成嵌挤的筛孔。

将选择的结果输入到计算机程序中去，计算机将根据单一集料所选定的体积状态；根据粗集料不干涉原则，计算每一种粗集料的空隙贡献比率；根据细集料选定的状态，以等体积的细集料对粗集料进行填充，得出粗细集料的比例。

根据粗集料中细集料的含量和细集料中粗集料的含量对计算的比例进行修订。

设定 0.075mm 通过率，该值影响到矿料间隙率的大小。

嵌挤状况分析见图 A-5 ~ 图 A-7。

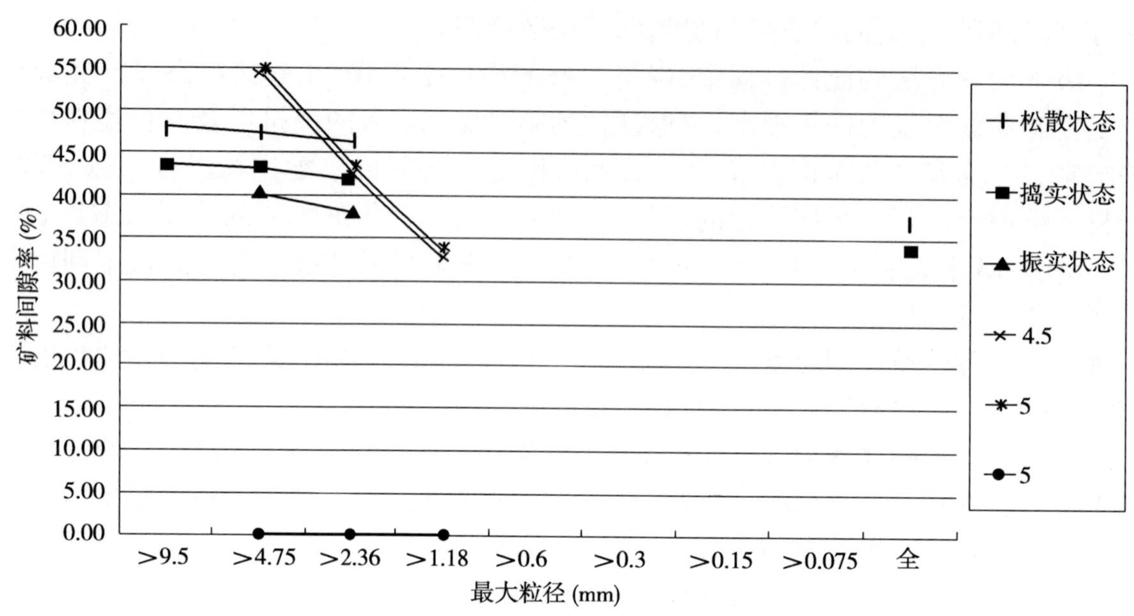


图 A-5 嵌挤状况分析图(一)

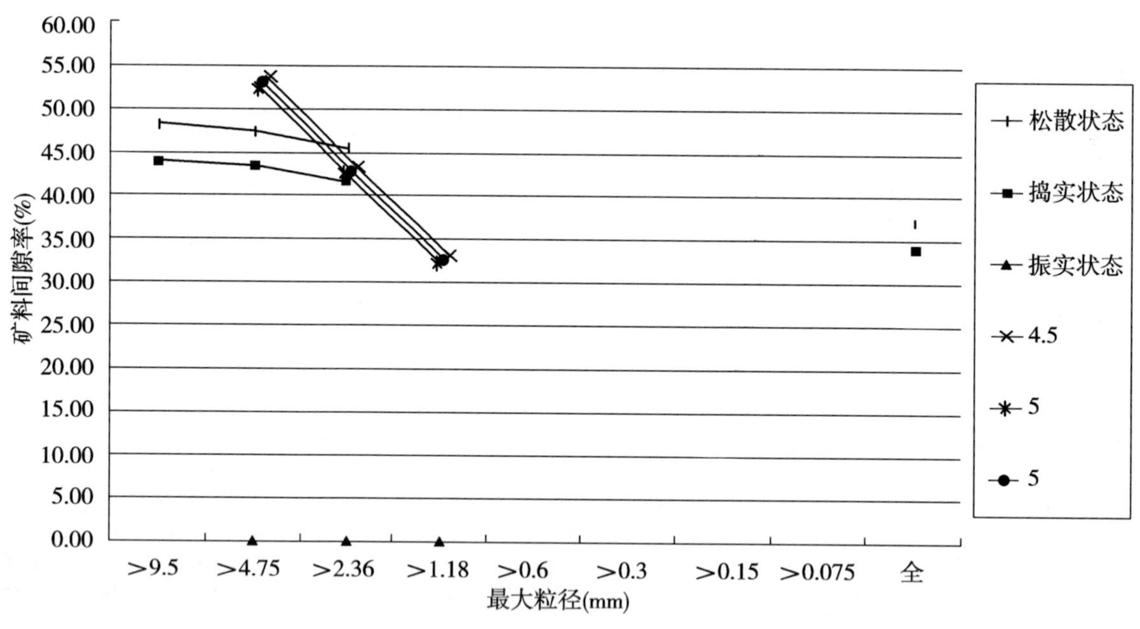


图 A-6 嵌挤状况分析图(二)

## A.8 设计步骤

(1)根据沥青层厚度选择级配,沥青层最小厚度应为公称最大粒径的 2.6 ~ 3.0 倍。

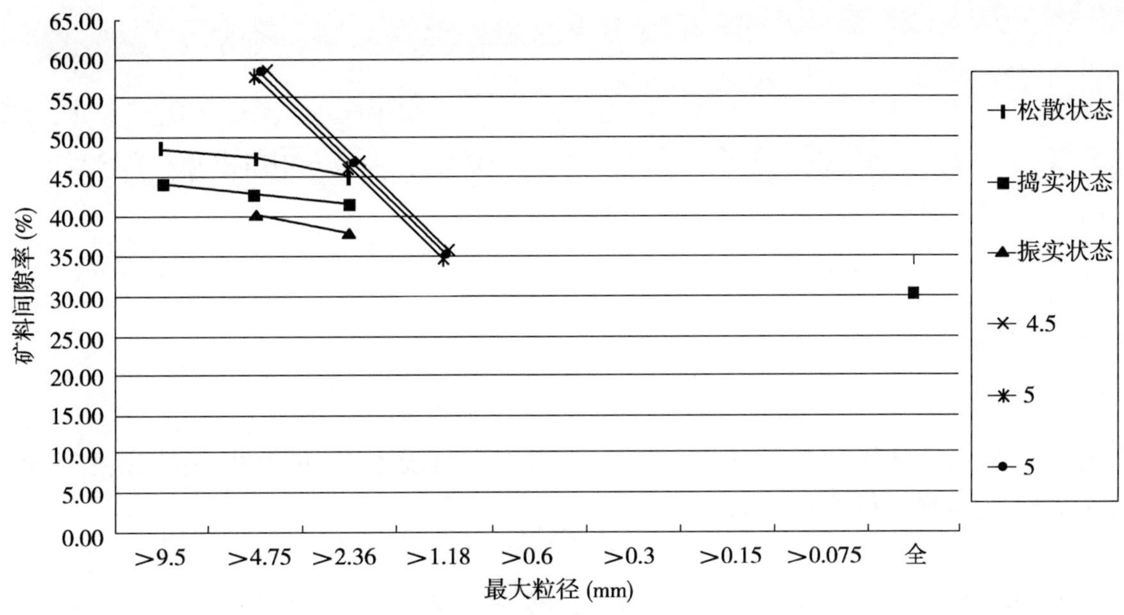


图 A-7　嵌挤状况分析图(三)

# 附录E　热拌沥青混合料试件汉堡车辙标准试验方法

## E.3　方法简介

试验测画出试件压痕与试验轮碾压次数的关系曲线图,试件变形量的突变与沥青胶结料从集料表面剥离行为紧紧相关。

**E.5.3**　装试件时,必须要让试件表面与试模表面齐平。若试件太高,可予削剪;若太低,可用垫片或石膏垫起。通常,在和试模表面齐平的中心位置,试验钢轮的标准下压力为705N;假如两者表面不齐或偏差很大,将明显改变钢轮的下压力。

山东省地方标准

# 预应力混凝土连续梁桥养护指南

# Maintenance Guidelines for Prestressed Concrete Continuous Girder Bridge

**DB 37/T 1728—2010**

主编单位:山东省交通运输厅
批准部门:山东省质量技术监督局
实施日期:2011 年 01 月 01 日

人民交通出版社

# 前　　言

为进一步规范全省交通基础设施建设和管理行为，全面提升建设管理水平，按照交通工作实现"标准化、规范化、集约化、人本化"管理的目标要求，山东省交通运输厅提出并主持编制了本标准。

预应力混凝土连续梁桥（包括连续刚构）在60～300m跨度范围与其他结构相比具有较高的结构性能和较低的建设费用与养护费用，故该桥型在我国应用广泛。然而由于早期设计理论不完善和施工缺陷，特别是随着交通量迅速增长，超载车辆涌现，加重了桥梁负担，于是20世纪八九十年代修建的该类桥梁运营不足10年就出现了较严重的跨中下挠及箱梁开裂等病害，提前进入了维修加固期。同时，个别新建的连续梁桥由于养护技术力量薄弱，检测手段落后，缺乏对该类桥梁受力特点的了解和预防性养护理念，养护不及时、不到位，致使病害没有得到有效控制，通车数年后即衰变为三、四类桥梁。

为确保该类桥梁的承载力及耐久性，延长使用寿命，山东省交通规划设计院在系统总结山东省该类桥梁养护及维修加固工程经验的基础上，借鉴国内多座同类桥梁养护加固典型实例，联合编写了本标准，以指导该类桥梁管理养护。

本标准由山东省交通运输厅归口并提出。

**编 写 单 位**：山东省交通规划设计院
山东高速集团有限公司
青莱高速公路胶南管理处

**主要起草人**：胡吉利　王文涛　王志英　王　胥　刘甲荣　王笃文
王永敏　孟　涛　丁　毅

各有关单位在标准使用过程中，若发现存在不当之处或有好的意见或建议，请及时函告山东省交通规划设计院，以便修订时参考，联系地址：山东省济南市黄岗东路5号，邮编250031。

# 1　总则

**1.0.1**　为提高预应力混凝土连续梁桥、连续刚构桥(本指南统一简称连续梁桥)的养护技术水平,保持结构的正常使用,保证桥梁运行安全,制定本指南。

**1.0.2**　本指南适用于悬浇施工的预应力混凝土连续梁公路桥,其他连续梁桥可参照使用。

**1.0.3**　连续梁桥养护工作的主要内容和基本要求:

(1)连续梁桥养护管理应贯彻"预防为主、防治结合"的原则,以桥面养护为中心,以主要承重构件为重点,加强全面养护,提高结构安全性。

(2)采取有效的管理手段和技术措施,确保结构耐久性。

(3)认真执行桥梁检查、评定制度,应按检查、检测结果对桥梁技术状况进行分类评定,并及时采取不同的养护措施。

**1.0.4**　应采用先进的检测技术,并积极推广应用经过验证的养护加固新技术、新材料、新工艺。

**1.0.5**　连续梁桥的养护管理工作,除应满足本指南有关规定外,还应符合国家及行业颁发的有关标准、规范的规定。

# 2 术语

**2.0.1** 养护 maintenance

为保持桥涵及其附属物的正常使用而进行的经常性保养及维修作业。

**2.0.2** 桥梁加固 strengthening of existing bridges

当桥梁原构件局部损坏或承载力不足时进行的修复或补强工程措施。

**2.0.3** 原构件 existing structure member

桥梁实施加固前的原有构件。

**2.0.4** 主要承重构件 main structure member

其系指自身功能失效直接影响或危及桥梁结构安全的承重构件。

**2.0.5** 结构胶黏剂 structural adhesives

用于承重构件能长期承受外力和环境作用的胶黏材料。

**2.0.6** 纤维复合材料 fibre reinforced polymer

高强度的连续纤维按一定规则排列,经用胶黏剂浸渍、黏结固化后形成的具有纤维增强效应的复合材料。

**2.0.7** 聚合物砂浆 polymer mortar

掺有改性环氧乳液或其他改性共聚物乳液的高强度水泥砂浆。

**2.0.8** 增大截面加固法 structure member strengthening with reinforced concrete. & prestressed concrete

通过增大原构件截面面积并增配钢筋,以提高其承载力和刚度的方法。

**2.0.9** 粘贴钢板加固法 structure member strengthening with bonded steel plate

采用结构胶黏剂粘贴钢板(或型钢)以提高构件承载力的方法。

**2.0.10** 粘贴纤维复合材料加固法 structure member strengthening with fibre reinforced polymer

采用结构胶黏剂粘贴纤维复合材料以提高构件承载力的方法。

**2.0.11** 体外预应力加固法 structure member strengthening with external prestressing

通过施加体外预应力,使原结构、构件的受力得到改善或调整的方法。

# 3　检查与评定

## 3.1　一般规定

**3.1.1**　连续梁桥的检查根据其内容、周期、评定要求,分为经常检查、定期检查、特殊检查。

(1)经常检查指对桥面设施、上下部结构及附属构造物的技术状况进行的检查。

(2)定期检查指为评定桥梁使用功能,对桥梁主体结构及附属构造物的技术状况进行的全面检查。它为制订管理养护计划提供基本资料,为桥梁养护管理系统搜集动态数据。

(3)特殊检查指为查清桥梁的病害原因、破损程度、承载能力、抗灾能力等进行的专门的现场试验检测、验算与分析鉴定等。

**3.1.2**　连续梁桥的评定分为一般评定和适应性评定。

(1)一般评定是依据桥梁定期检查资料,通过对桥梁各部件技术状况的综合评定,确定桥梁的技术状况等级,提出相应的养护措施。

(2)适应性评定是依据桥梁定期及特殊检查资料,结合试验与结构受力分析,评定桥梁的实际承载能力、通行能力、抗洪能力,提出桥梁养护维修、加固方案。

**3.1.3**　连续梁桥的检查、评定与养护宜按图3.1.3所示流程进行。

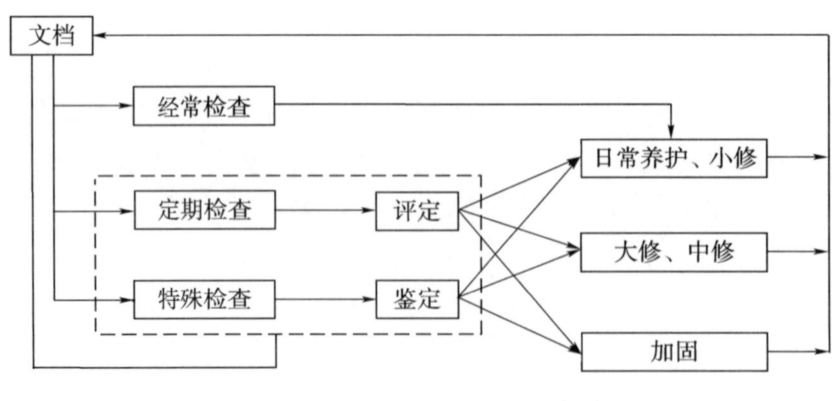


图3.1.3　养护流程图

## 3.2 经常检查

**3.2.1** 经常检查的周期,每月不得少于一次。支座的检查可每季度一次。对已有病害的桥梁,或遇恶劣天气、汛期、凌期等特殊情况,检查周期宜短。

**3.2.2** 经常检查应由专职的桥梁养护工程师负责。

**3.2.3** 经常检查以目测为主,并配以简单工具进行测量,当场填写"桥梁经常检查记录表",其表格格式和内容详见《公路桥涵养护规范》(JTG H11—2004)附录B,登记所检查的缺损类型,估计缺损范围和维修工作量,提出相应的小修保养措施,为编制小修保养计划提供依据。

**3.2.4** 当经常检查中发现主要承重构件明显达到三、四、五类技术状况时,应立即组织定期检查。

**3.2.5** 连续梁桥经常检查应包括下列主要内容:

(1)桥面系、伸缩缝、支座及附属结构物是否有明显缺陷,是否能正常工作。

(2)箱梁通风孔、底板通气孔是否堵塞。

(3)宜在雨季检查箱梁顶板是否渗水。

(4)桥位处河道冲淤变化情况。

(5)基础是否受到冲刷损坏、悬空或下沉。

(6)墩台是否受到船只或漂流物的撞击,是否受损。

(7)上部结构是否有异常变化。

(8)宜在年最高、最低气温季节时对结构的挠度、墩顶的偏位、活动支座的位移、活动裂缝的开合进行检查并记录。

(9)其他较明显的损坏及不正常现象。

## 3.3 定期检查

**3.3.1** 根据桥梁的技术状况制订相应的定期检查计划和实施方案。对技术状况为一、二类的桥梁,其检查周期一般不低于两年一次。对技术状况为三类的桥梁应每年检查一次,技术状况为四类的桥梁应每季度检查一次。

对交通流量特别大、超载车辆比较多的桥梁应适当增加检查次数。

**3.3.2** 定期检查应由专职的桥梁养护工程师负责组织。

**3.3.3** 定期检查宜以目测观察并结合仪器观测进行,必须接近各部件仔细检查其缺损情况。

**3.3.4** 定期检查的主要工作包括:

(1)检查结构缺损状况。

(2)实地判断缺损原因,估计维修范围及方案。

(3)对难以判断其缺损程度和原因的重要构件提出做特殊检查的要求。

(4)对损坏严重、可能危及结构安全的桥梁,提出限载以至暂时限制交通的建议。

(5)根据桥梁技术状况,确定下次检查的时间。

**3.3.5** 定期检查应包括下列内容:

(1)对照桥梁基本状况卡现场校核桥梁基本数据,并当场填写"桥梁定期检查记录表",记录各部(构)件缺损状况并做出技术状况评分。

桥梁基本状况卡和定期检查记录格式和内容,分别可参用《公路桥涵养护规范(JTG H11—2004)》附录A和附录C。

(2)对永久观测点进行控制观测。测量桥面、墩、台身观测点的高程及其倾斜度,检查主梁跨中是否下挠、墩台是否下沉或倾斜。

(3)箱梁内是否有积水,通风是否良好。混凝土有无裂缝、表面风化剥落、露筋、钢筋锈蚀、碳化及碱集料反应产生的整体龟裂。

(4)箱梁的跨中、支点、刚构墩位置混凝土是否开裂、缺损或出现钢筋锈蚀。

(5)锚固区混凝土有无开裂、损坏,沿预应力钢束方向的混凝土表面有无纵向裂缝。

(6)支座组件是否完好,活动支座是否灵活,实际位移量是否正常。支座附近梁段是否开裂。

(7)台背填土有无沉降或挤压隆起。

(8)基础是否发生不许可的冲刷或淘空现象,扩大基础的地基有无侵蚀。浪溅区桩基有无冲刷磨损、颈缩、露筋或环状冻裂。

(9)必要时对大桥、特大桥的深水基础应进行潜水检查。

**3.3.6** 定期检查记录、评分及对养护维修措施的建议,均应及时整理、归档,及时纳入桥梁管理系统更新数据,并应编写定期检查报告。

**3.3.7** 定期检查报告主要包括下列内容:

(1)本次定期检查发现的主要缺损、病害。

(2)按《公路桥梁养护规范》(JTG H11—2004)规定,对结构的技术状况进行评定。对一、二类桥提出小修保养计划及相应的维修方案;对病害明确的三类桥,提出维修加固部位,以便委托设计;对不能判定病害的三类桥及四、五类桥应提出特殊检查要求,并说明检测的项目。

(3)结构使用限制(包括荷载、车速等)说明。

## 3.4 特殊检查

**3.4.1** 连续梁桥在下列情况下应进行特殊检查:

(1)定期检查中难以判明病害成因或是否安全的桥梁。

(2)为达到或提高设计荷载等级而需要进行修复加固、改建、扩建的桥梁。

(3)定期检查发现加速退化的主要承重构件需要补充检测的。

(4)遭受洪水冲刷、流冰、漂流物、船舶或车辆撞击、地震、滑坡、火灾、化学剂腐蚀、超限超载车辆通过等特殊灾害造成结构损伤的桥或结构部件。

(5)技术状况为四、五类的桥梁。

(6)对特大桥和单孔跨径60m及其以上的大桥应定期地进行特殊检查。一、二类桥每五年至少一次,三类桥每三年至少一次。

**3.4.2** 特殊检查应委托具有相应资质的机构实施。

**3.4.3** 实施特殊检查前,检测单位应搜集以下资料:

(1)设计和竣工资料。

(2)历次检查、检测报告及维修加固资料。

(3)特殊检查的原因及影响承载能力的因素。

(4)交通量统计资料。

**3.4.4** 特殊检查应包括下列内容:

(1)结构缺损状况检测

①桥面线形、跨中挠度;

②箱梁、墩台混凝土裂缝,混凝土表观缺损调查;

③桥面系缺损;

④支座、伸缩缝病害;

⑤基础冲刷、墩台偏位;

⑥河床变迁;

⑦结构自振频率。

(2)材料缺损检测

①混凝土强度;

②钢筋锈蚀;

③混凝土碳化深度;

④混凝土中氯离子含量及其他有害物质;

⑤混凝土电阻率;

⑥混凝土保护层厚度;

⑦混凝土物理化学损伤。

(3)交通量调查

①过桥实际交通量;

②重载交通量;

③重车后轴荷载分布。

(4)桥梁承载能力评定

根据上述结构材质实际状况及其结构中的功能与实际交通量所产生的荷载效应,利用本章3.5节的方法检算分析结构承载能力。当检算分析评估不满足要求或难以确定时,可用本章3.6节荷载试验方法鉴定桥梁实际承载能力。

**3.4.5** 特殊检查报告应包括下列主要内容:

(1)桥梁基本情况、检测项目及工作过程。

(2)桥梁存在的主要缺损、病害,分析产生的原因。

(3)评价桥梁技术状况。

(4)检算桥梁承载能力,评定桥梁安全性。

(5)提出结构或局部构件的维修、加固或改造的建议方案,并提出维护管理措施。

**3.4.6** 特殊检查结果不满足承载能力要求的连续梁桥,在维修加固之前,应采取限载、限速或封闭交通等措施。

## 3.5 承载能力检算

**3.5.1** 检算依据

(1)原设计采用的规范,拟提高设计荷载等级的桥梁其相应的设计规范。

(2)桥梁设计图纸、原设计计算文件、设计变更、施工记录、材料试验报告、竣工验收资料等。

(3)历次维修、加固资料。

(4)现场调查、病害检测分析数据、定期检查、特殊检查报告。

**3.5.2** 检算内容

(1)承载能力极限状态下的正截面抗弯及斜截面抗剪能力。

(2)正常使用极限状态下的抗裂和挠度验算。

(3)应力验算。

**3.5.3** 检算要点

(1)在桥梁现状检查的基础上,考虑结构病害、损伤的影响,依据实际结构尺寸及材质状况检测结果、荷载调查分析情况,引入承载力检算系数、截面折减系数、承载力恶化系数以及活载修正系数,并将其反映在结构抗力或荷载效应表达式中,通过结构检算分析,进行荷载效应和抗力效应的比较,对桥梁承载力作出评估。

(2)对不提高汽车荷载等级的桥梁,应按设计荷载分别对结构施工阶段、成桥状态及运营状态进行验算。

(3)计算恒载时,应以最近一次养护、维修、加固后的实际情况为准。

(4)整体计算分析必须考虑箱梁体系温度变化及日照温差影响。

(5)当恒载较原设计值增加或墩台发生不均匀沉陷时,应对下部结构进行验算。墩台发生不均匀沉陷时,还应检算不均匀沉陷对上部结构的内力影响。

**3.5.4** 承载能力检算方法

承载能力检算基本公式:

$$S_d(\gamma g G;\gamma q \Sigma Q) \leqslant \gamma_b R_d\left(\xi_c \frac{R_c}{\gamma_c};\xi_s \frac{R_s}{\gamma_s}\right) Z_1(1-\xi_e) \tag{3.5.4}$$

式中:$S_d$——荷载效应函数;

$G$——永久荷载(结构重力)效应;

$\gamma g$——永久荷载(结构重力)安全系数;

$Q$——可变荷载及永久荷载中混凝土收缩、徐变影响力效应,基础变位影响力效应,对重载交通桥梁,汽车荷载效应计入活载影响修正系数 $\xi_q$,见本指南附录 A 式(A.0.4);

$\gamma q$——荷载 Q 的安全系数;

$R_d$——结构抗力函数;

$\gamma_b$——结构工作条件系数;

$R_c$——混凝土强度设计采用值;

$\gamma_c$——在混凝土强度设计采用值基础上的混凝土安全系数;

$R_s$——预应力筋或非预应力钢筋强度设计采用值;

$\gamma_s$——在钢筋强度设计采用值基础上的钢筋安全系数;

$Z_1$——承载力检算系数,见本指南附录 A 表 A.0.1-2;

$\xi_e$——承载力恶化系数,见本指南附录 A 表 A.0.2-2;

$\xi_c$——配筋混凝土结构的截面折减系数,见本指南附录 A 表 A.0.3-2;

$\xi_s$——钢筋的截面折减系数,见本指南附录 A 表 A.0.3-3。

## 3.6 荷载试验法鉴定承载能力

**3.6.1** 当采用检算的方法仍不能确定桥梁承载力时,可采用荷载试验法鉴定其实际承载能力,鉴定结果可作为加固设计的依据。

在下列情况下,可考虑进行荷载试验:

(1)桥梁技术状况较差,可能存在隐患,通过检算不能确定承载能力的桥。

(2)技术复杂,结构受力不明确的桥。

(3)缺乏设计、施工资料的桥。

(4)特载通过或主要受力构件意外损伤,通过检算不能确定承载能力的桥。

(5)特殊重要的连续梁桥在正常使用期间可周期性进行荷载试验。

**3.6.2** 荷载试验主要内容应包括以下方面:

(1)典型桥跨箱梁最大正、负弯矩控制截面及最大剪力控制截面的混凝土应变。

(2)结构薄弱截面或损坏部位的应变。

(3)跨中及1/4跨挠度。

(4)加载试验过程中有无产生新裂缝以及原裂缝的开展情况。

(5)支点沉降观测。

(6)动载试验中,箱梁结构固有频率、冲击系数及其他动态参数。

**3.6.3** 基于荷载试验的承载能力检算方法

基于荷载试验的承载力检算基本公式:

$$S_d(\gamma gG;\gamma q\Sigma Q) \leqslant \gamma_b R_d\left(\xi_c \frac{R_c}{\gamma_c};\xi_s \frac{R_s}{\gamma_s}\right) Z_2(1-\xi_e) \tag{3.6.3}$$

式中:$Z_2$ ——基于荷载试验确定的承载力检算系数,见附录B;

其余符号含义同3.5.4。

# 4 连续梁桥养护维修

## 4.1 一般规定

**4.1.1** 桥面系及附属工程的养护维修应符合《公路桥涵养护规范》(JTG H11—2004)的有关规定。

**4.1.2** 在养护过程中,不得随意增加静荷载。严禁随意采用加厚桥面铺装的方法进行桥面补强。尤其当主梁跨中下挠,主梁线形发生变化时,严禁随意加铺沥青混凝土进行调坡。

**4.1.3** 冬季撒铺的防冻、防滑材料不应对桥面及桥梁结构造成损害,禁用氯盐除雪。位于海水氯盐侵蚀环境的桥梁,应采取附加防腐蚀措施。

**4.1.4** 维护好永久性位移观测点装置,未建立永久性位移观测点的应补设。

## 4.2 箱梁养护维修

箱梁的养护维修除执行《公路桥涵养护规范》(JTG H11—2004)中相关的规定外,还应包括以下内容:

**4.2.1** 应保持箱梁内通风,未设通风孔的宜补设。发现堵塞,应立即清理疏通。

**4.2.2** 保持箱梁底板排水孔道畅通,箱梁内不得有积水。

**4.2.3** 桥面泄水孔的排水不得损坏梁体,需要时应调整泄水孔出水口远离梁体表面。

**4.2.4** 应及时清理箱内施工垃圾,保持箱内清洁。

**4.2.5** 应对预应力锚固区混凝土破损、开裂、剥落及沿钢束纵向裂缝及时进行修补,锚具暴露时应及时除锈防护,并修补封端混凝土。

**4.2.6** 当箱梁混凝土发生表层或特殊缺陷时可按《公路桥梁加固施工技术规范》(JTG/T J23—2008)相关规定,分别采用混凝土(砂浆)、聚合物水泥混凝土(砂浆)、改性环氧混凝土(砂浆)、混凝土表面防腐涂装等方法进行处理。

**4.2.7** 当箱梁混凝土出现裂缝时,应跟踪观察,分析原因。对需要修补的裂缝,应按《公路桥梁加固施工技术规范》(JTG/T J23—2008)相关规定,分别采用表面封闭法、自动低压渗注法、压力灌注法进行处理。

## 4.3 伸缩装置养护维修

**4.3.1** 应经常清除伸缩缝内垃圾、杂物,使其发挥正常作用。

**4.3.2** 当车辆经过伸缩缝时有异常响声或发生跳车时应及时检查维修。

**4.3.3** 伸缩装置出现以下病害时,应及时更换:

(1)伸缩装置钢板或钢梁变形,螺栓脱落,伸缩不能正常进行。

(2)橡胶条或橡胶板老化、脱落,固定钢构件变形、松动。

**4.3.4** 更换的伸缩装置应选型合理,伸缩量应考虑混凝土收缩徐变的影响,安装应牢固、平整、不漏水。

**4.3.5** 维修或更换伸缩装置时,应采取措施维持交通。

## 4.4 支座养护维修

**4.4.1** 支座各构件应保持完整、清洁,应及时清理支座周围的油污、垃圾,防止积水、积雪污损支座。

**4.4.2** 对钢支座应进行除锈防腐。

**4.4.3** 及时拧紧钢支座各部件的连接螺栓,使支撑垫板平整、牢固。

**4.4.4** 对滑动支座应定期涂刷润滑油。

**4.4.5** 支座的防尘罩应维护完好,破损时应修复或更换。

**4.4.6** 支座如有缺陷或产生故障不能正常工作时,应及时修理或更换。

## 4.5 墩台养护维修

**4.5.1** 墩台日常养护维修应按《公路桥涵养护规范》(JTG H11—2004)相关规定执行。

**4.5.2** 当桥墩靠近被交叉道路机动车道时,应增设护墩。位于航道中的水中墩应增设防撞设施。

**4.5.3** 当活动支座滑动受阻造成墩台拉裂时,应及时修复或更换支座,并维修墩台裂缝。

## 4.6 基础养护维修

**4.6.1** 基础日常养护维修应按《公路桥涵养护规范》(JTG H11—2004)相关规定执行。

**4.6.2** 当基础冲刷过深或局部被掏空时,应立即进行维护。

**4.6.3** 当墩台基础发生不均匀沉降或裂缝持续发展时,应及时上报主管部门以便委托有关单位进行病害分析及维修加固。

# 5 连续梁桥加固

## 5.1 一般规定

**5.1.1** 加固应遵循以下原则:

(1)桥梁经过技术状况评定及承载力鉴定,确认经过加固后能满足结构安全或正常使用要求,方可进行加固。

(2)加固工程实施后的桥梁技术状况必须恢复至一、二类。

(3)加固设计应根据评定结论和使用要求,针对不同的病害成因,采用相适应的加固方法。

(4)加固必须考虑原结构的安全,尽量减少对原构件的损伤。

(5)加固设计原则上不宜增加上部结构自重。若需要增加自重时,应验算支座、下部结构及基础的承载能力。当基础承载能力不满足加固后桥梁恒载和通行荷载的要求时,应先加固墩台基础。

(6)加固技术应可靠,并具有长期加固效应,同时便于后期养护。

(7)特大桥、大桥主要承重构件加固时,应做多方案的技术、经济比较。

(8)在加固施工过程中,若发现原结构或相关隐蔽部位的构造有严重缺陷时,应立即停工,会同加固设计单位进行研究,采取有效措施处理后,方能继续施工。

**5.1.2** 加固设计计算、加固用材料应按照原设计采用规范、《公路桥梁加固设计规范》(JTG/T J22—2008)及《公路钢筋混凝土及预应力混凝土桥涵设计规范》(JTG D62—2004)相关规定进行。

**5.1.3** 在海水和氯盐环境的连续梁桥加固,应考虑环境因素对混凝土结构的腐蚀作用。应执行《公路工程混凝土结构防腐蚀技术规范》(JTG/T B07-01—2006)及《海港工程混凝土结构防腐蚀技术规范》(JTJ275—2000)有关规定。

## 5.2 加固方法

**5.2.1** 连续梁常用加固方法应按《公路桥梁加固设计规范》(JTG/T J22—2008)及

《公路桥梁加固施工技术规范》(JTG/T J23—2008)相关规定执行。

**5.2.2** 箱梁加固可根据不同病害选择适合的加固方法:

(1)箱梁的刚度不足且产生严重下挠时,应采用施加体外预应力法进行加固,也可采用改变结构体系法进行加固。

(2)箱梁的抗剪承载能力不足时,可采用增大截面、粘贴钢板或增设竖向预应力等方法进行加固。

(3)箱梁的抗弯承载能力不足时,可采用施加体外预应力、增大截面法、粘贴钢板或纤维复合材料等方法进行加固。

(4)箱梁顶底板因承载力不足纵向开裂时,可采用粘贴钢板或纤维复合材料或增设横肋等方法进行加固。

(5)箱梁齿板局部承压不足引起齿板破坏或锚固区箱梁局部开裂时,可采用增大截面或粘贴钢板等方法进行加固。

**5.2.3** 下部结构加固方法:

(1)盖梁可采用施加体外预应力、增大截面、粘贴钢板或纤维复合材料等方法加固。

(2)墩柱可采用增大截面、钢套管内灌注混凝土、粘贴钢板或纤维复合材料等方法加固。

(3)台身可采用外包钢筋混凝土套箍、更换台后填土、增设辅助挡土墙、框架梁加注浆锚杆等方法加固。

(4)基础可采用增大基础底面积、增大桩头面积或增加基桩、增设支撑梁等方法加固。

(5)地基可采用高压旋喷注浆、土体注浆等方法加固。

(6)墩台基础冲刷过大,可采用抛石、砌石防护、石笼、板桩防护、上游设导流坝、下游设拦砂坝等方法加固。

## 5.3 加固施工

**5.3.1** 连续梁桥常用加固施工方法按《公路桥梁加固施工技术规范》(JTG/T J23—2008)相关规定执行。

本指南仅对加固规范中没有明确的预应力管道补压浆、混凝土崩裂、腹板加厚、增设横隔板等几项施工工艺进行补充。

**5.3.2** 预应力管道补压浆

5.3.2.1 预应力管道查找

(1)预应力管道可采用雷达或其他仪器在混凝土表面定位,其测定的预应力管道中心在混凝土表面的投影位置偏差,应小于1/3波纹管直径。

(2)用电锤在定位处垂直于混凝土表面打检查孔,通过钻孔声音判断波纹管内压浆情况,也可采用内窥镜等其他仪器判断。

5.3.2.2 预应力管道补压浆

(1)压浆采用无收缩灌浆料,灌浆料不得含有任何团块,拌和水采用清洁的饮用水,搅拌采用水泥浆搅拌机,严禁人工搅拌。

(2)泥浆自拌制至压入管道的延续时间,视天气情况而定,一般在30~45min范围内。水泥浆在使用前和压注过程中应连续搅拌。对于延迟时间过长,流动性降低的浆,不得通过加水来增加其流动性。

(3)低处检查孔作为压浆口,高处检查孔作为出浆口,用钢丝刷清除压浆口附近混凝土表面的浮浆,粘贴压浆嘴。

(4)将灌浆料压入预应力管道,压浆应该均匀缓慢地进行,不得中断。压浆时注意观察出气孔,直至出气孔溢出浓浆。压浆完毕,将压浆管折起固定,防止回流,然后移至下一个压浆嘴。

(5)压浆应使用活塞式压浆泵,不得使用压缩空气。

(6)压浆过程中及压浆后48h内,结构混凝土的温度不得低于5℃,否则应采取保温措施。当气温高于35℃时,压浆宜在夜间进行。

**5.3.3** 箱梁混凝土崩裂处理

5.3.3.1 崩裂范围调查

(1)箱梁预应力钢束锚固部位的混凝土出现垂直于预应力走向开裂时,应检查混凝土是否出现崩裂。

(2)应用雷达配合人工敲击对崩裂范围进行检查,对雷达探测有开裂可能而敲击密实的区域,应进行钻孔确认。

(3)当崩裂严重,出现沿预应力钢束分层开裂时,应查明开裂区域。

5.3.3.2 局部崩裂修补加固

崩裂长度小于1m时,预应力钢束变位很小,钢束仍被混凝土有效约束,可进行局部修补;崩裂长度大于1m时,预应力钢束变位一般较大,部分波纹管会脱离混凝土,应进行加固。

**5.3.4** 箱梁腹板加厚、新增横隔板及齿板

5.3.4.1 结合面处理

(1)清除表面疏松混凝土至密实结构层,在混凝土表面凿毛,使其粗集料外露。

(2)新增横隔板、齿板与箱梁接触面,不得粘贴钢板、碳纤维等。

(3)当箱梁腹板粘贴钢板再加厚时,粘贴钢板表面不得涂油漆。

5.3.4.2 植筋要求

(1)为加强新旧混凝土间结合,腹板加厚时,在箱梁腹板植筋;新增横隔板时,在箱梁

腹板、顶板、底板植筋，横隔板在箱梁顶板、底板植筋数量、深度按新增横隔板与其接触面的混凝土抗拉强度计算；新增齿板时，齿板与箱梁接触面的植筋数量、深度按齿板承受预应力计算。

（2）当箱梁腹板粘贴钢板再加厚时，为减少对腹板损伤，粘贴钢板的植筋可以兼做加厚混凝土植筋。

5.3.4.3 钢筋、混凝土施工

（1）为避免焊接高温损伤植筋胶，钢筋均采用绑扎，严禁焊接。

（2）由于腹板加厚新浇混凝土较薄，为防止混凝土离析，应在模板中间开窗，分层浇筑。

## 5.4 加固工程质量检验评定

### 5.4.1 植筋

（1）基本要求

所有材料的种类、型号、规格、数量和质量必须符合有关规范及设计要求。

按设计要求的程序施工，定位、钻孔、清孔、注胶、固化应符合设计要求。

（2）实测项目，见表5.4.1。

**表5.4.1 植筋实测项目**

| 项次 | 检查项目 | | 规定值或允许偏差 | 检查方法和频率 |
|---|---|---|---|---|
| 1 | 钻孔直径(mm) | | +2，-1 | 钢尺测量：抽查30% |
| 2 | 钻孔深度(mm) | 上、下部结构 | +10,0 | 钢尺测量：抽查30% |
| | | 承台与基础 | +20,0 | |
| | | 连接节点 | +5,0 | |
| 3 | 钻孔垂直度 | 上、下部结构 | 3° | 钢尺测量：抽查30% |
| | | 承台与基础 | 5° | |
| | | 连接节点 | 2° | |
| 4 | 位置(mm) | 上、下部结构 | 5 | 钢尺测量：抽查30% |
| | | 承台与基础 | 10 | |
| | | 连接节点 | 5 | |

（3）外观鉴定

①锚孔内胶黏剂应饱满，不得有未固结现象。

②植入钢筋不得有松动，表面不应有损伤。

### 5.4.2 钢筋混凝土增大截面加固

（1）基本要求

①所用的水泥、砂石、水、混凝土外掺剂和钢材等原材料的规格、质量以及混凝土配合比应符合设计要求和《公路桥涵施工技术规范》(JTJ 041—2000)的规定。

②梁体加固应按照设计规定的操作程序施工。

③被加固梁体的相关部位在加固前必须清洁、干燥、无污垢,对原有和新设的受力钢筋应进行除锈处理。

(2)实测项目,见表5.4.2。

**表5.4.2　钢筋混凝土增大截面加固实测项目**

| 项　次 | 检 查 项 目 | 规定值或允许偏差 | 检查方法和频率 |
|---|---|---|---|
| 1 | 混凝土强度(MPa) | 在合格标准内 | 按水泥混凝土抗压强度评定方法 |
| 2 | 冷拉钢筋接头在同一平面内偏拉(mm) | 2或1/10直径 | 钢直尺:抽查30% |
| 3 | 植筋拉拔力 | 不小于设计值1.2倍 | 千斤顶:抽查1%,且不小于3根 |
| 4 | 加固截面尺寸(mm) | ±10 | 钢直尺:每个构件3个断面 |

(3)外观鉴定

①新增混凝土表面的蜂窝、麻面和缺边掉角等缺陷的总面积不得超过该构件表面积的5‰,深度不得超过8mm。

②新、旧混凝土接合面不得出现裂缝、夹杂碎物等。

### 5.4.3　体外预应力加固

(1)基本要求

①体外预应力束所用钢绞线、锚具、HDPE套管及防腐填充物等各部分材料的技术性能应满足设计要求,预应力束展开后应平顺无弯折。

②锚固块和转向块应采用预埋无缝钢管成孔。导向管应弯曲圆顺,不得损伤预应力束及其防护层。锚垫板平面应与孔道轴线垂直,锚具外留长度不得小于设计值。

③应按设计要求对锚头和锚固段进行防护,锚具防护罩应安装牢固,内填油脂充盈。

(2)实测项目,见表5.4.3。

**表5.4.3　体外预应力张拉控制实测项目**

| 项　次 | 检 查 项 目 | | 规定值或允许偏差 | 检查方法和频率 |
|---|---|---|---|---|
| 1 | 钢束坐标(mm) | 构件长方向 | ±30 | 钢尺测量:抽查50%;各转折点 |
| | | 构件高方向 | ±10 | |
| 2 | 张拉应力值 | | 符合设计要求 | 查油压表读数:全部 |
| 3 | 张拉伸长率 | | 符合设计要求,设计未规定时±6% | 钢尺测量:全部 |

续上表

<table>
<tr><th>项　次</th><th colspan="2">检 查 项 目</th><th>规定值或允许偏差</th><th>检查方法和频率</th></tr>
<tr><td rowspan="2">4</td><td rowspan="2">断丝滑丝数</td><td>钢束</td><td>每束1根，且每断面不超过钢丝总数的1%</td><td rowspan="2">目测:每根(束)</td></tr>
<tr><td>钢筋</td><td>不允许</td></tr>
<tr><td>5</td><td colspan="2">限位器纵向间距(mm)</td><td>±30</td><td>钢尺测量:抽查50%</td></tr>
</table>

(3)外观鉴定

①体外束的HDPE防护应完好,并应视损伤情况进行处理,严重者须更换。

②钢束与导向管(限位器)间不应出现橡胶垫块(圈)缺失和破损。

### 5.4.4　粘贴钢板加固

(1)基本要求

①所用材料种类、型号、规格、数量和质量应符合《公路桥梁加固设计规范》(JTG/T J23—2008)规定及设计要求。

②外露钢构件应按设计要求进行涂装防腐处理。

(2)实测项目,见表5.4.4。

**表5.4.4　粘贴钢板加固实测项目**

<table>
<tr><th>项　次</th><th colspan="2">检 查 项 目</th><th>规定值或允许偏差</th><th>检查方法和频率</th></tr>
<tr><td>1</td><td colspan="2">加固构件结合面处理</td><td>符合设计要求</td><td>目测:全部</td></tr>
<tr><td>2</td><td colspan="2">钢材粘贴结合面处理</td><td>符合设计要求</td><td>目测:全部</td></tr>
<tr><td>3</td><td colspan="2">黏贴</td><td>有效黏结面积≥95%</td><td>超声波、红外线或敲击:50%</td></tr>
<tr><td rowspan="4">4</td><td rowspan="4">锚栓</td><td>钻孔直径(mm)</td><td>+2,-1</td><td rowspan="4">钢尺测量:抽查20%</td></tr>
<tr><td>锚固深度(mm)</td><td>+5,0</td></tr>
<tr><td>钻孔垂直度</td><td>3°</td></tr>
<tr><td>位置(mm)</td><td>5</td></tr>
<tr><td rowspan="3">5</td><td rowspan="3">钢材加工</td><td>截面尺寸(mm)</td><td>±2</td><td>钢尺测量:检查全部</td></tr>
<tr><td>焊缝尺寸</td><td rowspan="2">符合设计要求</td><td>量规:检查全部</td></tr>
<tr><td>焊缝探伤</td><td>超声:检查全部<br>射线:按设计规定,设计未规定时按10%抽查</td></tr>
</table>

(3)外观鉴定

①目测钢板边缘的溢胶,色泽应均匀,胶体应固化。

②涂装表面完整光洁,均匀一致,无破损、气泡、裂纹、针孔、凹陷、麻点、流挂和皱皮等缺陷。

③涂装的漆膜颜色一致。

**5.4.5** 粘贴纤维复合材料加固

(1)基本要求

①所有进场材料应符合质量标准,并具有出厂合格证,其各种性能指标及技术参数均应符合设计和相关规范的要求,适合现场温度、湿度条件。

②按设计要求对原构件缺陷进行修补,严格按有关规范进行各工序隐蔽工程检验与验收,如施工质量不能满足相关条款要求时,应立即采取补救措施或返工。

③纤维复合材料实际粘贴面积、搭接长度、搭接宽度等符合设计要求。当采用多条或多层纤维复合材料加固时,其搭接位置应相互错开。

④纤维复合材料与混凝土之间的黏结质量,可用小锤轻轻敲击或手压纤维复合材料表面的方法来检查,总有效黏结面积不应低于95%。当纤维复合材料的空鼓面积小于$100cm^2$时,可采用针管注胶方式进行补救;当空鼓面积大于$100cm^2$时,宜将空鼓处的纤维复合材料切除,重新搭接贴上等量的纤维复合材料,搭接长度应符合设计要求。

(2)实测项目,表5.4.5。

**表5.4.5 粘贴复合材料加固实测项目**

<table>
<tr><th>项 次</th><th colspan="3">检 查 项 目</th><th>规定值或允许偏差</th><th>检查方法和频率</th></tr>
<tr><td rowspan="4">1</td><td rowspan="4">黏结质量</td><td colspan="2">空鼓面积之和与总粘贴面积之比</td><td>小于5%</td><td>小锤敲击或激光扫描:全部或抽样</td></tr>
<tr><td rowspan="2">胶黏剂厚度</td><td>板材</td><td>2mm ±1.0mm</td><td rowspan="2">钢尺测量:每构件3处</td></tr>
<tr><td>布材</td><td><2.0mm</td></tr>
<tr><td colspan="2">硬度(布材)</td><td>>70°</td><td>洛式硬度试验方法测量</td></tr>
<tr><td>2</td><td colspan="3">构件表面处理</td><td>符合设计要求</td><td>目测或尺量:全部</td></tr>
<tr><td>3</td><td colspan="3">阴阳角圆化半径(mm)</td><td>≥25</td><td>量规:全部</td></tr>
<tr><td>4</td><td colspan="3">粘贴误差</td><td>中心线偏差≤10mm</td><td>钢尺测量:全部</td></tr>
<tr><td>5</td><td colspan="3">粘贴数量</td><td>≥设计数量</td><td>计算</td></tr>
<tr><td>6</td><td colspan="3">现场取样试验</td><td>混凝土破坏</td><td>取样:2% -3%</td></tr>
</table>

注:项次6的检查频率按粘贴面积或加固梁体数量计算。

(3)外观鉴定

①表面清洁,防护完好。

②纤维复合材料与构件黏合加固时,不应有明显的歪斜和大于10mm的位置偏差。

**5.4.6** 增补桩基加固

(1)基本要求

①所有材料的种类、型号、规格、数量和质量必须符合有关规范及设计要求,按规定的配合比施工。

②成孔、混凝土灌注、压桩应符合设计要求。水下混凝土应连续灌注,严禁有夹层和断桩。

③嵌入承台的锚固钢筋长度不得低于设计规范规定的最小锚固长度要求。

④增补桩基应逐根用无破损法进行检测。

⑤凿除桩头预留混凝土后,桩顶应无残余的松散混凝土。

⑥承台增加截面加固时,结合面和原构件缺陷的处理、钢筋连接应符合设计要求。

⑦承台施工时必须采取措施控制水化热引起的混凝土内最高温度及内外温差在允许范围内,防止出现温度裂缝。新浇混凝土不得出现露筋和空洞现象。

⑧施工过程中必须对原桥的沉降、位移进行检测和控制。

(2)实测项目

其中,植筋见表5.4.1,其他见表5.4.6至表5.4.9。

**表5.4.6 灌注桩实测项目**

| 项次 | 检查项目 | | 规定值或允许偏差 | 检查方法和频率 |
|---|---|---|---|---|
| 1 | 混凝土强度(MPa) | | 在合格标准内 | 按水泥混凝土抗压强度评定方法 |
| 2 | 桩位(mm) | | 50 | 全站仪或经纬仪:每桩检查 |
| 3 | 孔深(m) | | 不小于设计 | 测绳量:每桩测量 |
| 4 | 孔径(mm) | | 不小于设计 | 探孔器:每桩测量 |
| 5 | 倾斜度(mm) | 钻孔桩 | 1%桩长,且不大于500 | 用测壁(斜)仪或钻杆垂线法:每桩检查 |
| | | 挖孔桩 | 0.5%桩长,且不大于200 | |
| 6 | 钻孔桩沉淀厚度(mm) | | 按设计或施工规范要求 | 沉淀盒或标准测锤:每桩检查 |
| 7 | 钢筋骨架底面高程(mm) | | ±50 | 水准仪:测每桩骨架顶面高程后反算 |

**表5.4.7 预制桩构件实测项目**

| 项次 | 检查项目 | | 规定值或允许偏差 | 检查方法和频率 |
|---|---|---|---|---|
| 1 | 混凝土强度(MPa) | | 在合格标准内 | 按水泥混凝土抗压强度评定方法检查 |
| 2 | 长度(mm) | | ±50 | 尺量:每桩检查 |
| 3 | 横截面(mm) | 桩的边长 | ±5 | 尺量:每预制件检查2个断面 |
| | | 空心桩空心(管芯)直径 | ±5 | |
| | | 空心中心与桩中心偏差 | ±5 | |
| 4 | 桩尖对桩的纵轴线(mm) | | 10 | 尺量:每桩检查 |
| 5 | 桩纵轴线弯曲矢高(mm) | | 0.1%桩长,且不大于20 | 沿桩长拉线量,取最大矢高:每桩检查 |
| 6 | 桩顶面与桩纵轴线倾斜偏差(mm) | | 1%桩径或边长,且不大于3 | 角尺:每桩检查 |
| 7 | 接桩的接头平面与桩轴平面垂直度 | | 0.5% | 角尺:每桩检查 |

**表 5.4.8 沉桩实测项目**

| 项 次 | 检查项目 | | 规定值或允许偏差 | 检查方法和频率 |
|---|---|---|---|---|
| 1 | 桩位(mm) | | 40 | 全站仪或经纬仪:每桩检查 |
| 2 | 桩尖高程(mm) | | 不高于设计规定 | 水准仪测桩顶高程后反算:每桩检查 |
| | 贯入度(mm) | | 小于设计规定 | 与控制贯入度比较:每桩检查 |
| 3 | 倾斜度 | 直桩 | 1% | 垂线法:每桩检查 |
| | | 斜桩 | 15% $\tan\theta$ | |

注:①$\theta$ 为斜桩轴线与垂线间的夹角。

②深水中采用打桩船沉桩时,其允许偏差应符合设计规定。

③当贯入度符合设计规定但桩尖高程未达到设计高程,应按施工技术规范的规定进行检验,并得到设计认可时,桩尖高程为合格。

**表 5.4.9 承台增加截面实测项目**

| 项 次 | 检查项目 | 规定值或允许偏差 | 检查方法和频率 |
|---|---|---|---|
| 1 | 混凝土强度(MPa) | 在合格标准内 | 按水泥混凝土抗压强度评定方法检查 |
| 2 | 结合面处理 | 符合设计要求 | 目测:全部 |
| 3 | 尺寸(mm) | +30,0 | 尺量:长、宽、高检查各 2 点 |
| 4 | 顶面高程(mm) | ±20 | 水准仪:检查 5 处 |
| 5 | 轴线偏位(mm) | 15 | 全站仪或经纬仪:纵、横各测量 2 点 |

(3)外观鉴定

①桩顶面应平整,桩柱连接处应平顺且无局部修补。

②预制桩桩顶和桩尖不得出现蜂窝、麻面。

③沉桩桩头无劈裂,如有劈裂时应进行处理。

④新浇混凝土表面平整,棱角平直,不得出现蜂窝、麻面,如出现应修整。

⑤新浇混凝土表面出现非受力裂缝应处理。

# 6 养护管理

**6.0.1** 桥梁养护工作应实行“统一领导、分级管理”。管养单位和监管单位必须确定各自的工作职责,制定桥梁安全事故责任追究制定。

**6.0.2** 养护技术工作应实行桥梁养护工程师制度,保持其人员的相对稳定,并定期培训考核。

**6.0.3** 桥梁管养单位和监管单位应建立健全公路桥梁技术档案管理制度,积极推广应用公路桥梁管理系统,及时更新桥梁技术数据,保证桥梁技术档案真实完整。

(1)重视桥梁特殊情况资料(地质灾害、气象灾害、超限运输等特殊事件的具体情况、损害程度、处置方案等)的管理。

(2)基本资料缺失的桥梁,应根据历年检查、养护资料,逐步建立和完善其技术档案。

(3)特大型连续梁桥应建立符合自身特点的健康监测系统和养护管理系统。

**6.0.4** 应制订针对重要和特大型连续梁桥的预防和处置突发事件的应急预案。对技术状况为四、五类的桥,除采取相应的管理措施外,还应分别制定应急交通组织方案。

# 附录 A 承载能力检算方法用表

**A.0.1** 承载能力检算系数 $Z_1$

(1)承载能力检算系数 $Z_1$ 是根据结构或构件的实际技术状况,对结构或构件的抗力进行折减或提高。应综合考虑桥梁结构或构件表观缺损状况、材质强度和桥梁结构固有模态等的检测评定结果加以确定。

(2)根据表 A.0.1-1 推荐的权重,按式(A.0.1)计算确定结构构件技术状况评定值 $D$:

$$D = \sum \alpha_j D_j \tag{A.0.1}$$

式中:$\alpha_j$ ——某一项检测指标的权重值,$\sum_{j=1}^{3} \alpha_j = 1$;

$D_j$ ——结构或构件某项检测指标的评定标准值,见 A.0.5。

**表 A.0.1-1 推荐的承载能力检算系数的检测指标权重值**

| 检测指标名称 | 桥梁外观质量 | 混凝土强度 | 结构模态参数 |
|---|---|---|---|
| 权重 $\alpha_j$ | 0.4 | 0.3 | 0.3 |

(3)根据结构或构件技术状况评定值 $D$,按表 A.0.1-2 选用桥梁承载能力检算系数 $Z_1$ 值。

**表 A.0.1-2 推荐的承载能力检算系数 $Z_1$ 值**

| 结构或构件技术状况评定值 $D$ | 受弯构件 | 轴心受压 | 轴心受拉 | 偏心受压 | 偏心受拉 | 受扭构件 | 局部承压 |
|---|---|---|---|---|---|---|---|
| 1 | 1.15 | 1.20 | 1.05 | 1.15 | 1.15 | 1.10 | 1.15 |
| 2 | 1.10 | 1.15 | 1.00 | 1.10 | 1.10 | 1.05 | 1.10 |
| 3 | 1.00 | 1.05 | 0.95 | 1.00 | 1.00 | 0.95 | 1.00 |
| 4 | 0.90 | 0.95 | 0.85 | 0.90 | 0.90 | 0.85 | 0.90 |
| 5 | 0.80 | 0.85 | 0.75 | 0.80 | 0.80 | 0.75 | 0.80 |
| 备注 | ①小偏心受压可参照轴心受压取用承载能力检算系数 $Z_1$ 值;<br>②检算系数 $Z_1$ 值,可按技术状况评定值 $D$ 线性内插 | | | | | | |

**A.0.2** 承载力恶化系数 $\xi_e$

(1)承载能力恶化系数 $\xi_e$ 是指桥梁在使用环境中各种介质对结构产生的非结构性作用(如混凝土的碳化深度、氯离子侵蚀、混凝土保护层厚度、混凝土电阻率、钢筋锈蚀电位、混凝土强度劣化等)和截面缺损对承载力的影响系数。

(2)根据各项检测指标的检测结果,应用表 A.0.2-1 规定方法计算出某一构件恶化状况评定值 $E$ 。

**表 A.0.2-1 推荐的结构或构件检测指标影响权重值**

| 序　号 | 检测指标名称 | 权重 $\alpha_j$ | 综合评定方法 |
|---|---|---|---|
| 1 | 混凝土表观缺损 | 0.32 | 某一构件恶化状况评定值 $E$ 按下式计算:<br>$E=\sum_{j=1}^{7}E_j a_j$<br>式中:$E_j$——结构或构件某一检测评定指标的评定标准值;<br>$\alpha_j$——某一检测评定指标的影响权重,$\sum_{j=1}^{7}\alpha_j=1$ |
| 2 | 钢筋自然电位 | 0.11 | |
| 3 | 混凝土电阻率 | 0.05 | |
| 4 | 混凝土碳化深度 | 0.20 | |
| 5 | 混凝土保护层厚度 | 0.12 | |
| 6 | 氯离子($Cl^-$)含量 | 0.15 | |
| 7 | 结构混凝土强度推定值 | 0.05 | |

注:混凝土表观缺损及混凝土强度评定标准见表 A.0.5-1、A.0.5-2、A.0.5-3,其他各项检测评定标准见 A.0.6。

(3)根据某一构件恶化状况评定值 $E$ 及桥址的环境特征,按表 A.0.2-2 确定桥梁的承载能力恶化系数 $\xi_e$ 。

**表 A.0.2-2 推荐的承载能力恶化系数 $\xi_e$ 值**

| 恶化状况评定值 $E$ | 环境条件 | | | |
|---|---|---|---|---|
| | 干燥不冻<br>无侵蚀性介质 | 干、湿交替不冻<br>无侵蚀性介质 | 干、湿交替冻<br>无侵蚀性介质 | 干、湿交替冻<br>有侵蚀性介质 |
| 1 | 0.00 | 0.02 | 0.05 | 0.06 |
| 2 | 0.02 | 0.04 | 0.07 | 0.08 |
| 3 | 0.05 | 0.07 | 0.10 | 0.12 |
| 4 | 0.10 | 0.12 | 0.14 | 0.18 |
| 5 | 0.15 | 0.17 | 0.20 | 0.25 |
| 备注 | 恶化系数 $\xi_e$ 按结构或构件恶化状况评定值线性内插 | | | |

**A.0.3** 截面折减系数 $\xi_c$、$\xi_s$

(1)截面折减系数主要考虑结构由于材料风化、碳化、物理与化学损伤以及钢筋腐蚀剥落造成的钢筋有效面积损失对结构构件截面抗力效应的影响。

(2)结构的截面折减系数,按下述方法确定:

①通过对桥梁进行检测,确定结构材料风化、碳化、物理与化学损伤等三项检测指标的评定标准值。混凝土碳化的评定标准见表 A.0.6-4,材料风化及物理与化学损伤的评定标准见表 A.0.7-1、表 A.0.7-2。

②根据各检测指标的评定标准值,按下式计算确定结构或构件截面损伤的综合评定值 $R$:

$$R = \sum_{j=1}^{3} R_j \alpha_j \tag{A.0.3}$$

式中:$R_j$ ——某项检测指标的评定标准值;

$\alpha_j$ ——某项检测指标的权重值,$\sum_{j=1}^{3} \alpha_j = 1$,见表 A.0.3-1。

**表 A.0.3-1 推荐的材料风化、碳化及物理与化学损伤影响权重值**

| 检测指标名称 | 权 重 值 $\alpha_j$ |
|---|---|
| 材料风化 | 0.10 |
| 碳化 | 0.35 |
| 物理与化学损伤 | 0.55 |

③依据截面损伤的综合评定值,按表 A.0.3-2 取用截面折减系数 $\xi_c$。

**表 A.0.3-2 推荐的截面折减系数 $\xi_c$ 值**

| 截面损伤综合评定值 $R$ | 截面折减系数 $\xi_c$ |
|---|---|
| $1 \leq R < 2$ | 0.98 ~ 1.00 |
| $2 \leq R < 3$ | 0.93 ~ 0.98 |
| $3 \leq R < 4$ | 0.85 ~ 0.93 |
| $4 \leq R < 5$ | 0.85 以下 |

④依据截面损伤的综合评定值,可按表 A.0.3-3 选用发生腐蚀的钢筋的截面折减系数 $\xi_s$。

**表 A.0.3-3 推荐的钢筋截面折减系数 $\xi_s$ 值**

| 截面损伤综合评定值 $R$ | 性 状 描 述 | 截面折减系数 $\xi_s$ |
|---|---|---|
| 1 | 沿钢筋出现裂缝,宽度小于限值 | 0.98 ~ 1.00 |
| 2 | 沿钢筋出现裂缝,宽度大于限值,或钢筋锈蚀引起混凝土发生层离 | 0.95 ~ 0.98 |
| 3 | 钢筋锈蚀引起混凝土剥落,钢筋外露,表面有膨胀薄锈层或坑蚀 | 0.90 ~ 0.95 |
| 4 | 钢筋锈蚀引起混凝土剥落,钢筋外露、表面膨胀性锈层显著,钢筋断面损失在 10% 以内 | 0.80 ~ 0.90 |
| 5 | 钢筋锈蚀引起混凝土剥落,钢筋外露、出现锈蚀剥落,钢筋断面损失在 10% 以上 | 0.80 以下 |

**A.0.4** 活载影响修正系数 $\xi_q$

(1)通过实际调查重载交通桥梁的典型代表交通量、大吨位车辆混入率、轴荷分布,按下式确定活载影响修正系数 $\xi_q$ 值。

$$\xi_q = \sqrt[3]{\xi_{q1}\xi_{q2}\xi_{q3}} \tag{A.0.4}$$

式中：$\xi_q$ ——活载影响修正系数；

$\xi_{q1}$ ——对应于交通量的活载影响修正系数；

$\xi_{q2}$ ——对应于大吨位车辆混入率的活载影响修正系数；

$\xi_{q3}$ ——对应于轴荷分布的活载影响修正系数。

（2）根据实际调查的典型代表交通量 $Q_m$ 与设计交通量 $Q_d$ 之比，按表 A.0.4-1 选用对应于交通量的活载影响修正系数 $\xi_{q1}$ 值。

**表 A.0.4-1　推荐的对应于交通量的活载影响修正系数 $\xi_{q1}$**

| $Q_m/Q_d$ | 活载影响修正系数 $\xi_{q1}$ |
|---|---|
| $1 < \frac{Q_m}{Q_d} \leqslant 1.3$ | 1.0～1.05 |
| $1.3 < \frac{Q_m}{Q_d} \leqslant 1.7$ | 1.05～1.10 |
| $1.7 < \frac{Q_m}{Q_d} \leqslant 2.0$ | 1.10～1.20 |
| $2.0 < \frac{Q_m}{Q_d}$ | 1.20～1.35 |

注：$Q_m$——实际调查的典型代表交通量；

$Q_d$——设计交通量。

（3）依据实际调查的重力超过汽车检算荷载主车的大吨位车辆的交通量与实际交通量之比，即大吨位车辆混入率 $\alpha$，按表 A.0.4-2 取用对应于大吨位车辆混入率的活载影响修正系数 $\xi_{q2}$ 值。

**表 A.0.4-2　推荐的对应于大吨位车辆混入率的活载影响修正系数 $\xi_{q2}$**

| $\alpha$ | 活载影响修正系数 $\xi_{q2}$ |
|---|---|
| $\alpha < 0.3$ | 1.00～1.05 |
| $0.3 \leqslant \alpha < 0.5$ | 1.05～1.10 |
| $0.5 \leqslant \alpha < 0.8$ | 1.10～1.20 |
| $0.8 \leqslant \alpha < 1.0$ | 1.20～1.35 |
| 备　注 | 活载影响修正系数可按大吨位车辆混入率 $\alpha$ 值线性内插 |

（4）根据实际调查的轴荷分布，确定后轴重超过汽车检算荷载之最大轴荷所占的百分数 $\beta$，按表 A.0.4-3 取用对应于轴荷分布的活载影响修正系数 $\xi_{q3}$ 值。

**表 A.0.4-3　推荐的对应于轴荷分布的活载影响修正系数 $\xi_{q3}$**

| $\beta$ | 活载影响修正系数 $\xi_{q3}$ |
|---|---|
| $\beta < 5\%$ | 1.00 |
| $5\% \leqslant \beta < 15\%$ | 1.15 |
| $15\% \leqslant \beta < 30\%$ | 1.30 |
| $\beta \geqslant 30\%$ | 1.40 |

## A.0.5 旧桥技术状况评定标准用表(见表A.0.5-1～表A.0.5-4)

表A.0.5-1 上部结构表观缺陷状况评定标准

| 评定标准值 | 表观技术状况 | 评 定 标 准 |
|---|---|---|
| 1 | 良好状态 | ①基本上完好无缺,但表面欠清洁;<br>②重点部位有少量裂缝,缝宽在限制范围内,间距大于50cm,缝长不足截面尺寸的1/3 |
| 2 | 较好状态 | ①有剥落、蜂窝麻面和露筋,其累计面积不到构件面积的3%;<br>②局部网状开裂,面积在0.5$m^2$以下;<br>③结合面开裂或有纵向裂缝,缝长小于1/8结合面长度或跨长;<br>④缝宽在限制范围之内,缝长为1/3～1/2截面尺寸,间距大于30cm |
| 3 | 较差状态 | ①剥落、蜂窝麻面和露筋累计面积为构件表面的3%～10%;<br>②钢筋锈蚀或混凝土表面有锈迹;<br>③结合面开裂或有纵向裂缝,缝长为1/8～1/2结合面长度或跨长;<br>④渗漏现象或个别地方有钟乳石状悬挂沉积物;<br>⑤横向联系松动;<br>⑥局部网状开裂,面积为0.5～1.0$m^2$;<br>⑦缝宽在限值范围之内,间距大于20cm,缝长为截面尺寸的1/2～2/3 |
| 4 | 差的状态 | ①多处局部网状开裂,累计面积大于构件表面积10%;<br>②剥落、蜂窝麻面和露筋累计面积为构件表面积的10%以上;<br>③钢筋锈蚀剥落,或有顺主筋方向裂缝,结合面开裂或纵向裂缝,缝长大于1/2结合面长度或跨长;<br>④严重漏水,多处有钟乳石状悬挂沉积物;<br>⑤横向联系严重损坏造成横向刚度明显降低;<br>⑥重点部位缝宽介于限值与1mm之间,缝长大于2/3截面尺寸,间距小于20cm;<br>⑦异常声音和振动 |
| 5 | 危险状态 | ①异常变形,如主梁跨中下挠过大、梁端下沉等;<br>②横向有失稳迹象;<br>③裂缝大多贯通,缝宽大于1mm,间距小于10cm;<br>④主筋锈断;<br>⑤混凝土受压区出现压碎裂缝 |

**表 A.0.5-2　下部结构表观缺损状况评定标准**

| 评定标准值 | 表观技术状况 | 评 定 标 准 |
|---|---|---|
| 1 | 良好状态 | ①各部件完整,浅基防护处理效果良好;<br>②表面污秽,长有苔藓或植物丛生;<br>③少量线状短缝,缝宽在限值范围之内;<br>④局部蜂窝麻面、剥落、深度不足 1cm |
| 2 | 较好状态 | ①局部网裂,面积不到 $1m^2$ 或较多线状短缝,或缝宽在限值范围之内;<br>②砌石表面风化或局部灰浆脱落;<br>③少数蜂窝麻面、剥落,深度不足 2cm,面积不到 3%;<br>④浅基未作防护处理,但未造成冲刷损毁 |
| 3 | 较差状态 | ①多处局部网裂,面积大于 $1m^2$,或大量线状短缝、缝宽超过限值;<br>②多处蜂窝麻面、剥落露筋,深度大于 3cm,面积为 2% ~10%;<br>③砌石表面严重风化,或灰浆大量脱落;<br>④砌体松动,或严重漏水侵蚀,或局部鼓肚;<br>⑤浅基础局部侵蚀,或桥基局部有冲刷掏空迹象 |
| 4 | 差的状态 | ①表面普遍网裂,或较多线状通缝,缝宽超过限值;<br>②大量蜂窝麻面、剥落露筋,面积大于 10%,或钢筋严重锈蚀;<br>③大面积砌体松动或鼓肚变形;<br>④桥基局部冲空或桩基有冲刷磨损现象;<br>⑤桩基环状冻裂,木桩腐朽或蛀蚀严重 |
| 5 | 危险状态 | ①墩台不稳定,有滑动、下沉、位移、倾斜及冻害现象;<br>②基础严重冲刷,20% 以上基底掏空,或桩基严重冲刷磨损;<br>③变形大于规范控制值,或裂缝有开合现象 |

**表 A.0.5-3　混凝土实测强度评定标准**

| $K_{bt}$ | $K_{bm}$ | 强度状态 | 强度评定标准值 |
|---|---|---|---|
| ≥0.90 | ≥1.00 | 良好 | 1 |
| 0.9 ~0.95 | ≥0.95 | 较好 | 2 |
| 0.81 ~0.89 | ≥0.90 | 较差 | 3 |
| 0.7 ~0.80 | ≥0.85 | 差的 | 4 |
| ≤0.70 | ≤0.84 | 危险 | 5 |

注:①$K_{bt}$推定强度匀质系数:

$$K_{bt} = \frac{R_{it}}{R}$$

式中:$R_{it}$——受力部位混凝土的实测强度推定值;

$R$——混凝土极限抗压强度值。

②$K_{bm}$平均强度匀质系数:

$$K_{bm} = \frac{R_{im}}{R}$$

式中:$R_{im}$——受力部位测区平均换算强度值。

**表 A.0.5-4　实测自振频率评定标准**

| 桥梁部件 | 上部结构 | | 下部结构 | |
|---|---|---|---|---|
| 评定标准值 | $f_{mi}/f_{di}$ | 技术状况 | $f_{mi}/f_{di}$ | 技术状况 |
| 1 | ≥1.1 | 良好 | ≥1.2 | 良好 |
| 2 | 1.0～1.1 | 较好 | 1.0～1.2 | 较好 |
| 3 | 0.9～1.0 | 较差 | 0.95～1.0 | 较差 |
| 4 | 0.75～0.9 | 差的 | 0.80～0.95 | 差的 |
| 5 | 0.75 以下 | 危险 | 0.80 以下 | 危险 |

注:$f_{mi}$——结构实测自振频率值;

$f_{di}$——结构理论计算自振频率值。

## A.0.6　承载力恶化系数评定标准用表(见表 A.0.6-1～表 A.0.6-6)

**表 A.0.6-1　钢筋锈蚀电位的评定标准**

| 评定标准值 | 电位水平(mV) | 钢筋状态 |
|---|---|---|
| 1 | 0～-200 | 无锈蚀活动性或锈蚀活动性不确定 |
| 2 | -200～-300 | 有锈蚀活动性,但锈蚀状态不确定,可能坑蚀 |
| 3 | -300～-400 | 有锈蚀活动性,发生锈蚀概率大于 90% |
| 4 | -400～-500 | 有锈蚀活动性,严重锈蚀可能性极大 |
| 5 | <-500 | 构件存在锈蚀开裂区域 |

注:①表中电位水平为采用铜—硫酸铜电极时的量测值;

②混凝土湿度对量测值有明显影响,量测时构件应为自然状态,否则不能使用此评定标准。

**表 A.0.6-2　混凝土电阻率对钢筋锈蚀影响程度的评定标准**

| 评定标准值 | 电阻率(Ω/cm) | 可能的锈蚀速度 |
|---|---|---|
| 1 | >20 000 | 很慢 |
| 2 | 15 000～20 000 | 慢 |
| 3 | 10 000～15 000 | 一般 |
| 4 | 5 000～10 000 | 快 |
| 5 | <5 000 | 很快 |

注:混凝土湿度对量测值有明显影响,量测时构件应为自然状态,否则不能使用此评定标准。

**表 A.0.6-3　氯离子对钢筋锈蚀影响程度的评定标准**

| 氯离子含量(占水泥含量的百分比) | <0.15 | 0.15～0.4 | 0.4～0.7 | 0.7～1.0 | >1.0 |
|---|---|---|---|---|---|
| 评定标准值 | 1 | 2 | 3 | 4 | 5 |
| 诱发钢筋锈蚀的可能性 | 很小 | 不确定 | 有可能诱发钢筋锈蚀 | 会诱发钢筋锈蚀 | 钢筋锈蚀活化 |

**表 A.0.6-4　混凝土碳化深度对钢筋锈蚀影响的评准标准**

| 评判标准值 | 1 | 2 | 3 | 4 | 5 |
|---|---|---|---|---|---|
| 碳化层深度/保护层厚度 | <1* | <1 | =1 | >1 | >1** |

注:① * 构件全部实测比值均小于 1;

② * * 构件全部实测比值均大于 1。

**表 A.0.6-5　混凝土保护层厚度对结构钢筋耐久性的影响评定标准**

| 评定标准值 | $D_{ne}/D_{nd}$ | 对结构钢筋耐久性的影响 |
|---|---|---|
| 1 | >0.95 | 影响不显著 |
| 2 | 0.85～0.95 | 有轻度影响 |
| 3 | 0.70～0.85 | 有影响 |
| 4 | 0.55～0.70 | 有较大影响 |
| 5 | <0.55 | 钢筋易失去碱性保护,发生锈蚀 |

$D_{nd}$——混凝土保护层厚度设计值;

$D_{ne}$——混凝土保护层厚度特征值(精确至 0.1mm)。

$$D_{ne} = \overline{D}_n - KS_D$$

其中:$\overline{D}_n = \frac{\sum_{i=1}^{n} D_{ni}}{n}$,混凝土保护层厚度平均值;

$D_{ni}$——结构或构件测量部位测点混凝土保护层厚度(精确至 0.1mm);

$n$——测点数;

$K$——合格判定系数,按下表取用。

**表 A.0.6-6　混凝土保护层厚度合格判定系数值**

| $n$ | 10～15 | 16～24 | ≥25 |
|---|---|---|---|
| $K$ | 1.695 | 1.645 | 1.595 |

$S_D$——测量部位测点保护层厚度的标准差,精确至 0.1mm。

$$S_d = \sqrt{\frac{\sum_{i=1}^{n}(D_{ni})^2 - n(\overline{D}_n)^2}{n-1}}\text{。}$$

## A.0.7　截面折减系数评定标准用表(见表 A.0.7-1、表 A.0.7-2)

**表 A.0.7-1　配筋混凝土结构材料风化评定标准**

| 评定标准值 | 材料风化状况 | 性 状 描 述 |
|---|---|---|
| 1 | 微风化 | 手搓构件表面,无砂砾滚动摩擦的感觉,手掌上粘有构件材料粉末,无砂粒。构件表面直观较光洁 |
| 2 | 弱风化 | 手搓构件表面,有砂砾滚动摩擦的感觉,手掌上的附着物大多为构件材料粉末,砂粒较少。构件表面砂粒附着不明显或略显粗糙 |
| 3 | 中度风化 | 手搓构件表面,有较强的砂砾滚动摩擦的感觉或粗糙感,手掌上的附着物大多为砂粒,粉末较少。构件表面明显可见砂粒附着或明显粗糙 |
| 4 | 较强风化 | 手搓构件表面,有强烈的砂粒滚动摩擦的感觉或粗糙感,手掌上的附着物基本为砂粒,粉末很少。构件表面可见大量砂粒附着或有轻微剥落 |
| 5 | 严重风化 | 构件表面可见大量砂粒附着,且构件部分表层剥离或混凝土已露粗集料 |

**表 A.0.7-2 配筋混凝土结构物理与化学损伤评定标准**

| 评定标准值 | 性状描述 |
|---|---|
| 1 | 构件表面较好,局部表面有轻微剥落 |
| 2 | 构件表面剥落面积在5%以内。损伤比较均匀,深度较浅,与截面损伤发生部位构件最小尺寸之比小于0.02 |
| 3 | 构件表面剥落面积在10%以内,剥落一般仅发生在表层,局部最大深度在1cm以内或损伤最大深度与截面损伤发生部位构件最小尺寸之比小于0.04 |
| 4 | 构件表面剥落面积在15%以内,剥落深度较大,局部最大深度在2cm以内或损伤最大深度与截面损伤发生部位构件最小尺寸之比小于0.1 |
| 5 | 构件表面剥落面积在20%以内,局部混凝土保护层剥落,最大深度在2cm以上或损伤最大深度与截面损伤发生部位构件最小尺寸之比大于0.1 |

# 附录 B　基于荷载试验的承载能力检算系数

**B.0.1**　基于荷载试验的承载能力检算系数 $Z_2$

对经荷载试验鉴定的旧桥，根据荷载试验结果确定旧桥检算系数 $Z_2$，见表 B。

**表 B　经过荷载试验的承载力检算系数 $Z_2$ 值表**

| $\zeta$ | 理论增大系数($1-\zeta$) | 推荐的增大系数取用值 | $Z_2$ |
|---|---|---|---|
| 0.5 及以下 | ≥0.5 | 最大 0.25 | 1.25 |
| 0.6 | 0.40 | 0.20 | 1.20 |
| 0.7 | 0.30 | 0.15 | 1.15 |
| 0.8 | 0.20 | 0.10 | 1.10 |
| 0.9 | 0.10 | 0.05 | 1.05 |
| 1.0 | 0.00 | 0.00 | 1.00 |

注：①对主要挠度测点和主要应力测点的校验系数，两者中取较大值；

②$Z_2$ 值，可按 $\zeta$ 值线性内插。

表中校验系数 $\zeta$ 按下式计算：

$$\zeta = \frac{S_e}{S_s}$$

式中：$S_e$——试验荷载作用下量测的弹性变位（或应变）值；

$S_s$——试验荷载作用下的理论计算变位（或应变）值。

# 本指南用词说明

(1)为了便于在执行本指南条文时区别对待,对要求严格程度不同的用词用语说明如下:

①表示很严格,非这样做不可的用词:

正面词采用“必须”;反面词采用“严禁”。

②表示严格,在正常情况下均应这样做的用词:

正面词采用“应”;反面词采用“不应”或“不得”。

③表示允许有选择,在条件许可时首先应这样做的用词:

正面词采用“宜”;反面词采用“不宜”。

④“可”表示允许有选择。

(2)指南中指定应按其他有关标准、规范执行时,写法为“应按……执行”或“应符合……要求或规定”。非必须按指定的标准、规范的规定执行时,写法为“可参照……”。

附件

# 《预应力混凝土连续梁桥养护指南》

（DB 37/T 1728—2010）

## 条 文 说 明

# 1 总则

**1.0.2** 采用悬臂施工的预应力混凝土连续梁桥由于设计原因、施工质量、运营管理、实际荷载及环境影响等因素引起的抗弯承载能力不足、结构刚度不足,以及耐久性因素附加引起的承载能力降低而发生的常见及典型病害有:

(1)由承载能力或刚度不足产生严重跨中下挠,结构线形变形。

(2)由外荷载引起的箱梁混凝土结构裂缝:常见的有腹板斜向拉应力裂缝;剪切裂缝;弯曲受力裂缝;顶板、底板弯曲受力裂缝。由变形引起的箱梁混凝土非结构裂缝:常见的有箱梁表面混凝土收缩裂缝;箱梁内外温差产生的温度裂缝等;由钢筋保护层不足而产生的裂缝;节段施工接缝及腹板二次浇注不规范产生的施工裂缝等。

(3)由施工质量差产生的混凝土表面缺陷,如蜂窝、麻面、露筋、小孔洞、混凝土局部疏松;由施工质量失控产生的特殊缺陷,如预应力部分失效、预应力管道未压浆或压浆不饱满,预应力管道或主筋外露;混凝土疏松状大孔洞、漏振或跑浆形成的劣质混凝土;顶底板网状开裂、混凝土呈片状脱落或爆裂;基桩及接柱间空洞、剥落、露筋、颈缩、桩身脱空等。

(4)受荷载、环境因素及施工质量影响桥面铺装网裂、龟裂、破损、坑槽、顶板与防水层、垫层局部脱空、破损。处于海水、氯盐及易腐蚀环境中的桥梁,由于混凝土碳化、氯离子侵袭等因素产生钢筋锈蚀,混凝土保护层脱落、裂缝扩展等。

(5)由承载力不足而发生基础沉降及不均匀沉降;基础受洪水冲刷及河床挖浚而产生的滑移、倾斜;墩台受冰凌、冻胀、泥石流等地质灾害而发生的破损、位移。

# 2 术语

术语主要参考《公路桥涵养护规范》(JTG H11—2004)及《公路桥梁加固设计规范》(JTG/T J22—2008)编写。

# 3 检查与评定

**3.1.2** 有关桥梁评定的内容可参考《公路桥涵养护规范》(JTG H11—2004)。

**3.2.1** 支座是桥梁的机动部分,在活载、温度变化或其他因素作用下,要发生转动、水平位移(板式橡胶支座产生大的剪切变形),是养护的重点部分。但由于过去设计公路桥梁,几乎都没有考虑支座养护的工作通道,养护人员难以接近支座部分。支座养护不及时甚至长期失养,影响桥梁的正常工作。所以强调加强对支座的养护是必要的。为此,本条要求对支座的检查频率比其他部位高,每季度至少检查一次,清扫工作也要求每半年至少进行一次。各地可据实际情况,规定定期检查和打扫的时间,同时还应解决养护工作通道、工作平台的问题。

**3.3.3** 定期检查和经常检查均有目测,但定期检查强调“必须接近各部件仔细检查其缺损情况”。定期检查前必须创造接近各部件的条件,如使用桥梁检测车、搭设临时支架等。

**3.3.4** 本条规定了定期检查应完成的工作。缺损原因的判断、维修范围的估定、改建和限制交通的建议工作要慎重进行,都必须以检查情况及与以往检查情况的变化对比做依据,有可信、充足、准确的数据。做判断时,执行者的经验也很重要,因此要求定期检查的主持者具有相应的资质和素质。对于难以判断的,应提出进一步检查的要求,不可盲目下结论。

**3.3.5** 支座是容易损坏的部位,在经常检查中很难对其进行目测检查,因此在定期检查中应作为重点检查的部位。

**3.4.1** 特殊检查应采用仪器设备,通过检测或试验的方法,并结合理论分析,对桥梁的缺损状况、病害成因、承载能力或抗灾能力作出科学明确的判定,并依据检测结果,提出针对性的维修处置措施或加固方案建议。

技术状况为五类的桥梁,只是在其技术状况偏向四类且区分不明显时才考虑进行专门检查。

**3.4.2** 本条规定了对承担特殊检查单位的资质管理。特殊检查的技术要求较高,承担者必须拥有相应的仪器设备、试验分析手段,具有较深厚的专业知识和判断结构工作状态的丰富经验,因此在资质方面有所要求。关于承担单位的资质审查、委托方式,应按国家交通主管部门的相关规定执行。

**3.4.4** 预应力钢束永存应力的检测是在检测单位确认必要时,提出书面报告,并征得业主同意后,方可进行预应力钢束永存应力的检测试验,以测得尚存预应力值。检测试验前应按原设计要求布置等效临时预应力钢束,以策结构安全。

**3.5** 本指南采用交通部公路科学研究院主编的《公路桥梁承载能力检测评定规程》(报批稿)推荐的承载能力计算方法。其中,检算的各项修正系数、权重值等将随着国内大量加固工程实践有所修改。我省也将及时总结、提炼,拟订出符合我省实际的相关系数和权重值,以便完善该检算方法。

**3.6** 对特殊重要的连续梁桥在使用期间可进行周期性荷载试验。在使用20年后,每隔10~15年进行一次全面系统的检查是很有必要。因为工程结构的功能在其生命周期内是不断退化、老化的。而荷载试验是桥梁承载能力最直观的检查。

# 4　连续梁桥养护维修

**4.2**　预应力混凝土预应力混凝土梁桥的日常养护基本同于钢筋混凝土梁桥，但由于多了预应力体系的相应构造，因此要注意对预应力钢束及锚固曲的养护，如处理体外预应力钢束的腐蚀，修补沿预应力钢束的梁体混凝土纵向裂缝及破损等。

预应力混凝土梁桥的病害及处理基本上同于钢筋混凝土梁。预应力混凝土梁桥出现裂缝还可能有锚固区的局部承压劈裂，或因保护层厚度不够，构造钢筋、定位钢筋偏少引起沿预应力钢束的纵向线形裂缝。按桥梁设计规范，全预应力及 A 类构件（部分预应力）在正常使用的条件下，是不允许开裂的，因此检查出有受力裂缝，无论宽度大小均应查明原因，进行处理。这种情况多数为承载力不够或预应力部分失效引起的，应进行结构加固而不仅仅处理裂缝。

**4.4**　支座的日常养护应保持其机动性和位移功能，防止杂物、垃圾等将支座卡死，防止钢构件锈蚀，橡胶件老化，紧固件松动等。

支座是桥梁的可换部件，尤其是橡胶支座，因材料老化其使用寿命远比混凝土、钢材短，除了发现故障及时更换外，应建立定期更换制度，到使用年限的应强制性更换掉。更换支座时，需用千斤顶顶起梁，先使旧支座脱空，然后进行更换作业，最后再落梁就位。千斤顶的支顶位置应尽可能接近原支座，宜在横桥向原支座的两侧架顶。起顶和落顶宜各点同步，也可用小位移量逐次交叉顶升或降落。对连续梁等超静定结构更换支座，应进行检算和施工组织设计，避免在更换支座过程中产生过大的附加内力。

# 5 连续梁桥加固

**5.1.1** 连续梁桥的加固是一项复杂的系统工程。

(1)连续梁桥的结构性病害主要有抗弯承载能力不足、结构刚度不足、耐久性因素附加引起的结构承载能力降低而产生的给类病害。如箱梁严重下挠、开裂、裂缝扩展等。加固设计时应针对不同的病害特征采用相对应的加固方法。

(2)加固设计应考虑地区气候和使用环境特点,在选择加固时机、工艺、材料方面要有所区别,以保证加固效果。

(3)加固工程是一项比新建、改建桥梁更为复杂的项目,坚持动态施工原则,即必须加强施工前的复查和施工中的观测与检查。施工前,若发现原结构或相关工程隐蔽部位的构造有严重缺陷或与设计不符的情况,应告知设计单位修改方案。施工过程中若出现异常变形、裂缝有较大较快发展时,应立即停止施工,采取有效措施进行处理,经确认后方可继续施工。加固完工后,应检验加固效果,特大桥及技术复杂的桥应进行荷载试验。

**5.2.2** 连续桥梁加固技术基本有三种类型:加强薄弱构件、增加或更换构件、增强结构整体性。通常箱梁病害中除由刚度不足产生结构变形,跨中下挠外,当承载力不足时,由外荷载作用而引起的结构裂缝和由变形引起的混凝土非结构裂缝大量发生。因此,箱梁加固时首先对裂缝进行有针对性的处治,然后分别采用增大截面、粘贴钢板、粘贴纤维复合材料、体外预应力及改变结构体系等方法进行加固;也可以采用上述多种方法组合加固。

**5.2.3** 对于重力式刚性实体基础,当承载力不足时一般采用扩大墩台基础底面积的加固方法,称为扩大基础加固法。

常用的桩基础加固法是加桩和加大承台,新旧桩基通过承台来共同受力。新增加桩的直径、长度及数量通过计算确定。增加桩的缺点是基础范围扩大较多。采用压浆方法增加桩壁摩阻力也是有效的加固方法,一般用于钻孔桩的缺陷处理与加固。

人工地基加固是在墩台基础之下或周边钻孔或打入管桩,用一定压力把各种浆液(加固液)灌入土层中,通过浆液凝固,把原来松散的土固结为有一定强度和防渗性能的整体,或把岩石裂缝堵塞起来,从而达到加固地基,提高地基承载力的目的。

当桥台由于种种原因而产生滑移、倾斜时应根据不同情况采取相应的加固方法。对于梁式桥因台背土压力过大引起向桥孔倾斜或滑移,一般可在台背换填轻质材料以减轻土压力,或加固加厚原有桥台台身。

桥梁墩台基础产生沉降往往是由于地基承载力不足而引起,随着时间的推移,沉降会逐渐减少，因此可采用顶升梁板加设垫块的方法进行调整。若沉降量较大，则必须采取有效的方法加固地基与基础。

**5.3.2** 预应力管道的检查应沿预应力管道每隔 2 ~ 10m 打一检查孔，如果相邻两检查孔处波纹管压浆均饱满，不再检查；如果相邻两检查孔处波纹管有一个压浆不饱满，在两检查孔之间再打检查孔，检查波纹管压浆不饱满范围；如果相邻两检查孔处波纹管压浆均不饱满，对两检查孔进行通气检查，检查连通情况，如果不连通，在两检查孔之间再打检查孔，直至两检查孔连通。

**5.3.3** 局部崩裂修补方法：

(1) 清除崩裂区域松散混凝土，对轻微开裂的波纹管，用胶带密封；对碎裂的波纹管，在崩裂区域边界处封堵波纹管。

(2) 崩裂混凝土深度不超过 5cm 时，用水泥砂浆或聚合物砂浆修补。

(3) 崩裂混凝土深度大于 5cm 时，支模浇筑无收缩混凝土修补。

(4) 进行补压浆。

大面积崩裂加固方法：

(1) 清除崩裂区域松散混凝土，对轻微开裂的波纹管，用胶带密封；对碎裂的波纹管，在崩裂区域边界处封堵波纹管。

(2) 预应力钢束无偏移、波纹管未脱离混凝土时，应进行修补。

(3) 预应力钢束出现偏移、波纹管脱离混凝土时，在崩裂区域设置对拉螺栓夹钢板，其内浇筑混凝土，约束钢束；钢束偏移严重时，在箱内加框架，将钢板与框架连接，使崩裂力转移至框架。

(4) 对拉螺栓间距一般不大于 30cm，直径不小于 25mm。

(5) 钢板厚度一般不小于 6mm，分块焊接连为整体。

(6) 钢板内浇筑的混凝土应为无收缩、自流混凝土，浇筑时应留有出气孔，以便检查浇筑是否饱满。

(7) 在崩裂区域边缘，崩裂区域排气不通畅处，预埋灌胶管，当混凝土硬化后，灌入水下固化的结构胶。

(8) 进行补压浆。

**5.3.4** 植筋的施工方法可参考《公路桥梁加固施工技术规范》(JTG/T J23—2008)。

**5.4** 本节系参考《公路工程质量检验评定标准》(JTG F80/1—2004) 及《公路桥梁加固施工技术规范》(JTG/T J23—2008) 中相关的工程实测项目内容。

# 6 养护管理

**6.0.1** 本节参考交通部颁布的公路桥梁养护管理工作制度而编写。

**6.0.2** 各级桥梁管养单位及监管单位均应设置专职的桥梁养护工程师,并保持其人员的稳定。桥梁养护工程师应具有五年以上从事桥梁养护管理工作经历,具有工程师及以上技术职称。

总运营管理单位桥梁养护工程师履行以下主要职责:

(1)负责本单位所辖所有路段的桥梁养护技术管理工作,组织制订桥梁养护计划,审核路段管理单位上报的桥梁养护计划,并负责考核桥梁养护质量。

(2)审查并提出桥梁定期检查、特殊检查工作计划并组织实施;主持审定桥梁特殊检查报告,组织并审核桥梁维修加固设计方案、预算并监督实施。

(3)监督、组织桥梁养护维修工程,组织并参与桥梁养护维修工程的中间检查和交(竣)工验收。

(4)提出桥梁养护的科研计划,主持审定养护科研成果,组织检查桥梁养护工作中的重大安全、质量事故。

(5)审定超重车辆过桥方案,并负责组织过桥前后的现场检测工作。

(6)主持所属桥梁技术档案的完善、审查与技术情报的交流,组织进行技术业务培训。

(7)及时上报辖区的桥梁受自然灾害和其他因素损坏的情况。

路段运营管理单位桥梁养护工程师履行以下主要职责:

(1)编制上报所辖路段内桥梁的年度养护计划,并根据批准下达的养护计划组织实施。

(2)主持所辖路段内桥梁经常检查与技术档案的填写、整理,桥梁养护管理系统维护,定期对辖区内桥梁技术状况做出综合分析与评价。

(3)向上级桥梁养护工程师提出定期检查、特殊检查的计划报告,并协助做好具体检查工作。

(4)负责向上级主管桥梁养护工程师和本单位领导报告三、四类桥梁的病害状况和受自然灾害及其他影响的损坏情况,并协助上级桥梁养护工程师作定期检查。

(5)负责桥梁维修加固专项工程的具体实施与现场管理,参与竣(交)工验收。

(6)根据上级审定的超重车辆通过桥梁方案,组织和指导超重车辆通过,并详细检查主要受力部位已有病害的发展和新病害出现的情况,并记录在案。

(7)及时上报所辖路段内的桥梁受自然灾害和其他因素损坏的情况。

**6.0.4** 接获公路桥梁突发信息后,桥梁管养单位应立即向上级主管部门报告并启动应急预案,及时、有效地进行处置工作。应急处置过程中,要按相关规定向上级主管部门续报有关情况。

山东省地方标准

# 多级沥青结合料应用技术规程

# Application Technical Specifications for Multigrade Asphalt Cement

DB 37/T 1724—2010

主编单位：山东省交通运输厅
批准部门：山东省质量技术监督局
实施日期：2011 年 01 月 01 日

人民交通出版社

# 前　言

为进一步规范全省交通基础设施建设和管理行为，全面提升建设管理水平，按照交通工作实现“标准化、规范化、集约化、人本化”管理的目标要求，山东省交通运输厅提出并主持编制了本规程。

本规程适用于各类新建和改建道路所用的多级沥青结合料。本规程规定了多级沥青路面的材料、配合比设计、施工工艺、多级沥青质量管理及检查。

本规程由山东省交通运输厅归口并提出。

在使用过程中，各单位和个人对本规程如有任何意见和建议，可与编制单位联系（地址：济南市舜耕路19号，山东省交通运输厅公路局，邮编：250002），以便修订时参考。

**主编单位：** 山东省交通运输厅

**编写单位：** 山东省交通运输厅公路局
山东省公路建设（集团）有限公司
山东华瑞道路材料技术有限公司

**主要起草人：** 房建果　周海防　刘雪峰　李　武　梁奎基　蒋　峰

# 1 总则

**1.0.1** 为指导多级沥青结合料的正确使用，保证施工质量，根据山东省的气候条件，特制定本规程。

**1.0.2** 本规程适用于各类新建和改建道路的多级沥青面层和多级沥青柔性基层等路面结构层。

**1.0.3** 多级沥青路面施工必须符合国家环境和生态保护的规定，应确保安全，有良好的劳动保护。

**1.0.4** 多级沥青路面在设计和施工时，除应符合本规程外，还应符合国家和行业颁布的有关标准、规范的规定。

# 2　规范性引用文件

下列文件中的条款通过本标准的引用而成为本标准的条款。凡是注日期的引用文件,其随后所有的修改单(不包括勘误的内容)或修订版均不适用于本标准。鼓励根据本标准达成协议的各方研究是否可使用这些文件的最新版本。凡是不注日期的引用文件,其最新版本适用于本标准。

《公路沥青路面施工技术规范》(JTG F40—2004)

《公路工程沥青及沥青混合料试验规程》(JTJ 052—2000),T 0626—2000　沥青酸值测定方法

《多级沥青结合料技术条件》(DB 37/T 672—2007)

《大粒径透水性沥青混合料应用技术规程》(DB 37/T 1161—2009)

# 3 术语、符号及代号

## 3.1 术语

**3.1.1** 多级沥青结合料 multigrade asphalt cement

在沥青中掺加改性剂，通过化学反应制成的沥青结合料，能使沥青低温和高温性能得以改善并适用于多种气候区域。

**3.1.2** 密级配沥青混合料 dense-graded bituminous mixtures, dense-graded asphalt mixtures

按密实级配原理设计组成的各种粒径颗粒的矿料，与沥青结合料拌和而成，设计空隙率较小的密实式沥青混凝土混合料。按关键性筛孔通过率的不同，其又可分为细型、粗型密级配沥青混合料等。粗集料嵌挤作用较好的也称嵌挤密实型沥青混合料。

**3.1.3** 沥青玛蹄脂碎石混合料 stone mastic asphalt, stone matrix asphalt

由沥青结合料与少量的纤维稳定剂、细集料以及较多量的填料（矿粉）组成的沥青玛蹄脂，填充于间断级配的粗集料骨架的间隙而形成的一种沥青混合料。

**3.1.4** 大粒径透水性沥青混合料 large stone porous asphalt mixtures

指沥青混合料公称最大粒径不小于26.5mm，空隙率在13% ~18%，能够将水分自由排出路面结构的沥青混合料。

## 3.2 符号及代号

本规程各种符号、代号以及意义详见表3.2。

**表3.2 符号及代号**

| 符号或代号 | 意义 |
|---|---|
| MAC | 多级沥青结合料 |
| AC | 密级配沥青混合料 |
| SMA | 沥青玛蹄脂碎石混合料 |
| LSPM | 大粒径透水性沥青混合料 |

# 4 材料

## 4.1 基质沥青

**4.1.1** 用于生产多级沥青的基质沥青,其质量应符合《公路沥青路面施工技术规范》(JTG F40—2004)的技术要求。

**4.1.2** 用于生产多级沥青的基质沥青的酸值应不大于0.4ml · mol/L/g,试验方法按《公路工程沥青及沥青混合料试验规程》(JTJ 052—2000)中T 0626—2000沥青酸值测定方法进行。

**4.1.3** 适用于山东省气候条件的多级沥青所用的基质沥青标号宜为70号。

## 4.2 多级沥青改性剂

**4.2.1** 多级沥青改性剂是以有机皂化物为主的混合材料,外观为黄褐色粉末状,使用前应无结块现象。

**4.2.2** 改性剂生产者或供应商应提供产品的质量检验单以及储存、使用方法等有关资料。

**4.2.3** 应根据不同的基质沥青与使用要求确定适宜的多级沥青改性剂的掺量,一般为基质沥青质量的2.2% ~2.8%。

## 4.3 多级沥青结合料

**4.3.1** 多级沥青结合料应符合《多级沥青结合料技术条件》(DB 37/T 672—2007)的技术要求。

**4.3.2** 根据气候条件要求,适用于山东省的多级沥青宜为II型。

**4.3.3** 多级沥青样品的制备温度为(195 ±2)℃。对取来的试样不得直接采用电炉或明火加热,而应将装有试样的盛样器带盖放入恒温烘箱中加热。浇模前,以1 ~2r/s的速度搅拌10s,将样品搅拌均匀,注意不要搅拌过快以免带入气泡,随即浇模。做软化点试验时,必须对试样环和试样底板均预热至80 ~100℃。

**4.3.4** 供应商在提供多级沥青结合料的质量报告时应提供基质沥青的质量检验报告或沥青样品。

**4.3.5** 工厂制作的成品多级沥青到达施工现场后存储在多级沥青储存罐中。第一次储存多级沥青时,应对罐内进行检查,不得残存其他沥青或渣滓。多级沥青的储存温度应在160 ~180℃,尽量缩短高温储存时间。

**4.3.6** 多级沥青储存罐中必须加设搅拌设备,每3 ~4h搅拌一次,每次搅拌20min,严禁连续不停地搅拌。

## 4.4 集料与填料

用于多级沥青混合料的粗集料、细集料、填料的粒径规格和质量要求应符合《公路沥青路面施工技术规范》(JTG F40—2004)的规定。

## 4.5 纤维稳定剂

用于多级沥青混合料的纤维稳定剂的质量要求应符合《公路沥青路面施工技术规范》(JTG F40—2004)的规定。

# 5　多级沥青混合料配合比设计

## 5.1　设计原则

**5.1.1**　多级沥青混合料必须在对类似工程配合比设计和使用情况调查研究的基础上,充分借鉴成功的经验,选用符合要求的材料,进行配合比设计。

**5.1.2**　多级沥青混合料配合比设计,应按照《公路沥青路面施工技术规范》(JTG F40—2004)的规定,按目标配合比设计、生产配合比设计、生产配合比验证三个阶段进行,确定矿料级配及最佳沥青用量。

**5.1.3**　多级沥青结合料由于具有较高的高温黏度,特别适用于粗集料骨架嵌挤结构,如SMA、LSPM,也可用于AC等其他面层混合料中。

## 5.2　矿料级配

多级沥青混合料矿料级配应符合《公路沥青路面施工技术规范》(JTG F40—2004)的规定,其中LSPM应符合《大粒径透水性沥青混合料应用技术规程》(DB 37/T 1161—2009)的规定。

## 5.3　设计方法

**5.3.1**　采用马歇尔试验配合比设计方法,沥青混合料技术要求应符合《公路沥青路面施工技术规范》(JTG F40—2004)的规定,并有良好的施工性能。当采用其他方法设计沥青混合料时,应用马歇尔试验配合比设计方法进行验证,报告不同设计方法各自的试验结果。LSPM应采用大型马歇尔成型方法或旋转压实仪成型方法,成型参数及技术要求按照《大粒径透水性沥青混合料应用技术规程》(DB 37/T 1161—2009)的规定。

**5.3.2**　多级沥青混合料适宜的拌和温度为175～190℃,击实成型温度为165～175℃。应根据不同的混合料种类采取适宜的击实成型温度,如AC和SMA的宜为170～175℃,LSPM的宜为165～170℃。

## 5.4 性能检验

**5.4.1** 公称最大粒径等于或小于19mm的密级配沥青混合料及SMA需在配合比设计的基础上按照《公路沥青路面施工技术规范》(JTG F40—2004)的规定进行各种使用性能检验,不符合要求的沥青混合料,必须更换材料或重新进行配合比设计。LSPM的性能检验应符合《大粒径透水性沥青混合料应用技术规程》(DB 37/T 1161—2009)的规定。

**5.4.2** 做多级沥青混合料车辙试验时,试件成型后连同试模一起在常温条件下的放置时间不得小于48h,也不得长于一周。

# 6　多级沥青混合料施工工艺

## 6.1　施工准备

**6.1.1**　多级沥青混合料铺筑前,应检查基层或下卧沥青层的施工质量,不符合要求时,不得进行铺筑。旧沥青路面或下卧层已被污染时,必须经清洗或铣刨处理后方可铺筑多级沥青混合料。

**6.1.2**　不得在气温低于10℃以及雨天、路面潮湿的情况下进行多级沥青混合料摊铺。多级沥青混合料的施工温度参照表6.1.2选择。通常宜较普通70号沥青的施工温度提高20℃。

**表6.1.2　多级沥青混合料的正常施工温度范围(℃)**

<table>
<tr><th rowspan="2" colspan="2">工　序</th><th colspan="2">混合料类型</th></tr>
<tr><th>AC、SMA</th><th>LSPM</th></tr>
<tr><td colspan="2">多级沥青加热温度</td><td colspan="2">175 ~ 190</td></tr>
<tr><td colspan="2">集料加热温度</td><td>185 ~ 200</td><td>180 ~ 200</td></tr>
<tr><td colspan="2">混合料出料温度</td><td>175 ~ 185</td><td>170 ~ 185</td></tr>
<tr><td colspan="2">混合料最高温度(废弃温度)</td><td colspan="2">195</td></tr>
<tr><td colspan="2">混合料储存温度</td><td colspan="2">拌和出料后温度降低不超过10</td></tr>
<tr><td>摊铺温度</td><td>≥</td><td>170</td><td>165</td></tr>
<tr><td>初压开始温度</td><td>≥</td><td>160</td><td>155</td></tr>
<tr><td>碾压终了的表面温度</td><td>≥</td><td colspan="2">90</td></tr>
<tr><td>开放交通时的路表温度</td><td>≤</td><td colspan="2">50</td></tr>
</table>

## 6.2　混合料的拌制

**6.2.1**　多级沥青混合料必须在沥青拌和厂采用拌和机械拌制,并应符合如下要求:

(1)拌和厂的设置必须符合国家有关环境保护、消防、安全等规定。

(2)拌和厂与工地现场距离应充分考虑交通堵塞的可能,确保混合料的温度下降不超过要求。

(3)拌和厂应具有完备的排水设施。各种集料必须分隔储存,细集料应设防雨顶棚,料场及场内道路应做硬化处理,严禁泥土污染集料。

(4)拌和厂的多级沥青储存罐应具备高温储存能力与搅拌功能。

(5)沥青管道使用大网眼的过滤器,出现堵塞时应及时清洗。宜使用9.5mm 孔径过滤器。

**6.2.2** 沥青混合料拌和设备的各种传感器必须定期检定,周期不少于每年一次。冷料供料装置需经标定得出集料供料曲线。

**6.2.3** 高速公路和一级公路施工用的间歇式拌和机必须配备计算机设备,拌和过程中逐盘采集并打印各个传感器测定的材料用量和沥青混合料拌和量、拌和温度等各种参数,每个台班结束时打印出一个台班的统计量。

**6.2.4** 多级沥青混合料的生产温度应符合表6.1.2 的要求。烘干集料的残余含水量不得大于1%。每天开始几盘集料应提高加热温度,并干拌几锅集料废弃,然后再正式加多级沥青拌和混合料。

**6.2.5** 拌和机必须有二级除尘装置,一级除尘部分可直接回收使用,二级除尘部分进入回收粉仓后废弃。

**6.2.6** 多级沥青混合料拌和时间根据具体情况经试拌确定,以沥青均匀裹覆集料为度。间歇式拌和机每盘的生产周期不宜少于45s(其中干拌时间不少于5 ~10s)。SMA混合料的拌和时间应适当延长。生产添加纤维的沥青混合料时,纤维必须在混合料中充分分散,拌和均匀。

**6.2.7** 应随时检查沥青泵、管道、计量器是否受堵,堵塞时应及时清洗。

## 6.3 混合料的运输

**6.3.1** 运料车的运力应稍有富余,施工过程中摊铺机前方应有运料车等候。对高速公路、一级公路,宜待等候的运料车多于5 辆后开始摊铺。

**6.3.2** 运料车每次使用前后必须清扫干净,在车厢板上涂一薄层防止沥青黏结的隔离剂或防黏剂,但不得有余液积聚在车厢底部。运料车每次卸料必须倒净,如有剩余,应及时清除,防止硬结。

**6.3.3** 从拌和机向运料车上装料时,应多次挪动汽车位置,平衡装料,以减少混合料离析。

**6.3.4** 运料车运输混合料宜用苫布覆盖保温、防雨、防污染。

## 6.4 混合料的摊铺

**6.4.1** 多级沥青混合料应采用沥青摊铺机摊铺,在喷洒有黏层油的路面上铺筑时,宜使用履带式摊铺机。摊铺机的受料斗应涂刷薄层隔离剂或防黏剂。

**6.4.2** 摊铺机开工前应提前预热熨平板,温度不低于100℃。铺筑过程中应使熨平板的振捣或夯锤压实装置具有适宜的振动频率和振幅,以提高路面的初始压实度。

**6.4.3** 摊铺机必须缓慢、均匀、连续不间断地摊铺,不得随意变换速度或中途停顿,以提高平整度,减少混合料的离析。LSPM的摊铺速度一般不得大于2m/min,其他混合料一般控制在2~4m/min的范围内。当发现混合料出现明显的离析、波浪、裂缝、拖痕时,应分析原因,予以消除。

**6.4.4** 寒冷季节遇大风降温,不能保证迅速压实时不得铺筑多级沥青混合料。每天施工开始阶段宜采用较高温度的混合料。

**6.4.5** 多级沥青混合料的松铺系数应根据混合料类型由试铺试压确定。摊铺过程中应随时检查摊铺层厚度及路拱、横坡。LSPM混合料的松铺系数一般为1.18~1.20。

**6.4.6** 在雨季使用多级沥青混合料摊铺路面时,应加强气象联系,已摊铺的沥青层因遇雨未及时压实的应予以铲除。

## 6.5 压实及成型

**6.5.1** 沥青混凝土的压实层最大厚度不宜大于100mm,LSPM的压实层厚度不宜大于180mm。

**6.5.2** 沥青路面施工应配备足够数量的压路机,根据混合料种类选择合理的压路机组合方式及初压、复压、终压的碾压步骤,以达到最佳碾压效果。施工气温低、风大、碾压层薄时,压路机数量应适当增加。

**6.5.3** 压路机应以慢而均匀的速度碾压。压路机的碾压路线及碾压方向不应突然改变而导致混合料推移。

**6.5.4** 混合料的碾压温度应符合表6.1.2的要求,并根据混合料种类、压路机、气温、层厚等情况经试压确定。在不产生严重推移和裂缝的前提下,初压、复压、终压都应在尽可能高的温度下进行。同时不得在低温状况下作反复碾压,使石料棱角磨损、压碎,破坏集料嵌挤。

**6.5.5** 多级沥青混合料宜采用的压实工艺如下:

(1)密级配沥青混合料:初压宜采用钢轮压路机静压1~2遍。碾压时应将压路机的驱动轮面向摊铺机,从外侧向中心碾压,在超高路段则由低向高碾压,在坡道上应将驱动轮从低处向高处碾压。经实践证明,采用振动压路机或轮胎压路机直接碾压无严重推移而有良好效果时,可免去初压直接进入复压工序。复压应紧跟在初压后开始,可采用重型的轮胎压路机或振动压路机进行复压,碾压遍数一般为3~4遍。终压应紧接在复压后进行,如经复压后已无明显轮迹时可免去终压。终压可选用双轮钢筒式压路机或关闭振动的振动压路机碾压1~2遍,至无明显轮迹为止。

(2)SMA:初压宜采用钢轮压路机静压1遍。经实践证明,直接采用振动压路机初碾不造成推拥,也可直接用振动压路机初压。如发现初压有明显推拥,应检查混合料的矿料级配及油石比是否合适。复压应紧跟在初压后进行,宜采用重型的振动压路机,碾压遍数一般为3~4遍。终压应紧接在复压后进行,采用钢轮压路机静压1遍,如经复压后已无明显轮迹时可免去终压。除沥青用量较低,经试验证明采用轮胎压路机碾压有良好效果外,SMA不宜采用轮胎压路机碾压,以防将沥青结合料搓揉挤压上浮。振动压路机碾压SMA应遵循“紧跟、慢压、高频、低幅”的原则,即紧跟在摊铺机后面,采取高频率、低振幅的方式慢速碾压。

(3)LSPM:初压采用双钢轮振动压路机。初压第一遍,前进静压,后退振动;初压第二遍,前进后退均为振压,压实速度宜为1.5~2km/h,宜采用高频低幅进行压实,相邻碾压带轮迹重合为20cm左右。洒水装置进行间断洒水,只要保证不粘轮即可。振动过后,轮胎压路机再碾压1~2遍,随后即可以进行赶光。赶光可采用7~11t钢轮压路机,速度宜控制在3~4km/h。

**6.5.6** 碾压轮在碾压过程中应保持清洁,有混合料粘轮应立即清除。对钢轮可涂刷隔离剂或防黏剂,但严禁刷柴油。当采用向碾压轮喷水(可添加少量表面活性剂)的方式时,必须严格控制喷水量且成雾状,不得漫流,以防混合料降温过快。轮胎压路机开始碾压阶段,可适当烘烤、涂刷少量隔离剂或防黏剂,也可少量喷水,并先到高温区碾压使轮胎尽快升温,之后停止洒水。轮胎压路机轮胎外围宜加设围裙保温。

**6.5.7** 压路机不得在未碾压成型路段上转向、掉头、加水或停留。在当天成型的路面上,不得停放各种机械设备或车辆,不得散落矿料、油料等杂物。

## 6.6 接缝

沥青路面的施工必须接缝紧密、连接平顺,不得产生明显的接缝离析。上下层的纵缝应错开150mm(热接缝)或300~400mm(冷接缝)以上。相邻两幅及上下层的横向接缝均应错位1m以上。接缝施工应用3m直尺检查,确保平整度符合要求。

## 6.7 开放交通及其他

**6.7.1** 多级沥青混合料路面应待摊铺层完全自然冷却,混合料表面温度低于50℃后,方可开放交通。在摊铺碾压成型后48h内,宜对重载车进行限制,严禁在刚铺好的路面上紧急转向和制动。LSPM柔性基层施工完成以后应尽量避免非施工车辆驶入,并在尽可能短的时间内铺筑沥青面层。

**6.7.2** 多级沥青混合料路面施工结束后,应立即清理施工设备,避免黏附的混合料冷却结硬后难以清理。

# 7 施工质量管理与检查

**7.1.1** 施工前必须检查多级沥青的来源和质量,供货单位必须提交最新检测的正式试验报告。

**7.1.2** 多级沥青必须在施工前以“批”为单位进行检查,不符合本规程技术要求的沥青不得进场。用同一来源、同一次购入的基质沥青连续生产,储入同一沥青罐的多级沥青为一“批”。试样的取样数量与频度按现行试验规程的规定进行。

**7.1.3** 多级沥青混合料生产过程中,必须按表7.1.3规定的检查项目与频度,对多级沥青进行抽样试验,其质量应符合本规程规定的技术要求。每个检查项目的平行试验次数或一次试验的试样数必须按相关试验规程的规定执行,并以平均值评价是否合格。

**表7.1.3 施工过程中多级沥青质量检查的项目与频度**

| 材料 | 检查项目 | 检查频度 | 试验规程规定的平行试验次数或一次试验的试样数 |
|---|---|---|---|
| 多级沥青 | 25℃针入度 | 每日1次 | 3 |
| | 软化点 | 每日1次 | 2 |

注:表列内容是在材料进场时已按“批”进行了全面检查的基础上,日常施工过程中质量检查的项目与要求。

**7.1.4** 施工过程中对多级沥青混合料及沥青路面检查的频度和质量要求应按照《公路沥青路面施工技术规范》(JTG F40—2004)的规定执行,其中LSPM应按照《大粒径透水性沥青混合料应用技术规程》(DB 37/T 1161—2009)的规定执行。

附件

# 《多级沥青结合料应用技术规程》

（DB 37/T 1724—2010）

## 条 文 说 明

# 1 总则

**1.0.1** 多级沥青结合料已在山东省大量推广使用,但并没有相应的国家、行业规范,为贯彻沥青路面“精心施工,质量第一”的方针,保证沥青路面的施工质量,有必要制定相应的技术规程。

**1.0.2** 多级沥青是一种新型的化学改性沥青,施工时具有较高的高温黏度,特别适用于粗集料骨架嵌挤结构,如SMA、LSPM,可以给集料覆以较厚的沥青膜而不析漏。同时,由于其较之基质沥青高温性能明显提高,低温性能略有改善,抗老化和水损害能力提高,所以适用于各等级道路的沥青面层和柔性基层混合料。

**1.0.4** 多级沥青混合料作为热拌沥青混合料的一种,对材料的要求、混合料配合比设计、路面结构设计、相关的试验和验收规程等还涉及多项国家和行业规范,本规程未提及的相关要求应符合国家和行业颁布的相关规范的规定。

# 4 材料

## 4.1 基质沥青

**4.1.2** 多级沥青是一种化学改性沥青,沥青中的酸性组分会影响化学反应的进行,故应选择酸值较小的沥青。编者收集了山东省近几年使用的基质沥青,检测其酸值并制备多级沥青,测得多级沥青软化点见表4.1.2。

**表4.1.2 基质沥青酸值与多级沥青软化点比较**

| 编　号 | 酸值(ml·mol/L/g) | 多级沥青软化点(℃) |
|---|---|---|
| 国产1号 | 0.125 | 132 |
| 国产2号 | 0.476 | 63 |
| 国产3号 | 1.971 | 53 |
| 进口1号 | 0.03 | 120 |
| 进口2号 | 0.081 | 120 |
| 进口3号 | 0.101 | 132 |
| 进口4号 | 0.247 | 110 |
| 进口5号 | 0.29 | 102 |

由于沥青的酸值主要由原油决定,由中东原油炼制的沥青大部分为中间基沥青,酸值较小,改性效果好,如国产1号和进口沥青;中海系原油及南美奥力油大多为环烷基沥青,酸值较大,基本不发生改性反应,如国产3号;某些南美原油炼制的沥青,介于中间基和环烷基之间,虽可发生改性反应,但效果较差,如国产2号。将不同沥青的酸值与软化点绘成图4.1.2。

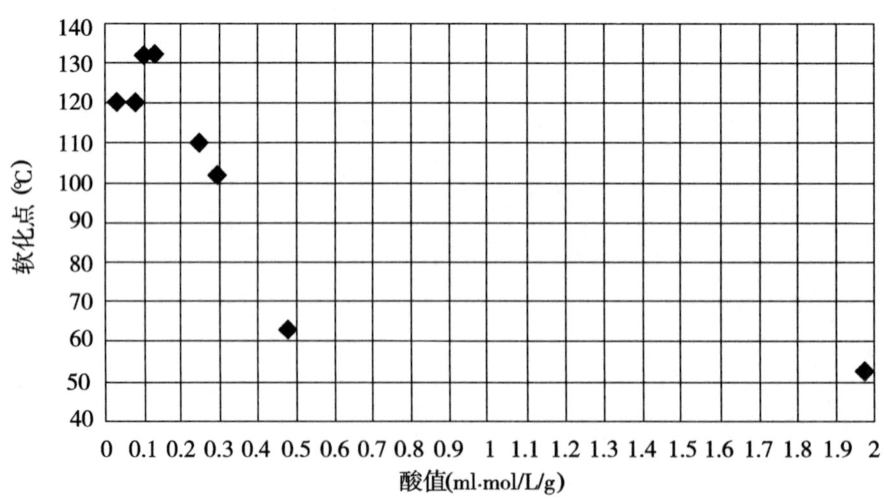


图4.1.2 软化点与酸值的相关性

由图4.1.2可以看出,改性效果好的沥青的酸值均在0.3ml·mol/L/g以下,而酸值超过0.4ml·mol/L/g的沥青改性效果较差或不反应,所以规定用于生产多级沥青的基质沥青的酸值应不大于0.4ml·mol/L/g。

**4.1.3** 根据山东省的气候条件,用作改性沥青的基质沥青一般使用70号,其他标号沥青作为基质沥青时需进行试验论证。

## 4.2 多级沥青改性剂

**4.2.1** 多级沥青改性剂外观为黄褐色粉末,含水率1%~5%,粒径基本在1.2mm以下。多级沥青改性剂长时间暴露在空气中会吸潮结块,要求密封储存于仓库内。若因包装袋破损、储存不当等原因造成结块,而结块的改性剂在沥青中通过搅拌难以分散开,会影响生产,所以使用前需进行检查。

**4.2.2** 多级沥青改性剂目前尚无国家或行业标准,可执行生产企业的产品标准。

**4.2.3** 改性剂掺量的多少不仅直接关系到改性沥青的成本,而且改性沥青的性能并非是添加的改性剂越多越好。对改性剂掺量递增的多级沥青编号为MAC1、MAC2…MAC8,其指标检测见表4.2.3。

**表4.2.3 不同改性剂掺量的多级沥青性能指标汇总表**

| 试验编号 | | MAC1 | MAC2 | MAC3 | MAC4 | MAC5 | MAC6 | MAC7 | MAC8 |
|---|---|---|---|---|---|---|---|---|---|
| 改性剂掺量(%) | | 1.6 | 1.9 | 2.2 | 2.5 | 2.8 | 3.1 | 3.4 | 3.7 |
| 60℃动力黏度(Pa·s) | | 412 | 567 | 1086 | 1173 | 3320 | 8270 | — | — |
| 25℃针入度(0.1mm) | | 50 | 45 | 45 | 49 | 49 | 45 | 42 | 43 |
| 4℃针入度(0.1mm) | | 20 | 19 | 21 | 21 | 18 | 16 | 27 | 20 |
| 软化点(℃) | | 63.5 | 69.0 | 87.0 | 95.0 | 137.5 | 139.0 | 135.5 | 156.0 |
| 70℃动态剪切 | $G^*$(kPa) | 0.962 | 1.273 | 1.632 | 2.261 | 2.855 | 3.093 | 2.815 | 3.767 |
| | $\delta$ | 86.01 | 79.16 | 75.76 | 71.66 | 63.18 | 70.46 | 68.61 | 66.53 |
| | $G^*/\sin\delta$(kPa) | 0.9643 | 1.296 | 1.684 | 2.382 | 3.199 | 3.282 | 3.023 | 4.107 |
| 布氏黏度(Pa·s) | 135℃ | 0.721 | 1.27 | 2.275 | 5.137 | 8.093 | 19.775 | 62.778 | 80.389 |
| | 145℃ | 0.457 | 0.873 | 1.554 | 3.807 | 5.637 | 13.62 | 47.822 | 39.75 |
| | 155℃ | 0.142 | 0.55 | 0.845 | 1.763 | 4.44 | 7.838 | 23.677 | 16.822 |
| | 165℃ | 0.059 | 0.317 | 0.483 | 1.097 | 2.957 | 3.907 | 10.745 | 7.422 |
| | 175℃ | 0.025 | 0.159 | 0.193 | 0.746 | 1.977 | 2.007 | 6.561 | 3.661 |
| | 185℃ | 0.02 | 0.087 | 0.12 | 0.399 | 1.114 | 1.155 | 3.111 | 1.806 |
| | 195℃ | 0.01 | 0.062 | 0.072 | 0.213 | 0.581 | 0.353 | 1.655 | 0.832 |

由表4.2.3可见,编号MAC3的多级沥青的指标已能满足技术要求,随着掺量的增加,MAC6的黏度已过大,会造成施工的困难。

多级沥青改性剂适宜的掺量应能使多级沥青的各项指标满足技术要求,而黏度又不过大,确定改性剂掺量时应从沥青指标、施工黏度、经济性等方面综合考虑。根据省内近几年的应用情况,建议多级沥青改性剂适宜的掺量为基质沥青质量的2.2%~2.8%。

## 4.3 多级沥青结合料

**4.3.1** 多级沥青结合料是一种化学改性沥青,美国试验与材料协会《路用化学改性沥青技术标准》(ASTM D6154—04)见表4.3.1-1。

**表4.3.1-1 ASTM D6154—04 路用化学改性沥青技术标准**

| 试验[a] | | 等级 | | | |
|---|---|---|---|---|---|
| | | CM 5-10 | CM 10-20 | CM 20-30 | CM 30-40 |
| 60℃动力黏度[bde],$1s^{-1}$(Pa·s) | ≥ | 50 | 100 | 200 | 300 |
| 135℃动力黏度[cde],$10s^{-1}$(Pa·s) | | 0.2~2.0 | 0.4~4.0 | 0.7~6.0 | 1.0~8.0 |
| 4℃针入度,200g,60s(0.1mm) | | 40~100 | 30~65 | 20~45 | 12~35 |
| 25℃针入度,100g,5s(0.1mm) | | 140~185 | 100~140 | 65~100 | 35~65 |
| 闪点,克利夫兰开口杯(℃) | ≥ | 246 | | | |
| 软化点(℃) | ≥ | 50 | 55 | 60 | 65 |
| 三氯乙烯中的溶解度(%) | ≥ | 99 | | | |
| 薄膜烘箱试验后残留物 | | | | | |
| 老化指数,薄膜烘箱试验后与薄膜烘箱试验前的黏度比,不大于 | | 2.5 | | | |

a. 依据D4957试验方法的7.2制备试样,要求将试样在烘箱中加热至(195±2)℃,偶尔搅动试样直至均匀,浇入合适的容器做试验用。所有试验的浇入温度为(180±5)℃。

b. 通常使用No.200改进坎培式黏度管,300mm汞柱真空度。

c. 通常使用No.50改进坎培式黏度管,100mm汞柱真空度。

d. 一些试验方法用poise而非Pa·s为单位,1poise=0.1Pa·s。

e. 黏度管尺寸和真空度的选择应是多样的,以达到在接近指定的剪变率条件下测量,避免用外推法得到数据。

2007年山东省发布实施了《多级沥青结合料技术条件》(DB 37/T 672—2007),对多级沥青的技术指标进行了规定,见表4.3.1-2。

**表4.3.1-2 多级沥青结合料技术条件**

| 项目 | | 技术指标 | |
|---|---|---|---|
| | | Ⅰ型 | Ⅱ型 |
| 针入度(25℃,100g,5s)(0.1mm) | | 65~100 | 35~65 |
| 针入度(4℃,200g,60s)(0.1mm) | | 20~45 | 12~35 |
| 软化点(℃) | ≥ | 60 | 70 |
| 动力黏度(60℃)(Pa·s) | ≥ | 300 | 500 |

续上表

<table>
<tr><th colspan="3" rowspan="2">项　　目</th><th colspan="2">技术指标</th></tr>
<tr><th>Ⅰ型</th><th>Ⅱ型</th></tr>
<tr><td colspan="3">闪点(℃)　　≥</td><td colspan="2">245</td></tr>
<tr><td colspan="3">溶解度(%)　　≥</td><td colspan="2">99</td></tr>
<tr><td rowspan="2">老化试验[a]</td><td rowspan="2">沥青薄膜加热试验或沥青旋转薄膜加热试验后</td><td>质量变化,质量百分数(%)</td><td colspan="2">-1.0 ~ +1.0</td></tr>
<tr><td>针入度比(25℃)(%)　≥</td><td colspan="2">70</td></tr>
</table>

a. 老化试验以沥青薄膜加热试验为仲裁法。

在美国《路用化学改性沥青技术标准》中,没有延度指标。我国规范中,只有 SBS 和 SBR 改性沥青有 5℃延度指标,而对 EVA、PE 改性和天然沥青改性则没有,说明 5℃延度并不适合所有的改性沥青。多级沥青在提高沥青高温性能的同时,对低温性能是略有改善的。但多级沥青在比 5℃更低温度时才开始改善沥青的低温性能,而 SBS 在一般在 15℃以下就开始改善沥青的低温性能,所以多级沥青不像 SBS 改性沥青一样具有较高的 5℃延度,而是和基质沥青一样,5℃延度基本上一拉就断。但在更低温度下,多级沥青表现出比基质沥青更好的低温性能,所以依靠 5℃延度,无法真实反映多级沥青的低温性能。多级沥青采用 4℃针入度指标体现在较低温度下沥青的软硬程度。

在美国《路用化学改性沥青技术标准》中有 135℃动力黏度指标,其试验方法按照《用真空毛细管黏度计测试乳化沥青残留物和非牛顿沥青表观黏度方法》(ASTM D4957—95)进行,通常使用 No. 50 改进坎培式黏度管,100mm 汞柱真空度。135℃黏度指标主要为了保证改性沥青在使用时的黏度不要过大,影响泵送和施工。多级沥青的黏度较大,通过布氏旋转黏度计,对 70 号沥青、多级沥青和 SBS 改性沥青在施工温度范围内的黏度比较见表 4.3.1-3 和图 4.3.1。

**表 4.3.1-3　不同沥青在施工温度范围内的黏度比较**

| 温度(℃) | 黏度(Pa·s) | | |
|---|---|---|---|
| | 70 号沥青 | SBS 改性沥青 | MAC |
| 135 | 0.467 | 2.371 | 10.1 |
| 145 | 0.308 | 1.396 | 5.523 |
| 155 | 0.195 | 0.880 | 2.307 |
| 165 | 0.135 | 0.590 | 0.98 |
| 175 | 0.096 | 0.417 | 0.5 |
| 185 | 0.071 | 0.304 | 0.225 |
| 195 | 0.053 | 0.226 | 0.117 |

多级沥青在 175℃以下时黏度明显大于 SBS 改性沥青,在 175℃以上时和 SBS 改性沥青差不多。多级沥青的使用温度为 175 ~ 190℃,此时的黏度一般小于 1Pa·s,经使用证明适当提高温度后多级沥青易于泵送和拌和,容易施工,且能保证改性沥青的质量并符合安全条件。考虑到 135℃动力黏度试验国内尚未有试验规程,检测和使用单位一般

没有相应的试验仪器,所以暂不对该项指标提出要求。

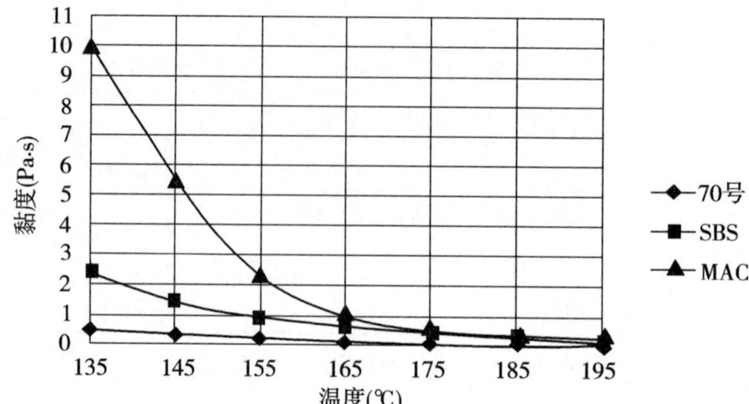


图 4.3.1 不同沥青的黏度随温度变化的曲线

**4.3.3** 美国《路用化学改性沥青技术标准》中规定依据 D4957 的 7.2 试验方法制备试样,要求将试样在烘箱中加热至(195 ±2)℃,偶尔搅动试样直至均匀,浇入合适的容器备用。所有试验的浇模温度为(180 ±5)℃。而《用真空毛细管黏度计测试乳化沥青残留物和非牛顿沥青表观黏度方法》的注 3 和注 4 中提出试样的准备方法对试验结果很重要,如果在 180℃时沥青不能充分的流动或流动性过强,可以采用其他的浇模温度。而多级沥青在 180℃时往往不能充分的流动。

交通部《公路工程沥青及沥青混合料试验规程》(JTJ 052—2000)中 T 0602—1993 沥青试样准备方法中规定沥青加热温度宜为软化点温度以上 90℃,通常为 135℃左右,但这显然是针对非改性的普通石油沥青。多级沥青的黏度大,软化点较高,要求大于 70℃,实际能达到 100℃甚至更高,软化点变动范围大,根据软化点决定浇模温度也不可行。

实际上多级沥青的浇模温度对软化点的影响非常大,不同浇模温度下普通道路石油沥青、SBS 改性沥青、多级沥青的软化点见表 4.3.3-1。

**表 4.3.3-1 不同浇模温度下沥青的软化点比较(℃)**

| 浇模温度 | 软化点 | | | | | |
|---|---|---|---|---|---|---|
| | 某 70 号沥青 | 某 90 号沥青 | SBS 改性沥青 1 | SBS 改性沥青 2 | MAC1 | MAC2 |
| 135 | 46.8 | 47 | — | — | — | — |
| 165 | 47.8 | 46 | 63.3 | 81 | — | — |
| 175 | 46.5 | 46.4 | 62 | 80 | 61.5 | 72.5 |
| 185 | 47 | 46.1 | 62.5 | 81.3 | 74 | 87 |
| 195 | 45.3 | 45.8 | 62.5 | 81.3 | 85 | 105 |
| 205 | 46.1 | 45.7 | 62 | 81.1 | 86.5 | 109 |

可以看出普通道路石油沥青和 SBS 改性沥青的浇模温度对软化点几乎没有影响,多级沥青软化点随浇模温度的提高而提高,提高幅度随温度升高而变小,到某一温度后基本不再提高了,该温度即为“真实浇模温度”。

对软化点不同的多级沥青分别在 195℃ 和 205℃ 浇模，进行软化点试验，结果见表4.3.3-2。

**表 4.3.3-2　多级沥青在 195℃和 205℃浇模的软化点比较(℃)**

| 浇模温度 | 软化点 | | | | | |
|---|---|---|---|---|---|---|
| | 1 号 | 2 号 | 3 号 | 4 号 | 5 号 | 6 号 |
| 195 | 115 | 112 | 105 | 96 | 93.5 | 75 |
| 205 | 135 | 122 | 109 | 100 | 95 | 77 |

可见软化点高的多级沥青 195℃ 和 205℃ 浇模的软化点结果相差大，软化点低的相差小。可以认为，多级沥青的"真实浇模温度"应能使沥青在该温度下达到充分流动的状态，黏度大的多级沥青其浇模温度高，反之则低。所以浇模温度是由样品的黏度决定的。但实际操作中我们不可能预先知道样品黏度的大小，在制备试样时进行观察也带有很大的随意性和个体差别，所以只能规定一个统一的温度。对于"真实浇模温度"低于此温度的样品，浇模温度略高对试验结果并不影响；对于"真实浇模温度"高于此温度的样品，浇模温度略低，软化点试验结果偏低，但这些样品的软化点一般在 100℃ 以上，并不影响质量控制。

在不同浇模温度下进行多级沥青的针入度和 60℃ 动力黏度试验，结果见表 4.3.3-3。

**表 4.3.3-3　不同浇模温度下多级沥青的针入度和 60℃动力黏度比较**

| 浇模温度(℃) | 针入度(0.1mm) | 60℃动力黏度(Pa·s) |
|---|---|---|
| 175 | 49 | 597 |
| 185 | 52 | 770 |
| 195 | 49 | 844 |
| 205 | 48 | 1081 |

由表 4.3.3-3 可见，浇模温度对针入度结果没有明显影响，对 60℃ 动力黏度有很大影响。随着浇模温度提高，60℃ 动力黏度试验结果增大。对各项试验应制定统一的浇模温度，根据试验分析，定为(195 ±2)℃。

用烘箱加热试样时应注意检查烘箱的设置温度，使试样达到要求的温度。快速检验时，为了节省加热时间，对刚取来温度较高、仍能基本流动或用烘箱已加热至基本流动的试样，可采用电炉快速加热，但必须加放石棉垫，且不得作为质量仲裁结果。用电炉加热时，要不时搅动，使样品受热均匀，各部分均达到规定温度。浇模时应注意检查试样温度，同时浇多个模具时应迅速完成，避免浇模过程中温度降低，若温度已降低，可采用电炉快速重新加热至规定温度再浇模。必须将试样直接浇注入模具中，在浇模时把沥青倒入另一容器往往会造成沥青温度降低，所以禁止使用玻璃棒导流，也不得先将沥青倒入小器皿中，再进行浇模。

对于大桶多级沥青加热取样，应将该桶沥青放入烘箱中整体加热至 180 ~ 190℃，搅拌均匀，然后再取样试验。一桶沥青供多次试验使用时，应将化开的大桶沥青分装至小缸(桶)中备用,样品冷却后反复加热的次数不得超过 2 次,避免多次反复加热使沥青老化或性能变化。

交通部《公路工程沥青及沥青混合料试验规程》(JTJ 052—2000)中 T 0606—2000 沥青软化点试验(环球法)中规定如估计试样软化点高于 120℃,则试样环和试样底板均应预热。由于多级沥青浇模温度高,软化点也较高,所以统一要求对试样环和试样底板预热至 80 ~ 100℃,要保证试样环的清洁,不得残留溶剂。

**4.3.5** 多级沥青的储存温度较高,未泵入多级沥青前,应对罐体进行预热。拌和厂应在沥青入罐后加热到要求的温度,根据生产计划提前购入沥青,避免沥青入罐后温度尚不够的情况下立即使用。沥青罐内的多级沥青不应装得过满,以防止在加热沥青时由于体积膨胀而引起沥青的溢出。若遇下雨或设备故障导致沥青长时间储存,温度可以适当降低,最低不得低于 160℃。如温度过低,多级沥青的黏度过大,传递热量的性能变差,使沥青再加热变得困难,并且会引起沥青罐内导热盘管周围的沥青过度加热,而整个沥青罐的温度上升缓慢,远离导热管罐内角落的沥青易凝胶形成冷块,这些冷块会堵塞管道。若发生上述情况,可将沥青泵反转以清除结块。若罐内多级沥青已降至常温需要重新加热使用,需较长加热时间,在一开始时导热油炉出油温度可略低一些,为 170 ~ 190℃,待沥青软化并可流动后再升至规定温度。

**4.3.6** 聚合物改性沥青发生明显离析现象时改性剂会上浮析出、凝聚,改性剂在沥青表面成膜并且通过搅拌无法复原,严重地影响了沥青性能和使用安全。多级沥青不存在离析现象,有时表面会有气泡、沫子、凝胶形成的薄层,经加热搅拌后即可消失。沥青罐必须加搅拌器,搅拌的目的一是由于多级沥青黏度大,不易流动,所以导热性差,搅拌能使罐内沥青受热均匀;二是可以使罐内的沥青均匀,消除表面泡沫层。若临时使用不带搅拌器的沥青罐储存多级沥青,应尽快用完,有条件时可以打循环。

如果使用卧式罐储存多级沥青,应在储存罐上部安装搅拌器(卧式储存罐改造方案如图 4.3.6-1、图 4.3.6-2 所示)。搅拌器电机功率约为 3kW,转速约为 180r/min。沥青液面应高于搅拌器叶片,防止搅拌器空转。

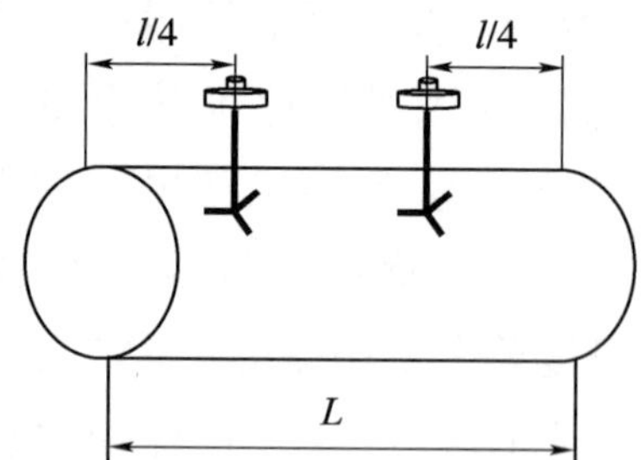


图 4.3.6-1　7m < 卧式储存罐长 L≤12m 改造方案,顶部安装 2 个搅拌器

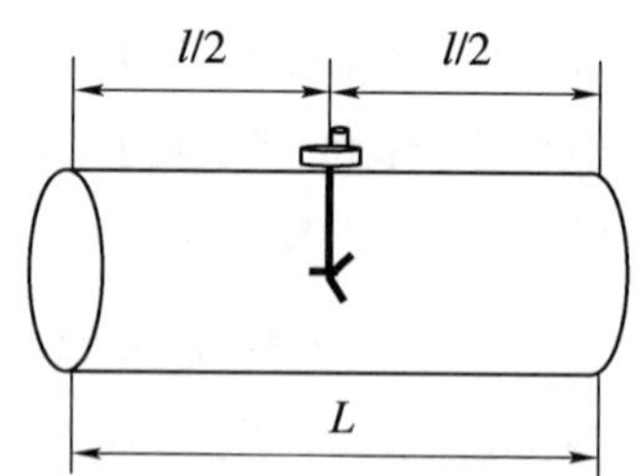


图 4.3.6-2　卧式储存罐长 L≤7m 改造方案,顶部安装 1 个搅拌器

多级沥青是一种凝胶改性沥青,连续不停地搅拌是一种剪切作用,会破坏沥青的凝胶结构,同时连续搅拌会引起罐内沥青热量快速丧失,所以要定时搅拌。

# 5 多级沥青混合料配合比设计

## 5.3 设计方法

**5.3.2** 多级沥青的拌和与击实成型温度根据经验而得，合适的击实温度应能使沥青混合料充分密实，使击实功和现场碾压功相匹配。击实温度过低，得到的设计沥青用量偏高，经现场碾压后的实际空隙率偏低，甚至出现压实度达到或超过100%的情况。个别施工单位由于压实度易于达到而放松了对碾压工艺的控制，碾压不足，通车后路面继续增密，可能产生泛油、车辙等病害。

密级配沥青混凝土和SMA混合料的击实成型温度要求较高，而LSPM比较易于击实，温度可稍低。

## 5.4 性能检验

**5.4.2** 多级沥青和聚合物改性沥青一样，混合料需48h才能基本达到最终强度，所以按照交通部《公路工程沥青及沥青混合料试验规程》（JTJ 052—2000）中T 0719—1993沥青混合料车辙试验规定，对车辙试件放置48h后再进行试验。

# 6　多级沥青混合料施工工艺

## 6.1　施工准备

**6.1.2**　多级沥青和SBS改性沥青一样,按照黏温曲线并采用相同的等黏温度确定改性沥青的施工温度实际上将会太高,如图4.3.1所示,从黏温曲线得到的拌和温度和碾压温度分别约为190℃和183℃,显然是太高了。故根据经验制订了其施工温度范围。

## 6.2　混合料的拌制

**6.2.1**　多级沥青的运输和储存温度较高,对沥青运输罐和储存罐有一种清洗作用。沥青罐壁上碳化的沥青或其他物质在高温下被清洗下来,这些物质往往呈块状,不能完全溶解在沥青中。当生产沥青混合料时,需要将沥青泵送到混合料搅拌机中。由于沥青泵带有过滤器,这些被清洗下来的物质容易堵塞过滤器网眼,从而严重影响沥青的泵送能力。如果出现此类问题,要及时清理过滤器。较好的办法是使用大网眼的过滤器,并且出现问题应及时清洗。

**6.2.4**　在潮湿集料未被烘干的情况下,集料中水分会穿过沥青膜逸出,使沥青与集料的黏附性下降,沥青混合料的强度降低。水分需在路面摊铺后缓慢挥发,在刚铺完的路面内部有水的情况下,车轮的泵吸作用会使沥青剥落,产生水损害。剥落的沥青向上聚集在路表,产生泛油、车辙等病害。在拌和厂需严格注意集料的堆放、防雨措施,对刚进场的水洗机制砂需晾晒,还需注意检查集料的烘干温度,干拌时间是否符合要求。

## 6.5　压实及成型

**6.5.4**　《公路沥青路面施工技术规范》(JTG F40—2004)中提到了一个沥青混合料施工难于碾压的"敏感区",或称为"不稳定区",多级沥青密级配沥青混凝土有时也会出现此类碾压问题,温度范围约为100~120℃。沥青结合料在高温碾压时是一种润滑剂,沥青的黏度不足以使变了位的集料回到原位便可以得到压实。如果沥青结合料的温度下降到一定温度以下,它的黏性恰好处于压路机的压力能够使集料位置变化而压路机一离开又足以使变位的集料拉回来,它成了集料内部的橡皮筋,便不能得到很好的压实了。在这种情况下,必须改用轮胎压路机碾压,使同一位置的碾压时间延长,并产生搓揉,达到压实的目的。由此可以看出,在温度下降至不稳定区之前完成碾压是十分重要的。但是如果在温度下降至不稳定区以下碾压,这实际上是利用压路机的压力产生的剪切应力使集料强制变位,而达到稳定和密实的状态。很显然,它对于集料的破碎也是十分不利的,所以应该尽量避免,尤其是不要采用振动压路机在低温下碾压。对于 SMA 等嵌挤型沥青混凝土一般不会发生这种情况。

**6.5.6** 多级沥青黏度大,有些施工单位不敢使用胶轮压路机,但如果能对轮胎很好的预热,也不会发生黏附沥青的现象。对 SMA 混合料,由于沥青含量高,采用轮胎压路机碾压可能会使沥青玛蹄脂胶浆挤出来,所以通常不能使用轮胎压路机。

## 6.7 开放交通及其他

**6.7.1** 多级沥青混凝土路面需 48h 才能形成最终强度,所以对于刚铺好的路面,宜对重载车进行限制。特别是有些 SMA 路面,要避免车辆紧急转向或刹车造成的轮迹和掉粒现象。

# 7 施工质量管理与检查

**7.1.3** 对于刚生产出来的多级沥青,软化点是个代表性指标,和60℃动力黏度、布氏黏度、动态剪切复数模量和相位角有较好的对应关系。针入度和改性的效果对应关系不明显,主要由改性用的基质沥青标号决定。这两个指标是沥青常做指标,所以作为在施工现场对多级沥青的检验项目。通过针入度可以判断所用的基质沥青的针入度是否合适,软化点可以看出改性后的黏度情况。